사회사상과 정치 이데올로기

Political Ideologies 4th Ed,

4th Edition by Andrew Heywood

ⓒ Andrew Heywood(1992, 1998, 2003), 2007

All Rights reserved

Korean translation edition

ⓒ 2014 ORUEM Publishing House Published
by arrangement with Palgrave Macmillan,
a division of Macmillan Publishers Ltd., UK

Andrew Heywood

앤드류 헤이우드는 영국에서 태어났다.

그는 유럽, 아시아, 아프리카에서 정치학을 가르쳤다.

현재 Orpington 대학의 정치학 연구 및 교과과정 소장으로 활동하고 있다.

저서로는 *Political Ideologies*, *Political Theory*, *Politics*,
Key Political Concept 등이 있다.

【 제주대 평화연구소 번역총서 10 】

사회사상과 정치 이데올로기

초판 1쇄 발행: 2014년 1월 20일
초판 3쇄 발행: 2023년 3월 15일

지은이: 앤드류 헤이우드
옮긴이: 양길현·변종헌
발행인: 부성옥

발행처: 도서출판 오름
등록번호: 제2-1548호 (1993. 5. 11)
주 소: 서울특별시 중구 필동로 19 삼가빌딩 4층
전 화: (02) 585-9123 / 팩 스: (02) 584-7952
E-mail: oruem9123@naver.com

ISBN 978-89-7778-414-7   93340

제주대 평화연구소 번역총서 10

사회사상과 정치 이데올로기

앤드류 헤이우드 지음

양길현 · 변종헌 옮김

Political Ideologies
An Introduction

Andrew Heywood

ORUEM Publishing House
Seoul, Korea
2023

머리말

이데올로기는 이상한 역사를 갖고 있다. 이데올로기는 근대세계에 대한 정치적 기대로부터 분리될 수 없는 것인데도 이에 대해서 호평을 하는 정치이론가들은 그다지 많지 않다. 칼 마르크스(Karl Marx)나 마이클 오크숏(Michael Oakeshott), 탈콧트 파슨스(Talcott Parsons) 같은 인사들 모두가 그 이유는 각기 다르지만 이데올로기에 대해 비판적이다. 이들 반대자들에게 이데올로기는 진리, 과학, 합리성, 객관성 그리고 철학 등과 같은 건전한 것과는 배치되는 것으로 파악된다. 그것은 신조와 교리를 뜻하는 것으로서 비판의 범위를 벗어난 도그마이거나 아니면 개인이나 집단의 이해관계를 숨기는 외투라는 것이다.

이데올로기의 이와 같은 부정적 개념이 어떤 영향을 미치고 있는지를 생각해 보면, 이데올로기를 땅에 묻어버리고 다 끝났다고 선언하는 것이 한때 유행했다는 사실이 그리 놀라운 일도 아니다. 그러나 역사와 정치를 버리려고 하는 유사한 노력과 마찬가지로 이데올로기도 다시 되돌아오는 습성을 보유하고 있다. 현대 세계의 정치는 주요한 이데올로기적 전통에 의해 규정되어 왔다. 이데올로기는 정치적 실재를 규정하고 평가하며 또 정치적 정체성을 확립하는 주요한 원천이다.

앤드류 헤이우드(Andrew Heywood)가 쓴 이 책의 주요한 장점은 그가 이데올로기를 진지하게 다루고 있으며 또 고전적인 서구 이데올로기들의 다양한 특징들에 대해서뿐만 아니라 최근의 이데올로기적 사고의 방향과 새로운 논쟁점에 대해서도 인내심을 갖고 놀라울 정도로 명확하게 천착하고 있다는 점이다. 그는 이 주제에 대한 가장 유용한 개설서 하나를 이미 출간한 바도 있다.

18세기 미국과 프랑스 대혁명에 기원을 두고 있는 서구의 이데올로기적 전통은 정치를 이해하는 방식을 다 소진하지 않고 있을 뿐만 아니라 많은 비서구적 전통의 정치 사상도 담아내고 있다. 여전히 이데올로기는 필수적인 전통이기도 하다. 그리고 이데올로기의 주요 용어와 내부적 발전을 이해하는 능력은 현대 세계를 사는 시민에게는 기본적 요구사항이기도 하다. 헤이우드의 이 책은 이에 대한 이상적인 안내자이다.

앤드류 갬블(Andrew Gamble)

제4판에 대한 서문

『정치 이데올로기(*Political Ideologies*)』의 초판은 1989~91년 동유럽 혁명을 배경으로 하여 쓴 것이다. 회고해 보면 '공산주의의 붕괴'는 많은 점에서 상호 연결되어 있는 일련의 중요한 정치적·역사적 발전들의 발현이자 그 촉매였다. 이들 가운데 가장 중요한 것으로는 세계 자본주의 경제의 성장, 종족적 민족주의와 종교적 근본주의의 대두, 포스트모던 내지는 '정보'사회의 출현, 미국 지배의 단극적 세계질서의 등장, 세계적 테러의 개시 등을 들 수 있다. 역사는 현기증이 날 정도로 가속화되는 듯싶다. 과거의 확실성과 견고함이 의문시되고 있는가 하면 어떤 경우에는 전적으로 폐기되기도 하였다. 이러한 과정들은 정치 이데올로기에 대해 중요한 함의를 갖는다. 사회주의는 사망한 것으로 선언되는 게 통상적이다. 어떤 이는 서구 자유주의의 최종 승리를 선언하고 있고, 다른 이는 서구 자유주의가 위기라고 지적한다. 민족주의는 초민족주의와 다문화주의의 도전에 어떻게 적응을 하고 있는가 등등의 문제제기도 있다.

어떤 평자들은 이러한 전환을 이데올로기의 종언 혹은 계획정당의 종식이라는 보다 더 심오한 과정의 징조에 불과한 것으로 간주한다. 정치 이데올로기는 사회적 파편화로 특징되고 개인적 소비에 의해 지배되는 포스트모던의 지구화한 세계에서 더 이상 발붙이지 못하고 있다고 주장한다. 그러나 우리 눈에 들어오는 것은 이데올로기의 종언(이렇게 선언하는 것은 항상 위험하다)이 아니다. 오히려 주요한 이데올로기적 전통이 실제 역사보다 뒤처지고 있다는 사실이 더 눈에 들어온다.

새로운 이데올로기적 사고는 세계를 있는 그대로 이해하고자 애쓰고 있지만, 솔직히 얘기하면 세계가 어디로 가고 있는지에 대해 아무런 말도 해주지 않는다. 그럼에도 불구하고 정치에 있어서의 의미와 이상주의의 주요한 원칙으로서 이데올로기는 그것이 어떠한 모양과 형태를 갖추느냐에 관계없이 계속 존재해 나가리라 보아도 무방하다. 궁극적으로 탈이데올로기화된 또는 소비주의적인 정치는 사라질 운명에 처해 있다. 그 이유의 하나는 이러한 정치가 사람들에게 물질적 이해관계보다 더 큰 무엇인가에 대한 믿음을 보유할 수 있도록 근거를 제시해 주지 않기 때문이다. 다른 하나는 사람들의 개인적 이야기는 보다 광범위한 역사적 담화 내에 위치할 때 비로소 의미를 갖기 때문이다.

이 책 제4판은 주요한 이데올로기적 전통들 그리고 이데올로기 그 자체가 이러한 도전들에 대해 어떻게 대응해 왔는지를 설명하려고 시도하고 있다. 제4판에는 다문화주의에 대한 새로운 장(제11장)을 추가했다. 다문화주의는 예를 들면 자유주의나 사회주의와 같은 의미에서의 이데올로기가 아닐 수 있다. 그러나 많은 현대 사회의 다종족적·다종교적 혹은 다문화적 특성으로부터 야기되는 쟁점들이 오늘날 너무나 중요해서 이러한 특성들은 자유주의나 보수주의의 하부 영역이 아니라 별도의 분야로 다루어질 자격이 있다.

또 하나 더 많은 관심을 끄는 주제는 이른바 '고전적인' 이데올로기로부터 '새로운' 이데올로기로 얘기되는 것으로의 전환이 어떤 특성과 중요성을 갖고 있느냐 하는 것이다. 왜 이들 새로운 이데올로기들이 출현한 것일까? 그들은 어떤 의미에서 '새로운' 것일까? 이들은 '기존의' 이데올로기들과 어떻게 다른가? 이 책은 이데올로기 자체들 내에서의 변화와 이들 이데올로기들의 변화하는 중요성 모두를 고려하면서 수정되고 곳곳이 갱신되었다. 그 결과 예를 들면 정통 공산주의 부분은 줄어든 반면 신보수주의의 외교정책 부분과 이슬람주의에 대한 논의는 확대되었다.

이 책의 특징들, 특히 사상가 소개, 주요 용어 설명, 비교표와 그림 이외에도 제4판은 일련의 새로운 특징들을 보여주고 있다. 각 장은 개관 부분을 시작으로 이데올로기의 전반적인 특성과 주요한 주제들을 개괄하고 있다. 중요한 개념과 이론을 예시해 주기 위해서 자주 도표를 사용하고 있다. 각 장은 일련의 '생각해 볼 문제'로 마무리되고 있다. 이 책에서 진하게 처리된 주요 용어는 그것이 처음 사용되는 페이지에 간략한 설명을 달았다. 그리고 찾아보기 쉽도록 하기 위해서 색인 명부를 첨부하였다.

필자는 이 책의 초판에 대해 논평을 해 주고 또 의견을 주신 모든 분들에게 감사를 드린다. 그리고 제4판도 그들이 제기했던 문제 내지는 쟁점들과 관련하여 이를 어떻게 다루어나갈 것인지에 도움이 되기를 희망한다.

앤드류 헤이우드(Andrew Heywood)

✳ 차례

제1장   서론: 이데올로기의 이해

제4장　　　　　　　　사회주의

제7장　파시즘

제1장

서론: 이데올로기의 이해

I. 개관

모든 사람은 정치철학자이다. 사람들은 알든 모르든 자신의 의견을 표현하거나 자신의 생각을 말할 때 정치적 관념과 개념을 사용한다. 일상 언어에도 '자유', '공정', '평등', '정의', '권리'와 같은 용어들이 들어 있다. 같은 방식으로 '보수주의자', '자유주의자', '사회주의자', '공산주의자', '파시스트'와 같은 말들이 자주 자신이나 다른 사람들의 견해를 묘사하기 위해서 사용된다. 그러나 이러한 용어들이 익숙하고 상식적이라고 하더라도, 그 의미에 대한 명확한 이해나 정확도를 갖고 사용되는 경우는 드물다.

예를 들면 '평등'이란 무엇인가? 그것은 모든 사람을 같게 하는 것을 의미하는가? 사람은 평등하게 태어났는가? 사람은 마치 평등한 것처럼 사회에 의해서 대우받아야 하는가? 사람들은 권리, 기회, 정치적 영향력, 임금 등에서 동등해야 하는가? 이와 유사하게 '사회주의자'나 '파시스트' 같은 용어도 보통 잘못 사용된다. 어떤 사람이 '파시스트'라고 부르는 것은 무엇을 의미하는가? 파시스트들은 어떤 가치나 신념을 보유하고 있으며, 그들은 왜 그러한 신념이나 가치들을 보유하는가? 사회주의자들의 견해는 이른바 자유주의자나 보수주의자 또는 무정부주의자와 어떻게 다른가?

이 책은 주요 정치 이데올로기의 실제적인 생각과 신념들을 검토하고 있다. 서론인 이 장에서는 정치에서의 관념의 역할, 이데올로기 개념들의 일생과 (때때로 복잡하게 뒤얽혀 있는) 시대, 이데올로기적 사고의 특성과 구조, 정치 이데올로기의 변화하는 지평 등을 다룰 것이다.

II. 관념의 역할

모든 정치 사상가들이 다 관념이나 이데올로기가 중요하다고 생각하는 것은 아니다. 때때로 정치란 권력을 향한 적나라한 투쟁 이외의 아무것도 아니라고 간주된다. 만약 이것이 사실이라면, 정치적 관념은 표를 얻거나 대중의 지지를 이끌어내기 위해서 고안된 표어의 집합이든가 말의 성찬과 같은 단순한 선전에 불과한 것이 된다. 그렇기 때문에 관념과 이데올로기는 정치생활의 더 내면적인 실체를 감추기 위해서 사용되는 이른바 '진열장식'에 불과한 것일 수 있다. 이는 확실히 행태주의의 입장이다. 인간이란 외부의 자극에 조건적으로 반응하는 생물학적인 메커니즘 이외의 아무것도 아니라고 주장하는 일단의 심리학자들도 이러한 입장을 취한다. 자신의 관념, 가치, 감정, 의도를 갖고 생각하는 주체라는 것과는 전혀 관련이 없다. 이와 비슷한 견해는 과거 소련이나 다른 정통 마르크스주의 국가들에서 지적 탐구를 지배해 왔던 '변증법적 유물론'과 같은 생경한 형태의 마르크스주의에서도 나타난다. 이에 따르면, 정치적 관념은 이를 표명하는 사람들의 경제적 이해관계나 계급관계의 관점에서 이해될 수 있을 뿐이다. 관념은 '물질적 기반'을 갖고 있으며, 관념 그 자체가 의미나 중요성을 갖는 것은 아니라는 것이다.

반대의 주장도 있다. 예를 들면 영국의 경제학자 케인즈(John Maynard Keynes 1883~1946)는 세계가 경제이론가나 정치철학자들의 생각에 의해 지배되어 왔다고 주장했다. 『일반이론』(*General Theory*)의 끝부분에서 지적한 것처럼,

실용적인 사람이 설사 스스로를 어떤 형태의 지적인 영향력으로부터 자유롭다고 믿

는다고 해도, 그는 이미 고인이 된 어떤 경제학자의 노예인 경우가 많다. 권위에 미친 사람이 어떤 견해를 방송으로 듣는 경우, 그것은 몇 년 전에 어떤 학자가 쓴 낙서로부터 자신의 열광을 추출하고 있는 것이다.　　　　　　　　　　_Keynes [1936] 1963, p.383

이러한 입장은 관념을 실제적인 환경에 대한 조건화된 반응으로 무시하기는커녕 오히려 신념과 이론이 얼마만큼 인간 행동의 원천을 이루고 있는지를 밝혀주고 있다. 세계는 궁극적으로 '학계의 잡문가들(academic scribblers)'에 의해 지배된다는 것이다. 예를 들면 이러한 입장은, 중요한 측면에서 현대 자본주의가 애덤 스미스(Adam Smith, p.78 참조)와 데이비드 리카도(David Ricardo 1772~1823)의 고전 경제학으로부터 발전해 왔음을 시사하고 있다. 그리고 과거 소련의 공산주의는 칼 마르크스(Karl Marx, p.158 참조)와 레닌(V. I. Lenin, p.163 참조)의 저술로부터 심대한 영향을 받아 왔으며, 나치 독일의 역사는 히틀러의 『나의 투쟁』(Mein Kampf)에서 개발된 신조에 준거할 때 비로소 이해할 수 있다는 것이다.

정치생활에 대한 이러한 두 개의 설명은 편향적이고 부적절하다. 정치적 관념은 기득권적 이해관계나 개인적 야망을 단순히 수동적으로 반영하는 것일 뿐만 아니라 정치적 행동을 촉발하고 지도해 나감으로써 물질 생활을 형성해 나갈 수 있는 능력도 보유하고 있다. 동시에 정치적 관념은 진공 상태에서 출현하지 않는다. 그것은 비처럼 하늘로부터 저절로 떨어지는 게 아니다. 모든 정치적 관념은 자신이 발전해 오고 있는 사회적·역사적 환경과 자신이 봉사하는 정치적 야망에 의해서 형성된다. 간단히 얘기하면, 정치이론과 정치실천은 불가분리하게 연결되어 있다. 그렇기 때문에 정치생활에 대해 균형되고 설득력 있는 설명은 관념과 이데올로기 그리고 역사적 힘과 사회적 힘 사이의 지속적인 상호작용을 인정하게 된다.

관념과 이데올로기는 많은 방식으로 정치생활에 영향을 미친다. 첫째, 그것은 세계를 이해하고 설명하는 시각을 제공한다. 사람들은 세계를 있는 그대로 보지 않고 자신들이 기대한 바대로 바라본다. 다른 말로 하면, 사람들은 자신의 몸에 배어 있는 신념과 견해 또는 가정이라는 베일을 통해서 세계를 파악한다. 의식적이든 무의식적이든 모든 사람은 자신의 행동을 지도하고 자신의 행위에 영향을 미치는 일련의 정치적 신념과 가치를 지지한다. 그래서 정치적 관념과 이데올로기를 통해 정치적 행동을 불러일으키도록 목표가 설정된다. 이런 점에서 정치가들은 두 개의 매우 다른 영향력에 종속된다. 의심할 바 없이 모든 정치가들은 권력을 원한다. 이 때문에 정치가들은

실용주의

이데올로기적 목표보다
는 실제적인 환경이나
실질적인 목적에 부합하
도록 행동하는 것

선거에서 인기가 있는 정책과 관념을 채택하거나 혹은 기업
이나 군대와 같은 강력한 집단의 호의를 얻기 위해서 **실용
주의(pragmatism)**적으로 된다. 그러나 정치가들은 권력 그
자체만을 위해서 권력을 추구하는 것은 아니다. 그들은 또
한 권력을 장악하게 되면 그것으로 무엇을 할 것인지에 대
한 신념과 가치, 확신을 보유한다. 그럼에도 불구하고 실용
주의적인 고려와 이데올로기적인 고려 사이의 균형은 정치
가마다 다르고 또 어떤 경우는 각 정치가들이 경력상 어느 단계에 있는가에 따라 다르
게 나타난다.

정치적 관념은 또한 정치체제의 특성을 형성한다. 전 세계를 통해 볼 때 정부제도
는 상당히 다르며, 특정의 가치나 원칙과 연관되어 있는 경우가 많다. 절대군주제는
대표적으로 왕권신수설과 같이 깊게 뿌리박혀 있는 종교적 사고에 토대를 두고 있다.
대부분의 현대 서구 국가들에서 정치제도는 일련의 자유민주주의 원칙들에 근거하고
있다. 전형적인 서구 국가들은 제한적이고 입헌적인 정부라는 관념을 존중하며, 또
정부는 정기적이고 경쟁적인 선거에 의해 대표되어야 한다고 믿는다. 같은 방식으로
정통 공산주의 국가들은 마르크스-레닌주의의 원칙을 신봉한다. 세계가 민족국가들
의 집합으로 나뉘어져 있고 또 통상적으로 정부권력이 민족의 수준에 위치해 있다는
사실은 그것이 민족주의 혹은 보다 구체적으로는 민족자결의 원칙이라는 정치적 관념
의 영향을 받고 있음을 보여주고 있다.

마지막으로 정치적 관념과 이데올로기는 사회집단에게 그리고 전체 사회에 대해
일련의 통합적인 신념과 가치를 제공해 주는 사회적 접착제로서 역할을 한다. 보통
정치 이데올로기는 특정의 사회계급과 연관되어 있다. 예를 들면 자유주의는 중간계
급, 보수주의는 토지귀족, 사회주의는 노동계급과 연결되어 있다. 정치적 관념은 사회
계급의 생애경험, 이해관계, 열망을 반영하고 있으며, 그렇기 때문에 귀속감과 연대감
을 촉진하는 데 도움을 준다. 그러나 관념과 이데올로기는 또한 한 사회 내에서 다양
한 집단과 계급을 결속시키는 데도 기여할 수 있다. 예를 들면 대부분의 서구 국가들
에서는 자유민주주의적 가치가 통합의 기반으로 자리하고 있는데 반해, 무슬림 국가
에서는 이슬람이 일련의 공통된 도덕적 신념과 원칙을 확립시켜 놓았다. 통합된 정치
문화를 제공해 줌으로써 정치적 관념은 질서와 사회 안정을 증진시키는 데 기여한다.
그럼에도 불구하고 정치적 관념과 가치의 통합된 틀은 사회 내부에서 자연스럽게 발

전해 나올 수도 있지만 그것은 또한 순응을 조작하고 통제를 가함으로써 위로부터 강제될 수도 있다. 이와 같은 '공식' 이데올로기의 명확한 사례는 파시스트와 공산주의 정부에서 발견된다.

III. 이데올로기의 관점

이 책은 일차적으로 이데올로기의 특성에 관한 분석이라기보다는 정치 이데올로기에 관한 연구이다. 명백히 연관되어 있기는 하지만 '이데올로기(ideology)'와 '이데올로기들(ideologies)'은 연구에서 매우 다른 대상이라는 사실 때문에 많은 혼란이 야기되고 있다.

'이데올로기'를 검토하는 것은 예를 들면 정치과학이나 정치철학과는 다른 특정 *유형(type)*의 정치사상을 대상으로 한다. 그래서 정치 이데올로기 연구는 이러한 범주의 사상이 어떤 본질, 역할, 중요성을 갖는지를 다루는 것인가 하면, 또 어떤 정치적 관념이나 주장이 이데올로기로 분류되어야 하는가의 문제도 다룬다. 예를 들면 이데올로기는 진실인가 거짓인가, 해방적인가 억압적인가, 혹은 불가피한 것인가 아니면 단지 일시적인 것에 불과한 것인가? 비슷하게 민족주의와 다문화주의는 자유주의나 사회주의와 같은 의미로 이데올로기인가?

반면에 '이데올로기들'을 연구하는 것은 정치사상의 *내용(content)*분석에 더 관심을 기울이며, 또 다양한 이데올로기 전통에 의해서 그리고 이러한 전통 내에서 발전되어 온 관념, 이념, 이론에 관심을 갖는다. 예를 들면 자유와 관련하여 자유주의는 우리에게 무엇을 얘기해 줄 수 있는가? 왜 사회주의자들은 전통적으로 평등을 지지해 왔는가? 무정부주의자들은 정부 없는 사회를 어떻게 옹호하고 있는가? 파시스트들은 왜 투쟁과 전쟁을 유익한 것으로 간주하는가? 이와 같은 '내용' 쟁점을 검토하기 위해서는 우리가 다루고 있는 정치사상의 '유형'들을 고려할 필요가 있다. 이른바 이데올로기의 특징적인 개념이나 이념들을 논의하기 이전에 먼저 왜 이러한 일련의 관념들이 이데올로기로 범주화되는지를 살펴볼 필요가 있다. 보다 중요한 것은 범주화가 우리에게 무엇을 말해 주는가이다. 예를 들면 자유주의, 사회주의, 페미니즘, 파시즘

등이 이데올로기로 분류되고 있다는 사실로 인해 우리들은 이로부터 무엇을 알 수 있는가?

이데올로기의 본성에 대해 논의를 할 경우 직면하게 되는 첫 번째의 문제점은 이데올로기 용어에 대해 확정된 또는 합의된 개념 규정이 존재하지 않고, 단지 일련의 대립적인 개념 규정들만이 존재한다는 점이다. 데이비드 맥렐란(David MaLellan 1995)의 지적처럼, '이데올로기는 전체 사회과학계에서 가장 포착하기가 어려운 개념이다.' 이데올로기처럼 심오하고 강렬한 논쟁의 주제가 되었던 정치적 용어는 거의 없는데, 이는 다음의 두 가지 이유 때문이다.

첫째, 이데올로기의 모든 개념들은 이론과 실제 사이의 연결을 인정한다. 그 때문에 이데올로기 용어는 바로 앞에서 논의된 것처럼 정치에서의 관념의 역할을 부각시키고, 또 신념과 이론 그리고 물질적 생활과 정치적 행위 사이의 관계에 대한 고도로 논쟁적인 사안을 전면에 제기한다.

둘째, 이데올로기 개념은 정치 이데올로기 사이의 현재 진행 중인 투쟁으로부터 초연할 수가 없다. 그 자신의 역사에서 '이데올로기'는 자주 경쟁적인 관념이나 신념체계를 비난하고 반박하기 위한 도구이자 정치적 무기로써 사용되어 왔다. 20세기 중반까지도 중립적이고 명백히 객관적인 이데올로기 개념은 그렇게 널리 채용되지 않았고, 오히려 이데올로기의 사회적 역할과 정치적 중요성을 둘러싸고 의견 대립이 지속되어 왔다. 이데올로기에 주어진 의미 가운데 몇 가지를 살펴보면 다음과 같다:

- 정치적 신념체계
- 행동 지향적인 일련의 정치적 관념
- 지배계급의 관념
- 특정 사회계급 또는 사회집단의 세계관
- 계급 또는 사회의 이해관계를 표명하고 구현하는 정치적 관념
- 피지배자나 피억압자 사이의 허위의식을 선전하는 관념
- 개인을 사회적 맥락에 위치시키고 집단소속감을 가져다주는 관념
- 정치체제나 정부를 정당화하기 위해 사용되는 일련의 공인된 관념
- 진실의 독점을 주장하는 포괄적인 정치적 이념
- 추상적이고 고도로 체계화된 일련의 정치적 관념

그럼에도 불구하고 이 용어의 기원은 명확하다. 이데올로기란 말은 프랑스 대혁명 기간 동안 드 트라시(Antoine Destutt de Tracy 1754~1836)에 의해 주조되었으며 1796년에 처음 사용되었다. 드 트라시에게 *이데올로기*(*idéologie*)는 문자 그대로 *idea*-ology로서 새로운 형태의 '관념학(science of ideas)'을 지칭했다. 계몽주의에 전형적인 것으로서 합리주의적인 열정을 지녔던 그는 관념의 기원을 객관적으로 밝히는 것이 가능하다고 믿었으며, 이 새로운 관념학은 생물학이나 동물학과 같은 기존 과학에 유사한 지위를 얻게 될 것이라고 선언하였다. 모든 형태의 탐구가 관념에 기반을 두고 있다는 점에서 드 트라시는 더 대담하게 이데올로기가 종국적으로는 과학의 여왕이 될 것이라고 주장했다. 그러나 이러한 높은 기대에도 불구하고 이데올로기라는 용어의 원래 의미는 그 이후에 거의 영향을 미치지 못했다.

주요한 정치적 용어로서 이데올로기의 이력은 칼 마르크스의 저작에 등장하면서 시작되었다. 마르크스의 이데올로기 용어 사용과 그 이후 마르크스주의 사상가들이 이 용어에 대해 보여준 관심은 현대 사회정치사상에서 이데올로기가 자주 눈에 띄는 이유를 상당한 정도로 설명해 준다. 그러나 마르크스가 이 용어에 부여한 의미는 주류 정치학 이론에서 이데올로기에 용인하는 통상적 의미와는 매우 다르다. 마르크스는 자신의 초기 저작인 『독일 이데올로기』(*The German Ideology* [1846] 1970)의 제목에 이 용어를 사용했다. 물론 이는 마르크스가 평생을 함께 한 협력자 프리드리히 엥겔스(Friedrich Engels 1820~1895)와 같이 쓴 책이다. 이는 또한 이데올로기에 대한 마르크스의 견해가 가장 명확하게 묘사된 책이기도 하다.

> 지배계급의 관념은 모든 시대에 걸쳐 지배적인 관념을 이룬다. 즉, 사회의 지배적인 물질적 세력으로서의 계급은 동시에 지배적인 지적 힘을 보유한다. 물질적인 생산 수단을 좌지우지할 수 있는 계급은 동시에 정신적 생산 수단을 통제하며, 그럼으로써 정신적 생산 수단을 보유하고 있지 않는 사람들의 관념은 이를 보유한 사람들의 관념에 종속된다고 일반적으로 얘기할 수 있다.   _Marx and Engels 1970, p.64

마르크스의 이데올로기 개념은 많은 특성을 띠고 있다. 첫째, 이데올로기는 기만과 신비화에 관한 것이다. 그것은 세계에 대해 잘못된 견해나 오류를 영속화시킨다. 엥겔스가 나중에 '**허위의식(false consciousness)**'이라고 지칭한 것이 바로 이것이다. 마르크스는 이데올로기를 중요한 개념으로 사용했는데, 그의 역할은 체계적인 신비화의 과정을 폭로하는 것이었다. 마르크스는 자신의 관념을 과학적이라 분류했다. 자신의 것은 역사와 사회의 작용을 드러내 보이도록 적절히 기획되었다고 보았기 때문이다. 그래서 마르크스가 이 용어를 사용함에 있어서 이데올로기와 과학, 거짓과 진실이라는 대조는 중요한 것이었다.

둘째, 이데올로기는 계급제도와 연결되어 있다. 마르크스에 따르면, 이데올로기에 내재하여 있는 왜곡은 이데올로기가 사회에 대한 지배계급의 이해와 시각을 반영하고 있다는 사실로부터 연유한다. 지배계급은 스스로를 억압자로 인정하지 않으려 한다. 오히려 피억압자들이 자신들의 억압상태에 순응하길 원한다. 그래서 계급제도는 거꾸로 제시되는데, 이는 마르크스가 카메라 옵스큐라(사진기의 암실) 이미지를 통해 전달하고자 했던 개념으로서 사진기 렌즈나 인간의 눈에 의해서 만들어진 왜곡된 그림을 지칭한다. 그렇기 때문에 부유하고 특권을 가진 사람들만이 향유할 수 있는 권리를 보편적인 자격으로 간주하는 자유주의는 이데올로기의 고전적 사례가 된다.

셋째, 이데올로기는 권력의 표명이다. 모든 계급사회에 공통된 것으로서 자본주의가 기반을 두고 있는 모순을 은폐함으로써 이데올로기는 착취를 받고 있는 프롤레타리아로부터 그 자신이 착취당하고 있다는 사실을 숨기는 데 기여하며, 그럼으로써 불평등한 계급권력을 지원한다. 이데올로기는 문자 그대로 당 시대의 '지배적' 관념을 구성한다.

마지막으로, 마르크스는 이데올로기를 일시적 현상으로 취급했다. 이데올로기는 이를 발생시킨 계급제도가 존재하는 한에서만 존속한다. 마르크스의 견해에서 볼 때 자본주의의 '무덤을 파는 사람들(grave digger)'인 프롤레타리아는 다른 형태의 계급사회를 만들어가기보다는 부의 집단적 소유를 추진함으로써 계급불평등을 제거하는 운명을 띠고 있다. 그래서 프롤레타리아의 이해관계는 전체로서의 사회와 일치한다. 간단히 말하면 프롤레타리아는 이데올로기를 필요로 하지 않는다. 왜냐하면 프롤레타리아는 기만을 필요로 하지 않는 유일한 계급이기 때문이다.

마르크스 이후 세대의 마르크스주의자들은 이데올로기에 대해 마르크스보다도 더 많은 관심을 보였다. 이는 상당한 정도로는 자본주의의 종식이라는 마르크스의 신념에 찬 예견이 지나치게 낙관적이라는 사실을 반영하고 있다. 이 때문에 마르크스 이후의 마르크스주의자들은 자본주의적 생산양식의 예기치 않은 활력을 설명하는 요인의 하나로서 이데올로기에 초점을 맞추었다. 또한 이데올로기의 의미에서도 중요한 변화가 발생했다. 『무엇을 할 것인가?』(*What is to be Done?* [1902] 1988)에서 레닌은 프롤레타리아의 관념을 '사회주의적 이데올로기' 또는 '마르크스주의적 이데올로기'라고 묘사하였는데, 이는 마르크스에게는 우스꽝스러운 표현일 것이다.

레닌이나 마르크스 이후의 대부분의 마르크스주의자들에게 이데올로기는 특정한 사회계급의 독특한 관념으로, 다시 말해서 그 자신의 계급적 위치에 관계없이 자신의 이해관계를 증진시키려는 관념으로 파악되었다. 그러나 부르주아뿐만 아니라 프롤레타리아를 포함하여 모든 계급이 이데올로기를 보유함에 따라 이데올로기 용어에서 부정적이거나 경멸적인 함의는 사라져 버렸다. 이데올로기는 더 이상 허위나 신비화를 의미하지 않으며 과학에 반대되는 것으로 인식되지도 않았다. 오히려 '과학적 사회주의(마르크스주의)'가 프롤레타리아 이데올로기의 형태로 인정되었다.

이데올로기에 대한 마르크스주의자들의 이론은 아마도 안토니오 그람시(Antonio Gramsci [1935] 1971)에 의해서 가장 발전되었다고 할 수 있다. 그람시는 자본주의 계급제도가 불평등한 경제적·정치적 권력에 의해서만이 아니라 그가 부르주아 관념과 이론의 '헤게모니(hegemony)'라고 명명한 것에 의해서도 지탱된다는 주장을 폈다. 헤게모니는 지도력이나 지배를 의미한다. 이데올로기적 헤게모니라는 의미에서 그것은 부르주아 관념이 경쟁적인 관념을 대치하여 사실상 당 시대의 상식이 되는 능력을 뜻한다. 그람시는 이데올로기가 예술과 문학, 교육제도와 언론매체 그리고 일상 언어와 대중문화 등 사회의 모든 수준에서 어느 정도로 착근되는지를 밝혔다. 그람시에 따르면, 이러한 부

> **❋ 헤게모니**
>
> 어떤 제도가 다른 제도에 대해 갖고 있는 우월성이나 지배력을 지칭하는데, 마르크스주의자들에게는 헤게모니가 이데올로기적 지배를 의미한다.

르주아 헤게모니는 정치적·지적 수준에서 도전을 받을 수 있다. 이는 사회주의 원칙과 가치, 이론에 기초한 경쟁적인 '프롤레타리아 헤게모니'의 확립을 통해서 도전받는다는 것을 뜻한다.

정당성을 창출함으로써 안정을 도모해 나가는 자본주의의 능력은 또한 프랑크푸르트학파(Frankfurt School)의 특별한 관심 대상이었다. 이들은 주로 나치를 피해 나중에 미국에 정착한 독일의 네오 마르크스주의자들로 구성되었다. 이들 가운데 가장 널리 알려져 있는 허버트 마르쿠제(Hebert Marcuse, p.166 참조)는 『일차원적 인간』

안토니오 그람시(Antonio Gramsci 1891~1937)

이탈리아의 마르크스주의자이자 사회이론가. 하급 정부관리의 아들로 태어난 그람시는 1913년 이탈리아사회당에 가입했고 1921년 새로이 창설된 이탈리아공산당의 사무총장이 되었다. 1924년 이탈리아 의회에 당선되었지만, 1936년에 무솔리니(Mussolini)에 의해 투옥되었다. 그는 죽을 때까지 감옥에 있었다.

1929~35년 사이에 쓰여진 『옥중수고』(*Prison Notebook* 1971)에서 그람시는 정통 마르크스주의가 경제적 또는 물질적 요인에 치중된 것을 교정하려고 애썼다. 그는 헤게모니 이론을 통해 정치적·지적인 투쟁의 중요성을 강조하였고 어떤 형태의 '과학적' 결정론도 거부했다. 그는 그의 생애를 통하여 레닌주의자이자 혁명가로 남았다. 혁명적 헌신과 '의지의 낙관주의'에 대한 강조로 인해 그는 뉴레프트로부터 사랑을 받았다. 헤게모니는 그람시의 핵심개념이 되고 있다.

(*One-Dimensional Man* 1964)에서 다음과 같이 주장하였다. 즉, 선진 산업사회는 사고를 조작하고 반대되는 견해를 표현하지 못하도록 하기 위해서 자신의 이데올로기 능력에서 '전체주의적' 속성을 발전시켜 왔다고 주장한다.

잘못된 요구를 조작하고 인간을 소비자로 전환시킴으로써 현대 사회는 광범하지만 무의미한 풍요의 확대를 통해 비난을 무력화할 수 있다. 마르쿠제에 따르면, 자유주의적 자본주의가 확실하게 관용적이기는 하지만 이는 억압적 목적에 기여할 수 있다. 왜냐하면 이것이 자유 토론과 주장의 이미지를 만들어내고 그럼으로써 교화와 이데올로기적 통제가 얼마나 많이 일어나는지를 은폐해 주기 때문이다.

이데올로기의 비마르크스주의적 개념을 만들어내려는 초기 시도 가운데 하나는 독일 사회학자 칼 만하임(Karl Mannheim 1893~1947)에 의해 이루어졌다. 마르크스처럼 그는 사람의 관념이라는 것이 자신의 사회적 환경에 의해서 정립된다는 것을 인정했다. 그러나 그는 마르크스와 달리 이데올로기에서 부정적인 함의를 제거하려고 애썼다. 『이데올로기와 유토피아』(*Ideology and Utopia* [1929] 1960)에서 만하임은 이데올로기를 특정의 사회질서를 옹호하는 데 기여하며 나아가 지배집단이나 통치집단의 이해관계를 광범하게 표명하는 사상체계로 묘사했다. 반면에 유토피아는 급진적인 사회변화의 필요성을 암시하고 그럼으로써 다양한 방식으로 억압을 받고 있는 하위 집단의 이해관계를 대변하는 등 이상화된 미래를 표현한다.

나아가 그는 이데올로기의 '특수한' 개념과 '총체적' 개념을 구별했다. '특수한' 이데올로기는 특정의 개인이나 집단, 정당의 관념 내지는 신념인데 반해, '총체적' 이데올로기는 사회계급, 사회 또는 역사적 시기의 전반적인 '세계관(Weltanschauung)'을 포괄한다. 이런 의미에서 마르크스주의, 자유주의, 자본주의, 이슬람 근본주의는 '총체

관점 (Perspectives)

❊❊ 이데올로기

자유주의자들은 특히 냉전 시기 동안, 이데올로기를 많은 경우 스스로가 과학적이라는 얼토당토않은 주장을 통해 진리를 독점하고 있다고 주장하는 공인된 신념체계로 파악한다. 그렇기 때문에 이데올로기는 본질적으로 억압적이고 전체주의적인 특성을 띠며, 그 대표적인 사례가 공산주의와 파시즘이다.

보수주의자들은 전통적으로 이데올로기를 합리주의의 오만이 표출된 것으로 간주한다. 이데올로기는 정교한 사상체계로서 위험하고 신뢰할 수 없다. 실재로부터 추상화된 것이기 때문에 이데올로기는 억압으로 연결되거나 아니면 전혀 달성할 수 없는 원칙과 목표를 만들어낸다. 이런 관점에서 보면 사회주의와 자유주의는 확실히 이데올로기이다.

사회주의자들은 마르크스를 따라 이데올로기를 계급사회의 모순을 은폐하고 그럼으로써 하위계급 사이에 허위의식과 정치적 순응을 조장하는 관념체계로서 파악한다. 자유주의는 고전적인 지배계급의 이데올로기이다. 후기 마르크스주의자들은 중립적인 이데올로기 개념을 채택하고 있고, 이데올로기를 노동계급을 포함하여 어떤 사회계급의 독특한 관념으로 간주한다.

파시스트들은 이데올로기를 열정과 의지보다는 단순히 이성에 기반을 두면서 지나치게 체계화되어 있고 무미건조하며 지적인 형태를 띤 정치적 이해로 파악한다. 이 때문에 자주 이데올로기에 대해 부정적이다. 나치는 자신들의 이념을 체계화된 철학보다는 '세계관(Weltanschauung)'으로 묘사하는 것을 더 선호하였다.

생태주의자들은 모든 전통적인 정치적 신조를 **산업주의**(industrialism)의 초이데올로기의 일부로 간주하는 경향이 있다. 이에 따르면, 이데올로기는 오만한 인본주의나 성장지향적인 경제학과의 연관으로 더럽혀져 있다. 자유주의와 사회주의는 이의 가장 명백한 사례이다.

종교적 근본주의자들은 주요 종교적 경전을 이데올로기로 취급한다. 왜냐하면 이 경전들은 신의 계시적 말씀을 표현함으로써 포괄적인 사회재건 프로그램을 제공하기 때문이다. 그렇기 때문에 세속적 이데올로기는 종교적 원칙에 기반하지 않고 있고 그럼으로써 도덕적 내용이 결여되고 있다는 이유로 거부된다.

＊：산업주의

자본의 무한 축적과 대규모 공장생산에 기반을 둔 경제이론 내지는 경제체제

적' 이데올로기로 간주될 수 있다. 그럼에도 불구하고 만하임은 유토피아를 포함하여 모든 이데올로기 체계는 왜곡되어 있다고 믿었다. 왜냐하면 이들 각각의 이데올로기 체계는 사회적 실재에 대해 부분적일 뿐만 아니라 필연적으로 자기이익에 기반을 두는 견해를 제공하기 때문이다. 그러나 그는 객관적인 진실을 발견해 내려는 시도를 절대 포기해서는 안 된다고 주장했다. 만하임에 따르면, 객관성이란 엄격하게 말하면 '사회적으로 어디에도 소속되지 않은 인텔리겐차'들이 보유하는 것이다. 여기서 인텔리겐차란 자신의 경제적 이해관계를 갖고 있지 않기 때문에 홀로 규율되고 감정개입이 없이 탐구에 종사할 수 있는 지식인 계급을 지칭한다.

이후 이데올로기 개념의 이력은 제1, 2차 세계대전 사이 전체주의적 독재의 출현과 1950~60년대에 고조된 냉전의 이데올로기적 긴장으로 인해 큰 흠집을 남겼다. 특히 자유주의 이론가들은 파시스트 이탈리아와 나치 독일 그리고 스탈린 치하의 구소련에서 나타난 정권을 역사적으로 새롭고 독특한 억압적 통치체제로 묘사했으며, 토론과 비판을 억압하고 조직화된 순응을 증진시키는 데에 있어서 '공식' 이데올로기가 수행한 역할을 밝혀냈다.

칼 포퍼(Karl Popper 1945), 한나 아렌트(Hannah Arendt 1951), 탈몬(J. L. Talmon 1952), 버나드 크릭(Bernard Crick 1962) 등과 같은 저술가들은 물론이고 제12장에서 검토하게 될 '이데올로기의 종언' 이론가들은 파시즘과 공산주의를 그 주요한 사례로 바라보면서 이데올로기라는 말을 고도로 제한적인 방식으로 사용하기에 이르렀다. 이에 따르면, 이데올로기는 '폐쇄적인' 사상체계이며 진리 독점권을 주장함으로써 반대되는 생각이나 경쟁적인 신념을 용인하지 않는다. 그래서 이데올로기는 '세속적 종교'가 된다. 그것은 '전체주의화하는' 특성을 보유하고 있으며 순응과 복종을 강화시키는 사회통제의 도구로서 역할을 한다. 그러나 이 기준에 따라 모든 정치적 신조가 다 이데올로기인 것은 아니다. 예를 들면 기본적으로 자유와 관용, 다양성에 헌신한다는 점에서 자유주의는 '개방적인' 사상체계의 가장 명백한 사례이다(Popper 1945).

명백하게 보수적인 이데올로기 관념이 무엇을 의미하는지도 분명하다. 이는 합리주의와 진보에 대한 회의적인 태도로부터 출발하여 추상적인 원칙에 대해 오랫동안 불신을 표명해 온 보수주의자들의 태도에 기반하고 있다. 세계는 무한하게 복잡하며 인간의 인식 능력을 크게 벗어나는 것으로 파악된다. 이러한 견해를 대변하는 현대의

사상가는 영국의 정치철학자 마이클 오크쇼트(Michael Oakeshott 1901~1990)이다. 『정치에서의 합리주의』(*Rationalism in Politics* 1962)에서 오크쇼트는, '인간은 정치 행동을 통해 끝이 없고 바닥이 안 보이는 바다를 항해 한다'고 주장했다. 이러한 시각에서 이데올로기는 사회적 실재를 단순화하고 왜곡하는 일련의 관념체계 내지는 추상적인 사상체계로 파악된다. 왜냐하면 이데올로기가 솔직히 얘기하면 이해할 수가 없는 것을 설명한다고 주장하기 때문이다. 그래서 이데올로기는 교조주의, 다시 말해서 실제 세계의 복잡성과는 동떨어진 고정되고 공론적인 신념과 동일시된다. 그렇기 때문에 보수주의자들은 이미 설정된 이론이나 일련의 추상화된 원칙에 일치하는 방향으로 세계를 고쳐나가려고 시도하는 '이데올로기적' 방식의 정치를 거부한다. 뉴라이트의 고도로 이데올로기적인 정치에 의해 영향을 받기 이전까지 보수주의자들은 오크쇼트가 얘기하는 이른바 '전통적인 입장'의 채택을 더 선호하였다. 이는 이데올로기를 퇴짜 놓고 그 대신 실용주의를 선택하는 것이며 경험과 역사를 인간 행위의 가장 안전한 지침으로 생각한다는 것을 뜻한다.

그러나 1960년대 이래 '이데올로기' 용어는 전통적인 사회·정치적 분석의 필요에 부응한 변신을 통해 더 광범하게 유통되었다. 이 과정에서 이데올로기는 중립적이고 객관적인 개념으로 자리를 잡게 되었으며, 이데올로기에 씌어져 있었던 정치적 포장도 제거되었다. 예를 들면 마틴 셀리저(Martin Seliger 1976)는 이데올로기를 '조직화된 사회적 행동이 기존의 사회질서를 보존하려 하는지, 개선하려고 하는지, 아니면 전복시키려 하는지 또는 재구성하려고 하는지의 여부에 관계없이 사람들이 이러한 행동의 목적과 수단을 제시하고 설명하며 정당화하는 일련의 관념체계'라고 규정하였다. 이에 따르면, 이데올로기는 행동 지향적인 사고체계이다. 이렇게 정의되는 이데올로기는 선한 것도 악한 것도 아니며, 진실한 것도 거짓된 것도 아닐 뿐만 아니라 개방적인 것도 폐쇄적인 것도 아니고, 해방적인 것도 억압적인 것도 아니다. 그것은 이러한 모든 것이 될 수 있다.

이러한 사회과학적 개념의 명백한 장점은 자유주의나 마르크스주의는 물론이고 보수주의와 파시즘 등에 '~ 주의(ism)'를 갖다 붙임으로써 이데올로기 용어가 포괄적인 것이 될 수 있다는 점이다. 어떤 부정적인 관념의 이데올로기가 지닌 결함은 그것이 매우 제한적이라는 것이다. 즉, 마르크스는 자유주의적 관념이나 보수주의적 관념을 이데올로기라고 보면서도 그 자신의 것은 과학이라고 생각했다. 자유주의자들은 명백하게 공산주의와 파시즘을 이데올로기로 분류하지만 자유주의도 이데올로기라는 주장에는 동의하지 않는다. 전통적인 보수주의자들은 자유주의와 마르크스주의, 파시즘을 이데올로기라고 주장하면서도 보수주의는 단순히 '성향'으로 묘사한다. 그러나 어떤 중립적인 이데올로기 개념도 그 나름의 위험성을 내포하고 있다. 특히 정치적 짐을 벗어버림으로써 이데올로기 용어가 너무나 개성이 없고 일반적인 것으로 변하면서 그 날카로운 비판력을 상실하게 되었다. 이데올로기가 '신념체계'라든가 '세계관', '이념', '정치철학' 등과 같은 용어와 서로 바꾸어 쓸 수 있는 것이라 하더라도, 이데올로기가 독특하고 차별화된 의미를 갖고 있다고 계속 주장하는 이유는 무엇인가? 이와 관련하여 특히 다음과 같은 두 가지 질문이 중요하다. 즉, 이데올로기와 진실 사이의 관계는 무엇인가? 어떤 의미에서 이데올로기는 권력의 한 형태로서 파악될 수 있는가?

IV. 이데올로기의 형세

이데올로기에 대한 어떤 형태의 짧은 혹은 단 한 문장의 개념 규정도 더 많은 질문을 자극할 가능성이 크다. 그럼에도 불구하고 이러한 이데올로기 개념은 유용하고 필요한 출발점을 제공해 준다. 이 책에서 이데올로기는 다음과 같이 이해된다:

이데올로기는 그것이 기존의 권력제도를 유지하려고 하든 혹은 수정하거나 전복시키려 하든 조직화된 정치행동에 기반을 제공하는 비교적 일관된 관념체계이다. 그렇기 때문에 모든 이데올로기는 다음과 같은 특징을 보유한다.

(a) 이데올로기는 보통 '세계관'의 형태로 기존 질서에 대한 설명을 제공한다.
(b) 이데올로기는 바람직한 미래의 모델 또는 '좋은 사회'의 비전을 발전시킨다.
(c) 이데올로기는 정치변화가 어떻게 일어나고 또 일어나야 하는지 ― 어떻게 (a)로 부터 (b)로 변화되는지를 설명한다(〈그림 1-1〉 참조).

이러한 이데올로기 개념은 독창적인 것도 아니고 새로운 것도 아니다. 이는 전적으

〈그림 1-1〉 이데올로기의 특징

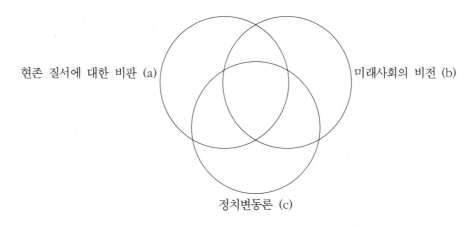

로 이데올로기를 사회과학적으로 사용하는 것과 같은 맥락이다. 그럼에도 불구하고 이 개념은 이데올로기 현상의 중요하고 독특한 특징 몇 가지에 대해 관심을 갖도록 한다. 특히 이 개념 규정에 따르면, 이데올로기의 복잡성은 서술적인 사고와 규범적인 사고 그리고 정치이론과 정치실천 사이의 전통적인 경계에서 이데올로기가 양다리를 걸치고 있다는 사실로부터 연유한다. 간단히 말하면 이데올로기는 두 종류의 종합을 의도하고 있는데, 즉 이해와 관여 그리고 사고와 행동이 그것이다.

이해와 관여의 융합이라는 첫 번째 종합과 관련하여 이데올로기는 '있는' 것과 '있어야 할' 것 사이의 구별을 애매하게 만든다. 이데올로기가 실제로 개인과 집단에게 그들의 사회가 어떻게 작동하고 있는지의 지적인 그림을, 보다 넓게 얘기하면 세계에 대한 일반적 견해를 제공해 준다는 점에서 이데올로기는 서술적이다. 예를 들면 이는 이데올로기의 중요한 통합적 능력, 즉 특정 사회적 환경 내에 사람을 '위치'시키는 이데올로기의 능력을 설명해 준다. 그러나 이러한 서술적 이해는 현행 사회적 장치의 적합성이라든가 대안적인 미래사회의 특성에 대한 일련의 규범적이고 처방적인 신념 내에 깊이 착근되어 있다. 그렇기 때문에 이데올로기는 강력하게 감정적이고 정서적인 특성을 보유한다. 그것은 희망과 공포, 동정과 혐오를 표현할 뿐만 아니라 신념을 표출하고 이해를 도모하는 수단이다.

〈그림 1-1〉에서 (a)와 (b)가 연결되어 있기 때문에 이데올로기에서 '사실'은 불가피하게 '가치'와 결합하거나 융합하는 경향이 있다. 이것이 의미하는 바의 하나는 이데올로기와 과학 사이를 명백하게 구별할 수가 없다는 점이다. 이러한 관점에서 이데올

로기를 토마스 쿤(Thomas Khun)의 『과학혁명의 구조』(*The Structure of Scientific Revolutions* 1962)에서 제시하고 있는 패러다임으로 취급하는 것이 도움이 된다. 여기서 이데올로기는 지적인 탐구 과정을 구조화하는 데 도움을 주는 일련의 원칙, 교의, 이론이 된다. 사실 그것은 정치적 지식 탐구가 발생하는 틀 내지는 정치적 담화의 언어를 구성한다. 예를 들면 정치학, 보다 명확하게는 주류 경제학의 많은 부분은 개인주의적이고 합리주의적인 가정에 근거를 두고 있는데, 이는 의심의 여지가 없이 자유주의적 유산을 보유하고 있다.

지적인 틀이자 정치적 언어로서 이데올로기를 이해하는 것이 중요한 또 하나의 이유는, 그것이 이데올로기가 인간의 이해를 얼마나 구조화하는지를 밝혀준다는 데에 있다. 다른 사람에 대해서는 명확하게 이데올로기적이라고 비판하면서 자신의 신념은 이데올로기가 아니라고 주장하는 경향이 자주 일어나는 이유는, 우리들의 이데올로기가 세계를 이해할 수 있도록 하는 개념들을 제공하면서도 실제로는 쉽게 눈에 띄지 않는다는 사실 때문이다. 다시 말해서 우리들이 감지한 것을 형상화하고 그럼으로써 세계에 의미를 부여하는 일련의 이론, 전제, 가정들을 통해 세상을 바라본다는 사실을 우리들은 인정하지 않거나 혹은 인정하길 거부한다. 그람시의 지적처럼, 이데올로기는 '상식'의 지위를 차지하게 된다.

〈그림 1-1〉에서 (b)와 (c) 사이의 연결에서 보듯이 사고와 행동의 융합이라는 두 번째 종합은 더욱 중요하다. 셀리저(Seliger 1976)가 이데올로기의 '근본적 수준'과 '작동적 수준'이라고 명명한 것이 바로 두 번째의 융합을 다룬 것이었다. 근본적 수준에서의 이데올로기는 추상적인 관념과 이론을 다루며, 이의 주창자들이 자주 냉정하게 탐구에 매진한다는 점에서 정치철학과 유사하다. '이데올로그'라는 말은 자주 특정 이데올로기를 막무가내로 또는 의식적으로 지지하는 사람들을 지칭한다. 그렇지만 존 로크(John Locke, p.64 참조), 존 스튜어트 밀(John Stuart Mill, p.54 참조), 프리드리히 하이에크(Friedrich Hayek, p.123 참조)와 같은 명망 있는 정치철학자들 모두 이데올로기 전통 내에서 일을 했고 또 이에 기여했다.

그러나 작동적 수준에서의 이데올로기는 광범위한 정치운동의 형태를 띠며 대중동원과 권력투쟁에 개입한다. 이런 형태의 이데올로기는 슬로건, 정치적 수사, 정당의 강령, 정부의 정책에서 나타난다. 엄격히 말해 이데올로기는 관념정향적인 동시에 행동정향적인 것임에 틀림없다. 하지만 의문의 여지가 없이 어느 한쪽이 상대적으로 강하다. 예를 들면 파시즘은 항상 작동적 목표 내지는 여러 사람이 선호하는 행위의

정치학을 강조했다. 반면에 무정부주의는 특히 20세기 중반 이후에는 많은 경우 근본
적이거나 철학적인 수준에서 존재해 오고 있다.

　그럼에도 불구하고 이데올로기는 정치철학의 명백한 틀이나 내적인 일관성을 결여
하는 경우가 많다. 그것은 *어느 정도만* 일관적이다. 이데올로기의 이와 같은 명백한
틀의 결여는 부분적으로는 이데올로기가 탄탄하게 봉인된 사고체계가 아니라는 데에
서 기인한다. 오히려 이데올로기는 전형적으로 다른 이데올로기와 중복되며 서로에게
영향을 미치는 유동적인 관념체계이다. 이러한 이유 때문에 이데올로기의 발전이 가
능하기도 하지만 또한 자유주의적 보수주의, 사회주의적 페미니즘, 보수주의적 민족
주의 등과 같은 혼성 형태의 이데올로기가 출현하기도 한다. 더욱이 각각의 이데올로
기는 일련의 다양하고 심지어는 경쟁적인 전통이나 견해를 포함한다.

　같은 이데올로기를 지지하는 사람들 사이에서의 다툼이 경쟁적인 이데올로기 지지
자들 사이에서의 논쟁보다 더 격정적으로 나타나는 것도 드문 현상이 아니다. 왜냐하
면 여기에는 의문시되는 이데올로기의 참된 특성이 무엇이냐가 관련되어 있기 때문인
데, 즉 '참된' 사회주의, '참된' 자유주의, '참된' 무정부주의란 무엇이냐가 그것이다.
이데올로기적 전통들 사이와 각각의 내부에서 이러한 갈등은 다음과 같은 사실로 인
해 더욱더 복잡해진다. 즉, 각자 '자유', '민주주의', '정의', '평등'과 같은 용어에 대해서
자신들의 의미를 부여하면서도 자주 이러한 용어의 사용을 통해 논쟁을 벌인다는 것
이다. 이는 갈리(W. B. Gallie 1955~1956)가 '본질적으로 논쟁적인 개념'이라고 명명
한 것의 문제점을 보여주고 있다. 이데올로기는 너무나 논쟁이 깊어서 어떤 확립된
또는 합의된 개념 규정도 발전될 수가 없는 그러한 개념이다. 이런 의미에서 이 책의
〈관점〉에서 검토되고 있는 다른 용어들이 그렇듯이 이데올로기는 확실히 '본질적으로
논쟁적'이다.

　그러나 이데올로기의 무정형성 내지는 비일관성에도 제한이 있다는 것은 확실하다.
특별하게 간직하여 온 원칙을 포기하거나 아니면 이전에는 하찮게 여겼던 이론을 수
용함으로써 이데올로기는 자신의 정체성을 상실할 수도 있고, 혹은 아마도 경쟁적인
이데올로기에 흡수될 수도 있는 그러한 어떤 변곡점은 있다. 만약 자유주의가 자유에
대한 헌신을 저버려도 자유주의일 수가 있을까? 만약 사회주의가 폭력과 전쟁에 대한
욕구를 발전시켜 나가면서도 계속 사회주의로 남아 있을 수 있을까?

　마이클 프리덴(Michael Freeden 1996)에 따르면, 이러한 문제를 해결하는 하나의
방법은 주요 개념이라는 관점에서 이데올로기의 형태와 구조와 같은 형태학을 드러내

보이는 것이다. 이는 마치 방안의 가구 배치가 부엌과 침실, 거실 등을 구별하는 데 도움을 주는 것과 같다. 그렇기 때문에 각각의 이데올로기는 일련의 핵심적, 부수적, 주변적 개념들의 집적으로 특징지어지지만, 이 모든 개념들이 그 이데올로기에 속한다는 것을 인정받기 위해서 이데올로기나 교의에 상존할 필요는 없다.

예를 들면 부엌은 싱크대나 요리사가 없다고 하여 부엌이 안 되는 것은 아니다. 이와 비슷하게 식기세척이나 전자레인지와 같은 새로운 기구들이 들어오더라도 부엌은 여전히 부엌으로 존재한다. 그러나 이데올로기는 자신들의 개념적 가구들이 어느 정도인가에 따라 '두터울' 수도 있고 '얇을' 수도 있다. 자유주의, 보수주의, 사회주의는 일련의 광범하고 독특한 가치, 교의, 신념에 기반을 두는 반면, 무정부주의나 페미니즘과 같은 이데올로기는 '더 두터운' 다른 이데올로기적 전통에서 제시되는 요소들을 통합하고 있다는 점에서 자주 '교차적' 성향을 강하게 띠는가 하면 보다 덜 강한 자기중심성을 보인다. 바로 이 점 때문에 특히 민족주의나 다문화주의가 그 스스로 자족적인 이데올로기가 될 수 있는지 혹은 단순히 다른 '종주적(host)' 이데올로기의 장식품에 지나지 않는 것인지를 둘러싸고 아마도 해결하기가 어려운 논쟁과 혼란이 제기되고 있다.

이는 이데올로기와 진실 사이의 관계에 대해 우리에게 무엇을 말해 주고 있는가? 예를 들면 우리가 알고 있는 바와 같이 마르크스에게 이데올로기는 진실에 대한 양립 불가능한 적이었다. 오류는 이데올로기에 내재하여 있는 바, 이는 지배계급의 창조물인 이데올로기가 착취와 억압을 위장하는 데 그 목적을 두고 있기 때문에 그렇다. 그럼에도 불구하고 만하임의 지적처럼, 프롤레타리아가 어떤 환상이나 이데올로기도 필요로 하지 않는다는 점에서 마르크스를 따른다고 하더라도 이 역시 노동자 대중을 인간성의 해방자로 바라보는 고도의 낭만적인 견해를 수용하고 있다. 그러나 이 문제에 대한 만하임의 해법인 이른바 자유롭게 부유하는 인텔리겐차가 우리에게 더 많은 것을 갖다 주고 있는 것도 아니다. 모든 사람들의 견해는 의식적이든 무의식적이든 광범위한 사회적·문화적 요인들에 의해 규정을 받는다. 교육은 우리들로 하여금 이러한 견해들을 보다 설득력 있고 유창하게 옹호하도록 도움을 준다. 그렇다고 이러한 견해가 덜 주관적이고 혹은 더 냉정한 것이 되도록 한다는 어떤 보장도 없다. 이것이 의미하는 바는 이데올로기가 진실인지 아닌지를 판단할 수 있는 어떤 객관적인 기준이 존재하지 않는다는 것이다.

실제로 이데올로기가 진실일 수도 있고 거짓일 수도 있다고 얘기하는 것은 이데올로기가 본질적 속성상 과학적 분석의 대상이 될 수 없는 가치, 이상, 열망을 담고 있다는 결정적 사실을 간과하는 것이다. 정의에 관한 어느 이론이 다른 이론보다 더 선호될 수 있음을 아무도 '입증할' 수가 없다. 그리고 인간은 권리를 소유하고 있으며 자유를 향유할 자격이 있고 또 선천적으로 이기적이라든가 사회적임을 최종적으로 증명하기 위해서 외과적 개입을 통해 인간본성에 대한 경쟁적인 개념들을 검증할 수도 없다. 이데올로기를 받아들이는 것은 정밀검사와 논리적 분석에 맞서기 때문이기 보다는 이데올로기가 개인과 집단, 사회로 하여금 그들이 살고 있는 세계를 이해하도록 하는 데 도움을 주기 때문일 것이다. 앤드류 빈센트(Andrew Vincent 1995)의 지적처럼, '우리들은 중립적인 관찰자가 아니라 동반자로서 이데올로기를 검토한다.'

그럼에도 불구하고 의심할 바 없이 이데올로기는 진실을 드러내 보여준다고 주장한다. 이런 의미에서 이데올로기는 '진리체계'로 볼 수도 있다. 우리들에게 정치적 담론의 언어들을 제공함으로써, 다시 말해서 사회가 어떻게 작동하며 어떻게 되어야 하는지에 대한 일련의 가정과 전제들을 제공함으로써 이데올로기는 우리들의 생각과 행동을 구조화한다. '진리체계'로서 이데올로기는 항상 권력과 연결되어 있다. 경쟁적인 진리, 가치, 이론의 세계에서 이데올로기는 다른 가치에 비해 어떤 가치를 우선시하는가 하면 특정의 이론이나 의미체계에 정당성을 부여하고자 한다. 나아가 이데올로기는 사회적 세계의 지적인 지도를 제공하기 때문에 한편으로는 개인과 집단, 다른 한편으로는 더 광범위한 권력구조 사이의 관계를 확립하는 데 도움을 준다. 그렇기 때문에 이데올로기는 현행의 권력구조를 공정하고 자연스러운 것이며 또 올바른 것으로 묘사함으로써 이를 지탱하는 데 결정적인 역할을 한다. 또한 기존 권력구조의 부당성 내지는 불공평성을 지적하거나 대안적인 권력구조가 매력이 있음을 드러내 보임으로써 이를 약화시키고 또 이에 도전하도록 하는 데도 결정적인 역할을 한다.

V. 옛것을 위한 새로운 이데올로기(?)

18세기 이래 이데올로기는 정치와 뗄 수 없는 특성을 보유해 왔다. 그러나 그 내용은 각 시대에 걸쳐 중대한 변화를 거쳤고, 특히 1960년대 이후 이데올로기적 변형의 속도는 더욱 가속화 되었다. 새로운 이데올로기들이 출현하였으며, 한때 영향력이 컸던 이데올로기가 그 중요성에서 힘을 잃기도 했다. 그리고 모든 이데올로기는 때때로 급격한 재규정과 쇄신 과정을 겪었다.

정치 이데올로기는 봉건주의로부터 산업자본주의로의 이행으로부터 등장했다. 단순화시켜 얘기하면, 자유주의, 보수주의, 사회주의와 같은 가장 초기의 '고전적인' 이데올로기적 전통은 태동하는 산업사회를 어떻게 만들어 나갈 것인가를 둘러싼 대립적인 시도로서 발전되었다. 자유주의가 개인주의와 시장 그리고 적어도 처음에는 최소 정부의 이상을 적극 옹호하였다면, 보수주의는 점차적으로 전투태세를 갖춘 구질서의 옹호에 중점을 두었는데 반해 사회주의는 공동체와 평등, 협력에 기반한 사회라는 전혀 다른 이상을 발전시켰다.

19세기가 진행되어 나감에 따라 이들 각각의 이데올로기는 보다 명확한 이데올로기적 특성을 보유하게 되었고 사회의 특정 계급이나 계층과 연관을 갖게 되었다. 간단히 얘기하면 자유주의는 떠오르는 중간계급의 이데올로기이며, 보수주의는 귀족 혹은 특권층의 이데올로기이고, 사회주의는 점증하는 노동자 계급의 이데올로기였다. 이에 따라 정당들은 이들 계급의 이해관계를 대변해 주고 다양한 이데올로기에 대해 '조작적' 표현을 제공해 주기 위해서 발전되어 나갔다. 그렇기 때문에 이들 정당들은 전형적으로 정책강령적 특성을 보였다. 이 시기 동안 이데올로기적 주장과 논쟁으로부터 나온 중심 주제는 자본주의와 사회주의라는 경쟁적인 경제철학 간의 투쟁이었다. 그래서 정치 이데올로기는 경제에 중점을 두게 되었다. 이 점은 좌/우의 구분으로 포착되었고 〈그림 1-2〉에서 나타나고 있는 것처럼 선형의 정치적 스펙트럼을 통해 표현되었다. 프랑스 대혁명으로 거슬러 올라가서 1789년 신분제의회의 첫 회의에서 다양한

〈그림 1-2〉 선형 스펙트럼

| 좌 | 공산주의 | 사회주의 | 자유주의 | 보수주의 | 파시즘 | 우 |

집단들이 채택한 자리 배열을 의미했던 '좌(Left)'와 '우(Right)' 두 용어의 의미는 한편으로는 평등과 공동소유를, 다른 한편으로는 실적주의와 사유재산을 강조하는 것과 연결되었다.

좌

자유, 평등, 박애, 진보와 같은 원칙에 대한 헌신으로 특징지을 수 있는 이데올로기적 정향

자본주의와 사회주의 간의 투쟁선은 세계 최초로 사회주의 국가를 건설한 1917년 러시아 혁명으로 인해 날카롭게 획정되었다. 실제로 1914년 제1차 세계대전의 발발로부터 1989~91년 공산주의의 몰락까지의 '짧은' 20세기라 불리는 기간 동안, 특히 1945~90년의 냉전 기간 동안 국제정치는 자본주의의 서구와 사회주의의 동구가 대치함에 따라 이데올로기적 선을 따라 구조화되었다. 보다 일반적으로 좌익의 정치적 사고는 공산주의나 무정부주의와 같이 자본주의를 제거하고 대치하려는 '강경한 좌익'의 욕구로부터 사회주의

우

권위, 질서, 위계, 의무와 같은 원칙에 대한 헌신으로 특징지을 수 있는 이데올로기적 정향

나 현대 자유주의처럼 자본주의를 개혁하고 '인간화' 하려는 '온건한 좌익'의 바람까지에서 보듯이 자본주의에 대한 반감을 반영하였다. 이와 대조적으로 고전적 자유주의와 보수주의처럼 우익의 사고는 자본주의를 옹호하고 확장하려는 열망으로 규정되었다.

그럼에도 불구하고 이러한 이데올로기적 투쟁선은 1920~30년대 파시즘의 등장으로 더 복잡하게 되었다. 그 외형적인 측면으로 보면 파시즘은 명백히 '극우' 이데올로기였다. 그것은 강력하게 반공산주의를 표방했고 보수주의와 공유하는 게 많았으며 보다 극단적인 형태로서 위계질서와 엘리트주의를 옹호했다. 그러나 파시즘 내의 인종주의적 요소는 자본주의와 대기업을 비판한다는 점에서 때로는 '좌익'의 견해를 표명했다. 또한 파시즘은 나중에 종교적 근본주의의 어떤 형태에서 다시 나타나게 되는 것과 같은 반서구주의라든가 정치적·정신적 쇄신과 같은 이데올로기적으로 새로운 개념을 표명하였다.

좌우 이데올로기적 투쟁선을 더욱 복잡하게 만든 또 하나의 요인은 공산주의와 파시즘이 어떤 유사성을 노정하였다는 것이다. 둘 다 몇몇 사람들에 의해 '전체주의적'이라고 불리는 억압적이고 권위주의적 형태의 통치를 발전시켰다. 이로 인해 좌/우 구별의 의미 내지는 선형의 정치적 스펙트럼의 의미가 퇴색하게 되었다. 그래서 1950~60년대에는 말편자 형태의 대안적인 정치적 스펙트럼을 사용하는 것이 보다 통상적인 것이 되었다. 이는 좌와 우의 극단이 서로 수렴하는 경향을 보인다는 것을

〈그림 1-3〉 말편자 형 스펙트럼

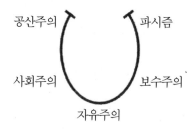

의미하는 동시에 이 양 극단 모두 자유주의와 사회주의, 보수주의와 같은 '민주적' 신념과는 구별되는 것으로 파악되었다. 이를 예시하면 〈그림 1-3〉과 같다.

그러나 1960년대를 거치면서 이데올로기적 지형은 변화되었다. 예를 들면 뉴레프트와 뉴라이트의 성장 그리고 극적으로는 정통 공산주의의 몰락 등과 같이 기존의 혹은 '고전적인' 이데올로기에서 변화가 일어났을 뿐만 아니라 일련의 '새로운' 이데올로기적 전통들이 출현하였다. 이들 가운데 가장 중요한 몇 가지를 보면 다음과 같다.

'고전적' 이데올로기	'새로운' 이데올로기
자유주의	페미니즘
보수주의	생태주의
사회주의	종교적 근본주의
민족주의	다문화주의
무정부주의	
파시즘(?)	

'새로운' 것으로 지칭하는 것은 잘못된 것일 수도 있다. 왜냐하면 이들 각각의 뿌리는 19세기 이전까지는 아니라 해도 19세기까지는 거슬러 올라가기 때문이다. 더욱이 이들 이데올로기들은 현존하는 주류 이데올로기로부터 많은 것을 끄집어내고 있으며 그 때문에 이들은 혼성의 혹은 교차적 특성을 띠고 있다. 그럼에도 불구하고 이들 이데올로기들은 특정한 영역의 이데올로기적 논쟁을 과거에는 생각하지도 못했던 수준으로 가열되도록 하였다는 점에서 '새로운' 것이다. 그리고 이 과정에서 이들 이데올로기들은 신선하고 도전적인 이데올로기적 시각이 나타날 수 있는 여건을 마련해

주었다. 이러한 이데올로기적 변형의 과정은 왜 일어나는 것일까? 여기에는 다음과 같은 3가지 요인이 있다.

- 산업사회로부터 후기 산업사회로의 이행
- 공산주의의 몰락과 변화하는 세계질서
- 세계화와 초국가화

현대 사회의 구조와 특성은 1950년대 이래 심대한 변화 과정을 겪었다. 사회사상가들은 이러한 변화 과정을 다양한 방식으로 예고해 왔다. 예를 들면 벡(Beck 1992)은 '일차적' 근대성으로부터 '이차적' 근대성으로의 이행을 주장했다. 기든스(Giddens 1994)는 '단순한' 근대성으로부터 '반응적' 근대성으로의 전환을 분석했는가 하면, 바우만(Baumann 2000)은 '고정적' 근대성으로부터 '유동적' 근대성으로의 변화를 논의했다. 그러나 이러한 변화의 중심에는 산업사회로부터 후기 산업사회로의 이행이 자리하고 있다. 산업사회는 상대적으로 명백한 계급구분, 좀 거칠게 얘기하면 자본과 노동 사이의 계급구분에 근거한다는 점에서 견고한 속성을 띠며, 그 결과 이는 정당체계, 이익집단 간의 경쟁, 이데올로기적 논쟁 등 정치과정을 구조화하는 데 기여했다. 후기 산업사회는 많은 점에서 이와 다르다.

첫째, 후기 산업사회는 더 풍요로운 사회이기 때문에 물질적인 생존 투쟁이 많은 사람들에게 덜 긴급한 것이 되고 있다. 보다 더 번영된 조건 속에서 개인들은 '삶의 질' 내지는 '탈물질주의적' 쟁점에 더 많은 관심을 표명한다. 이들은 전형적으로 도덕성, 정치적 정의, 개인적 자아실현 등에 관심을 가진다. 또한 여기에는 양성평등, 세계평화, 인종 간 조화, 환경보호 및 동물권 등이 포함된다.

둘째, 사회구조와 사회적 유대의 속성이 변화했다. 산업사회는 특정의 사회계급과 민족성에 기반하여 '두터운' 사회적 유대를 조장하는 경향이 있는 데 반해, 후기 산업사회는 점증하는 개인주의화와 보다 유동적이고 '약한' 사회적 유대에 의해 특징지어진다. 이는 한편으로는 사람들이 자신들이 누구이며 특정의 도덕적·사회적 쟁점과 관련하여 어떤 입장을 취할 것인지에 대해 덜 명확한 입장을 취한다는 것을 의미한다. 하지만 후기 산업사회의 등장은 사람들로 하여금 자신들의 계급에 기반한 이데올로기적 일체성으로부터 '벗어나게' 하는가 하면 새로운 정체성을 찾도록 허용하고 심지어는 그렇게 하도록 촉구하고 있다.

공산주의의 붕괴에 따른 이데올로기적 분절화는 심대하고 광범위하며 많은 점에서 지금도 계속하여 일어나고 있다. 가장 크게 영향을 받은 이데올로기는 사회주의이다. 특히 과거 소련식의 마르크스-레닌주의 형태를 띤 혁명적 사회주의는 중앙계획의 경제적 실패와 국가권위주의와의 연관성 때문에 한물간 것으로 치부되었다. 민주사회주의 역시도 영향을 받았다. 어떤 이들은 민주사회주의가 치명적으로 타협적이 되고 있다는 주장을 펴고 있다. 특히 민주사회주의자들은 '위로부터 아래로의' 국가통제에 대한 신념을 상실했으며, 시장이 부를 창출하는 가장 신뢰할 수 있는 수단이라는 사실을 받아들이고 있다.

공산주의의 몰락과 사회주의의 전반적 후퇴는 새로운 이데올로기적 세력에게 기회를 제공해 주었다. 이들 가운데 중요한 것은 민족주의 특히 많은 후기공산주의 사회에서 주요한 이데올로기였던 마르크스-레닌주의를 대체한 종족적 민족주의와 그 형태는 다양하지만 많은 발전도상국가에서 점차 영향력을 늘려가고 있는 종교적 근본주의이다. 2001년 9월 11일 뉴욕과 워싱턴에 대해 파괴적인 공격을 감행함으로써 시작된 전지구적 테러리즘의 등장과 이른바 '테러와의 전쟁'은 정치 이데올로기에 영향을 미쳤다. '테러와의 전쟁'은 새로운 이데올로기적 투쟁선이 출현하였음을 공포한 것이었다. 어떤 사람들은 이 테러와의 전쟁이 21세기 지구적 정치를 규정할 것으로 보고 있다. 이와 관련하여 광범위하게 논의되면서 동시에 매우 논쟁적인 헌팅턴(Samuel Huntington 1993)의 논지를 보면, 자본주의와 사회주의 간의 이데올로기적 투쟁은 서구와 이슬람을 가장 중요한 구분선으로 제시하는 '문명의 충돌'에 의해 대치되고 있다.

세계화(globalization)는 경제적·문화적·정치적 형태를 통해 다양한 방식으로 정치 이데올로기의 발전에 영향을 미쳤다. 첫째, 그것은 공산주의의 붕괴에 기여했다. 이는 한편으로는 1970년대 이후 자본주의 서구에서 경제성장을 촉진해 왔던 경제적 세계화의 경향을 통해서 이루어졌는데, 이로 인해 자본주의와 공산주의 사이의 물질적 격차가 더욱 확대되었기 때문이다. 그리고 다른 한편으로는 동유럽으로의 지속적인 미디어 침투를 통해서 이루어졌는데, 이를 통해 친서구적이고 친자본주의적인 가치와 욕구가 확산되었기 때문이다.

둘째, 민족자결의 신조와 연결된 정치적 민족주의는 이제는 민족국가가 '탈주권적' 조건 속에서 작동하게 되었다는 사실 때문에 약화되어 왔다. 세계화의 시대에서 국가가 정치적 충성과 시민적 헌신을 이끌어내는 데서 점차 능력을 상실해 나감에 따라

문화, 종족, 종교에 기반한 '특수주의적' 정향의 이데올로기적 정체성이 강화되어 나가고 있다.

셋째, 세계화는 국제적 이민을 증대시킴으로써 다문화주의로의 경향을 강화하고 있고 점점 더 많은 사회로 하여금 다종교적이고 다종족적인 특성을 갖도록 하고 있다.

마지막으로 세계화는, 특히 자본주의경제의 지구적 확장은 이에 반대하는 세력을 광범위하게 촉발시키고 있다. 여기에는 한편으로는 발전도상 세계에서 나타나고 있는 종교적 근본주의의 득세가 포함되는데, 그에 따라 벤자민 바버(Benjamin Barber 1995)가 지적한 것처럼 같은 '지하드(Jihad)'와 '맥월드(MacWorld)' 간의 충돌이 야기되고 있다. 다른 한편으로 발전된 세계에서는 반세계화 내지는 반자본주의 운동이 태동하였는데, 이는 무정부주의, 페미니즘, 생태주의의 사고를 고쳐 쓰는가 하면 때로는 이를 강화해 나가고 있다.

'새로운' 이데올로기는 새로운 것일 뿐만 아니라 많은 측면에서 '고전적인' 이데올로기와는 다르다. 이는 이데올로기적 논쟁의 초점을 변화시켰는가 하면 때로는 그 용어들을 바꾸어 놓았다. 우선 경제학으로부터 벗어나 문화로 옮겨가는 전환이 이루어져왔다. 자유주의, 보수주의, 사회주의는 일차적으로 경제조직의 쟁점에 관심을 기울였으며, 적어도 그들의 도덕적 비전은 특정의 경제적 모델에 근거를 두었다. 이와 반대로 그리고 다양한 측면에서 '새로운' 이데올로기들은 경제학보다는 문화에 더 관심을 기울인다. 이들의 일차적인 관심은 경제적 복지나 심지어는 사회정의보다는 사람들의 가치, 신념, 삶의 방식에 쏠려 있다.

둘째, 사회계급으로부터 정체성으로의 전환이 이루어지고 있다. 정체성은 개인을 특정의 문화적·사회적·제도적·이데올로기적 맥락에 '착근되어 있는' 것으로 보면서 개인을 사회적인 것과 연결시킨다. 또한 정체성은 개인주의화로의 일반적인 사회적 경향을 반영하면서 개인의 선택과 자아규정의 영역을 드러내 보여준다. 이런 의미에서 '새로운' 이데올로기들은 개인들에게 자신들의 사회적 위치에 '적합한' 형태로 잘 정비된 정치적 해결책을 제시하기보다는 오히려 광범위한 이데올로기적 대안들을 제공해 준다. 이는 정치적 행동주의라는 것이 사실상 생활방식에 대한 선택임을 뜻한다.

마지막으로, **보편주의**(universalism)로부터 **특수주의**(particularism)로의 전환이 진행 중이다. 가장 명백하게 자유주

보편주의

역사적, 문화적 그리고 기타의 차이에 관계없이 모든 사람과 모든 사회에 적용 가능한 어떤 가치나 원칙을 드러내 보이는 것이 가능하다는 신념

✻ 특수주의

사람과 사회 사이의 역
사적, 문화적 그리고 기
타의 차이가 그들이 공
통적으로 보유하고 있는
것보다 더 중요하다고
보는 신념

의와 사회주의는 모든 곳에서 사람들이 공유하고 있는 인간
적 정체성에는 공통적인 핵심이 존재한다는 생각을 반영하
면서 이성과 진보에 대한 계몽주의의 신념을 공유하고 있다.
이에 반해 페미니즘, 종족적 민족주의, 다문화주의, 종교적
근본주의와 같은 '새로운' 이데올로기들은 젠더, 토착성, 문
화, 종족성과 같은 요소들의 중요성을 강조한다. 이런 의미
에서 이들 이데올로기들은 보편적인 해방의 정치학보다는 '차
이의 정치학(politics of difference)'을 실천에 옮기고 있다.

VI. 이 책의 구조

이 책은 각각의 이데올로기 또는 이데올로기적 전통을 순서대로 검토하고 있다.
이들은 거칠게 연대기적으로 구성되어 있는데, 이는 하나의 이데올로기가 다른 이데
올로기에 영향을 미치는 등의 방식으로 이데올로기 발전의 폭넓은 과정을 정교하게
보여주기 위해서이다.

각 장은 일반적으로 동일한 구조를 따르고 있다. 각 이데올로기의 대략적인 특성을
다루는 간단한 개관에 이어 그 기원과 역사적 전개 과정을 검토한다. 다음의 본문
부분은 종합적으로 각 이데올로기를 규정짓는 핵심주제들, 가치와 교의 그리고 이론
들을 설명하고 분석한다. 이 부분에서는 각각의 이데올로기적 전통의 특수성을 밝히
는 동시에 이데올로기들 사이에 중복되는 것에도 주목한다.

그 다음 부분은 각각의 모든 정치 이데올로기를 특징짓는 하부 전통들을 다루고
있다. 여기서는 많은 경우 보수주의적 민족주의, 사회주의적 페미니즘, 자유주의적
다문화주의처럼 혼성적인 이데올로기적 구성물인 각 하부전통들의 독특한 특징뿐만
아니라 전체적으로 이데올로기의 내적인 일관성 또는 일관성의 결여에 초점을 맞추고
있다. 그렇기 때문에 동일한 이데올로기 지지자들 가운데서도 의견의 불일치가 생기
는 영역이 무엇인지를 보여주고 있다.

마지막 부분은 이데올로기적 전통 내에서 현대적인 발전이 어떻게 이루어지고 있는

지를 검토하며 21세기에서의 전망을 모색하고 있다. 각 장은 〈생각해 볼 문제〉와 〈더 읽을 자료〉를 제시하는 것으로 끝을 맺고 있다. 전체적인 참고문헌은 이 책의 마지막에 담고 있다. 각 장마다 자료 상자를 발견할 수 있는데, 이는 각 이데올로기 전통에서 주요 사상가들에 대한 더 많은 정보, 주요 이데올로기와는 다른 다양한 '이념들' 그리고 권위, 평등, 자유, 국가 등과 같은 중요한 정치적 쟁점에 대한 다양한 시각들을 제공해 주고 있으며 또 각 이데올로기 내에서의 대립적 논점이 무엇인지를 보여주고 있다.

•• 생각해 볼 문제

- 정말로 '실천적인 사람들'은 '학문적 낙서가들(케인즈와 같은)'의 노예인가?
- 이데올로기에 대한 마르크스주의의 개념은 주류 개념과 어떻게 다른가?
- 이데올로기는 필연적으로 오류인가? 만약 그렇다면, 왜 그런가?
- '사회적으로 중립적인' 인텔리겐차는 이데올로기를 넘어설 수 있는가?
- 모든 형태의 정치적 관념은 이데올로기인가, 아니면 일부만 그런가?
- '새로운' 이데올로기에서 새로운 것은 무엇인가?
- 이데올로기적 헌신은 어느 정도나 삶의 방식에 대한 선택이 되는가?
- '새로운' 이데올로기의 등장은 기존의 이데올로기가 더 이상 유용성이 없게 되었다는 것을 의미하는가?

▪▪ 더 읽을 자료

Engleton, T. *Ideology: An Introduction* (London and New York: Verso, 1991). 주요 마르크스주의 사상가로부터 다양한 후기 구조주의자들에 이르기까지 이데올로기의 다양한 개념을 검토하고 있다.

Festenstein, M., and M. Kenny. *Political Ideologies: A Reader and Guide* (Oxford: Oxford University Press, 2005). 이데올로기와 이데올로기들에 대한 주요 저술에서 발췌한 매우 유용한 글들을 모아 놓은 것으로 해박한 논평이 붙여져 있다.

Freeden, M. *Ideology: A Very Short Introduction* (Oxford: Oxford University Press, 2004). 이데올로기 개념을 이해하고자 하는 사람들이 접근하기 쉽도록 생생하게 쓰인 입문서이다.

McLellan, D. *Ideology*, 2nd edn. (Milton Keynes: Open University Press, 1955). 이데올로기의 난해한 개념들에 대한 간결하면서도 명확한 포괄적 입문서이다.

Schwartzmantel, J. *The Age of Ideology: Political Ideologies from the American Revolution to Post-Modern Times* (Basingstroke: Palgrave Macmillan, 1998). 주요 이데올로기적 전통들이 탈근대 사회의 도전에 어떻게 대처하고 있는지를 광범위하게 분석하고 있다.

Seliger, M. *Ideology and Politics* (London: Allen & Unwin, 1976). 이데올로기에 대해 가장 완벽한 설명을 제시하고 있어서 이 주제에 대한 고전적인 저술 가운데 하나로 간주되고 있다.

제2장

자유주의

I. 개관

　14세기 이래 사용된 '리버럴(liberal)'이라는 용어는 매우 다양한 의미를 지녀왔다. 라틴어 *리베르(liber)*는 자유로운 남성들 즉, 농노나 노예가 아닌 남성들의 집합을 의미했다. 하지만 음식과 음료를 '풍성하게' 제공한다와 같은 맥락에서는 관대하다는 의미가 있다. 사회적 태도라는 측면에서는 개방성이나 개방적인 자세를 의미하기도 한다. '리버럴(liberal)'이라는 용어는 또한 자유와 선택이라는 생각과 점차 관련되어 왔다. 정치적 색채를 지닌 '자유주의(liberalism)'라는 용어는 19세기 초반에나 사용될 만큼 훨씬 늦게 등장하였다. 자유주의라는 용어가 처음 사용된 것은 1812년 스페인에서이다. 1840년대까지 유럽 전역에 걸쳐 자유주의라는 용어는 독특한 일련의 정치적 아이디어를 의미하는 것으로 받아들여졌다. 하지만 영국의 경우는 훨씬 뒤의 일이다. 비록 휘그주의자들이 1830년대에 스스로를 자유주의자라로 부르기 시작했지만, 최초의 자유주의 정부가 등장한 것은 1868년 글래드스톤(Gladstone)이 권력을 장악하면서부터이다.

자유주의 이데올로기의 핵심 테마는 개인에 대한 헌신 그리고 사람들이 그들의 관심사를 실현할 수 있는 사회를 건설하고자 하는 욕구이다. 자유주의자들은 무엇보다도 인간이 이성을 지닌 개별적 존재라고 믿는다. 이것은 개개인이 다른 모든 사람들의 자유에 상응하는 가능한 최대한의 자유를 향유해야 한다는 것을 의미한다. 하지만 비록 개인들이 동등한 법적·정치적 권리를 부여받았다고 할지라도, 그들은 각자의 재능과 일하고자 하는 의지에 따라서 보상을 받아야 한다. 자유로운 사회는 시민들을 전제적 정부의 위험으로부터 보호하기 위해 고안된 입헌주의와 동의라는 한쌍의 원칙에 따라 정치적으로 조직되어 있다. 그럼에도 불구하고 고전적 자유주의와 현대 자유주의 사이에는 중요한 차이가 있다. *고전적 자유주의*(*classical liberalism*)는 '최소(minimal)' 국가에 대한 믿음을 특징으로 한다. 최소국가의 역할은 내부의 질서를 유지하고 개인의 안전을 보장하는 데 한정되어 있다. 반면에 *현대 자유주의*(*modern liberalism*)는 국가가 스스로 돕는 사람들을 보살펴야 한다는 사실을 받아들인다.

II. 기원과 전개

체계적인 정치적 교의로서의 자유주의는 19세기 이전에는 존재하지 않았다고 할 수 있다. 하지만 자유주의는 과거 300여 년 동안 발전되어 온 이념과 이론들에 토대를 두고 있다. 실제로 시브라이트(Paul Seabright 2004)의 주장처럼 자유주의의 기원은 초기의 농경사회까지 소급될 수 있다. 당시 사람들은 정착 공동체에서 생활하기 시작했고 처음으로 이방인들과 교역하며 사는 방식을 배워야 했다. 그럼에도 불구하고 성숙된 하나의 이데올로기로서의 자유주의는 유럽 **봉건제(feudalism)**의 붕괴 그리고 이를 대신해서 시장이나 자본주의 사회가 성장한 결과이다. 여러 면에서 자유주의는 신흥 중산계급의 열망을 반영하였고, 이들의 이해관계는 절대군주나 토지귀족의 기득권과 갈등을 빚었다. 자유주의 사상은 급진적이었다. 자유주의 사상은 근본적 개혁, 심지어는 혁명적 변화를 추구하기도 하였다. 17세기 영국 혁명 그리

❋ 봉건제

고정된 사회적 위계질서와 엄격한 의무 패턴을 특징으로 하는 토지에 기반한 생산체계

고 18세기 말의 미국과 프랑스 대혁명은, 비록 당시에 '자유주의적(liberal)'이라는 용어가 정치적 의미로 사용되지는 않았다 할지라도, 모두 자유주의적 요소들을 분명하게 표현하였다. 자유주의자들은 왕의 **신권(divine right of kings)**이라는 교의에 기초한 군주의 절대권력에 도전하였다. **절대주의(absolutism)**를 대신해서 자유주의자들은 입헌정부를 그리고 나중에는 대의정부를 옹호하였다. 자유주의자들은 토지귀족의 정치적·경제적 특권은 물론 사회적 지위가 '팔자(accident of birth)'를 통해 결정되는 봉건제의 부당성을 비판하였다. 그들은 또한 종교에서의 양심의 자유를 추구하는 운동을 지지하였고 기성 교단의 권위에 의문을 제기하였다.

여러 측면에서 19세기는 자유주의의 시대였다. 산업화가 서구 국가로 확산되면서 자유주의적 사고가 승리를 거두었다. 자유주의자들은 정부의 간섭으로부터 '자유로운' 산업화

> **신권**
> 지상의 통치자가 신에 의해 선택되었고, 따라서 도전할 수 없는 권위를 행사한다는 교의; 신권은 절대군주제를 옹호하기 위한 것이다.

> **절대주의**
> 정치권력이 한 개인이나 소집단, 특히 절대군주의 수중에 집중되어 있는 정부형태

된 시장경제 질서를 옹호하였다. 그 속에서 경제활동의 이윤추구가 허용되었고 국가들 간의 자유로운 교역이 장려되었다. 이와 같은 산업 자본주의 체제는 처음 영국에서 발전되어 19세기 초에 제자리를 잡았다. 그리고 뒤이어 북아메리카와 유럽 전역으로 확산되었다. 유럽의 경우에는 서유럽을 거쳐 점차 동유럽으로 퍼져나갔다. 20세기 이후 산업 자본주의는 특히 사회·정치적 발전이 주로 서구적 관점에서 규정되면서 아프리카, 아시아 그리고 라틴 아메리카의 개발도상국가들에게 강력한 영향력을 발휘하였다. 그러나 개발도상국가들은 개인보다는 공동체를 중시하는 그들의 정치문화 때문에 종종 자유주의적 자본주의의 매력에 저항하기도 하였다. 이러한 정치문화는 서구의 자유주의 대신에 사회주의, 민족주의 혹은 종교적 근본주의가 성장할 수 있는 환경을 제공하였다. 일본처럼 자본주의가 성공적으로 정착된 곳에서는 개인주의적 특성보다는 조합주의적 성격을 띠기도 하였다. 말하자면 일본의 산업은 사적 이익의 추구보다는 집단에 대한 충성이나 의무와 같은 전통적 이념에 의해 보다 고무되었다.

두말할 나위 없이 자유주의는 서구의 정치적 전통을 틀 지우는 가장 강력한 이데올로기적 영향력을 발휘해 왔다. 실제로 일부에서는 자유주의를 산업화된 서구의 이데올로기로 묘사하면서 서구 문명 자체와 동일시하고 있다. 그럼에도 불구하고 19세기 이후의 역사적 전개 과정은 자유주의 이데올로기의 본질과 실체에 커다란 영향을 미

쳐왔다. '신흥 중산계급'이 경제적·정치적 지배에 성공하면서 자유주의의 성격이 변화되었다. 자유주의의 성공에 맞추어 자유주의의 급진적, 혁명적 속성이 사라졌다. 그 결과 자유주의는 점차 변화와 개혁보다는 현존 자유주의 제도들을 유지하고자 하는 보수적인 것이 되었다. 자유주의의 이념 또한 그 자리에 머물러 있을 수 없었다. 19세기 말 이후 산업화의 진전으로 자유주의자들은 초기 자유주의의 이념에 의구심을

고전적 자유주의

일반적으로 최소국가와 시장경제를 통해 제약을 받지 않는 개인적 행동 영역을 최대화하고자 하는 자유주의 내의 하나의 전통

갖거나 이를 수정하기도 하였다. 초기 자유주의자들은 정부가 시민들의 삶에 가능한 최소한으로 관여하길 원했던 반면에 현대 자유주의자들은 정부가 경제를 관리하거나 규제하는 것은 물론 건강, 주택, 연금과 교육 등의 복지 서비스를 제공할 책임이 있다고 믿었다. 그리고 이는 자유주의 내에 흔히 **고전적 자유주의**(classical liberalism)와 **현대 자유주의**(modern liberalism)로 불리는 두 갈래의 지적 전통을 낳게 되었다. 그 결과 일부에서는 자유주의가 국가의 바람직한 역할에 관해서 모순된 신념들을 담고 있는 일관성이 없는 이데올로기라고 주장해 왔다.

현대 자유주의

(고전적 자유주의와 대조적으로) 개인의 발전을 조장하기 위한 수단으로 사회적·경제적 개입을 인정하는 자유주의 내의 하나의 전통

19세기 이래 서구의 정치적·사회적 발전을 주도했던 시장경제와 결합된 대의정부의 자유주의 모델이 세계 전역으로 급속도로 확산되면서 20세기는 자유주의의 승리가 정점에 달했다. 공산주의의 몰락 속에서 후쿠야마(Francis Fukuyama 1989, 1992)는 다음과 같이 주장하였다: "우리는 역사의 종언, 요컨대 인류의 이데올로기적 진화의 종점 그리고 최종적인 정부형태로서 서구 자유주의적 민주주의의 보편화를 목격하고 있다." 보비트(Philip Bobbitt 2002)는 1914~90년 사이에 세계정치를 지배했던 국민국가의 입헌구조를 둘러싼 자유주의적 의회주의와 공산주의, 파시즘 사이의 '오랜 싸움'이 자유주의의 승리로 끝이 났다고 주장하면서 위와 비슷한 생각을 피력하였다. 더욱이 이와 같은 추세는 아프리카, 아시아, 라틴 아메리카에서 진행된 '민주화' 과정을 통해 분명해졌다. 이는 경쟁적 정당체계의 확산과 시장개혁에 대한 점증하는 열망과 관련이 있다. 2000년까지 지구상에 존재하는 국가들 가운데 2/3 정도가 자유민주주의의 특성을 보이는 정치체계를 지니게 되었다. 하지만 이 장의 끝부분에서 보듯이, 바로 그 승리의 순간에 자유주의는 개발도상국과 서구 사회에서 나타난 비자

유주의적인 영향력들과 직면하게 되었는데, 그 가운데 가장 두드러진 것이 바로 종교적 근본주의이다.

III. 핵심주제: 개인의 우선성

어떤 면에서 보자면 자유주의는 산업화된 서구의 이데올로기이다. 자유주의 이념들이 정치적·경제적·문화적 영역에 너무나 깊게 침투해 있어서 그 영향을 분간하기가 어렵다. 따라서 자유주의를 '서구문명'과 구별할 수 없을 정도가 되었다. 보편이성을 중시한 **계몽주의(Enlightenment)**의 영향을 받은 18~19세기의 자유주의 사상가들은 근본주의적 형태의 자유주의에 동의하는 경향이 있었다. 이러한 자유주

> ※ **계몽주의**
> 18세기에 최고조에 달했던, 이성과 진보의 이름으로 종교, 정치 및 교육에 대한 전통적 믿음에 도전한 지적 운동

의는 근본적인 가치들을 제시하였을 뿐만 아니라 개인의 자율성에 기초한 인류의 번영이나 탁월성을 역설하였다. 그런데 이러한 형태의 자유주의는 인류의 역사가 자유주의적 원칙과 제도들의 점진적이지만 불가피한 승리로 장식될 것이라고 본다는 점에서 상당히 보편주의적인 것이었다. 말하자면 진보를 자유주의의 관점에서 엄격하게 이해하였던 것이다.

하지만 20세기에는 자유주의를 도덕적으로 중립적인 것으로 받아들이는 것이 유행처럼 되었다. 이러한 경향은 자유주의가 '선(the good)'보다는 '옳음(the right)'을 우선시 한다는 믿음으로 나타났다. 달리 말해서 자유주의는 개인과 집단들이 그들 각자가 규정하는 좋은 삶을 추구할 수 있는 조건들을 마련해 주지만, 선에 관한 어떤 특별한 관념을 조장하거나 이를 규정지으려 하지 않는다. 이러한 맥락에서 자유주의는 단순히 하나의 이데올로기가 아닌 '메타 이데올로기(meta-ideology)', 즉 정치적 이데올로기적 논쟁이 발생할 수 있는 토대가 되는 일단의 규칙들이다. 그러나 이것은 자유주의가 단지 '자기 하고 싶은 대로 하는(do your own thing)' 철학에 불과하다는 뜻은 아니다. 자유주의가 개방성, 논쟁 그리고 자결을 중시하는 것은 의심할 바 없다. 그렇지만 그것은 또한 강력한 도덕적 열망을 특징으로 한다. 자유주의의 도덕적·이

데올로기적 입장은 독특한 일련의 가치와 신념으로 구체화되었다. 그 가운데 가장 중요한 것들은 다음과 같다:

- 개인
- 자유
- 이성
- 정의
- 관용

▌개인

근대 세계의 개인관은 너무나 친숙한 것이어서 그것이 지닌 정치적 의미가 자주 간과되곤 한다. 중세에는 개인이 스스로의 이해관계를 갖거나 개인으로서의 독자적인 정체성을 지닌다는 생각이 매우 희박했다. 오히려 사람들은 가정, 마을, 지역공동체나 사회계층 등 그들이 속한 사회집단의 구성원으로서 간주되었다. 그들의 삶이나 정체성은 세대를 거치면서 거의 변함이 없는 집단의 특성에 의해 대체로 규정되었다. 하지만 봉건제가 점차 시장중심의 사회로 대체되면서 개인들은 폭넓은 선택과 사회적 가능성을 확보하게 되었다. 그들은 처음으로 *자신을 위해서* 생각하고, *자신의* 관점에서 생각하도록 장려되었다. 예를 들어 가족과 함께 같은 영지에서 생활하던 농노들은 '자유인'이 되었다. 그들은 누구를 위해 일할 것인지를 선택할 수 있게 되었고, 영지를 떠나 도시에서 일자리를 찾을 수도 있게 되었다.

중세 생활의 확실성이 붕괴되면서 새로운 지적 풍토가 생겨났다. 합리적이고 과학적인 설명이 점차 전통적인 종교 이론을 대체했으며, 사회 또한 인간 개인의 관점에서 이해되었다. 개인은 개별적인 독특한 자질을 지닌 존재로, 요컨대 각 개인은 특별한 가치를 지닌 존재로 간주되었다. 이러한 경향은 17~18세기 자연권 이론의 성장에서 분명하게 나타나는데, 이 문제는 고전적 자유주의와 관련해서 뒷부분에서 다룰 것이다. 칸트(I. Kant 1724~1804)는 인간의 평등한 가치와 존엄성에 대해 이와 비슷한 신념을 표한 바 있다. 그는 개인을 다른 사람들의 목적을 성취하기 위한 수단이 아닌 '목적 그 자체'로서 보고 있다. 그러나 개인의 중요성에 대한 강조는 두 가지 상반되는

개인주의(Individualism)

개인주의는 어떠한 사회집단이나 집합체보다도 개인이 가장 중요하다는 신념이다. 방법론적 개인주의는 개인이 모든 정치이론과 사회적 설명의 중심이 된다는 것을 뜻한다. 즉, 사회에 관한 모든 진술은 사회를 구성하는 개인들의 측면에서 이루어져야 한다는 것이다. 반면에 윤리적 개인주의는 개인의 권리, 필요나 이해관계에 도덕적 우선권을 부여함으로써 개인들에게 혜택이 돌아갈 수 있도록 사회가 구성되어야 한다는 것을 뜻한다. 고전적 자유주의자들과 뉴라이트는 이기적 (egoistical) 개인주의를 지지하는데, 이것은 이기심과 자기의존(self-reliance)을 중시한다. 반면에 현대 자유주의자들은 이해관계의 충족에 대한 탐색보다는 인간의 발전을 우선시하는 발달론적 (developmental) 형태의 개인주의를 발전시켰다.

의미를 지닌다. 첫째는 그것이 인간 각자의 독특성에 대한 관심을 환기시킨다는 점이다: 각 개인은 일차적으로 독특한 내적 자질과 특성들에 의해 규정된다. 둘째는 그럼에도 불구하고 각 개인은 모두가 개인이라는 점에서 동일한 지위를 공유하고 있다는 사실이다. 사실상 자유주의 이데올로기 내부의 수많은 긴장들은 이처럼 개인으로서의 독특함과 개인이라는 동일성을 둘러싼 상반되는 생각에서 연원하는 것이라고 할 수 있다.

개인의 우선성에 대한 신념이 자유주의 이데올로기의 특징적 주제이기는 하지만, 이는 자유주의적 사고에 상이한 방식으로 영향을 미쳐왔다. 그에 따라 일부 자유주의자들은 사회를 단순히 자신들의 필요와 이해관계를 충족시키고자 하는 개인들의 집합으로 간주해 왔다. 이와 같은 관점이 **원자론**(atomism)이다; 실제로 이러한 관점은 사회 자체는 존재하지 않으며 단지 자족적인 개인들의 집합일 뿐이라고 본다. 이러한 극단적 개인주의는 개인이 본래 이기적이며 대체로 독립적이라는 가정에 기초해 있다. 맥퍼슨(C. B. Macpherson 1973)은 초기의 자유주의를 '소유적 개인주의(possessive individualism)'로 규정하였는데, 여기서 개인은 '사회에 빚진 것이 없는 그 자신의 인격이나 능력의 소유자'로 간주되었다. 반면 후기의 자유주의자들은 **인간본성**에 대해 보다 낙관적인 견해를 지니고 있다. 그들은 이기주의가

원자론

사회가 집단이 아니라 이기적이며 자기충족적인 개인들 혹은 원자들의 집합으로 구성되었다고 보는 이론

인간본성

모든 인간의 본질적이고 타고난 성격; 인간이 사회보다 자연에 빚지고 있는 것(자연으로부터 받은 것)

존 스튜어트 밀(John Stuart Mill 1806~1873)

영국의 철학자, 경제학자, 정치가. 밀은 공리주의 이론가인 부친 제임스 밀(James Mill)의 열정적이고 엄한 교육 속에서 자랐다. 그 결과 20세에 정신쇠약 증세를 보이기도 하였다. 『런던 리뷰』(London Review)를 창간했으며, 1865년에서 1881년까지 웨스트민스터의 하원의원(MP)을 지냈다.

밀의 다양한 업적은 자유주의의 발전에 결정적인 역할을 했다. 왜냐하면 밀의 사상은 여러 가지 면에서 고전적 이론과 현대적 이론 양쪽 모두에 닿아 있기 때문이다. 집단주의적 경향과 전통에 반대하는 밀의 입장은 19세기의 원칙에 확고한 뿌리를 두고 있다. 하지만 여성참정권이나 이후 노동자조합 등과 같은 대의명분에 공감한 것은 물론 '개인성'에 대한 헌신에서 보듯 개인의 삶의 질을 강조한 점은 20세기의 발전을 예견한 것이었다. 밀의 주요 저작에는 『자유론』(On Liberty 1859), 『대의정부에 관한 고찰』(Considerations on Representative Government 1861)과 『여성의 예종』(The Subjection of Women 1869) 등이 있다.

사회적 책임의식, 특히 스스로를 돌볼 수 없는 사람들에 대한 책임감에 의해 억제되어야 한다고 보았다. 하지만 이기주의가 조장되든 아니면 사회적 책임의식에 의해 제약을 받든 관계없이, 각 개인의 잠재력을 최대한 계발하고 발휘할 수 있는 사회를 만들기 위한 열정에 관한 한 자유주의자들은 하나라고 할 수 있다.

▌자유

개인의 절대적 중요성에 대한 신념은 자연스럽게 개인의 **자유**에 대한 강조로 이어진다. 자유주의자들에게 개인적 자유(liberty 또는 freedom)는 최상의 정치적 가치이며, 많은 경우 자유주의 이데올로기 내의 통일된 원칙이기도 하다. 초기의 자유주의자들에게 있어서 자유는 자연권, 즉 진정한

자유

바라는 대로 생각하고 행동할 수 있는 능력; 개인, 사회집단 혹은 국가와 관련지어 생각할 수 있는 능력

인간으로서의 실존을 위한 본질적 요건이었다. 자유는 또한 개인들이 어디에 살고, 누구를 위해 일하며, 무엇을 구매할 것인가 등과 같은 선택을 통해 그들 자신의 이해관계를 추구할 수 있는 기회를 제공해 주었다. 후기의 자유주의자들은 자유를 사람들이 그들 자신의 기술과 재능을 개발하고 잠재력을 실현할 수 있는 유일한 조건으로 보았다. 그럼에도 불구하고 자유주의자들은 개인들이 자유에 대한 절대적인 권한을 지니고 있다고 보지 않는다. 자유에 제한이 없다면 그것은 '방종(licence)' 즉, 다른 사람들을 남용하는 권리가 될 수 있다. 『자유론』(*On Liberty* [1859] 1972, p.104)에서 밀(J. S. Mill)은 '문명공동체의 그 어떠한 구성원에게 그의 의지에 반해 권력이 정당하게 행사될 수 있는 것은, 그것이 오직 다른 사람들에 대한 해악을 막기 위한 목적을 지닌 경우일 뿐이다'라고 주장하였다. 밀의 입장은 개인적 자유에 대한 가장

관점 (Perspectives)

자유(Freedom)

자유주의자들은 자유를 최상의 개인적 가치로 여긴다. 고전적 자유주의자들이 강제의 부재를 의미하는 소극적 자유(또는 선택의 자유)를 지지하는 반면에, 현대 자유주의자들은 개인의 발전과 인간의 번영이라는 의미에서 적극적 자유를 옹호한다.

보수주의자들은 전통적으로 약한 자유 관념을 지지해 왔다. 그들은 자유를 책임과 의무의 자발적인 인식으로 간주하며, 소극적 자유가 사회 구조를 위협한다고 본다. 하지만 뉴라이트는 경제적 영역에서의 소극적 자유, 즉 시장에서의 선택의 자유를 지지한다.

사회주의자들은 일반적으로 자유를 적극적 관점에서 이해하고 있다. 요컨대 자유는 자유로운 창조적 노동이나 집단적인 사회적 상호작용을 통해 성취되는 자기충족을 의미한다. 사회민주주의자들은 자유를 개인의 잠재력의 실현으로 보는 현대 자유주의와 가깝다.

무정부주의자들은 자유가 어떠한 형태의 정치적 권위와도 조화될 수 없다고 믿는 가운데 자유를 절대적 가치로 간주한다. 자유는 단순히 혼자 있는 것이 아니라 합리적으로 자신의 의지와 명령에 따르는 개인적 자율성의 성취로 이해된다.

파시스트들은 어떠한 형태의 개인적 자유도 넌센스라고 주장한다. 반면에 '진정한' 자유는 지도자의 의지에 아무런 의심 없이 복종하며 개인을 국가공동체에 흡수시키는 것을 의미한다.

생태주의자들, 특히 심층생태주의자들은 자유를 동일성(oneness)의 성취, 즉 생물권이나 우주 속으로 개인적 에고를 흡수시키는 자아실현으로 간주한다. 정치적 자유와는 대조적으로 이것은 종종 '내적' 자유, 즉 자아실현의 자유로 간주된다.

종교적 근본주의자들은 자유를 본질적으로 내적인 혹은 영적인 성질의 것으로 본다. 자유는 계시된 신의 의지에 따르는 것, 즉 종교적 권위에 대한 순종과 결부된 영적 충만을 뜻한다.

최소한의 제약만을 인정한다는 점에서 그리고 단지 '다른 사람들에 대한 해악'을 막기 위해서라는 점에서 자유지상주의적(libertarian)이다(p.119). 그는 '자신을 고려하는' 행동과 '타인을 고려하는' 행동을 분명히 구분했다. 자신을 고려하는 행동에 대해 개인들은 절대적인 자유를 행사해야 한다. 타인을 고려하는 행동은 타인들의 자유를 제약하거나 해를 끼칠 수 있다. 밀은 물리적이든 도덕적이든 개인이 스스로에게 해를 끼치지 못하도록 하기 위해 개인에게 어떠한 제약을 가하는 것을 인정하지 않았다. 이러한 관점에서 보자면, 예컨대 운전자의 안전벨트 착용을 의무화하거나 오토바이 운전자의 헬멧 착용을 강제하는 법률은 마치 개인들이 읽고 듣는 것을 규제하고 제한하는 검열과 마찬가지로 수용될 수 없는 것이 된다. 위와 같은 근거에서 급진적 자유지상주의자들은 개인이 헤로인이나 코카인과 같은 마약을 사용할 수 있는 권리를 옹호할지 모른다. 비록 개인이 자신의 몸과 마음에 대한 권리가 있지만, 각자는 다른 모든 개인들이 동등한 자유의 권리를 누린다는 사실을 존중해야만 한다. 이러한 맥락에서 롤스(John Rawls, p.58)는 사람은 누구나 다른 모든 사람들의 자유에 상응하는 가장 광범위한 자유를 부여받았다고 보았다.

비록 자유주의자들이 자유의 가치에 대해서는 동의한다 할지라도, 개인이 '자유롭다'는 것이 과연 무엇을 의미하는가에 대해서 언제나 동의하는 것은 아니다. '자유의 두 가지 관념(Two Concepts of Liberty [1958] 1969)'에서 벌린(Isaiah Berlin 1909~1997)은 '소극적(negative)' 자유론과 '적극적(positive)' 자유론을 구별하였다. 초기의 혹은 고전적 자유주의자들은 **소극적 자유(negative freedom)**를 주장하였다. 요컨대 자유는 각 개인이 혼자서 간섭받지 않고 자신이 선택한 방식대로 행동할 수 있는 것이라고 보았다. 이와 같은 자유의 관념은 개인에 대한 외부적 제약이나 강제의 부재에 기초해 있다는 점에서 '소극적'이다. 반면에 현대 자유주의자들은, 벌린이 남의 구속을 받지 않는 자율적인 존재가 될 수 있는 능력으로 규정한, 보다 적극적인 자유의 관념, 즉 **적극적 자유(positive freedom)**에 매료되어 왔다. 자율적 지배를 위해 필요한 것은 개인이 기술과 재능을 계발하고, 이해의 폭을 넓히며, 자신을 완성하는 것이다. 이것은 인간이 자신을 계발하고 궁극적으로 자아를 실현할 수 있는 능력을 중시하는 것이다. 이처럼 자유에 관

소극적 자유
선택의 자유를 허용하는, 개인에 대한 외부적 제약이나 구속의 부재

적극적 자유
자율적 지배나 자아실현; 자율의 성취와 인간으로서의 가능성 계발

한 상반된 관념은 단순히 자유주의 내부의 학문적 논쟁을 자극한 것이 아니라, 자유주의자들로 하여금 개인과 국가 사이의 바람직한 관계에 대해 서로 다른 견해를 갖도록 만들었다.

┃ 이성

자유에 대한 자유주의의 입장은 이성에 대한 믿음과 밀접하게 관련되어 있다. 자유주의는 계몽주의 프로젝트의 상당 부분을 차지한다. 계몽주의의 중심 주제는 인류를 미신과 무지의 속박에서 해방하고 '이성의 시대(age of reason)'를 열고자 하는 것이었다. 주요 계몽주의 사상가들 가운데는 루소(J. Rousseau), 칸트(I. Kant), 스미스(A. Smith), 벤담(J. Bentham) 등이 포함되어 있다. 계몽주의의 합리주의적 관점은 여러 가지 방식으로 자유주의에 영향을 미쳤다. 무엇보다도 개인과 자유에 대한 믿음을 강화시켰다. 합리적이며 생각하는 존재라는 점에서 인간은 자신의 최상의 이해관계를 규정하고 추구할 수 있는 능력이 있다. 자유주의자들은 결코 개인이 오류를 범하지 않는다고 생각하지는 않는다. 하지만 이성에 대한 신뢰는 자유주의 속에 **부권주의**(paternalism)에 반대하는 강력한 편견을 심어주었다. 부권주의는 개인들 스스로 도덕적 선택을 내리지 못하게 하며, 때로는 실수를 통해 배우는 것도 가로막는다. 뿐만 아니라 부권주의는 다른 사람들에 대한 책임을 지닌 사람이 그 자신의 목적을 위해 지위를 남용할 가능성도 있다.

> ☀ **부권주의**
> 아버지와 자식 사이의 관계에서 보듯이, 아랫사람에 대한 안내와 지원을 위해 윗사람이 행사하는 권위

합리주의의 또 다른 흔적은 자유주의자들이 인류의 역사를 진보의 관점에서 보려는 경향에서 찾아볼 수 있다. 말 그대로 진보는 전진, 즉 앞으로 나아가는 운동을 뜻한다. 자유주의적 관점에서 지식의 팽창, 특히 과학혁명을 통한 지식의 확장은 사람들이 세계를 이해하고 설명하는 것뿐만 아니라 더 나은 미래를 가꾸는 것을 가능하게 했다. 요컨대 이성의 힘은 인간에게 자신의 삶을 책임지고 운명을 결정할 수 있는 능력을 부여한다. 이성은 인류를 과거의 속박 그리고 전통과 관습의 굴레로부터 해방시킨다. 각 세대는 인류가 축적한 지식과 이해가 확대되면서 이전 세대를 넘어 진보할 수 있다. 이는 또한 자유주의자들이 교육을 강조하는 이유를 설명해 준다. 사람들은 지식

※
합리주의(Rationalism)

합리주의는 세계가 합리적 구조를 지니고 있으며, 이를 인간의 이성과 비판적 탐구 활동을 통해 들추어낼 수 있다는 신념이다. 철학적 이론으로서의 합리주의는 지식이 경험보다는 이성을 통해 생겨난다는 믿음이다. 따라서 실증주의와 대조된다. 하지만 일반적 원리로서의 합리주의는 세계를 이해하고 설명하며 문제의 해결책을 찾을 수 있는 인간의 능력을 특히 강조한다. 합리주의가 인간 행위의 목적을 구체적으로 지시하는 것은 아니지만 어떻게 이러한 목적이 추구되어야 하는가는 분명하게 제시한다. 이것은 합리주의가 전통이나 관습 혹은 비합리적 힘이나 충동에 의존하는 것과 대조적으로 원칙과 이성의 지배를 받는 행위를 강조하는 것과 관련이 있다.

을 획득하고 편견과 미신을 버림으로써 자신을 개선하거나 보다 나은 삶을 누릴 수 있다. 따라서 현대 자유주의적 관점에서 볼 때 교육은 그 자체로서 좋은 것이다. 교육은 개인으로서의 자기계발을 조장하고 넓게는 역사적·사회적 발전을 성취하는 결정적인 수단이다.

더욱이 이성은 토론과 논쟁, 격론의 중요성을 부각시키는 데 있어서 매우 중요하다. 인간을 이성을 지닌 피조물로 보는 자유주의자들은 대체로 인간의 본성에 대해서 낙관적이다. 하지만 사적 이익과 이기주의의 힘을 인정하기 때문에 인간의 완전함과 같은 유토피아적 교의에는 좀처럼 찬성하지 않는다. 그에 따른 불가피한 결과는 경쟁과 갈등이다. 개인들은 희소한 자원을 놓고 다투며, 사업가들은 이윤을 얻기 위해 경쟁하고, 국가들은 안보나 전략적 이익을 위해 싸운다. 자유주의가 분명 선호하는 것은 바로 이와 같은 갈등이 논쟁과 타협을 통해 해결되는 것이다. 이성의 가장 큰 이점은 경쟁하는 주장과 요구들을 평가할 수 있는, 말하자면 분석을 '견디어낼 수 있는가' 또는 '합리적인가'를 따져볼 수 있는 토대를 제공하는 것이다. 더욱이 이성은 논쟁을 평화적으로 해결하지 못할 때 치르게 되는 대가, 예컨대 폭력, 유혈사태, 죽음 등을 분명하게 보여준다. 따라서 자유주의자들은 물리력의 행사나 공격에 대해서 대체로 부정적이다. 예를 들어 전쟁은 취할 수 있는 마지막 선택으로 간주된다. 자유주의적 관점에서 볼 때 물리력의 사용은 자기방어 내지 상대의 공격에 대한 되받아치기 수단으로서 정당화되지만, 그것은 단지 이성과 논쟁이 소진된 후에나 정당화될 수 있다.

▌정의

정의(justice)는 특별한 종류의 도덕판단, 특히 보상과 처벌의 분배에 관한 도덕판단을 나타낸다. 요컨대 정의는 각자에게 각자의 '마땅한 몫'을 돌려주는 것에 관한 것이다. 좁은 의미의 사회정의는 사회에서 임금, 이윤, 주택, 의료보호, 복지 등과 같은 물질적 보상이나 혜택의 배분을 가리킨다. 자유주의적 정의론은 다양한 종류의 평등에 대한 신념에 기초해 있다. 먼저 개인주의는 기본적 **평등**(equality)과 관련이 있다. 개인들이 동등한 도덕적 가치를 지닌다는 의미에서 인간은 평등하게 태어났다고 간주되는데, 이러한 생각은 자연권이나 인권 관념 속에 구체화되어 있다.

※ 정의

공정함과 불편부당함의 도덕적 기준; 사회정의는 사회의 부와 보상에 대한 공정한 혹은 정당화될 수 있는 분배에 관한 관념이다.

※ 평등

인간이 동등한 가치를 지닌다거나 같은 방식으로 취급될 자격이 있다는 원칙; 평등은 매우 상이하게 적용될 수 있다.

둘째, 기본적 평등은 형식적 평등에 대한 믿음을 의미한다. 이것은 특히 권리와 권한의 배분이라는 측면에서 개인들이 똑같은 형식적 지위를 누려야 한다는 생각이다. 따라서 자유주의자들은 젠더(gender), 인종, 피부색, 교의, 종교나 사회적 배경 등과 같은 요인에 의해서 일부 사람들은 향유하지만 다른 사람들은 배제되는 사회적 특권이나 혜택을 결코 받아들이지 않는다. 권리가 남성, 백인, 기독교도 혹은 부유층과 같은 특수한 집단에게만 한정되어서는 아니 된다. 자유주의가 '차이에 둔감하다는(difference blind)' 것이 바로 이러한 의미다. 형식적 평등의 가장 중요한 형태는 법적 평등과 정치적 평등이다. 법적 평등은 '법 앞의 평등'을 강조하며, 법적 요인 이외의 모든 것들은 합법적 의사결정 과정과는 전혀 무관해야 한다고 주장한다. 정치적 평등은 '1인 1표, 1표 1가(one person, one vote; one vote, one value)'의 이념으로 구체화되며, 자유주의와 민주주의를 연결하는 기초가 된다.

셋째, 자유주의자들은 기회의 평등에 동의한다. 모든 개인은 사회적 이동을 할 수 있는 기회를 똑같이 누려야 한다. 삶의 게임이 공정하게 펼쳐져야 한다. 이것은 결과나 보상이 평등해야 한다거나 삶의 조건이나 사회적 환경이 모든 사람에게 동일해야 한다는 것을 말하는 것이 아니다. 자유주의자들은 사람들이 똑같이 태어난 것이 아니기 때문에 사회적 평등은 바람직하지 않다고 본다. 사람들은 서로 다른 재능과 기술을

지니고 있고, 일부는 다른 사람들보다 더 열심히 일할 준비가 되어 있다. 자유주의자
들은 실력, 능력 그리고 일하고자 하는 의지에 대해 보상을 해주는 것이 옳다고 믿는
다. 실제로 자유주의자들은 사람들 스스로 잠재적 가능성을 실현하고 타고난 재능을
계발할 수 있도록 하기 위해서는 적절한 보상이 필수적이라고 생각한다. 자유주의자
에게 있어서 평등은 개인들이 각자가 지닌 불평등한 기술과 능력을 계발할 수 있는
동등한 기회를 가져야 한다는 것을 의미한다.

이것은 '**실력주의**(meritocracy)'에 대한 신념과 연결된다.
실력주의 사회는 재산과 사회적 지위의 불평등이 오로지 사
람들 사이의 재능의 불평등한 배분에서 비롯되거나 아니면
행운이나 우연처럼 인간이 통제할 수 없는 요인들에 의해
결정되는 사회다. 이러한 사회는 사회적으로 공정하다. 왜
냐하면 개인들은 그들의 성, 피부색, 종교가 아니라 재능이
나 일하고자 하는 의지 또는 마틴 루터 킹(Martin Luther
King)이 말하는 이른바 '성품(content of their character)'
에 의해서 판단되기 때문이다. 달리 말해서 사회적 평등은
서로 다른 개인들을 똑같이 취급하기 때문에 부당하다. 하지만 자유주의 사상가들은
이러한 정의의 원칙이 실제로 어떻게 적용되어야 하는가에 대해서 합의를 이루지 못
했다. 고전적 자유주의자들은 경제적·도덕적 이유 모두에서 엄격한 실력주의를 지지
해 왔다. 그들은 경제적인 관점에서 유인책의 필요성을 매우 강조한다. 도덕적으로
정의는 불평등한 개인들이 평등하게 취급받지 않는 것을 요구한다. 반면에 현대 자유
주의자들은 사회정의를 사회적 평등을 위한 조처들에 대한 신념으로 이해하였다. 예
를 들어 롤스(J. Rawls)는『정의론』(*A Theory of Justice*)에서 경제적 불평등은 단지
사회의 최소 수혜자들에게 혜택이 될 때에만 정당화될 수 있다고 주장하였다.

✳ 실력주의

문자 그대로 지능과 노
력의 합을 의미하는 실
력을 지닌 사람에 의한
지배; 사회적 지위가 능
력과 근면에 의해 배타
적으로 결정되는 사회

▌관용

자유주의적 사회윤리의 가장 큰 특징은 도덕적·문화적 그리고 정치적 다양성을 인
정하고 이를 환영하는 데 있다. 사실상 **다원주의**(pluralism)의 수용은 개인주의의 원
칙 그리고 인간은 독립적인 유일한 피조물이라는 가정에 뿌리를 두고 있다. 하지만

다양성에 대한 자유주의자들의 애착은 보통은 **관용(tolera-tion)**과 관련되어 있다. 프랑스 사상가 볼테르(Voltaire 1694~1778)에게서 찾아볼 수 있는 이와 같은 관용과의 관련성은 '나는 당신이 하는 말이 너무 싫지만, 당신이 말할 수 있는 권리는 끝까지 옹호할 것이다'라는 선언 속에 너무나 잘 나타나 있다. 관용은 윤리적 이상인 동시에 사회적 원칙이다. 한편으로 관용은 개인적 자율성의 목표이고, 다른 한편으로는 사람들이 다른 사람들에게 어떻게 행동해야 하는가에 관한 규칙이다. 관용에 대한 자유주의의 관점은 17세기에 밀턴(John Milton 1608~1674)과 로크(John Locke)와 같은 사상가들이 종교의 자유를 옹호하면서 처음으로 나타났다. 로크는 정부의 적절한 기능은 생명, 자유 그리고 재산을 보호하는 것이기 때문에 정부가 '인간의 영혼을 돌보는 일(care of man's souls)'에 관여할 권리가 없다고 주장하였다. 관용은 '사적인' 것으로 간주된 모든 문제로 확대되어야 한다. 왜냐하면 이러한 문제들은 종교와 마찬가지로 개인에게 맡겨야 하는 도덕적 질문과 관련되기 때문이다.

다원주의

다양성이나 선택에 대한 믿음 혹은 정치권력이 널리 공평하게 퍼져 있거나 그러해야 한다는 이론

관용

인내 혹은 관대; 동의하지 않는 관점이나 행동을 수용하고자 하는 것

『자유론』(*On Liberty* [1859] 1972)에서 밀(J. S. Mill)은 관용에 대한 폭넓은 정당화를 시도하였는데, 이는 개인은 물론 사회에 미치는 중요성을 잘 보여주고 있다. 개인적 관점에서 관용은 무엇보다도 개인적 자율성을 보장해 주며 따라서 도덕적 자기계발을 위한 조건이다. 하지만 관용은 또한 사회 전체의 활력과 건강을 보장하기 위해서도 필요하다. 오직 생각들이 자유롭게 소통될 수 있는 곳에서만 좋은 생각이 나쁜 생각을 대체하는 가운데 무지가 사라지고 '진리'가 출현할 수 있다. 따라서 다양성 혹은 다원주의의 결실인 경쟁과 논쟁은 사회 진보의 추진력이다. 밀이 보기에 이와 같은 생각은 특히 민주주의 그리고 다수는 항상 옳다는 믿음과 연계된 '아둔한 획일주의'가 확산되면서 위협을 받아 왔다. 이러한 관점에서 밀은 다음과 같이 주장하고 있다:

인류 전체의 생각이 똑같고 오직 한 사람만이 생각이 다르다고 할 때, 권력을 지닌 한 사람이 인류 전체의 입을 막는 것이 정당화될 수 없는 것과 마찬가지로 인류 전체가 그 단 한 사람의 입을 틀어막는 것도 정당화될 수 없다.

관용과 다양성에 대한 공감은 또한 근본적 갈등으로 분열되지 않는 균형잡힌 사회에 대한 자유주의자들의 믿음과도 연결되어 있다. 개인과 사회집단들이 서로 전혀 다른 이해관계를 추구한다고 할지라도 자유주의자들은 이들 경쟁적 이해관계 속에 조화나 균형이 존재한다고 생각한다. 예를 들어 노동자와 사용자의 이해관계는 서로 다르다. 노동자들은 더 많은 임금, 짧은 근로시간, 근로환경의 개선을 원한다. 반면에 사용자들은 임금을 포함한 생산비를 가능한 낮게 유지함으로써 더 많은 이윤을 얻고자 한다. 그럼에도 불구하고 이와 같은 경쟁적 이해관계는 또한 서로에게 도움이 되기도 한다. 노동자들은 일자리를 그리고 사용자들은 노동력을 필요로 한다. 말하자면 각 집단은 다른 집단의 목적달성을 위해 필수불가결하다. 개인과 집단들은 사적 이익을 추구하지만 자연적 평형이 저절로 생겨난다. 자유주의와 사회적 조화 사이의 관계는 이 책의 제11장에서 다문화주의와 관련해서 보다 상세히 다룰 것이다.

IV. 자유주의, 정부 그리고 민주주의

▌자유주의 국가

자유주의자들은 균형 잡힌 관용사회가 개인과 자발적 결사체들의 자유로운 활동으로부터 자연스럽게 발전될 수 있다고 믿지 않는다. 이것이 바로 자유주의자들과 무정부주의자들이 다른 점이다. 무정부주의자들은 **법**과 **정부**가 불필요하다고 믿는다. 자유주의자들이 두려워하는 것은 자유로운 개인들은 자신들에게 이익이 된다면 다른 사람들을 착취하고 재산을 훔치거나 심지어는 노예로 만들고 싶어 할 수도 있다는 점이다. 또한 개인들은 자신들에게 이익이 된다면 계약을 깨거나 무시할지도 모른다. 따라서 한 개인의 자유는 언제나 다른 사람의 자유를 훼손하는 방종으로 흐를 위험이 있다. 각 개인은 사회의 다른 모든 구성원들을 위협할 수 있고 또한 동시에 그들로부터 위협을 받을 수 있다. 우리의 자유가 요구하는 것은 그들이 우리의

> **법**
> 경찰, 법정, 감옥 등의 국가기관에 의해 지탱되는, 사회적 행위에 관한 확립된 공적 규칙

자유를 침해하지 않는 것이며 반대로 그들의 자유가 요구하는 것은 그들이 우리로부터 보호받아야 한다는 것이다. 전통적으로 자유주의자들은 오직 주권**국가**만이 사회 내의 모든 개인과 집단들을 제어함으로써 이와 같은 보호를 제공해 줄 수 있다고 믿었다. 따라서 자유는 오직 '법 아래에서'만 존재할 수 있다. 로크(John Locke)의 지적처럼, '법이 없는 곳에는 자유가 없다.'

이러한 주장은 홉스(Thomas Hobbes), 로크(John Locke) 등과 같은 17세기 사상가들이 발전시킨 **사회계약(social contract)** 이론의 토대가 된다. 자유주의자들에게 사회계약론은 국가에 대한 개인의 정치적 의무를 보여주고 있다. 홉스와 로크는 정부가 생겨나기 이전, 즉 국가없는 사회 혹은 그들이 말하는 이른바 **'자연상태(state of nature)'**에서의 인간의 삶의 모습을 그리고 있다. 개인들은 이기적이며 탐욕스럽고 권력을 쫓기 때문에 자연상태는 서로 간의 끝없는 내전상태일 수 있다.

홉스의 말대로 그와 같은 상태에서 인간의 삶은 '외롭고, 가난하고, 추하고, 잔인하며, 짧을지' 모른다. 홉스는 그 결과 합리적인 개인들이 주권 정부를 세우기 위한 합의나 '사회계약'을 맺게 될 것이라고 주장한다. 주권정부가 없다면 질서있고 안정된 생활은 불가능할 것이다. 모든 개인은 법체계를 세우기 위해서 그들이 지닌 자유의 일부를 희생하는 것이 낫다는 사실을 깨닫게 될 것이다. 그렇게 하지 않으면 그들의 권리 그리고 삶 자체가 끊임없는 위협에 처하게 될 것이다. 홉스와 로크는 이러한 '계약'이 역사적 허구라는 사실을 잘 알고 있었다. 하지만 사회계약 논의의 목적은 개인에 대한 주권국가의 가치를 강조하기 위한 것이다. 요컨대 홉스와 로크는 개인들이 오로지 주권국가만이 제공할 수 있는 보호와 안전에 감사하는 가운데 정부와 법률을 존중하고 이에 복종함으로써 마치 역사적 허구가 참인 것처럼 행동하기를 원했다.

사회계약에 관한 논의는 일반적 의미의 정치적 권위 내지

✳ 정부

국가를 대표해서 집합적 결정을 내리는 기구로서 통상 입법부, 행정부, 사법부로 구성됨

✳ 국가

일정한 영토 내에 주권을 수립하는 결사체로 보통은 강압적 권력을 독점함

✳ 사회계약

'자연상태'의 무질서와 혼돈에서 벗어나기 위해 국가를 형성하고자 하는 개인들 사이의 (가상적) 합의

✳ 자연상태

아무런 구속이 없는 자유 그리고 확립된 권위의 부재를 특징으로 하는 정치사회 이전의 상태

존 로크(John Locke 1632~1704)

영국의 철학자이며 정치가. 소머셋(Somerset)에서 태어난 로크는 샤프스베리(Shaftesbury) 최초의 백작인 애슐리 쿠퍼(Anthony Ashley Copper)의 비서가 되기 전까지 옥스퍼드에서 의학을 공부했다. 그의 정치적 견해는 영국 혁명의 배경에 반대하는 가운데 발전되었다.

절대주의에 대한 일관된 반대자 그리고 입헌군주제를 수립한 1688년 '명예혁명(Glorious Revolution)'의 철학자로 종종 묘사되기도 하는 로크는 초기 자유주의의 핵심 사상가이다. 비록 로크가 인간은 본래 자유롭고 평등하다는 것을 인정했다고는 하지만 재산권에 우선권을 부여했다는 점에서는 현대적 의미에서의 정치적 평등이나 민주주의를 옹호했다고 보기 어려운 면이 있다. 로크의 주요 정치적 저술에는 『관용에 관한 편지』(*A Letter Concerning Toleration* 1689)와 『정부2론』(*Two Treatises of Government* 1690) 등이 있다.

국가에 대한 자유주의의 두 가지 중요한 태도를 보여주고 있다. 우선 어떤 의미에서는 정치적 권위가 '아래로부터' 나온다는 것을 암시하고 있다는 점이다. 국가는 개인들에 *의해*(*by*) 그리고 개인들을 *위해*(*for*) 창조되었다. 국가는 개인들의 필요와 이해관계에 봉사하기 위해 존재한다. 정부는 통치를 받는 사람들의 합의 또는 동의에서 생겨난다. 이는 시민들이 모든 법률에 복종해야 한다거나 아니면 어떠한 정부형태도 수용해야 하는 절대적 의무가 있다는 것을 의미하는 것이 아니다. 만일 정부가 통치를 받는 사람들이 맺은 계약에 기초해 있다면, 정부 스스로 이러한 계약조건을 깰 수도 있을 것이다. 정부의 정통성이 사라질 때, 인민들은 혁명권을 가진다.

둘째, 사회계약론은 국가를 사회의 심판관 혹은 중립적 중재자로 묘사하고 있다. 국가는 대중을 착취하고자 하는 특권 엘리트들에 의해 창조된 것이 아니라 모든 인민들 사이의 합의에 의해 생겨난 것이다. 따라서 국가는 모든 시민들의 이해관계를 구체화하며, 개인이나 집단들이 서로 갈등하게 될 때 중립적 중재자로서 행동하게 된다. 예를 들어 개인들이 다른 사람들과 맺은 계약을 깨뜨리게 될 때, 국가는 각 당사자들이 충분한 지식을 가지고 자발적으로 계약을 맺었다는 전제하에 게임의 규칙을 적용하고 계약사항들을 강제하게 된다. 그와 같은 심판관의 가장 중요한 특징은 그의 행동이 불편부당하며 또 그렇게 보여야 한다는 것이다. 따라서 자유주의자들은 국가를 사회 내에서 경쟁하고 있는 개인과 집단들 사이의 중립적 중재자로 간주한다.

┃입헌정부

자유주의자들은 정부의 필요성을 확신하고 있다. 하지만 그들은 또한 정부가 초래하는 위험을 분명하게 인식하고 있다. 자유주의자들이 볼 때 모든 정부는 개인들에게 잠재적인 독재자들이다. 한편으로 이러한 생각은 정부가 주권을 행사하며 그래서 개인적 자유에 지속적인 위협이 된다는 사실에 기초해 있다. 다른 한편으로 이는 권력에 대한 자유주의 특유의 두려움을 반영하고 있다. 인간은 이기적인 피조물이기 때문에 만일 사람들이 권력, 즉 다른 사람들의 행위에 영향을 미칠 수 있는 능력을 지니게 된다면 그들은 자연스럽게 다른 사람들의 이익을 희생시키고 자신의 이익을 위해서 권력을 사용하게 될 것이다. 자유주의의 관점에서 볼 때 이기주의와 권력의 합은 부패와 같다. 이것은 액튼(Lord Acton)의 유명한 경구에도 잘 나타나 있다: '권력은 부패하며, 절대권력은 절대로 부패한다.' 그리고 그는 다음과 같이 결론짓고 있다: '위대한 사람들은 거의 언제나 나쁜 사람들이다.' 따라서 자유주의자들은 자의적 정부를 두려워하며 제한정부의 원칙을 견지한다. 정부는 헌법상의 제약들을 통해 그리고 다음에서 다룰 **민주주의**에 의해 제한되거나 '약화될' 수 있다.

헌법은 다양한 정부기관에 의무, 권력 그리고 기능을 배분하기 위한 일련의 규칙들이다. 따라서 헌법은 정부 자체를 통치하는 규칙들로 이루어져 있다. 그렇기 때문에 헌법은 정부권력의 범위를 규정하며 권력의 행사를 제한한다.

> ☀ **민주주의**
>
> 인민에 의한 지배; 민주주의는 대중 참여와 공적 이해관계를 위한 정부를 의미하며, 다양한 형태를 취할 수 있다.

입헌주의에 대한 지지는 두 가지 형태를 취할 수 있다. 먼저, 정부기관과 정치가들의 권력은 외부적 제약, 보통은 법적 제약을 통해 제한될 수 있다. 이들 가운데 가장 중요한 것이 이른바 성문헌법인데, 이는 하나의 권위적인 문건 내에 정부기관의 주요 권력과 의무들을 명문화하고 있다. 따라서 성문헌법은 상위법이 된다. 그와 같은 최초의 문건은 1787년에 작성된 미국헌법이지만, 19~20세기 사이에 영국, 이스라엘,

입헌주의(Constitutionalism)

좁은 의미의 입헌주의는 헌법에 기초한 제한정부의 실천이다. 이러한 의미에서 입헌주의는 정부제도와 정치과정이 헌법의 규칙들에 의해 효과적으로 규제될 때 존재한다고 말할 수 있다. 보다 광범위한 의미에서 입헌주의는 정부권력에 대한 내적·외적 견제를 통해 자유를 보호하고자 하는 일단의 정치적 가치와 열망을 가리킨다. 따라서 그와 같은 목적을 명시한 입헌적 규정들을 중시한다; 그와 같은 규정에는 명문화된 헌법, 권리장전, 권력분립, 양원제, 연방제나 지방분권 등이 포함된다. 따라서 입헌주의는 일종의 정치적 자유주의이다.

뉴질랜드를 제외한 모든 자유민주주의 국가에서 성문헌법이 채택되었다. 권리선언문 또한 많이 존재하는데, 이는 개인과 국가 사이의 관계를 법적으로 규정함으로써 개인의 권리를 보호하기 위한 것이다. 예를 들어 미국헌법 최초의 10개 수정조항(first ten amendments)은 개인의 권리들을 열거하고 있는데, 이를 묶어서 '권리장전(Bill of Rights)'이라고 부른다. 이와 유사한 '인권선언(Declaration of the Rights of Man, 1789)'이 프랑스 대혁명 기간 동안에 채택되었다. 영국처럼 성문헌법이나 권리선언문이 없는 경우에 자유주의자들은 법치의 원칙을 통해 정부권력을 견제하는 실정법의 중요성을 강조해 왔다. 이는 19세기 독일의 *법치국가(Rechtsstaat)* 관념 속에 가장 분명하게 들어있다.

둘째, 입헌주의는 많은 기관에 정치권력을 분산시키고 '견제와 균형'의 네트워크를 창출하는 내적 제약들을 통해 구현될 수 있다. 프랑스의 정치철학자인 몽테스키외(Montesquieu)의 주장처럼, '권력이 권력을 견제해야 한다.' 모든 자유주의 정치체계는 내부적으로 어느 정도는 권력분점의 모습을 보여주고 있다. 이것은 몽테스키외가 제안한 권력분립의 교의를 적용함으로써 성취될 수 있다. 요컨대 정부의 입법, 행정, 사법권이 3개의 독립된 기관에 의해 수행되어야 한다는 것이다. 그렇게 될 때 어떤 개인이나 소집단이 독재적 권력을 획득하는 것을 막을 수 있다. 예를 들어 미국의 대통령제 정부형태는 의회, 대통령, 대법원 사이의 엄격한 권력분립에 기초해 있다. 사법부 독립의 원칙은 모든 자유민주주의 국가에서 존중되었다. 사법부는 헌법과 법률의 의미를 해석하고 그에 따라 정부 자체의 권력을 검토한다. 따라서 만일 개인을 국가로부터 보호하고자 한다면 사법부는 공식적 독립성과 정치적 중립성을 향유해야만 한다. 정부권력을 분점하기 위한 또 다른 방안에는 내각제 정부(수상의 권한을 견제), 의회제 정부(행정부의 권한을 견제), 양원제(상원과 하원 각각의 권한을 견제) 등이 있다. 그리고 연방제, **권한이양**(devolution), 지방정부(중앙정부의 권한을 견제)와 같은 영토분할 등도 여기에 포함된다.

> ✳ **권한이양**
> 연방제와는 달리 주권의 분할이 없는, 중앙 정부로부터 하위 지역 정부로의 권한의 이전

┃ 자유민주주의

자유민주주의는 선진국은 물론 개발도상국가의 지배적인 정치적 영향력이 되어 왔다. 사실상 공산주의의 붕괴와 함께 특히 1980년대 이후 아시아, 라틴 아메리카, 아프리카에서 이루어진 '민주화(통상적으로 선거민주주의와 경제적 자유화의 도입을 의미하는 자유민주주의적 개혁)'의 진전으로 역사의 종언론자들은 서구 자유민주주의의 전 세계적 승리를 주장하게 되었다.

> ✳ **자유민주주의**
> 제한정부와 정기적이고 경쟁적인 선거를 결합한 민주주의의 한 형태; 자유민주주의는 또한 체제의 유형으로 사용되기도 한다.

그렇다면 자유민주주의란 무엇인가? 자유민주주의는 대중적 동의라는 이상을 제한정부의 원칙과 균형있게 조화시키는 정치적 지배형태이다. 자유민주주의의 '자유주의적' 특징은 자유를 보장하고 국가로부터 시민들을 보호하기 위해 고안된, 정부에 대한 내적·외적 견제 네트워크에 반영되었다. 이러한 목표들은 앞에서 논의한 것처럼 본질적으로 입헌정부를 통해 성취되었다. 자유민주주의의 '민주적' 특성은 보통선거권과 정치적 평등의 원칙과 어울리는 규칙적이고 경쟁적인 선거제도에 기초해 있다. 비록 그것이 정치적 원리를 나타내는 것이라고 할지라도, '자유민주주의'라는 용어는 특별한 유형의 체제를 의미하는 것이 보다 일반적이다.

자유민주주의 체제의 핵심적 특징들은 다음과 같다:

- 공식적인, 보통은 합법적인 규칙들에 기초한 입헌정부
- 보장된 **시민적 자유**와 개인적 권리들
- 제도적 분권 그리고 견제와 균형의 체계
- 보통선거권과 '1인 1표'의 원칙을 존중하는 규칙적 선거

- 선거를 통한 선택과 정당경쟁 형태의 정치적 다원주의
- 집단들이 정부로부터 독립되어 있는 건강한 **시민사회**
- 시장의 방침에 따라 조직된 자본주의적 경제나 사적 기업경제

> **시민적 자유**
>
> 국가가 아닌 시민에게 속하는 사적인 존재 영역; 정부로부터의 자유

> **시민사회**
>
> 사적 시민들이 형성하고 정부로부터 독립된 자율적 결사체와 집단들의 영역; 시민사회는 사업체, 클럽, 가정 등을 포함한다.

자유민주주의의 혼합적 특성은 민주주의를 향한 자유주의 내부의 양가성을 반영하고 있다. 이것은 개인주의에 함축된 서로 다른 의미에 뿌리를 두고 있다. 개인주의는 집단적 권력에 대한 두려움을 보여줄 뿐만 아니라 정치적 평등에 대한 믿음과도 연결된다. 19세기에 자유주의자들은 민주주의를 위협적이고 위험한 것으로 보곤 했다. 이러한 관점에서 보자면 그들은 민주주의를 지혜와 소유를 희생시키는 대가로 대중들이 지배하는 정치체계로 간주한 플라톤이나 아리스토텔레스와 같은 초기 정치이론가들의 생각을 이어받았다고 할 수 있다. 자유주의자들이 가장 우려했던 것은 민주주의가 개인적 자유의 적이 될 수 있다는 점이다. 이러한 걱정은 '인민'이 단일한 실체라기보다는 오히려 서로 다른 의견과 대립되는 이해관계를 지니고 있는 개인과 집단들의 집합체라는 사실에서 기인한다.

갈등에 대한 '민주적 해법'은 수에 의지하는 다수결 원리, 즉 다수 혹은 최대 다수의 의지가 소수의 의지보다 우세해야 한다는 원리를 적용하는 것이다. 따라서 민주주의는 51%의 지배로 전락하게 되며, 이는 프랑스 정치가이자 사회사상가인 토크빌(Alexis de Tocqueville 1805~1859)이 묘사한 '다수의 전제(tyranny of the majority)' 상황이기도 하다. 따라서 개인적 자유와 소수의 권리는 인민의 이름으로 압제될 수 있다. 메디슨(James Madison)도 1787년 필라델피아에서 열린 미국 제헌의회(US Constitutional Convention)에서 이와 비슷한 견해를 분명히 밝힌 바 있다. 메디슨은 **다수결주의**에 대한 최상의 방어는 경쟁하는 소수 집단의 목소리에 정부가 관심을 갖게 만들고 또한 소수의 부유층을 다수의 빈곤 계층으로부터 보호하는 견제와 균형의 네트워크라고 주장했다.

> **다수결주의**
>
> 다수 지배에 대한 믿음; 다수결주의는 다수가 소수를 지배하는 것 아니면 소수가 다수의 판단에 따르는 것을 의미한다.

제임스 매디슨(James Madison 1751~1836)

미국 정치가이자 정치이론가. 매디슨은 버지니아주 출신으로 1774년과 1775년 대륙회의(Continental Congress)에서 미국 민족주의를 열렬히 지지했다. 그는 1778년 제헌의회(Constitutional Convention) 구성에 기여했고, 헌법의 명문화에 핵심적 역할을 했다. 1801~1809년까지 제퍼슨의 국무장관을 지냈고, 1809~1817년까지 미국 제4대 대통령을 역임했다.

매디슨은 미국 정부의 기초로서 연방제, 양원제, 권력분립을 채택할 것을 주장하는 등 다원주의와 분점정부의 주요 지지자였다. 따라서 매디슨주의(Madisonianism)는 전제정치에 저항하는 주요 수단으로서 견제와 균형을 중시하는 것을 의미한다. 그럼에도 불구하고 공직에 있는 동안 매디슨은 정부의 권한을 강화하고자 하였다. 그는 『연방주의자』(*The Federalist* 1787~1788)의 저술에 참여했는데, 이는 헌법 비준 캠페인의 일환이었다.

자유주의자들은 단지 다수 지배의 위험성 때문만이 아니라 근대 산업사회에서 나타나는 다수의 구성 문제 때문에 민주주의에 대해 유보적인 입장을 취해왔다. 예를 들어 밀(J. S. Mill)이 볼 때, 정치적 지혜는 불평등하게 배분되고 있는데 이는 대체로 교육과 관련이 있다. 교육받지 못한 사람들은 편협한 계급적 이해관계에 따라 행동하기 쉬운 반면에, 교육받은 사람들은 그들의 지혜와 경험을 다른 사람들의 선을 위해 사용할 수 있다. 따라서 밀은 교육받은 정치가들이 유권자들의 견해를 대신하기보다는 그들 자신을 대변해야 한다고 주장했다. 그리고 문맹자들의 선거권을 박탈하고 사람들의 교육수준과 사회적 지위에 따라 각각 1~4표를 나눠 주는 복수투표 제도를 제안했다.

스페인의 사회사상가인 가제트(Ortega y Gasset)는 이와 같은 두려움을 『대중의 반란』(*The Revolt of the Masses* [1930] 1972)에서 보다 극적으로 표현하고 있다. 그는 대중민주주의의 도래가 권위주의적 통치자들로 하여금 대중의 가장 기초적인 본능에 호소해서 권력을 장악할 수 있는 길을 열어 주면서 시민사회와 도덕질서의 전복을 초래했다고 경고하였다. 하지만 20세기까지 대부분의 자유주의자들은 민주주의를 하나의 미덕으로 보게 되었다. 민주주의에 대한 초기의 자유주의적 정당화는 동의 그리고 시민들이 정부의 침해로부터 스스로를 보호할 수 있는 수단을 지녀야 한다는 생각에 기초한 것이었다. 17세기에 로크(John Locke)는 투표권이 재산을 소유한 사람들에게 확대되어야 한다고 주장함으로써 제한적인 보호민주주의(protective democracy) 이론을 발전시켰다. 당시에 재산을 지닌 사람들은 정부에 맞서 자신들의 자연권을 보호할 수 있었다. 만일 정부가 과세를 통해 재산을 빼앗을 수 있는 권력을 지닌다면, 시민들은 세금을 책정하는 기관 즉 의회의 구성을 통제함으로써 스스로를 보호할 권한이 주어져야 한다는 것이다. 미국 혁명 기간 동안 이러한 생각은 '대표 없이는 과세 없다(No taxation without representation)'는 슬로건으로 나타났다. 벤담(Jeremy Bentham)이나 밀(James Mill 1773~1836)과 같은 공리주의자들은 개인을 위한 보호의 형식으로서의 민주주의 관념을 보통 선거권의 문제로 발전시켰다. **공리주의**가 암시하는 바는 개인들은 그들이 규정하는 이해관계를 보호하거나 증진시키기 위해서 투표하게 될 것이라는 점이다. 벤담은 보통 선거권(당시에는 성인 남성의 선거권으로 인식된)이 '최대 다수의 최대 행복'을 증진하는 유일한 길이라고 믿었다.

> **✴ 공리주의**
>
> 쾌락과 고통의 측면에서 '좋음(goodness)'을 평가하며, 궁극적으로 '최대 다수의 최대 행복'을 성취하고자 하는 도덕 정치철학

민주주의에 대한 보다 근본적인 지지는 정치참여의 미덕과 관련이 있다. 이것은 루소의 사상과 결부되어 있지만, 밀(J. S. Mill)의 저술에도 주목할 필요가 있다. 어떤 의미에서 밀은 민주주의를 향한 자유주의의 양면적 태도를 압축적으로 보여주고 있다. 아무런 제약이 없는 형태의 민주주의는 독재를 초래하지만, 민주주의가 부재한 곳에서는 무지와 잔혹성이 위세를 떨치게 될 것이다. 밀에게 있어서 민주주의의 핵심적 가치는 그것이 인간의 능력을 '최상으로 그리고 가장 조화롭게' 계발시켜 준다는 데 있다. 정치생활에 참여함으로써 시민들은 이해를 증진시키며, 감수성을 강화하고, 고도의 개인적 발전을 성취하게 된다. 이와 같은 형태의 발전적 민주주의는 민주주의가 무엇보다도 교육적 경험이 되어야 한다고 본다. 결과적으로 밀이 정치적 평등을 거부했다고는 하지만, 그는 참정권이 문맹자를 제외한 모든 사람들에게 확대되어야 한다고 믿었다. 그리고 그 과정에서 (당시로서는 매우 급진적이게도) 선거권이 또한 여성들에게도 확대되어야 한다고 주장하였다.

그러나 20세기 이후 민주주의에 관한 자유주의적 이론들은 동의와 참여의 문제보다는 사회적 합의의 필요성에 더욱 주목하는 경향을 보여 왔다. 이러한 추세는 다원주

의 이론가들의 저작 속에서 살펴볼 수 있다. 그들은 개인이 아니라 조직화된 집단들이 일차적인 정치적 행위자가 되었다고 주장하면서, 근대 산업사회를 대립적인 이해관계들 사이의 경쟁을 특징으로 하는 복잡한 사회로 묘사하였다. 이러한 관점에서 볼 때, 민주주의의 매력은 그것이 복잡하고 유동적인 현대사회 속에서 평형을 유지할 수 있는 유일한 통치체계라는 데 있다. 경쟁하는 집단들에게 정치적 발언권을 부여함으로써 민주주의는 그들을 정치체계로 결속시키는 가운데 정치적 안정을 유지하고 있다는 것이다.

V. 고전적 자유주의

고전적 자유주의는 가장 초기의 자유주의적 전통이다. 고전적 자유주의의 아이디어는 봉건제가 자본주의로 전환되는 동안에 발전해서 19세기 초기의 산업화 시기에 최고조에 달했다. 그 결과 고전적 자유주의는 종종 '19세기 자유주의'로 불린다. 고전적 자유주의의 요람은 자본주의혁명과 산업혁명이 가장 진전되었던 영국이다. 고전적 자유주의의 이념들은 세계의 다른 지역보다도 앵글로-색슨(Anglo-Saxon) 국가들, 특히 영국과 미국에 깊이 뿌리를 내려왔다. 하지만 고전적 자유주의는 오늘날 단지 역사적 관심의 대상에 불과한 19세기의 유산만은 아니다. 실제로 20세기 후반 이후 지속적으로 고전적 자유주의 원리와 이론은 큰 호소력을 발휘해 왔다. 처음 영국과 미국에서 엄청난 충격을 주었던 이른바 신고전적 자유주의 혹은 신자유주의(neoliberalism)는 세계화의 진전으로 그 영향력이 훨씬 더 광범위하게 확산되고 있다.

고전적 자유주의 사상은 다양한 형태를 취하지만 몇 가지 공통된 특징을 지니고 있다. 첫째, 고전적 자유주의자들은 이기적 개인주의를 지지한다. 그들은 인간을 확고한 자립 능력을 지닌 합리적이며 이기적인 존재로 본다. 따라서 사회는 자족적인 개인들로 구성된 원자론적인 것으로 간주된다. 이는 사회의 특징이 인간본성의 보다 근본적인 요소로 소급될 수 있다는 것을 의미한다.

둘째, 고전적 자유주의자들은 소극적 자유를 신뢰한다. 다른 사람의 간섭을 받거나 강제되지 않은 채 혼자 있는 한 개인은 자유롭다. 앞에서 말한 것처럼, 이러한 의미의

관점 (Perspectives) - ●

⁂ 민주주의(Democracy)

자유주의자들은 민주주의를 개인적 측면에서 투표함을 통해 표현된 동의로 이해한다. 민주주의는 정기적이고 경쟁적인 선거와 같다. 민주주의가 권력의 남용을 제한하기는 하지만, 그것은 언제나 다수의 전제를 막기 위해 헌법의 틀 안에서 이루어져야 한다.

보수주의자들은 자유민주주의 통치를 인정한다. 하지만 그것은 어디까지나 교육받지 않은 '다수'의 의지로부터 재산과 전통적 제도들을 보호할 필요가 있다는 조건하에서이다. 반면에 뉴라이트는 선거민주주의를 과잉정부(over-government)나 경기침체 문제와 결부시켜 보고 있다.

사회주의자들은 자유민주주의를 자본주의적 민주주의라고 단정하는 가운데 대중참여 및 경제활동에 대한 공적 통제에 기초한 급진적 민주주의를 전통적으로 지지해 왔다. 그럼에도 불구하고 현대 사회민주주의자들은 자유민주주의의 입장에 확고히 기대어 있다.

무정부주의자들은 직접 민주주의를 지지하며 지속적인 대중참여와 분권화를 요구한다. 선거민주주의나 대의민주주의는 단지 엘리트 지배를 숨기고 대중을 그들의 압제 하에 두려는 허울에 불과하다고 보고 있다.

파시스트들은 진정한 민주주의는 절대적 독재라고 주장하면서 전체주의적 민주주의 이념을 수용한다. 지도자가 이데올로기적 지혜를 독점하며 지도자만이 인민들의 '참된' 이해관계를 분명하게 표명할 수 있다고 본다. 따라서 정당과 선거를 통한 경쟁은 부패하고 타락한 것이다.

생태주의자들은 종종 급진적 민주주의나 참여민주주의를 지지해 왔다. '급진적' 녹색주의자들(dark greens)은 특히 선거민주주의에 대해 비판을 제기해 왔다. 그들은 선거민주주의를 현재 세대 인류의 이해관계를 다음 세대(선거권이 없는), 다른 종 그리고 자연에 강요하기 위한 수단이라고 보고 있다.

● -

자유는 개인에 대한 외부적 제약의 부재다.

셋째, 페인(Thomas Paine)의 말처럼 국가는 '필요악'으로 간주된다. 적어도 질서있는 생존을 위한 조건을 마련한다는 점에서 국가는 필연적이다. 하지만 사회에 집합적 의지를 부과함으로써 개인의 자유와 책임을 제한한다는 점에서 국가는 악이다. 따라서 고전적 자유주의자들은 최소국가(minimal state)를 받아들이는데, 최소국가는 로크가 비유한 것처럼 '야경꾼(nightwatchman)'으로서 활동한다. 이러한 관점에서 볼 때 국가의 적절한 역할은 국내 질서를 유지하고, 계약을 강제하며, 외부의 공격으로부터 사회를 보호하는 것에 한정된다.

끝으로 고전적 자유주의자들은 시민사회에 대해 매우 긍정적인 견해를 지니고 있다. '강제의 영역'인 국가와 비교해서, 시민사회는 '자유의 영역'으로 간주될 뿐만 아니라 균형이나 평형의 원칙을 잘 보여준다. 이는 자율적 시장경제에 대한 고전적 자유주의자들의 믿음에서 가장 잘 나타난다. 그럼에도 불구하고 고전적 자유주의는 다양한 교의와 이론들을 받아들이고 있는데, 그 가운데 중요한 것이 바로 다음과 같은 것들이다:

- 자연권
- 공리주의
- 경제적 자유주의
- 사회적 다원이즘
- 신자유주의

▌자연권

로크(John Locke)와 제퍼슨(Thomas Jefferson) 같은 17~18세기의 자연권 이론가들은 자유주의 이데올로기의 발전에 상당한 영향을 끼쳤다. 근대의 정치적 논쟁은 '권리'에 대한 언급과 '권리'를 소유하기 위한 주장들로 넘쳐난다. 가장 단순하게 말해서 권리는 특별한 방식으로 행동하거나 특별하게 취급받아야 하는 자격이다. 그러한 자격은 도덕적이거나 아니면 법적인 성격의 것일 수 있다. 로크와 제퍼슨에게 있어서 권리는 자연이나 신에 의해 인간에게 부여되었다는 점에서 '자연적인' 것들이다. 오늘날 **자연권(natural right)**은 보다 일반적으로 **인권(human right)**으로 불린다. 제퍼슨에 의하면, 자연권은 인간이 됨으로 인해서 인간에게 주어진 권한이기 때문에 양도할 수 없는, 즉 빼앗길 수 없는 것이다. 따라서 자연권은 진정한 인간의 실존을 위한 본질적 조건으로 여겨졌다. 로크에게 자연권은 '생명, 자유 그리고 재산' 등 3가지이다. 하지만 제퍼슨은 재산이 자연적인 혹은 신이 부여한 권리라는 것을 받아들이지 않았다. 오히려 인간의 편의를 위한 권리라고 보았다. 미국 독립선언에서 제퍼슨은 '생명, 자유 그리고 행복 추구'의 권리를 양도할 수 없는 권리로 묘사하고 있다.

자연권

인간에게 근원적인 따라서 양도할 수 없는(빼앗길 수 없는), 신이 부여한 권리

인권

인간이기 때문에 자격을 갖는 권리; 보편적 근원적 권리

토머스 제퍼슨(Thomas Jefferson 1743~1826)

미국의 정치철학자이며 정치가. 제퍼슨은 부유한 버지니아 농장주로 1775년 제2차 대륙회의 대표였고 1779~81년까지 버지니아주 주지사였다. 그는 1789~94에에 초대 국무장관을 지냈고, 1801~09년까지 미국 제3대 대통령을 역임했다. 제퍼슨은 미국 독립선언문의 주요 저자였고 방대한 양의 연설문과 서신을 남겼다.

제퍼슨은 자연적 귀족정치에 대한 신념을 제한정부 및 자유방임주의와 혼합한 민주적 형태의 농본주의(agrarianism)를 발전시켰다. 그는 또한 공교육의 확대, 노예제의 폐지(노예 소유자였음에도 불구하고), 경제적 평등의 확대에 찬성하는 등 사회개혁에 공감을 표했다. 미국에서 제퍼슨주의(Jeffersonianism)는 강력한 중앙정부에 대한 저항을 상징하며 개인적 자유와 책임 및 주정부의 권리를 중시하는 입장을 대표하고 있다.

자연권 혹은 인권의 이념은 여러 가지 방식으로 자유주의 사상에 영향을 끼쳤다. 예를 들어 그와 같은 권리를 얼마나 중시하느냐 하는 것이 홉스와 같은 권위주의적 사상가를 로크와 같은 초기의 자유주의자들과 구분해 준다. 앞에서 살펴본 것처럼, 홉스와 로크는 정부가 '사회계약'을 통해서 형성된다고 보았다. 하지만 홉스는 오직 강력한 정부, 즉 그가 선호하는 군주제가 사회의 질서와 안전을 보장해 줄 수 있을 것이라고 주장하였다. 홉스는 '자연상태'로 전락할 수 있는 위험을 무릅쓰기보다는 왕에게 주권 내지 절대권력을 부여할 준비가 되어 있었다. 따라서 시민들은 심지어 억압적인 정부조차도 무정부보다는 낫기 때문에 그 *어떠한* 형태의 정부라도 받아들여야만 한다. 반면에 로크는 자의적인 혹은 무제한적인 정부에 반대하였다. 정부는 자연권을 보호하기 위해 수립되었다. 국가가 이러한 권리들을 보호해 준다면 시민들은 정부를 존경하고 법률에 복종해야 한다. 하지만 만일 정부가 시민들의 권리를 침해한다면 시민들은 저항할 권리가 있다. 그래서 로크는 17세기 영국 혁명을 인정하였고 1688년 입헌군주제의 수립에 찬성을 표했다.

더욱이 로크에게 있어서 국가와 시민 사이의 계약은 특수하고 제한적인 것이다.

요컨대 계약의 목적은 규정된 일련의 자연권을 보호하기 위한 것이다. 그래서 로크는 제한정부를 신뢰하였다. 정부의 정당한 역할은 '생명, 자유 그리고 재산'의 보호에 국한되었다. 따라서 정부의 기능은 외부로부터의 공격을 막아주고 계약이 준수되도록 강제함으로써 공공질서를 유지하고 재산을 보호해 주는 '최소한의' 영역에 머물러야 한다. 그 밖의 다른 사안이나 책무는 사적인 개인들의 관심사이다. 한 세기가 지나 제퍼슨(Thomas Jefferson)은 '최소한의 정부가 최선의 정부(That government is best which governs least)'라고 주장함으로써 이와 똑같은 생각을 피력한 바 있다.

▌공리주의

자연권 이론만이 초기 자유주의의 유일한 기반은 아니었다. 인간본성에 관한 또 다른 매우 영향력 있는 이론이 19세기 초 벤담이나 밀(James Mill)과 같은 공리주의자들에 의해 제시되었다. 벤담은 권리에 대한 생각을 '넌센스'로 간주했고 자연권을 '과장된 넌센스'라고 보았다. 그 대신 벤담은 그가 보다 과학적이며 객관적이라고 생각했던 것을 제안했다. 말하자면 개인들은 사적 이익에 의해 동기화되며, 이러한 이익은 쾌락이나 행복을 추구하고 고통을 피하려는 욕구로서 규정될 수 있다는 것이다. 그리고 이것은 모두 유용성의 측면에서 계산된다는 것이다. 더욱이 유용성의 원칙은 어떠한 행동, 정책, 제도 등이 '옳은가 하는 것'이 행복을 증진시키는 경향에 의해 입증될 수 있다고 본다는 점에서 하나의 도덕적 원칙이다. 마치 각 개인이 도덕적으로 선한 것을 어떠한 행동이 수반하게 될 쾌락의 양에 의해 계산할 수 있는 것처럼, '최대 다수의 최대 행복'의 원칙은 어떠한 정책이나 제도들이 사회 전반에 이익이 될 것인가를 입증하는 데 사용될 수 있다.

공리주의의 이념은 고전적 자유주의에 상당한 영향을 미쳤다. 특히 개인들이 어떻게 그리고 왜 행동하는가를 설명해 주는 도덕철학을 제시해 주었다. 인간을 합리적이고 이기적인 피조물로 보는 공리주의의 관점은 후대의 자유주의 사상가들에게 채택되었다. 더욱이 각 개인은 그 자신의 최상의 이해관계를 인식할 수 있다고 보았다. 이는 국가와 같은 부권적 권위가 대신할 수 없는 것이다. 벤담은 개인들이 어떠한 방식을 택하든 쾌락이나 행복을 얻기 위해서 행동한다고 주장했다. 다른 어느 누구도 그들의 행복의 질과 수준을 판단할 수 없다. 만일 각 개인이 무엇이 행복을 가져오는가를

✳
공리주의

공리주의는 벤담(Jeremy Bentham)과 밀(James Mill)에 의해 발전된 도덕철학이다. 공리주의는 '선'을 쾌락이나 행복과 그리고 '악'을 고통이나 불행과 동일시한다. 따라서 개인들은 쾌락을 극대화하고 고통을 최소화하기 위해 행동한다고 가정한다. 그리고 이것은 통상 물질적 소비에서 생겨나는 만족으로 간주되는 효용성이나 사용가치의 측면에서 계산된다. '최대행복'의 원리는 법과 제도, 심지어 정치체계를 평가하는 데에도 사용될 수 있다. *행위* 공리주의(*Act* utilitarianism)는 어떠한 행위가 다른 행위들보다 쾌락을 많이 산출할 때 그 행위는 옳다고 간주한다. *규칙* 공리주의(*Rule* utilitarianism)는 어떠한 행위가 일반적으로 좋은 결과를 산출하는 규칙에 따르게 될 때 그 행위는 옳다고 간주한다.

판단하는 유일한 존재라면, 단지 개인만이 무엇이 도덕적으로 옳은가를 결정할 수 있을 것이다. 반면에 공리주의 이념들은 또한 비자유주의적 요소를 지닌 것으로 간주될 수도 있다.

벤담은 유용성의 원칙이 개인적 행위만이 아니라 사회 전반에도 적용될 수 있다고 보았다. 제도와 법률이 '최대 행복'의 척도에 의해 평가될 수 있다고 본 것이다. 하지만 이러한 공식은 다수결주의의 의미를 내포하고 있다. 왜냐하면 무엇이 도덕적으로 옳은가를 판단하는 기준으로서 '최대 다수'의 행복을 사용하고 있고 따라서 다수의 이익이 소수의 이익이나 개인의 권리보다 가치가 있다고 보기 때문이다.

▌경제적 자유주의

18세기 말 19세기 초는 애덤 스미스(Adam Smith)와 리카도(David Ricardo 1770~1823)와 같은 정치경제학자들의 저술에서 고전 경제이론의 발전을 목격한 시기였다. 스미스의 『국부론』(*The Wealth of Nations* [1776]1976)은 여러 가지 측면에서 볼 때 최초의 경제학 교과서였다. 그는 인간본성을 자유주의적이고 합리적인 관점에서 바라보았으며, 시민사회 내에서의 정부의 바람직한 역할에 관한 논의에 크게 기여했다. 스미스의 저작은 정부가 경제활동에 대해 광범위한 제한을 가하던 시기에 쓰여졌다. 16~17세기의 지배적인 경제적 사조였던 **중상주의(mercantilism)**는 재화의 수출을 장려

벤담(Jeremy Bentham 1748~1832)

영국의 철학자, 법률 개혁가이며 공리주의의 창시자. 벤담의 아이디어는 철학적 급진주의의 토대를 형성했는데, 이는 영국 빅토리아 시대 사회행정, 법, 정부 및 경제학 분야의 수많은 개혁에 기여했다. 벤담은 자연권 이론에 대한 과학적 대안을 발전시켰는데, 이는 인간을 합리적이며 이기적인 존재, 즉 이윤 극대화자로 보는 도덕철학 체계로 나타났다. 일반 효용의 원리인 '최대 다수의 최대 행복'을 활용해서 벤담은 자유방임 경제학과 입헌개혁 그리고 노년에는 정치적 민주주의에 대한 정당화를 시도했다. 벤담의 공리주의적 교의는 『정부에 관한 단상』(*Fragments on Government* 1776)과 『도덕과 입법의 원리』(*Principles of Morals and Legislation* 1789)에서 발전되었다.

하고 수입을 제한하려는 시도에서 경제 활동에 대한 정부의 개입을 고무시켰다. 스미스의 경제학 저술은 오히려 정부의 간섭이 없을 때 경제가 가장 잘 작동한다는 원칙을 주장함으로써 중상주의를 공격하였다.

스미스는 경제를 **시장**, 실제로는 서로 연결된 일련의 시장이라고 생각했다. 그는 시장이 자유로운 개인들의 소망과 결정에 따라 작동한다고 믿었다. 시장에서의 자유는 선택의 자유를 의미한다: 요컨대 어떤 물건을 만들 것인가를 선택하는 사업가의 능력, 사용자를 선택하는 노동자의 능력 그리고 어떠한 재화와 서비스를 살 것인가를 선택하는 소비자의 능력을 말한다. 따라서 그와 같은 시장 내에서의 관계, 즉 사용자와 노동자 그리고 파는 사람과 사는 사람 사이의 관계는 이기적 개인들에 의한 자발적이며 계약적인 것이다. 그들에게 쾌락은 부의 획득이나 소비와 같은 것이다. 따라서 경제이론은 '경제적 인간'이라는 아이디어를 정립하는 데 있어 공리주의를 끌어들

☀ 중상주의

국제무역을 관리하고 번영을 구가하는 데 있어서 국가의 역할을 강조하는 경제사상 학파

☀ 시장

비인격적인 경제적 영향력, 즉 '시장의 힘(market force)'에 의해 통제되는 판매자와 구매자 사이의 상품 교환 체계

애덤 스미스(Adam Smith 1723~1790)

스코틀랜드 경제학자이자 철학자로 통상 '음울한 학문(dismal science)' 즉 경제학의 창시자로 간주되고 있다. 글래스고대학교(Glasgow University)에서 논리학과 도덕철학 강좌를 가르친 후, 버클루(Buccleuch) 공작의 튜터가 되었다. 이를 계기로 스미스는 프랑스와 제네바를 방문하고 그의 경제학 이론을 발전시킬 수 있었다. 『도덕감정론』(*The Theory of Moral Sentiments* 1759)에서 스미스는 인간의 이기심을 규제받지 않는 사회질서와 조화시키고자 한 동기화 이론을 발전시켰다. 가장 유명한 저술인 『국부론』(*The Wealth of Nations* 1776)은 분업의 중요성을 강조하는 가운데 시장의 관점에서 경제의 작동을 설명하고자 한 최초의 체계적인 시도였다. 종종 자유시장 이론가로 간주되고 있지만 스미스는 자유방임의 한계를 잘 인식하고 있었다.

이고 있다. 경제적 인간이라는 관념은 인간이 본질적으로 이기적이며 물질의 획득을 위해 애쓴다는 것이다.

고전경제학의 매력은 비록 각 개인은 이기적인 존재라고 할지라도 경제 자체는 경제적 번영과 복지를 자연스럽게 조장하는 일련의 비인격적 압력, 즉 시장의 힘에 의해서 작동된다고 생각했다는 점이다. 예를 들어 단 한 사람의 생산자도 상품의 가격을 정할 수는 없다. 가격은 시장에 의해, 즉 판매하려는 상품의 개수와 그것을 사려는 소비자의 수에 따라서 정해진다. 이것이 바로 수요와 공급의 영향력이다. 시장은 자기규제적 메커니즘이다. 시장은 외부로부터의 안내가 필요없다. 시장은 정부간섭으로부터 '자유로워야' 한다. 왜냐하면 시장은 스미스가 '보이지 않는 손(invisible hand)'이라고 말한 것에 의해 움직이기 때문이다. 이러한 자기규제적 시장이라는 아이디어는 사회 내의 갈등하는 이해관계들 가운데 자연스럽게 존재하는 조화에 대한 믿음을 반영하고 있다. 스미스는 이러한 생각을 경제적 관점에서 다음과 같이 표현하였다:

> 우리가 저녁 식사를 할 수 있는 것은 푸줏간 주인, 양조장 주인, 제빵업자의 선의가 아니라 그들 자신의 이익에 대한 고려 때문이다.

자유시장의 아이디어는 19세기 영국과 미국에서 경제학의 정설이 되었다. 자유시장에 대한 신념은 '내버려 두어라'라는 의미를 지닌 **자유방임**(*laissez-faire*)의 교의에서 최고조에 달했다. 이것은 국가의 경제적 역할은 없으며, 그냥 경제를 내버려 두고 사업가들로 하여금 그들이 좋은 대로 행동하도록 허용해야 한다는 생각이다. 자유방임의 아이디어는 아동고용에 대한 제약, 근로시간의 제한 그리고 노동조건에 대한 규제 등을 포함한 모든 형태의 공장법률에 반대하였다.

> ✳ **자유시장**
>
> 정부의 간섭으로부터 자유로운, 아무런 속박 없는 시장경쟁 정책이나 원칙

> ✳ **자유방임**
>
> 경제활동이 정부 간섭으로부터 전적으로 자유로워야 한다는 교의, 자유시장에 대한 극단적 믿음

그와 같은 경제적 개인주의는 아무런 제약이 없는 이윤추구가 궁극적으로는 일반적 이익을 낳게 될 것이라는 신념에 기초해 있다. 자유방임주의 이론은 19세기 내내 영국에서 강력한 영향력을 발휘하였고, 미국에서는 1930년대까지도 심각한 도전을 받지 않았다. 20세기 후반 이후 자유시장에 대한 신념은 신자유주의(neoliberalism)의 등장 그리고 정부의 '죽은 손'에 대한 공격을 통해 되살아났다. 경제적 자유주의의 또 다른 모습인 자유무역의 문제는 자유주의적 국제주의와 관련해서 이 책의 제5장에서 논의할 것이다.

▌ 사회적 다원이즘

고전적 자유주의의 주된 특징 가운데 하나는 빈곤과 사회적 평등에 대한 태도에 있다. 개인주의적인 정치적 교의는 사회적 환경을 각 개인의 재능과 근면의 관점에서 설명하고자 할 것이다. 개인들은 자신의 삶에서 원하는 것 그리고 할 수 있는 것을 한다. 일하고자 하는 의지와 능력이 있는 사람들은 번성할 것이지만, 무능하거나 게으른 사람들은 그렇지 못할 것이다.

이와 같은 생각은 스마일(Samuel Smile)의 책 『자조』(*Self-Help* [1859]1986)에서 인상 깊게 표현되었다. 그 책은 '하늘은 스스로 돕는 자를 돕는다(Heaven helps those who help themselves)'는 유명한 격언을 되풀이하는 것으로 시작한다. 개인적 책임에 대한 이와 같은 생각들은 19세기 자유방임을 지지하는 사람에게 폭넓게 수

용되었다. 예를 들어 영국의 경제학자이자 정치가인 콥덴(Richard Cobden 1804~1865)은 노동계급의 환경개선을 옹호했지만, 이것은 '법보다는 그들 자신의 노력과 자기의존'을 통해 이루어져야 한다고 주장했다. 그는 노동계급에게 '의회가 아니라 그들 자신을 바라보라'고 충고했다.

개인적 자기의존의 이념은 스펜서(Herbert Spencer 1820~1903)의 『인간 대 국가』(*The Man versus the State* [1884]1940)에서 가장 대담하게 표현되었다. 영국의 철학자이자 사회이론가인 스펜서는 다윈(Charles Darwin 1809~1882)이 『종의 기원』(*The Origin of Species* [1859]1972)에서 발전시켰던 생각을 끌어들여 자유방임의 교의를 적극적으로 옹호했다. 다윈은 지구상에서 발견된 종들의 다양성을 설명한 진화론을 제시했다. 그는 종들이 무작위적인 일련의 물리적·정신적 변화, 즉 돌연변이를 겪고 있다고 주장했다. 이러한 변화 가운데 일부는 어떤 종이 생존하고 번성할 수 있게 만든다: 이것들은 생존에 우호적이다. 하지만 다른 돌연변이는 덜 우호적이며 생존을 어렵게 하거나 심지어는 불가능하게 만든다. 따라서 '자연도태'의 과정은 어떤 종이 자연적으로 생존하는 데 적합한가 아닌가를 결정한다. 19세기 말에 이러한 생각은 생물학의 영역을 넘어 점차 사회·정치이론에도 영향을 미치게 되었다.

예를 들어 스펜서는 '적자생존(survival of the fittest)'의 사회적 원리를 발전시키는 데 자연도태 이론을 활용했다. 자연적으로 생존하기에 가장 적합한 사람들이 정상에 오를 수 있는 반면에 그렇지 못한 사람들은 바닥으로 떨어진다. 따라서 부와 사회적 지위 그리고 정치권력의 불평등은 자연스럽고 불가피하며, 정부가 이러한 문제에 간섭하려 해서는 안 된다는 것이다. 스펜서의 제자인 섬너(William Sumner 1840~1910)는 1884년 이러한 원칙을 다음과 같이 대담하게 주장하였다: '빈민가의 술주정뱅이는 그가 마땅히 있어야 할 곳에 있는 것이다.'

▌신자유주의

종종 신고전적 자유주의로 불리는 신자유주의는 1970년대 이후 발생한 경제적 자유주의의 부흥을 가리킨다. 신자유주의는 반혁명적이다. 즉 신자유주의의 목적은 20세기의 상당 부분을 특징짓는 '큰' 정부와 국가개입을 향한 추세를 멈추거나 가능하다면 이를 뒤집는 것이다. 신자유주의는 19세기에 자유시장의 경제원칙이 가장 확고하게 자리 잡았던 두 나라, 즉 영국과 미국에서 가장 큰 영향을 미쳤다. 하지만 영국의 '대처리즘(Thatcherism)'과 미국의 '레이건이즘(Reaganism)'의 경우, 신자유주의는 자유방임 경제를 보수적인 사회철학과 융합시키려 했던 광범위한 뉴라이트(new right) 이데올로기 프로젝트의 일부였다. 이 프로젝트는 이 책의 제3장에서 다루게 될 것이다. 그럼에도 불구하고 신자유주의는 단순히 뉴라이트의 일부만은 아니다. 그것은 특히 경제적 세계화와 같은 광범위한 요인에 의해 틀이 잡혔으며 보수주의 정당은 물론 자유주의 정당과 사회주의 정당에도 영향을 미쳤다. 그리고 앵글로 아메리칸 본토를 넘어 커다란 영향력을 행사했다.

신자유주의는 **시장 근본주의(market fundamentalism)** 와 다름이 없다. 시장은 정부나 어떤 형태의 정치적 통제보다도 도덕적으로나 실제적으로 우월하다고 간주된다. 이러한 의미에서 신자유주의는 고전 경제이론을 뛰어넘는다. 예를 들어 스미스가 시장경제의 아버지로 간주되고 있지만, 그는 또한 시장의 한계를 인정했을 뿐만 아니라 인간본성에 관한 저급한 수준의 이윤극대화 모델에 결코 동의하지 않았

> **✳️ 시장 근본주의**
> 시장 메커니즘이 모든 경제적·사회적 문제에 대한 해답을 제공한다는 믿음을 반영하고 있는, 시장에 대한 절대적 신뢰

다. 신자유주의의 관점에서 볼 때 정부의 결함은 다양하고 많다. 하이에크(Friedrich von Hayek)나 미국의 프리드먼(Milton Friedman 1912~2006)과 같은 자유시장 경제학자들은 정부의 경제적 역할에 대해 공격을 퍼부었다. 하이에크(1944)는 중앙계획이나 일반적 의미의 경제개입에 대해 신랄한 경제적·정치적 비판을 쏟아부었다. 그는 어떤 형태의 계획도 경제적으로 비효율적일 수밖에 없다고 주장했다. 왜냐하면 국가의 관료들은 그들이 아무리 유능하다고 할지라도 그들이 통제하기 어려운 엄청난 양의 정보와 복잡성에 직면하기 때문이다. 프리드먼은 **케인즈주의(Keynesianism)**를 비판했다. 정부지출을 위한 '증세(tax and spend)' 정책이 '자연실업률(natural rate of unemployment)'에 영향을 미치지 못하고 정부로 하여금 대출을 늘리게 함으로써 인플레이션을 초래한다는 보았기 때문이다.

> **✳️ 케인즈주의**
> 완전고용을 달성하기 위해 총수요를 규제하는 것과 관련된 (케인즈가 발전시킨) 경제관리 이론이나 정책

반대로 시장은 거의 기적과도 같은 능력을 지니고 있다. 무엇보다도 시장은 장기적인 평형을 지향하는 경향이 있기 때문에 자기규제적이다. 스미스의 보이지 않는 손의 아이디어를 이어받은 하이에크는 시장을 경제를 규제할 수 있는

광범위한 신경체계에 비유하였다. 왜냐하면 시장은 가격 메커니즘을 통해 거의 무한한 수의 메시지를 동시에 전달할 수 있기 때문이다. 둘째, 시장은 본디 효율적이며 생산적이다. 거시 경제적 수준에서 시장경제는 효율적이다. 왜냐하면 자원들이 가장 수익성이 높은 곳으로 집중되며, 부자나 가난한 사람들이나 똑같이 일하고자 하는 유인을 가지고 있기 때문이다. 미시 경제적 수준에서 사적 기업이 공적 기업보다 효율적이다. 왜냐하면 사적 기업은 비용을 최소화하는 등의 이윤동기에 의해 잘 훈련되어 있는 반면에 납세자들은 언제나 공적 손실을 위한 비용을 지불하기 때문이다. 셋째, 시장은 반응적 메커니즘, 더 나아가 민주적 메커니즘이다. 경쟁은 소비자들이 사고자 하는 것을 그들이 지불할 수 있는 가격에 생산하도록 보장해 준다. 요컨대 소비자는 왕이다. 마지막으로 시장은 공정성과 경제정의를 보장해 준다. 시장은 모든 사람들에게 재능과 근면성에 따라 성공과 패배의 기회를 제공한다. 따라서 물질적 불평등은 단지 사람들 사이의 자연적 불평등을 반영하는 것이다.

VI. 현대 자유주의

현대 자유주의는 종종 '20세기의 자유주의'로 묘사된다. 고전적 자유주의의 발전이 19세기 산업 자본주의의 출현과 밀접하게 연계되어 있는 것처럼 현대 자유주의 이념은 산업화의 진전과 관련이 있다. 산업화는 일부 사람들에게 거대한 부의 확대를 가져왔지만 빈민촌과 가난, 무지 그리고 질병의 확산을 수반하기도 하였다. 더욱이 점증하고 있는 산업 노동자 계급이 저임금과 실업, 열악한 생활환경이나 근로조건 등에 의해 불이익을 당하는 것으로 보이면서 사회적 불평등은 무시할 수 없는 문제가 되었다. 이러한 현상은 19세기 말 이후 영국 자유주의에 영향을 주었다. 하지만 다른 나라의 경우에는 훨씬 뒤늦게까지도 영향을 미치지 못했다. 예를 들어 미국의 자유주의는 1930년대 대공황 이전까지 영향을 받지 않았다. 이와 같은 역사적 변화 속에서 자유주의자들은 산업 자본주의의 도래가 모든 사람들에게 번영과 자유를 가져왔다는 믿음을 더 이상 유지하기 어렵다는 사실을 알게 되었다. 이에 따라 많은 사람들은 아무런 제약이 없는 사적 이익의 추구가 공정한 사회를 낳았다는 초기 자유주의의 기대를 수정하게 되었다. 경제적 개인주의의 이념이 점점 공격을 받게 되면서 자유주의자들은 국가에 대한 그들의 태도를 다시금 생각하게 되었다. 고전적 이론의 최소국가는 시민사회의 불의와 불평등을 결코 바로잡을 수 없었다. 그에 따라 현대의 자유주의자들은 간섭하는 국가 혹은 무엇인가를 할 수 있는 국가를 지지할 준비가 되어 있었다.

하지만 현대 자유주의는 서로 다른 두 가지 방식으로 이해되었다. 특히 고전적 자유주의자들은 현대 자유주의가 지금까지 자유주의를 규정했던 원칙 내지 교의들과 사실상 단절되었다고 주장하게 되었다. 무엇보다도 현대 자유주의가 개인주의를 포기하고 집단주의를 받아들였다고 주장했다. 하지만 현대 자유주의자들은 그들이 고전적 자유주의를 배반한 것이 아니라 그것을 기반으로 하고 있다는 점을 역설해 왔다. 이러한 관점에서 볼 때, 고전적 자유주의는 분명한 이론적 일관성을 특징으로 한다. 반면에 현대 자유주의는 새로운 자유주의와 오래된 자유주의 사이의 결합이며 따라서 국가의 적절한 역할을 둘러싼 이데올로기적 · 이론적 긴장을 보여주고 있다. 현대 자유주의의 특징적 아이디어는 다음과 같다:

- 개인성
- 적극적 자유
- 사회적 자유주의
- 경제관리

▌개인성

밀(John Stuart Mill)의 사상은 '자유주의의 심장'으로 묘사되어 왔다. 이는 밀이 고전적 자유주의와 현대 자유주의 사이의 '교량' 역할을 하기 때문이다: 그의 사상은 뒤로는 19세기 초를 그리고 앞으로는 20세기를 바라보고 있다. 밀의 관심은 정치경제학에서부터 여성참정권 운동에 이르기까지 다양하지만, 현대 자유주의 사상에 대한 밀의 공헌을 가장 분명하게 보여주는 것은 『자유론』(On Liberty [1859]1972)에서 개진된 그의 생각이다. 이 책은 개인적 자유를 지지하는 가장 대담한 자유주의적 언명들을 담고 있다. 밀은 '개인이 그 자신, 그 자신의 신체와 마음에 대한 주권자'라고 주장했다. 이는 자유를 '자신을 고려하는' 개인적 행동에 대한 제약의 부재로 보기 때문에 본질적으로 소극적인 자유의 관념이다. 밀은 이것이 자유를 위한 필요조건이기는 하지만 그 자체로 충분한 조건은 아니라고 믿었다. 그는 자유가 적극적이고 건설적인 힘이라고 생각했다. 개인은 자신의 삶을 통제하며, 자율성을 확보하거나 자아실현을 성취할 수 있는 능력이 있다고 본 것이다.

밀은 유럽 낭만주의의 영향을 많이 받았고, 효용극대화자로서의 인간 관념을 천박하고 설득력이 없는 것으로 간주하였다. 그는 **개인성**을 열렬히 신뢰했다. 자유의 가치는 그것이 개인들의 발전을 가능케 하고, 재능과 기술, 지식을 얻을 수 있게 해주며, 그들의 감수성을 다듬을 수 있게 해준다는 데 있다. 밀은 벤담의 공리주의에 동의하지 않았다. 왜냐하면 벤담은 개인의 행동이 단지 그것이 유발하는 쾌락이나 고통의 양에 의해 구분될 수 있다고 보기 때문이다. 밀은 '고상한' 쾌락과 '저급한' 쾌락이 있다고 보았다. 밀은 개인의 지적·도덕적 감수성이나 미적 감수성을 계발시키는 그러한 쾌락의 증진에 관심이 있었다. 분명코 그는 단순한 쾌락의 추구가 아닌 개인의 자아계발에 관심이 있었다. 그래서 밀은 만족스런 바보가 되기보다는 '불만족스런 소크라테스'가 되는 것이 낫다고 주장하였다. 이와 같이 밀은 조야하고 저급한 이해관계의 충족보다는 인간적 성장을 중시하는 발달론적 개인주의 모델의 토대를 제공하였다.

> ※ **개인성**
>
> 개인의 특징적인 혹은 독특한 정체성이나 자질의 실현을 통한 자아성취; 한 사람을 다른 사람들과 구별해 주는 것

▌적극적 자유

초기 자유주의 사상과의 가장 분명한 단절은 19세기 말 영국 철학자인 그린(T. H. Green 1836~1882)의 저술에서 나타났다. 그의 저술은 홉하우스(L. T. Hobhouse 1864~1929)나 홉슨(J. A. Hobson 1854~1940)과 같은 이른바 '새로운 자유주의' 세대에 영향을 미쳤다. 그린은 고전적 자유주의에서 옹호했던 아무런 제약이 없는 이윤 추구가 새로운 형태의 빈곤과 불의를 낳았다고 믿었다. 소수의 경제적 자유가 다수의 삶의 기회에 어두운 그림자를 드리우게 된 것이다. 밀의 입장을 받아들인 그린은 인간을 이기적인 효용극대화자로 보는 초기 자유주의의 인간관을 거부하고, 인간본성에 관해 보다 낙관적인 견해를 피력하였다. 그린에 따르면 개인들은 서로에게 동정심을

지니고 있다: 그들은 **이타주의**의 가능성이 있다. 개인은 단지 개인적 책임만이 아닌 사회적 책임을 지니고 있고 따라서 배려와 공감의 끈을 통해 다른 개인들과 연결되어 있다. 인간의 본성에 관한 이와 같은 인식은 인간의 사회적이고 협동적인 특성을 강조했던 사회주의 사상의 영향을 받은 것이 분명하다. 그 결과 그린의 사상은 '사회주의적 자유주의'로 간주되어 왔다.

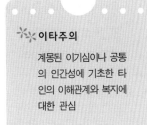

이타주의
계몽된 이기심이나 공통의 인간성에 기초한 타인의 이해관계와 복지에 대한 관심

또한 그린은 고전적 자유주의의 자유 관념에 도전했다. 소극적 자유는 개인에게 선택의 자유를 부여하며 다만 개인에 대한 외부적 제약들을 제거한다. 이윤을 극대화하고자 하는 사업의 경우에 소극적 자유는 가능한 가장 싼 노동력을, 예컨대 성인보다는 아동을, 남성보다는 여성을 고용할 수 있는 능력을 정당화시켜 준다. 그 결과 경제적 자유는 착취나 '굶어죽을 자유'를 낳을 수 있다. 따라서 시장에서의 선택의 자유는 개인의 자유에 대한 부적절한 관념이라고 할 수 있다.

소극적 자유 대신에 그린은 적극적 자유의 아이디어를 제안했다. 자유는 개인성을 계발하고 성취할 수 있는 개인의 능력이다; 그것은 자신의 잠재력을 실현하며, 지식과 기능을 습득하고, 목표를 완성하고 성취하는 능력과 관련이 있다. 따라서 소극적 자유가 단지 자유에 대한 법적·물리적 제약에 주목하는 반면에, 적극적 자유는 자유가 사회적 불리함이나 불평등에 의해 위협받을 수도 있다는 사실을 인정한다. 이것은 국가를 바라보는 시각의 전도를 뜻한다. 개인들의 삶을 위협하는 사회악으로부터 그들을 보호함으로써 국가는 자유의 축소가 아니라 오히려 자유를 확장시킬 수 있다는 것이다. 따라서 현대 자유주의자들은 고전적 자유주의의 최소국가 대신에 점점 더 광범위한 영역에 걸쳐 사회적·경제적 책임을 다하는 국가를 지지하게 되었다.

비록 이와 같은 생각들이 고전적 자유주의 이론의 수정과 관련된 것이지만, 그렇다고 해서 자유주의의 핵심적 신념을 포기한 것은 아니다. 현대 자유주의가 사회주의에 가까이 다가서 있지만, 그렇다고 사회를 개인보다 중시한 것은 아니었다. 예를 들어 그린에게 있어서 자유는 궁극적으로 도덕적으로 행동하는 개인의 몫이다. 국가는 사람들에게 착한 사람이 되라고 강요할 수 없다: 단지 개인들이 보다 책임감 있는 도덕적 결정을 내릴 수 있는 조건들을 제공할 수 있을 뿐이다. 국가와 개인 사이의 균형이 달라졌지만, 근본적으로 개인의 필요와 이해관계를 중시하는 것은 여전하다. 현대 자유주의자들은 자신의 삶에 대해 책임을 지는 자립적인 개인들을 중시하는 고전적 자유주의의 이념을 공유하고 있다: 다만 본질적인 차이는 사회적 조건들이 갖추어졌을 때 비로소 개인들이 자신들의 삶에 대해 책임을 질 수 있다고 본 것이다. 따라서 현대 자유주의의 요체는 스스로 돕는 개인들을 돕는 것이다.

▌사회적 자유주의

20세기에 서구 국가들과 수많은 개발도상국가에서 국가개입이 확대되었다. 이러한 개입의 상당 부분은 사회복지의 형태, 말하자면 가난과 질병, 무지를 해소함으로써 시민들에게 복지 혜택을 제공하기 위한 정부의 노력들로 나타났다. 최소국가가 19세기의 전형이었다면 20세기의 현대 국가는 **복지국가**가 되었다. 이는 다양한 역사적·이데올로기적 요인에 따른 결과였다. 예를 들어 정부는 국가의 효율성을 높이고 건강한 노동력과 강한 군대를 얻고자 하였다. 정부는 또한 새롭게 참정권을 부여받은 산업 노동자들이나 소작농들로부터 사회개혁의 압력을 받게 되었다. 복지주의에 대한 정치적 주장은 어떠한 단일 이데올로기의 특권은

> **복지국가**
>
> 사회보장, 의료, 교육 및 기타 서비스 등을 제공함으로써 시민들의 사회복지에 일차적 책임을 지는 국가

아니었다. 서로 다른 방식이기는 하지만, 사회주의자, 자유주의자, 보수주의자, 페미니스트 그리고 심지어는 파시스트들까지 복지주의를 주장해 왔다. 자유주의 내에서 사회복지에 대한 주장은 자조의 미덕과 개인적 책임을 칭송하는 고전적 자유주의자들과 확연하게 대비되는 현대 자유주의자들의 몫이었다.

현대 자유주의자들은 기회의 평등에 근거해서 복지주의를 옹호한다. 특정한 개인이나 집단이 그들의 사회적 환경 때문에 불이익을 받는다면, 국가는 동등한 아니면 적어도 이전보다 나은 삶의 기회를 보장해 주기 위해 이러한 불이익을 제거할 사회적 책임이 있다. 그에 따라 시민들은 일할 권리, 교육받을 권리, 쾌적한 거주의 권리 등과 같은 복지권이나 사회적 권리를 획득해 왔다. 복지권은 적극적 권리다. 왜냐하면 이것은 국민연금, 보조금 또는 공적 자금으로 건강과 교육서비스 등을 제공하는 정부의 적극적 활동에 의해서만 충족될 수 있기 때문이다. 그에 따라 20세기의 자유주의 정당과 정부는 사회복지의 대의명분을 선택했다. 예를 들어 영국의 복지국가는 비버리지 보고서(Beveridge Report 1942)에 기초한 것이었는데, 이는 결핍, 질병, 무지, 불

결, 나태 등 이른바 '다섯 거인'에 대한 공격이었다. 그리고 '요람에서 무덤까지' 시민들을 보호하는 것이었다.

미국에서 자유주의적 복지주의는 1930년대 루스벨트(F. D. Roosevelt) 정부 때 발전했지만, 1960년대 케네디(John F. Kennedy)의 '뉴프런티어(New Frontier)' 정책 그리고 존슨(Lyndon Johnson)의 '위대한 사회(Great Society)' 프로그램에서 최고조에 달했다. 사회적 자유주의는 20세기 후반 소위 사회민주적 자유주의가 등장하면서, 특히 롤스(John Rawls)의 저술을 통해 더욱 발전되었다. 사회민주적 자유주의의 특성은 상대적인 사회적 평등을 지지한다는 점이다. 『정의론』(*A Theory of Justice* 1970)에서 롤스는 '공정으로서의 평등(equality as fairness)'에 기초한 재분배와 복지를 옹호하였다. 롤스는 만일 사람들이 자신들의 사회적 지위와 여건을 모른다면, 평등주의적인 사회를 그렇지 않은 사회보다 '한층 공정한' 사회로 간주하게 될 것이라고 주장했다. 왜냐하면 그들에게는 가난을 회피하고자 하는 욕구가 부자가 될 수 있다는 매력보다 크기 때문이다. 그래서 롤스가 제안한 것이 바로 '차등원칙(difference principle)'이다: 즉 일에 대한 유인책으로서 어떤 불평등한 조치들이 필요하다는 것을

존 롤스(John Rawls 1921~2002)

미국 정치철학자. 롤스의 『자유론』(*A Theory of Justice* 1970)은 제2차 세계대전 이후 영어로 쓰여진 가장 중요한 정치철학 저술로 간주되고 있다. 현대 자유민주주의 및 사회민주주의 사상 모두에 결정적인 영향을 끼쳐왔다.

롤스는 자유주의적 개인주의를 재분배 및 사회정의의 원칙들과 조화시키기 위해서 사회계약론을 사용했다. '공정으로서의 정의(justice as fairness)' 관념은 '무지의 베일(즉 자신의 사회적 지위와 여건을 알지 못하는 것)' 뒤에 있는 대부분의 사람들이 다음의 두 가지 원칙을 선호하게 될 것이라는 신념에 기초해 있다: (a) 각 개인의 자유는 다른 모든 사람들의 자유와 양립해야 하며, (b) 사회적 불평등은 그것이 사회의 최소 수혜자들에게 이익이 될 때에만 허용되어야 한다. 하지만 초기 저작의 보편적 전제들이 『정치적 자유주의』(*Political Liberalism* 1993)에서는 다소간 수정되었다.

인정하는 가운데 사회적·경제적 불평등은 최소 수혜자에게 이익이 되도록 조정되어야 한다는 것이다. 그럼에도 불구하고 이와 같은 정의론은 사회적 연대에 대한 신념보다는 오히려 이기주의와 사적 이익에 관한 가정에 뿌리를 두고 있다는 점에서 사회주의적이기보다는 자유주의적이다.

▌경제관리

사회복지의 제공 이외에도 20세기 서구 국가들은 경제 '관리'를 통해 번영을 누리고자 하였다. 이것은 고전적 자유주의, 특히 자율적인 자유시장과 자유방임의 교의와는 거리가 먼 것이었다. 자유방임을 포기하게 된 것은 산업 자본주의경제가 점점 복잡해질 뿐만 아니라 경제적 번영을 보장할 수도 없었기 때문이다. 1929년 월가의 대폭락(Wall Street Crash)으로 촉발된 1930년대의 대공황(Great Depression)은 산업화된 세계 전체와 수많은 개발도상국가에 높은 실업률을 초래했다. 이것은 자유시장의 실패를 가장 극적으로 보여주었다. 제2차 세계대전 이후 서구의 거의 모든 국가들은 전쟁 이전의 실업 수준으로 되돌아가는 것을 막기 위해서 경제개입 정책들을 채택했다. 이와 같은 개입 정책들은 대부분 영국 경제학자인 케인즈(John Maynard Keynes 1883~1946)의 사상을 따른 것이었다.

『고용·이자 및 화폐의 일반 이론』(*The General Theory of Employment, Interest and Money* [1936] 1963)에서 케인즈는 고전적 자유주의 사상에 도전하였고 자기 규제적 시장에 대한 신념을 거부하였다. 고전경제학자들은 실업문제를 포함한 다른 모든 경제문제에는 '시장의 해법'이 존재한다고 주장했었다. 하지만 케인즈는 경제활동의 수준과 그에 따른 실업률은 경제의 전체 수요량, 즉 총수요(aggregate demand)에 의해 결정된다고 주장하였다. 그는 정부가 총수요에 영향을 줌으로써 경제를 '관리'할 수 있다고 보았다. 이러한 맥락에서 정부지출은 경제에 대한 수요의 '투입'이다. 반면에 과세는 경제로부터의 수요의 '회수'다: 이는 총수요를 줄여 경제활동을 둔화시킨다. 케인즈는 실업률이 높을 때에는 정부가 공공지출을 확대하거나 아니면 감세를 통해 경제를 '재팽창시켜야' 한다고 권고하였다. 따라서 실업은 자본주의의 보이지 않는 손이 아닌 정부개입에 의해서, 말하자면 정부의 '초과지출'을 의미하는 재정적자를 통해 해결할 수 있는 것이다.

케인즈주의

케인즈주의는 좁게는 케인즈(J. M. Keynes 1883~1946)의 경제이론을 가리키며, 좀 더 넓은
의미로는 이러한 이론의 영향을 받아온 일련의 경제정책을 지칭한다. 케인즈주의는 신고전적 경제
학의 대안으로서 특히 자유방임 자본주의의 '경제적 무정부 상태'를 비판하고 있다. 케인즈는 성장
률과 고용률이 대체로 경제의 '총수요(aggregate demand)'량에 의해 결정되며, 정부는 완전고용
을 위해 일차적으로 재정정책을 조정함으로써 수요를 규제할 수 있다고 주장하였다. 케인즈주의는
'증세(tax and spend)' 정책이라는 협소한 강박관념을 연상시키게 되었다. 하지만 이것은 케인즈
경제학의 복잡성과 정교함을 간과한 것이다. 실제로 경제적 세계화의 영향 속에서 탑다운 방식의
경제관리는 거부하지만 시장이 여전히 불확실성, 불평등 그리고 차별적인 지식수준에 의해 방해를
받는다는 사실을 인정하는 *신케인즈주의*(neo-keynesianism)가 등장하기도 하였다.

케인즈의 수요관리는 고용과 성장률을 조정함으로써 번영을 꾀할 수 있는 능력을
정부에 부여하는 것이다. 현대 자유주의자들은 사회복지의 보장과 함께 경제관리를
시민사회의 번영과 조화를 증진시키는 건설적인 방안으로 보았다. 케인즈는 자본주의
에 반대하지 않았다: 여러 가지 면에서 그는 사실상 자본주의의 구원자였다. 단지 그
는 아무런 제약이 없는 사적 기업은 복잡한 산업사회에 적절치 않다고 주장한 것이다.
제한적이나마 케인즈의 아이디어가 처음 적용된 것은 미국 루스벨트의 '뉴딜(New
Deal)' 정책이다. 제2차 세계대전이 끝날 때까지 케인즈주의(Keynesianism)는 자유
방임의 오랜 신념을 대체하면서 서구 세계의 경제적 통설로 널리 받아들여졌다. 케인
즈 정책들은 '장기호황(long boom)', 즉 역사적으로 선례를 찾아볼 수 없었던 1950년
대와 60년대의 경제성장을 가능케 한 해법으로 큰 신뢰를 받았다. 당시 서구 국가들
은 엄청난 풍요를 누릴 수 있었다.

그러나 1970년대 경제적 어려움이 다시 나타나면서 고전적 정치경제이론에 대한
동조가 다시 일기 시작했고, 케인즈주의의 위상에도 변화가 나타났다. 그렇지만 1980
년대와 90년대에 지속적 경제성장을 추구하기 위한 자유시장혁명이 실패하면서 결과
적으로 '새로운' 정치경제학, 즉 신케인즈주의(neo-Keynesianism)가 출현하게 되었
다. 이는 1950년대와 60년대의 '조야한' 케인즈주의가 세계화 속에서 적실성을 잃게
되었다는 것을 보여주는 것이기도 하지만, 다른 한편으로는 아무런 제약이 없는 자본
주의가 저투자와 단기적 성과주의 그리고 사회적 분열을 초래하는 경향이 있다는 사

자유주의 내부의 긴장들

고전적 자유주의	현대 자유주의
경제적 자유주의	사회적 자유주의
이기적 개인주의	발달론적 개인주의
효용성의 최대화	개인적 성장
소극적 자유	적극적 자유
최소국가	무엇인가를 할 수 있는 국가
자유시장 경제	관리된 경제
권리에 기반한 정의	공정으로서의 정의
엄격한 실력주의	가난한 사람들에 대한 배려
개인적 책임	사회적 책임
안전망 복지	요람에서 무덤까지의 복지

실을 새롭게 인식시켜 주는 계기가 되었다.

VII. 21세기의 자유주의

자유주의의 낙관론이 최고조에 달한 것은 공산주의가 붕괴된 다음이었다. 새로운 세계질서가 나타나고, '역사의 종언론자들'이 주장하듯이 자유민주주의가 정치조직의 문제에 관한 최종적 해결책인 것처럼 보였다. 이러한 생각은 개발도상국가들과 과거 공산주의 국가들에서 진행된 민주화의 물결 그리고 냉전이 종식된 후 국제문제를 지배하게 된 '자유주의적 평화'에 의해 확고해졌다. 비록 일시적인 퇴행에도 불구하고, 21세기가 전 지구적인 차원에서 자유주의의 세기가 될 것이라고 믿는 데에는 2가지 큰 이유가 있다. 첫째, 사회가 점점 복잡하고 다양해짐에 따라 정치적 안정을 유지하는 일은 정부와 국민사이의 정교한 커뮤니케이션 채널을 요구하는데, 이는 단지 자유주의적 정치체만이 제공해 줄 수 있기 때문이다. 규칙에 따른 통치, 정기적이고 경쟁적인 선거와 결사의 자유는 다양한 측면에서 제기되는 사회적 압력에 정치과정이 반응할 수 있도록 해준다. 이는 전 세계의 정치체계들이 조만간 자유민주주의의 원리에 기초해서 재편될 것이라는 것을 의미한다. 둘째, 자유주의의 진전은 무자비해 보이는 세계 자본주의 체제의 편성과 밀접하게 관련되어 있기 때문이다. 경제적 세계화는 자유주의 사상가들이 거스를 수 없다고 본 그리고 번영의 토대라고 믿어왔던 시장의 힘에 의해 추진되었다. 따라서 세계화된 21세기는 경제적·정치적 측면 모두에서 지구적 자유주의의 수립으로 이어질 것이다.

   하지만 자유주의의 승리에 도취되기에 앞서 자유주의에 대한 새로운 도전과 위협을 인식할 필요가 있다. 그 가운데 하나는 자본주의의 본질과 세계 자본주의 체제가 지닌 의미에서 비롯되는 것이다. 비록 사회주의의 도전이 실패한 것처럼 보이지만, 사회주의 내지 다른 형태의 반자본주의 운동의 실패는 과연 영원한 것일까? 사적 기업과 시장경제의 불가피한 특징이기도 한 자본주의 내의 불평등 추세는 언제든지 자유주의적 자본주의에 대한 저항을 초래할 수 있을 것이다. 사실상 이러한 움직임은 이미 반세계화나 반자본주의 운동으로 표출되고 있다. 자유주의에 대한 두 번째 도전은 차이나 다양성이 점점 더 중요해지고 있다는 사실에서 비롯되고 있다. '보편성'보다 '특수성'이 강조됨에 따라 개인에 관한 추상적 관념 속에서 가치와 정체성을 찾는 일이 점점 더 어려워지고 있고, 그로 인해 자유주의의 보편적 전제들이 도전받고 있다. 이러한 도전은 가장 먼저 공동체주의자들에 의해 제기되었다. 그들은 개인주의가 '그 어떤 것에도 얽매이지 않은' 자아를 주장하고 있다는 이유에서 이를 경솔한 것으로 보고 거부하였다. 이러한 관점에 따르면 정체성은 내부로부터가 아니라 오히려 사람들이 살고 있는 사회적·역사적 맥락이나 문화적 맥락으로부터 나오는 것이다. 다문화주의자들 또한 이러한 견해를 보이고 있는데, 그들이 주목하는 것은 문화, 인종, 언어나 종교 등에 기초한 집합적인 정체성 관념이다. 그런데 이러한 아이디어는 잘해야 후기 자유주의의 틀 속에서나 조화될 수 있는 것이고(Gray 1995b), 많은 사람들은 보통 자유주의와 다문화주의가 대립적인 입장이라고 보고 있다.

   끝으로 이러한 맥락에서 계몽주의 프로젝트의 붕괴를 주창해 온 포스트 모더니즘은 자유주의의 토대 자체를 의문시하고 있다. 계몽주의 프로젝트는 보편적으로 적용가능한 합리적 원칙들을 통해 개인들이 불가공약적인(incommensurable) 목표를 추구할 수 있는 조건들을 마련해 줄 수 있다는 가정에 기초한 것이었다. 그러나 로티(Richard Rorty 1989)와 같은 포스트모던 사상가들은 객관적 진리라는 아이디어에 의문을 제기

※
포스트 모더니즘

포스트 모더니즘은 서구의 예술, 건축 및 문화 발전에서의 실험적 운동들을 묘사하기 위해서 처음 사용된 논쟁적이고 혼란스런 개념이다. 사회적·정치적 분석도구로서의 포스트 모더니즘은 산업화와 계급적 연대에 의해 구조화된 사회로부터 점점 단편화되고 다원적인 '정보사회'로의 전환을 강조한다. 정보사회에서 개인들은 생산자에서 소비자로 변화되었고, 개인주의가 계급과 종교적·인종적 헌신을 대체하고 있다. 포스트모더니스트들은 확실성과 같은 것은 없다고 주장한다; 절대적·보편적 진리와 같은 아이디어는 하나의 오만한 거짓으로 폐기되어야 한다. 그 대신에 담론과 논쟁, 민주주의를 강조한다.

해 왔고, 다른 이데올로기나 여타의 신념체계들처럼 자유주의 역시 다른 '어휘들'보다도 '정확할'것이 없는 그저 하나의 '어휘'일 뿐이라고 주장했다.

자유주의에 대한 도전은 또한 서구 밖에서도 제기되고 있다. 자유민주주의의 '승리'를 보여주는 증거가 있듯이, 서구 자본주의와 동구 공산주의 사이의 충돌로 점철되었던 세계 양극질서의 종식이 비자유주의적인 정치적 힘들을 폭발시켜왔다는 증거들 또한 많다. 동유럽과 개발도상국가에서 부활된 민족주의는 종종 모호한 자유주의보다 더욱 강력하다는 것이 증명되었다. 민족주의의 대중적 호소력은 민족의 힘과 확실성 그리고 안보에 토대를 두고 있다. 더욱이 이러한 민족주의는 자결이나 시민적 자긍심과 같은 자유주의적 이상보다는 인종적 순수성이나 권위주의와 보다 쉽게 결합되었다. 또한 자유주의 문화와 어울리지 않는 다양한 형태의 근본주의가 중동과 아프리카, 아시아 지역에서 등장했다. 실제로 비서구적인 심지어는 반서구적인 입장을 견지할 수 있는 바로 그 능력 때문에 정치적 이슬람주의가 상당수의 개발도상국가에서 자유주의보다 우세할 수도 있을 것이다. 더욱이 성공적인 시장경제가 정착된 곳에서도, 그것이 언제나 자유주의적 가치와 제도에 기반한 것은 아니다. 예를 들어 동아시아 정치체제들은 사회안정을 유지하기 위해 경쟁이나 자조와 같은 자유주의적 이념보다는 유교(Confucianism)에 더 의존하게 될지도 모른다. 21세기의 정치발전은 통일된 자유주의적 세계를 향해 나아가기보다는 오히려 이데올로기적 다양성이 더욱 확대되는 방향으로 전개될지도 모른다. 정치적 이슬람주의, 유교 그리고 심지어 권위주의적 민족주의가 서구 자유주의와 끊임없이 경쟁하게 될지도 모를 일이다.

•• 생각해 볼 문제

• 자유주의자들은 왜 무제한의 자유를 거부하는가?

• 인간이 이성의 안내를 받는 피조물이라는 자유주의의 관념은 얼마나 설득력이 있는가?

• 자유주의자들은 어떠한 형태의 평등을 지지하거나 거부하는가?

• 자유주의자들은 왜 권력이 부패한다고 보는가 그리고 그것이 어떻게 통제될 수 있다고 생각하는가?

• 왜 자유주의자들은 민주주의의 혜택에 대해 의문을 가지는가?

• 고전적 자유주의자들은 아무런 규제가 없는 자본주의를 어떻게 옹호하는가?

• 현대 자유주의자들은 사회적·경제적 개입을 어느 정도까지 인정하는가?

• 현대 자유주의자들은 국가에 대해 일관된 견해를 지니고 있는가?

• 자유민주주의는 정치조직의 문제에 관한 최종적 해결책인가?

•• 더 읽을 자료

Arblaster, A. *The Rise and Decline of Western Liberalism* (Oxford: Basil Blackwell, 1984). 자유주의의 교의를 포괄적으로 다루고 있는 책으로 자유주의의 개인주의적 특성을 강조하고 있다.

Bellamy, R. *Liberalism and Modern Society: An Historical Argument* (Cambridge: Polity Press, 1992). 자유주의의 전개 과정에 대한 분석으로 새로운 사회 상황에 따른 자유주의의 적응과 변화에 초점을 맞추고 있다.

Gary, J. *Two Faces of Liberalism* (Cambridge: Polity Press, 2000). 자유주의를 보편주의적 형태와 다원주의적 형태로 구분하고 있다.

Gary, J. *Liberalism*, 2nd edn. (Milton Keynes: Open University Press, 1995). 근대 정치이론으로서의 자유주의에 대한 간략한 개론서로 후기자유주의(postliberalism)에 대한 논의를 담고 있다.

Harvey, D. *A Brief History of Liberalism* (Oxford and New York: Oxford University Press, 2005). 신자유주의의 본질과 기원, 의의 등에 대한 간결하고도 포괄적인 안내서로 중국을 비롯한 개발도상국과 선진국에 대해 다루고 있다.

Holden, B. *Understanding Liberal Democracy* (Hemel Hempstead: Harvester Wheatsheaf, 1993). 자유민주주의 개념과 그 본질에 대한 소개서로 자유민주주의에 대한 정당화와 비판을 담고 있다.

Ramsay, M. *What's Wrong with Liberalism? A Radical Critique of Liberal Political Philosophy* (London: Leicester University Press, 1997). 다양한 관점에서 자유주의의 이론과 실제에 관한 심도있는 논의를 담고 있다.

제3장

보수주의

I. 개관

일상어법에서 '보수적'이라는 말은 다양한 의미를 지니고 있다. 그것은 온건하거나 조심스런 행위, 전통적이거나 심지어는 순응적인 라이프스타일 혹은 '보존하다'는 동사에 함축된 것처럼 변화에 대한 두려움이나 거부 등을 의미하는 것일 수 있다. '보수주의(conservatism)'는 하나의 독특한 정치적 입장이나 이데올로기를 묘사하기 위해 19세기에 처음 사용되었다. 미국에서 보수주의는 공공 업무에 대한 회의적 관점을 뜻했다. 1820년대까지 보수주의라는 용어는 1789년 프랑스 대혁명의 원칙과 정신에 대한 반대의 의미로 사용되었다. 영국에서 '보수당(Conservative)'은 휘그당(Whigs)에 대한 제1의 반대당이라는 이름으로 점차 '토리당(Tory)'을 대신하게 되었고, 1835년에는 토리당의 공식 명칭이 되었다.

정치 이데올로기로서 보수주의는 변화에 대한 저항이나 아니면 적어도 변화에 대한 의구심에서 보는 것처럼 보존하려는 욕구에 의해 규정되었다. 하지만 변화에 저항하려는 욕구가 보수주의의 핵심적 주제이기는 해도 보수주의를 다른 경쟁적인 정치적 교의들과 구별짓는 것은 이러한 입장을 견지하는 독특한 방식에 있다. 특히 보수주의는 전통에 대한 지지, 인간의 불완전성에 대한 신념 그리고 유기체적인 사회구조를 지키기 위한 시도 등을 통해 스스로의 입장을 지탱하고 있다. 그럼에도 불구하고 보수주의는 여러 가지 추세와 경향들을 포괄하고 있다. 보수주의 진영에서는 이른바 전통적 보수주의와 뉴라이트 사이에 두드러진 차이가 나타난다. 전통적 보수주의는 확립된 제도와 가치들이 안전을 추구하는 인간들에게 안정감과 뿌리 의식을 제공함으로써 깨지기 쉬운 '사회구조'를 보호해 준다는 이유에서 기존 제도나 가치들을 옹호한다. 반면에 뉴라이트는 경제적 자유지상주의를 사회적 권위주의와 결합시킨 강력한 최소국가에 대한 신념을 특징으로 한다.

II. 기원과 전개

보수주의 아이디어는 가속화되고 있는 정치적, 경제적, 사회적 변화에 대한 반작용으로 제기되었는데, 무엇보다도 이러한 변화의 상징은 프랑스 대혁명이었다. 보수주의의 원칙들에 대한 최초의 고전적 진술은 버크(Edmund Burke)의 『프랑스 대혁명에 대한 고찰』(*Reflections on the Revolution in France* [1790]1968)에 담겨 있다. 버크는 이 책에서 한 해 전에 발생했던 *구체제*(*ancien regime*)에 대한 혁명적 도전에 대해 깊은 유감을 표명하였다. 19세기 동안 서구 국가들은 폭발적인 산업화와 자유주의, 사회주의 그리고 민족주의의 성장 속에서 변화를 겪어왔다. 이러한 이데올로기들이 개혁을 전파하고 때로는 혁명을 지지했다면, 보수주의는 점점 흔들리고 있던 전통적 사회질서를 옹호했다.

보수주의 사상은 기존의 전통과 민족문화에 적응하면서 크게 변화되어 왔다. 예를 들어 영국 보수주의는 버크의 아이디어에 크게 의존했다. 버크는 변화에 대한 맹목적 저항을 주장한 것이 아니라 오히려 '보존하기 위한' 사려깊은 변화의 의지를 지지했다. 19세기 영국 보수주의자들은 이미 근원적 변화를 겪은 정치 사회적 질서를 옹호했다. 예컨대 17세기 영국 혁명으로 절대군주제는 이미 폐지되었다. 이와 같은 실용적 원칙들은 또한 다른 연방(Commonwealth) 국가들의 보수주의 정당에 영향을 끼쳤다. 캐나다 보수당은 반동적 이념과 거리를 두기 위해 진보적 보수당이라는 명칭을 채택하였다. 19세기 대부분에 걸쳐 전제군주제가 어느 정도 지속되었던 유럽대륙에서는 전혀 다른 그리고 보다 **권위주의적인(authoritarian)** 형태의 보수주의가 발전되었다. 이러한 형태의 보수주의는 개혁의 높은 파고에 맞서 군주제와 엄격한 전제적 가치들을 지지했다. 다만 제2차 세계대전 이후, 특히 독일과 이탈리아에서

> **✸ 권위주의**
>
> 위로부터 부과된 강력한 중앙집중적 권위가 바람직하거나 필수적이며 따라서 아무런 의심 없는 복종을 요구하는 신념

기독교 민주당이 등장하면서, 유럽대륙의 보수주의 정당들은 정치적 민주주의와 사회개혁을 충분히 수용하였다. 한편 미국은 보수주의 사상의 영향을 비교적 적게 받아왔다. 미국의 정부시스템과 정치문화는 미국 사회 내에 깊이 자리잡은 자유주의적이고 진보적인 가치들을 반영하고 있다. 그리고 공화당과 민주당 양대 정당의 정치인들은 전통적으로 '보수주의자(conservative)'로 불리는 것에 대해 불쾌감을 보여 왔다. 양당 내부에서 보수주의적 견해들이 뚜렷하게 표출된 것은 1960년대 이후부터이다. 당시 이러한 견해를 보였던 남부 민주당(southern Democrats)과 공화당 일각의 정치인들은 보수주의의 대부라고 할 수 있는 골드워터(Barry Goldwater)와 연관된 사람들이 대부분이었다. 그런데 이들은 1980년대 이후에는 레이건(Ronald Reagan)과 조지 부시(George W. Bush)를 지지했다.

보수주의 이데올로기는 프랑스 대혁명과 서구의 근대화 과정에 대한 반작용으로 등장했기 때문에 유럽과 북아메리카 밖에서 정치적 보수주의를 확인하는 것은 쉽지 않다. 아프리카, 아시아, 라틴 아메리카에서 변화에 저항하며 전통적 생활방식들을 보존하기 위한 정치적 운동들이 전개되었지만, 그것들은 보수주의적 주장이나 가치들을 거의 표방하지 않았다. 이에 대한 하나의 예외가 있다면 그것은 아마도 1955년 이후 일본 정치를 지배해 온 자민당(Liberal Democratic Party)일 것이다. 일본 자민당은 기업의 이해관계와 밀접한 관계를 맺으며 건강한 사적 영역을 조장하는 데 헌신해 왔다. 동시에 일본의 전통적 가치와 관습들을 보존하기 위해 노력해 왔고, 그 결과 충성, 의무, 위계질서와 같은 독특한 보수주의적 원칙들을 지지해 왔다. 다른 나라에서 보수주의는 대중적이고 권위주의적인 특징을 보여 왔다. 예를 들어 아르헨티나의 페론(Perón)과 이란의 호메이니(Khomeini)는 모두 강력한 중앙집중적 권위에 기초한 정치체제를 수립했지만, 민족주의, 경제발전, 전통적 가치의 보존 등과 같은 쟁점들에 대해서는 대중적 지지를 동원했다.

뉴라이트

시장 개인주의와 사회적 권위주의를 결합시킨 보수주의 내의 하나의 이데올로기적 추세

보수주의는 지적으로 가장 온건한 정치 이데올로기라고 할 수 있지만 놀랄만한 복원력을 보여온 것 또한 사실이다. 보수주의는 고정된 이념체계에 얽매이는 것을 거부했기 때문에 번성했다. 사실상 보수주의의 부활은 1970년대 이후 복지국가와 경제관리에 대한 우려의 목소리가 커지면서 분명해졌다. 이러한 측면에서 가장 두드러진 예가 영국의 대처 정부와 미국의 레이건 행정부였다. 이들은 통상 '뉴라이트'로 명명된 매우 급진적이고 이데올로기적인 유형의 보수주의를 펼쳐왔다. **뉴라이트(new right)**의 이념은 자유시장 경제에 크게 의존해 왔고, 그 과정에서 보수주의 내부에 깊은 균열을 가져왔다. 실제로 일부에서는 '대처리즘(Thatcherism)'과 '레이건 이즘(Reaganism)' 그리고 일반적인 의미에서의 뉴라이트 프로젝트가 고전적 자유주의 경제학의 영향을 크게 받은 만큼 보수주의 이데올로기에 포함될 수 없다고 주장한다.

뉴라이트는 전통적 보수주의의 경제적 관점에 도전해 왔지만, 그럼에도 불구하고 보수주의 이데올로기의 일부로 남아 있다. 우선 뉴라이트는 질서, 권위, 규율에 대한 믿음과 같은 전통적 보수주의의 사회적 원리들을 포기하지 않았으며, 어떠한 면에서는 그것들을 강화해왔다. 더욱이 자유시장에 대한 뉴라이트의 열광은 보수주의가 이미 자유주의 사상에 얼마만큼 영향을 받아왔는지를 보여주고 있다.

모든 정치 이데올로기들처럼 보수주의는 일련의 전통들을 포함하고 있다. 19세기에 보수주의는 군주제와 귀족정치에 대한 권위주의적 옹호와 밀접하게 관련되어 있었고, 이는 개발도상국가들에서 권위주의적인 대중운동 형태로 살아남았다. 20세기에 서구의 보수주의는 국가개입에 대한 부권주의적 지지와 자유시장에 대한 자유지상주의적 헌신으로 분할되었다. 뉴라이트의 중요성은 그것이 자유지상주의의 편에서 이러한 전통들 사이의 균형을 재조정함으로써 선거를 통해 보수주의를 부활시키고자 했다는 점이다. 하지만 그 과정에서 뉴라이트는 보수주의 내부의 이데올로기적 긴장을 들추어냄으로써 보수주의 자체의 생존에 위협이 될 수 있었다.

III. 핵심주제: 보존하려는 욕구

보수주의 이데올로기의 특징은 독특한 주장과 논쟁의 근원이 되어 왔다. 예를 들어 보수주의자들은 종종 그들이 좋아하는 것보다도 오히려 그들이 반대하는 것을 보다 잘 이해하고 있다는 말이 있다. 이렇듯 보수주의는 단순히 변화에 저항하거나 아니면 적어도 변화에 의구심을 갖는 것을 목적으로 하는 소극적 철학으로 묘사되어 왔다. 그러나 만일 보수주의가 단지 *현재 상태*(status quo)에 대한 충동적인 방어로만 이루어졌다면, 그것은 이데올로기이기보다는 하나의 정치적 태도에 불과할 것이다. 실제로 많은 사람이나 집단은 그들이 변화에 저항한다는 의미에서 '보수주의적'이라고 간주될 수는 있겠지만, 보수주의적인 정치적 교의를 지지한다고 말할 수는 없을 것이다. 예를 들어 복지국가나 산업의 국유화를 지지하는 캠페인을 벌이는 사회주의자들은 그들의 행동에서 볼 때 보수주의자로 분류될 수 있지만, 그들이 지닌 정치적 원칙에서 볼 때는 결코 보수주의자라고 할 수 없다. 변화에 저항하려는 욕구가 보수주의 내에서 되풀이되는 주제일 수 있지만, 보수주의자들을 보수주의와 경쟁하는 다른 정치적 교의를 지지하는 사람들과 구분해 주는 것은 이러한 입장을 견지하는 독특한 방식이다.

두 번째 문제는 보수주의를 하나의 이데올로기로 묘사하는 것이 보수주의자들을 자극할 수 있는 위험을 수반한다는 점이다. 보수주의자들은 그들의 신념을 '이즘(ism)'이나 이데올로기와 대립되는 '마음 자세' 혹은 '상식'으로 표현하는 것을 선호해 왔다. 일부에서는 보수주의의 특징이 역사와 경험에 대한 중시 그리고 합리적 사고에 대한 혐오라고 주장한다. 따라서 보수주의자들은 전형적으로 '원칙의 정치(politics of principle)'를 삼가는 대신에 전통주의적인 정치적 입장을 채택해 왔다. 보수주의의 반대자들은 또한 보수주의를 지배계급이나 엘리트들의 이해관계를 위한 원칙없는 변명과 같은 것으로 묘사함으로써 보수주의의 이와 같은 특징을 지적해 왔다. 하지만 보수주의자들과 그들의 비판자들 모두 보수주의의 '상식'을 뒷받침하고 있는 이론들의 중요성과 범위를 간과하고 있다. 보수주의는 단순한 실용주의도 아니며 단순한 기회주의도 아니다. 보수주의는 인간과 사회 그리고 일련의 독특한 정치적 가치의 중요성에 대한 정치적 신념에 기초해 있다. 자유주의나 사회주의와 마찬가지로 보수주의는 하나의 이데올로기로 보아야 한다. 보수주의의 핵심적 신념들은 다음과 같다:

- 전통
- 인간의 불완전성
- 유기체적 사회
- 위계질서와 권위
- 재산

▌전통

보수주의자들은 몇 가지 이유에서 변화를 반대한다. 보수주의의 핵심적이고 반복되는 주제는 **전통**(tradition)의 옹호다. 전통은 오랜 세월을 견디면서 세대를 통해 전승되어 온 가치, 관행 그리고 제도들을 가리킨다. 일부 보수주의자들에게 있어서 이와 같은 전통에 대한 강조는 그들의 종교적 신념을 반영하고 있다. 만일 세상이 창조주인 신에 의해 만들어졌다고 생각한다면, 사회의 전통적 관습과 관행은 '신이 부여한' 것으로 간주될 수 있다. 따라서 버크는 사회가 '창조주의 법' 혹은 그가 말하는 소위 '자연법'에 의해 만들어졌다고 믿었다. 만일 인간이 세상을 함부로 고친다면

> **✳ 전통**
> 시간을 견뎌온 그래서 초기부터 이어져 내려온 관행이나 제도

그것은 신의 의지에 도전하는 것이며, 결과적으로 인간은 인간사를 좋게 만들기보다는 나쁘게 만들게 될 것이다. 그러나 18세기 이후 전통이 신의 의지를 반영한다는 생각은 점점 약해졌다. 역사 변화의 속도가 가속화됨에 따라 오랜 전통이 새로운 전통에 의해 대체되었고, 이러한 새로운 전통(예를 들어 자유선거와 보통선거권 등)은 '신이 부여한' 것이기보다는 명백하게 인간이 만든 것으로 간주되었다. 그럼에도 불구하고 변화에 대한 종교적 반대는 현대의 근본주의자들에 의해 유지되어 왔다. 그들은 신의 소망이 경전의 문자적 진리로 인간에게 계시되었다고 믿고 있다. 이러한 생각은 이 책의 제10장에서 다루게 될 것이다.

그러나 대부분의 보수주의자들은 신의 의지의 문제와는 관계없이 전통을 지지한다. 예를 들어 버크는 사회를 '살고 있는 사람, 죽은 사람 그리고 태어날 사람들' 사이의 동반자 관계로 묘사하였다. 영국의 소설가이자 수필가인 체스터튼(G. K. Chesterton 1874~1936)은 이러한 생각을 다음과 같이 표현하였다:

　　전통은 모든 계층 가운데 가장 눈에 띄지 않는 사람들, 즉 우리의 조상들에게 투표권을 부여하는 것이다. 그것은 죽은 사람들의 민주주의이다. 전통은 떠돌아다니는 사람들이 하는 오만한 과두정치에 복종하는 것을 거부한다(O'Sullivan 1976 참조).

　　이러한 의미에서 전통은 과거의 축적된 지혜를 반영한다. 과거의 제도와 관행들은 '시간을 통해 테스트를 받아'왔고 따라서 삶의 편의와 다음 세대를 위해 보존되어야 한다. 전통에 대한 이와 같은 생각은 살아남은 제도와 관습들이 효과적으로 기능을 했고 또 가치있는 것으로 판명되었기 때문에 그렇게 된 것이라는 다원의 신념을 충분히 반영하고 있다. 그것들은 '자연도태' 과정을 통해 확인되었고 생존을 위한 적합성을 보여주었다. 예를 들어 영국 보수주의자들은 군주제가 역사적 지혜와 경험을 담고 있기 때문에 보존되어야 한다고 주장한다. 특히 영국에서 국왕은 정당정치를 '넘어' 국가적 충성과 존경의 구심점이 되어왔다. 간단히 말해 효과적으로 기능해 온 것이다. 보수주의자들은 또한 전통이 사회와 개인들에게 정체성을 제공하기 때문에 이를 존중한다. 개인들은 기존의 관습과 관행들은 쉽게 받아들인다; 그것들은 친숙하고 편

에드먼드 버크(Edmund Burke 1729∼1797)

더블린 태생의 영국 정치가, 정치이론가로 종종 앵글로 아메리칸 보수주의 전통의 아버지로 간주된다. 버크는 1776년 미국 혁명에는 공감했다. 하지만 『프랑스 대혁명에 대한 고찰』(Reflections on the Re- volution in France)에서 피력한 1789년 프랑스 대혁명에 대한 통렬한 비판으로 명성을 얻었다. 버크는 지혜가 대체로 경험, 전통 그리고 역사 속에 있다고 주장하면서 자유, 평등, 박애와 같은 추상적 원칙에 입각해서 프랑스 정치를 뜯어 고치려는 시도에 대해 분명히 반대했다. 그럼에도 불구하고 그는 프랑스 군주제가 '보존을 위한 변화'를 완강하게 거부했다는 점에서 어느 정도는 스스로의 운명에 대해 책임이 있다고 보았다. 버크는 정부가 비록 악을 막을 수는 있다고 할지라도 선을 조장하는 경우는 거의 없다고 보고 정부에 대해 비관적인 견해를 보였다. 그는 또한 애덤 스미스의 고전경제학을 지지했고 시장의 힘을 '자연법'으로 간주했다.

안함을 준다. 따라서 전통은 사람들에게 역사적으로 형성된 강한 '뿌리' 의식과 소속감을 제공한다. 전통은 사람들을 과거와 연결시켜주며 자신들의 정체성에 관한 집단의식을 제공함으로써 사회적 결속을 다져준다. 반면에 변화는 미지의 세계로 가는 여행이다: 그것은 불확실과 불안을 낳고 그래서 우리의 행복을 위태롭게 한다. 따라서 전통은 시간의 테스트를 이겨낸 정치제도 그 이상의 것이다. 법복을 입고 머리 장식을 해야 한다는 사법부의 주장에서부터 우편함이나 공중전화 박스의 전통적 색상을 보존하기 위한 캠페인에 이르기까지 전통은 친숙함, 안전과 소속감을 제공하는 모든 관습과 사회적 관행을 포괄하고 있다.

▌인간의 불완전성

여러 가지 측면에서 보수주의는 '인간의 불완전성에 대한 철학(philosophy of human imperfection)'이다(O'Sullivan 1976). 다른 이데올로기들은 인간이 본질적으

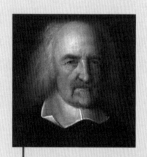

토머스 홉스(Thomas Hobbes 1588~1679)

영국의 정치철학자. 홉스는 망명한 웨일스 군주인 찰스 스튜어트(Charles Stuart)의 튜터가 되었고, 카벤디쉬(Cavendish) 가문의 후원 속에서 생활했다. 영국 혁명에 의해 촉발된 불확실성과 시민투쟁의 시대에 저작활동을 한 홉스는 아리스토텔레스 이후 자연과 인간행동에 관한 포괄적 이론을 전개한 최초의 사람이었다.

홉스의 고전적 작품인 『리바이어던』(*Leviathan* 1651)은 무정부 상태와 무질서에 대한 유일한 대안으로 절대주의 정부를 옹호하였고, 시민들이 국가에 대해 무조건적 의무를 지닌다고 주장하였다. 그 과정에서 홉스는 합리론적 관점에서 권위주의를 옹호하였다. 하지만 그럼에도 불구하고 왕권신수설을 지지하는 사람들의 실망을 사기도 했다. 홉스의 개인주의적 방법론과 사회계약론은 초기의 자유주의를 예고하는 것이었다.

로 '선하다'고 보거나 사회적 여건이 개선된다면 '선해질' 수 있다고 가정한다. 극단적인 경우 이와 같은 신념들은 유토피아적이며 이상사회에서의 인간의 완전성을 상정하고 있다. 하지만 보수주의자들은 이러한 생각을 기껏해야 이상주의적인 꿈으로 치부한다. 대신에 그들은 인간이 불완전할 뿐만 아니라 완전한 존재가 될 수도 없다고 주장한다.

인간의 불완전성은 몇 가지 방식으로 이해할 수 있다. 우선, 인간은 심리적 한계를 지닌 의존적인 존재이다. 보수주의자들의 관점에서 볼 때, 사람들은 고립과 불안정을 두려워한다. 심리적으로 인간은 안전한 것과 친숙한 것을 좋아하며 무엇보다도 '그들의 장소'를 앎으로써 얻게 되는 마음의 안정을 추구한다. 인간의 본성에 대한 이와 같은 관점은 초기 자유주의자들이 주장한 자기 의존적이고 진취적인 '효용극대화자(utility maximizer)'의 이미지와는 커다란 차이가 있다. 개인들이 안정감과 소속감을 갈망한다고 믿는 보수주의자들은 사회질서의 중요성을 강조하는 대신에 자유주의의 매력에 대해서는 의구심을 갖게 되었다. 질서는 인간의 삶이 안정적이며 예측가능하다는 것을 보장해 준다; 질서는 불확실한 세상에 안정감을 제공한다. 반면에 자유는 인간에게 선택권을 제시하며 변화와 불확실성을 낳는다. 보수주의자들은 사회질서라는 명분을 위해 자유를 희생할 수 있다고 본 홉스의 견해에 공감을 표해왔다.

다른 정치철학자들이 비도덕적 행위나 범죄행위의 기원을 사회에서 찾는 반면에 보수주의자들은 개인에게서 찾는다. 보수주의자들에 따르면 인간은 도덕적으로 불완전하다. 그들은 인간본성을 비관적으로 보고 있으며, 심지어는 홉스와 같은 관점에서 파악하고 있다. 인류는 선천적으로 결코 완전해질 수 없는 이기적이며 탐욕적인 존재다; 홉스가 말한 것처럼 '권력 추구'의 욕망은 인간의 가장 일차적인 충동이다. 일부 보수주의자들은 구약성경의 '원죄'에 빗대어 이것을 설명한다. 따라서 범죄는 사회주의자들이나 현대 자유주의자들이 믿고 있는 것처럼 불평등이나 사회적 불이익의 산물이 아니다; 오히려 그것은 인간의 본능과 기초적 욕망의 결과이다. 폭력적이고 반사회적인 충동을 억누를 때 인간은 문명화된 방식으로 행동할 수 있다. 이러한 인간의 충동을 가장 효과적으로 억제할 수 있는 것은 법을 엄격하게 적용하는 것이다. 보수주의자들이 강력한 정부를 지지하고 장기구금과 체형, 심지어는 사형제를 활용하는 '엄한' 형법체제를 선호하는 이유가 바로 여기에 있다. 보수주의자들에게 있어서 법의 역할은 자유를 지탱하기 위한 것이 아니라 질서를 보존하기 위한 것이다. 보수주의자들의 의식 속에는 '법'과 '질서'가 너무나 밀접하게 연관되어 있어서 거의 하나의 관념

관점 (Perspectives)

인간의 본성(Human Nature)

자유주의자들은 인간의 본성을 사회적 조건이나 역사적 조건과는 거의 무관한, 개인에게 본질적인 일련의 타고난 자질로 본다. 인간은 이기적이며 대체로 자기 의존적인 피조물이다; 그러나 인간은 또한 이성의 지배를 받고, 특히 교육을 통해서 발전할 수 있다.

보수주의자들은 인간이 알려진 것, 친숙한 것, 시행착오를 통해 검증된 것에 마음이 끌리는, 본질적으로 한계를 지닌, 안전을 추구하는 피조물이라고 생각한다. 인간의 합리성은 신뢰할 만한 것이 못되며 도덕적 타락이 각 개인에게 내재되어 있다고 본다. 그럼에도 불구하고 뉴라이트는 이기적 개인주의를 수용하고 있다.

사회주의자들은 인간이 본질적으로 사회적 피조물이며 인간의 능력과 행위는 자연보다는 양육을 통해 특히 창조적 노동에 의해 형성된다고 보고 있다. 협동, 사회성, 합리성에 대한 인간의 성향은 인간의 발달과 개인적 성장에 대한 전망이 긍정적이라는 것을 의미한다.

무정부주의자들은 인간본성을 매우 낙관적인 관점에서 바라본다. 인간은 집단적 노력을 통해 질서를 유지하는 사회적, 집단적, 협동적 경향이 강한 존재라고 본다. 또는 기본적으로 이기적이지만 합리적으로 계몽된 존재로 본다.

파시스트들은 인간이 의지 및 다른 비합리적 동인들, 특히 국가나 인종에 초점을 둔 뿌리 깊은 사회적 소속의식에 의해 지배된다고 믿는다. 비록 대중들은 봉사하고 복종하도록 정해져 있지만 *민족공동체*의 엘리트들은 민족이나 인종적 명분에 헌신함으로써 '새로운 인간'으로 거듭날 수 있다.

페미니스트들은 남성과 여성은 공통된 인간본성을 공유하고 있으며 젠더의 차이는 문화 내지 사회적 차원에서 부과된 것이라고 주장한다. 그럼에도 불구하고 분리주의 페미니스트들은 여성이 본래 공감적, 창조적, 평화적인 반면에 남성은 유전적으로 지배적이고 잔인한 경향이 있다고 주장한다.

생태주의자들 특히 심층생태주의자들은 인간의 본성을 광범위한 생태계의 일부, 심지어는 자연 그 자체의 일부로 간주한다. 따라서 물질주의, 탐욕, 이기심은 인간이 삶의 단일성(oneness)으로부터, 인간 자신의 참된 본성으로부터 얼마만큼 소외되었는가를 반영하는 것이다. 인간으로서의 완성은 자연으로의 회귀를 요구한다.

처럼 되어버렸다.

보수주의자들은 또한 인류의 지적 능력이 제한적이라고 생각한다. 제1장에서 살펴본 것처럼, 전통적으로 보수주의자들은 세상이 인간의 이성으로 충분히 파악하기에는 너무나 복잡하다고 믿고 있다. 영국 정치철학자인 오크쇼트(Michael Oakeshott 1901~1990)의 지적처럼, 정치세계는 '밑도 없고 끝도 없다.' 그래서 보수주의자들은 파악할 수 없는 것들을 이해한다고 강변하는 추상적 이념이나 사고체계에 대해 의구심을 가지고 있다. 그들은 세계에 대해 조심스럽고 온건한 그리고 무엇보다도 실용적인 접근을 채택하며 될 수 있는 한 교조적이고 독단적인 신념을 회피하는 가운데 전통과 경험, 역사를 더 선호한다. '인권', '평등', '사회정의' 등과 같은 거창한 정치적 원칙들은 세계의 개혁이나 개선을 위한 청사진을 제공하고 있기 때문에 위험천만하다. 보수주의자들은 개혁과 혁명이 고통을 줄여주기보다는 더 큰 고통을 가져다주는 경우가 많다고 경고한다. 보수주의자들에게는 아무것도 하지 않는 것이 무언가를 하는 것보다 나을 수 있다. 보수주의자들은 오크쇼트(Oakeshott)의 말처럼 '치료가 질병보다 나쁘다'는 것을 보여주고 싶을 것이다. 그럼에도 불구하고 뉴라이트의 등장으로 전통주의와 실용주의에 대한 보수주의의 지지 기반이 약화되었다. 우선, 뉴라이트는 복지주의적이며 개입주의적인 구조를 해체함으로써 자유시장 개혁을 진전시키고자 했다는 점에서 급진적이다. 둘째, 뉴라이트의 급진주의는 합리주의에 기초하고 있고 추상적 이론과 원칙들, 특히 경제적 자유주의 이론과 원칙을 견지하고 있다.

▌유기체적 사회

앞에서 말한 것처럼 보수주의자들은 인간이 의존적이며 안전을 추구하는 존재라고 믿는다. 이는 인간이 사회를 벗어나 존재하지 않고 또한 그럴 수도 없다는 것을 뜻한다. 인간은 사회에 속할 필요가 있고 사회에 '뿌리'를 내려야 한다. 개인은 사회로부터 분리될 수 없으며 그를 키워주고 보살펴주는 사회집단들, 예컨대 가정, 친구나 또래집단, 동료, 지역사회, 국가의 일부이다. 이러한 집단들은 개인의 삶에 안전과 의미를 부여한다. 따라서 전통적 보수주의자들은 자유를 '소극적 자유'의 관점에서 이해하는 것을 꺼린다. 소극적 자유 속에서 개인은 '홀로 남겨지며', 뒤르켐(Durkheim)의 지적처럼 **아노미(anomie)**를 겪는다. 오히려 자유는 사회적 의무와 연대의 가치를 인식하고 있는 개인들이 이를 기꺼이 받아들이는 것이다. 자유는 '의무를 행하는 것'과 관련이 있다. 예를 들어 부모가 자녀들에게 어떻게 행동해야 하는가를 가르칠 때는 그들의 자유를 제한하는 것이 아니라 그들에게 도움이 되도록 안내하는 것이다. 아들과 딸로서 본분을 다하고 부모의 소망에 따라 행동하는 것은 자녀로서의

❋ **아노미**

고립감과 고독함 그리고 아무런 의미가 없다는 느낌과 연관된, 가치나 규범적 규칙의 약화

⋆ 유기체론

전체가 개별적 부분들의 합 이상이 되는 하나의 유기체나 생명체처럼 사회가 움직인다는 신념

의무를 깨닫는데서 나오는 자유로운 행동이다. 보수주의자들에 따르면, 개인들이 오직 자신의 권리만 알고 의무는 모르는 사회는 뿌리가 없는 원자론적인 사회가 될 수 있다. 사실상 사회를 하나로 묶어주는 것은 의무와 의무의 결합이다.

이러한 생각들은 종종 **유기체론**(organicism)이라고 부르는 독특한 사회관에 기초한 것이다. 전통적으로 보수주의자들은 사회를 살아 있는 것, 즉 하나의 유기체로 생각했다. 유기체의 각 부분들은 인체 내부의 뇌, 심장, 폐, 간장 등이 하는 것처럼 함께 작용한다. 유기체는 두 가지 측면에서 기계나 인공적으로 만든 것과는 다르다. 첫째, 기계와 달리 유기체는 마음대로 이리저리 배열할 수 있는 개별적 부분들의 단순한 합이 아니다. 유기체의 경우에 전체는 개별적 부분들의 합 이상이다; 전체는 부분들 사이의 깨지기 쉬운 일련의 관계에 의해 유지되는데, 그것이 한번 손상되면 유기체는 죽을 수도 있다. 따라서 인체는 마치 자전거와 같은 식으로 분해하거나 다시 조립할 수 없다. 둘째, 유기체는 인간의 솜씨보다는 '자연적' 요인들에 의해 만들어졌다. 유기체적인 사회는 궁극적으로 자연적 필요에 의해 만들어졌다. 예를 들어 가정은 어떠한 사회사상가나 정치이론가가 '발명한' 것이 아니라 사랑, 배려, 책임감과 같은 자연적인 사회적 충동의 산물이다. 아이들이 가족이 되기로 '계약'에 합의한다는 것은 이치에 맞지 않는다. 그들은 단지 가정 내에서 성장하는 가운데 가정에 의해 양육되고 지도를 받는다.

'유기체의 비유'를 통해 사회를 이해하는 것은 근본적으로 보수주의적인 의미를 내포하고 있다. 자유주의자들이나 대부분의 사회주의자들이 받아들인 것과 같은 사회에 관한 기계론적 관점은 사회를 수정하거나 개선할 수 있다고 주장한다. 여기서 사회는 합리적인 개인들이 그들 자신의 목적을 위해 만든 것이다. 이러한 관점은 개혁이나 혁명의 방식을 통한 진보에 대한 믿음으로 이어진다. 만일 사회가 유기체와 같다면, 사회의 구조와 제도들은 인간이 통제하거나 이해할 수 없는 힘들에 의해 생겨난 것이다. 이는 사회 속에서 생활하는 개인들이 사회의 정교한 '구조'를 보존하고 존중해야 한다는 것을 뜻한다. 유기체론은 또한 사회를 구성하는 특정 제도들에 대한 우리의 태도를 형성하는데 이는 기능주의적 관점에서 살펴볼 수 있다: 제도들이 살아남고 발전하는 까닭은 그것들이 사회 전체를 유지하는 데 기여하기 때문이다. 달리 말해 제도들은 존재하고 있다는 것을 통해 스스로가 가치있고 바람직하다는 것을 보여주는 것이다. 따라서 제도를 개혁하거나 폐지하기 위해 노력하는 것은 위험천만한 일이다.

관점 (Perspectives)

✲✲ 사회(Society)

자유주의자들은 사회를 고유한 하나의 실체가 아닌 집합체로 간주한다. 사회는 이기적인 인간들 사이의 자발적이고 계약론적인 합의로부터 형성된다. 그럼에도 불구하고 사회에는 조화와 평형을 조장하는 경향이 있는 이해관계의 균형이 존재한다.

보수주의자들은 사회를 하나의 살아 있는 실체, 즉 유기체로 본다. 따라서 사회는 개인들 바깥에 존재하며 어떤 의미에서는 개인보다 앞선다; 사회는 전통, 권위 그리고 도덕성의 유대를 통해 결합된다. 하지만 뉴라이트는 자유주의적 원자론을 지지한다.

사회주의자들은 전통적으로 경제적 차이 내지 재산상의 차이가 그 어떠한 사회적 유대보다도 더욱 뿌리 깊고 분명한, 말하자면 불평등한 계급권력이라는 관점에서 사회를 이해해 왔다. 마르크스주의자들에 따르면, 사회는 계급투쟁을 특징으로 하며 오직 안정적이고 결집된 사회는 계급 없는 사회일 뿐이다.

무정부주의자들은 사회가 협동과 사회성을 지향하는 인간의 자연스런 성향에 기초한 규제받지 않는 자연적 조화를 특징으로 한다고 믿는다. 따라서 사회적 갈등과 부조화는 자연스런 것이 아닌 정치적 지배와 경제적 불평등의 산물이다.

민족주의자들은 사회를 문화적 특수성 내지 인종적 특수성이라는 관점에서 바라본다. 따라서 사회는 궁극적으로 공통된 민족정체성에 뿌리를 둔 공유된 신념과 가치에 의해 특징지어진다. 이것은 다민족사회나 다문화사회가 본래 불안정하다는 것을 암시한다.

파시스트들은 사회를 하나의 통합된 유기적 전체로 간주한다. 이는 사적인 선보다 공공선에 헌신하지 않는 한 개인의 존재는 무의하다는 것을 의미한다. 그럼에도 불구하고 사회의 멤버십은 민족적 근거나 인종적 근거에 따라 엄격하게 제한된다.

페미니스트들은 사회를 가부장제의 시각에서 그리고 '공적' 영역과 '사적' 영역 사이의 인위적 구분이라는 관점에서 이해해 왔다. 따라서 사회는 남성의 권력체계를 일상화하고 지탱하기 위해 고안된 조직화된 위선으로 간주될 수 있다.

다문화주의자들은 사회를 독특한 인종적, 종교적, 역사적 정체성에 의해 규정된 문화집단들의 모자이크로 본다. 따라서 문화적 독특성을 가로지르는 광범위한 사회적 연대의 토대는 시민적 의무로 제한된다.

그러나 뉴라이트의 등장은 보수주의 내부에서 유기체적 사고와 이론들에 대한 지지를 약화시켰다. 고전적 자유주의의 엄격한 개인주의에 기초해서 자유주의적 뉴라이트를 포함한 자유지상주의적 보수주의자들은 사회가 이기적이며 자기의존적인 개인들의 행동의 산물이라고 주장해 왔다. 이러한 입장은 '사회와 같은 것은 없고 단지 개인과 그들의 가족만이 있을 뿐'이라는 대처(Margaret Thatcher)의 주장 속에 가장 잘 나타나 있다.

▌ 위계질서와 권위

전통적으로 보수주의자들은 사회가 본래 위계적이라고 본다. 즉 고정된 사회적 순서가 있다고 믿고 있다. 따라서 사회적 평등을 바람직하지도 않고 성취할 수도 없는 것으로 간주한다; 권력, 지위 그리고 재산은 언제나 불평등하게 배분된다. 보수주의자들은 자유주의자들과 마찬가지로 개인들 사이의 자연적 불평등을 받아들인다: 어떤 사람은 다른 사람들에게는 없는 재능과 기술을 가지고 태어난다. 하지만 자유주의자들에게 있어서 이것은 실력사회(meritocracy)에 대한 믿음으로 이어진다. 실력사회에서 개인들은 그들의 능력과 일하고자 하는 의지에 따라서 성공하기도 하고 실패하기도 한다. 하지만 보수주의자들은 불평등이 더욱 뿌리깊이 자리 잡고 있다고 믿는다. 불평등은 단지 개인적 차이의 결과가 아니라 유기체 사회의 불가피한 특징이다. 버크와 같은 보수주의자들은 이러한 방식으로 '자연적 귀족정치(natural aristocracy)'의 이념을 받아들일 수 있었다. 뇌, 심장, 간장 등이 인체 내에서 서로 다른 기능을 하는 것처럼 사회를 구성하는 다양한 계층과 집단들 또한 그들 자신의 특수한 역할이 있다. 리더가 있으면 추종자도 있어야 한다; 관리자가 있으면 노동자도 있어야 한다; 직장에 나가야 하는 사람도 있고 집에서 아이들을 양육해야 할 사람도 있어야 한다. 따라서 진짜 사회적 평등은 신화다; 실제로 부와 사회적 지위에는 자연적 불평등이 존재하며, 이것은 그에 상응하는 사회적 책임의 불평등에 의해 정당화된다. 노동자 계급은 고용주들과 같은 생활수준이나 삶의 기회를 향유하지 못할 수 있다. 그렇지만 그들은 수많은 사람들의 생계와 안전을 책임지지 않는다. 따라서 **위계질서** (hierarchy)와 유기체론은 전통적 보수주의에 확고한 부권주의의 경향을 부여해 주었다.

보수주의자들의 **권위**(authority)에 대한 강조는 위계질서에 대한 믿음을 강화시켰다. 보수주의자들은 자유로운 개인들이 맺은 계약으로부터 권위가 생겨난다는 자유주의의 신

❋ 자연적 귀족정치

재능과 리더십이 개인적 노력이나 발전을 통해 획득될 수 없는 선천적이거나 타고난 자질들이라는 이념

❋ 위계질서

사회적 지위나 위상의 순서; 위계질서는 지위가 개인적 능력과는 무관한 구조적인 혹은 고정된 불평등을 의미한다.

❋ 권위

승인된 복종의 의무 덕분에 다른 사람들에게 영향력을 행사할 수 있는 권리

넘을 받아들이지 않는다. 자유주의 이론에서는 권위가 그들 자신의 이익을 추구하는 개인들에 의해 확립된다고 생각한다. 반면에 보수주의자들은 사회와 마찬가지로 권위 또한 자연스럽게 생겨난다고 믿는다.

부모는 자녀들에게 권위가 있다: 부모는 실제로 어린 자녀의 모든 측면을 통제하지만 그것은 어떠한 계약이나 합의에 따른 것이 아니다. 다시 말해 권위는 자연적 필요에서 생겨나는데, 이 경우에는 자녀들을 돌보고, 위험으로부터 보호하며, 건강한 식사를 하게 하고, 적당한 시간에 잠자리에 들도록 하는 등등의 것들을 보장하기 위한 필요에서 생겨나는 것이다. 이와 같은 권위는 '위로부터' 부과될 수밖에 없다. 왜냐하면 아이들은 무엇이 그들에게 좋은지 알 수 없기 때문이다. 권위는 '아래로부터' 생겨나지 않으며 또한 생겨날 수도 없다; 아이들이 지배받는 것에 동의했다고 말하는 것은 사리에 맞지 않는다. 권위는 사회의 본성과 모든 사회제도에 뿌리를 두고 있다. 학교에서 권위는 교사가 행사해야 한다. 직장에서는 고용주가 그리고 사회에서는 정부가 권위를 행사해야 한다. 보수주의자들은 모든 사람들이 안내와 지지를 필요로 하며 자신이 처한 상황과 주위 사람들이 기대하는 바를 알게 될 때 생겨나는 마음의 안정이 필요하기 때문에 권위는 필수적이며 이익이 된다고 믿는다. 따라서 권위는 근본이 없는 것 내지 아노미와 반대된다.

이러한 맥락에서 보수주의자들은 리더십과 규율을 특별히 강조한다. 리더십은 방향을 제시하고 다른 사람들에게 영감을 제공하는 능력이기 때문에 사회의 결정적인 요소이다. 규율은 아무런 생각이 없는 복종이 아니라 권위에 대한 자발적이고 건강한 존경이다. 권위주의적 보수주의자들은 한 발 더 나아가 권위를 절대적이며 의심의 여지가 없는 것으로 보고 있다. 그러나 대부분의 보수주의자들은 권위의 행사에는 일정한 한도가 있어야 하며, 이러한 한도는 인위적인 계약이 아니라 권위에 수반되는 자연적 책임감에 의해 부과되어야 한다고 믿는다. 부모는 자녀들에게 권위를 가져야 하지만, 부모가 선택한 모든 방식대로 그들을 취급할 권리는 없다. 부모의 권위는 자녀들을 부양하고 지도하며, 필요한 경우에 그들을 처벌할 의무를 반영하는 것이다. 이는 부모에게 자녀를 학대하거나 또는 노예로 파는 것과 같은 권한을 부여하는 것과는 다르다.

▌ 재산

재산은 보수주의자들에게 심오하면서도 때로는 신비하기까지 한 의미를 지닌 자산 가운데 하나다. 자유주의자들은 재산이 뛰어남을 반영한다고 생각한다: 열심히 일하고 재능을 지닌 사람들은 부를 획득할 수 있고 또한 해야 한다고 믿는다. 따라서 재산은 '획득되는' 것이다. 이러한 입장은 부를 축적할 수 있는 능력을 중요한 경제적 인센티브로 간주하는 보수주의자들에게는 상당히 매력적이다. 더 나아가 보수주의자들은 재산이 일련의 심리적이고 사회적인 이점을 지니고 있다고 주장한다. 예를 들어 재산은 안전을 제공한다. 불확실하고 예측불가능한 세상에서 재산은 사람들에게 자신감이나 확신과 같은 '의지할' 무언가를 제공해 준다. 주택이든 은행 계좌의 소유이든 재산은 개인에게 보호의 원천이 된다. 따라서 보수주의자들은 검약(신중한 금전 관리)이 그 자체로 하나의 미덕일 뿐만 아니라 저축을 고무시키고 재산에 대한 투자를 장려한다고 생각한다.

> ✳ **재산**
> 사적 개인, 집단 혹은 국가가 소유한 물리적 재화나 부

소유권은 또한 중요한 사회적 가치들을 조장한다. 자신의 재산을 소유하고 향유하는 사람들은 다른 사람의 재산을 보다 존중할 것이다. 그들은 또한 재산이 무질서와 불법으로부터 보호되어야 한다고 생각할 것이다. 따라서 재산을 소유한 사람들은 사회에 이해관계를 지니고 있고, 특히 법과 질서를 유지하는 데 관심이 있다. 이러한 의미에서 소유권은 법, 권위, 사회질서의 존중처럼 '보수주의적 가치'로 간주될 수 있는 것들을 조장할 수 있다. 그러나 보수주의자들이 소유권을 지지하는 보다 근본적이고 개인적인 이유는 소유권이 개인들의 개성을 표현한다고 보기 때문이다. 사람은 그가 소유하는 것을 통해 자신을 '실현하며' 더 나아가 스스로를 바라본다.

소유물은 그것이 유용하기 때문에(주택은 안락함을 제공해 주며, 자동차는 이동수단을 제공해 준다) 가치가 있는 단순한 외적 대상물이 아니다. 그것은 소유자의 개성이나 인격과 같은 것을 반영하고 있다. 보수주의자들이 특별히 도둑질을 불쾌한 범죄라고 지적하는 이유가 바로 여기에 있다: 피해자들은 소유물의 손실이나 피해는 물론 개인적인 침해를 당했다는 생각으로 고통을 받는다. 가정은 가장 사적이고 은밀한 소유물이다. 가정은 소유자의 취향과 필요에 따라 구성되고 꾸며지기 때문에 소유자의 개성을 반영한다. 따라서 재산이 '사회화(사적 개인이 아닌 공동의 소유)'되어야

한다는 전통적 사회주의자들의 제안은 보수주의자들에게는 무척 소름끼치는 일이다. 왜냐하면 이는 영혼이 없는 탈개인화된 사회를 초래할 수 있기 때문이다.

그러나 보수주의자들은 개인이 자기 자신의 재산을 임의로 사용할 수 있는 절대적인 권리를 지니고 있다고 믿는 자유방임적 자유주의자들과는 다르다. 자유지상주의적 보수주의자들과 자유주의 뉴라이트가 본질적으로 재산에 대한 자유주의적 관점을 지지하고 있는 반면에 보수주의자들은 전통적으로 재산권을 포함한 모든 권리들이 의무를 수반한다고 주장해왔다. 재산은 개인 혼자에게만 해당되는 쟁점이 아니며, 그것은 사회에도 매우 중요한 사안이다. 예를 들어 이러한 생각은 세대를 가로지르는 사회적 연대에서 엿볼 수 있다. 재산은 단지 현 세대의 창조물만이 아니다. 그 가운데 상당 부분(토지, 주택, 예술작품 등)은 이전 세대로부터 전승되어 온 것들이다. 이러한 의미에서 현 세대는 국가 재산의 관리인이며, 미래 세대의 이익을 위해 그것을 보존하고 지켜야 할 의무가 있다. 이러한 관점에서 1957~63년까지 영국 보수당 수상이었던 맥밀란(Harold Macmillan)은 1980년대 대처 정부의 **사유화**(privatization) 정책을 '집안의 은을 팔아치우는' 정책이라고 비판한 바 있다.

사유화

국가 자산을 공공 영역에서 사적 영역으로 이전하는 것으로 국가의 책임이 축소됨

IV. 권위주의적 보수주의

모든 보수주의자들이 권위 관념을 존중한다고 주장하지만 오늘날 자신의 관점이 권위주의적이라고 생각하는 보수주의자들은 거의 없을 것이다. 보수주의자들은 그들이 민주적 원리, 그중에서도 자유민주주의적 원리와 연관되어 있다는 것을 보여주고 싶어 하지만 보수주의 내부 특히 유럽 대륙의 경우에는 권위주의적 지배를 선호해 온 전통이 존재한다. 프랑스 대혁명 시기에 전제적 지배를 옹호했던 대표적인 사람은 프랑스 사상가인 드 메스트르(de Maistre 1753~1821)이다. 그는 프랑스 대혁명을 신랄하게 비판했고, 버크와는 달리 절대권력을 세습군주에게 돌려주고 싶어 했다. 그는 반동적이었으며 *구체제*(ancien regime)에 대한 어떠한 개혁도 수용할 준비가 되어

※
권위주의(Authoritarianism)

권위주의는 '위로부터의' 통치에 대한 신념이나 그것의 실천이다. 여기서 권위는 대중의 동의에 관계없이 행사된다. 따라서 권위주의는 권위와 다르다. 권위는 정통성에 기반을 두며 따라서 '아래로부터' 생겨난다. 권위주의 사상가들의 견해는 대체로 리더들의 지혜에 대한 신념이나 사회질서는 절대적 복종에 의해서만 유지될 수 있다는 생각에 토대를 두고 있다. 하지만 권위주의는 보통 전체주의와 구별된다. 절대군주제, 전통적 독재정치 그리고 대부분의 군사지배와 결부되어 있는 '위로부터의' 통치는 국가와 시민사회 사이의 경계를 무너뜨리고자 하는 보다 급진적인 목표보다는 반대파와 정치적 자유를 억압하는 데 관심이 있다.

있지 않았다. 구체제는 1789년 전복되었다. 드 메스트르의 정치철학은 '지배자(the master)'에 대한 자발적이고 완전한 복종에 기초한 것이다. 더 나아가 그는 『뒤 빠쁘』(*Du Pape* [1817]1971)에서 교황이라는 최고 영적 권력이 지상의 군주들 위에서 통치해야 한다고 주장하였다. 그의 주된 관심사는 질서의 보존이며 그것만이 사람들에게 무사와 안정을 제공해 줄 수 있다고 믿었다. 혁명 심지어는 개혁조차도 사람들을 묶어주는 끈을 약화시키며 혼돈과 억압의 나락으로 떨어뜨리게 될 것이라고 보았다.

19세기 내내 유럽 대륙의 보수주의자들은 전제적 지배라는 엄격하고 위계적인 가치에 여전히 충실했었고, 새롭게 등장하고 있었던 자유주의, 민족주의 그리고 사회주의 운동에 직면해서도 전혀 굽힘이 없었다. 권위주의가 러시아보다 확고한 곳은 없었다. 러시아 황제 니콜라스 1세(Tsar Nicholas I 1825~1855)는 프랑스 대혁명을 고취시켰던 '자유, 평등, 박애'의 가치와 대조적으로 '정통(orthodoxy), 전제정치, 민족성'의 원칙을 천명했다. 니콜라스의 후계자들은 헌법이나 의회제도를 통한 권력의 제한을 완강하게 거부하였다.

독일에서는 입헌정부가 발전했지만 철혈재상 비스마르크(Bismarck 1871~1890)는 그것이 속임수라는 것을 확인시켜 주었다. 그 밖에 권위주의가 특히 강하게 남아있던 곳은 가톨릭 국가들이었다. 이탈리아의 통일로 교황의 권위가 실추되면서 교황 피우스 9세(Pius IX)는 스스로를 '바티칸의 포로(prisoner of the Vatican)'라고 선언하였다. 뿐만 아니라 세속적 정치 이데올로기들이 등장하면서 가톨릭의 종교적 교의에 대한 공격이 진행되었다. 1864년에 교황 피우스 9세는 민족주의, 자유주의, 사회주의를 포함해서 급진적이거나 진보적인 모든 이념들을 '가장 불행한 시대의 거짓 교의들'

이라고 선고하였다. 그리고 교황령(papal states)과 로마를 잃게 되자 1870년에는 교황 무오류성의 칙령을 공포하였다. 대륙의 보수주의자들이 개혁과 민주정부를 받아들이지 않는 모습은 20세기까지 이어졌다. 예를 들어 이탈리아와 독일의 보수주의 엘리트들은 당시 등장하고 있었던 파시스트 운동을 지지함으로써 의회민주주의를 전복시키고 무솔리니와 히틀러가 권력을 장악하는 데 도움을 주었다.

다른 한편 보수주의적 권위주의 체제들은 정치적 지지를 얻기 위해서 새롭게 참정권을 부여받은 대중에게 눈을 돌렸다. 이는 19세기 프랑스에서 일어났다. 루이 나폴레옹(Louis Napoleon)은 프랑스의 가장 큰 유권자층인 소규모 자작농의 마음을 움직여 대통령에 선출되었고, 나중에는 황제 나폴레옹 3세(Napoleon III)로 자처했다. 나폴레옹 체제는 권위주의를 경제적 번영과 사회개혁이라는 비전과 결합시켰다. 이는 20세기에 흔히 볼 수 있는 것으로 국민투표를 통한 독재와 같은 형태였다. 보나파르트주의(Bonapartism)는 20세기의 페론주의(Perónism)와 유사한 점들이 있다. 1946~55년까지 아르헨티나를 지배했던 페론(Juan Perón)은 복종, 질서, 국민통일 등과 같은 친숙한 권위주의적 테마를 주창했다. 하지만 그의 정치적 지지는 전통적 엘리트들의 이해관계가 아니라 그가 '셔츠 없는(shirtless) 대중'이라고 부른 가난한 대중에 대한 호소력에 기초한 것이었다. 페론 정권은 보통 사람들의 본능적 충동과 소망, 즉 '미국 제국주의(Yankee imperialism)'에 대한 대중적 반감 그리고 널리 퍼진 경제적·사회적 진보에 대한 갈망에 기초한 정책을 펼쳤다는 점에서 **대중주의(populist)** 정권이었다. 그리고 이와 유사한 정권들이 아프리카, 아시아 및 중동 지역에서 발전되었다. 하지만 그와 같은 체제들이 비록 보수주의 엘리트들의 지위를 공고히 하고 보수주의적 형태의 민족주의를 포괄하는 경향이 있었다고는 하지만 페론 정권과 같은 권위주의적 대중주의 체제들은 보수주의보다는 파시즘에 보다 가까운 특징들을 보여주고 있다.

❋ 대중주의

대중의 본능적 충동과 소망이 정치적 행동을 이끄는 일차적 정당성의 근거라는 믿음으로 종종 정치 엘리트에 대한 불신이나 적대감을 반영한다.

V. 부권주의적 보수주의

비록 대륙의 보수주의자들이 변화에 완강히 저항하는 태도를 취했다고는 하지만 보다 유연하고 성공적인 앵글로-아메리칸 전통은 버크(Edmund Burke)에게로 소급될 수 있다. 버크가 프랑스 대혁명으로부터 얻은 교훈은 변화가 저항해서는 안 되는 자연스럽거나 불가피한 것일 수 있다는 점이다. 버크의 주장에 따르면, '변화의 수단을 결여한 국가는 국가를 보존할 수단을 결여한 것이다([1790] 1975, p.285).' 버크식 보수주의의 특징적 스타일은 신중하고 온건하며 실용적인 것이다; 이러한 스타일은 그것이 혁명적인 것이든 아니면 반동적인 것이든 고정된 원칙들에 대한 의구심을 반영하고 있다. 길모어(Ian Gilmour 1978)가 지적하듯이, '현명한 보수주의자는 가벼운 여행을 떠난다.' 보수주의자들이 가장 소중하게 여기는 가치들, 즉 전통, 질서, 권위, 재산 등은 정책이 실제적 상황과 경험 속에서 개발될 때에만 안전할 수 있을 것이다. 이러한 입장은 극적이거나 급진적인 변화의 정당성을 거의 인정하지 않고, '보존하기 위한 변화'를 신중하게 받아들인다. 실용적 보수주의자들은 원칙상 개인도 국가도 지지하지 않는다. 하지만 효과가 어떠한가에 따라 어느 한쪽을 지지하거나 아니면 둘 사이의 균형을 추구할 수도 있다. 실제로 보수주의의 개혁적 충동은 신봉건적인 (neo-feudal) 부권주의적 가치가 지배하는 현대에도 보수주의가 살아남게 된 것과 밀접한 관련이 있다. 부권주의적 보수주의에는 두 가지 주된 전통이 있다:

- 일국 보수주의
- 기독교 민주주의

▌일국 보수주의

앵글로-아메리칸 부권주의의 전통은 종종 벤자민 디즈레일리(Benjamin Disraeli 1804~1881)로 거슬러 올라간다. 그는 1868년 그리고 1874~80년까지 영국의 수상이었다. 디즈레일리는 그의 정치철학을 두 권의 소설 『시빌』(*Sybil* 1845)과 『코닝스비』 (*Coningsby* 1844)에서 발전시켰는데, 이는 그가 총리직을 맡기 전에 쓴 것들이다.

부권주의(Paternalism)

부권주의는 말 그대로 아버지와 같은 방식으로 행동하는 것을 뜻한다. 정치적 원리로서의 부권주의는 혜택을 베풀고 해로움을 막기 위한 의도를 가지고 다른 사람들에게 행사되는 힘이나 권위를 가리킨다. 사회복지 혹은 자동차의 안전벨트 착용을 의무화하는 것과 같은 법들이 부권주의의 예라고 할 수 있다. '유연한(soft)' 부권주의는 부권주의의 대상이 되는 사람들의 폭넓은 동의를 특징으로 한다. '강경한(hard)' 부권주의는 동의에 관계없이 작용하며 따라서 권위주의와 겹치게 된다. 부권주의의 토대는 지혜와 경험이 사회에 불평등하게 분배되어 있다는 데 있다. 즉, 권위를 지닌 사람이 '가장 잘 안다'는 사실에 기초해 있다. 부권주의에 반대하는 사람들은 권위를 신뢰해서는 안 되며 부권주의는 자유를 제한하고 사회의 '유아화(infantalization)'에 기여한다고 주장한다.

두 소설은 당시 지배적이었던 극단적 개인주의와는 전혀 상반되게 사회적 의무의 원칙을 강조했다. 그의 소설은 산업화와 경제적 불평등 그리고 적어도 유럽 대륙에서 진행된 혁명적 대변동에 반대하는 것이었다. 디즈레일리는 영국이 '두 개의 나라, 즉 부자 나라와 가난한 나라'로 분리될 수 있는 위험성에 주목했다. 디즈레일리의 주장은 사려분별과 원칙의 조화에 기초한 것이었다.

　점증하는 사회적 불평등은 혁명의 씨앗을 품기 마련이다. 디즈레일리가 두려워했던 것은 가난하고 억압받는 노동자 계급이 그들의 고통을 순순히 받아들이지는 않을 것이라는 점이다. 1830년과 48년 유럽에서 발발한 혁명은 이러한 신념을 잉태한 것처럼 보였다. 따라서 개혁은 혁명의 파고를 차단하고 궁극적으로는 부자들에게 이익이 되기 때문에 합리적인 것이 될 수 있다. 하지만 디즈레일리는 도덕적 가치에 호소했다. 부와 특권은 사회적 의무를, 특히 가난한 사람들에 대한 책임감을 수반한다고 주장하였다. 그 과정에서 디즈레일리는 의무를 받아들임으로써 사회가 하나가 된다는 보수주의의 유기체적 신념을 지지하였다. 그는 사회가 본래 위계적이라고 믿었지만 또한 부나 사회적 특권의 불평등은 책임감의 불평등을 낳는다고 주장하였다. 부유하고 힘 있는 사람들은 사회적 책임감을 떠안아야 하며 이것은 결과적으로 특권의 대가이다. 이와 같은 생각은 귀족계층의 의무가 고결하고 관대한 것이 되어야 한다는 노블리스 오블리제(noblesse oblige)의 봉건제적 원리에 기초한 것이다. 예를 들어 왕이 국가에 대해 하는 것처럼 토지귀족은 그들의 소작농들에게 부권주의적 책임감을 발휘해야 한다는 것이다. 디즈레일리는 이러한 의무가 포기되어서는 안 되며 점점 산업화되고 있는 세계에서 사회개혁의 형태로 표출되어야 한다고 주장하였다. 이와 같은 생각은 '하나의 국가'라는 슬로건으로 나타났다. 디즈레일리는 노동자 계급의 투표권을 최초로 보장한 1867년 제2차 개혁법안(Second Reform Act of 1867)은 물론 주거환경과 위생상태를 개선하는 사회개혁 정책들을 추진하였다.

디즈레일리의 사상은 보수주의에 상당한 영향을 미쳤으며 보수주의자들의 실용주의적 본능은 물론 사회적 의무감에 호소하는 급진적이고 개혁적인 전통에 기여했다. 영국에서 이러한 생각은 이른바 '일국 보수주의'의 토대가 되고 있고 그 지지자들은 자신들이 산업사회 이전의 위계적이며 부권주의적인 가치를 중시한다는 것을 보여주기 위해 스스로를 '토리당원'이라고 칭하기도 한다. 이후 디즈레일리의 사상은 19세기 말 처칠(Randolph Churchill)의 '토리 민주주의(Tory democracy)'로 이어졌다. 정치적 민주주의가 확산되던 시대에 처칠은 더 넓은 사회적 지지 기반을 확보하기 위해 전통적 제도(예컨대 군주제, 상원, 교회 등)의 필요성을 강조하였다. 이는 디즈레일리의 사회개혁 정책들을 계속 추진하여 보수당에 대한 노동자 계급의 지지를 이끌어냄으로써 성취될 수 있었다. 따라서 일국 보수주의는 토리 복지주의(Tory welfarism)의 한 형태로 간주될 수 있다.

하나의 국가라는 전통이 정점에 달한 것은 1950년대와 60년대였다. 당시 영국과 여타 보수주의 정부들은 완전고용을 목표로 경제를 관리하고 복지정책의 확대를 지지하는 케인즈 방식의 사회민주주의를 채택하였다. 이러한 입장은 극단적인 자유방임적

토리즘(Toryism)

'토리(Tory)'는 18세기 영국에서 군주의 권력과 영국교회를 지지하며 상류 지주계층을 대표하는 의회 내의 정파(휘그와 대립되는)를 지칭하는 데 사용되었다; 미국에서는 영국 왕실에 대한 충성의 의미를 지니고 있었다. 19세기 중반에 영국의 보수당이 토리로부터 떨어져 나왔지만, 영국에서는 여전히 보수주의의 동의어로 폭넓게(그러나 별 도움이 되지 않게) 사용되고 있다. 토리즘은 광범위한 보수주의 내부의 하나의 독특한 이데올로기적 입장으로 이해되고 있다. 토리즘의 독특한 특징은 위계질서, 전통, 의무 그리고 유기체론에 대한 신념이다. '고위의(high)' 토리즘은 지배계층에 대한 신봉건제적(neo-feudal) 신념과 기존 제도에 대한 신뢰를 분명히 보여주고 있다. 하지만 토리의 전통은 또한 복지와 개혁주의 이념이 사회의 연속성이라는 대의명분에 봉사하는 한 그것에 호의적인 태도를 보이고 있다.

자유주의와 사회주의적 계획경제 사이의 비이데올로기적인 '중도' 노선의 필요성에 기초한 것이었다. 따라서 보수주의는 중용을 견지함으로써 걷잡을 수 없는 개인주의와 과도한 집단주의 사이의 균형을 추구하고자 하였다. 영국에서 이러한 생각은 맥밀란(Harold Macmillan)의 『중도』(*The Middle Way* [1938]1966)에서 가장 분명하게 표현되었다. 1957~63년까지 영국 수상이었던 맥밀란은 그가 말한 이른바 '계획 자본주의'를 옹호하였는데, 이는 '국가 소유권, 특정 경제활동 영역에 대한 규제나 통제를 사적인 경제활동 이니셔티브와 조화시킨 혼합체제'였다.

이와 같은 아이디어는 후일 미국과 영국에서 '온정적 보수주의(compassionate conservatism)'라는 관념으로 다시 등장하였다. 하지만 부권주의적 보수주의는 제한된 범위에서만 사회적·경제적 개입을 지지하였다. 예를 들어 일국주의의 목적은 위계질서를 제거하기보다는 이를 공고화하기 위한 것이며, 경제적 약자들의 생활환경을 개선하려는 소망 또한 가난한 사람들이 더 이상 기존질서에 위협이 되지 않도록 하기 위한 것이었다.

▌기독교 민주주의

개입주의 정책들은 또한 1945년 이후 유럽대륙 곳곳에서 형성된 기독교 민주당에 의해 채택되었다. 그중 중요한 것들이 구서독의 기독교 민주연합(Christian Democratic Union/CDU)과 이탈리아의 기독교 민주당(Christian Democratic Party/DC)이다. 제2차 세계대전의 여파로 대륙의 보수주의자들은 권위주의적 신념을 포기했다. 하지만 새로운 형태의 보수주의는 정치적 민주주의에 열성적이었고 가톨릭의 부권주의적 사회 전통의 영향을 받았다. 프로테스탄티즘이 개인적 노력을 통한 구원관과 결합되면서 프로테스탄트 사회이론은 개인주의를 지지하며 근면, 경쟁, 개인적 책임의 가치를 중시하는 것으로 종종 간주되었다. 반면에 가톨릭 사회이론은 전통적으로 개인보다는 사회집단에 초점을 맞추며, 경쟁보다는 균형이나 유기적 조화를 강조해왔다. 1945년 이후 가톨릭 사회이론은 새롭게 형성된 기독교 민주당들이 민주적 조합주의를 실천하도록 고무하였다. 민주적 조합주의는 교회, 노동조합, 사업단체 등과 같이 '사회적 파트너십'에 의해 결합된 중간 기관들의 중요성을 강조하였다. 전통적으로 국가를 강조하던 것과는 대조적으로 **기독교 민주주의(christian democracy)**는 또

기독교 민주주의

사회적 시장에 대한 믿음과 제한적인 경제개입을 지지하는 유럽 보수주의 내의 하나의 이데올로기적 전통

한 가톨릭에서 말하는 보조성(subsidiarity)의 원리를 지지하였다. 이는 가장 낮은 기관이 결정을 내려야 한다는 것으로 독일에서 가장 두드러졌다. 보조성의 원리에 공감하는 기독교 민주주의자들은 탈중앙집중화, 특히 연방제 형태에 호의적이었고 영국의 보수주의자들과는 대조적으로 유럽통합을 지지하였다.

기독교 민주당의 케인즈주의 복지정책들은 애덤 스미스(Adam Smith)나 리카도(David Ricardo 1772~1823) 등의 엄격한 시장원리보다는 리스트(Friedrich List 1789~1846)와 같은 경제학자들의 유연하고 실용적인 아이디어에 더욱 의존하고 있다. 리스트는 예컨대 걸음마 단계에 있는 산업들을 혹독한 대외경쟁으로부터 보호하기 위하여 정부개입의 필요성을 인식할 수 있는 정치와 정치권력의 경제적 중요성을 강조하였다. 이는 '사회적 시장경제' 이념의 지지를 받았는데, 사회적 시장경제의 아이디어는 유럽대륙에 광범위한 영향을 미쳤다. 사회적 시장은 시장의 원리에 의해 구성되며 대체로 정부의 통제로부터 자유로운 경제로서 포괄적 복지시스템과 효율적인 공공서비스를 통해 결합되는 사회적 맥락에서 작동한다. 따라서 시장은 그 자체가 하나의 목적이기 보다는 광범위한 사회적 목표들을 달성하기 위해 부를 창출하는 수단이다.

이와 같은 관점은 결과적으로 유럽대륙은 물론 EU 내부에까지 적용된 독특한 자본주의 모델을 낳게 되었다. 이 모델은 앵글로-아메리칸 자본주의 혹은 '기업 자본주의(enterprise capitalism)'와 대비해서 라인-알파인 자본주의(Rhine-Alpine capitalism) 또는 '사회적 자본주의(social capitalism)'로 불린다. 전자가 아무런 구속이 없는 시장 경제 활동에 기초해 있다면, 후자는 파트너십과 협동을 강조한다.

VI. 자유지상주의적 보수주의

비록 보수주의가 유기체론, 위계질서, 의무 등과 같은 산업화 이전의 이념과 깊이 관련되어 있지만, 보수주의 이데올로기는 또한 자유주의 이념 특히 고전적 자유주의

의 영향을 많이 받아왔다. 이러한 상황은 뉴라이트가 고전적 자유주의를 위해서 보수주의를 가로챘다고 할 수 있는 20세기 후반의 모습이라고 할 수 있다. 하지만 사실상 자유주의의 교의 특히 자유시장에 관한 원리들은 18세기 말 이후 보수주의자들에 의해 발전되어 왔으며, 이는 부권주의적 보수주의와 대조를 이룬다고 할 수 있다. 이러한 생각들은 가능한 최대한의 경제적 자유와 사회생활에 대한 최소한의

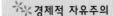

경제적 자유주의
모든 사람들에게 번영과 기회들을 자연스럽게 제공해주는 자동조절 메커니즘으로서의 시장에 대한 믿음

정부규제를 옹호하고 있다는 점에서 자유지상주의적이다. 자유지상주의적 보수주의자들을 단순히 자유주의자로 볼 수는 없다. 왜냐하면 그들은 자유주의 경제학이 권위나 의무 등의 가치에 기초한 보다 전통적인 보수주의 사회철학과 양립할 수 있어야 한다고 믿기 때문이다. 이는 전통적 보수주의를 대표할 뿐만 아니라 애덤 스미스의 **경제적 자유주의**(economic liberalism)를 강력하게 지지하는 버크(Edmund Burke)의 저술에 분명히 나타나 있다.

자유지상주의의 전통이 강한 곳은 고전적 자유주의 사상이 커다란 영향을 끼친 국가들, 특히 영국과 미국이다. 18세기 말에 이미 버크는 자유무역 그리고 경쟁적이고 자율적인 시장경제 활동을 적극적으로 지지했다. 버크는 자유시장이 효율적이고 공정할 뿐만 아니라 자연스럽고 필연적이라고 믿었다. 자유시장은 부에 대한 욕구, 즉 인간본성의 일부인 '돈에 대한 사랑'을 반영하고 있다는 점에서 '자연스러운' 것이다. 따

자유지상주의(Libertarianism)
자유지상주의는 권위, 전통, 평등과 같은 가치들에 대하여 자유(소극적 자유로 이해되는)를 가장 우선시하는 일련의 이론을 가리킨다. 따라서 자유지상주의자들은 전형적으로 국가를 자유에 대한 일차적 위협으로 간주하는 가운데 개인적 자유의 영역을 최대화하고 공적 권위의 영역을 최소화하고자 한다. 비록 사회주의자들 또한 자유지상주의를 수용했다고는 하지만, 가장 잘 알려진 두 가지의 자유지상주의 전통은 개인권 이념(로버트 노직 참조, p.125)과 자유방임의 경제원칙(하이에크 참조, p.123)에 뿌리를 두고 있다. 자유주의(심지어 고전적 형태의 자유주의조차도)는 질서에 대한 자유의 우선권을 거부한다는 점에서 자유지상주의와는 구분된다. 하지만 자유지상주의자들 스스로가 자신들을 '최소정부론자(minarchist)'라고 규정하는 등 최소국가의 필요성을 인정하고 있다는 점에서 자유지상주의는 무정부주의와는 다르다.

보수주의 내의 긴장(1)

부권주의적 보수주의	자유지상주의적 보수주의
실용주의	원칙
전통주의	급진주의
사회적 의무	이기주의
유기체적 사회	원자론적 개인주의
위계질서	실력주의
사회적 책임	개인적 책임
자연적 질서	시장 질서
'중도(middle way)' 경제학	자유방임 경제학
제한된 복지주의	반(反) 복지주의

라서 시장의 법칙은 '자연적 법칙'이다. 버크는 시장이 정한 작업환경이 많은 사람들에게 '비참하고, 부적절하며, 종종 너무나 유해하다는' 것을 인정했지만, 자연스러운 과정들이 방해를 받는다면 더 큰 고통을 당할 수 있다고 주장하였다. 따라서 자본주의적 자유시장은 마치 군주제나 교회처럼 전통이라는 근거에서 보호받을 수 있는 것이다. 그러나 자유지상주의적 보수주의자들은 일관된 자유주의자들이 아니다. 경제적 개인주의를 신뢰하고 '정부를 경제활동으로부터 배제시키는' 것은 지지하지만, 이와 같은 개인적 자유의 원칙이 사회생활 전반으로 확대되는 것에는 미온적이다. 보수주의자들 심지어 자유지상주의적 보수주의자들도 인간본성에 관해 훨씬 회의적인 관점을 지니고 있다. 공공질서를 유지하며 권위의 존중을 보장하기 위해서는 강력한 국가가 요청된다. 실제로 자유지상주의적 보수주의자들이 자유시장 이론에 매력을 느낀 이유는 사회질서를 보장해 준다는 약속 때문이었다.

자유주의자들은 시장경제가 개인적 자유와 선택의 자유를 보호해 준다고 믿었던 반면에 보수주의자들은 사회적 규율수단으로서의 시장에 종종 매료되어 왔다. 시장의 힘은 경제적·사회적 활동을 규제하고 통제한다. 예를 들어 시장은 실직당할 수 있다는 위협을 통해 노동자들의 과도한 임금인상 요구를 제지할 수 있다. 이처럼 시장은 사회적 안정을 유지하며, 경찰이나 법정과 같은 보다 분명한 강압적 힘과 나란히 작용할 수 있다. 일부 보수주의자들은 시장 자본주의가 끝없는 혁신과 지칠 줄 모르는 경쟁으로 이어져 사회적 통합을 깨뜨린다는 사실에 두려움을 느껴왔다. 하지만 또 다른 보수주의자들은 시장 자본주의가 직접적인 정치적 권위보다는 비인격적인 '자연적 법칙'에 의해 작동되는 시장질서를 구축할 수 있다는 생각 때문에 시장 자본주의에 매력을 느껴왔다.

VII. 뉴라이트

1945년 이후 시대 초기에는 실용주의적이고 부권주의적인 이념들이 서구 보수주의를 지배했다. 권위주의적 보수주의의 자취는 1970년대 포르투갈과 스페인의 독재정권이 전복되면서 사라져버렸다. 보수주의자들이 19세기 동안에 정치적 민주주의를 수용하게 되었던 것처럼, 1945년 이후에는 제한된 형태의 사회민주주의를 받아들이게 되었다. 이러한 경향은 전후 시기의 고도 경제성장, 즉 장기 호황에 의해 확고해졌고 이는 '관리자본주의(managed capitalism)'의 성공을 입증하는 것처럼 보였다. 그러나 1970년대에 케인즈주의 복지정책의 정통성에 직접적으로 도전하는 일단의 보다 급진적인 이념들이 보수주의 내부에서 나타났다. 이들 뉴라이트 이념들은 맨 처음 미국과 영국에 커다란 충격을 주었고, 이후 유럽 대륙과 호주, 뉴질랜드 그리고 서구 국가들에게 영향을 미치게 되었다.

'뉴라이트'는 광범위한 개념이다. 이는 감세 요구에서부터 텔레비전과 영화에 대한 검열의 확대 그리고 심지어는 이민반대나 본국으로의 송환을 지지하는 캠페인에 이르기까지 다양한 범주의 이념들을 담고 있다. 본질적으로 뉴라이트는 두 개의 매우 상반되는 이데올로기적 전통의 결합이다. 그 가운데 하나는 고전적 자유주의 경제학, 특히 애덤 스미스의 자유시장 이론이다. 스미스의 이론은 '큰' 정부와 경제적·사회적 개입을 비판하면서 20세기 후반에 다시 등장하였다. 이것이 이른바 자유주의적 뉴라이트(liberal new right) 또는 **신자유주의**(neoliberalism)이다. 뉴라이트의 두 번째 요소는 전통적 보수주의(디즈레일리 시대 이전의) 사회이론, 특히 질서와

✳ 신자유주의

시장개인주의와 최소국가주의에 전념하는 고전적 정치경제의 새로운 비전

권위, 규율에 대한 방어이다. 이것이 이른바 보수주의적 뉴라이트 또는 **신보수주의**(neoconservatism)이다. 따라서 뉴라이트는 경제적 자유지상주의를 국가·사회적 권위주의와 융합시키려고 한다. 이처럼 뉴라이트에는 급진적·반동적·전통적 특징들이 혼합되어 있다. 뉴라이트의 급진주의는 개입주의적 정부를 해체하거나 되돌리려는 노력 그리고 자유주의적이거나 관용적인 사회적 가치 속에서 분명하게 나타난다. 이러한 급진주의는 합리적 이론과 추상적 원리들을 중시하고 전통을 버리는 자유주의적 뉴라이트와의 관계 속에서 가장 분명하게 나타난다. 그럼에도 불구하고 자유주의적 뉴라이트와 보수주의적 뉴라이트 모두 이른바 경제적 적정성과 도덕적 용기를 떠오르게 하는 19세기 '황금시대'로 되돌아가고자 한다는 점에서 뉴라이트는 반동적이다. 하지만 뉴라이트는 특히나 신보수주의자들이 중시하는 이른바 전통적 가치들을 강조하는 등 전통에 호소하고 있다.

▌ 자유주의적 뉴라이트

자유주의적 뉴라이트는 1945년 이후 시대의 '장기 호황'이 끝나면서 나타난 결과다. 이는 케인즈주의로부터 벗어나 자유시장에 대한 관심을 다시금 일깨워주었다. 뉴라이트 사상의 자유주의적 측면은 분명 현대 자유주의보다는 고전적 자유주의, 특히 신자유주의로부터 도출된 것이다. 이것은 결국 최소국가의 재천명이다. 이는 '사적인 것은 좋고, 공적인 것은 나쁘다'는 것으로 요약할 수 있다. 자유주의적 뉴라이트는 반국가주의적이다. 국가는 강압과 부자유의 영역으로 간주된다: 집단주의는 개인적 창의성을 제약하고 자존감을 약화시킨다. 아무리 좋은 의도를 가지고 있어도 정부는 항상 인간사에 해롭다. 그 대신 자유주의적 뉴라이트는 개인과 시장을 신뢰한다. 개인이 독립적인 존재가 되도록 그리고 자신의 이익을 위해 합리적 선택을 내리도록 북돋아야 한다. 시장은 개인적 선택의 총합이 진보와 모든 사람들의 혜택이 될 수 있게 해주는 메커니즘으로서 존중된다. 이처럼 자유주의적 뉴라이트는 보수주의 내부에서 자유지상주의적 이념이 부권주의적 이념을 압도할 수 있도록 해주었다.

이와 같은 반국가주의적 교의 속에 담긴 핵심주제는 자유시장의 이데올로기이다.

프리드리히 하이에크(Friedrich von Hayek 1899~1992)

오스트리아의 경제학자 정치철학자. 하이에크는 런던경제대학(London School of Economics)과 시카고대학교, 프라이부르크(Freiburg)대학교, 잘츠부르크(Salzburg)대학교 등에서 가르쳤다. 1974년에 노벨경제학상을 수상했다. 이른바 오스트리아 학파를 대표하는 하이에크는 개인주의와 시장경제에 대한 확고한 신봉자였고, 사회주의에 대한 강력한 비판자였다. 『예종에의 길』(The Road to Serfdom 1944)은 경제적 개입주의를 전체주의적이라고 공격한 선구적 저술이다; 『자유의 구조』(The Constitution of Liberty 1960)와 『법, 입법, 자유』(Law, Legislation and Liberty 1979) 등의 후기 저작은 수정된 형태의 보수주의를 옹호하고 앵글로-아메리칸 입헌주의를 지지했다. 하이에크의 저술들은 뉴라이트의 등장에 커다란 영향을 미쳤다.

뉴라이트는 하이에크(Hayek)나 프리드먼(Milton Friedman 1912~2006)과 같은 최근 경제학자들의 저술에서 보듯이, 스미스와 리카도의 고전경제학을 부활시켰다. 1970년대에 정부가 경제적 안정과 지속적 성장을 추구하는 것이 점점 더 어려워지면서 자유시장의 이념이 새롭게 신뢰를 얻게 되었다. 정부권력이 경제적 문제들을 해결할 수 있는가에 대한 의구심이 커진 것이다. 예를 들어 하이에크와 프리드먼은 '관리된' 경제 혹은 '계획된' 경제의 아이디어에 도전하였다. 그들은 복잡하고 산업화된 경제에서 자원을 할당하는 문제는 일부 국가 관료들이 성공적으로 수행하기에는 너무 어려운 과업이라고 주장하였다. 반면에 시장은 경제의 중추신경계처럼 작용하면서 재화와 서비스의 수요 공급을 조정할 수 있다는 것이다. 시장은 최상의 이익을 산출할 수 있도록 자원을 할당하며 따라서 소비자의 필요를 충족시켜 준다. 1970년대에 다시 등장한 실업과 인플레이션에 직면해서 하이에크와 프리드먼은 정부는 언제나 경제적 문제의 해결책이 아닌 원인이라고 주장하였다.

케인즈주의는 뉴라이트가 비판하는 주요 표적의 하나였다. 케인즈는 자본주의경제가 자기규제적이지 않다고 주장하였다. 그는 경제활동 수준과 실업률이 경제의 '총수요(aggregate demand)'에 의해 결정된다고 보고, 특히 경제의 '수요 측면(demand side)'을 강조하였다. 반면에 프리드먼은 정부의 영향력을 벗어난 '자연 실업률(natural rate of unemployment)'이 존재하며, 케인즈주의의 방식으로 실업을 근절하려는 정부의 시도는 인플레이션과 같은 더욱 해로운 경제적 문제들을 야기할 뿐이라고 주장하였다. 인플레이션은 일반적인 가격수준이 상승하는 것으로 이는 돈 가치의 하락으로 이어진다. 보수주의자들은 인플레이션이 교환 수단인 돈에 대한 신뢰를 떨어뜨리면서 상업적·경제적 활동을 위축시키기 때문에 시장경제의 기반을 위협한다고 생각한다. 케인즈주의는 일자리를 창출하기 위한 좋은 의도에도 불구하고, 결과적으로 정부가 '돈을 찍어내도록' 만들었다. 인플레이션에 대한 자유시장의 해결책은 공공지출을 줄임으로써 돈의 공급을 통제하는 것이다. 이는 1980년대에 레이건 행정부와 대처 정부가 실행한 정책이다. 이들은 오직 시장만이 문제를 해결할 수 있다는 신념하에 실업이 급증하는 것을 용납하였다.

뉴라이트는 또한 혼합경제와 공적 소유에 반대하고, 이른바 공급 측면의 경제학을 실행에 옮겼다. 1980년대 영국의 대처 정부를 시작으로 점차 많은 서구 국가로 확대되었고 1990년대 구공산권 국가들에서 가장 적극적으로 추진했던 사유화 정책은 산업체를 공적 소유에서 사적 소유로 전환함으로써 혼합경제와 집단화된 경제를 효과적으로 해체시켜 버렸다. 국유화된 산업들은 사적 기업이나 산업과 달리 이윤 동기에 의해 작동되지 않았기 때문에 비효율적이었다.

뉴라이트가 경제의 '공급 측면(supply-side)'을 강조하고 있다는 사실은 정부가 소비보다는 생산을 장려함으로써 성장을 조장해야 한다는 신념에서 엿볼 수 있다. 기업가적인 공급 측면의 문화를 창출하는 데 있어서 커다란 장애물이 되는 것은 높은 세금이다. 세금은 기업가 정신을 좌절시키고 재산권을 침해한다. 1980년대의 '레이거노믹스(Reaganomics)'는 미국 역사상 가장 대대적으로 개인세와 법인세를 삭감한 정책이었다. 2000년 대통령선거에서 승리한 후 부시(George W. Bush)는 포괄적 감세 프로그램으로 이 정책을 부활시켰다. 영국의 대처 정부하에서는 직접세율이 거의 미국 수준까지 크게 삭감되었다.

자유주의적 뉴라이트는 경제적 효율성과 반응성은 물론 그것이 지닌 정치적 원칙, 특히 개인적 자유에 대한 애착 때문에 반국가주의적 입장을 취하고 있다. 뉴라이트는 '오싹한 집단주의'에 반대하며 자유의 보호를 주장한다. 극단적인 경우 이러한 생각은 무정부적 자본주의로 나아가는데, 여기서는 법정과 공공질서를 포함한 모든 재화와 서비스가 시장을 통해 제공되어야 한다고 생각한다. 이 문제는 이 책의 제6장에서 다루게 될 것이다. 뉴라이트가 지닌 자유주의, 자유지상주의, 심지어 무정부주의적 요소들에 의해 보호된 자유는 소극적 자유, 즉 개인에 대한 외적 제약의 제거다. 정부의 집합적 권력이 개인에 대한 주요 위협으로 간주되면서 자유는 '국가의 후퇴'에 의해서만 보장될 수 있다. 특히 이것은 사회 복지의 후퇴를 의미한다. 복지에 반대하는 경제적 주장들, 예를 들어 사회적 지출의 확대가 세금 부담을 가중시킨다거나 공공 영역의 복지제도들은 본래 비효율적이라는 주장 등에 더하여 뉴라이트는 도덕적 근거에서도 복지에 반대한다. 무엇보다도 복지국가는 '의존문화'를 낳았다는 이유 때문에 비판을 받았다: 복지국가는 창의성과 기업가 정신을 약화시키며 사람들의 품위와 자존감을 빼앗는다. 따라서 복지는 불이익을 치료하기보다는 그 원인이 된다. 이러한 생각은 '받을 자격이 없는 가난뱅이'라는 관념을 되살리고 있다. 사람들이 사회에 빚진 것이 없고 사회도 개인들에게 빚진 것이 없다는 생각이 가장 생생하게 표현된 것은 대처(Margaret Thatcher)의 '사회와 같은 것은 없다(there is no such thing as society)'는 주장이다. 또한 머레이(Charles Murray 1984)는 복지가 '돈벌이하는' 남자

로버트 노직(Robert Nozick 1938~2002)
미국의 정치철학자. 그의 주저인 『무정부, 국가, 유토피아』(*Anarchy, State and Utopia* 1974)는 현대 정치철학에서 가장 중요한 저서 가운데 하나로 꼽힌다. 뉴라이트 이론과 신념에 근본적인 영향을 미쳤다. 노직은 롤스(John Rawls)의 아이디어에 대응해서 권리에 기초한 자유지상주의를 발전시켰다. 로크와 19세기 미국의 개인주의자인 스프너(Lysander Spooner 1808~1887), 터커(Benjamin Tucker 1854~1939) 등의 논의를 바탕으로 노직은 소유가 정당하게 획득되었거나 또는 한 사람으로부터 다른 사람에게 정당하게 이전된 이상 소유권은 엄격하게 보장되어야 한다고 주장하였다. 이러한 입장은 최소정부와 최소과세에 대한 지지를 뜻하며, 복지와 재분배 정책을 약화시키는 것이다. 말년에 노직은 그의 극단적인 자유지상주의를 수정했다.

에 대한 여성의 의존성을 약화시켰고, 이것이 바로 아버지는 없이 엄마와 아이들로만 구성된 하층계급을 양산하는 가족해체의 주된 원인이 되었다고 주장하였다. 더 나아가 복지에 반대하는 뉴라이트의 주장은 또한 개인적 권리에 대한 애착에 기초해 있다. 노직(Robert Nozick 1974)은 모든 복지 및 재분배 정책들이 재산권에 대한 침해라고 비난하면서 이와 같은 입장을 가장 강력하게 발전시켰다. 이러한 맥락에서 만일 재산이 정당하게 획득된 것이라면, 그것을 아무런 동의 없이 한 사람으로부터 다른 사람으로 이전하는 것은 '합법화된 도둑질'과도 같은 것이라고 주장하였다.

▌보수주의적 뉴라이트

보수주의적 뉴라이트 혹은 신보수주의(neoconservatism)는 1960년대의 이념과 가치에 대한 반동으로 1970년대 미국에서 등장했다. 신보수주의는 사회적 파편화 내지 붕괴에 대한 두려움을 반영하는데 이는 자유주의적 개혁과 '**관대함(permissiveness)**'의 확산에 따른 결과로 간주되었다. 자유주의적 뉴라이트와는 매우 대조적으로 신보수주의자들은 정치의 프라이버시를 강조하며 사회에서 리더십과 권위를 강화하고자 한다. 권위에 대한 이와 같은 강조는 신보수주의가 전통적 보수주의나 유기체적 보수주의에 뿌리를 두고 있다는 것을 보여준다. 하지만 신보수주의는 마찬가지로 유기체적 사고에 의존하고 있는 부권주의적 보수주의와 많이 다르다. 예를 들어 일국 보수주의자들은 공동체

> **✺ 관대함**
>
> 사람들이 그들 자신의 도덕적 선택을 하도록 기꺼이 허락하는 것; 관대함은 권위주의적 가치들이 없다는 것을 암시한다.

가 사회적 개혁과 빈곤 해소를 통해 최상으로 유지된다고 보았다면, 신보수주의자들은 권위를 회복하고 사회적 규율을 부과함으로써 공동체를 강화시키려고 하였다. 이 점에서 신보수주의적 권위주의와 신자유주의적 자유지상주의는 서로 모순되지 않는다. 이 둘은 모두 국가의 경제적 책임이 후퇴되어야 한다고 본다.

신보수주의자들은 국내정책과 외교정책에 대해 독특한 견해를 지녀왔다. 신보수주의의 두 가지 중요한 내부적 관심사는 법질서 그리고 공적 도덕성에 관한 것이다. 신보수주의자들은 점증하고 있는 범죄, 비행 그리고 반사회적 행위들이 대체로 1960년대 이후 서구사회에서 나타난 권위의 쇠퇴에 따른 결과라고 생각한다. 사람들은

'자신이 어디에 있는가'를 앎으로써 얻는 안전을 희구한다. 그런데 이와 같은 안전은 권위를 행사함으로써 제공된다. 가정에서는 아버지가, 학교에서는 교사가, 직장에서는 사용주가 그리고 사회에서는 '법질서' 체계가 이러한 안전을 제공한다. 개인의 관심사를 존중해 준다는 의미에서 관대함은 권위에 의문을 제기하는 것을 허용하거나 심지어는 부추김으로써 기존의 사회구조를 잠식시킬 수 있다. 따라서 신보수주의자들은 사회적 권위주의를 지지한다. 이는 신보수주의자들이 가정의 중요성을 강조하는 데서 살펴 볼 수 있다. '가정'은 본래 위계적이며 가부장적이다. 어린이는 부모의 말을 들어야 하며 부모를 존경하고 복종해야 한다. 남편은 공급자이고 아내는 가정주부이다. 이러한 사회적 권위주의는 국가권위주의, 즉 확고한 법질서에 기초한 강력한 국가를 갈망하는 입장과 잘 어울린다. 이에 따라 특히 미국과 영국에서는 '교도소가 효과가 있다'는 신념을 바탕으로 구류판결과 장기선고를 더욱 강조하게 되었다.

공적 도덕성에 관한 보수주의적 뉴라이트의 관심은 정치의 도덕적 토대를 재평가하려는 욕구에 기초해 있다. 신보수주의가 특별히 비판한 대상은 '관대한 1960년대(permissive 1960s)'와 '자기 하고 싶은 대로 하는' 문화다. 이러한 문화에 직면해서 영국의 대처는 '빅토리아 시대의 가치(Victorian values)'에 대한 지지를 표명했고, 미국에서는 '도덕적 다수(Moral Majority)' 등과 같은 조직들이 '가족적 가치'로의 회귀를 주장하는 캠페인을 벌였다. 신보수주의자들은 관대한 사회가 지닌 두 가지의 위험성을 지적한다. 우선, 자신의 도덕과 라이프스타일을 선택할 수 있는 자유는 비도덕적이거나 '사악한' 관점을 선택하는 것이 될 수 있다는 점이다. 예를 들어 특히 미국의 경우 보수주의적 뉴라이트에는 중요한 종교적 요소가 내재되어 있는데, 이 문제는 이 책의 제11장에서 자세히 다루게 될 것이다. 두 번째 위험성은 사람들이 *잘못된*(wrong) 도덕이나 라이프스타일을 채택하기보다는 *상이한*(different) 도덕적 입장을 선택할 수 있다는 데 있다. 자유주의자에게 도덕적 다원성은 그것이 다양성과 합리적 논쟁을 조장하기 때문에 건강한 것이다. 그러나 신보수주의자에게는 매우 위협적인 것이 된다. 왜냐하면 도덕적 다원성은 사회의 통합을 침식하기 때문이다. 관대하고 허용적인 사회는 윤리적 규범과 통일된 도덕적 기준이 결여된 사회이다. 그것은 '길 없는 사막'과 같아서 개인과 가족들을 안내할 수도 없고 도와줄 수도 없다. 개인들이 단지 그들 하고 싶은 대로 한다면, 문명화된 행위 기준들을 유지하기 어려울 것이다.

신보수주의에서 국내정책과 대외정책을 연결해 주는 이슈는 국가에 대한 관심과 안팎의 위협에 직면해서 국가정체성을 강화하고자 하는 욕구이다. 신보수주의의 관점

보수주의 내의 긴장(2)

자유주의적 뉴라이트	보수주의적 뉴라이트
고전적 자유주의	전통적 보수주의
원자론	유기체론
급진주의	전통주의
자유지상주의	권위주의
경제적 역동성	사회질서
이기심/기업가 정신	전통적 가치들
기회의 평등	자연적 위계질서
최소국가	강한 국가
국제주의	편협한(insular) 민족주의
친세계화(pro-globalization)	반세계화(anti-globalization)

에서 볼 때, 국가의 가치는 그것이 공동의 문화와 시민적 정체성을 제공함으로써 사회를 함께 묶어준다는 데 있다. 그런데 이러한 공동의 문화와 시민적 정체성은 역사와 전통에 뿌리를 둔 것이기 때문에 매우 강력하다. 따라서 애국심은 사람의 정치적 의지를 강화시킨다. 국가에 대한 '내부로부터의' 가장 중대한 위협은 다문화주의의 확대이다. 이는 정치공동체를 위협하고 민족적·인종적 갈등에 따른 불안감을 야기함으로써 국민적 결속을 약화시킨다. 따라서 신보수주의자들은 이민에 대한 강력한 통제를 주장하였고, '주류' 공동체 문화의 특권적 지위를 쟁취하기 위한 캠페인에 앞장서 왔다. 다문화주의에 대한 신보수주의의 비판은 이 책의 제11장에서 보다 상세하게 다루게 될 것이다. 국가에 대한 '외부로부터의' 위협은 수없이 다양하다. 영국은 이와 같은 위협을 유럽통합 과정에서 인식할 수 있었다; 실제로 1990년대 영국의 보수주의는 '유로스켑티시즘(Euroscepticism)'으로 규정될 정도였는데, 이는 유럽통합, 특히 화폐통합이 국가정체성에 치명적 위협이 된다는 믿음에서 비롯된 적대감을 말한다. 하지만 국가적 차원의 신보수주의는 외교정책에서도 하나의 독특한 입장을 낳게 되었는데, 미국의 경우가 특히 그렇다.

신보수주의 혹은 '네오콘(neocon)' 외교정책의 핵심주제는 국익의 추구, 특히 미국의 국익 추구에 대한 강조 그리고 국제정치를 선악의 지속적인 대결이라는 관점에서 바라보는 경향이다. 네오콘 외교정책에 커다란 영향을 끼친 가장 대표적인 학자는 독일계 유태인 미국 정치이론가인 레오 스트라우스(Leo Strauss 1899~1973)로 알려져 있다. 그는 '서구 세계의 위기'가 플라톤이나 아리스토텔레스와 같은 고대 철학자의 지혜를 상실한 데 있다고 본다. 초창기 네오콘 외교정책의 핵심은 공산주의에 대한 강경한 반대입장이었다. 이러한 태도는 레이건이 구소련을 '악의 제국'으로 묘사하거나 미국이 군비증강을 통해 1980년대에 '제2차' 냉전을 개시한 것에서도 엿볼 수 있다. 결과적으로 이러한 조치는 구소련 경제에 막대한 부담을 가중시켰다. 냉전의 종식 그리고 1990년대 초기에 찾아온 '자유주의적 평화'는 네오콘의 생각이 적절치 못했다는 것을 확인시켜 주는 것처럼 보였다.

하지만 헌팅턴(S. Huntington)의 '문명충돌(clash of civilization)' 이론에 영향을 받고 단극체제하에서 미국의 '선의의 지구적 헤게모니'를 유지하고 강화하는 데 관심을 가졌던 네오콘은 9·11 테러 이후 지배적인 영향력을 발휘함으로써 부시 행정부에 커다란 영향을 미치게 되었다. 네오콘은 미국의 헤게모니가 일종의 '새로운' 제국주의를 통해 유지되어야 한다고 주장하였는데, 그것은 다음과 같은 세 가지 특징을 지니고 있다.

첫째, 미국은 경쟁국들을 억지하고 전 세계적인 영향력을 장악하기 위해 군사력을 증강하고 '그 누구도 넘볼 수 없는 강대국'의 위치를 확보하였다. 둘째, 네오콘은 전 세계에 미국식 민주주의를 전파하고자 하였다. 이는 윌슨의 국제주의(Wilsonian internationalism) 형태에 기초한 것으로, 민주주의는 전쟁과 팽창주의를 차단하는 최선의 수단일 뿐만 아니라 문화와 역사에 관계없이 모든 사람들에게 보편적 호소력을 지닌다고 주장하였다. 셋째, 네오콘은 '체제변동', 필요하다면 선제 군사공격에 의한 체제변동 과정을 통해서 자유민주적 통치를 조장할 수 있는 확고한 개입주의 외교정책을 선호하였다. 2001년 미국 주도의 아프가니스탄 공격과 2003년 이라크전쟁은 네오콘의 가정과 확신에 따른 것이었다. 하지만 아프가니스탄과 이라크에 대한 군사개입으로 미국과 동맹국들이 지루하고도 힘겨운 대게릴라 전쟁에 빠져드는 것을 보면서 네오콘의 외교정책에 대한 신념은 쇠퇴하게 되었다.

VIII. 21세기의 보수주의

　20세기 말은 보수주의의 승리는 아니라 해도 보수주의의 낙관론에 기름을 부은 것처럼 보였다. 보수주의는 20세기, 특히 1945년 이후 정부의 특징이라고 할 수 있는 '친국가적' 경향을 버리고 그 대안으로 '친시장적' 경향을 확립하는 데 성공한 것처럼 보였다. 그러나 아마도 보수주의가 이룬 커다란 성과가운데 하나는 강력한 경쟁상대인 사회주의를 물리쳐왔다는 점일 것이다. 뉴질랜드, 호주, 스페인, 스웨덴, 영국 등지에서 의회사회주의자들은 자본주의를 대신할 수 있는 경제적 대안이 없다는 사실을 받아들이는 가운데 시장의 가치와 철학을 포용함으로써 점차 선거를 통한 신뢰를 확보하고자 하였다.

　더욱 극적인 사실은 동유럽 등에서 공산주의가 붕괴되면서 전통주의적 정치원칙과 자유시장 경제원칙들이 빛을 발했다는 점이다. 더욱이 이 과정에서 보수주의가 기여한 것이 있다면 그것은 스스로를 이데올로기적 프로젝트로서 재창조할 수 있는 능력을 보여주었다는 점이다. 유기체적이고 위계적인 그리고 비이데올로기적인 본능과 거리를 두면서 보수주의는 뉴라이트로 가장해 시장 개인주의 그리고 사회적 권위주의와 제휴하였다. 비록 뉴라이트 정치가 대처나 레이건 같은 정치인들이 '큰 정부'와 맞서 싸웠던 '영웅적' 단계를 지나 '관리' 단계에 들어섰다 할지라도 보수주의의 신념 속에 시장가치가 광범위하게 확산되었다는 것은 숨길 수 없는 사실이다. 중앙계획 경제와 복지자본주의라는 '사회주의적' 실수가 20세기에 드러남에 따라, 21세기의 공공정책은 자유시장과 강력한 국가가 혼합된 '새로운' 보수주의가 지배하게 될 것처럼 보인다.

　그렇지만 보수주의는 21세기에 들어 몇 가지 도전에 직면해 있는 것 또한 사실이다. 그 가운데 하나는 사회주의의 붕괴에 따른 문제이다. 20세기를 지나면서 보수주의는 점차 국가통제에 대한 반감을 통해 스스로를 규정해 왔고, 이는 보통은 사회주의의 발전과 연계된 것이었다. 그런데 만일 보수주의가 중앙계획과 경제관리를 비판해왔다면, 이러한 것들이 사라진 상태에서 보수주의는 과연 무슨 역할을 할 수 있을 것인가? 그러나 보다 심각한 문제는 장기적 관점에서 자유시장 철학이 지닌 경제적 생명력에서 비롯되는 것들이다. 자유시장에 대한 신념은 역사적으로나 문화적으로 제한을 받아 왔다. 아무런 규제가 없는 자본주의에 대한 열망은 19세기에 고전적 자유주의와 결합해서 정점에 달했던 그리고 20세기 후반에는 뉴라이트 형태로 부활한 앵글로-아메리칸 현상에서 대부분 찾아볼 수 있다. 경제활동에서의 '국가의 후퇴'는 인센티브를 더욱 자극하고, 경쟁을 강화시키며, 기업가 정신을 조장할 수 있다. 하지만 머지않아 여러 가지 취약점, 무엇보다도 단기 성과주의, 저투자, 불평등과 사회적 배제의 확대 등과 같은 문제점이 분명하게 드러날 수도 있다. 자유주의자들이 결국에는 자유시장이 하나의 경제적 난관이라는 사실을 깨닫게 되었던 것처럼, 21세기의 보수주의자들 또한 똑같은 교훈을 배우게 될 지도 모른다. 이와 같은 사실은 보수주의자들이 점점 경제적 자유보다는 공동체와 연민의 관점에서 스스로를 규정하고 있는 모습에서 쉽게 확인할 수 있다.

더욱이 보수주의는 포스트 모더니티와 양면적 관계를 지니고 있다. 한편으로 계몽주의 프로젝트에 반대하는 포스트 모더니즘 속에는 전통적인 보수주의의 회의론 그 이상의 목소리가 담겨 있다. 전통적 보수주의와 **포스트 모더니즘**(postmodernism) 모두 진리가 본질적으로 부분적이며 지엽적이라고 주장한다. 게다가 기든스(Giddens)의 주장처럼 위험성과 불확실성이 커지면서 보호와 보존 그리고 연대성의 철학으로 알려진 '철학적 보수주의'의 매력이 더욱 커지고 있다.

> **※ 포스트 모더니즘**
> 절대적·보편적 진리에 대한 생각을 거부하며 담론, 논쟁 그리고 민주주의를 강조하는 지적 운동

다른 한편으로 후기 근대성 혹은 포스트 모더니티의 도래는 전통적 보수주의 내지 유기체적 보수주의의 기반 자체를 위협하고 있다. 사회가 점점 더 복잡해지면서 개인들은 훨씬 광범위한 선택과 기회에 마주치고 있고, '기존의' 가치 내지 '공동의' 문화에 대한 정체성을 갖거나 이를 지키는 것이 점점 더 힘들어 지고 있다. 세계화 또한 사회적 유동성을 강화하고 국가정체성을 약화시킴으로써 이와 같은 '탈전통화' 과정에 기여하고 있다. 사실상 자유주의적 뉴라이트 형태의 보수주의는 이와 같은 의미에서 보수주의의 몰락에 지대한 공헌을 했다고 볼 수 있을 것이다. 결국 신자유주의적 유토피아는 철저하게 개인주의적인 그리고 끊임없이 역동하는 사회이다.

•• 생각해 볼 문제

- 보수주의자들은 왜 그리고 어느 정도 전통을 지지하는가?
- 보수주의는 정치 이데올로기이기보다는 '성향이나 기질'인가?
- 보수주의는 왜 불완전성의 철학으로 묘사되어 왔는가?
- 소유에 관한 보수주의의 관점은 자유주의의 관점과 어떻게 다른가?
- 보수주의자들은 어느 정도까지 권위를 지지하는가?
- 보수주의는 단지 지배계급의 이데올로기인가?
- 보수주의와 부권주의를 연결하는 것은 무엇인가?
- 뉴라이트 지지자들은 복지를 왜 그리고 어떻게 비판해 왔는가?
- 신자유주의와 신보수주의는 어느 정도 양립할 수 있는가?

•• 더 읽을 자료

Eatwell, R., and N. O'Sullivan (eds.). *The Nature of the Right: European and American Politics and Political Thought since 1789* (London: Pinter, 1989). 우익 사상과 다양한 보수주의적 전통들을 다루고 있는 권위있는 편저이다.

Gamble, A. *The Free Economy and Strong State*, 2nd edn. (Basingstoke: Macmillan, 1994). 영국의 대처리즘을 집중 조명하는 등 뉴라이트 프로젝트에 대해 다루고 있다.

Gray, J., and D. Willetts. *Is Conservatism Dead?* (London: Profile Books, 1997). 보수주의의 미래에 관한 논쟁을 다루고 있다.

Honderich, T. *Conservatism* (Harmondsworth: Penguin, 1991). 보수주의 사상에 대한 객관적 설명을 담고 있는 책으로 주장이 면밀하고 흥미롭다.

O'Sullivan, N. *Conservatism* (London: Dent; New York: St Martin's Press, 1976). 보수주의를 '불완전성의 철학'으로 규정하고 있는 보수주의에 관한 고전적 저술의 하나이다.

Scruton, R. *The Meaning of Conservatism*, 3rd edn. (Basingstoke and New York: Palgrave Macmillan, 2001). 보수주의의 전통을 잘 보여주는 연구이다.

Stelzer, L. *Neoconservatism* (London: Atlantic Books, 2004). 신보수주의(네오콘)의 국내외 정책들을 다룬 논문들로 구성되어 있다.

제4장

사회주의

I. 개관

'사회주의적'이라는 용어는 결합한다 혹은 공유한다는 의미를 지닌 라틴어 *소치아레* (*sociare*)에서 유래한 것이다. 이 용어가 처음 사용된 것은 1827년 영국의 *Co-operative Magazine*으로 알려져 있다. 1830년대 초반 영국의 오웬(Robert Owen)과 프랑스 생시몽(Saint-Simon)의 추종자들은 그들의 신념을 사회주의라고 언급하기 시작했다. 그리고 1840년대에는 일부 산업화된 국가들, 특히 프랑스, 벨기에, 독일에서 친숙한 용어가 되었다.

하나의 이데올로기로서 사회주의는 전통적으로 자본주의에 반대되는 것으로 규정 되었다. 그리고 보다 인간적이며 사회적으로 가치 있는 대안을 제공하기 위한 시도로 간주되어 왔다. 사회주의의 핵심은 인간을 공통의 인간성에 의해 결합된 사회적 존재 로 보는 것이다. 이것은 개인의 정체성이 사회적 상호작용 그리고 사회집단과 집합체 의 멤버십에 의해 규정된다는 것을 뜻한다. 따라서 사회주의자들은 경쟁보다 협동을 좋아한다. 사회주의를 규정하는 핵심적 가치는 평등, 특히 사회적 평등이다. 사회주의자들은 사회적 평등이 사회적 안정과 단합을 보장해 준다고 믿는다. 그리고 물질적 필요를 충족시키고 개인적 발전의 토대를 제공해 준다는 점에서 자유를 증진시킨다고 믿고 있다. 하지만 사회주의는 당혹스러울 만큼 다양한 갈래가 있다. 사회주의의 다양한 분파들은 '수단(사회주의를 성취하는 방법)'과 '목적(미래사회주의 사회의 성격)'의 차이에 따른 것이다. 예를 들어 공산주의자나 마르크스주의자들은 혁명을 지지했고 재산의 공동소유에 기초한 계급 없는 사회를 건설함으로써 자본주의를 폐지하고자 하였다. 이와는 대조적으로 민주사회주의자나 사회민주주의자들은 점진주의를 채택하였다. 그리고 물질적 불평등을 줄이고 빈곤을 제거함으로써 자본주의 체제를 '인간화'하거나 개혁하고자 하였다.

II. 기원과 전개

자본주의

사적 개인이나 기업들이 부를 소유하며 시장의 규칙에 따라 교환을 위한 상품 생산이 이루어지는 경제체제

자유주의나 보수주의처럼 사회주의의 지적 유산 또한 멀리 플라톤(Plato)의 『공화국』(*Republic*)이나 모어(Thomas More)의 『유토피아』(*Utopia* [1516]1965)까지 소급될 수 있지만, 사회주의의 기원은 19세기에서 찾을 수 있다. 사회주의는 유럽에서 산업 **자본주의**(capitalism)가 성장하면서 발생한 사회적·경제적 조건에 대한 반작용으로 등장했다. 사회주의 사상은 점증하고 있던 새로운 산업 노동자 계급의 성장과 빠르게 연결되었는데, 이들은 초기 산업화 단계를 특징짓던 빈곤과 열악한 환경으로 고통받던 계층이었다. 비록 사회주의와 자유주의가 다 같이 계몽주의에 뿌리를 두고 있고 이성과 진보 등의 원칙에 대한 신념을 공유하고 있다고 할지라도, 사회주의는 자유로운 시장사회를 비판하고 산업 자본주의에 대한 대안을 제시하고자 하였다.

초기 사회주의의 성격은 산업 노동자 계급이 처해 있던 냉혹하고도 비인간적인 환경의 영향을 받았다. 임금은 낮았고, 어린이와 부녀자의 노동이 다반사였다. 하루 노동시간이 12시간 이상이었고, 실업의 위협이 상존했다. 게다가 새로운 노동자 계급은

산업사회의 삶과 노동 조건에 익숙치 않은 1세대 도시 거주
자들이 대부분이었다. 그들은 또한 삶에 안정감이나 의미를
제공해 줄 수 있는 사회제도들이 거의 없는 상황 속에서 방
향감을 상실하였다. 그 결과 초기의 사회주의자들은 산업
자본주의를 대신할 수 있는 급진적이고 혁명적인 대안을 종
종 추구하였다. 예를 들어 프랑스의 푸리에(Charles Fourier
1772~1837)와 영국의 오웬(Robert Owen 1771~1858)은

유토피아주의

완전하거나 이상적인 사
회, 즉 유토피아에 대한
비전으로 구체화된 인간
의 무한한 발전 가능성
에 대한 신념

공유와 협동에 기초한 실험적 공동체를 건설하는 등 **유토피아주의**(utopianism)를 지
지하였다. 보다 복잡하고 체계적인 이론을 발전시킨 마르크스(Karl Marx)와 엥겔스
(Friedrich Engels 1820~1895)는 역사법칙을 발견했다고 주장하면서 자본주의의 혁
명적 전복이 불가피하다고 역설하였다.

19세기 말 노동자 계급의 삶의 조건이 점차 개선되고 정치적 민주주의가 발전하면
서 사회주의의 성격이 변화되었다. 노동조합, 노동계급 정당, 스포츠 및 사교클럽 등
의 성장은 경제적 안정을 보장해 주고 노동계급을 산업사회로 통합하는 데 기여했다.
서구 유럽의 선진 산업사회에서는 점점 노동계급을 혁명적 세력으로 볼 수 없게 되었
다. 사회주의 정당들은 남성 노동자들에 대한 투표권 확대 등 법률적 전술들을 적극적
으로 채택하였다. 제1차 세계대전 무렵 사회주의 세계는 투
표를 통한 권력의 추구와 개혁을 설파했던 사회주의 정당들
그리고 혁명의 지속적 필요성을 주창한 정당들로 분명하게
구분되었다. 1917년 러시아 혁명은 이러한 분열을 고착시
키는 계기가 되었다: 레닌과 볼셰비키의 전례를 따르는 혁
명적 사회주의자들은 '**공산주의**(communism)'를 채택했던
반면에 개혁적 사회주의자들은 그들의 이념을 '사회주의' 혹
은 '**사회민주주의**(social democracy)'로 규정하였다.

공산주의

부의 공동 소유 원칙 혹
은 포괄적 집단화 체제;
공산주의는 종종 '마르
크스주의의 실천'으로 간
주된다.

20세기에는 사회주의 사상이 산업 자본주의의 경험이 거
의 없는 아프리카, 아시아 그리고 라틴 아메리카 국가들로
확산되었다. 이들 국가에서 사회주의는 계급투쟁보다는 반
식민지 투쟁을 통해 종종 발전되었다. 사회주의와 민족주의
가 강력하게 결합됨으로써 계급 착취의 아이디어는 식민지
압제의 아이디어로 대체되었다. 이 문제는 이 책의 제5장에

사회민주주의

자본주의의 폐지보다는
시장과 국가 사이의 균
형을 선호하는 온건한
혹은 개혁적인 부류의
사회주의

서 보다 자세하게 검토할 것이다. 볼셰비키 공산주의 모델은 1945년 이후 동유럽에 이식되었다; 그리고 1949년 중국을 시작으로 북한, 베트남, 캄보디아, 라오스로 확산 되었다. 다른 개발도상국가들에서는 보다 온건한 형태의 사회주의가 도입되었는데, 인도의 국민회의파(Congress Party)가 대표적인 예라고 할 수 있다. 전통적인 부족생 활의 공산주의적 가치와 이슬람주의의 도덕적 원리에 의해 각각 영향을 받은 아프리 카와 아랍의 독특한 사회주의 또한 발전되었다. 1960년대와 1970년대 라틴 아메리카 에서는 사회주의 혁명가들이 미국 제국주의의 이익에 봉사한다고 종종 간주되어 온 군사독재에 대항해 전쟁을 감행했다. 1959년 쿠바 혁명을 통해 권력을 장악한 카스트 로 정권은 구소련과 긴밀한 연대를 구축하였다. 반면에 1979년 니카라과에서 권력을 장악한 산디니스타(Sandinista) 게릴라들은 구소련과 연대하지 않았다. 1970년 칠레 의 아옌데(Salvador Allende)는 민주적으로 선출된 세계 최초의 마르크스주의 지도자 였지만, 1973년 미국 CIA의 지지를 받은 쿠데타로 권력에서 축출되어 살해되었다.

20세기 말 이후 사회주의는 거대한 역전을 경험하게 되었고, 그 결과 일부에서는 '사회주의의 사망'을 주장하기도 하였다. 물론 그 가운데 가장 극적인 것이 바로 1989~ 91년 동유럽의 혁명을 통한 공산주의의 붕괴이다. 하지만 이러한 상황에서 사회주의 자들은 서구 사회민주주의의 원칙을 중심으로 결집하기보다는 오히려 이러한 원칙에 대해 의구심을 보여왔다. 이러한 현상은 세계 도처의 의회사회주의 정당들이 자유주 의 심지어는 보수주의와 깊은 관련이 있는 아이디어나 정책들을 받아들이면서 나타났 다. 사회주의 이데올로기의 미래에 관해서는 이 장의 끝부분에서 검토할 것이다.

III. 핵심주제: 인간은 혼자가 아니다

사회주의를 분석할 때 겪는 어려움 가운데 하나는 사회주의라는 용어가 적어도 세 가지 독특한 방식으로 이해되어 왔다는 점이다. 첫째, 사회주의는 일반적으로 집단화 나 계획 등과 관련이 있는 경제적 모델로 간주되고 있다. 이 경우에 사회주의는 자본 주의에 대한 대안을 의미하는데, 질적으로 전혀 다른 이러한 두 가지 생산체계 사이의 선택은 전통적으로 가장 중요한 경제적 문제라고 할 수 있다. 하지만 '순수한' 사회주의와 '순수한' 자본주의 사이의 선택은 언제나 환상일 뿐이다. 왜냐하면 모든 경제 형태에는 각기 다른 방식으로 양 체제의 특징들이 혼합되어 있기 때문이다. 실제로 현대의 사회주의자들은 사회주의를 자본주의의 대안으로 간주하기보다는 오히려 광범위한 사회적 목적을 위해 자본주의를 제어하는 수단으로 보는 경향이 있다.

> **✳ 노동주의**
>
> 사회주의 정당들이 광범위한 이데올로기적 목표들을 추구하기보다는 조직적인 노동운동의 이해관계에 봉사하는 경향

　두 번째는 사회주의를 노동운동의 수단으로 취급하는 것이다. 이 경우 사회주의는 노동계급의 이해관계를 대표하며 노동자들이 정치적 권력이나 경제적 권력을 획득할 수 있는 프로그램을 제공한다. 따라서 사회주의는 일종의 **'노동주의(labourism)'**로서 조직화된 노동계급의 이해관계를 관철시키는 수단이다. 이러한 관점에서 보자면 사회주의의 중요성은 전 세계에 걸친 노동계급 운동의 운명에 따라서 달라진다. 하지만 역사적으로 볼 때 사회주의가 조직화된 노동계급과 밀접한 관련이 있는 것은 틀림없지만, 그것은 또한 숙련공, 소작계급, 정치 엘리트들과도 관련이 있다. 이것이 바로 이 책에서 사회주의를 정치적 교의 내지 이데올로기라는 세 번째의 보다 광범위한 의미로 이해하는 이유이다. 이데올로기로서의 사회주의는 일단의 독특한 아이디어와 가치 그리고 이론들을 그 특징으로 한다. 그 가운데 가장 중요한 것들은 다음과 같다:

- 공동체
- 협동
- 평등
- 계급정치
- 공동소유

▎공동체

　사회주의의 핵심은 인간을 사회적 존재로 보는 것이다. 인간은 개인적 노력보다는 공동체의 힘을 통해 사회적·경제적 문제들을 극복할 수 있다. 이것은 집단적 행동을 할 수 있는 인간의 능력, 즉 개인들이 사적인 이익을 쫓는 것과는 대조적으로 함께

노력하는 가운데 목적을 추구할 수 있는 능력을 강조한다는 점에서 집단주의적 관점
이다. 예를 들어 대부분의 사회주의자들은 영국 시인 존 돈(John Donne 1571~1631)
의 다음과 같은 입장에 공감할 것이다:

> 어느 누구도 그 자체로 완전한 하나의 섬이 아니다;
> 모든 사람은 대륙의 한 조각이며, 본토의 일부다; …
> 누군가의 죽음이 나를 작게 만든다. 왜냐하면 나는 인류와 연결되어 있기 때문이다;
> 그렇기에 누구를 위해 종이 울리는지 알려 하지 마라; 그것은 모두를 위해 울리나니.

✳형제애

문자 그대로 형제간의
우애; 사람들 사이의 공
감의 끈이나 동료애

따라서 인간은 공통된 인간성의 끈으로 연결된 '동료', '형
제' 혹은 '자매'이다. 이것은 **형제애(fraternity)**의 원리로 표
현된다.

자유주의자나 보수주의자들보다 사회주의자들은 인간의
본성이 불변하다거나 태어날 때 이미 정해져 있다고 보는
경향이 훨씬 덜하다. 오히려 사회주의자들은 인간의 본성이
사회적 삶의 환경이나 경험에 의해 '달라질 수 있다고' 믿는다. 인간의 행위를 결정하
는 것이 '양육'이냐 '본성'이냐 하는 오랜 철학적 논쟁에서 사회주의자들은 확고하게
양육의 입장을 지지한다. 태어날 때부터—아마도 자궁 속에 있는 동안에조차도—
각 개인은 자신의 인간성을 결정하고 조건지우는 경험들을 하게 된다. 직립보행이나
언어 사용과도 같은 인간의 모든 기능과 속성들은 사회로부터 배운 것이다. 자유주의
자들이 '개인'과 '사회'를 분명하게 구분한다면, 사회주의자들은 개인이 사회로부터 분
리될 수 없다고 본다. 인간은 자족적이지도 않고 독립적이지도 않다; 인간을 분리된
혹은 원자화된 '개인들'로 생각하는 것은 불합리하다. 개인들은 그들이 속한 사회집단
을 통해서만 이해될 수 있으며, 사회집단을 통해 스스로를 이해한다. 따라서 인간의
행위는 영속적이거나 불변하는 어떠한 인간의 본성에 대한 것보다 그들이 성장하고
살고 있는 사회에 대해 더욱 많은 것을 말해준다.

사회주의의 급진적인 측면은 사람들이 무엇과 같은가 하는 것이 아니라 그들이 어
떠한 잠재적 가능성을 지니고 있는가에 대한 관심에서 비롯된다. 그 결과 사회주의는
인간이 공동체의 구성원으로서 진정한 해방을 성취하고 자아를 실현할 수 있는 보다
나은 사회에 대한 유토피아적 비전을 발전시켰다. 아프리카와 아시아 사회주의자들은

✳️
집단주의(Collectivism)

넓은 의미의 집단주의는 집단적인 인간 행동이 개별적 노력보다도 실제적으로나 도덕적으로 더 가치가 있다는 신념이다. 따라서 이는 인간의 본성이 분명 사회적이며, 계급, 국가, 인종 등 그 어떠한 것이든 사회집단은 의미있는 정치적 실체라는 것을 의미한다. 하지만 집단주의라는 용어는 일관성이 거의 없다. 바쿠닌(Bakunin)과 일부 무정부주의자들은 집단주의를 자유로운 개인들의 자치적 결사체를 지칭하는 것으로 사용했다. 또 다른 사람들은 집단주의를 집단적 이익이 개인적 이익보다 앞서는 것으로 봄으로써 개인주의와 정확히 반대되는 것으로 간주하고 있다. 한편 국가의 책임이 커진다는 것은 그만큼 집단주의가 진전되는 것이라고 보고 집단주의를 집단적 이해관계를 유지하는 메커니즘으로서의 국가와 연결시키기도 한다.

산업사회 이전의 전통사회에서 이미 사회적 삶의 중요성과 공동체의 가치가 중시되었다는 사실을 강조해 왔다. 이러한 맥락에서 사회주의는 서구 개인주의의 도전에 맞서 전통적인 사회적 가치들을 보존하고자 하였다. 1964~85년까지 탄자니아 대통령이었던 니에레레(Julius Nyerere)는 '아프리카에 있는 우리는 민주주의를 "배울" 필요도 없고 사회주의로 "전도될" 필요도 전혀 없다'고 말한 바 있다. 그는 자신의 생각을 '부족 사회주의(tribal socialism)'라고 불렀다.

하지만 서구에서 사회적 차원의 삶에 대한 관심이 재개된 것은 산업 자본주의 세대 이후이다. 이것은 공동생활을 실험하고자 했던 푸리에(Charles Fourier)와 오웬(Robert Owen)과 같은 19세기 유토피아 사회주의자들의 목표였다. 푸리에는 대략 1,800명을 수용할 수 있는 이른바 '팔랑스테르(phalansteries)'라는 공동체의 건설을 주장했다. 오웬 또한 실험적 공동체를 설립했는데, 그중에서 가장 잘 알려진 것이 1824~29년까지 있었던 인디애나(Indiana)의 뉴 하모니(New Harmony)이다. 가장 오래 지속된 공동체주의 실험은 이스라엘의 *키브츠(kibbutz)* 시스템이었다. *키브츠*는 집단 소유의 구성원들이 운영하는 시골의 협동부락 시스템으로 이루어져 있다. 그러나 *키브츠* 시스템의 공동체주의적 특징은 1960년대 이후 집단적 아동양육 등이 없어지면서 많이 약화되었다.

▌협동

사회주의자들은 인간이 만일 사회적 동물이라면 그들 사이의 자연적 관계는 경쟁보다는 협동의 관계라고 믿는다. 사회주의자들은 경쟁이 개인들로 하여금 사회적 본성을 받아들이기보다는 그것을 거부하거나 무시하게 함으로써 서로를 다투게 만든다고 보고 있다. 결과적으로 경쟁은 단지 제한된 범위의 사회적 속성만을 촉진하는 대신에 이기심과 공격성을 조장한다. 반면에 협동은 도덕적·경제적 감정을 조성한다. 서로 싸우기보다 협력할 때 개인들은 공감대, 배려, 애정을 발전시킬 수 있다. 게다가 한 개인의 에너지보다도 공동체의 에너지를 활용할 수 있다. 예를 들어 러시아의 무정부주의자인 크로포트킨(Peter Kropotkin)은 인류가 생존하고 번성할 수 있었던 가장 큰 이유는 '상호부조'의 능력 때문이라고 주장하였다. 사회주의자들은 인간이 물질적 유인이 아니라 도덕적 유인에 의해 동기 부여가 될 수 있다고 믿는다.

이론상 자본주의는 개인들이 일하는 것에 대해 보상을 한다: 열심히 일하면 할수록 혹은 재능이 많으면 많을수록 더 큰 보상이 주어진다. 하지만 열심히 일하는 것에 대한 도덕적 유인은 공공선에 기여하고자 하는 열망으로, 이는 동료 인간 특히 어려운 처지에 있는 사람들에 대한 공감이나 책임감에서 비롯되는 것이다. 물질적 유인을 완전히 없애버려야 한다고 생각하는 사회민주주의자들은 거의 없을 것이다. 하지만 그들은 물질적 유인과 도덕적 유인 사이에 균형이 필요하다고 주장한다. 예를 들어 사회주의자들은 경제성장의 중요한 유인 가운데 하나는 그것이 사회의 극빈층에 대한 복지혜택을 제공하는 데 재정적으로 도움이 된다는 점이라고 주장할 것이다.

사회주의는 협동을 중시함으로써 자본주의하에서 번식했던 경쟁적이고 위계적인 기업 활동을 대체할 수 있는 협동조합 프로그램의 발전을 자극했다. 생산자와 소비자 협동조합은 상호이익을 위해 일하는 사람들로 구성된 집단의 에너지를 이용하고자 하였다. 영국의 협동조합은 19세기 초에 등장했다. 이들은 대량으로 물건을 구입해서 노동계급 구성원들에게 싼 값으로 판매했다. '로쉬데일 파이어니어스(Rochdale Pioneers)'는 1844년에 식료품 가게를 열었는데, 이러한 형태가 영국과 스코틀랜드 전역으로 퍼졌다. 조합원들이 소유하고 운영하는 생산자 협동조합은 스페인 북부와 과거 유고슬라비아 지역에서 흔한 일이었다. 이들 지역에서는 산업이 노동자 자치의 원리에 따라 조직되었다. 구소련의 집단농장 또한 비록 실제로는 엄격한 계획 시스템 내에서 작동하였고 보통은 지역의 당 보스들에 의해 통제되었지만 협동조합과 자치의 원리에 입각한 것이었다.

▎평등

평등은 여러 가지 측면에서 사회주의를 규정짓는 특징이
다. 평등은 사회주의를 경쟁관계의 다른 이데올로기, 특히
자유주의나 보수주의와 가장 확실하게 구분해 주는 정치적
가치라고 할 수 있다. 사회주의적 **평등주의**(egalitarianism)
는 사회적 평등 혹은 결과의 평등에 대한 믿음을 특징으로
한다. 사회주의자들은 다음과 같은 근거에서 사회적 평등을
강조하였다. 첫째, 사회적 평등은 정의나 공정성의 토대이

> **平등주의**
> 평등을 증진시키려는 욕
> 구에 기초한 이론 혹은
> 실천; 평등주의는 종종 평
> 등이 일차적인 정치적 가
> 치라는 믿음을 의미한다.

다. 사회주의자들은 부의 불평등을 개인들 사이의 타고난 능력의 차이로 설명하는
것을 꺼린다. 사회주의자들은 자본주의가 경쟁적이고 이기적인 행위를 조장해 왔듯이
인간의 불평등은 대체로 불평등한 사회구조를 반영한다고 믿는다. 그들은 모든 사람
이 똑같은 능력과 재능을 타고났다고 믿지는 않는다. 예컨대 모든 학생들이 수학시험
에서 똑같은 점수를 얻는 사회는 평등사회가 아닐 것이다. 그렇지만 사회주의자들은
가장 중요한 형태의 인간적 불평등은 타고난 불평등보다는 사회로부터의 불평등한
대우의 결과라고 믿는다. 따라서 사회주의의 관점에서 볼 때 정의는 사람들이 보상이
나 물질적 여건에 있어서 사회로부터 동등하게 취급받아야 하거나 아니면 적어도 보
다 평등하게 대우받아야 한다는 것을 요구한다. 법적·정치적 의미에서의 형식적 평
등은 자본주의 체계의 구조적 불평등을 무시하기 때문에 그 자체로는 분명 부적절하
다. 이런 면에서 기회의 평등은 타고난 불평등의 신화를 영속화시킴으로써 불평등을
정당화한다.

둘째, 사회적 평등은 공동체와 협동의 기초라고 할 수 있다. 만일 사람들이 평등한
사회적 환경 속에서 산다면 서로 동화되기 쉽고 공동의 이익을 위해 함께 일할 가능성
이 클 것이다. 따라서 평등한 결과는 사회적 연대를 강화시켜 준다. 같은 맥락에서
사회적 불평등은 갈등과 불안정을 가져온다. 이는 또한 사회주의자들이 '적자생존'의
사고방식을 야기한다는 이유에서 왜 기회의 평등을 비판하는가를 설명해 준다. 예를
들어 영국 사회철학자인 토니(R. H. Tawney 1880~1962)는 기회의 평등을 '올챙이의

철학'이라고 보았다. 그는 올챙이들이 개구리로 발달하면서 벌이는 생존투쟁을 강조한다. 셋째, 사회주의자들은 필요의 충족이 인간의 완성과 자아실현의 토대라고 보기 때문에 사회적 평등을 지지한다. '필요'는 필수적인 것이다: 필요는 만족을 *요구한다*; 그것은 단지 사소한 소망이나 지나가는 생각이 아니다. 음식, 물, 거처, 동료애

관점 (Perspectives)

❋ 평등(Equality)

자유주의자들은 사람들이 평등한 도덕적 가치를 지닌다는 의미에서 평등하게 '태어났다고' 믿는다. 이는 기회의 평등은 물론 형식적 평등, 특히 법적·정치적 평등을 의미한다; 반면에 사회적 평등은 자유를 위협하며 재능을 불리한 것으로 만들 수 있다고 본다. 고전적 자유주의자들이 엄격한 실력주의와 경제적 인센티브의 필요성 강조하는 반면에 현대 자유주의자들은 진정한 평등의 기회는 상대적인 사회적 평등을 요구한다고 주장한다.

보수주의자들은 전통적으로 사회를 위계적인 것으로 보고 그래서 평등을 추상적이며 성취할 수 없는 목표로 간주해 왔다. 하지만 뉴라이트는 물질적 불평등에 따른 경제적 혜택을 강조하는 한편 기회의 평등에 대해서는 강력한 개인주의적 신념을 보여주고 있다.

사회주의자들은 평등을 근본적 가치로 본다. 특히 사회적 평등을 지지한다. 사회민주주의가 기회의 평등과 같은 자유주의적 신념을 지지하게 되었음에도 불구하고, 사회적 평등은 그것이 상대적(사회민주주의적) 의미에서든 아니면 절대적(공산주의적) 의미에서든 사회적 단합과 형제애를 보장하고 정의 내지 공평성을 확립하며 적극적 의미의 자유를 확대하는 데 본질적인 것으로 간주되어 왔다.

무정부주의자들은 정치적 평등을 특히 강조한다. 정치적 평등은 개인적 자율성을 위한 평등하고 절대적인 권리로 이해되기 때문에 모든 형태의 정치적 불평등은 억압과도 같은 것이다. 무정부주의적 공산주의자들은 생산재의 집단소유를 통해 성취된 절대적인 사회적 평등을 믿는다.

파시스트들은 리더와 추종자 그리고 다양한 민족과 인종 사이의 근원적인 불평등이 인류의 특징적 모습이라고 본다. 하지만 민족과 인종을 강조한다는 것은 모든 구성원들이 적어도 핵심적인 사회적 정체성의 관점에서는 평등하다는 것을 의미한다.

페미니스트들은 평등이 성적 평등을 의미하는 것으로 받아들인다. 이는 젠더와는 무관한 평등한 권리와 평등한 기회(자유주의적 페미니즘) 또는 평등한 사회적·경제적 권력(사회주의적 페미니즘)이라는 의미에서의 성적 평등이다. 하지만 일부 급진적 페미니스트들은 평등에 대한 요구가 단지 '남성에 의해 정체성이 형성되는' 결과를 낳게 될 것이라고 주장한다.

생태주의자들은 생명중심적(biocentric) 평등 관념을 발전시키고 있다. 이것은 모든 형태의 생명체가 '살고 번성할' 동등한 권리가 있다는 것을 강조한다. 따라서 전통적인 평등의 관념은 인간 이외의 모든 유기체 내지 실체들의 이해관계를 배제한다는 점에서 인간중심적인 것으로 간주된다.

등과 같은 기본적 필요는 인간에게 근본적인 것들이다. 사회주의자들에게는 이러한 필요의 충족이 바로 자유의 내용이다. 마르크스는 이것을 공산주의 분배이론으로 표현하였다: '각자의 능력에 따른 분배로부터 각자의 필요에 따른 분배로.' 사람들은 대체로 비슷한 필요를 지니고 있기 때문에 필요의 충족이라는 토대에서 부를 분배하는 것은 분명 평등주의적 의미를 지니고 있다. 그럼에도 불구하고 필요의 충족은 예컨대 신체적 혹은 정신적 결함에서 비롯되는 이른바 '특별한' 필요의 경우처럼 불평등의 의미를 내포할 수도 있다.

　비록 사회주의자들이 사회적·경제적 평등의 미덕에 대해서는 동의한다고 해도 그것이 어느 정도까지 실현될 수 있고 또 실현되어야 하는가에 대해서는 생각이 다르다. 마르크스주의자들과 공산주의자들은 사유재산의 폐지와 생산재의 **집단화**(collectivization)를 통해 달성되는 절대적인 사회적 평등을 주장하였다. 그러나 사회민주주의자들은 복지국가 그리고 누진세 등 부의 재분배를 통해 성취된 상대적인 사회적 평등을 지지하고 있다. 자본주의를 폐지하기보다는 자본주의를 길들이려는 사회민주주의의 욕구는 물질적 유인의 역할을 인정하는 것일 뿐만 아니라 필요의 충족은 대체로 가난을 근절하기 위한 것일 때에만 의미가 있다는 사실을 보여주고 있다. 그런데 이것은 사회적 평등과 기회의 평등 사이의 구별을 희미하게 만들고 있다.

❋ 집단화

사유재산의 폐지 그리고 보통은 국가 메커니즘을 통한 포괄적인 공동소유 혹은 공적 소유 체제의 수립

❚ 계급정치

　전통적으로 사회주의자들은 **사회계급**(social class)을 정치적으로 가장 중요한 사회적 범주로 간주해 왔다. 하지만 사회주의의 계급정치는 두 가지 방식으로 표현되어 왔다. 먼저 사회계급은 하나의 분석도구다. 사회주의자들은 적어도 사회주의 이전의 사회에서는 인간들이 공통된 경제적 입장이나 이해관계를 지닌 사람들과 함께 생각하고 행동하는 경향이 있다고 믿어 왔다. 다시 말해서 개인보다는 사회계급이 역사의 주요 행위자이고 따라서 사회적·정치적 변화를 이해하는 관건이라고 보

❋ 사회계급

경제적 혹은 사회적 요인에 기초한 사회적 구분; 사회계급은 유사한 사회경제적 입장을 공유하는 사람들의 집단이다.

고 있다. 이러한 생각은 역사 변화가 계급갈등의 산물이라는 마르크스의 신념에서 가장 잘 드러난다. 사회주의 계급정치의 두 번째 형태는 특별히 노동계급에 초점을 맞추고 있고 정치적 투쟁과 해방에 관심이 있다. 사회주의는 종종 노동계급의 이해관계의 표현으로 간주되어 왔고, 노동계급은 사회주의를 성취할 수 있는 수단으로 여겨져 왔다. 하지만 사회계급은 사회의 필수적이거나 영구적인 특징으로 받아들여지지 못했다: 사회주의 사회는 계급 없는 사회 내지 계급 불평등이 크게 줄어든 사회로 간주되어 왔다. 따라서 자본주의적 착취로부터 스스로를 해방시키는 과정에서 노동계급은 또한 성숙한 인간이 되고 자신의 계급적 정체성으로부터 스스로를 해방시키게 된다.

> **부르주아지**
>
> 생산재를 소유한 자본주의 사회의 지배계급을 의미하는 마르크스주의의 용어

> **프롤레타리아트**
>
> 노동력을 팔아서 생활하는 계급을 의미하는 마르크스주의의 용어; 엄격히 말해 프롤레타리아트는 육체 노동계급과는 다르다.

그럼에도 불구하고 사회주의자들은 사회계급의 본질과 중요성에 대해서 의견을 달리해 왔다. 마르크스주의 전통에서 계급은 생산수단에 대한 개인의 관계에 의해 규정됨으로써 경제적 능력과 연계되었다. 이러한 관점에서 볼 때 계급은 '자본'과 '노동' 혹은 **부르주아지(bourgeoisie)**와 **프롤레타리아트(proletariat)** 사이의 구분이다; 즉 생산재의 소유자(부르주아지)와 노동력을 팔아서 생활하는 사람들(프롤레타리아트) 사이의 구분이다. 이와 같은 마르크스의 두 계급 모델은 프롤레타리아 혁명을 통한 자본주의의 전복으로 귀결될 수밖에 없는 부르주아지와 프롤레타리아트 사이의 타협할 수 없는 갈등을 특징으로 한다. 반면에 사회민주주의자들은 사회계급을 '화이트 칼라(중간계급)'와 '블루 칼라(노동계급)' 사이의 소득과 지위의 차이로 규정하는 경향이 있다. 이러한 관점에서 볼 때 사회주의의 진전은 중간계급과 노동계급 사이의 차이를 좁히는 것과 관련이 있다. 따라서 사회민주주의자들은 사회적 양극화나 계급투쟁보다는 사회의 개량과 계급의 조화를 중시한다.

사회주의와 계급정치의 연계는 20세기 중반 이후 쇠퇴되어 왔다. 이것은 대체로 계급적 연대감의 약화, 특히 전통적 노동계급이나 도시 프롤레타리아트가 위축된 결과이다. 계급정치의 쇠퇴는 석탄, 철강, 조선 등과 같은 전통적인 노동집약적 산업이 위축되면서 나타난 탈산업화의 결과이다. 이러한 현상은 전통적 사회주의 정당들로 하여금 중간계급의 지지를 받기 위한 정책적 변화를 강요했을 뿐만 아니라 그들의

급진적 성향을 계급해방의 관점보다는 페미니즘, 환경주의, 평화, 국제적 발전 등과 같은 이슈와 관련짓도록 만들었다.

▌공동소유

사회주의자들은 흔히 경쟁과 불평등의 기원을 사유재산제에서 찾는다. 여기서 사유재산은 의류, 가구, 주택 등과 같은 개인의 소유물보다는 생산재나 '자본'을 의미한다. 이와 같은 사회주의의 관점은 재산의 소유를 자연스럽고 적절한 것으로 간주하는 자

관점 (Perspectives)

✺ 경제(Economy)

자유주의자들은 경제를 시민사회의 핵심부분으로 보며 재산, 경쟁, 물질적 인센티브에 기초한 시장 혹은 자본주의적 경제질서를 매우 선호한다. 하지만 고전적 자유주의자들이 자유방임 자본주의를 지지하는 반면에 현대 자유주의자들은 시장의 한계를 인정하고 제한된 범위의 경제관리를 수용한다.

보수주의자들은 사적 기업활동을 분명하게 지지한다. 하지만 자유방임의 무한경쟁과 그로 인한 사회적 불안정에 대한 염려 때문에 실용적이고 제한된 형태의 개입을 선호해왔다. 그러나 뉴라이트는 아무런 규제가 없는 자본주의를 지지한다.

사회주의자들은 마르크스주의의 전통 속에서 공동소유와 절대적인 사회적 평등을 선호해 왔다. 정통 공산주의에서는 이것이 국가에 의한 집단화와 중앙계획으로 나타났다. 하지만 사회민주주의자들은 시장이 나쁜 주인이 아니라 좋은 종이라고 봄으로써 복지자본주의 내지 규제된 자본주의를 지지하고 있다.

무정부주의자들은 모든 형태의 경제적 통제나 관리를 거부한다. 하지만 무정부주의적 공산주의자들이 공동소유와 소규모 자치관리를 지지하는 반면에, 무정부주의적 자본주의자들은 전적으로 아무런 규제를 받지 않는 시장경제를 옹호한다.

파시스트들은 자본주의와 공산주의 사이의 '제3의 길'을 추구해 왔다. 이것은 노동과 자본을 하나의 유기적 전체로 포괄하는 조합주의로 종종 표현된다. 경제계획과 국유화는 민족 혹은 인종의 필요에 부합하는 것으로 지지를 받아 왔다.

생태주의자들은 시장 자본주의와 국가집단주의 모두 성장 관념에 사로잡혀 있고 환경적으로도 지속불가능하다는 이유에서 이들 모두를 비난한다. 따라서 경제학은 생태학에 예속되어야 하며 이윤추구의 충동은 어떠한 대가를 지불해서라도 장기적인 지속가능성 그리고 인류와 자연사이의 조화에 대한 관심으로 대체되어야만 한다고 주장한다.

유주의나 보수주의와 구분된다. 사회주의자들은 몇 가지 이유에서 사유재산을 비판한다. 첫째, 재산은 부당하다: 부는 인간 노동의 집단적 노력에서 생산되기 때문에 사적 개인이 아닌 공동체에 의해 소유되어야 한다. 둘째, 사회주의자들은 재산이 욕심을 낳고 그래서 도덕적으로 타락하게 된다고 믿는다. 사유재산은 부를 추구함으로써 인간의 행복이나 삶의 완성이 이루어질 수 있다고 믿게 함으로써 사람들이 물질적인 존재가 되도록 만들고 있다. 재산을 소유한 사람들은 더 많이 갖기를 원하며, 재산이 없거나 적은 사람들은 재산의 획득을 갈망한다. 끝으로 재산은 분열적이다: 예를 들어 재산은 사회에서 소유주와 노동자, 고용주와 고용인 간단히 말해 부자와 빈자 사이의 갈등을 조장한다. 따라서 사회주의자들은 사유재산제도가 폐지되거나 아니면 생산재의 공동소유에 의해 대체되어야 한다고 주장하였다. 아니면 보다 온건한 입장에서 재산권이 공동체의 이익과 균형을 이루어야 한다고 주장하였다.

마르크스나 엥겔스와 같은 근본주의 사회주의자들은 사유재산의 폐지와 계급 없는 사회, 즉 자본주의를 대신한 공산주의 사회의 건설을 주장하였다. 그들은 분명 재산이 집단적으로 소유되어야 하며 인류의 이익을 위해 사용되어야 한다고 믿었다. 하지만 그들은 이러한 목표가 실제로 어떻게 성취될 수 있는가에 대해서는 거의 언급하지 않았다. 레닌과 볼셰비키가 1917년 러시아에서 권력을 장악했을 때, 그들은 사회주의가 **국유화**(nationalization)를 통해 건설될 수 있다고 믿었다. 이러한 국유화 과정은 스탈린이 '제2의 혁명'을 통해 국가집단화 체계인 중앙계획경제를 건설했던 1930년대에나 완성되었다. '공동소유'는 '국가소유' 혹은 소비에트 헌법에 명시된 '사회주의적 국유재산'을 의미하게 되었다. 그에 따라 구소련은 일종의 **국가사회주의**(state socialism)로 발전하게 되었다.

사회민주주의자들 또한 국가에 매료되어 왔다. 그들은 국가가 부를 집단적으로 소유하며 경제를 합리적으로 통제할 수 있는 수단이라고 보았다. 하지만 서구에서 국유화는 보다 선택적으로 진행되어 왔고, 그 목표도 전면적인 국가집단화가 아닌 혼합경제의 건설이었다. 따라서 일부 산업은 공적으로 소유되었지만 나머지는 사적 소유로 남겨지기도 하였다. 예를 들어 영국의 애틀리(Attlee) 노동당 정부(1945~

※ 국유화

사적 재산이나 산업(개인 기업 혹은 경제 전반)에 대한 국가 혹은 공적 소유의 확장; 종종 집단화(collectivization)로 불리기도 한다.

※ 국가사회주의

이론상 국가가 인민의 이익을 위해 행동하는 가운데 경제생활을 통제하고 지시하는 사회주의의 한 형태

51)는 석탄, 철강, 전기 및 가스와 같은 주요 산업, 이른바 경제의 '기간산업'을 국유화했다. 당시 정부는 전면적인 집단화 없이 이들 산업을 통해 경제 전반을 통제하고자 했다. 그러나 1950년대 이후 의회사회주의 정당들은 사회주의를 공적 소유의 확대보다는 평등과 사회정의의 추구라는 관점에서 규정함으로써 점차 '소유의 정치(politics of ownership)'로부터 거리를 두기 시작했다.

IV. 사회주의로 가는 길

두 가지 주요 쟁점이 사회주의 내의 경쟁적 전통과 경향들을 구분짓고 있다. 첫 번째는 사회주의자들이 추구하는 목표나 '목적'이다. 사회주의자들은 사회주의 사회가 어떤 사회가 되어야 하는가에 대해서 매우 상이한 생각을 지니고 있다; 그 결과 사회주의자들은 '사회주의'에 대해 서로 다른 정의를 내려왔다. 여기서 가장 큰 불일치는 각각 공산주의와 사회민주주의 전통으로 대표되는 **근본주의적 사회주의(fundamentalist socialism)**와 **수정 사회주의(revisionist socialism)** 사이의 차이다.

이들 전통에 대해서는 조금 뒤에서 다루고, 여기서는 사회주의자들을 분리시켜 온 두 번째 쟁점을 검토할 것이다: 그것은 바로 사회주의의 목적을 성취하기 위해 사용해야 하는 '수단', 즉 '사회주의에 이르는 길'이라고 알려진 것이다. 이와 같은 수단에 대한 관심은 사회주의가 언제나 저항적 성격을 지녀왔다는 사실에서 비롯된다: 그것은 변화를 위한 힘, 사회주의가 출현했던 자본주의 사회 내지 식민지 사회의 변혁을 위한 힘이다. 사회주의자들이 채택한 '길'은 단지 전략의 문제만은 아니다; 그것은 사회주의 운동의 성격을 결정하는 동시에 궁극적으로 성취하고자 하는 사회주의의 형태에도 영향을 미친다. 달리 말해 사회주의 내의 수단과 목적은 상호연계되어 있다고 할 수 있다.

❋ 근본주의적 사회주의

자본주의를 폐지하고 그것을 질적으로 다른 종류의 사회로 대체하고자 하는 사회주의의 한 형태

❋ 수정 사회주의

자본주의에 대한 비판적 생각을 바꾸고 사회정의 문제를 자본주의적 형태들과 조화시키고자 하는 사회주의의 한 형태

▌ 혁명적 사회주의

초기의 많은 사회주의자들은 사회주의가 기존 정치체계의 혁명적 전복을 통해서만 성취될 수 있다고 보았고, 폭력은 그와 같은 **혁명(revolution)**의 불가피한 특징이 될 것이라고 생각했다. 초기의 혁명 옹호론자 가운데 한 사람인 프랑스 사회주의자 블랑키(Auguste Blanqui 1805~1881)는 혁명적인 권력 장악을 계획하고 실행할 수 있는 소규모의 헌신적인 음모집단 구성을 제안했다. 반면에 마르크스와 엥겔스는 계급의식을 지닌 노동대중이 자본주의를 전복하기 위해 봉기하는 프롤레타리아 혁명을 구상하였다. 하지만 사회주의 혁명이 최초로 성공한 것은 1917년 러시아였다. 당시 레닌과 볼셰비키가 이끄는 헌신적이고 잘 훈련된 혁명가 집단이 권력을 장악했는데, 이는 대중봉기보다는 쿠데타의 성격을 지닌 것이었다. 여러 가지 면에서 볼셰비키 혁명은 이후의 사회주의 혁명 세대들에게 하나의 모델이 되었다.

> ✳ **혁명**
> 근본적이고 비가역적인 변화, 종종 간단하지만 극적인 격변의 시기; 체계적 변화

19세기에 혁명전술은 두 가지 이유에서 사회주의자들을 사로잡았다. 먼저, 산업화 초기 노동대중이 참담한 빈곤과 실업에 시달리면서 가혹한 부정의가 만연했다는 점이다. 자본주의는 노골적 억압과 착취의 체계로 간주되었고 노동계급은 혁명의 순간이 도달했다고 보았다. 1848년 마르크스와 엥겔스가 '하나의 유령이 지금 유럽을 배회하고 있다. 공산주의라는 유령'이라고 썼을 때, 그들은 대륙 곳곳에서 나타나고 있던 저항과 혁명의 분위기를 묘사하고 있었던 것이다. 둘째, 노동계급에게 정치적 영향력을 발휘할 수 있는 다른 수단들이 거의 없었다는 사실이다; 사실상 거의 모든 영역에서 노동계급의 정치적 생활이 배제되었다. 러시아처럼 19세기 내내 전제군주제가 지속되었던 곳에서 정치적 지배권을 행사한 것은 토지귀족이었다. 반면에 입헌정부와 대의정부가 발달한 곳에서는 투표권이 보통은 재산을 소유한 중간계급에 한정되어 있었다.

그러나 사회주의자들에게 혁명은 단지 전술적 고려사항만은 아니었다; 그것은 또한 국가와 국가권력의 본질에 대한 그들의 생각을 반영하고 있다. 자유주의자들은 국가가 모든 시민들의 이해관계를 고려하고 공공선을 위해 작동해야 하는 중립적 기구라고 본다. 반면에 혁명적 사회주의자들은 국가를 '자본'의 이해관계에는 충실하고 '노

동'의 이해관계에는 반하는 행동을 하는 계급억압의 대리인으로 간주해 왔다. 예를 들어 마르크스주의자들은 정치권력이 계급의 이익을 반영하고 있고, 국가는 불가피하게 자본의 입장에 편향된 '부르주아 국가'라고 보았다. 정치적 개혁과 점진적 변화는 분명 의미가 없다. 보통선거권 그리고 정기적이며 경쟁적인 선거는 기껏해야 불평등한 계급적 현실을 은폐하고 노동계급의 정치적 에너지를 오도할 목적을 지닌 허울일 뿐이다. 따라서 계급의식을 지닌 프롤레타리아트에게 다른 대안은 없다: 사회주의를 건설하기 위해서는 일차적으로 정치적 혁명을 통해 부르주아 국가를 전복해야 하는 것이다.

20세기 후반 혁명에 대한 신념은 개발도상국의 사회주의자들 사이에서 가장 뚜렷하게 나타났다. 1945년 이후의 많은 민족해방운동은 식민지 지배와는 타협의 여지가 있을 수 없으며, 그것은 또한 투표를 통해 극복될 수 있는 것도 아니라는 생각에서 '무장투쟁'을 받아들였다. 아시아에서 1949년 모택동이 주도한 중국 혁명은 일본 제국주의와 중국 국민당을 상대로 싸운 오랜 군사행동의 귀결점이었다. 1975년 베트남의 민족통일은 초기에는 프랑스 그리고 나중에는 미국과의 오랜 전쟁을 치루고 나서 달성되었다. 아르헨티나 혁명가인 체 게바라(Che Guevara)는 1967년에 죽을 때까지 라틴 아메리카 여러 지역에서 게릴라 세력을 이끌었다. 그는 카스트로(Fidel Castro)의 권력장악으로 끝이 난 1959년 쿠바 혁명 기간에는 직접 군대를 지휘하기도 하였다. 이와 유사한 혁명투쟁들이 아프리카에서도 발생했다: 예를 들어 알제리(Algeria)는 참혹한 전쟁을 통해 1962년 프랑스로부터 독립을 쟁취하였다.

폭동이나 혁명과 같은 정치적 수단의 선택은 사회주의에 심대한 결과를 가져왔다. 예컨대 혁명은 대체로 근본주의적 목표를 추구하는 결과를 낳았다는 점이다. 혁명은 구질서의 잔재를 일소하고 전적으로 새로운 사회체계를 건설할 수 있는 이점이 있었다. 폴 포트(Pol Pot)가 이끄는 크메르 루즈(Khmer Rouge)는 1975년 캄보디아에서 권력을 장악한 후, 그 해를 새로운 '원년'으로 선언한 바 있다. 그 과정에서 자본주의는 폐지되고 그 대신에 질적으로 전혀 다른 사회주의 사회가 수립될 수 있었다. 이러한 맥락에서 사회주의는 통상 스탈린 통치시대의 구소련을 모델로 하는 국가집단화의 형태를 취했다. 혁명의 '길'은 또한 독재로 치달을 수 있는 가능성 그리고 정치적 억압의 활용과도 관련이 있다. 이러한 경향은 다음과 같은 몇 가지 이유 때문이다. 첫째, 물리력의 사용은 새로운 통치자들로 하여금 폭력을 정당한 정책수단으로 간주하게끔 만들었다; 모택동이 말했듯이, '권력은 총구에서 나온다.' 둘째, 혁명적 정당들은 강력한 리더십과 엄격한 규율에 기초한 전형적인 군대식 구조를 채택했다. 이러한 특성들은 일단 권력을 장악한 후에는 쉽게 공고화된다. 셋째, 구질서의 잔재를 일소하는 과정에서 모든 저항 세력들 또한 제거되었는데, 이는 전체주의 독재체제로 나가는 길을 열어주었다. 그럼에도 불구하고 혁명적 사회주의 전통은 공산주의의 붕괴와 1989~91년 사이에 벌어진 반혁명으로 인해 치명적인 타격을 입었다. 이는 1917년 사회주의 정치에서 시작되었던 사회주의의 한 갈래를 종식시키고, 사회주의를 입헌 민주정치로 전환시키는 계기가 되었다. 따라서 오늘날 혁명적 사회주의가 살아남아 있는 곳은 페루나 네팔 등 모택동 방식의 폭동이 지속되고 있는 일부 지역에 불과하다.

▌진화론적 사회주의

비록 초기 사회주의자들이 혁명의 아이디어를 지지했다고는 하지만 19세기가 지나면서 적어도 중서부 유럽의 선진 자본주의 국가에서는 대중봉기에 대한 열정이 식어갔다. 자본주의는 성숙되었고 19세기 말까지 도시 노동계급은 혁명적 특성을 상실하면서 사회에 통합되고 있었다. 임금과 생활수준이 향상되기 시작하였고 노동계급은 그들의 이익을 보호하고 산업사회에 대한 소속감을 키워준 일련의 제도들(남성 노동자 클럽, 노동조합, 정당 등)을 발전시켰다. 더욱이 정치 민주화가 점진적으로 진행되면서 참정권(투표권)이 노동계급으로 확대되었다. 제1차 세계대전이 끝날 때까지 서구 국가들 대다수는 남성의 보통 선거권을 도입했고 투표권을 여성에게까지 확대하는 국가들도 점점 많아졌다. 이러한 요인들이 결합되면서 사회주의자들의 관심 또한 폭력적 봉기로부터 벗어나게 되었다. 그리고 사회주의에 이르는 다른 대안으로 진화론적 방식, 즉 민주적 절차 내지 의회를 통한 방식이 있다는 사실을 깨닫게 되었다.

1884년 창설된 페비안 협회(The Fabian Society)는 영국에서 의회사회주의의 명분을 지지하였다. 베아트리체 웹(Beatrice Webb 1858~1943)과 시드니 웹(Sidney Webb 1859~1947)의 주도하에 버나드 쇼(George Bernard Shaw)나 웰즈(H. G. Wells) 등 유명 지식인들이 포함된 페비안 사회주의는 그 명칭을 로마 장군인 파비우스 막시무스(Fabius Maximus)로부터 따왔다. 막시무스는 한니발(Hannibal)의 침략군을 무찌르는 데 도입했던 인내와 방어 전술로 유명하다. 그들의 관점에 따르면, 사회주의 또한 이와 매우 유사한 과정을 통해 자유주의적 자본주의로부터 자연스럽게 그리고 평화적으로 발전될 수 있다. 이것은 정치적 행동과 교육의 결합을 통해 가능할 것이다. 정치적 행동으로 사회주의 정당을 형성하게 되었고, 사회주의 정당은 폭력혁명을 꾀하기보다는 의회 내의 기존 정당들과 권력획득을 위한 경쟁을 벌이게 되었다. 따라서 그들은 국가를 계급억압의 대리인으로 보는 마르크스주의적 관점보다는 중립적 중재자로 보는 자유주의 국가이론을 받아들였다. 웹 부부는 영국 노동당의 창당에 적극적으로 관여했고, 1918년 노동당의 헌법안 제정에 도움을 주기도 했다. 페비안 사회주의자들은 또한 정당정치인, 공무원, 과학자와 지식인 등의 엘리트 집단이 교육을 통해 사회주의로 전향될 수 있다고 믿었다. 이들 엘리트 집단은 예컨대 사회주의가 성경의 원리에 기초한 것으로 자본주의보다 도덕적으로 우월할 뿐만 아니라 합리적이고 효율적이라는 사실을 깨닫게 되면서 사회주의적 아이디어에 물들 수 있을 것이라고 생각한 것이다.

페비안 사회주의의 아이디어는 또한 1875년에 조직된 독일 사회민주당(SDP: Socialist Democratic Party)에 영향을 미쳤다. 사회민주당은 곧바로 유럽에서 가장 큰 사회주의 정당이 되었고, 1912년에는 독일하원(German Reichstag)의 최대 정당이 되었다. 비록 이론상으로는 마르크스주의 전략과 관련이 있었지만, 실제로는 라살레(Ferdinand Lassalle 1825~1864)의 아이디어에 영향을 받아 개혁주의적 접근을 시도하였다. 라살레는 정치적 민주주의를 확대함으로써 국가가 노동계급의 이해관계를 고려할 수 있을 것이라고 주장했다. 그리고 사회주의는 선의의 국가가 추진하는 점진적인 사회개혁의 과정을 통해 수립될 것이라고 보았다. 이와 같은 생각은 베른슈타인에 의해 한층 더 발전되었다. 그는 『진화론적 사회주의』(*Evolutionary Socialism* [1898] 1962)에서 페비안 사회주의자들의 **점진주의**(gradualism)와 유사한 생각들을 발전시켰다. 베른슈타인은 특히 민주주의 국가의 발전에 감명을 받았는데, 그는 이것이 마르크스주의에서 요구하는 혁명을 무의미하게 만들었다고 믿었다. 노동계급은 사회주의를 수립하기 위해서 투표함을 이용할 수 있었다. 따라서 사회주의는 자본주의의 진화론적 결과라고 할 수 있다. 이러한 생각이 20세기 전환기에 등장했던 노동계급 정당들을 지배했다: 오스트리아 노

점진주의

극적인 격변보다는 점진적·단편적 개선에 의해 생겨난 진보: 합법적이고 평화적인 개혁을 통한 변화

유로코뮤니즘

1970년대를 풍미했던, 급진성에서 벗어난 공산주의의 한 형태로서 마르크스주의와 자유민주주의의 원리들을 결합하고자 시도하였다.

동당은 1891년에 생겨났고, 영국 노동당은 1900년, 이탈리아 사회당은 1892년, 프랑스 사회주의 정당은 1905년에 각각 형성되었다. 이와 같은 생각은 또한 1970년대에 스페인, 이탈리아 그리고 프랑스 공산당이 이끄는 서구 공산당에 의해 수용되었다. 그 결과 등장하게 된 **유로코뮤니즘**(eurocommunism)은 민주적 방식을 통해 공산주의를 구현하고, 개방적이고 경쟁적인 정치체계를 유지하고자 하였다.

▌점진주의의 불가피성?

페비안 사회주의가 '점진주의의 불가피성'을 예견한 것에서 보듯이, 19세기 말 20세기 초 정치적 민주주의의 출현은 사회주의 운동에 낙관주의가 확산되는 원인이 되었다. 사회주의의 승리가 불가피하다는 생각은 새로운 것이 아니었다. 예를 들어 마르크스는 프롤레타리아 혁명을 통한 자본주의 사회의 필연적 전복을 예견한 바 있다. 그러나 마르크스는 역사가 거스를 수 없는 계급갈등의 힘에 의해 앞으로 나아간다고 믿었던 반면에 진화론적 사회주의자들은 민주적 과정의 논리를 강조했다.

이러한 낙관주의는 몇 가지 가정에 기초한 것이었다. 첫째, 참정권의 점진적 확대는 결국 성인들의 보통선거권, 나아가 정치적 평등을 확립하게 되었다. 둘째, 정치적 평등은 실제로 다수의 이익, 즉 선거 결과를 좌우하는 사람들에게 이익이 되었다. 따라서 사회주의자들은 정치적 민주주의가 산업 사회에서 가장 다수를 차지하는 노동계급의 수중에 권력을 쥐어줄 것이라고 믿었다. 셋째, 사회주의는 노동계급의 자연스러운 '본향'으로 여겨졌다. 자본주의가 계급 착취의 체계로 간주됨에 따라 억압받던 노동자들은 자연스럽게 사회주의 정당들에게 이끌렸고, 이들은 노동자들에게 사회정의와 해방에 대한 기대를 심어주었다. 따라서 사회주의 정당들의 선거에서의 승리가 노동계급의 수적 우세에 의해 보장될 수 있었다. 넷째, 일단 권력을 획득한 사회주의 정당들은 사회적 개혁 과정을 통해 근본적인 사회변혁을 추진할 수 있었다. 이러한 방식을 통해 정치적 민주주의는 사회주의를 평화적으로 성취할 수 있는 가능성을 열어 주었을 뿐만 아니라 그 과정을 불가피한 것으로 만들었다.

하지만 이와 같은 낙관적 기대는 현실화되지 않았다. 심지어 일부에서는 민주사회주의가 모순덩어리라고 주장하기도 하였다: 사회주의자들이 선거에서 승리하기 위해서는 그들의 이데올로기적 신념을 수정하거나 약화시켜야만 했다. 사회주의 정당들은 북미를 제외하고 사실상 거의 모든 자유민주주의 체제에서 권력을 누려왔다. 그러나 그것은 분명 보장된 권력은 아니었다. 1951년 이후 대부분의 기간 동안에 단독정부로 혹은 연정 파트너로 권력을 행사해 온 스웨덴 사회민주노동당(SAP: Social Democratic Labour Party)은 이 점에서 가장 성공적이었다. 하지만 스웨덴 사회민주노동당 조차도 1968년에 단 한차례만 국민투표의 50%를 획득했을 뿐이다. 영국 노동당은 1951년에 49%의 가장 많은 지지를 받았다. 이는 스페인 사회주의 노동자당(Socialist Worker's Party)의 1982년 지지율과 같다. 독일 사회민주당은 1972년 투표에서 46%의 지지를 받았고, 1976년 이탈리아에서 사회당과 공산당의 합계 득표율은 44%였다. 더욱이 이들 정당이 권력을 장악했을 때 중요한 사회개혁 조치들(대체로 복지정책이나 경제관리의 확대와 관련이 있는)을 시도했다고는 하지만, 그것은 근본적인 사회변혁과는 분명 거리가 있는 것이었다. 이것은 자본주의의 폐기가 아니라 기껏해야 자본주의의 개혁이라고 할 수 있다.

사실상 민주사회주의는 초기의 사상가들이 미처 예상하지 못했던 일련의 문제와 직면하게 되었다. 먼저, 노동계급이 과연 선진 산업사회에서 유권자의 다수를 차지하고 있는가 하는 것이다. 전통적으로 사회주의 정당들은 선거에서의 승리를 위해 자본주의 사회에서 '공장의 먹잇감'과도 같은 도시 육체노동자들의 지지에 호소해 왔다. 그러나 현대 자본주의는 점점 육체노동보다는 기술적 과업을 수행할 수 있는 숙련노동력을 필요로 하게 되었다. 따라서 기존의 '중공업' 분야 노동자들로 구성된 전통적인 노동계급의 규모가 줄어들게 되었고, 이는 빈곤과 불이익이 '최하층'에 집중되는 이른바 '3분의 2, 3분의 1' 사회를 낳게 되었다. 『만족의 문화』(*The Culture of Contentment* 1992)에서 갈브레이드(J. K. Galbraith)는 현대사회 내지 적어도 정치적으로 적극적인 시민들 가운데서 출현하고 있는 '만족한 다수'에 주목하였다. 이들은 물질적 풍요와 경제적 안정으로 인하여 정치적으로 보수화되었다. 만일 노동계급이 더 이상 사회주의 정당의 승리를 기대할 수 있는 다수가 되지 못한다면, 다른 사회계급들에게 지지를 호소하거나 아니면 중간계급 정당들과의 연정을 통해 권력을 공유할 수밖에 없을 것이다. 이러한 상황에서 사회주의 정당들은 사회주의에 무관심한 유권자들에게 지지를 호소하거나 아니면 자본주의를 지지하는 정당들과의 협력을 위해서 그들의 이데올로기를 수정할 필요가 생긴 것이다.

보다 심각한 것은 노동계급이 실제로 사회주의적인가 하는 점이다; 사회주의는 진실로 노동계급의 이익을 위한 것인가? 사회주의 정당들은, 특히 제2차 세계대전 이후,

재화를 효과적으로 제공하고 전달해 주는 자본주의의 능력을 인정할 수밖에 없었다. 근본적 변혁을 감행했던 사회주의 정당들은 1950년대에 점점 풍요로워지는 노동계급에 호소하기 위해 그들의 정책을 수정하였다. 사회주의 정당들이 경제의 세계화에 따른 압력뿐만 아니라 변화하고 있는 자본주의의 계급구조와 타협하기 위해 애쓰면서 1980년대 이후에도 이와 유사한 일들이 벌어졌다. 결과적으로 사회주의는 자본주의의 사회구조를 재편하기보다는 시장경제를 작동시키기 위한 노력과 관련된 것이 되었다. 이 문제는 사회민주주의와 관련해 뒷부분에서 보다 자세하게 검토할 것이다.

부르주아 이데올로기

자본주의 사회의 모순을 숨김으로써 부르주아지의 이해관계에 봉사하는 이념과 이론들을 뜻하는 마르크스주의 용어

하지만 좌파 사회주의자들은 노동계급의 사회주의적 특성의 쇠퇴에 대해 다른 입장을 보이고 있다. 자본주의의 혜택이나 자본주의적 계급구조의 변화를 강조하기보다는 오히려 이데올로기 조작의 역할을 강조해 왔다. 이러한 맥락에서 마르크스주의자들은 노동계급이 착취의 현실을 인식하지 못하게 가로막는 '**부르주아 이데올로기**(bourgeois ideology)'가 사회에 널리 퍼져 있다고 주장한다. 예를 들어 레닌은 혁명정당의 리더십이 없다면, 노동계급은 혁명적 '**계급의식**(class consciousness)'이 아니라 단지 자본주의 체제 내에서의 물질적 개선에 대한 열망에 불과한 '노동조합의식'만을 지닐 수 있을 뿐이라고 주장하였다. 그람시는 자본주의가 생존할 수 있는 것은 경제적 권력뿐만 아니라 '이데올로기적 헤게모니' 과정을 통해서라고 보았다.

계급의식

계급 이해관계의 명확한 인식 그리고 그것을 기꺼이 추구하고자 하는 것을 뜻하는 마르크스주의 용어; 계급의식을 지닌 계급이 계급 그 자체이다.

끝으로 사회주의 정당들이 선거를 통해 권력을 획득한다 할지라도 과연 사회주의적 개혁을 수행할 수 있을까 하는 점이다. 사회주의 정당들은 프랑스, 스웨덴, 스페인, 영국, 호주, 뉴질랜드를 포함한 수많은 서구 국가에서 단일정당

정부를 수립했다. 하지만 정권 창출 이후에는 국가와 사회 모든 영역에서 분열된 이해관계에 직면해 왔다. 1902년 초 사회민주당 대표였던 카우츠키(Karl Kautsky 1854~1938)는 '자본가 계급은 통치하나 지배하지 않으며, 정부를 통치하는 데 만족한다'고 지적한 바 있다. 이는 행정부, 법원, 군대의 정치 엘리트들이 기업 엘리트들과 똑같은 사회적 배경을 공유하고 있다는 사실에서 이해할 수 있다. 더욱이 이데올로기적 성향이 무엇이든 선출된 정부는 거대기업의 권력을 존중해야 한다. 거대기업은 가장 부유

한 정당기금 공여자일 뿐만 아니라 경제의 핵심 고용주이자 투자자이다. 달리 말해 비록 민주사회주의 정당들이 선출직 정부의 구성에는 성공한다 할지라도 실질적인 권력은 획득하지 못한 채 단지 공직만을 차지할 위험이 있는 것이다.

V. 마르크스주의

엄밀히 말해서 조직화된 사상체계로서의 '마르크스주의'는 1883년 마르크스 사망 이후에 생겨난 것이다. 이는 누구보다도 마르크스의 평생의 조력자인 엥겔스, 카우츠키 그리고 러시아 이론가 플레하노프(Georgi Plekhanov 1857~1918) 등이 마르크스의 아이디어와 이론들을 점증하고 있는 사회주의 운동의 요구에 적합한 체계적이고 포괄적인 세계관으로 압축하기 위한 시도의 산물이다. 마르크스가 생존했던 1876년 쓰여진 엥겔스의 『반듀링론』(*Anti-Dühring*)은 마르크스 저작의 권위적 해석에 충실해야 한다고 강조함으로써 종종 정통 마르크스주의의 최초의 저작으로 간주되기도 한다. 흔히 '**변증법적 유물론**(dialectical materialism)' (플레하노프가 만들었지만 마르크스는 사용하지 않았던)으로 묘사되는 정통 마르크스주의는 나중에 소비에트 공산주의의 토대가 되었다. 일부에서는 마르크스를 경제결정론자로 보는 반면에 또 다른 일부에서는 마르크스가 인본주의적 사회주의자라고 주장한다. 더욱이 혹자는 그의 초기 저작과 후기 저작 사이의 차이에 주목하기도 하며, 때로는 '젊은 마르크스(young Marx)'와 '성숙한 마르크스(mature Marx)' 사

> **변증법적 유물론**
> 정통 공산주의 국가들의 지적 생활을 지배했던 조야한 결정론적 형태의 마르크스주의

이의 차이를 주장하기도 한다. 그럼에도 불구하고 한 가지 분명한 것은 마르크스 자신이 새로운 유형의 과학적 사회주의를 발전시켰다고 믿었다는 점이다. 이것은 자본주의에 대한 윤리적인 비판보다 오히려 사회와 역사 발전의 성격을 규명하는 데 일차적 관심이 있다는 의미에서 과학적인 것이었다.

마르크스주의는 최소한 다음과 같은 세 가지 형태로 구분할 수 있다:

- 고전적 마르크스주의
- 정통 공산주의
- 현대 마르크스주의

▌고전적 마르크스주의

철학

고전적 마르크스주의, 즉 마르크스의 마르크스주의의 핵심은 소위 과학적 분석을 토대로 자본주의가 망하고 사회주의가 그것을 대체할 수밖에 없는 이유를 설명하고 있는 역사철학이다. 그렇다면 어떠한 의미에서 마르크스는 그의 주장이 과학적이라고 믿었는가? 마르크스는 프랑스 사회개혁가인 생시몽(Saint-Simon 1760~1825), 푸리에 그리고 영국의 오웬과 같은 초기의 사회주의 사상가들을 '공상적' 사회주의자들이라고 비판했다. 왜냐하면 그들의 사회주의는 계급투쟁이나 혁명의 필연성과는 단절된 채 총체적인 사회변혁에 대한 바람에 기초한 것이라고 보았기 때문이다. 반면에 마르크스는 미래 발전의 성격에 대한 통찰력을 얻으려는 희망을 가지고 역사와 사회에 대한 실증적 분석을 시도했다. 그러나 마르크스의 기여와는 관계없이, 과학적 방법을 적용해서 역사를 이해하고자 했던 마르크스주의는 나중에 마치 종교와도 같은 위상을 확보하면서 과학적 진리체계로서의 마르크스주의로 발전하였다. 마르크스가 역사와 사회 발전의 '법칙'을 발견했다는 엥겔스의 주장은 마르크스주의의 이러한 변화를 분명하게 보여주고 있다.

마르크스의 접근법이 다른 사회사상가들과 다른 점이 있다면 그것은 엥겔스가 말한 이른바 '유물론적 역사인식' 혹은 **사적 유물론**(historical materialism)에 기초해 있다는 점이다(〈그림 4-1〉). 마르크스는 역사가 이른바 '세계정신'의 전개와 같다고 본 독일 철학자 헤겔(Hegel 1770~1831)의 관념론을 거부하는 대신에 물질적 조건이 모든 형태의 사회 및 역사 발전의 토대라고 주장하였다. 이것은 생존수단의 생산이 모든 인간 활동에서 가장 중요하다는 신념을 반영한 것이다. 인간은 음식, 물, 거처 등이 없이는 살 수 없기 때문에 이러한 것들이 생산되

❋ 사적 유물론

물질적 조건이나 경제적 조건이 궁극적으로 법, 정치, 문화 그리고 사회적 실존의 다른 측면들을 구성한다고 주장하는 마르크스주의 이론

〈그림 4-1〉 사적 유물론

상부구조
문화, 정치, 예술, 이데올로기, 종교 등

↑

토대
경제체계: 계급체계를 포함하는 '생산양식'

는 방식이 삶의 다른 모든 측면들을 결정짓는 토대가 된다; 요컨대 '사회적 존재가 의식을 결정한다.' 1859년에 쓴 『정치경제학 비판』(*A Contribution to the Critique of Political Economy*) 서문에서 마르크스는 사회적 의식과 '법적·정치적 상부구조' 가 사회의 실질적 기반이 되는 '경제적 토대'로부터 생겨난다고 주장함으로써 이와 같은 생각을 가장 간명하게 표현한 바 있다. 여기서 '토대'는 생산양식 혹은 경제체제 (봉건주의, 자본주의, 사회주의 등)로 이루어져 있다. 이를 바탕으로 마르크스는 정치, 법, 문화, 종교, 예술 그리고 그 밖의 삶의 다른 측면들이 일차적으로 경제적 요인에 의해 설명될 수 있다고 주장하였다.

비록 다른 면에서는 헤겔을 비판했지만 마르크스는 역사변화의 추동력은 **변증법** (**dialectic**)이며 결과적으로 진보는 내적 갈등의 결과라는 헤겔의 신념을 받아들였다. 헤겔의 변증법은 자아실현을 향한 '세계정신'의 운동을 보여주고 있다. 이는 테제 (thesis)와 그것에 반대되는 반테제(antithesis) 사이의 갈등 이 더 높은 차원의 진테제(synthesis)를 낳고, 이것이 다시 새로운 테제를 형성하는 과정을 통해 이루어진다. 엥겔스가 지적하듯이, 마르크스는 이러한 헤겔의 변증법에 유물론적 해석을 가함으로써 '헤겔에 정면으로 도전하였다.' 마르크스 는 역사변화를 각각의 생산양식에 내포된 내적 모순을 통해 설명하였다. 마르크스에 의하면 자본주의는 반테제인 프롤 레타리아트를 포함하고 있기 때문에 망할 수밖에 없다. 마 르크스는 프롤레타리아트를 '자본주의의 무덤을 파는 자들'

 변증법
두 대립적인 힘들 사이의 상호작용이 다음 단계 혹은 더 높은 단계로 이어지는 발전의 과정; 한 사회 안에서 내적 모순으로부터 생겨나는 역사적 변화

칼 마르크스(Karl Marx 1818~1883)

독일 철학자, 경제학자, 정치사상가로 보통은 20세기 공산주의의 아버지로 불린다. 교사와 저널리스트로 잠시 활동했지만 대부분의 인생을 활동적인 혁명가 그리고 학자로 살았다. 주로 런던에서 생활했고 그의 친구이자 평생의 조력자인 엥겔스의 도움을 받았다.

마르크스의 사상은 헤겔철학, 영국 정치경제학, 프랑스 사회주의가 종합된 것이다. 그 핵심은 자본주의 비판으로 체계적 불평등과 불안정에 주목함으로써 자본주의의 전환기적 성격을 강조하고 있다. 마르크스는 사회발전이 공산주의의 수립으로 그 정점에 도달할 것이라고 보는 목적론적 역사이론을 지지하였다. 그의 고전적 저작은 3권으로 된 『자본론』(*Capital* 1867, 1885, 1894)이다; 가장 잘 알려져 있고 접하기 쉬운 것은 엥겔스와 공동으로 저술한 『공산당 선언』(*Communist Manifesto* 1848)이다.

이라고 보았다. 따라서 자본주의와 프롤레타리아트 사이의 갈등은 사회주의 사회, 궁극적으로는 공산주의 사회의 건설이라는 더 높은 단계의 발전으로 이어질 것이라고 보았다.

따라서 마르크스의 역사이론은 목적론적이다. 계급 없는 공산주의 사회의 건설이라는 목표에 반영된 의미 내지 목적을 역사에 부여하고 있다는 점에서 목적론적이다. 그럼에도 불구하고 이 목표는 역사가 그 자체의 경제구조와 계급체계를 특징으로 하는 일련의 단계 내지 시대를 통해서 발전할 때 성취될 수 있는 것이다. 『독일 이데올로기』(*The German Ideology* [1846]1970)에서 마르크스는 이를 4단계로 제시하였다: (1) 원시 공산주의 또는 부족사회로 여기서는 물질의 희소성이 갈등의 주된 근원이 된다; (2) 고전적 사회나 고대사회로 여기서 나타나는 노예제는 주인과 노예 사이의 갈등을 특징으로 한다; (3) 봉건제로 이것은 토지 소유주와 농노 사이의 적대감으로 표현된다; (4) 자본주의로 이것은 부르주아지와 프롤레타리아트 사이의 투쟁에 의해 지배된다. 따라서 인간의 역사는 억압하는 자들과 억압받는 자들, 착취하는 자들과 착취당하는 자들 사이의 오랜 투쟁이다. 하지만 마르크스는 어떠한 내적 모순도 반목도 없는 사회가 건설되었을 때 도래하게 될 역사의 종말을 마음속에 그렸다. 마르크스에게 있어서 그것은 공산주의, 즉 생산재의 공동소유에 기초한 계급 없는 사회를 의미하였다. 공산주의의 수립으로 마르크스가 말하는 이른바 '인류의 선사시대(pre-history of mankind)'는 종말을 고하게 될 것이다.

경제

마르크스의 초기 저작에서 자본주의에 대한 비판 가운데 상당 부분은 **소외**(alienation) 관념에 기초한 것이다. 자본주의는 교환을 위한 생산체계이기 때문에 노동의 산물로부터 인간을 소외시킨다: 인간은 그들이 필요로 하거나 유용한 것을 생산하기 위해 일하는 것이 아니라 이윤을 목적으로 판매할 상품을 생산하기 위해 일한다. 인간은 또한 노동과정으로부터 소외된다. 왜냐하면 대부분의 사람들은 감독자나 매니저의 감시 속에서 일하도록 강요당하기 때문이다. 게다가 일은 사회적이지 않다: 개인들은 이기적인 존재가

> **✳️ 소외**
> 자신의 진정한 혹은 본질적 특성으로부터 분리되는 것; 마르크스주의자들은 소외를 자본주의 하에서 노동이 단순한 상품으로 전락하는 과정을 묘사하기 위해 사용하였다.

되도록 내몰리고 그래서 동료 인간들로부터 소외된다. 끝으로 노동자들은 그 자신으로부터 소외된다. 노동 자체는 단순한 상품으로 전락하며, 일은 창조적이고 충족감을 주는 행위가 아니라 인간성이 상실된 행위가 된다.

하지만 후기 저작에서는 자본주의를 계급갈등과 착취의 관점에서 분석하였다. 마르크스는 계급을 경제적 권력, 특히 '생산수단' 혹은 생산재의 소유와 관련해서 규정하였다. 그는 자본주의 사회가 점점 '대립적인 두 개의 계급, 즉 부르주아지와 프롤레타리아트'로 나누어지고 있다고 보았다. 마르크스와 그 이후의 마르크스주의자들에게 있어서 계급체계의 분석은 역사를 이해하는 열쇠이며 자본주의의 미래를 예측하는 토대가 되었다: 『공산당 선언』(Communist Manifesto)에서 지적하듯이, '지금까지 존재하는 모든 사회의 역사는 계급투쟁의 역사이다.' 개인, 정당 또는 다른 어떠한 것보다도 계급이 역사 변화의 주요 동인이다.

결정적으로 마르크스는 계급 사이의 관계를 타협할 수 없는 적대적 관계로 보았다. 하위계급은 '지배계급'에 의해 필연적으로 그리고 체계적으로 착취당할 수밖에 없다. 이러한 관계를 마르크스는 '**잉여가치**(surplus value)'를 통해 설명하고 있다. 자본주의의 이윤추구에 대한 열망은 노동가치보다 낮은 임금을 지불해 노동자들로부터 잉여

잉여가치

자본주의적 착취 메커니
즘에 의해 프롤레타리아
트의 노동으로부터 추출
된 가치를 뜻하는 마르
크스주의 용어

가치를 추출함으로써만 충족될 수 있다. 따라서 경제적 착취는 자본주의적 생산양식의 본질적 특징이며 이는 자본가가 인색하든 관대하든 상관없이 작동하고 있다. 마르크스는 타협할 수 없는 계급갈등에 기초한 자본주의 고유의 불안정성을 지적하는 것뿐만 아니라 자본주의적 발전의 본질을 분석하는 데에도 관심이 있었다. 특히 마르크스는 자본주의가 심화되는 경제위기를 경험하는 추세에 주목했다. 이러한 위기는 주로 경제를 침체로 몰아넣고 노동계급에게 실업과 비참함을 안겨주는 주기적인 과잉생산의 위기로부터 비롯된 것이다. 그리고 각각의 위기는 이전의 위기보다 심각하다는 것이 마르크스의 생각이다. 왜냐하면 결국은 이윤율이 하락할 것이라고 보았기 때문이다. 이것은 불가피하게 사회의 광범위한 다수를 차지하는 프롤레타리아트가 혁명을 일으키는 조건이 될 것이라고 보았다.

정치

마르크스의 가장 중요한 예언은 자본주의가 프롤레타리아 혁명에 의해 전복될 수밖에 없는 운명이라는 것이다. 이는 지배 엘리트를 제거하거나 국가기구를 전복시키는 단순한 정치혁명이 아니라 새로운 생산양식을 수립하며 완전한 공산주의의 달성을 목표로 하는 **사회혁명**(social revolution)이다. 마르크스는 이러한 혁명이 자본주의 체계하에서 생산력이 한계에까지 다다른 가장 성숙된 자본주의 국가(예를 들어 독일, 벨기에, 프랑스, 영국 등)에서 발생할 것이라고 예견했다. 하지만 혁명은 단순히 객관적 조건에 의해서만 결정되지 않는다. 혁명은 객관적 조건과 주관적 조건 모두가 '무르익을' 때 일어난다. 주관적 요소는 '계급의식을 지닌' 프롤레타리아트가 제공한다. 계급 적대감이 심화됨에 따라 프롤레타리아트는 착취의 실상을 인식하게 되고 하나의 혁명세력, 즉 계급 그 자체가 된다. 이러한 의미에서 혁명은 결국 스스로를 이끌거나 안내하는 프롤레타리아 계급에 의해 수행되는 자발적인 행동이다.

사회혁명

사회구조의 질적 변화;
마르크스주의자들에게
사회혁명은 생산양식과
소유체제의 변화와 관련
이 있다.

프롤레타리아 혁명의 최초의 공격목표는 부르주아 국가였다. 여기서 국가는 경제적으로 지배적인 계급에 의해 행사되는 억압도구이다. 마르크스가 『공산당 선언』(*Communist Manifesto*)에서 지적했듯이, '근대 국가의 행정부는 부르주아지의 공동 관심사를 처리하기 위한 위원회이다.' 하지만 마르크스는 자본주의가 공산주의로 곧바로 전환되지는 않는다는 점을 인정하였다. 계급적 반목이 지속되는 한, 전환기의 사회주의 단계가 계속될 것이다. 마르크스는 이 단계를 **프롤레타리아트 독재(dictatorship of the proletariat)**로 규정지었다. 이러한 프롤레타리아 국가의 목적은 부르주아지에 의한 반혁명을 방지함으로써 혁명의 이득을 보호하기 위한 것이다. 그러나 완전한 공산주의의 출현과 함께 계급

> ☀ **프롤레타리아트 독재**
> 자본주의의 붕괴와 완전한 공산주의의 실현 사이의 전환 단계를 의미하는 마르크스주의 용어로 프롤레타리아 국가의 건설을 특징으로 한다.

적대감이 사라지면 국가는 '소멸될' 것이다. 계급체계가 폐지되면 국가는 존재이유를 상실하게 될 것이기 때문이다. 따라서 공산주의 사회는 계급 없는 사회일 뿐만 아니라 국가 없는 사회가 될 것이다. 그리고 상품생산 체계는 인간의 필요를 충족시키기 위한 체계로 대체될 것이다. 마르크스의 말처럼, '각자의 자유로운 발전이 모든 사람의 자유로운 발전을 위한 전제조건이다.'

▌정통 공산주의

러시아 혁명과 그에 따른 결과가 20세기 공산주의의 이미지를 지배했다. 레닌(V. I. Lenin)이 이끈 볼셰비키당이 1917년 10월 쿠데타로 권력을 장악했고 이듬해 '공산당(Communist Party)'이라는 명칭을 채택했다. 최초로 공산주의 혁명에 성공한 볼셰비키 지도자들은 공산주의 세계에서 적어도 1950년대까지는 의심할 바 없는 권위를 누렸다. 다른 지역에 들어선 공산주의 정당들은 모스크바의 이데올로기적 리더십을 받아들였고 1919년 창설된 공산주의 인터내셔널(Communist International), 즉 '코민테른(Comintern)'에 가입했다. 1945년 이후 동유럽, 1949년 중국, 1959년 쿠바 등지에 수립된 공산주의 정권은 의식적으로 구소련의 구조를 모델로 하였다. 따라서 소비에트 공산주의는 공산주의 통치의 주도적 모델이 되었고 마르크스-레닌주의의 아이디어는 공산주의 세계의 지배적 이데올로기가 되었다.

하지만 20세기 공산주의는 마르크스와 엥겔스의 예상과는 크게 달랐다. 우선, 20세기 공산당은 그것이 고전적 마르크스주의 이론에 기초한 것이기는 하지만 정치권력을 획득하고 유지하는 데 적합하도록 수정할 필요가 있었다. 특히 20세기 공산주의 지도

자들은 마르크스와는 달리 리더십, 정치조직, 경제관리 등과 같은 쟁점에 더 큰 관심을 기울여야 했다. 둘째, 공산주의 정권은 그들이 처한 역사적 상황의 영향을 받았다. 공산당은 마르크스가 예견했던 것처럼 서유럽의 선진 자본주의 국가가 아니라 러시아나 중국과 같은 후진 농업국가에서 권력을 장악했다. 그로 인해 도시 프롤레타리아트가 진정한 계급혁명을 수행하기에는 그 수가 적었다. 따라서 공산주의 통치는 공산주의 엘리트, 즉 공산주의 지도자들의 통치가 되었다. 게다가 소비에트 공산주의는 볼셰비키 지도자인 레닌과 스탈린(Stalin 1879~1953)으로부터 지대한 영향을 받았다.

레닌은 정치지도자이자 정치사상가였다. 레닌의 이론은 권력을 획득하고 공산주의 통치를 수립하는 문제에 일차적인 관심이 있었다. **레닌주의(Leninism)**의 핵심은 새로운 종류의 정당, 즉 혁명정당이나 전위정당의 필요성에 대한 신념이었다. 마르크스와 달리 레닌은 노동계급이 부르주아지의 이념과 신념에 현혹되었기 때문에 자동적으로 혁명적인 계급의식을 갖게 될 것이라고 생각지 않았다. 그는 오직 '혁명정당'만이 노동계급을 '노동조합의식'으로부터 혁명적 계급의식으로 이끌 수 있다고 주장하였다.

이러한 정당은 전문적이고 헌신적인 혁명가들로 구성되어야 한다. 여기서 리더십의 요체는 정당의 이데올로기적 지혜, 특히 마르크스주의 이론에 대한 이해에 있다. 따라서 혁명정당은 '프롤레타리아트의 전위대'라고 할 수 있다. 왜냐하면 혁명정당만이 마르크스주의로 무장한 채 프롤레타리아트의 진정한 이해관계를 인식하고 프롤레타리아트 계급의 혁명적 잠재력을 일깨우는 데 기여할 수 있기 때문이다. 나아가 레닌은 전위정당이 **민주집중제(democratic centralism)**의 원리에 따라 조직되어야 한다고 주장하였다.

1917년 볼셰비키는 전위정당으로 그리고 프롤레타리아트의 이름으로 권력을 장악했다. 볼셰비키당이 노동자 계급의 이해관계에 따라 행동했다면, 반대당들은 프롤레타리아트의 적대계급, 특히 부르주아지의 이해관계를 대신하는 것이었다. 프롤레타리아트 독재는 혁명을 노동자 계급의 적들로부터 보호하기 위한 것이었고 이는 공산당 이외의 모든 정당들에 대한 억압을 의미한다. 1920년에 러시아는 일당 국가가 되었다. 따라서 레닌주의는 프롤레타리아트의 이해관계를 분명하게 제시하고 '공산주의 건설'이라는 궁극적 목

❋ 레닌주의

마르크스주의에 대한 레닌의 이론적 공헌, 특히 프롤레타리아트 계급의식을 고취시키기 위한 혁명정당 혹은 전위정당의 필요성에 대한 레닌의 신념

❋ 민주집중제

토론의 자유와 엄격한 행동 통일 사이의 균형에 기초한 레닌의 정당 조직 원리

블라디미르 레닌(Vladimir Ilich Lenin 1870~1924)

러시아의 마르크스주의 이론가이자 혁명가. 레닌은 1887년 형의 처형을 접하면서 현실 정치에 뛰어들었고, 1889년 마르크스주의자가 되었다. 1903년에 볼셰비키 정당을 만들었고 후일 1917년 10월 혁명을 배후에서 조종하였다. 1922년 말 일련의 발작 증세 이후 실질적으로 정치에서 물러났지만 레닌은 죽을 때까지 소비에트의 지도자로 남아 있었다.

의심할 바 없는 20세기의 가장 영향력있는 마르크스주의 이론가였던 레닌은 무엇보다도 조직과 혁명의 발생에 관심이 있었다. 『무엇을 할 것인가』(What is to be done? 1902)는 프롤레타리아 계급을 이끌고 지도할 수 있는 고도로 조직화된 '전위'정당의 중요성을 강조하였다. 『제국주의, 자본주의의 최고단계』(Imperialism, the Highest Stage of Capitalism 1916)에서 그는 하나의 경제적 현상으로서의 식민주의를 분석하였고 세계대전이 계급전쟁으로 전환될 수 있다는 것을 강조하였다. 『국가와 혁명』(State and Revolution 1917)은 '폭동방식'에 대한 레닌의 확고한 입장을 보여주고 있고, 선거민주주의를 '부르주아지 의회주의'로 보고 거부하였다.

표를 향해 혁명을 이끌어야 할 책임을 지닌 독점정당의 등장을 뒷받침하는 것이었다.

레닌의 영향 못지않게 소비에트 공산주의는 1924~53년까지 진행된 스탈린(Joseph Stalin) 통치의 영향을 크게 받았다. 사실상 구소련은 10월 혁명보다도 1930년대 스탈린의 '제2의 혁명'에 의해 더 큰 영향을 받았다고 할 수 있다. 스탈린의 가장 중요한 이데올로기적 변화는 부하린(Bukharin)이 맨 처음 발전시킨 일국 사회주의(Socialism in One Country)의 교의를 포용한 것이었다. 1924년 발표된 이 교의는 구소련이 국제적 혁명 없이 '사회주의 건설'에 성공했다고 천명하였다. 그러나 권력기반을 공고히 한 후 스탈린은 1928년 제1차 5개년 계획을 시작으로 극적인 정치·경제적 격변을 주도했다. 스탈린의 5개년 계획은 사적 기업의 신속한 근절과 함께 급속한 산업화를 초래하였다. 1929년부터 농업이 집단화되었고 소작농들은 엄청난 희생을 치르면서 국영농장이나 집단농장에 편입되었다. 따라서 경제적 **스탈린주의(Stalinism)**는 국가집단화 내지 '국가사회주의' 형태였다고 할 수 있다. 자본주의 시장은 완전히 사라졌고 국가계획위원회, 즉 고스플란(Gosplan)과 모스크바의 강력한 경제관료 집단이 주도하는 중앙계획체계로 대체되었다.

'제2의 혁명'은 커다란 정치적 변동을 수반하기도 하였다. 1930년대에 스탈린은 비밀경찰(NKVD)을 동원한 일련의 잔혹한 숙청을 통해서 자신에게 충성하지 않는 세력과 비판자들을 제거하는 등 무자비한 권력을 행사했다. 공산당원은 거의 절반으로 줄었고 레닌 시기의 정치국원들을 포함해 백만 명 이상이 목숨을 잃었다. 그리고 수많은 사람들이 강제노동 수용소인 굴락(gulag)에 수감되었다. 따라서 정치적 스탈린주의는 단일지배 정당을 통해 작동하는 전체주의 독재였고 그 속에서 모든 형태의 논쟁이나 비판은 내전 상황을 방불케 할 정도의 테러를 통해 근절되었다.

> **스탈린주의**
> 스탈린의 방식에 기초한, 체계적이고 잔인한 정치적 억압을 통해 지탱된 중앙계획경제

현대 마르크스주의

마르크스주의 내지 마르크스-레닌주의가 동유럽 등지의 **정통(orthodox)** 공산주의 정권에 의해 세속종교로 전환되었던 반면에 서유럽에서는 보다 정교하고 복잡한 형태의 마르크스주의가 발전하였다. 이는 현대 마르크스주의, 서구 마르크스주의 혹은 **네오 마르크스주의(neo-Marxism)**로 불리는 것으로 마르크스주의의 특정 원리나 방법론적 특징을 확고히 견지하는 가운데 마르크스의 고전적 아이디어를 수정하거나 포기하려는 시도라고 할 수 있다.

> **정통**
> 통상 '공식적인' 승인이나 지지를 통해 기존의 확립된 관점이나 전통적인 관점을 고수하는 것

두 가지 요소가 현대 마르크스주의의 특징이다. 첫째, 자본주의 붕괴가 임박했다는 마르크스의 예견이 빗나가자 현대 마르크스주의자들은 전통적인 계급분석을 재검토하였다. 특히 그들은 헤겔리안의 사상과 마르크스의 초기 저작에서 강조된 '창조자 인간'에 대해 지대한 관심을 쏟았다. 이를 통해 현대 마르크스주의자들은 엄격한 '토대/상부구조'의 틀에서 벗어날 수 있었다. 요컨대 계급투쟁이 사회분석의 전부가 아니라고 본 것이다. 둘째, 현대 마르크스주의자

> **네오 마르크스주의**
> 결정론, 경제의 우선성 그리고 프롤레타리아트의 특권적 지위를 거부하는 수정 보완된 형태의 마르크스주의

들은 볼셰비키 모델의 정통 공산주의와는 잘 어울리지 않거나 때로는 근본적인 차이를 보이기도 하였다.

헝가리의 마르크스주의자인 루카치(Georg Lukács 1885~1971)는 처음으로 마르크스주의를 인본주의 철학으로 간주하였다. 그는 자본주의가 노동자들을 수동적 대상 또는 시장에서 거래될 수 있는 상품으로 전락시킴으로써 그들의 인간성을 박탈하는 '물화(reification)'의 과정에 주목하였다. 한편 그람시(Antonio Gramsci)는 단지 불평등한 정치적·경제적 권력뿐만 아니라 부르주아 헤게모니에 의해 계급체계가 어느 정도나 지탱될 수 있는가에 관심을 기울였다. 그에 따르면 부르주아 '헤게모니', 즉 지배계급의 정신적·문화적 패권은 미디어, 교회, 청년운동, 노동조합 등의 시민사회를 통해 부르주아지의 가치와 신념이 확산되면서 생겨난다. 헤겔리안 전통의 마르크스주의를 발전시킨 것은 이른바 프랑크푸르트학파로서, 대표적인 사상가는 아도르노(Theodor Adorno 1903~1969), 호르크하이머(Horkheimer 1895~1973), 마르쿠제(Herbert Marcuse) 등이 있다. 프랑크푸르트 이론가들은 '비판이론(critical theory)'을 발전시켰는데, 이는 마르크스주의 정치경제학, 헤겔철학 그리고 프로이드 심리학을 결합한 것으로 '뉴레프트(new left)'에 커다란 영향을 끼쳤다.

이와는 대조적으로 프랑스 공산주의자인 알튀세(Louis Althusser 1918~1990)는 구조주의적 마르크스주의를 주장하였다. 이는 마르크스가 개인들을 단지 그들이 처한 구조적 상황으로부터 생겨나는 기능의 담지자로 보고 있다는 가정에 기초한 것이다. 뢰머(John Roemer)와 같은 분석 마르크스주의자는 전혀 다른 접근방법을 채택하였는데, 그는 마르크스주의를 자유주의와 보다 밀접한 관련이 있는 방법론적 개인주의와 결합시키고자 하였다.

❋뉴레프트

탈집중화, 참여, 개인의 해방 등을 강조함으로써 선진 산업사회에 대한 과격한 비판을 통해 사회주의 사상에 다시금 활력을 불어넣고자 했던 이데올로기적 운동

▌마르크스주의의 죽음

1989년은 공산주의는 물론 이데올로기의 역사에 있어서도 극적인 분수령이 되었다. 그 해 4월 북경 천안문 광장에서의 '민주화' 시위를 시작으로 11월에는 급기야 베를린 장벽이 붕괴되면서 서유럽 자본주의와 동유럽 공산주의 사이의 대결이 종식되

었다. 1991년에는 정통 공산주의의 모델이었던 구소련마저 사라져 버렸다. 중국, 쿠바, 베트남, 북한 등 공산주의 정권이 유지된 곳에서는 정치적 스탈린주의를 시장지향적 경제개혁과 결합하고 있거나(중국의 경우), 아니면 점점 더 고립과 고통이 심화되고 있다(북한의 경우). 이러한 현상은 정통 공산주의가 경험한 구조적 결함에 따른 것이다. 비록 중앙계획 경제가 초기 산업화 과정에는 효과적이라는 것이 입증되었다고는 하지만 더 이상 현대 산업사회의 복잡성에 대응할 수 없었다는 점 그리고 무엇보다도 1950년대 이후 서구 자본주의 사회가 누렸던 것만큼의 번영을 보장해 줄 수 없었다는 것이 가장 큰 문제였다.

그럼에도 불구하고 공산주의의 붕괴가 마르크스주의에 과연 어떠한 의미를 던지고 있는가에 대해서는 다양한 해석이 있을 수 있다. 한편에서는 후쿠야마(Francis Fukuyama 1989, 1992)와 같은 역사의 종언론자들처럼 공산주의의 붕괴가 마르크스주의의 와해에 대한 분명한 증거라고 주장하고 있다. 다른 한편에서는 1989~91년 혁명으로 무너진 소비에트 공산주의는 '마르크스의 마르크스주의(Marxism of Marx)'와는 전혀 다르다고 주장하기도 한다. 하지만 1989~91년 사이에 붕괴된 것은 마르크스주의가 아니라

허버트 마르쿠제(Herbert Marcuse 1898~1979)
독일 정치철학자이자 사회이론가, 프랑크푸르트학파의 공동 창시자. 히틀러 치하의 독일에서 망명해 미국에서 생활하였다. 헤겔과 프로이드의 영향을 많이 받은 네오 마르크스주의를 발전시켰다. 1960년대에는 뉴레프트 사상의 주도적 인물이자 학생운동의 '정신적 지주'가 되었다.
마르쿠제 사상의 핵심은 선진 산업사회가 주장과 논쟁을 억누르며 모든 형태의 반대를 흡수해 버리는 이른바 '억압적 관용'의 포괄적 억압체제라는 것이다. 이러한 '일차원적 사회'에 저항해서 마르쿠제는 개인적 해방과 성적 해방의 유토피아적 전망을 견지하고 있다. 그는 전통적 노동계급이 아니라 학생, 인종적 소수집단, 여성, 제3세계의 노동자 등과 같은 집단을 혁명적 세력으로 보고 있다. 중요한 저작에는 『이성과 혁명』(*Reason and Revolution* 1941), 『에로스와 문명』(*Eros and Civilization* 1958), 그리고 『일차원적 인간』(*One-Dimensional Man* 1964) 등이 있다.

스탈린식의 마르크스-레닌주의라는 사실을 지적하는 것과 마르크스주의가 여전히 적실성이 있다는 것을 입증하는 것은 전혀 다른 차원의 문제이다. 마르크스주의가 지닌 훨씬 더 심각한 문제는 마르크스의 예견(자본주의의 불가피한 붕괴와 공산주의로의 대체)이 실현되지 않았다는 점이다. 즉 선진 산업사회에 '공산주의라는 유령'이 출몰하지 않았다는 사실이다. 심지어 소외나 착취 등에 관한 마르크스의 견해가 여전히 타당하다고 믿는 사람들조차도 고전적 마르크스주의가 자본주의의 놀랄만한 회복력과 자체 재생능력을 인식하지 못했다는 사실은 받아들여야 할 것이다. 이는 기술혁신에 대한 자본주의의 지칠 줄 모르는 욕구에서 분명하게 엿볼 수 있다. 자본주의 체제의 위기가 심화되면서 프롤레타리아트의 혁명적 계급의식이 고양되기보다는 오히려 자본주의가 처한 위기의 심각성은 약화되고 프롤레타리아트의 생활수준이 향상되면서 계급의식 또한 희미해지게 되었다.

일부 마르크스주의자들은 포스트 마르크스주의를 통해 이러한 문제에 대응해 왔다. 하지만 포스트 마르크스주의는 두 가지 의미를 내포하고 있다. 그 하나는 마르크스주의 프로젝트와 그 토대가 되는 사적 유물론을 포기하고 다른 대안을 모색해야 한다는 것이다. 이것은 한때 마르크스주의자였던 리오타르(Jean-François Lyotard 1984)의 저술에서 분명히 나타나 있다. 그는 총체적인 역사이론으로서의 마르크스주의는 물론 다른 모든 거대담론들이 포스트 모더니티의 등장으로 쓸모없게 되었다고 주장하였다. 하지만 다른 차원에서 보자면 포스트 마르크스주의는 마르크스주의를 포스트 모더니즘이나 후기 구조주의와 조화시키려는 노력을 통해 마르크스주의의 핵심적 요소들을 되살리고자 하는 시도라고 할 수 있다. 라클라우(Ernesto Laclau)와 무페(Chantal Mouffe 1985)는 전통적으로 사회계급이 지녔던 중요성과 사회변동 과정에서 노동계급이 차지하는 중심적 위치가 더 이상 유지될 수 없다는 사실을 인정하고 있다. 하지만 그 과정에서 그들은 마르크스주의 내에 또 다른 투쟁의 '계기'를 위한 공간을 열어주었는데, 이는 여성운동, 생태운동, 동성애자 운동, 평화운동 등 새로운 사회운동과 관련이 있다.

VI. 사회민주주의

하나의 이데올로기로서 사회민주주의는 20세기 중반에 형태를 갖추었다. 이는 서구 사회주의 정당들이 의회 전략을 채택하고 사회주의의 목표를 수정하면서 나타난 결과이다. 특히 자본주의를 폐지하려는 목표를 포기하는 대신에 자본주의를 개혁하거나 인간화하고자 하였다. 따라서 사회민주주의는 시장경제와 국가개입 양자 사이의 폭넓은 균형을 표방하게 되었다. 사회민주주의의 주된 특징은 다음과 같다:

- 사회민주주의는 자유민주주의의 원칙을 지지하며 정치변동이 평화적이고 합법적인 방식으로 이루어질 수 있고 또한 이루어져야 한다는 것을 받아들인다.
- 자본주의만이 부를 산출하는 신뢰할 만한 수단이라고 본다.
- 그렇지만 자본주의는 무엇보다도 부의 분배수단으로서는 도덕적 결함을 지니고 있다; 자본주의는 구조적 불평등 및 빈곤과 결부되어 있다.
- 자본주의 체제의 결함은 국가의 경제적·사회적 공학을 통해서 교정될 수 있다; 국가는 공동의 이익 혹은 공적 이익의 관리인이다.
- 국가는 국경 내의 경제적·사회적 생활을 규제할 수 있는 능력을 지니고 있다는 점에서 민족국가는 의미있는 정치적 지배 단위이다.

사회민주주의는 1945년 이후 체제 초기에 최고로 발전되었다. 그 기간 동안 많은 서방 국가에서 사회민주주의적 합의가 도출되면서 사회민주주의에 대한 열망이 사회주의 본토를 넘어 크게 확장되었다. 하지만 1970~80년대 이후로 사회민주주의는 신자유주의가 확산되고 경제적·사회적 환경이 변화됨에 따라 정치적 적실성을 유지하기 위해 노력해 왔다. 결과적으로 20세기의 마지막 10여 년 동안에는 전 세계에 걸쳐 개혁적인 사회주의 정당들의 이데올로기적 퇴조를 목격하게 되었다.

▌윤리적 사회주의

사회민주주의의 이론적 기반이 되었던 것은 과학적 분석보다는 오히려 도덕적 신념 내지 종교적 신념이었다. 사회민주주의자들은 마르크스와 엥겔스의 유물론적이고 체계적인 사상을 수용하기보다는 자본주의에 대한 도덕적 비판에 더욱 치중하였다. 그들은 사회주의가 자본주의보다 도덕적으로 우월하다고 보았다. 왜냐하면 인간은 사랑, 동정 그리고 연민의 끈으로 묶여 있는 윤리적 존재이기 때문이다. 이러한 관점에서 보자면 사회주의는 분명 유토피아적 성격을 지니고 있다. 윤리적 사회주의의 토대가 되는 도덕적 비전은 인본주의적 원리와 종교적 원리에 기초해 있다. 프랑스, 영국 그리고 다른 영연방 국가들의 사회주의는 마르크스의 '과학적' 교의보다도 푸리에, 오웬, 모리스(William Morris 1854~1896)의 **인본주의적** 사상에서 더 큰 영향을 받았다. 하지만 윤리적 사회주의는 또한 기독교에 크게 의존해 왔다. 예를 들어 영국에는 기독교 사회주의(Christian socialism)의 오랜 전통이 있는데, 이는 20세기

> ☀️**인본주의**
>
> 인간의 필요와 열망의 충족에 도덕적 우선성을 부여하는 철학

에 토니(R. H. Tawney)의 사상에 반영되어 나타났다. 영국 사회주의에 영감을 제공한 기독교 윤리는 보편적 형제애, 즉 신의 창조물인 모든 인간에 대한 존중의 윤리다. 이는 '네 이웃을 네 몸처럼 사랑하라(Thou shalt love thy neighbour as thyself)'는 성서의 원리에서 쉽게 찾아볼 수 있다. 『소유사회』(*The Acquisitive Society* 1921)에서 토니는 아무런 규제도 없는 자본주의를 비난하였다. 왜냐하면 자본주의는 '공통의 인간성'에 대한 믿음보다는 '탐욕의 죄악'에 의해 움직이기 때문이다.

이와 같은 종교적 영감은 또한 해방신학(liberation theology)에서도 분명하게 엿볼 수 있다. 해방신학은 개발도상의 많은 가톨릭 국가들, 특히 라틴 아메리카 국가들에게 영향을 미쳤다. 라틴 아메리카의 강압적 정권을 지지하기도 했던 로마 가톨릭주교회의는 1968년 콜롬비아 메들린(Medellin)에서 개최된 회의에서 '가난한 이들을 위한 우선적 선택(preferential option for the poor)'을 천명하였다. 성직자의 종교적 책무가 영적인 차원을 넘어 일반인의 사회적·정치적 투쟁을 포용하는 데까지 확장된 것이다. 교황 요한 바오로 2세(Pope John Paul II)와 바티칸의 비난에도 불구하고 라틴 아메리카 지역의 급진적 사제들은 빈곤과 정치적 억압에 반대하는 운동을 전개했으며, 심지어는 사회주의적 혁명운동을 후원하기도 하였다. 마찬가지로 북아프리카,

사회정의

통상 평등의 확대에 대한 헌신을 의미하는 도덕적으로 정당화될 수 있는 부의 분배

중동, 아시아에 있는 이슬람 국가들의 경우에도 사회주의 운동을 고취시킨 것은 종교였다. 이슬람교는 사회정의, 자선, 협동의 원리를 권면하며, 특히 고리대금과 부당이득을 금지한다는 점에서 사회주의와 연계되어 있다.

하지만 사회민주주의는 도덕적 원리나 종교적 원리를 받아들이고 과학적 분석을 포기함으로써 사회주의의 이론적 기반을 약화시켰다. 사회민주주의는 일차적으로 사회적 부의 공정하고 공평한 분배에 관심이 있다. 이것은 **사회정의**(social justice)라는 사회민주주의의 가장 중요한 원리로 구체화되었다. 그 결과 사회민주주의는 평등을 확대하고 부의 집단적 소유를 확장하고자 하는 좌파에서부터 시장 효율성과 개인적 자립의 필요성을 주장하는 우파에 이르기까지 폭넓은 견해들을 포함하게 되었다. 더욱이 이와 같은 우파의 입장은 자유주의나 보수주의의 특정 형태와 구분하기가 쉽지 않다. 그럼에도 불구하고 사회민주주의는 자본주의 자체를 재검토하고 사회주의의 목표를 재정립하는 가운데 그 이론적 토대를 마련하고자 애써왔다.

▌수정 사회주의

사회주의 본래의 근본적 목표는 생산재를 모두가 공동으로 소유하고 그것을 공동의 이익을 위해 사용하는 것이다. 이를 위해서는 혁명적 변동과정을 통한 사유재산 폐지와 자본주의적 생산양식으로부터 사회주의적 생산양식으로의 전환이 필요하다. 이러한 관점에서 볼 때 자본주의는 구제불능이다: 자본주의는 단순한 개혁의 대상이 아니라 폐지되어 마땅한 계급착취와 억압의 체계이다. 하지만 19세기 말에 이르러 일부 사회주의자들은 자본주의에 대한 분석이 불완전했다고 믿게 되었다. 이러한 신념을 이론적으로 가장 분명하게 표현한 것이 베른슈타인(Eduard Bernstein)의 『진화론적 사회주의』(*Evolutionary Socialism* [1898] 1962)이다. 이 책은 마르크스에 대한 포괄적 비판을 담고 있는 마르크스 **수정주의**(revisionism)의 최초의 시도였다.

베른슈타인의 이론적 접근은 대체로 실증적이었다; 그는

수정주의

수정된 견해를 보여주기 위해 애초의 해석으로부터 벗어나는 정치이론의 수정이나 재작업

베른슈타인(Eduard Bernstein 1850~1932)

독일 사회주의 정치가, 이론가. 독일 사회민주당의 초기 멤버였던 베른슈타인은 수정주의 논쟁에 깊이 관여된 사회민주당의 주도적 지식인 가운데 한 사람이었다. 그는 제1차 세계대전에 반대했기 때문에 당을 떠났지만 나중에 다시 당으로 복귀했다.

영국의 페비안주의와 칸트의 철학에 영향을 받은 베른슈타인은 정통 마르크스주의를 수정하고 현대화하고자 시도하였다. 『혁명적 사회주의』(Evolutionary Socialism 1898)에서 그는 경제위기가 더욱 첨예화되기보다는 점차 약해지고 있다고 주장하였고, '노동계급의 안정적인 발전'에 관심을 기울였다. 따라서 그는 자유주의적 중간계급 및 소작농과의 연합을 요구하였고 사회주의로의 점진적이고 평화적인 전환 가능성을 강조하였다. 후기 저술에서 베른슈타인은 마르크스주의의 흔적을 모두 지우고 신칸트주의 (neo-Kantianism)에 기초한 윤리적 사회주의를 발전시켰다.

마르크스의 예견이 틀린 것으로 판명되었기 때문에 마르크스의 분석방법(사적 유물론)을 거부하였다. 자본주의는 스스로 안정적이고 유연하다는 것을 보여주었다. 베른슈타인은 자본주의 사회가 '두 개의 계급(부르주아지와 프롤레타리아트)'으로 분리되고 계급갈등이 고조되기보다는 자본주의가 점점 더 복잡해지고 분화되고 있다고 주장하였다. 특히 한 사람의 영향력 있는 기업가 대신에 주주들이 소유하는 주식회사들이 생겨나면서 더 많은 사람들이 재산을 소유할 수 있게 되었다. 자본가도 프롤레타리아도 아닌 봉급생활자, 기술자, 정부관료, 전문직 노동자 등이 수적으로 늘어나면서 중간계급 또한 증대되었다. 베른슈타인이 볼 때, 자본주의는 더 이상 노골적인 계급억압 체계가 아니었다. 오히려 자본주의는 주요 산업의 국유화, 노동계급에 대한 법적 보호, 복지혜택의 확대와 같은 개혁을 시도하였다. 그리고 베른슈타인은 이러한 과정이 평화적이고 민주적인 방식으로 이루어질 수 있다고 확신하였다.

　서구의 사회주의 정당들은 이론과는 달리 실제로는 자본주의를 폐지하기보다 길들이려고 한다는 점에서 수정주의적 입장을 취해왔다고 할 수 있다. 1918년 당규약 제4조에 명시된 '생산수단의 공동소유, 분배 및 교환'에 대한 영국 노동당의 입장에서 볼 수 있듯이, 사회주의의 근본적인 목표를 오랫동안 견지해 온 경우도 있다. 그렇지만 20세기를 거치면서 사회민주주의자들은 자본주의 시장의 효율성과 활력을 깨닫게 되었고 그에 따라 계획경제를 포기하였다. 서독 사회민주주의자들이 1959년의 배드 고데스버그 회의(Bad Godesberg Congress)에서 했던 것처럼, 스웨덴 사회민주노동당은 1930년대에 공식적으로 경제계획을 포기했다. 서독은 1959년 회의에서 '가능하면 경쟁, 필요하면 계획'이라는 원칙을 수용했다. 반면 영국에서는 1950년대 말 수정주의를 공식적으로 채택하려던 유사한 시도가 실패로 끝났다. 당시에 노동당 연차회의는 당규약 제4조를 폐지하려는 가이트스켈(Hugh Gaitskell) 당대표의 시도를 무산시켰다. 그럼에도 불구하고 정권을 장악한 노동당은 대규모 국유화에 대한 의지를 전혀 보여주지 않았다.

경제계획과 전면적 국유화의 포기로 사회민주주의는 세 가지 보다 온건한 목표를 지니게 되었다. 첫 번째 목표는 자유시장 자본주의와 국가집단주의 사이에서 공적 소유와 사적 소유를 결합시킨 혼합경제였다. 사회민주주의자들이 옹호한 국유화는 선

사회주의 내의 긴장(1)

사회민주주의	공산주의
윤리적 사회주의	과학적 사회주의
수정주의	근본주의
개혁주의	유토피아주의
진화/점진주의	혁명
자본주의의 '인간화'	자본주의의 폐기
재분배	공동소유
계급갈등의 개선	계급 없는 사회
상대적 평등	절대적 평등
혼합경제	국가집단화
경제관리	중앙계획
의회정당	전위정당
정치적 다원주의	프롤레타리아트 독재
자유민주주의 국가	프롤레타리아/인민 국가

별적인 국유화였고 '기간산업' 또는 '자연적 독점' 산업에 국한된 것이었다. 예를 들어 1945~51년 사이의 애틀리(Attlee) 노동당 정부는 전기, 가스, 석탄, 철강, 철도 등 주요 시설을 국유화했지만, 대부분의 산업은 사적 소유로 남겨두었다. 둘째, 사회민주주의자들은 경제성장을 지속하고 실업률을 낮추기 위해 자본주의경제를 규제하거나 관리하고자 하였다. 1945년 이후에 대부분의 사회민주주의 정당들은 경제를 통제하고 완전고용을 실현하기 위해서 케인즈주의로 전환했다. 셋째, 사회주의자들은 자본주의를 개혁하거나 인간화하는 하나의 주요한 수단으로서 복지국가에 매료되었다. 복지국가는 사회적 평등을 조장하고 빈곤을 근절하는 데 도움이 되는 재분배 메커니즘으로 간주되었다. 자본주의는 더 이상 폐지될 필요가 없었고, 단지 개혁 자본주의나 복지자본주의의 수립을 통해 수정될 필요가 있었다.

영국 정치가이자 사회이론가인 크로스랜드(Anthony Crosland 1918~1977)는 『사회주의의 미래』(*The Future of Socialism* 1956)에서 이와 같은 변화의 흐름에 이론적 토대를 제공함으로써 베른슈타인 이론을 발전시켰다. 그는 현대 자본주의가 마르크스가 생각했던 19세기 모델과 닮은 점이 거의 없다고 보고 **관리주의**(managerialism)를 지지하였다. 크로스랜드는 매니저, 전문가, 기술관료 등의 새로운 계급이 구자본주의 계급을 대체했고, 자본주의와 공산주의에 관계없이 모든 선진 산업사회를 지배하게 되었다고 주장하였다. 크로스랜드는 재산의 소유가 재산의 통제와 분리되었다고 보았다. 기업을 소유한 주주들의 일차적인 관심사는 무엇보다도 이윤이다. 반면에 매일매일 기업의 주요 결정을 내리며 보수를 받는 매니저들은 회사의 대중적 이미지는 물론 산업의 균형을 유지하는 것 등과 같은 더 광범위한 목표들을 지니고 있다.

따라서 마르크스주의는 부적절한 것이 되었다: 만일 자본주의가 더 이상 계급착취의 체계로 간주될 수 없다면 국유화와 경제계획이라는 근본주의적 목표는 시대에 뒤진 것에 불과할 뿐이다. 그래서 크로스랜드는 소유의 정치보다는 오히려 사회정의의 정치라는 측면에서 사회주의를 개조했다. 재산이 공동으로 소유될 필요는 없지만 누진과세로 재정을 충당하는 복지국가를 통해 재분배될 수는 있다. 하지만 크로스랜드는 경제성장이 사회주의의 성취에 있어 결정적인 역할을 한다는 사실을 인정하였다. 경제성장은 보다 넉넉한 사회적 지출에 필요한 재원 조달을 위해서 매우 중요하다. 그리고 부유한 사람들

✳ 관리주의

매니저, 기술관료, 공무원 등과 같은 통치계급(기술적·행정적 능력을 소유한 사람들)이 자본주의 사회와 공산주의 사회 모두를 지배한다고 보는 이론

은 경제성장으로 그들 자신의 생활수준이 유지될 수 있을 때 궁핍한 사람들을 재정적으로 도우려 할 것이다.

▌사회민주주의의 위기

1945년 이후 체제 초기에 케인즈주의적 사회민주주의, 즉 전통적 사회민주주의는 승리한 것처럼 보였다. 사회민주주의의 강점은 마르크스가 자본주의의 운명을 결정할 것이라고 믿었던 불평등과 불안정에 굴복하지 않고 오히려 시장의 역동성을 활용했다는 점이다. 그럼에도 불구하고 케인즈주의적 사회민주주의는 태생적으로 불안한 절충에 기초한 것이었다. 한편으로 사회민주주의는 오직 시장만이 부를 생산하는 믿을 만한 수단이라고 보고 있다. 시장에 대한 이와 같은 입장 변화는 사회민주주의자들이 시장을 대신할 수 있는 사회주의적 대안이 없다는 사실을 인정한다는 것을 보여준다. 이것은 사회주의적 프로젝트가 자본주의의 대체가 아닌 자본주의의 개혁을 위한 시도로 재편되었다는 것을 뜻한다. 다른 한편으로 사회민주주의 속에는 사회주의적 윤리가 사회정의의 형태로 살아남아 있다. 그런데 이것은 약한 평등 관념과 관련되어 있다: 가난한 사람들에게 부를 재분배함으로써 빈곤을 줄이고 불평등을 좁혀야 한다는 생각, 즉 분배적 평등이 그것이다.

케인즈주의적 사회민주주의의 핵심에는 경제적 효율성과 평등주의 사이의 갈등이 자리잡고 있다. 전후의 '장기 호황' 시기에는 이러한 갈등이 표면화되지 않았다. 왜냐하면 지속적 성장, 낮은 실업률 그리고 낮은 인플레이션이 모든 사회집단의 생활수준을 향상시켜 주었고 보다 관대한 복지정책들을 재정적으로 뒷받침해 줄 수 있었기 때문이다. 하지만 크로스랜드가 예측한 바와 같이, 1970년대와 1980년대의 경기후퇴가 사회주의 사상을 좌파와 우파로 극명하게 양극화시킴에 따라 사회민주주의 내에 긴장을 불러일으켰다. 실업이 늘어 복지에 대한 요구가 증대되는 동시에 복지지출에 충당했던 세수가 압박을 받으면서 경기침체는 '복지국가의 재정위기'를 가속화시켰다. 이러한 상황에서 사회민주주의는 다음과 같은 어려운 문제에 답해야만 했다: 즉, 시장경제의 효율성을 복원해야 하는가 아니면 복지정책의 도움을 받던 빈곤층과 저소득층을 보호해야 하는가?

사회민주주의의 위기는 1980년대와 1990년대에 다른 요인들이 결합되면서 심화되었다. 먼저, 탈산업화가 진행되고 케인즈주의적 사회민주주의의 사회적 토대인 전통적 노동계급이 위축되면서 사회민주주의가 선거를 통해 성공할 가능성이 줄어들었다. 1945년 이후 체제 초기에는 민주주의의 물결이 진보정치를 가능하게 했다면, 1980년대 이후에는 갈브레이드(J. K. Galbraith 1992)가 말하는 이른바 '만족한 다수'의 이해관계를 지향하게 되었다. 사회민주주의 정당들은 이와 같은 정치·사회적 변동으로 값비싼 대가를 치렀다. 예를 들어 영국 노동당은 1979~92년까지 치러진 총선에서 네 번 연속으로 패배했다; 독일의 사회민주당은 1982~98년까지 권력에서 밀려나 있었다; 프랑스 사회당은 특히 1993년과 2002년 선거에서 참담한 패배를 경험했는데, 당시 사회당의 후보였던 조스팽(Lionel Jospin)은 대통령선거 결선투표에도 나서지 못했다. 둘째, 경제적 세계화가 심화되면서 사회민주주의의 경제적 활력이 약화되었다. 국가경제가 대규모 세계 자본주의 체계로 통합되면서 정부가 개별 국가경제를 관리해야 한다고 주장하는 케인즈주의가 무력화되었다. 세계화는 또한 복지국가를 개혁해서 세율과 지출을 줄이고, 노동유연성을 증진해야 한다는 압력을 가중시킴으로써 국가간 경쟁을 더욱 심화시켰다. 셋째, 공산주의의 붕괴로 인해 사회민주주의의 지적 신뢰가 크게 상처를 입었다. 이것은 자본주의 경제형태 이외의 다른 것이라고는 전혀 없는 세상을 만들었을 뿐만 아니라 기든스(Anthony Giddens)가 말하는 소위 사회주의 '사이버네틱 모델(cybernetic model)'에 대한 믿음 또한 약화시켰다. 사이버네틱 모델에서는 국가가 사회의 두뇌로 작용하면서 경제적·사회적 개혁을 주도한다고 보고 있다. 이러한 측면에서 케인즈주의적 사회민주주의는 1989~91년 혁명을 통해 폐기된 '상하수직적' 국가사회주의의 하나의 온건한 형태로 간주될 수 있을 것이다.

▌신수정주의와 제3의 길

1980년대 이래 전 세계의 개혁적 사회주의 정당들은 종종 신수정주의라고 부르는 진일보한 수정주의를 경험하였다. 그런데 이들은 정도의 차이는 있지만 전통적 사회민주주의와는 거리를 두어 왔다. 이러한 맥락에서 '신'사회민주주의('new' social democracy), **제3의 길(third way)**, '급진적 중도', '적극적 중도' 그리고 *신중도(Neue Mitte)* 등과 같이 다양한 방식으로 불리고 있다. 하지만 신수정주의의 이데올로기적 중요성이나 전통적 사회민주주의 내지 사회주의와의 관계 등은 논쟁과 혼란으

제3의 길

국가사회주의와 자유시장 자본주의의 대안이 되는 경제 형태로, 보수주의자, 사회주의자, 파시스트 등에 의해 각기 다른 시기에 추구되었다.

로 뒤덮여 있다. 이는 부분적으로 신수정주의가 국가에 따라 서로 다른 형태를 취해왔기 때문이다. 그에 따라 서로 상반되는 신수정주의 프로젝트들이 존재하기도 한다. 여기에는 독일, 네덜란드, 이탈리아, 뉴질랜드 등지에서 생겨난 것들은 물론 미국의 '신'민주당('new' Democrats)과 빌 클린턴(Bill Clinton)과 관련된 프로젝트 그리고 영국의 '신' 노동당('new' Labour)과 토니 블레어(Tony Blair)와 연관된 프로젝트 등이 포함되어 있다. 이들 프로젝트 가운데 일부는 성격상 사회주의적이지 아닌 것들이 있는 반면에 또 어떤 것들은 사회주의 내지 최소한 사회민주주의적인 가치들을 분명히 지키는 것들도 있다.

신수정주의는 이른바 '제3의 길'을 발전시키기 위한 시도였다. 넓은 의미에서 제3의 길은 자본주의와 사회주의 모두에 대한 하나의 대안이라고 할 수 있다. 좀 더 구체적으로는 구식 사회민주주의와 신자유주의에 대한 대안이다. 비록 제3의 길이 명확하지도 않고(아마도 본래부터) 또한 여러 가지로 해석될 수 있는 여지가 있다고 해도 거기에 내포된 특징적 주제들을 찾아낼 수는 있을 것이다. 그 가운데 하나가 사회주의, 적어도 '상하수직적인' 국가개입 형태의 사회주의는 끝이 났다는 믿음이다: 요컨대 영국 노동당의 1995년 당규약 수정안 제4조에서 '역동적 시장경제'라고 지칭한 것을 대신할 수 있는 것은 없다. 또한 세계화를 인정할 뿐만 아니라 자본주의가 정보사회 내지 지식경제로 전환되었다는 생각을 받아들이게 되었다. 따라서 정보기술, 개인적 재능, 노동과 기업의 유연성을 특히 중요하게 여긴다. 이처럼 제3의 길이 국가보다는 시장의 우위를 대체로 인정하며 친기업적 입장을 수용하고 있다는 사실은 1980~90년대의 신자유주의적 혁명을 뒤집기보다는 그것을 기반으로 하고 있다는 것을 의미하는 것이기도 하다.

제3의 길의 두 번째 특징은 공동체와 도덕적 책임을 강조한다는 것이다. 물론 공동체는 사회주의의 오랜 유산이다. 이것은 마치 형제애나 협동과 마찬가지로 사회의 정수(essence)라는 이념에서 비롯된다. 비록 제3의 길이 신자유주의 경제이론 가운데 많은 부분을 받아들이고는 있지만 신자유주의의 철학적 토대와 거기에 함축된 도덕적·사회적 의미는 분명하게 거부하고 있다. 시장 근본주의의 위험성은 그것이 사회의 도덕적 기반을 잠식하는 무한경쟁을 초래한다는 것이다. 그럼에도 불구하고 소위 영국의 '블레어 프로젝트(Blair project)'처럼, 제3의 길 가운데 일부는 여러 가지 면에서 19세기 말의 '새로운 자유주의(New Liberalism)'와 유사한 공동체주의적 자유주의를 창조함으로써 **공동체주의(communitarianism)** 이념을 자유주의 이념과 융합시키려고 하고 있다. 공동체주의적 자유주의의 요체는 권리와 책임이 본질적으로 함께 묶여 있다는 것이다: 모든 권리는 책임과 균형을 이루어야 하며 그 반대도 마찬가지이다. 이러한 견해는 이른바 '새로운' 개인주의에 기초해 있는데, 이는

※ **공동체주의**

'그 무엇에도 얽매어 있지 않은 존재'는 없다는 의미에서 자아나 인격체가 공동체를 통해 구성된다는 신념

개인의 자율성을 지지하면서도 개인들이 상호의존과 상호성의 맥락 속에서 행동해야 한다는 것을 강조하고 있다.

셋째, 제3의 길을 지지하는 사람들은 사회주의의 갈등적 사회관과는 대조적으로 사회에 대해 합의적 관점을 취해 왔다. 이것은 예를 들어 사회의 모든 구성원들을 묶어주는 유대관계를 강조하고 그래서 계급적 차이와 경제적 불평등을 무시하거나

안토니 기든스(Anthony Giddens 1938~)

영국의 사회·정치이론가. 1997~2003년까지 런던경제대학(London School of Economics)의 학장이었다. '토니 블레어(Tony Blair)의 정신적 지주'로 자주 거론된 기든스는 영국 등지에서 새로운 사회민주주의적 아젠다의 개발에 강력한 영향을 끼쳤다.

사회이론가로서 기든스의 위상은 『사회학적 방법의 새로운 규칙들』(New Rules of Sociological Method 1976), 『사회의 구성』(The Constitution of Society 1984) 등에서 전개한 구조화 이론에 의해 확립되었다. 여기서 기든스는 구조와 행위자라는 전통적 이원론을 초월하고자 하였다. 『좌우를 넘어』(Beyond Left and Right 1994), 『제3의 길』(The Third Way 1998), 『고삐풀린 세계』(The Runaway World 1999), 『제3의 길과 그 비판자들』(The Third Way and its Critics 2000) 등의 후기 저서를 통해 사회민주주의를 새롭게 정립하고자 하였다. 이러한 시도는 후기 현대성의 도래라는 관점에서 이루어졌다. 그 과정에서 기든스는 세계화, 탈전통, 사회적 재귀성(social reflexivity/상호성과 상호의존)의 문제를 다루었다.

은폐하고자 하는 공동체 속에서 분명히 엿볼 수 있다. 이와 유사하게 '지식기반 경제'의 이념은 물질적 보상이 더 이상 구조적 불평등에 기초해서 분배되지 않고 그보다는 오히려 노동 관련 기술의 유동적 흐름과 보다 밀접하게 관련되어 있다는 것을 보여주고 있다. 합의와 사회적 조화에 대한 신념은 또한 제3의 길의 가치구조에도 반영되었다. 여기서는 전통적인 도덕적·이데올로기적 사고가 지닌 양자택일의 접근을 거부하며 마치 비이원론적(non-dualistic) 세계관과도 같은 것을 제시하고 있다. 따라서 제3의 길을 지지하는 정치가들은 어느 하나가 아니라 기업정신*과* 공정성(enterprise *and* fairness), 기회*와* 안정(opportunity *and* security), 자립*과* 상호의존(self-reliance *and* interdependence) 등을 지지하는 것이 일반적이다.

넷째, 제3의 길은 평등에 관한 사회주의의 전통적인 입장에서 벗어나 사회적으로 누구를 포함시킬 것인가에 대해 관심을 보여왔다. 이는 기회나 심지어 실력주의(meritocracy)와 같은 자유주의의 이념들을 강조하고 있는 데서 분명하게 찾아볼 수 있다. 따라서 평등주의는 기회의 평등 또는 '자산에 기초한 평등주의', 즉 개인의 잠재

사회주의 내의 긴장(2)

사회민주주의	제3의 길
이데올로기적	실용적
민족국가	세계화
산업사회	정보사회
계급정치	공동체
혼합경제	시장경제
완전고용	완전고용 가능성
결과의 평등	기회의 평등
패배자에 대한 관심	실력주의
사회정의	모든 사람들을 위한 기회
빈곤의 근절	사회적 포함 대상의 증진
사회적 권리	권리와 책임
요람에서 무덤까지의 복지	일하는 복지(welfare-to-work)
사회개혁적 국가	경쟁/시장국가

력을 실현할 수 있도록 자산과 기회를 이용할 수 있는 권리로 축소되었다. 따라서 제3의 길은 '자립'을 강조하는 신자유주의 그리고 '요람에서 무덤까지'의 복지를 주장하는 사회민주주의 모두를 거부한다. 대신에 복지는 사회적으로 배제된 사람들을 대상으로 해야 하며 '스스로 돕는 자를 돕는다'는 근대 자유주의의 접근방식, 혹은 클린턴이 말한 것처럼, 사람들을 '도와주는 것이 아니라 북돋아주는(a hand up, not a hand out)' 방식을 따라야 한다. 특히 복지정책들은 미국의 근로복지(workfare)처럼 일할 수 있는 기회를 확대시켜 주는 것을 목표로 해야 한다. 이는 개인들이 얼마나 일자리를 찾으려고 하고 자립하려고 하는가에 따라서 복지혜택이 달리 적용되어야 한다는 것이다.

끝으로 제3의 길은 국가의 적절한 역할에 관한 새로운 생각을 보여주었다. 제3의 길은 경쟁국가나 시장국가라는 아이디어를 포용하고 있다. 경쟁국가는 세계적 경쟁이 심화되고 있는 상황 속에서 국가번영을 위한 전략 추구를 핵심 역할로 하는 국가다. 따라서 국가는 사회적 투자에 전념해야 한다. 즉 경제 인프라를 개선하고 무엇보다도 노동력의 지식수준과 질을 강화해야 한다. 따라서 사회보장보다는 교육이 정부의 우선순위가 되어야 한다. 교육의 가치는 개인의 발전을 가능하게 해 준다는(현대 자유주의의 관점) 본래적 이유에서가 아니라, 교육이 고용가능성을 증진시켜 주고 경제에 도움이 된다는(공리주의 혹은 고전적 자유주의의 관점) 차원에서 평가되어야 한다. 이러한 맥락에서 볼 때, 정부는 경제적·사회공학적 프로그램을 실행하기보다는 국민들의 태도, 가치, 기능, 신념과 지식 등을 형성하거나 이를 새롭게 하는 본질적으로 문화적인 행위자이다.

VII. 21세기의 사회주의

21세기에 사회주의를 논의하는 것이 무의미하다고 생각할 수도 있을 것이다. 사회주의는 사망했고 사회주의를 애도하는 조사도 쓰여졌다. 이러한 견해를 뒷받침할 수 있는 증거 또한 많다. 1989~91년 사이에 진행된 동유럽의 혁명들은 '실제로 존재하던 사회주의'의 마지막 흔적들을 제거해 버렸고, 중국이나 쿠바처럼 명목상으로 사회주의 체제가 남아 있는 곳에서는 공산당들이 시장개혁을 도입하고 있다. 그 밖의 다른 의회사회주의 정당들 또한 사회주의의 전통적 원리로부터 멀어져 왔다. 이들은 점점 더 시장지향적 경제에 대한 공감을 표시함으로써 선거를 통해 지지를 얻고자 노력하고 있다. 중요한 논쟁의 대상은 사회주의가 망한 원인에 관한 것이었다. 후쿠야마(Francis Fukuyama 1992)와 같은 역사의 종언론자들은 그 원인을 사회주의 모델의 태생적 결함 그리고 자유주의적 자본주의의 명백한 우월성에서 찾고 있다. 일부는 세계화된 경제가 모든 국가들을 전 지구적인 자본주의 체제로 끌어들이는 경향을 강조해 왔다. 또 다른 시각에서는 사회주의의 정치적 토대가 노동계급 대중으로부터 고립되고 탈정치화된 하층계급으로 축소된 사실을 지적하고 있다. 하지만 그 원인이 무엇이든 간에 세계는 사회주의를 트로츠키(Leon Trotsky)가 말한 이른바 '역사의 쓰레기통' 속에 던져 버리면서 극적으로 그리고 계속해서 우측으로 이동해 왔다.

그러나 오랜 역사의식을 지닌 사회주의자들이 낙담해서 쓰러질 것처럼 보이지는 않는다. 20세기가 시작될 무렵 사회주의의 불가피한 승리에 대한 예측이 무효로 판명되었듯이, 21세기의 시작과 더불어 제기된 사회주의의 사망에 대한 선언 또한 신뢰할 수 없는 것처럼 보인다. 사실상 1960년대만 해도 불필요한 것으로 여겨졌던 것은 자유시장 자유주의였고 사회주의는 아무런 거침없이 진보할 것처럼 보였다. 사회주의의 생존에 대한 희망은 자본주의 체계의 지속적이며 아마도 본질적인 불완전성에 달려있다고 해도 과언이 아닐 것이다.

밀리반드(Ralph Miliband)가 그의 최후의 저작인 『회의적인 시대의 사회주의』(*Socialism for Sceptical Age* 1995)에서 지적하듯이, '자본주의가 철저하게 변모되어 왔고 지금껏 인류가 성취하고 싶어 했던 최상의 것을 보여주고 있다는 생각은 인류에 대한 끔찍한 모욕이다.' 그와 같은 의미에서 인류가 시장 개인주의를 넘어 더 발전할 수 있다는 사실을 일깨워주기만 한다면 사회주의는 살아남을 수 있을 것이다. 더욱이 세계화는 사회주의에 도전과 함께 기회가 될 수도 있다. 초국가적 차원의 경제생활이 점점 더 중요해지면서 자본주의가 변모된 것처럼, 사회주의 또한 전 지구적 차원의 착취와 불평등을 비판하는 가운데 변화를 모색할 수 있을 것이다. 비록 아직은 이론적으로 정교화되지는 않았다 할지라도, 이것이 바로 반자본주의 운동이나 반세계화 운동의 추진력이다. 달리 말해 21세기의 사회주의는 지구적 차원의 반자본주의로 다시 태어날 수 있을 것이다.

만일 사회주의가 살아남는다면, 어떤 종류의 사회주의가 될 것인가? 분명해 보이는 것은 그것이 소비에트 시대의 관료적 권위주의로부터 영감을 얻을 것 같지는 않다는 점이다. 마르크스-레닌주의는 사라질 것이고 그것을 슬퍼할 사회주의자들은 거의 없을 것이다. 물론 레닌주의나 스탈린주의의 경험에는 연루되지 않은 마르크스의 유산을 재평가할 수 있을 것이다. 하지만 그것은 우리에게 친숙한 경제**결정론**자라는 20세기 마르크스의 모습보다는 인본주의적 사회주의자의 모습을 한 마르크스가 될 가능성이 더 클 것이다. 의회사회주의에 관한 한

결정론

인간의 행동과 선택이 외부적 요인에 의해 전적으로 결정된다는 신념; 결정론은 자유의지가 하나의 신화라는 것을 의미한다.

하나의 중요한 과업이 남아 있다. 적어도 1945년 이후 체제에서 본다면 케인즈주의적 사회민주주의는 포기되었을지 모른다. 그러나 분명한 것은 정치와 선거의 측면에서 시장 자본주의를 대신할 수 있는 활력있는 대안이 등장해야 한다는 것이다. 의심할 바 없이 제3의 길과 여타 신수정주의 프로젝트에 대한 관심은 사회주의 내의 신사고에 대한 열망, 특히 근본주의적 신자유주의에 저항해야 할 필요성을 분명히 보여주고 있다. 하지만 이것을 사회주의의 재탄생에 대한 증거로 보기는 어렵다. 여전히 새로운 사회주의 패러다임을 모색하기 위한 노력이 계속되고 있다.

•• 생각해 볼 문제

- 사회주의적 평등관의 특징은 무엇인가?
- 사회주의자들은 왜 집단주의를 좋아하는가 그리고 이를 증진시키기 위해 어떻게 노력해 왔는가?
- 혁명적 수단을 통해 사회주의를 성취하기 위해 노력한다는 것은 무슨 뜻인가?
- 민주적 수단을 통해 사회주의를 성취하기 위해 노력한다는 것은 무슨 뜻인가?
- 마르크스주의자들은 어떠한 근거에서 자본주의의 불가피한 붕괴를 예견했는가?
- 정통 공산주의는 마르크스의 고전적 아이디어를 어느 정도 반영했는가?
- 사회민주주의는 진정 사회주의인가?
- 사회민주주의적 '절충'은 본래부터 불안정한 것이었나?
- 자본주의와 사회주의 사이의 '제3의 길'이 가능한가?

·· 더 읽을 자료

Giddens, A. *The Third Way: The Renewal of Social Democracy* (Cambridge: Polity Press, 1998). 제3의 길 정치를 이해하는 주요 텍스트로 인정받고 있다.

Harrington, M. *Socialism: Past and Future* (London: Pluto Press, 1993). 사회주의의 과거와 미래에 관한 열띤 논의를 담고 있다.

Martell, L. (ed.). *Social Democracy: Global and National Perspectives* (Basingstoke and New York: Palgrave Macmillan, 2001). 세계화, 유럽화 및 상이한 국가적 전통의 관점에서 사회민주주의 내부의 전개과정을 분석한 논문들로 구성되어 있다.

McLellan, D. *The Thought of Karl Marx*, 2nd edn. (London: Macmillan, 1980). 선별된 텍스트를 통해 마르크스의 저작에 대한 매우 유익한 안내를 하고 있다.

Moschonas, G. *In the Name of Social Democracy — The Great Transformation: 1945 to the Present* (London and New York: Verso, 2002). '신사회민주주의(new social democracy)'에 초점을 맞추어 사회민주주의의 본질, 역사, 영향력 등을 매우 인상적으로 다루고 있다.

Sassoon, D. *One Hundred Years of Socialism* (London: Fontana, 1997). 민주사회주의 사상과 운동에 대해 상세하고 다루고 있다.

Wright, A. *Socialisms: Theories and Practices* (Oxford and New York: Oxford University Press, 1996). 사회주의 전통 내부의 불일치 원인을 조명하는 등 사회주의의 기본 주제들을 매우 간결하게 소개하고 있다.

제5장

민족주의*

I. 개관

'민족(nation)'이라는 말은 13세기 이래 사용되어 왔으며 '태어나다'라는 의미의 라틴어인 *나쉬*(*nasci*)에서 유래한 것이다. *나티오*(*natio*)라고 할 때는 출생이나 출생지에 의해서 통합된 사람들의 집단을 일컫는다. 그렇기 때문에 본래적 의미에서 민족은 종족이나 인종 집단을 의미하는 것으로 어떤 정치적 함의를 지닌 것은 아니었다. 개인과 집단이 '민족주의자'로 분류되기 시작함에 따라 18세기 말에 이르러 민족은 정치적 색조를 띠게 된다. '민족주의'라는 말은 1789년 프랑스의 반(反)쟈코뱅 사제인 오거스틴 바루엘(Augustine Barruel)에 의해서 처음 사용되었다. 19세기 중반까지 민족주의는 정치적 신조나 운동으로, 예를 들면 1848년 유럽을 휩쓸었던 혁명의 주요한 구성

---

* nation은 국가, 국민 또는 민족으로 번역될 수 있고 또 nationalism은 국가주의 또는 민족주의로 번역될 수 있으나, 여기서는 특별히 다른 의미로 사용되지 않는 한 nation은 민족으로 그리고 nationalism은 민족주의로 통용하고자 한다(역자주).

요인으로 널리 인식되었다.

민족주의는 일반적으로 정치적 조직의 주된 원칙이 민족이라는 신념으로 정의될 수 있다. 그렇기 때문에 민족주의는 다음과 같은 2가지의 핵심적 가정에 기반을 두고 있다. 첫째, 인간은 명백하게 구별되는 민족으로 자연스럽게 나눌 수 있다. 둘째, 민족은 정치적 지배의 가장 적합한 그리고 아마도 유일하게 합법적인 단위이다. 그렇기 때문에 고전적인 정치적 민족주의는 국가의 경계를 민족의 경계와 일치하도록 만들려고 한다. 그래야 이른바 민족국가 내에서 민족과 시민이 일치를 이루게 된다. 그러나 민족주의는 복잡하고 매우 다양한 이데올로기적 현상이다. 독특한 형태의 정치적, 문화적, 종족적 민족주의가 존재하고 있을 뿐만 아니라 민족주의의 정치적 함의는 광범하고 때로는 모순되기까지 하다.

민족주의는 모든 민족은 동등하다는 가정에 근거하여 민족자결주의를 옹호하는 신념과 결부되어 왔다. 하지만 그것은 또한 전통적인 제도와 기존의 사회질서를 옹호하기 위해서 뿐만 아니라 전쟁과 정복 그리고 제국주의의 프로그램을 추진하는 데에도 활용되어 왔다. 민족주의는 자유주의에서부터 파시즘에 이르기까지 서로 대립되는 이데올로기적 전통들과 연관되어 왔다.

II. 기원과 전개

민족주의 개념은 프랑스 대혁명 동안에 나타났다. 이전까지의 국가는 영역, 공국, 왕국으로 생각되어 왔다. 국가 내의 거주자는 '신민'이며, 이들의 정체성은 민족적 정체성이나 **애국주의**(patriotism)보다는 지배자나 지배왕조에 대한 충성심에 의해서 형성되었다. 그러나 1789년 루이 16세에 대항하여 일어난 프랑스의 혁명가들은 인민의 이름으로 봉기하였고 인민을 '프랑스 민족'으로 이해하였다. 이들의 생각은 장 자크 루소(Jean-Jacque Rousseau, p.195 참조)의 저술과 인민자치 정부라는 새로운 신념으로부터 영향을 받았다. 그렇기 때문에 민족주의는 '왕의 신민'이 '프랑스

❋ 애국주의
문자 그대로 자신의 조국에 대한 사랑, 자신의 민족이나 국가에 대한 심리적인 애착과 충성 (p.198 참조)

의 시민'이 되어야 한다는 생각을 반영하는 혁명적이고 민주적인 신조였다. **민족(nation)**이 그 자신의 지배자가 되어야 한다는 것이었다. 그러나 이러한 관념이 프랑스만의 소유물은 아니었다. 혁명과 나폴레옹전쟁(1792~1815) 동안 많은 유럽의 국가들이 프랑스의 침입을 받았는데, 이는 프랑스에 대항하는 분노와 독립의 열망을 낳았다. 다수 국가들의 집합으로 오랫동안 분리되어 있었던 이탈리아와 독일에서도 정복의 경험으로 인해 처음으로 민족 단합의 의식이

민족

공유하는 가치와 전통, 공통된 언어와 종교, 역사 그리고 통상 동일한 지리적 영역에의 거주를 통해 결속된 인민의 집단 (p.191 참조)

나타났고, 이는 프랑스로부터 배운 대로 민족주의라는 새로운 언어로 표현되었다. 민족주의 개념은 또한 19세기 초에 라틴 아메리카로 전파되었다. 거기서는 '해방자'인 시몬 볼리바르(Simon Bolivar 1783~1830)가 페루와 볼리비아에서뿐만 아니라 현재 콜롬비아, 베네수엘라, 에콰도르의 전신인 뉴그레나다(New Grenada)에서 스페인의 통치에 대항하여 혁명을 주도했다.

많은 경우 민족주의는 지난 200년에 걸쳐 세계의 많은 지역에서 역사를 만들고 재창출하는 데 도움을 주면서 가장 성공적이고 강력한 정치적 신조로 발전하였다. 터키와 오스트리아, 러시아의 전제적이고 다민족적인 제국이 자유주의적이고 민족주의적인 압력에 직면하여 분열하기 시작함에 따라 19세기에도 민족주의의 상승세는 유럽의 지도를 재구성하였다. 1848년 민족주의적 봉기는 이탈리아, 체코, 헝가리 그리고 독일에서 발발하였다. 독일의 경우는 민족통일에의 염원이 단기간에 그치기는 했지만 프랑크푸르트 의회의 창설로 나타났다. 19세기는 민족건설의 시기였다. 한때는 오스트리아의 재상인 메테르니히(K. von Metternich)에 의해서 '단순한 지리적 표현'으로 무시되기도 했던 이탈리아는 1861년 통일국가가 되었으며, 1870년 로마의 획득과 더불어 통일 과정이 완성되었다. 39개 소(少)국가의 집합체였던 독일도 보불전쟁(普佛戰爭)을 거쳐 1871년 통일되었다.

그럼에도 불구하고 19세기의 민족주의를 반대하기가 어려운 운동이거나 아니면 진정으로 대중적인 운동이라고 가정하는 것은 잘못된 것일 수 있다. 민족주의에 대한 열광은 주로 민족통합과 입헌정부의 개념에 흥미를 갖고 있었던 신흥 중간계급에 한정된 것이었다. 설사 중간계급의 민족주의 운동이 민족통합과 독립에의 꿈을 간직하고 있었다고 하더라도, 어느 곳에서도 이들은 자신의 힘으로 민족건설의 과정을 성취할 수 있을 만큼 충분한 힘을 보유하고 있지 않았다. 이탈리아나 독일에서처럼 민족주의

의 목표가 실현된 곳에서는 민족주의가 피드몬트(Piedmont)나 프러시아(Prussia)와 같은 신흥 국가들의 야망과 결합되었기 때문에 가능했다. 예를 들면 독일의 통일은 자유주의적 민족주의 운동으로부터 덕을 보기보다는 1866년 오스트리아를 패퇴시키고 1870~71년 프랑스를 이긴 프러시아 군대에 더 많은 빚을 진 것이었다.

그러나 19세기 말에 이르면 민족주의는 국기, 국가, 애국적 시와 문학, 경축일과 국경일 등의 확대를 통해 진정한 대중운동이 되었다. 민족주의는 대중정치의 언어가 되었는데, 이는 초등교육과 대중의 읽고 쓰는 능력의 증대 그리고 대중신문의 확대로 가능했다. 민족주의는 처음에는 자유주의적이고 진보적인 운동과 연관을 맺었지만 점차 보수적이고 반동적인 정치가들의 차지가 되었다. 민족주의는 특히 사회혁명과 국제 노동계급의 단합이라는 믿음을 구현하려는 사회주의의 점증하는 도전에 직면하여 사회적 결속과 질서, 안정을 지지하게 되었다. 민족주의는 점차로 강력해져 가는 노동계급을 민족으로 통합시키려고 하였으며 기존의 사회구조를 유지하기 위해서도 그렇게 했다. 애국적 열정은 더 이상 정치적 자유와 민주주의의 전망에 의해서가 아닌 과거의 민족적 영광과 군사적 승리에 대한 기념을 통해서 고취되었다. 이러한 민족주의는 점차로 **쇼비니즘적**(chauvinistic)이고 **배외주의적**(xenophobic)으로 되어 갔다.

각 민족은 자신의 독특하고 우월한 덕성을 옹호하는 한편 다른 민족들은 이질적이고 믿을 수가 없으며 심지어는 위협적인 것으로 간주하였다. 대중적 민족주의의 이러한 풍조는 1870~80년대에 극단적으로 강화되어 나간 식민지 팽창 정책을 부추겼으며, 19세기 말에는 전 세계 주민의 대부분을 유럽의 지배하에 두도록 하였다. 이는 또한 국제적 경쟁과 불신을 조장함으로써 결국 1914년에 세계대전을 촉발하였다.

제1차 세계대전이 끝나자 중부와 동부 유럽에서 민족건설 과정이 완료되었다. 파리 평화회담에서 우드로 윌슨(Woodrow Wilson) 미국 대통령은 민족자결주의 원칙을 주창하였다. 독일, 오스트리아-헝가리, 러시아 제국은 해체되었으며, 핀란드, 헝가리, 체코슬로바키아, 폴란드, 유고슬라비아를 포함하여 8개의 신생 국가가 탄생하였다. 이들 신생 국가들은 현존하는 민족 또는 종족 집단의 지리적 경계에 일치하는 국민국

✵ 쇼비니즘

'국수주의(national chau-
vinism)'나 '남성중심주
의(male chauvinism)'처
럼 전형적으로 자신이 우
월하다는 신념에 기초하
여 집단이나 주장에 무
비판적이고 비이성적으
로 헌신을 하는 것

✵ 배외주의

외국인에 대한 공포와
증오. 병적인 자국민중
심주의

가를 지향하였다. 그러나 제1차 세계대전은 처음부터 갈등을 부추겨 왔던 심각한 민족적 긴장을 해결하는 데 실패하였다. 실제로 전쟁패배의 경험과 평화조약의 조건들에 대한 실망은 좌절된 야망과 불만이 그대로 이어지도록 하였다. 이는 독일, 이탈리아, 일본에서 가장 심각하게 나타났다. 이들 나라에서 파시스트적이거나 권위주의적인 운동은 팽창과 제국정책을 통해 민족적 자존심을 회복시키겠다고 약속함으로써 제1~2차 세계대전 사이의 기간 동안 권력을 장악했다. 그렇기 때문에 민족주의는 1914년과 1939년 두 번에 걸쳐 전쟁을 야기한 중요한 요인이었다.

유럽에서 태동했던 민족주의의 이념은 20세기 동안 아시아와 아프리카의 인민들이 식민지배에 반대하여 봉기함에 따라 전 지구적으로 확산되었다. **식민주의**(colonialism) 과정은 서구에 의해 정치적 통제와 경제적 지배가 확립되어 가는 과정일 뿐만 아니라 민족주의 등 식민 지배자들에 대항하여 사용되기 시작한 서구 이념들이 수입되는 과정이었다. 민족주의자들의 봉기는 1919년 이집트에서 일어나 중동 지방으로 급속히 확대되었다. 영국-아프가니스탄 전쟁

> ✳ **식민주의**
> 통상 정책이나 경제적 지배를 통해 외국 영토에 대해 통제권을 확보하려는 이론 내지는 실천

도 1919년에 발발하였으며, 인도와 네덜란드령 동인도, 인도차이나에서 반란이 이어졌다. 1945년 이후 독립협상과 '민족해방' 전쟁에서의 승리 등 민족주의 운동의 성공에 직면하여 영국, 프랑스, 네덜란드, 포르투갈 제국이 해체됨에 따라 아프리카와 아시아의 지도는 다시 그려졌다.

반식민주의의 결과 발전도상의 국가들에서는 서구식의 민족주의가 확대되기도 했지만 새로운 형태의 민족주의도 태동하였다. 발전도상 국가들에서의 민족주의는 광범위한 운동들을 포괄하였다. 중국, 베트남. 아프리카의 일부에서 민족주의는 마르크스주의와 결합하였고, 민족해방은 정치적 목표일 뿐만 아니라 사회혁명의 일환으로도 간주되었다. 발전도상의 다른 지역에서는 민족주의가 자유민주주의적 민족 개념과 혁명사회주의적 민족 개념 모두를 거부하면서 반서구적이 되었다. 이 점은 특히 종교적 민족주의의 대두와 종교적 근본주의의 출현에서 명백하게 돋보인다. 민족주의와 종교적 근본주의의 관계는 이 책의 제10장에서 검토하게 될 것이다.

III. 핵심주제: 조국에 대한 사랑

민족주의를 하나의 이데올로기로 당당하게 대우하려고 하면 적어도 다음과 같은 3가지 문제에 직면하게 된다. 첫째, 민족주의는 때때로 충분히 발전된 이데올로기라기보다는 정치적 이념으로 분류된다. 예를 들면 자유주의와 보수주의, 사회주의는 상호 연관된 개념과 가치들로 복잡한 하나의 체계를 구성하는 데 반해, 민족주의는 정부의 자연적이고 적정한 단위는 민족이라는 간단한 신념을 핵심으로 하고 있다. 이러한 견해의 맹점은 '고전적인' 정치적 민족주의로 간주되는 것에만 초점을 맞추고 있다는 점이다. 어떤 측면에서는 정치적 민족주의 못지않게 중요한 문화적 민족주의나 인종적 민족주의와 같은 많은 다른 형태의 민족주의 표출을 무시하고 있다. 그렇기 때문에 민족주의의 핵심적 특성은 자치정부라든가 국민국가와 같은 협의적 연관에 있지 않고 오히려 어떤 식으로든 민족의 정치적 생활에 주된 중요성을 부여하는 개념과 운동이라는 보다 광범위한 연관에 있다.

둘째, 민족주의는 이론적 구성물이기보다는 대개의 경우는 자신의 조국에 대한 충성과 다른 국가에 대한 혐오와 같이 본질적으로 심리적 현상으로 묘사된다. 두말할 필요도 없이 민족주의의 중심적 특징 중의 하나는 감정적이고 정서적인 호소력이 강하다는 점이다. 그러나 이런 식으로만 민족주의를 이해하는 것은 민족주의의 이데올로기를 애국주의의 감정으로 오해할 여지가 크다.

셋째, 민족주의는 정신분열증적인 정치적 특성을 보유하고 있다. 각기 다른 시기에 민족주의는 진보적인가 하면 반동적이며, 민주적인가 하면 권위주의적이고, 합리적인가 하면 비합리적이며, 좌익적인가 하면 우익적이곤 했다. 민족주의는 또한 거의 모든 주요 이데올로기적 전통과 연관을 맺어 왔다. 각기 다른 방식이기는 하지만, 자유주의자와 보수주의자, 사회주의자, 파시스트 그리고 심지어는 공산주의자들까지도 민족주의에 매력을 느끼고 있다. 아마도 무정부주의만이 국가에 대한 전적인 거부라는 특성상 근본적으로 민족주의와 대립을 보인다. 이렇게 민족주의의 이념이 어리둥절할 정도로 다양한 정치적 운동들에 의해서 사용되어 왔으며 때로는 정반대되는 정치적 신념들과 연관되어 있다고 하더라도, 민족주의의 개념과 이론적 기초가 무엇인지를 확인할 수 있다. 이 가운데 가장 중요한 것은 다음과 같다:

- 민족
- 유기체적 공동체
- 자결
- 정체성 정치

▌민족

민족주의의 기본적 신조는 민족이 정치조직의 중심적 원칙이며 또는 그래야 한다는 것이다. 그러나 민족이 무엇이며 어떻게 정의해야 하는가를 둘러싸고는 많은 혼란이 있다. 일상적 언어에서 민족, 국가, 나라, 심지어는 종족과 같은 말들이 마치 상호교환될 수 있는 것처럼 자주 사용되고 있고 그래서 혼란을 가져오기도 한다. 실제에 있어 많은 정치적 논쟁들은 어떤 특정 집단의 사람들이 민족으로 간주되어야 하는지 그래서 이들 집단이 민족과 연관된 권리와 지위를 향유해야 하는지의 여부를 둘러싸고 제기되는 논란들이다. 예를 들어 이 점은 티베트인(Tibet), 쿠르드족(Kurd), 팔레스타인인(Palestine), 바스크족(Basque), 타밀인(Tamil) 등에게 적용된다.

가장 기본적인 수준에서 민족은 문화적 실체이며, 공유된 가치와 전통, 특히 공통의 언어와 종교, 역사에 의해 결속되어 있고 대개의 경우는 동일한 지리적 영역에 거주하는 사람들의 집합을 일컫는다. 이러한 관점에서 보면 민족은 객관적인 요인들에 의해서 정의내릴 수 있다: 일련의 문화적 기준의 요건을 충족하는 사람들은 민족에 속한다고 정의를 내릴 수 있으며, 그렇지 않은 사람들은 민족이 아니거나 다른 민족의 구성원으로 분류될 수 있다. 그러나 민족을 단순히 공통의 문화나 전통에 의해서 결속된 사람들의 집단으로 정의를 내리는 것은 몇 가지 어려운 문제를 제기한다. 대표적으로 언어, 종교, 종족, 역사, 전통과 같은 특정의 문화적 특성들이 민족과 연관되어 있다는 게 통상적이라 하더라도 민족이 언제 어디에 존재하는지를 확정지을 수 있는 청사진이나 객관적인 기준은 존재하지 않는다.

언어는 자주 민족의 가장 명확한 상징으로 간주된다. 언어는 친밀감과 소속감을 가져다주는 표현 형태, 태도, 가치를 구체화한다. 예를 들면 독일 민족주의는 전통적으로 독일어의 순수성과 활력 속에 반영되어 있는 문화적 통합의식에 기초하고 있다. 그럼에도 불구하고 동시에 공통의 민족정체성 의식이 없이 동일한 언어를 사용하는 사람들이 있다. 미국인, 호주인, 뉴질랜드인은 영어를 모국어로 사용하지만 스스로를 '영국 민족'의 구성원이라고 생각하지 않는 것은 확실하다. 다른 민족들도 민족적 언어를 보유하지 않으면서도 실질적인 민족적 단합을 유지해 오고 있다. 자신들의 고유한 언어가 없는 스위스의 경우에는 프랑스어, 독일어, 이탈리아어 등 3개의 주요 언어가 사용되고 있다.

종교도 민족의 또 하나의 중요한 구성 요인이다. 종교는 공통의 도덕적 가치와 정신적 신념을 표현한다. 북아일랜드의 경우 동일한 언어를 사용하는 사람들이 종교적 신념에 따라 나뉘어져 있다. 대부분의 프로테스탄트들은 자신들을 연합론자(Unionist)라고 간주하며 영국과의 연계를 유지하고자 하는 반면 가톨릭 공동체의 많은 사람들은 통합된 아일랜드를 선호한다. 이슬람은 북아프리카와 중동의 많은 지역에서 민족의식을 형성하는 주요한 요인이 되어 왔다. 반면에 종교적 신념이 반드시 민족의식과 일치하는 것은 아니다. 영국에서는 가톨릭과 프로테스탄트 사이의 구분이 대립적인 민족주의를 불러오지 않으며, 또한 미국에서 발견되는 두드러진 종교적 다양성이 이 나라를 다른 민족들의 집합체로 분리시키려고 하지 않는다. 동시에 폴란드, 이탈리아, 브라질, 필리핀과 같은 나라들은 공통의 가톨릭 종교를 보유하고 있지만 그들이 서로가 통합된 '가톨릭 민족'에 속한다고 생각하지 않는다.

민족은 또한 인종적 또는 종족적 통합의식에 기반을 두어 왔다. 이는 특히 나치 시대의 독일에서 분명하게 나타났다. 그러나 대개의 경우 민족주의는 생물학적인 기반보다는 오히려 문화적 기반에 근거를 두고 있다. 민족주의는 인종에 기반을 둔 종족적 통합을 반영할 수 있지만 대개의 경우는 공유된 가치와 공통의 문화적 신념으로부터 나온다. 예를 들면 미국 흑인들의 민족주의는 피부색보다는 자신들의 독특한 역사와 문화에 근거를 두고 있다. 그래서 민족은 공통된 역사와 전통을 공유한다. 통상적으로 민족적 일체성은 과거의 영광과 민족적 독립, 민족적 지도자의 출생이나 중요한 군사적 승리를 환기시킴으로써 보존된다. 미국은 독립기념일과 추수감사절을 기념하며 프랑스 대혁명 기념일(Bastille Day)은 프랑스에서 기념된다. 영국에서는 제1차 세계대전 종전 기념일(Armistice Day)이 지속적으로 기념되고 있다. 그러나 민족주의 감정은 공통의 과거에 대한 기억의 공유보다는 미래에 대한 기대에 더 많이 근거할 수 있다. 이 점은 '귀화한' 이민자들에게 적용되고 있으며, '이민자의 나라'인 미국에서 가장 명백하게 나타난다. 그러나 메이플라워호의 이주와 독립전쟁은 이들 사건들이 일어난 지 수세기가 지난 후에 미국에 도착한 대부분의 미국 사람들에게는 직접적인 연관을 갖지 않는다.

그래서 민족 속에 스스로를 표출하고 있다고 가정되는 문화적 단합이 무엇인지를 명확히 정의하기란 매우 어렵다. 그것은 어떤 간결한 공식보다는 문화적 요인들의 다양한 결합을 반영한다. 그렇기 때문에 민족은 일련의 외부적 요인들에 의해서보다는 '주관적으로' 그 구성원들에 의해 규정될 수 있을 뿐이다. 이러한 의미에서 민족은 심리적-정치적 실체이며 스스로를 자연적인 정치공동체로 간주하면서 애국주의의 형태로 공유하는 충성심과 애정에 의해 구별되는 사람들의 집단이다. 만약 일군의 사람들이 '민족의 권리'라고 파악하는 것을 계속 주장하고 있다면, 영토의 부재라든가 소규모의 인구 또는 경제적 자원의 부족과 같은 객관적인 어려움은 그다지 중요하지 않다. 예를 들면 라트비아(Latvia)는 불과 260만의 인구에 종족적으로 라트족(Lat)은 반밖에 안 되며 연료자원이 전혀 없고 천연자원도 매우 부족함에도 불구하고 1991년 독립국

관점 (Perspectives)

✳ 민족

자유주의자들은 민족과 관련하여 정치적 충성에 대한 강조 못지않게 문화적 통일을 강조하는 '시민적' 견해를 지지한다. 민족은 특히 자결에의 동등한 권리를 부여받고 있다는 점에서 도덕적 실체이다.

보수주의자들은 민족을 일차적으로는 공통의 종족적 정체성과 공유하는 역사에 의해 결속된 '유기적' 실체로 간주한다. 사회적 결속과 집단적 정체성의 원천으로서 민족은 아마도 정치적으로 가장 중요한 사회집단이다.

사회주의자들은 민족을 사회적 부정의를 감추고 기존의 질서를 지탱할 목적을 갖고서 인간을 인위적으로 구분한 것으로 바라보는 경향이 있다. 그렇기 때문에 정치적 운동과 충성은 민족적 특성이 아니라 국제적 특성을 가져야 한다.

무정부주의자들은 일반적으로 민족을 국가와 연관되어 있으며 그렇기 때문에 압제로 얼룩져 있다고 본다. 따라서 민족은 지배 엘리트의 이익을 위해 순종과 복종을 촉진시키려는 의도로 고안된 신화로 파악된다.

파시스트들은 민족을 유기체적으로 통합된 사회적 전체로서 바라본다. 종종 인종으로 정의되는 민족은 개인에게 의미와 목적을 부여해 준다고 본다. 그러나 민족은 서로 생존투쟁에 휩쓸려 있어서 어떤 민족은 성공적으로 생존해 나가는가 하면 다른 민족은 실패를 한다.

근본주의자들은 민족을 본질적으로 종교적 실체이자 '신자'들의 공동체로 간주한다. 그럼에도 불구하고 종교는 전통적인 민족과는 거의 동일한 시공간에 존재하지 않기 때문에 '이슬람 민족'과 같은 초민족적인 종교공동체를 주창한다.

가가 되었다. 마찬가지로 중동의 쿠르드족들은 공식적인 정치적 통합체를 가져본 적이 없으며 또 현재는 터키와 이라크, 이란, 시리아 등에 걸쳐 분포되어 있음에도 불구하고 민족주의적 열망을 보유하고 있다.

민족이 객관적인 요인과 주관적인 요인들의 조합을 통해서 형성된다는 이유로 인해 민족의 개념에 대해 대조적인 견해가 제기되어 왔다. 민족주의자들 모두가 민족이 문화적이고 심리적-정치적인 요인들의 결합이라는 데에는 동의를 하지만 두 경계 사이의 균형점이 어디에 있는가에 대해서는 크게 의견을 달리 한다. '배타적(exclusive)' 민족 개념은 인종적 통합과 공유하는 역사가 중요하다는 데 강조점을 둔다. 민족적 정체성을 '주어진' 것이며 변화하지 않고 실제로 변화할 수도 없는 것으로 바라보는 이러한 견해에 따르면, 민족은 공통의 혈통으로 특징지어지며 그래서 민족과 종족 사이의 구분을 어렵게 한다. 따라서 민족은 **'원초적인(primordial) 유대'**, 즉 언어와 종교, 전통적인 삶의 방식이나 조국의 땅에 대한 강력하면서도 생래적인 것처럼 보이는 정서적인 일체감에 의해 결속된다. 정도의 차이는 있지만 보수주의자들과 파시스트들은 이러한 견해를 수용한다.

반면 '포괄적(inclusive)' 민족 개념은 민족이 다종족적이고 다인종적이며 다종교적일 수 있다고 주장하면서 시민의식과 애국적 충성의 중요성을 강조한다. 이는 역으로 민족과 국가 사이의 구분, 따라서 민족 자격과 **시민권(citizenship)** 사이의 구별을 애매하게 하는 경향이 있다. 자유주의자들과 사회주의자들은 포괄적인 민족 개념을 수용하는 경향이 있다. 민족에 대한 이와 같은 두 가지 다른 접근은 〈그림 5-1〉처럼 예시될 수 있다.

> **원초주의**
>
> 민족은 심리학과 문화, 생물학으로부터 다양하게 형상화된 것으로 고대로부터 연유하며 뿌리가 깊다는 신념

> **시민권**
>
> 국가의 구성원 자격; 상호적인 권리와 책임에 기초한 개인과 국가 사이의 관계

〈그림 5-1〉 민족에 대한 두 가지 견해

▌유기체적 공동체

민족주의자들은 민족을 규정하는 특성들에 대해서는 의견을 달리하지만 민족이 유기체적 공동체라는 점에서는 견해의 일치를 이룬다. 다시 말해서 인류는 자연적으로 민족집단으로 나누어지며 각 민족은 서로 구별되는 특징과 각기 다른 정체성을 보유한다. 바로 이러한 이유 때문에 다른 어떤 사회집단이나 집합체보다 민족에게 '고도의' 충성과 심오한 정치적 중요성이 주어진다고 이들 민족주의자들은 주장한다. 예를 들면 계급, 젠더, 종교, 언어가 특정의 사회에서 중요할 수 있고 또 특정의 환경에서 지배적일 수 있지만, 민족적 결속이 보다 더 근본적이다. 민족적 유대와 충성은 모든 사회에서 발견되며 장기간에 걸쳐 존속되고 또 본능적이고 심지어는 원초적인 수준에서 작동한다. 그럼에도 불구하고 이에 대해서는 각기 다른 설명이 제시되어 왔다.

민족주의에 대한 '원초적' 접근은 민족적 정체성이 역사적으로 배태되어 온 것으로 파악한다: 민족은 국가나 독립투쟁보다 훨씬 이전부터 존재하는 공통의 문화적 유산과 언어에 뿌리를 내리고 있으며, 친족적 유대와 유사한 깊은 정서적 애착으로 특징지어진다. 예를 들면 안토니 스미스(Anthony Smith 1986)는 근대적 민족과 그 자신이 '종족집단(ethnies)'이라고 불렀던 전근대적 종족공동체 사이의 연속성을 밝혀내었다. 이는 민족의식과 **종족의식**(ethnicity) 사이에 차이가 없으며, 근대적 민족이란 본질적으로 먼 옛날의 종족공동체를 오늘날에 맞게 변형한 것이라는 것을 의미한다.

> ※ **종족의식**
> 특정의 주민, 문화적 집단 또는 영토에 대한 충성심; 인종적이라기보다는 문화적인 결속

반대로 민족주의에 대한 '상황적' 접근은 민족적 정체성이 변화하는 상황과 역사적 도전에 대응하여 형성된다고 주장한다. 그래서 어네스트 겔너(Ernest Gellner 1983)는 민족주의가 근대화, 특히 산업화와 관련된 정도에 초점을 두었다. 그러나 겔너에 따르면, 전근대적인 '농업문명' 사회가 봉건적 결속과 충성망에 의해서 구조화되어 있는 반면 새로이 태동하는 산업사회는 사회적 이동과 사익추구, 경쟁을 촉진시켰으며 그럼으로써 문화적 결속의 원천을 요구한다. 바로 이 새로운 원천을 민족주의가 제공하였다는 것이다. 겔너의 이론은 특정의 사회적 조건과 환경에 대응하여 민족이 태동하였음을 시사하고 있으면서도 또한 전근대적 충성과 정체성으로의 복귀가 사실상 어렵게 됨에 따라 민족주의가 더욱 깊이 뿌리를 박고 지속되고 있음을 보여주고 있다.

그러나 *민족공동체*는 특별한 공동체이다. 독일 사회학자 페르디난드 퇴니스(Ferdinand Tonnis 1885~1936)는 전혀 다른 두 종류의 사회적 관계를 구분하였다. '공동체(게마인샤프트 Gemeinschaft)'는 전형적으로 전통사회에서 발견되며 자연적 애정과 상호 존중으로 특징지어진다. 반면에 '결사체(게젤샤프트 Gesellschaft)'는 전형적으로 도시의 산업사회에서 발견되는 느슨하고 인위적인 계약관계로 구성된다. 민족주의자들이 볼 때 민족은 확실히 게마인샤프트 형태의 관계로부터 형성된다. 그럼에도 불구하고 베네딕트 앤더슨(Benedict Anderson 1983)의 지적처럼, 민족은 '상상의 공동체(imagined community)'를 구성할 뿐이다. 앤더슨은 민족이 공통의 정체성을 유지하기 위해서 일정한 정도의 면대면 상호작용을 요구하는 진정한 공동체이기보다는 오히려 정신적 공동체로서 존재한다고 주장하였다. 민족 내에서 개인은 민족적 정체성을 공유하고 있는 것으로 가정되는 사람들의 극히 일부분하고만 대면할 뿐이다. 만약 민족이 존재한다면, 그것은 교육과 대중매체, 정치사회화 과정을 통해서 구성된 상상의 인위체로서 존재한다.

민족이 유기체적 공동체가 아니라 '상상의' 공동체라는 생각은 민족주의 비판자들에의 지지되어 왔다. 민족주의에 대한 '구성주의적' 접근은 민족적 정체성을 대개의 경우 강력한 집단의 이익에 봉사하는 이데올로기적 구성물로 간주한다. 예를 들면 마르크스주의 역사가 에릭 홉스봄(Eric Hobsbawm 1983)은 민족이 얼마나 '발명된 전통(invented tradition)'에 근거하고 있는지를 밝혀내었다. 홉스봄은 역사적 연속성과 문화적 순수성에 대한 신념이 두말할 필요도 없이 신화이며, 그것도 민족주의 자체에 의해 만들어진 신화라고 주장하였다. 이러한 견해에서 보면, 민족주의가 민족을 창출하는 것이지 다른 방법으로 소생되는 것이 아니다. 예를 들면 19세기까지만 해도 민족의식이 광범위하게 발전되지 않았으며, 그것은 오히려 국가와 국기, 초등교육의 확대와 그로 인한 대중들의 읽기 쓰기 능력의 증진에 의해 형성되었다.

▌자결

정치 이데올로기로서 민족주의는 *민족공동체*의 개념이 대중**주권**(sovereignty)의 이념과 조우할 때에만 출현하였다. 이는 프랑스 대혁명 때에 발생하였으며 또 종종 근대 민족주의의 '대부'로서 간주되는 장 자크 루소(Jean-Jacques Rousseau)의 저술로부터 영향을 받았다. 루소는 민족의 문제를 세세하게 다루지 않았고 민족주의 현상을 논의하지도 않았지만, '일반의지'의 개념으로 표출되는 대중주권에 대한 그의 강조를 통해 민족주의 이념이 출현할 수 있는 단초를 제공했다. 러시아로부터의 독립을 위한 폴란드의 투쟁의 결과로서 루소는 대중주권이 문화적으로 통합된 인민에게 귀속되는 것으로 믿게 되었다. '일반의지'란 사회의 공통된 의지이며 각자

☀주권

도전할 수 없는 법적 권위나 의문시될 수 없는 정치권력으로 표현되는 절대적인 또는 무제한적인 권력의 원칙

가 사심없이 행동하는 조건에서는 모든 사람의 의지이다. 루소는 정부가 군주의 절대권력이 아니라 전체 공동체의 나눌 수 없는 집단 의지에 근거해야 한다고 주장하였다. 프랑스 대혁명 동안 이러한 신념은 프랑스 인민이 더 이상 단순하게 왕의 '신민'이 아니라 양도할 수 없는 권리와 의무를 보유하는 '시민'이라는 주장으로 나타났다. 그래서 주권은 '프랑스 민족'에게 귀속되었다. 그렇기 때문에 프랑스 대혁명으로부터 출현한 민족주의는 인민자치 또는 민족자치에 기반을 두었다. 달리 말하면, 민족은 자연적인 공동체가 아니라 자연적인 정치공동체이다.

장 자크 루소(Jean-Jacques Rousseau 1712~1778)

루소는 제네바 태생의 프랑스 도덕철학자이자 정치철학자이며, 아마도 프랑스 대혁명에 가장 큰 영향을 미친 지식인이다. 그는 독학으로 공부했고, 1742년 파리로 이주해서 프랑스 계몽운동의 주요 지도자들, 특히 디드로(Diderot 1713~1784)와 절친하게 지냈다.

루소의 저술은 교육, 예술, 과학, 문학, 철학에 걸쳐 방대하다. 그의 철학은 '자연인'의 선함과 '사회인'의 타락에 대한 자신의 깊은 믿음을 반영하고 있다. 『에밀』(*Emile* 1762)에서 요약되고 『사회계약론』(*The Social Contract* 1762)에서 발전되어 나간 루소의 정치철학은 '일반의지'의 개념에 기초하여 급진적 형태의 민주주의를 옹호하였다. 루소를 어느 하나의 정치적 전통과 연결하는 것은 거의 불가능하다; 그의 생각은 자유주의자, 사회주의자, 무정부주의자 그리고 일부의 주장에 따르면 파시스트의 사상에까지 영향을 미쳤다.

※ 국민국가

시민권과 민족자격이 겹치는 정치적 주권체; 하나의 국가에는 하나의 민족이 존재함

※ 통일

대개의 경우 문화적 특성들을 공유하면서도 분리되어 있는 정치적 실체들이 모여져서 하나의 국가로 통합되는 과정

민족주의의 이러한 전통에서 보면 민족과 국가는 본질적으로 연결되어 있다. 민족적 정체성의 리트머스 시험지는 대개의 경우 민족자결 원칙으로 표현된, 정치적 독립을 쟁취하거나 유지하려는 욕구이다. 그렇기 때문에 민족주의의 목표는 '**국민국가**(nation-state)'의 건설이다. 지금까지 이 목표는 다음과 같은 두 가지 중의 하나의 방법으로 달성되었다. 첫째, 민족주의는 **통일**(unification) 과정에 개입할 수 있다. 예를 들면 독일 역사는 반복적으로 통일을 목격해 왔다. 이는 샤를마뉴(Charlemagne) 치하의 중세 시대에는 신성로마제국(Holy Roman Empire)을 통해, 19세기에는 비스마르크의 주도하에 그리고 1990년 '두 개의 독일(동독과 서독)'이 통일되었을 때 일어났다.

둘째, 국민국가는 독립의 성취를 통해 달성될 수 있다. 예를 들면 폴란드 역사의 많은 부분은 다양한 외국 세력의 지배로부터 **독립**(independence)을 쟁취하려는 일련의 시도를 보여주고 있다. 폴란드는 오스트리아, 러시아, 프러시아에 의해서 영토가 분할된 1793년에 일단 존립이 끝났다. 그 이후 폴란드는 1918년 독립을 선언하였으며, 1919년 베르사유 조약(Treaty of Versailles)에 의해 인정을 받아 독립적인 공화국이 되었다. 그러나 1939년 나치-소비에트 협정(Nazi-Soviet Pact)에 따라 폴란드는 독일의 침공을 받았으며 그 결과 독일과 구소련에 의해 분할되었다. 폴란드는 1945년 공식적인 독립을 달성했지만, 전후의 많은 기간 동안 폴란드는 구소련의 확고한 지배 아래에 놓였다. 그렇기 때문에 1989년 비공산주의 정부의 선출은 폴란드가 외국 지배로부터 한 단계 더 해방되었음을 확인해 준 것이었다.

※ 독립

한 국가가 대개의 경우 주권국가의 확립과 관련하여 외국의 지배로부터 해방되는 과정

민족주의자들에게 국민국가는 가장 지고하고 바람직한 형태의 정치조직이다. 국민국가의 위대한 힘은 문화적 결속과 정치적 통합 모두의 전망을 제공하는 데 있다. 공통의 문화적 또는 종족적 정체성을 공유하는 사람들이 자치정부의 권리를 획득할 때 민족지위와 시민권은 일치를 이룬다. 더욱이 민족주의는 정부의 권위를 정당화시켜 준다. 국민국가에서 정치적 주권은 인민 혹은 민족에 귀속된다. 따라서 민족주의

는 정부가 자신들의 '민족적 이익'에 따라 인민에 의해서 또는 인민을 위해서 작동한
다는 이른바 대중의 자치정부 개념을 대변한다. 이것이 바로 민족주의자들이 독립적
인 국민국가들로 구성된 세계를 만드는 힘은 자연적이고 거부할 수가 없으며 또 어떤
다른 사회단체도 이와 같은 의미의 정치공동체를 구성할 수가 없다고 믿는 이유이다.
간단히 얘기하면, 국민국가만이 유일하게 생명력 있는 정치적 단위이다.

　　그러나 민족주의가 항상 국민국가와 연결된다든지 또는 반드시 자결의 원칙과 연
관된다고 주장하는 것은 잘못된 것일 수 있다. 예를 들면 어떤 민족은 국가 지위라든
가 완전한 독립에는 미달하는 정치적 자치의 조치에 만족을 할 수도 있기 때문이다.
이 점은 영국의 웰시(Welsh) 민족주의와 프랑스의 브레톤
(Breton)과 바스크(Basque) 민족주의에서 확인할 수 있다.
그래서 민족주의가 반드시 **분리주의(separatism)**와 연관되
는 것이 아니며 오히려 연방주의나 권한이양(devolution)
을 통해 표출될 수도 있다. 그럼에도 불구하고 권한이양이
나 연방주의가 민족주의적 요구를 충족시키려는 자치정부의
충분조건이 될 수 있는지는 명확하지 않다. 스페인의 바스크
지역에 광범위한 권한을 양도하는 시도도 ETA(Euzkadi Ta

> ＊ **분리주의**
> 독립된 국가를 세우려는
> 의도하에 큰 정치적 구
> 성체로부터 탈퇴하려는
> 움직임

Azkatasuna 에테아: '바스크족의 고향과 자유'라는 뜻: 역자주)의 폭력투쟁운동을 종
식시지는 못했다. 비슷하게 1999년 영국에서 스코틀랜드 의회의 창설이 유럽연합 내
에 독립적인 스코틀랜드 국가를 세우려는 SNP(Scottish National Party 스코틀랜드국
민당)의 노력을 막지는 못했다.

▌정체성 정치

　　모든 민족주의는 정체성의 문제를 다룬다. 민족주의가 어떤 정치적 대의와 연관되
어 있다고 하더라도 민족주의는 통상 애국주의로 이해되는 집단적 정체성에 기반하여
그러한 대의를 추진해 나간다. 정치적 민족주의자에게 영토, 종교, 언어와 같은 '객관
적' 고려는 의지, 기억, 애국적 충성과 같은 '주관적' 고려보다 결코 더 중요하지 않다.
그렇기 때문에 민족주의는 정치적 대의를 증진시킬 뿐만 아니라 인민이 누구인지를
밝혀주기도 한다. 그것은 인민에게 역사를 가르쳐 주며 사회적 결속을 형성시켜 줄

❊ **문화적 민족주의**

자치정부보다는 명백히
구별되는 명명으로서의
민족의 재생에 일차적
강조점을 두는 민족주의

❊ **종족적 민족주의**

일차적으로는 종족적 특
수성에 대한 예민한 감
정과 이를 보존하려는 욕
구에 의해서 추동되는 민
족주의

뿐만 아니라 개인적 존재보다 더 큰 운명공동체의 의식을
일깨워 준다. 실제로 민족주의에서 정서적 요인의 강력함과
이념적 요인의 상대적 취약성이야말로 정치적 신조로서의
민족주의의 이례적인 성공을 설명해 주는 요소이다.

　그러나 어떤 형태의 민족주의는 다른 민족주의보다 뚜렷
한 정치적 요구와 덜 밀접하게 연관되어 있다. 이는 특히
문화적 민족주의(cultural nationalism)와 **종족적 민족주의**
(ethnic nationalism)의 경우에 적용된다. 문화적 민족주의
는 뚜렷한 정치적 요구에 비해서 문화적 정체성을 강화하고
옹호하는 데 강조를 두는 민족주의이다. 통상적으로 문화적
민족주의자들은 국가를 외래적인 것은 아니더라도 부차적
인 것으로 바라본다. 정치적 민족주의가 '이성적'이고 원칙
적인 데 반해, 문화적 민족주의는 독특한 역사적·유기체적
전체로서의 민족에 대한 낭만적인 믿음에 기초하고 있다는
점에서 '신비적'이다. 전형적으로 문화적 민족주의는 엘리트나 '고급'의 문화보다는 대
중적 의식과 전통, 전설에 더 많이 의지하는 '아래로부터 위로 향하는' 형태의 민족주
의이다. 문화적 민족주의는 자주 반근대적 특성을 보이곤 하지만 또한 인민으로 하여
금 자신을 '재창조'하게 함으로써 근대화의 동인 역할을 할 수도 있다.

　명백한 민족의식의 중요성은 18세기 독일에서 제일 먼저 강조되었다. 헤르더(J. G.

❊
　애국주의

'조국'을 의미하는 라틴어 *파트리아*(*patria*)에서 따온 애국주의는 하나의 감정이다. 문자 그대로
자신의 나라에 대한 사랑이고 자신의 민족에 대한 심리적인 애착이다. 민족주의와 애국주의는
자주 혼동된다. 민족주의는 교리적 특성을 보유하고 있으며, 어떤 면에서는 민족이 정치조직의
중심 원칙이라는 신념을 구현하고 있다. 애국주의는 이러한 신념에 정서적 기반을 제공하며 그래서
모든 형태의 민족주의를 지지한다. 말하자면, 적어도 애국적 충성이나 민족의식을 전혀 보유하지
않으면서 정치적 독립을 요구하는 민족집단을 상상하기는 매우 어렵다. 그러나 모든 애국자가
다 민족주의자는 아니다. 정체성을 보유하며 심지어는 자신의 민족을 사랑하는 사람들이라 해도
이들 모두가 다 애국주의를 정치적 요구가 표출되는 수단이라고 보지는 않는다.

Herder 1744~1803)와 피히테(F. G. Fichte 1762~1814) 같은 사상가들은 프랑스 대혁명의 이념과 대조적으로 자신들이 믿었던 독일 문화의 독특성과 우월성이 무엇인지를 밝혔다. 헤르더는 각각의 민족은 자신의 인민에게 창조적인 추동력을 제공해 주는 '민족정신(*Volksgeist*)'을 보유한다고 믿었다. 그렇기 때문에 민족주의의 역할은 민족의 문화와 전통에 대한 이해와 인식을 발전시키는 것이다. 19세기 동안 이러한 문화적 민족주의는 특히 독일에서 민속적 전통의 재생 그리고 신화와 전설의 재발견을 통해서 특징적으로 나타났다. 예를 들어 그림(Grimm)형제들은 독일의 민속 설화를 모아서 출간하였고 작곡가 바그너(Richard Wagner)는 고대의 전설과 신화에 기초하여 많은 오페라를 작곡하였다. 20세기 중엽 이래 문화적 민족주의는 영국의 웰시족이나 프랑스의 브레톤족과 바스크족과 같은 인민들이 다민족 국가의 구성원이 되면서 위협을 받아 왔던 민족 문화를 보존하려고 함에 따라 강화되고 있다. (민족주의와 다문화주의 사이의 관계는 이 책의 제11장에서 논의될 것이다.) 민족주의 내에서 정치로부터 문화로의 이행 그리고 그에 따른 국가로부터 지역으로의 이행은 경제적 세계화의 맥락 때문에 의미 있는 충성과 애정을 확보하기가 점점 더 어려워져가는 국민국가의 능력을 반영하고 있다.

어떤 측면에서는 '종족의식(ethnicity)'과 '문화'라는 말이 중첩된다고 하지만 종족적

민족주의 내에서의 긴장(1)

시민적 민족주의	종족문화적 민족주의
정치적 민족	문화적/역사적 민족
포괄적	배타적
보편주의	특수주의
동등한 민족	독특한 민족
합리적/원칙적	신비적/정서적
국민주권	민족 '정신'
자발적	유기체적
시민권에 기반	혈통에 기반
시민적 충성	종족적 충성
문화적 다양성	문화적 통합

민족주의와 문화적 민족주의는 서로 다르다. 종족의식은 분명히 구별되는 주민, 문화적 집단 또는 영토적 영역에 대해 충성을 바치는 것을 의미한다. 이 종족의식이라는 말은 인종과 문화의 의미를 둘 다 보유하고 있기 때문에 복잡하다. 종족집단의 구성원들은 자주 그것이 틀리든 맞든 공통된 조상의 후손들이라고 간주된다. 그래서 종족집단은 혈연에 의해서 통합된 친족집단이 확대된 것으로 파악된다. 종족의식이 엄격하게 문화적 맥락에서 이해된다고 하더라도 그것은 보다 깊은 정서적 수준에서 작동하며 인민에게 특이성의 감정을 갖도록 하는 가치와 전통, 관습들이 무엇인지를 밝혀준다. 아마도 결혼을 통한 경우를 제외하고는 종족집단에 '가입'하는 것이 거의 불가능하기 때문에 종족적 민족주의는 명백히 배타적인 특성을 보유하게 된다.

IV. 민족주의와 정치

정치적 민족주의는 매우 복잡한 현상이며 일련의 가치와 목표의 체계이기보다는 애매함과 모순에 의해 더 특징지어진다. 예를 들면 민족주의는 해방자일 수도 있고 억압자일 수도 있다; 그것은 자치정부와 자유를 가져다주었는가 하면 정복과 복종으로 연결되기도 했다. 민족주의는 진보적인가 하면 퇴행적이기도 했다; 그것은 민족의 독립이나 민족의 위대한 미래를 주시하는가 하면 과거의 민족적 영광을 기념하면서 기존의 정체성을 구축하기도 한다. 민족주의는 합리적일 수도 있고 비합리적일 수도 있다; 그것은 민족의 자결과 같은 원칙적 신념에 호소를 하는가 하면 지난날의 공포와 혐오를 포함하여 비합리적인 충동과 정서를 부추기곤 한다. 이와 같은 이데올로기적 무정형은 수많은 요인들의 산물이다. 민족주의는 매우 다른 역사적 맥락에서 출현하였으며 서로 대조되는 문화적 유산에 의해 정형화되었을 뿐만 아니라 다양한 정치적 대의와 열망을 실현하기 위해서 사용되어 왔다. 그러나 이 점은 또한 다른 정치적 신조나 개념을 흡수하고 융합함으로써 일련의 대립적인 민족주의적 전통을 만들어나간 민족주의의 능력을 반영하기도 한다. 이와 같은 민족주의의 전통 가운데 가장 중요한 것들은 다음과 같다:

- 자유적 민족주의
- 보수적 민족주의
- 팽창적 민족주의
- 반식민 민족주의와 후식민 민족주의

▌자유적 민족주의

자유적 민족주의는 가장 오래된 형태의 민족주의로서 그 기원이 프랑스 대혁명으로까지 거슬러 올라가며 프랑스 대혁명의 많은 가치들을 구현하고 있다. 자유적 민족주의 사상은 유럽의 여러 곳으로 급속하게 확산되었으며, 이탈리아 통일의 '선각자'로 간주되는 주세페 마찌니(Giuseppe Mazzini)에 의해서 가장 명확하게 표현되었다. 자유적 민족주의는 또한 19세기 초에 라틴 아메리카의 독립운동을 이끌었으며, 스페인의 지배 아래에 있었던 많은 지역에서 스페인을 축출시켰던 시몬 볼리바르(Simon

주세페 마찌니(Giuseppe Mazzini 1805~1872)

이탈리아 민족주의자. 마찌니는 의사의 아들로서 이탈리아의 제노아에서 태어났다. 그는 카르보나리당(Carbonari, '숯 굽는 사람'이라는 의미의 이탈리아 급진적 공화주의자들의 결사: 역자주)이라는 애국적 비밀결사의 구성원으로서 혁명적 정치와 연관을 맺어나갔다. 1848년 혁명 동안 마찌니는 밀라노를 오스트리아의 영향으로부터 해방시키는 데 기여했으며, 단기간에 그친 로마공화국의 수장을 지내기도 했다.

마찌니의 민족주의는 명확히 구별되는 언어적-문화적 공동체로서의 민족에 대한 믿음을 자유주의적 공화주의의 원칙과 결합시켰다. 무엇보다도 마찌니의 민족주의는 원칙에 입각한 민족주의였는데, 그것은 민족을 자치권을 부여받은 승화된 개인으로 파악하였다. 마찌니는 민족자결의 원칙을 주장함으로써 종국적으로 영구평화가 도래할 것으로 확신하였다.

Bolivar)의 두드러진 업적에도 영향을 미쳤다. 제1차 세계대전 이후 유럽의 재건을 위한 토대로서 제안되었던 우드로 윌슨의 '14개 조항'도 자유적 민족주의의 원칙에 기반을 둔 것이었다. 더욱이 1911년 중국 혁명의 지도자들 가운데 한 사람인 쑨원(Sun Yat-Sen)과 인도의 초대 수상인 네루(Jawaharlal Nehru)의 경우처럼, 많은 20세기 반식민주의 지도자들은 자유적 민족주의 사상으로부터 영향을 받았다.

자유적 민족주의 사상은 특히 '일반의지' 개념으로 표현되는 루소의 대중주권 옹호에 의해 명확하게 정형화 되었다. 19세기를 거치면서 대중적 자치정부에 대한 열망은 점차 자유주의 원칙과 결합되었다. 이러한 결합은 민족주의가 투쟁을 벌였던 다민족적 제국이 전제적이고 억압적이라는 사실에 의해 촉진되었다. 예를 들면 마찌니는 이탈리아 국가들이 통일되기를 바랐지만, 이는 또한 전제적인 오스트리아의 영향력을 몰아내는 것을 의미했다. 19세기 중반 유럽의 많은 혁명가들의 경우 자유주의와 민족주의를 실질적으로 구분하는 것이 쉽지 않다. 실제로 이들의 민족주의적 신조는 원래 개인과 관련하여 발전되었던 자유주의 사상을 국가와 국제정치에 적용함으로써 대략적으로 형성되었다.

자유주의는 전통적으로 권리에 대한 언어들로 표현된 개인의 자유를 옹호하는 데에 기초를 두고 있었다. 민족주의자들은 민족이 자유를 향유할 자격이 있으며 또한 가장 중요한 것으로서 자결권과 같은 권리를 보유하는 주권적 실체라고 믿었다. 그렇기 때문에 민족주의는 두 가지 의미에서 해방적 세력이었다. 첫째, 자유적 민족주의는 다민족적 제국이든 식민 세력이든 모든 형태의 외국 지배를 반대한다. 둘째, 자유적 민족주의는 입헌주의(p.66 참조)와 대의제도에 대한 신념에서 실질적으로 반영되고 있는 자치정부의 이상을 지지한다. 예를 들면 우드로 윌슨은 유럽이 국민국가들로 구성될 뿐만 아니라 전체정치보다는 정치적 민주주의가 지배하는 것을 지지했다. 그에게는 미국 모델에 따른 민주적 공화국만이 진정한 국민국가가 될 수 있었다.

나아가 자유적 민족주의자들은 개인들처럼 민족들도 최소한 동등하게 자결권을 부여받고 있다는 의미에서 동등하다고 믿는다. 그렇기 때문에 자유적 민족주의자들의 궁극적 목표는 단순히 특정 국가의 독립이나 통일이 아니라 독립적인 국민국가들로 구성된 세계를 건설하는 것이었다. 존 스튜어트 밀(John Stuart Mill, p.54 참조)은 이 점을 '정부의 경계가 주로 민족의 경계와 일치해야 한다'는 원칙으로 표현하였다. 마찌니는 통일 이탈리아의 이념을 촉진하기 위해서 '이탈리아 청년당(Young Italy)'이라는 비밀조직을 만들었지만, 그는 또한 유럽 전체에 걸쳐 민족주의 사상을 전파하리라는 희망하에 '유럽 청년당(Young Europe)'을 창설하였다. 파리 평화회담(Paris Peace Conference)에서 우드로 윌슨은 자결의 원칙을 주창하였다. 이는 유럽 제국의 해체가 미국의 국익에 도움이 될 뿐만 아니라 폴란드, 체코, 헝가리 등 모든 나라가 미국이 이미 향유하고 있는 정치적 독립과 동일한 권리를 갖고 있다고 믿었기 때문이었다.

자유주의자들도 균형이나 자연적 조화의 원칙이 사회 내의 개인에게뿐만 아니라 세계의 민족들에게도 적용된다고 믿는다. 민족자결의 성취는 평화롭고 안정되게 국제 질서를 확립하는 수단이다. 윌슨은 제1차 세계대전이 전제적이고 군국주의적인 제국들에 의해 지배되어 온 '구질서' 때문에 야기된 것으로 믿었다. 반면에 민주적인 국민국가는 이웃 나라들의 민족적 주권을 존중할 것이며 전쟁을 일으키거나 다른 민족을 정복할 유인을 갖지 않을 것이다. 자유주의자들에게 민족주의는 민족들을 서로 분리시켜서 불신과 경쟁 혹은 전쟁을 촉발하지 않는다. 오히려 민족주의는 민족의 권리와 특성들에 대한 존중에 기반하여 각 민족 내에서는 통합을 그리고 민족들 사이에는 우애를 증진시킬 수 있다. 실제로 자유주의자는 민족을 넘어서, 이 장의 마지막 부분에서 논의되는 바와 같이, 세계시민주의(cosmopolitanism, p.399 참조)와 **국제주의**(internationalism) 사상으로 나아간다.

자유적 민족주의에 대한 비판자들은 때때로 이러한 생각들이 순진하고 낭만적인 것이라고 본다. 자유적 민족주의자들은 민족주의의 진보적이고 해방적인 측면을 바라보고 있다; 이들의 민족주의는 합리적이고 관용적이다. 그러나 이들은 아마도 민족주의의 어두운 측면, 즉 '우리'를 외래적이며 위협적인 '그들'로부터 구별하는 비합리적인 결속 내지는 **동족주의(tribalism)**를 무시하고 있다. 자유주의자들은 민족주의를 보편적인 원칙으로 바라보지만, 그들은 자신들 나라의 대의명분이 정당한 지에 관계없이 전쟁의 시기에 개인들로 하여금 자신의 나라를 위해서 죽고 죽이도록 설득해 온 민족주의의 감정적 측면에 대해서는 주의를 덜 기울이고 있다. 자유적 민족주의는 또한 국민국가가 정치적·국제적 조화의 중심축이라는 신념에 의해 오도되고 있다. 윌슨식의 민족주의의 오류는 민족이 편리하고 분리된 지리적 영역에서 살고 있으며 국가는 이러한 지리적 영역에 일치하도록

米 **국제주의**

초국가적이거나 전지구적인 협력에 기반을 둔 정치이론 내지는 정치적 실천; 국가란 인위적이며 불필요한 구성물이라는 신념(p.213 참조)

米 **동족주의**

고립과 배제로 특징지을 수 있는 집단행태. 전형적으로 경쟁적인 집단에 대한 적대를 통해 촉진된다.

건설될 수 있다는 신념이다. 실제에 있어서 모든 국민국가는 광범위하게 언어적·종교적·인종적 혹은 지리적 집단을 포함하고 있는데, 이들 가운데 일부는 스스로를 '민족들'이라고 간주할 수도 있다.

예를 들면 1918년 체코슬로바키아나 폴란드 같이 새로이 탄생한 국민국가들은 독일어를 하는 상당수 사람들을 포함하고 있었으며, 체코슬로바키아는 체크(Czech)와 슬로바크(Slovak)라는 두 개의 주요한 종족집단이 결합된 것이었다. 또한 베르사유 조약에 의해 세워진 구 유고슬라비아는 세르비아(Serb), 크로아티아(Croat), 슬로베니아(Sloven), 보스니아(Bosnia), 알바니아(Albania) 등 어리둥절할 정도로 많은 종족집단을 포함하고 있었는데, 이들은 결국 민족지위에 대한 자신들의 열망을 실현하였다. 사실 정치적으로 통합되고 문화적으로 동질적인 국민국가 이념은 소수집단에 대한 강제 추방과 이민에 대한 철저한 금지 정책에 의해서만 달성될 수 있는 것이다.

▌보수적 민족주의

19세기 초에 보수주의자들은 민족주의를 질서와 정치적 안정에 위협을 줄 수 있는 급진적이고 위험스런 세력으로 간주하였다. 그러나 19세기가 지나감에 따라 디즈레일리(B. Disraeli), 비스마르크 심지어 러시아 황제 알렉산더 3세(Alexander III)와 같은 보수적인 정치가들은 민족주의에 대해 점점 동조적인 입장을 취하였다. 민족주의가 사회질서를 유지하고 전통적인 제도를 옹호하는 데 자연적인 동맹자가 될 수 있다고 본 것이다. 현대에 이르러 민족주의는 대부분의 보수주의자들을 위한 신념으로 자리 잡아갔다. 예를 들면 영국에서 민족주의는 유럽통합에 대한 보수당의 반대로 표출되었다. 미국에서는 조지 부시(George W. Bush)가 이른바 '테러와의 전쟁'을 이용하여 군사적 공세를 민족적 가치와 민족적 특성의 옹호에 연결시켰다.

보수적 민족주의는 국민건설의 과정에 있는 곳보다는 이미 국민국가가 완성된 곳에서 발전되는 경향이 있다. 보수주의자들은 보편적인 민족자결을 강조하는 원칙적 민족주의보다는 민족적 애국주의 감정에서 나타나는 사회적 결속과 공공질서의 전망에 더 관심이 많다. 보수주의자들에게 사회는 유기체적이다: 그들은 민족이 자신과 같은 견해와 습관, 외양을 보유하는 사람들과 같이 살고 싶어 하는 인간의 욕구로부터 자연스럽게 출현한다고 보았다. 인간은 *민족공동체* 안에서 의미와 안전을 추구하는 제한적이고 불완전한 존재라고 간주한다. 그렇기 때문에 보수적 민족주의의 일차적인 목표는 특히 사회주의자들이 가르치는 계급적 연대의 분열적 사고에 직면하여 애국적 충성과 '자신의 나라에 대한 긍지'를 촉진함으로써 민족 단합을 유지하는 것이다. 실제로 노동계급을 민족으로 통합시킴으로써 보수주의자들은 자주 민족주의를 사회혁명에 대한 방어책으로 간주하였다. 1959~69년까지 프랑스의 대통령이었던 찰스 드골(Charles De Gaulle)은 아주 능란하게 민족주의를 프랑스의 보수주의 가치로 활용하였다. 드골은 민족적 긍지에 호소하여 독자적이고 반미적이기까지 한 외교안보정책을 추구하였으며 사회생활에 질서와 권위를 회복하고 강력한 국가를 건설하려고 하였다. 어떤 측면에서 영국의 **대처리즘**(Thatcherism)은 영국판 골리즘(Gaullism)에 해당되는데 이는 대처리즘이 민족주의에 대한 호소 내지 유럽 내의 민족적 독립에 기초한 열망을 강력한 정부와 확고한 리더십과 결합시켰다는 점에서 그렇다.

민족주의의 보수적 특성은 전통과 역사에 대한 호소에 의해 유지된다. 그렇기 때문에 민족주의는 전통적인 제도와 전통적인 생활방식에 대한 옹호자가 된다. 보수적 민족주의는 민족적 영광과 승리라는 지난날의 기억을 반영한다는 점에서 본질적으로 회고적이며 과거지향적이다. 이 점은 의식과 기념을 활용하여 과거의 군사적 승리를 민족의 역사에서 결정적인 시점으로 제시하는 광범위한 경향에서 돋보인다. 이는 또한 민족정체성의 상징으로서 전통적인 제도를 활용하는 데서 두드러지게 나타난다. 이 점은 영국의 경우, 보다 정확하게는 군주제와 밀접하게 연결되어 있는 영국 민족주의에서 찾아볼 수 있다. 북아일랜드를 포함한 영국은 통합된 왕국(United Kingdom)이며, 국가(國歌)는 '신이여, 여왕을 구해주소서'이다. 왕실의 가족은 제1차 세계대전 종전 기념일과 같은 국경일이라든가 의회 개원과 같은 국가적 행사에서 중요한 역할을 수행한다. 보수적 민족주의는 특히 민족정체성 의식이 위협을 받거나 상실할지도 모를 위험에 처해 있다고 느낄 때 두드러지게 나타난다. 그래서 이민이라든가 **초국가주의**(supranationalism)와 같은 쟁점은 많은 현대 국가에서 이와 같은 보수적 민족주의가 살아남을 수 있도록 하고 있다. 이민에 대한 보수적 민족주의의 반대는 문화적

대처리즘

마가렛 대처(Margaret Thatcher)와 연관하여 나타난 자유시장과 강력한 국가의 이데올로기적 입장; 영국판 뉴라이트 정치프로젝트

초국가주의

자신의 의지를 국민국가에게 부과할 수 있도록 초국가적인 또는 지구적인 권한을 보유하고 있는 조직체의 능력

다양성이 불안정과 갈등을 야기한다는 신념에서 나온다. 안정되고 성공적인 사회는 공유하는 가치와 공통된 문화에 기초할 것이기 때문에 특히 다른 종교와 다른 전통을 갖고 있는 사회에서 이민자가 들어오는 것은 엄격히 제한해야 하며 또 소수종족 집단은 주류 사회의 문화에 적극 통합되도록 해야 한다. 보수적 민족주의자들은 또한 EU와 같은 초국가적 조직 때문에 민족정체성과 사회의 문화적 결속이 위협받는데 대해서 관심이 많다. 이 점은 영국 보수당의 '유로스켑티시즘(Euroscepticism)' 형태로 나타나는가 하면 유럽 대륙에서는 프랑스 국민전선(French National Front)과 같은 다양한 형태의 우익집단에 의해서 표출되고 있다. 유럽회의론자들은 민족정체성의 살아 있는 상징이라는 측면에서 주권적 국가제도와 독특한 국가화폐를 옹호할 뿐만 아니라 민족적·언어적·문화적 다양성 속에서는 안정된 정치적 통합이 이루어질 수 없기 때문에 '유럽 프로젝트'는 치명적으로 잘못된 것이라고 주장한다.

보수적 정치가와 정당들이 민족주의에 대한 호소로부터 상당한 정치적 이득을 얻고 있지만, 이에 대해 반대하는 사람들은 이들 보수주의자들의 생각이 잘못된 가정에 기

민족주의 내에서의 긴장(2)

자유적 민족주의	팽창적 민족주의
민족자결	국수주의
포괄적	배타적
자발적	유기체적
진보적	반동적
합리적/원칙적	감정적/본능적
인권	국익
평등한 민족	위계적 민족
입헌주의	권위주의
인종적/문화적 다원주의	종족적/문화적 순수성
세계시민주의	제국주의/군사주의
집단안보	권력정치
초국가주의	국제적 무정부 상태

반하고 있음을 지적하고 있다. 우선, 보수적 민족주의는 일종의 엘리트 조작으로 볼 수 있다. '민족'은 자신들의 목적을 위해서 이것을 이용할 수 있는 정치 지도자들에 의해 발명되며 정의되는 것이 확실하다. 이 점은 전쟁이나 국가적 위기 시에 가장 두드러지게 나타나는데, 이때 민족은 애국적 의무에 대한 감정적 호소에 의해서 '조국'을 위해 싸우도록 동원된다. 나아가 보수적 민족주의는 불관용과 편협을 조장하는 데 기여할 수 있다. 문화적 순수성과 기존 전통의 유지를 강조함으로써 보수주의자들은 이민자들이나 일반적으로는 외국인들을 위협적인 것으로 묘사할 수 있으며 그러한 과정을 통해 인종주의적이고 배외주의적인 공포를 조장하거나 정당화해 나갈 수 있다.

▌팽창적 민족주의

많은 나라에서 민족주의의 지배적인 이미지는 민족자결에 대한 원칙적 신념과는 대조적으로 침략과 **군사주의**(militarism)로 나타난다. 민족주의의 공세적 측면은 유럽 열강들이 민족의 영광과 '유리한 지위'를 찾아 '아프리카 쟁탈전'에 뛰어들었던 19세기 말에 두드러지게 나타났다. 19세기 말의 제국주의는 대중 민족주의의 분위기로부터 지지를 받았다는 점에서 전 시대의 식민지 팽창과는 달랐다: 민족의 위신은 점차로 제국의 보유와 연결되었으며 식민지 쟁탈전에서의 승리는 대중적 지지에 의해 환영을 받았다. 영국에서는 이러한 대중 민족주의의 분위기를 묘사하기 위해서 **징고이즘**(jingoism)이라는 새로운 용어가 생겨났다. 20세기 초에 유럽 열강들 사이의 점증하는 경쟁은 유럽 대륙을 영국-프랑스-러시아로 구성된 삼국협상(Triple Entente)과 독일-오스트리아-이탈리아 간의 삼국동맹(Triple Alliance)이라는 두 개의 군사집단으로 갈라놓았다. 장기간에 걸친 군비경쟁과 일련의 국제적 위기 속에서 결국 1914년 8월 세계대전이 발발했을 때, 이 전쟁은 유럽의 모든 주요 도시에서 대중적 지지를 불러일으켰다. 침략적이고 팽창적인 민족주의는 제1~2차 세계대전 사이의 시기에 최고조에 달했다. 이 시기에 일본, 이탈리아, 독일의 권위주의적이고

> �֍ **군사주의**
> 군사적 수단에 의한 목표의 성취 또는 시민사회로 군사적 사고와 가치, 관행이 확장되는 것

> �֍ **징고이즘**
> **(주전론, 대외 강경론)**
> 군사적 팽창이라든가 제국적 정복에 고무되는 민족적 열광 내지는 공공의 축제 분위기

파시스트적인 정부는 제국적 팽창과 세계지배의 정책을 추진하였으며 이는 결국 1939년 전쟁으로 연결되었다.

이와 같은 팽창적 민족주의를 초기의 자유적 민족주의와 구분짓는 것은 그것이 극단주의적 특성을 띤다는 점이다. 극단주의적 특징을 지칭하는 쇼비니즘이라는 용어는 나폴레옹 1세(Napoleon I)에게 열광적으로 헌신을 했던 프랑스 군인 니콜라스 쇼빙(Nocholas Chauvin)의 이름에서 따온 것이다. 팽창적 민족주의에서 민족은 민족자결의 권리에서 동등하다고 생각되기보다는 오히려 어떤 민족은 다른 민족보다 더 우월하게 만드는 특성이나 덕성을 보유하고 있는 것으로 간주되었다. 이러한 생각은 인종적·문화적 우월성이라는 이데올로기에 의해 정당화된 유럽 **제국주의**(imperialism)에서 명확하게 나타났다. 19세기 유럽에서는 유럽과 미국의 '백인'들이 아프리카와 아시아의 '갈색 또는 노란색 피부를 지닌 사람들'에 비해 지적으로나 도덕적으로 우월한 것으로 널리 인식되고 있었다. 실제로 유럽인들은 제국주의를 도덕적 의무로 묘사했다: '백인'들에게 식민지 사람들은 짐이었다. 제국주의는 세계의 다른 불운하고 미개한 사람들에게 문명화, 특히 기독교화의 이득을 가져다줄 것으로 생각되었다.

보다 특별한 형태의 국수주의는 **범민족주의**(pan-nationalism)의 형태로 발전하였다. 러시아에서 이것은 때때로 친슬라브 민족주의(Slavophile nationalism)라고 불리면서, 특히 19세기 말과 20세기 초에 강한 세력을 이루었던 범슬라브주의(pan-Slavism)의 형태를 띠었다. 범슬라브주의는 슬라브인의 통합이라는 목표에 의해 규정되었으며 러시아인들은 이를 자신들의 역사적 사명이라고 믿었다. 이러한 믿음으로 인해 1914년 이전 러시아는 발칸 지방에 대한 지배를 추구함으로써 오스트리아-헝가리 제국과 점차 갈등을 빚었다. 범슬라브주의의 국수주의적 특징은 러시아인들이 슬라브인들의 자연적 지도자이고 슬라브인들은 중부나 서부 유럽의 사람들에 비해 문화적으로나 정신적으로 우월하다는 믿음으로부터 나왔다. 그렇기 때문에 범슬라브주의는 반서구적이며 반자유주의적이었다. 1991년 구소련에서 공산주의가 붕괴한 이후에도 범슬라브주의 형태들이 다시 되살아나곤 한다.

제국주의

은밀한 정치적 수단에 의해서든 혹은 경제적 지배를 통해서든 다른 나라에 대해 어떤 나라의 지배를 확장하는 것

범민족주의

팽창이나 정치적 결속을 통해 각기 다른 사람들을 통합시키려는 데 몰두하는 민족주의의 한 형태. 범(pan)은 '모두'를 의미한다.

전통적인 독일 민족주의도 뚜렷하게 국수주의 양상을 보였는데 이는 나폴레옹전쟁 (Napoleon War)에서의 패배로부터 생겨났다. 피히테와 얀(F. L. Jahn)과 같은 작가들은 독일 문화와 언어의 특수성 그리고 독일 사람의 인종적 순수성을 강조하면서 프랑스와 프랑스 대혁명의 이념에 강하게 반발하였다. 1871년 통일 이후 독일 민족주의는 범독일연맹(Pan-German League)이나 독일해군연맹(German Navy League)과 같은 압력집단의 출현과 함께 국수주의적 성격을 공개적으로 천명하였다. 이들 집단들은 독일어를 하는 오스트리아와 더 밀접한 관계를 맺어야 한다고 주장하였고 독일제국과 독일의 '유리한 지위'를 지지하는 운동을 벌였다.

범게르만주의(Pan-Germanism)는 팽창주의적이고 공격적인 형태의 민족주의로서 독일이 지배하는 유럽의 창설을 꿈꾸었다. 독일 국수주의는 나치에 의해 개발된 **인종차별주의(racialism)**적이고 반유대주의적인(anti-Semitic, p.279 참조) 교리에서 최고조에 달했다. 나치는 범게르만주의의 팽창적 목표를 채택했지만 이를 정치보다는 생물학의 언어로 정당화시켰다. 이 점은 인종차별주의와 관련하여 이 책의 제7장에서 보다 상세히 검토될 것이다.

> ※ **인종차별주의**
>
> 인종은 각기 따로 살아야 할 뿐만 아니라 각 인종들은 다른 특성을 보유하고 있고 그래서 각기 다른 사회적 역할에 적합하다는 이유로 인종적 구분이 정치적으로 중요하다는 신념

국수주의는 강렬하고 심지어는 병적이기까지 한 민족주의적 열광의 감정으로부터 태동한다. 분리된 합리적 존재로서의 개인은 침략과 팽창, 전쟁을 향한 욕망으로 표출되는, 이른바 애국적 감정의 조류에 휩쓸려 버린다. 프랑스 민족주의자 샤를 모라스(Charles Maurras 1868~1952)는 이와 같은 열광적인 애국주의를 '통합적 민족주의(integral nationalism)'라고 칭했다. 이러한 민족주의에서 개인과 독립적인 집단은 어느 한 개인의 삶을 넘어서는 것으로서의 존재와 의미를 가지며, 이른바 전능한 '민족' 내에서 자신들의 정체성을 상실한다. 이와 같은 호전적인 민족주의에는 왕왕 군사주의가 수반된다. 군사적 영광과 정복은 궁극적으로 민족의 위대함을 입증하는 것이며 민족주의적 헌신의 강렬한 감정을 불러일으켜 왔다. 실제로 시민들 모두가 군사적으로 된다: 시민은 절대적 충성과 완전한 헌신, 자발적인 자기희생이라는 군사적 가치에 의해 영향을 받는다. 민족의 명예라든가 통합이 의문시되면 일반 시민의 삶은 의미를 잃게 된다. 이러한 감정적 열정은 1914년 8월 적나라하게 노출되었으며 이는 아마도 호전적인 이슬람 집단의 관점에서 지하드(jihad, '성전'이라는 뜻)를 뒷받침하는 감정적 힘의 근거가 되고 있다.

국수주의는 특히 고립되고 힘이 없는 사람들에게 강한 호소력을 발휘한다. 왜냐하면 민족주의는 이들에게 안전과 자기존중, 긍지의 전망을 제공해 주기 때문이다. 호전적이고 통합적인 민족주의는 특정의 민족집단에 속해 있다는 강력한 감정을 요구한다. 이러한 강렬한 민족주의적 감정은 왕왕 다른 민족이나 종족을 적이나 위협적인 존재로 묘사하는 '부정적 통합'에 의해 조장된다. 적과 대면함으로써 민족은 자신의 정체성과 중요성에 대한 강렬한 감정을 끄집어내고 경험하게 된다. 그렇기 때문에 국수주의는 '그들'과 '우리' 사이의 명확한 구분에서 생겨난다. '우리'의 감정을 강화하기 위해서는 비웃고 증오를 해야 할 '그들'이 있어야 한다. 정치에서 국수주의는 통상 인종차별주의적 이데올로기로 표출된다. 인종차별주의 이데올로기에서 세계는 '내집단'과 '외집단'으로 구별되며, '외집단'은 '내집단'이 겪고 있는 불운과 좌절을 위한 희생양이 된다. 그렇기 때문에 쇼비니즘적 정치교의가 인종차별주의적 교리를 만들어내는 토대가 되는 것은 우연이 아니다. 예를 들면 범슬라브주의와 범게르만주의 모두 악의적인 반유대주의라는 특징을 갖고 있다.

▌반식민 민족주의와 후식민 민족주의

민족주의는 유럽에서 생겨났지만 제국주의 때문에 전 세계적인 현상이 되었다. 식민지배의 경험은 아시아와 아프리카 사람들 사이에서 민족의 감정과 '민족해방'의 염원을 불러일으키는 데 도움을 주었으며, 특히 반식민주의 형태의 민족주의를 낳았다. 20세기 동안 세계의 많은 곳에서 정치적 지리는 반식민주의에 의해 변혁되었다. 베르사유 조약이 유럽에 대해서는 민족자결의 원칙을 적용했지만, 세계의 다른 곳에서는 독일의 식민지가 영국과 프랑스의 지배로 옮겨졌을 뿐 이 원칙은 편리하게 무시되었다.

그러나 제1~2차 세계대전 사이의 시기 동안 독립운동은 영국과 프랑스의 과잉 팽창된 제국을 점차로 위협해 나갔다. 유럽 제국의 최종적 붕괴는 제2차 세계대전 이후에 이루어졌다. 어떤 경우에는, 비록 일부 사례이긴 하지만, 1947년의 인도와 1957년의 말레이시아에서 보듯이, 점증하는 민족주의의 압력과 쇠퇴하는 국내 경제의 여건 속에서 식민 열강들은 상대적으로 평화롭게 물러나기도 했다. 그러나 1945년 이후의 탈식민 과정은 대체로 혁명이라든가 무장투쟁으로 특징지어졌다. 예를 들면 일본에 대항한 1937~45년의 중국, 프랑스에 대항한 1954~62년의 알제리 그리고 1946~54년까지 프랑스와 1964~75년까지는 미국과 싸운 베트남의 경우가 여기에 해당된다.

어떤 의미에서 식민지를 경영한 유럽인들은 자신들을 파괴할 수 있는 씨앗을 파종한 것이나 다름없는데 민족주의의 교리가 그것이다. 예를 들면 독립운동이나 해방운동 지도자들 가운데 많은 이가 서구에서 교육을 받은 사람들이었다는 점에 주목할 필요가 있다. 그렇기 때문에 반식민운동이 때때로 마찌니나 우드로 윌슨을 연상케 하는 자유적 민족주의의 언어로 자신들의 목표를 표명했다는 것은 놀라운 일이 아니다. 그러나 신생 아프리카와 아시아 국가들은 19세기와 20세기 초에 새로이 탄생했던 유럽의 국가들과는 매우 다른 상황에 처해 있었다. 이들 아프리카와 아시아의 민족들에게는 정치적 독립의 추구가 경제적 저발전은 물론이고 유럽 및 북미 산업국가들에 종속되어 있다는 인식과 밀접하게 연관되었다. 그래서 반식민주의는 정치와 경제 영역 모두에서 민족해방의 염원을 표명했으며 이는 발전도상 세계에서 실행되는 민족주의의 형태에 영향을 미쳤다.

아시아와 아프리카의 반식민운동 지도자들 대부분은 상당한 정도로 사회주의에 매력을 느꼈다. 이는 인도의 간디와 네루에 의해 대표되는 것처럼 온건하고 평화적인 이념에서부터 중국의 마오쩌둥, 베트남의 호치민, 쿠바의 피델 카스트로(Fidel Castro)에 의해 수용되었던 혁명적 마르크스주의에 이르기까지 다양했다. 나중에 논의하겠지만, 표면적으로 보면 사회주의는 민족주의보다는 국제주의와 보다 더 명확하게 연관된다. 그럼에도 불구하고 사회주의 이념은 발전도상 세계에서 민족주의자들에게 강력한 호소력을 지녀왔다. 무엇보다도 사회주의는 전통적인 전(前)산업사회에서 이미 잘 확립되어 있는 공동체와 협력의 가치를 구현한다. 더욱 중요한 것은 사회주의, 특히 혁명적 마르크스주의는 식민경험이 이해될 수 있도록 하고 또 식민지배에 대항하여 도전을 할 수 있도록 불평등과 착취에 대한 분석을 제공했다.

특히 1960~70년대 동안 발전도상 세계의 민족주의자들은 식민주의가 실제로 계급 착취의 확대판이라는 믿음으로부터 영향을 받으면서 혁명적 사회주의로 경도되었다. 레닌(Lenin, p.163 참조)은 일찍이 제국주의를 투자기회, 값싼 노동력과 원자재, 안전한 시장을 찾아 자본주의 국가들이 이윤을 추구하는 경제적 현상으로 묘사함으로써 이러한 견해에 토대를 제공했다(Lenin [1916] 1970). 그래서 계급투쟁은 착취와 억압에 대항하는 식민투쟁이 되었다. 그 결과 식민지배의 전복은 정치적 독립뿐만 아니라 정치와 경제 모두에서 해방의 전망을 제공하는 사회혁명을 의미했다. 몇몇 경우 발전도상 세계의 정부들은 마르크스-레닌주의 원칙을 공개적으로 천명했다. 독립을 이루자마자 중국, 북한, 베트남, 캄보디아는 신속하게 외국 자산을 억류했고 경제적 자원을 국유화하였다. 그들은 구소련의 모델을 따라 일당국가와 중앙계획경제를 확립하였다. 다른 경우 아프리카와 중동의 나라들은 알제리, 리비아, 잠비아, 이라크, 남예멘에서 나타나는 것처럼 덜 이데올로기적인 형태의 민족주의적 사회주의를 발전시켰다. 대개 이들 나라에서 천명된 '사회주의'는, 예를 들면 탄자니아, 짐바브웨, 앙골라에서 주창된 이른바 '아프리카 사회주의'의 사례에서처럼, 대부분의 경우 경제적 또는 사회적 발전을 의미하는 통일된 민족적 대의와 이익에 호소하는 형태를 띠었다. 아프리카 사회주의는 구소련식의 국가사회주의나 서구식의 사회민주주의에 기반하지 않았다. 그것은 오히려 전통적인 공동체주의적 가치와 분열적인 종족적 대립을 경제적 진보라는 최우선 목표에 종속시키려는 열망에 기반을 두었다.

그러나 후식민 시기는 매우 다른 형태의 민족주의를 제시하였다. 1970년대 이래 사회주의의 권위 특히 마르크스-레닌주의의 매력이 심각하게 쇠퇴함에 따라 후식민 시기의 민족건설은 점차로 서구적 이념과 문화를 재적용하려고 하기보다는 이를 거부하는 데서 보다 많은 추동력을 얻었다. 만약 서구가 압제와 착취의 원천이라고 간주된다면 후식민 민족주의는 반서구적 목소리를 취해야 했다. 부분적으로 이는 발전도상 세계의 많은 곳에서 서구 점차적으로는 미국 문화와 경제의 지배에 대한 반발로 나타났다. 그리고 이러한 견해를 표출하는 주요한 기제는 이 책의 제10장에서 논의될 종교적 근본주의, 특히 정치적 이슬람주의라고 할 수 있다.

V. 민족주의를 넘어서

정치적 신조의 많은 것은 민족을 넘어서서 바라보고 있다고 할 수 있다. 이 점은 정치적 정체성에 대한 초국가적 견해를 지지하는 이념이나 이데올로기에 적용된다. 이러한 견해는 국제주의나 세계시민주의(p.399 참조)를 통해서 표현된다. 국제정치에서 이러한 견해는 '이상주의' 전통을 통해서 발전되어 왔는데 이는 보편적 도덕성에 대한 믿음과 지구적 평화와 협력에 대한 전망에 의해 특징지어진다. 독일 철학자 임마누엘 칸트(Immanuel Kant 1724~1804)는 흔히 이러한 전통의 대부로 생각되고 있다.

※☆
국제주의

국제주의는 초국가적 또는 지구적 협력에 기반을 둔 정치이론 또는 정치적 실천. 이는 인간본성에 대한 보편적인 가정에 근거를 두고 있는데, 여기서 인간본성은 정치적 일체성이 상당한 정도로는 민족에 의해서 정형화된다고 보는 정치적 민족주의와는 대립적인 관계에 있다. 그러나 국제주의는 민족정체성을 제거하거나 전적으로 포기하려고 하기보다는 현존하는 민족들 사이에서 협력이나 유대를 요구한다는 점에서 민족주의와 양립이 가능하다. 그래서 국제주의는 민족적 충성을 지구적 충성으로 대치하고자 하는 세계시민주의(p.399 참조)와는 다르다. '약한' 형태의 국제주의는 다른 정치적 결속에 비해 민족적 결속은 부차적인 것이라고 주장하는 페미니즘, 인종주의, 종교적 근본주의 등의 이념에서 발견된다. '강한' 형태의 국제주의는 보통 자유주의나 사회주의 같은 보다 보편주의적인 이념에 토대를 두고 있다.

그의 『영구평화론』(*Towards Perpetual Peace* [1795] 1991)은 이성과 도덕성이 '전쟁이 있어서는 안 된다'고 명령하고 있다는 믿음에 기초하여 '국가연맹'과 같은 것을 꿈꾸었다. 주요 이데올로기에 관한 한, 이러한 비전은 각자 특정의 국제주의를 발전시켜 온 자유주의나 사회주의와 가장 분명하게 연결되어 왔다.

┃ 자유주의적 국제주의

광의로 볼 때 자유주의적 국제주의에는 두 개의 기반이 존재한다. 하나는 국제적 '자연상태'에 대한 두려움이다. 자유주의자들은 민족자결이 양면성을 가진 축복이라고 오랫동안 생각해 왔다. 민족자결은 자치정부를 지지하며 외국의 지배를 금지하지만 그것은 또한 각 민족이 아마도 다른 민족을 희생해서라도 자신의 이익을 추구할 수 있는 자유를 보유하는 주권적 국민국가들의 세계를 만들어 낸다. 자유주의적 국제주의자들은 입헌주의와 민주주의가 군사주의와 전쟁으로의 경향을 줄일 것이라고 확실하게 생각해 왔다. 그러나 주권국가들이 '국제적 무정부 상태'의 상황에서 움직이게 되면 자기절제만으로는 지속적인 평화를 확보하는 데 충분하지 않을 수 있다. 일반적으로 자유주의자들은 정복이나 약탈에 의존하지 않도록 막는 두 가지의 방책을 제안해 왔다. 첫째는, 상호이해와 협력을 증진시키는 데 목적을 둔 민족적 상호의존이다. 이것이

자유무역

관세나 다른 형태의 보호주의에 의해서 제한을 받지 않는 국가들 사이의 무역체계

자유주의자들이 전통적으로 **자유무역(free trade)**을 지지해 온 이유이다. 이에 따르면, 경제적 상호의존은 국제적 갈등의 물질적 피해가 너무 커서 실질적으로 전쟁을 생각할 수 없도록 만든다. 리차드 콥덴(Richard Cobden 1804~1865)이나 존 브라이트(John Bright 1811~1889) 같은 19세기 영국의 '맨체스터학파 자유주의자'들에게 자유무역은 각 국가들로 하여금 자신들에게 가장 적합한 것을 생산하도록 특화함으로써 번영을 촉진할 뿐만 아니라 각기 다른 인종과 신조, 언어를 사용하는 사람들을 콥덴이 묘사한 바 '영구평화의 유대'로 결속시킬 수 있다.

자유주의자들은 또한 무법적인 국제세계에 질서를 가져다 줄 수 있는 초국가적 조직의 건설을 통해 민족적 야망이 견제되어야 한다고 주장한다. 이 주장은 사회계약론과 똑같은 논리에 근거를 두고 있는데, 정부가 바로 무질서 문제의 해법이라는 것이다. 이는 우드로 윌슨이 비록 결함이 있지만 1919년에 설립된 국제연맹이라는 세계정부의 최초의 실험에 지지를 표명한 이유 그리고 이후 국제연맹을 계승해서 1945년 샌프란시스코회담(San Francisco Conference)에서 설립된 국제연합에 폭넓은 지지를 보내는 이유를 설명해 준다. 자유주의자들은 이러한 국제조직에 기대어 국제적 갈등의 평화로운 해결이 가능하도록 법치의 국제체계를 확립하고자 하였다. 그러나 자유주의자들은 또한 법은 강제되어야 함을 인정하고 있고 그래서 대개의 경우 침략은 다수 국가들의 통합된 행동에 의해서 저지될 수 있다고 보는 집단안보의 원칙을 지지해 왔다. 초국가주의에 대한 이러한 동조는 유럽연합과 같은 조직에 대한 자유주의자들의 입장에서 뚜렷하게 나타난다.

자유주의적 국제주의의 두 번째 기반은 개인과 개인주의 원칙에 대한 압도적인 지지에서 나온다(p.53 참조). 이는 인종, 신조, 사회적 배경, 민족에 관계없이 모든 인간은 동등한 도덕적 가치를 보유한다는 것을 의미한다. 자유주의자들은 민족자결의 원칙을 지지하지만 그렇다고 민족에게 자신들이 하고 싶은 대로 사람들을 다룰 권리가 있다고는 생각하지 않는다. 그런 의미에서 개인의 권리와 자유에 대한 존중은 민족주권의 요구에 우선한다. 그렇기 때문에 자유주의적 국제주의자들은 정치 구성체로서의 민족을 대치하려고 하기보다는 오히려 민족이 인권사상에 구현되어 있는 더 높은 차원의 도덕성에 부응하기를 요구한다는 데에 특징이 있다. 자유주의자들에 따르면, 인권은 보편적으로 적용가능하며 참된 인간 존재를 위해 최소한의 조건을 설정하기 때

문에 이들 인권은 또한 명확하게 국제법의 기반을 구성해야 한다. 이러한 신념은 1948년 유엔인권선언(UN Declaration of Human Rights)과 1956년 인권과 기본적 자유에 대한 유럽회의(European Convention on Human Rights and Fundamental Freedoms) 등의 문서를 작성하는 데로 이어졌다. 또한 이러한 신념들은 국제사법재판소(International Court of Justice)와 국제형사재판소(International Criminal Court) 같은 기구를 통해서 집행되는 국제적 법치를 지지하는 것으로 나타났다.

▌사회주의적 국제주의

사회주의자들은 원칙적으로 자유주의자들보다 민족주의를 더 거부한다. 그 이유는 민족주의가 분노와 갈등을 야기할 뿐만 아니라 암묵적으로 우익적 성향을 띠는 것으로 보고 있기 때문이다. 이러한 이유에서 비록 현대 사회주의자들이 통치자나 통치를 희망하는 사람으로서 국민국가와의 타협을 거부한 것은 아니지만 최소한 언술상에서는 국제주의를 핵심적 가치로서는 아니더라도 하나의 신념으로서 취급하였다. 이 점은 마르크스주의 전통과 관련해서 명백하게 나타났다. 전통적으로 마르크스주의는 계급유대가 민족정체성보다 강력하며 정치적으로 중요하다는 사상에 뿌리를 둔 프롤레타리아 국제주의를 신봉하였다. 『공산당 선언』(*Communist Manifesto*)에서 마르크스(p.158 참조)는 다음과 같이 기술하고 있다.

> 노동자에게는 국가가 없다. 우리들은 그들로부터 그들이 갖고 있지 않은 것을 취할 수는 없다. 프롤레타리아는 무엇보다도 정치적 주권을 획득해야 하고, 민족의 핵심 계급으로 성장해야 하며, 민족 그 자체를 구성해야 하기 때문에 프롤레타리아는 부르주아적 의미에서는 아니지만 지금까지는 그 자체가 민족적이다(Marx and Engels [1848] 1968).

마르크스는 노동계급이 '그 말의 부르주아적 의미에서' 민족적이라고 생각하지 않았다. 이를 통해서 마르크스가 의미하고자 한 것은 모든 프롤레타리아의 우애를 인식함으로써 엥겔스가 얘기했던 '민족적 이기주의'를 넘어서는 것이었다. 『공산당 선언』은 이 점을 '만국의 노동자여, 단결하라!'는 그 유명한 마지막 구절 속에 생동감 있게 표현하였다. 그렇기 때문에 사회주의자들은 본질적으로 국제주의적 특성을 보인다. 프

레온 트로츠키(Leon Trotsky 1879~1940)

러시아의 마르크스주의 정치사상가이자 혁명가. 초기에는 레닌에 대한 비판자였고 1905년 세인트페테르부르크소비에트(St. Petersburg Soviet)의 지도자였던 트로츠키는 1917년 볼셰비키(Bolsheviks)에 가담하여 외무인민위원과 전쟁인민위원을 지냈다. 레닌 사후 스탈린의 책략 때문에 1929년 구소련에서 추방되었으며 1940년 스탈린의 지령에 의해 멕시코에서 암살되었다.

마르크스주의에 대한 트로츠키의 이론적 기여는 부르주아 발전단계를 거치지 않고도 러시아에서 사회주의가 확립될 수 있다고 제시한 영구혁명론(theory of permanent revolution)에 있다. 트로츠키주의(Trotskyism)는 보통 그 자신의 저서인 『배반당한 혁명』(*The Revolution Betrayed* 1937)을 통해서 보여 주듯이, 관료화의 위험을 설파함으로써 반스탈린주의와 국제주의에 대한 확고한 헌신과 관련이 있다.

롤레타리아 계급 연대는 불가피하게 민족적 경계를 넘어설 뿐만 아니라 마르크스가 지적한 것처럼 세계시장의 출현으로 인해 자본주의는 진정으로 국제적 운동에 의해서만 도전을 받게 되는 국제체계로 변형되었다. 이것이 바로 마르크스가 1864년 제1인터내셔널(First International)이라 불리는 국제노동자협회(International Workingmen's Association)를 창설하는 데 힘을 기울인 이유이다. 1889년 '사회주의인터내셔널(Socialist International)'인 제2인터내셔널(Second International)이 설립되었다가 1951년 다시 재건되었다. '코민테른(Comintern)'이라 불리는 제3인터내셔널(Third International)은 1919년 레닌에 의해 설립되었으며, 제4인터내셔널(Fourth International)은 1936년 트로츠키에 의해서 부활하여 스탈린의 '일국 사회주의' 정책에 대해 중요한 비판을 가했다.

그러나 사회주의자들은 프롤레타리아 국제주의를 그 자체가 목적인 것으로 생각하지는 않았다. 그들의 목적은 민족 구분에 따라 분리된 세계를 계급 구분에 따라 분리된 세계로 대치하는 게 아니라 오히려 국제적 계급투쟁을 통해서 세계의 모든 사람들 사이에 조화와 협력을 이끌어내는 데 있었다. 그렇기 때문에 사회주의적 국제주의는 궁극적으로 공통의 인도적 특성에 대한 신념에 기반을 두고 있다. 이는 인류가 서로 공유하는 것이 인류를 분리시키는 것보다 더 위대하다는 신념에 기초하여 인간은 상호 공감, 동정, 사랑에 의해 결속된다는 사상이다. 이러한 시각에서 사회주의자들은 민족주의를 거부하는데, 그 이유는 민족주의가 자본주의와 모든 계급사회가 기반을 두고 있는 모순들을 감추는 부르주아 이데올로기의 변형일 뿐만 아니라 인간의 공통된 인도적 특성을 거부하도록 조장하기 때문이다. 그래서 사회주의자에게 국제주의는 국제법 틀 내에서 민족들 간의 협력을 의미하는 것이 아니라 하나의 세계와 하나의 인민이라는 생각 그리고 민족의 해체라는 급진적이고 유토피아적인 목적을 뜻한다.

VI. 21세기의 민족주의

정치 이데올로기 가운데 민족주의만큼 얼마 못 가서 없어질 것이라는 예측을 견디어 내도록 오랫동안 강요를 받은 이데올로기도 없다. 1848년에 이미 마르크스는 '민족적 차이와 사람들 사이의 적대감이 매일 조금씩 사라지고 있다'고 선언했다. 비슷하게 민족건설 프로젝트로서 민족주의의 사망은 제1차 세계대전 이후 민족자결의 원칙에 따른 유럽의 재건과 함께 그리고 제2차 세계대전 이후에는 아프리카, 아시아 등지에서의 탈식민화의 결과로서 널리 선언되었다. 국민국가들로 구성된 세계가 한번 구축된다면 민족주의가 더 이상 어떤 역할을 할 수 있을 것인가? 더구나 20세기가 진전되어감에 따라 정치적·경제적 생활의 점증하는 세계화에 의해 민족은 더 이상 중요하지 않은 것으로 되어 가는 것 같다. 국제연합으로부터 유럽연합(EU)까지 그리고 세계무역기구(WTO)로부터 국제통화기금(IMF)까지 국제기구들이 세계정치를 지배하게 되면서 개별 국가의 손으로부터 점점 더 많은 결정권을 앗아가고 있다. 세계화된 세상에서 민족에게 어떤 역할이 주어지겠는가?

세계화는 민족의 독특성이라는 생각에 뿌리를 두고 있는 정치적 신조와 국민국가 모두에 대해 심대한 영향을 미치고 있다. 예를 들면 세계화는 통합된 지구적 경제의 출현으로 이어졌는데, 이는 물질적 번영이 국민국가의 정부에 의해서보다는 초국적 기업의 투자 여부에 의해서 더 많이 결정된다는 것을 의미한다. 문화적 측면에서 항공

여행, 외국관광, 위성TV, 인터넷의 증가와 더불어 세계화는 때때로 세계의 '맥도날드화(McDonaldization)'라고 간주되는 시장 추동적인 사회의 확대를 의미한다. 세계의 다른 지역에 살고 있는 사람들이 같은 영화와 TV 프로그램을 보고 동일한 음식을 먹으며 같은 스포츠를 즐기는 등 동일하게 움직일 때 민족이 더 이상 의미 있는 실체로 간주될 수 있을까? 이러한 발전의 불가피한 특성들을 고려할 때 확실히 21세기는 정치적 민족주의의 조락을 목격하게 될 것이다.

그럼에도 불구하고 최소한 다음과 같은 두 가지 요인으로 인해 민족의 정치적 중요성은 지속될 것이다. 첫째, 여러 증거들을 보면 단순히 전통적인 시민적·민족적 결속이 약해지기 때문에 오히려 세계화가 종족에 기반을 두고 때로는 공격적인 형태의 민족주의의 출현을 조장할 수가 있다. 전통적인 국민국가가 더 이상 의미 있는 집단적 정체성을 제공할 수가 없다면, 지역, 종교, 인종 또는 종족에 기반을 둔 '특수주의'가 민족주의의 자리를 대신하여 발전해 나갈 수 있다는 것이다. 이 점은 이미 구소련 진영의 많은 곳에서, 특히 구유고슬라비아에서 인종갈등이 재연하는 데서 가장 극적으로 나타난 바 있다. 그러나 이는 또한 영국, 스페인, 이탈리아, 벨기에 같은 나라들에서도 뿌리를 내리고 있는 분리주의적 민족주의에서도 표출되고 있다.

둘째, 세계화는 민족적 프로젝트에 새로운 의미와 중요성을 제공할 수 있는데, 점점 세계화되고 상호의존적인 세계에서 민족의 미래를 재정비하는 것이 그것이다. 이런 의미에서 세계화는 민족을 의미가 없도록 하기보다는 민족으로 하여금 스스로를 재발견하도록 요구할 수가 있다. 다시 말해서 세계화의 압력 속에서 민족은 계속하여 사회에 대해 사회적 결속과 정체성의 원천을 제공하지만, 그것을 점점 더 유동적이고 경쟁적인 맥락에서 한다는 것이다. 싱가포르, 말레이시아, 호주, 뉴질랜드, 캐나다 같은 나라들은 각자 다른 방법으로 과거의 요인들을 본질적으로 미래지향적인 정향과 결합시켜 자신들의 민족적 정체성을 재구성함으로써 그와 같은 자기 확인의 과정을 겪고 있다.

•• 생각해 볼 문제

- 민족은 '자연적으로' 발전하는가 아니면 인위적인가?
- 민족과 국가는 왜 자주 혼동되는가?
- 민족주의는 종족주의와 어떻게 다른가?
- 자유적 민족주의는 어떤 의미에서 원칙론적인가?
- 왜 자유주의자들은 민족주의를 전쟁에 대한 해결책으로 파악해 왔는가?
- 모든 보수주의자들은 민족주의자인가? 그렇다면 그 이유는 무엇인가?
- 민족주의는 왜 자주 팽창, 정복, 전쟁을 연상시키는가?
- 발전도상 세계의 민족주의는 발전된 세계의 민족주의와 왜 그리고 어떻게 다른가?
- 세계화 때문에 민족주의는 의미가 없게 되었는가?

•• 더 읽을 자료

Brown, D. *Contemporary Nationalism: Civic, Ethnocultural and Multicultural Politics* (London: Routledge, 2000). 민족주의에 대한 다양한 접근과 함께 현대 민족주의 정책의 대립적인 형태들에 대해서 명확하고 자극적인 설명을 해 주고 있다.

Hearn, J. *Rethinking Nationalism: A Critical Introduction* (Basingstroke and New York: Palgrave Macmillan, 2006). 민족주의의 특성과 기원에 대한 접근들을 비판적으로 재조명하고 있는 혁신적이고 광범위한 민족주의 연구서이다.

Hobsbawm, E. J. *Nations and Nationalism since 1780: Programme, Myth and Reality* (Cambridge and New York: Cambridge University Press, 1990). 민족주의에 대한 접근이 용이한 입문서이다.

Hutchinson, J., and A. D. Smith (eds.). *Nationalism* (Oxford and New York: Oxford University Press, 1994). 민족주의의 특성, 발전, 중요성에 대한 논쟁을 다룬 저작들을 광범위하게 모아 놓은 유용한 책이다.

Ozkirmli, U. *Contemporary Debates on Nationalism: A Critical Engagement* (Basingstoke and New York: Palgrave Macmillan, 2005). 민족주의와 관련한 논쟁에서 고전적인 입장과 현대적인 입장에 관해 국제주의적인 설명을 해 주고 있다.

Smith, A. D. *Nationalism: Theory, Ideology, History* (Cambridge and Malden, MA: Polity Press, 2001). 민족주의와 민족주의의 다양한 표출에 대해 명료하고 간결하게 소개해 주고 있다.

Spencer, P., and H. Wollman. *Nationalism: A Critical Introduction* (London and Thousand Oaks, CA: Sage, 2002). 민족주의의 주요 쟁점, 이론, 논쟁을 다루고 있는 고전적 접근과 현대적인 접근에 대해 매우 유용한 조사서이다.

제6장

무정부주의

I. 개관

'무정부 상태(anarchy)'라는 말은 그리스어로부터 유래하며, 문자 그대로는 '지배의 부재'를 의미한다. 프랑스 대혁명 이래 '무정부주의'라는 용어를 써 왔지만, 처음에는 문명화된 질서나 예측가능한 질서의 붕괴를 의미하는 것으로서 비판적이거나 부정적인 의미로 사용되었다. 일상적인 용어로서 무정부 상태는 혼란이나 무질서를 의미한다. 두말할 필요도 없이 무정부주의자들은 이러한 연관성을 격렬하게 거부한다. 피에르 조제프 프루동(Pierre-Joseph Proudhon)이 『재산이란 무엇인가?』(*What is Property?*)에서 '나는 무정부주의자이다'라고 자랑스럽게 선언하면서 이 용어는 적극적이고 체계화된 정치사상으로 명확하게 연상되기에 이르렀다.

무정부주의 이데올로기는 모든 형태, 특히 국가 형태의 정치적 권위는 해로울 뿐만 아니라 불필요하다는 신념으로 규정될 수 있다. 그렇기 때문에 무정부주의자들은 법과 정부를 없앰으로써 국가 없는 사회를 건설하려고 한다. 그들의 견해에서 보자면 국가는 해로운 것이다. 왜냐하면 주권적이고 강압적이며 강제적인 권위의 담지자로서 국가는 자유와 평등의 원칙을 훼손시키기 때문이다. 그래서 무정부주의의 핵심 가치는 제한이 없는 개인적 자율성에 두고 있다. 무정부주의자들은 국가가 필요없다고 믿는다. 왜냐하면 질서와 사회적 조화는 자연적이고 자발적으로 생성되는 것이지 정부를 통해서 '위로부터' 강제되어서는 안 되기 때문이다. 이 점은 특히 인간본성에 대한 고도의 낙관주의적 가정을 반영한 것으로 무정부주의적 사고의 유토피아적 특성을 보여주고 있다. 그러나 무정부주의는 자유주의와 사회주의라는 두 개의 전혀 다른 이데올로기적 전통에 기대고 있다. 그 결과 개인주의적 무정부주의와 집단주의적 무정부주의 간의 경합이 나타났다. 양자 모두 무국가라는 목표를 받아들이면서도 미래의 무정부주의 사회와 관련해서는 전혀 다른 모델을 제시하고 있다.

II. 기원과 전개

무정부주의적 사고의 기원은 종종 도교나 불교 또는 고대 그리스의 스토아학파나 견유학파(Cynics) 그리고 17세기 영국 내전 시기 디거스(Diggers)로 거슬러 올라간다. 그러나 무정부주의 원칙에 대한 최초의 고전적인 언명은 윌리엄 고드윈(William Godwin, p. 229 참조)이 저술한 『정치적 정의에 관한 고찰』(*Enquiry Concerning Political Justice* [1793] 1971)에서 제기되었다. 물론 고드윈은 스스로를 무정부주의 자라고 밝힌 적은 없다. 19세기 동안 무정부주의는 폭넓게 성장하던 사회주의 운동의 주요한 구성요인이었다. 1864년 프루동(p. 237 참조) 추종자들은 마르크스 추종자들과 손을 잡고 제1인터내셔널(First International)이라 불리는 국제노동자협회(International Workingmen's Association)를 창설하였다. 제1인터내셔널은 미하일 바쿠닌(Michael Bakunin, p. 232 참조)이 이끄는 무정부주의자와 마르크스주의자들 사이의 적대감이 커짐에 따라 1871년 해체되었다. 19세기 말 무정부주의자들은 러시아와 남부 유럽의 토지 없는 농민들 사이에서 대중적인 지지를 이끌어내려고 하였다. 그러나 무정부주의자들의 성공은 산업 노동자들 사이에서 무정부적 생디칼리즘(anarcho-syndicalism)을 통해 이루어졌다.

생디칼리즘(Syndicalism)은 프랑스, 이탈리아, 스페인에서 인기가 있었으며 20세기

초의 무정부주의를 진정한 대중운동으로 만드는 데 도움을 주었다. 스페인 내전 동안 2백만 명이 넘는 회원을 보유하고 있던 스페인의 전국노동자연맹(CNT)처럼, 1914년 이전 프랑스의 강력한 노동총동맹(CGT)은 무정부주의자들에 의해 관리·운영되었다. 무정부적 생디칼리즘 운동은 20세기 초 라틴 아메리카, 특히 아르헨티나와 우루과이에서도 나타났다. 생디칼리스트 사고는 에밀리아노 자파타(Emiliano Zapata)가 주도한 멕시코 혁명에 영향을 미쳤다. 그러나 권

> **✳ 생디칼리즘**
> 혁명적 노동조합운동의 한 형태로서 계급전쟁이라는 대강의 개념에 근거를 두고 있으며 직접행동과 총파업의 활용을 강조한다.

위주의와 정치적 억압의 확산으로 인해 유럽과 라틴 아메리카 모두에서 무정부주의는 타격을 받았다. 스페인 내전(1936~39)에서 프랑코(Franco) 장군의 승리는 대중운동으로서의 무정부주의에 종식을 가했다. 스페인의 전국노동자연맹은 억압되었으며 일반적으로 좌파들과 함께 무정부주의자들은 처형을 받았다. 또 1917년 레닌과 볼셰비키의 성공으로 인해 사회주의운동과 혁명운동 내에서 공산주의의 위신이 점증함에 따라 무정부주의의 영향력은 약화되었다.

무정부주의는 적어도 전국적 수준에서 권력을 장악하는 데 성공을 거둔 적이 없다는 점에서 보면 정치 이데올로기 가운데 예외적인 것에 속한다. 어떤 사회나 국가도 무정부주의 원칙에 따라 형성된 적이 없다. 그래서 자유주의나 사회주의, 보수주의 또는 파시즘과 같이 스스로 권력을 장악하고 사회를 바꾸어 나갈 수 있음을 보여준 이들 이데올로기에 비해 무정부주의는 중요도가 덜한 것으로 간주되는 경향이 있다. 가장 최근에 무정부주의자들이 권력을 장악할 뻔 했던 것은 스페인 내전 때였다. 당시 무정부주의자들은 일시적이기는 하지만 동부 스페인의 일부를 장악했었고 카탈로니아 지방에서는 노동자-농민의 협동체를 구축하기도 했었다. 그에 따라 무정부주의자들은 고대 그리스나 중세 유럽의 도시국가라든가 러시아의 미르(mir)와 같은 전통적인 농민공동체처럼 무정부주의의 원칙을 담고 있는 역사적 사회들에 주목하고 있다. 무정부주의자들은 또한 예를 들면 아프리카의 누에르(Nuer)족 같은 많은 전통적 사회의 비위계적이고 평등주의적 특성에 강조점을 두는가 하면 서구 사회에서 실험된 바 있는 소규모의 공동체적 삶을 지지해 왔다.

정치운동으로서 무정부주의의 호소력은 그 목표와 수단 모두에 의해 제한을 받았다. 국가를 전복하고 모든 형태의 정치적 권위를 해체한다는 무정부주의의 목표는 불가능하지는 않다고 하더라도 비현실적인 것으로 널리 이해되고 있다. 실제로 대부

분의 사람들은 국가 없는 사회란 잘해야 유토피아적 꿈이라고 생각한다. 수단의 관점에서도 무정부주의는 정당을 만들고 선거에 입후보하며 공직을 추구하는 등 정치적 영향력을 행사할 수 있는 인습적인 수단이 부패와 타락을 부추기는 것으로 보고 거부한다. 그 결과 무정부주의자들은 자주 대중의 자발성과 자유를 향한 대중의 갈망에 지나치게 경도됨으로써 정치조직과 전략적 기획의 이점을 누리지 못해 왔다. 그럼에도 불구하고 무정부주의는 사라지지 않고 있다. 권위와 정치적 행동주의에 대한 타협 없는 태도로 인해 무정부주의는 특히 젊은이들에게 지속적이고 때로는 강력한 도덕적 호소력을 지녀왔다. 예를 들면 이 점은 반자본주의 또는 반세계화 운동 내에서 무정부주의적 사고와 기치 그리고 무정부주의 집단의 대두를 통해 잘 나타나고 있다.

III. 핵심주제: 국가에 대한 반대

무정부주의의 결정적 특성은 국가 그리고 그를 둘러싼 정부와 법 등과 같은 제도에 대한 반대에 있다. 무정부주의자들은 자유로운 개인들이 강제나 억압이 없이 자발적인 동의로 자신들의 문제를 관리해 나가는 국가 없는 사회를 선호한다. 그러나 무정부주의의 이데올로기적 특징은 다음의 두 요인 때문에 희석되기도 한다.

첫째, 무정부주의는 분석이나 설명보다는 도덕적 주장에서 더 강한 것으로 널리 이해된다. 무정부주의는 인간이 그 내면을 들여다보면 본능적으로 자유와 **자율성**(autonomy)으로 이끌리는 도덕적 존재라는 가정에 기초하고 있다. 그래서 무정부주의의 에너지는 자주 국가의 억압체계를 분석하고 어떻게 이에 대해 도전을 할 수 있는지 혹은 도전을 해야 하는지를 설명하기보다는 이러한 도덕적 본성을 일깨우는 쪽으로 더 많은 관심을 보이곤 한다. 둘째, 무정부주의는 어떤 의미에서는 그 자신의 독특한 입장을 가진 통일되고 일관된 이데올로기로 존재하기보다는 자유주의와 사회주의라는 두 개의 경쟁적인 이데올로기 사이의 중첩지대에 위치하면서 이들 두 개의 이데올로기가 반국가적 결론으로 도달하는 지점을

✳️ 자율성

문자 그대로는 자치를 뜻하며 외부 영향으로부터 독립성을 향유함으로써 자신의 운명을 통제해 나가는 능력이다.

〈그림 6-1〉 무정부주의의 본질

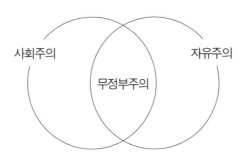

더 많이 강조한다. 이 점은 〈그림 6-1〉에서 잘 나타나고 있다. 그래서 무정부주의는 이중적 특성을 보인다. 즉, 무정부주의는 극단적인 자유주의적 개인주의에 흡사한 것으로서 '급진적 자유주의(ultra-liberalism)'의 한 형태로 해석되든가 아니면 극단적인 사회주의적 집단주의에 가까운 '급진적 사회주의(ultra-socialism)'의 한 형태로 파악된다.

그럼에도 불구하고 무정부주의는 하나의 독립된 이데올로기로 대우받을 만큼의 기반을 확보하고 있다. 왜냐하면 그 추종자들이 매우 다른 이데올로기적 전통으로부터 자신들의 주장을 도출하고 있음에도 불구하고 일련의 광범위한 원칙과 입장을 공유함으로써 통일성을 이루고 있기 때문이다. 그 가운데 가장 중요한 것들은 다음과 같다:

- 반국가주의(anti-statism)
- 자연적 질서
- 반교권주의(anti-clericalism)
- 경제적 자유

▌반국가주의

『무정부주의백과사전』(*Encyclopédie anarchiste*)에서 세바스티엔 포레(Sebastien Faure)는 무정부주의를 '권위 원칙에 대한 부정'이라고 정의내린 바 있다. 권위에 대한 무정부주의의 반대 논리는 간단명료하다. 권위는 자유와 평등의 원칙에 대한 공세라는 것이다. 무정부주의는 절대적 자유와 무제한의 정치적 평등 원칙을 지지한다는

관점 (Perspectives)

국가

자유주의자들은 국가를 사회 내에서 경쟁적인 이익집단들 사이를 중립적으로 중재하면서 사회 질서를 지탱해 나가는 중요한 기제로서 바라본다. 고전적 자유주의자들은 국가를 필요악으로 파악하면서 최소국가 내지는 경찰국가의 덕성을 칭송하는 데 반해 현대 자유주의자들은 자유를 증진하고 기회균등을 증진함에 있어 국가의 적극적인 역할을 인정한다.

보수주의자들은 국가를 권위와 규율을 제공하고 혼돈과 무질서로부터 사회를 보호할 필요와 연관시키며 그럼으로써 강한 국가에 대한 전통적인 선호를 내세운다. 그러나 전통적 보수주의자들이 국가와 시민사회 간의 실용주의적 균형을 지지하는데 반해 신자유주의자들은 국가가 경제적 번영을 가로막을 뿐만 아니라 본질적으로 관료적 이해관계에 의해 추동된다는 이유로 국가가 '최소국가로 되돌아갈' 것을 요구한다.

사회주의자들은 국가에 대해 대조적인 견해를 채택해 왔다. 마르크스주의자들은 국가를 계급지배의 도구 아니면 계급갈등을 완화시키는 수단으로 바라보면서 국가와 계급제도 간의 연관성을 강조한다. 그러나 다른 사회주의자들은 국가를 공공선의 구현체로 간주하며 그래서 사회민주주의의 형태로든 아니면 국가집단주의의 형태로든 국가개입을 수용한다.

무정부주의자들은 국가를 불필요한 악으로 보기 때문에 노골적으로 국가를 거부한다. 국가의 주권적이고 강제적이며 억압적인 권위는 강력하고 재산을 갖춘 특권집단의 이해관계를 위해 작동하는 법제화된 압제 이상의 아무것도 아니다. 국가는 본래 악이며 압제적이기 때문에 모든 국가는 동일한 본질적 특성을 보유하고 있다.

파시스트들은 특히 이탈리아 전통에 따라 *민족공동체*의 미분화된 이해관계를 거부하면서 국가를 지고한 윤리적 이상으로 바라보며, 그렇기 때문에 전체주의를 신봉한다(p.271 참조). 그러나 나치들은 오히려 국가를 인종이나 민족을 담아내는 용기 내지 이에 봉사하는 도구로 바라본다.

페미니스트는 국가를 남성 권력의 도구로서 바라본다. 따라서 가부장적 국가는 삶의 공공 영역 내지는 '정치적' 영역에서 여성을 배제하려 하거나 종속시키려고 하는 것으로 파악된다. 그럼에도 불구하고 자유주의적 페미니스트를 국가를 선거 등과 같은 다양한 압력에 민감하게 반응하도록 함으로써 개혁을 위한 도구로 간주한다.

근본주의자들은 국가를 사회적·도덕적·문화적 쇄신을 가져다주는 수단으로 바라보면서 국가에 대해 광범위한 긍정적인 태도를 견지한다. 그렇기 때문에 근본주의적 국가는 종교적 권위와 지혜를 정치적으로 표명하는 기제로 간주된다.

점에서 독특하다. 이 점에서 권위는 그것이 정치적 불평등 또는 어떤 사람이 다른 사람의 행위에 영향을 미칠 수 있는 권리를 갖고 있다는 주장에 근거를 두는 한 인간의 삶을 노예화하고 억압하며 제한한다. 그것은 권위에 종속적인 사람과 권위를 갖고 있는 사람 모두를 타락시키고 손상을 입힌다. 인간은 자유롭고 자율적인 존재이기

때문에 권위에 종속적이 된다는 것은 왜소하게 된다는 것이고 어떤 사람의 본질적 특성을 억압하는 것이며 그럼으로써 심신을 약화시키는 의존 상태에 빠뜨리게 된다는 것을 뜻한다. 권위적인 위치에 있다는 것은 그것이 의사나 교사처럼 이른바 전문가적인 권위라고 하더라도 사회 내에서 지식의 불평등한 분배로부터 연원하는 한, 위신과 통제 그리고 궁극적으로는 지배를 향한 열망을 갖게 된다는 것을 뜻한다. 그렇기 때문에 권위는 사회에 '지배와 굴종'의 유형에 기초한 '권력의 심리학'을 야기한다. 미국의 무정부주의자이자 사회비평가인 폴 굿만(Paul Goodman 1911~1972)에 따르면, 이러한 사회에서는 '많은 사람들이 무자비하고 대부분의 사람들은 공포 속에서 산다.'(1977)

실제로 권위에 대한 무정부주의의 비판은 특히 그러한 권위가 현대 국가의 기구들에 의해 뒷받침되고 있을 경우 대개 정치적 권위에 초점을 맞춘다. 무정부주의는 국가권력에 대한 급진적인 거부로 규정되는데 이는 마르크스주의를 제외하고는 다른 모든 정치 이데올로기와 무정부주의를 구분하는 지점이다. 법과 정부에 대한 이러한 무정부주의적 비판의 분위기는 다음과 같은 프루동의 유명한 독설을 통해 잘 표현되고 있다.

> 피치자가 된다는 것은 감시를 받는 것이고 사찰을 받는 것인가 하면 염탐을 받는 것이다. 그것은 지시를 받는 것이며 법의 통제를 받는 것이고 규율되는 것인가 하면 안에 갇히는 것이고 사상을 주입받는 것이다. 그것은 또한 설득되는 것이며 통제받고 평가되는 것인가 하면 검열을 받는 것이고 명령을 받는 것이다. 이는 아무런 권리도 지혜도 덕성도 갖추지 않은 존재나 다름없다. _Marshall 1993, p.245에서 재인용

국가는 한정된 지리적 영역 내에서 살고 있는 개인들과 집단들에 대해 지고의 권위를 행사하는 주권체이다. 무정부주의자들은 국가의 권위가 절대적이며 무제한적이라는 점을 강조한다. 법은 공공행위에 한계를 제시할 수 있고 정치활동을 제한할 수 있으며 경제활동을 규제할 수 있는가 하면 사적인 도덕과 사고에도 개입할 수 있다. 또한 국가의 권위는 강압적이다. 무정부주의자들은 정치적 권위가 자발적 동의나 어떤 형태의 '사회계약'을 통해서 나온다는 자유주의적 개념을 거부한다. 그 대신에 그들은 개인이 특정한 나라에서 태어나거나 또는 정복을 통해서 국가 권위에 종속된다고 주장한다.

더 나아가 국가는 억압적 기구이다. 국가의 법은 그것이 처벌의 위협을 통해서 지탱되기 때문에 지켜지고 있다. 러시아 태생의 미국 무정부주의자 엠마 골드만(Emma

Goldman 1869~1940)에게 있어 정부는 '곤봉, 총, 수갑 또는 감옥'에 의해 상징된다. 국가는 개인에게서 그의 재산과 자유 그리고 궁극적으로는 사형을 통해서 목숨까지도 빼앗을 수 있다. 국가는 조세체계를 통해 개인의 재산을 탈취할 수 있다는 점에서 또한 착취적이다. 이때에도 국가는 다시 한번 더 법의 강제와 처벌의 가능성으로 뒷받침된다. 무정부주의자들은 종종 국가가 부유하고 특권적인 사람들과 제휴하여 행동함으로써 가난한 사람들과 약자를 억압하는 데 도움을 준다고 주장한다.

마지막으로 국가는 파괴적이다. 미국의 무정부주의자 랜돌프 본(Randolph Bourne 1886~1918)의 지적처럼, '전쟁은 국가의 건강이다,'(1977) 개인은 전쟁에서 싸우고 죽이고 죽도록 요구되는데 이들 전쟁은 국가가 항상 다른 것들을 희생하면서 영토확장과 강탈 또는 민족적 영광을 추구하는 데서 비롯된다.

국가에 대한 이러한 비판의 기저에는 인간본성에 대한 무정부주의자들의 견해가 자리하고 있다. 무정부주의자들은 인간의 잠재력에 대해 유토피아적이지는 않지만 고도로 낙관적인 입장을 취하고 있다. 그럼에도 불구하고 그들은 또한 정치적 권위와 경제적 불평등의 해악에 대해서는 매우 비관적이다. 인간은 그들이 살고 있는 정치적·사회적 환경에 따라 '선' 할 수도 있고 '악' 할 수도 있다. 협동적이고 동조적이며 사교적일 사람들도 권력과 특권 또는 부로 인해 다른 사람들 위에 군림하게 되면 억압적인 전제자밖에 되지 않는다. 다른 말로 하면 무정부주의자들은 '권력은 부패하며, 절대권력은 절대로 부패한다(Lord Acton 1956)'는 자유주의자들의 경고를 어떤 형태의 것이든 권력은 절대 부패할 것이라는 보다 급진적이고 무서운 경고로 대치하고 있다. 그렇기 때문에 주권적이고 강제적이며 억압적인 권위의 담지자로서 국가는 집중화된 형태의 악 이외의 아무것도 아니다.

그럼에도 불구하고 무정부주의의 국가이론에 대한 비판도 제기되었다. 무정부주의가 기반을 두고 있는 인간본성 이론에 대한 이의를 제기하는 것은 별도로 하더라도 정치적·사회적 환경으로 인한 개인적 부패로부터 국가의 억압이 초래된다는 가정은 순환논리와 다름없다. 왜냐하면 그것으로는 처음에 정치권력이 어떻게 나타나는지를 설명해 줄 수 없기 때문이다.

▌자연적 질서

무정부주의자들은 국가를 악으로 간주할 뿐만 아니라 필요하지도 않다고 생각한다. 윌리엄 고드윈(William Godwin 1756~1836)은 실제로 사회계약론과 같은 국가에 대한 가장 설득력 있는 정당화를 근본적으로 뒤엎음으로써 이 점을 드러내 보이고자 하였다. 홉스(Hobbes, p.102 참조)와 로크(Locke, p.64 참조)의 사회계약론에 따르면, 국가가 없는 사회인 '자연상태'에서는 만인의 만인에 대한 내전 상태에 다름없기 때문에 질서정연하고 안정된 삶이 불가능하다. 이와 같은 투쟁이 일어나게 되는 것은 인간의 본성 때문인데 홉스와 로크에 따르면 인간의 본성은 본질적으로 이기적이고 탐욕적이며 잠재적으로 공격적이다. 오직 주권적 국가만이 이러한 충동을 억제하고 사회질서를 보장할 수 있다. 간단히 얘기하면, 법 없이 질서는 불가능하다.

이와 반대로 고드윈은 인간은 합리적인 존재라고 주장한다. 교육이나 계몽된 판단에 의해 진실에 맞게 혹은 보편적인 도덕법에 일치하게 살고자 한다는 것이다. 그래서

윌리엄 고드윈(William Godwin 1756~1836)

영국의 철학자이자 소설가. 고드윈은 장로교 목사였지만 자신의 신념을 버리고 결국에는 전문적 소설가가 되었다. 『케일럽 윌리엄스』(*Caleb Williams* 1794)는 가장 성공적인 그의 작품이다. 그는 자신의 부인 메리 울스턴크래프트(Mary Wollstonecraft, p.302 참조)를 포함하여 일단의 야심만만한 작가들로 구성된 지성인 모임을 이끌어 나갔다. 이들 가운데는 워드워스(Wordsworth)와 고드윈의 사위인 쉘리(Shelley)도 있다.

고드윈의 정치적 명성은 『정치적 정의에 관한 고찰』(*Enquiry Concerning Political Justice* [1793] 1971)로 확고해졌다. 이 책에서 그는 권위주의에 대한 통렬한 비판을 통해 무정부주의의 신념을 최초로 강력하게 표명하였다. 고드윈은 급진적인 형태의 자유주의적 합리주의를 발전시켰는데, 이는 교육과 사회적 조건형성을 통해 인간의 완전성을 도모할 수 있다는 것이었다. 개인주의자였음에도 불구하고 고드윈은 인간이 진정으로 사리사욕 없이 자비를 베풀 수 있다고 믿었다.

그는 사람들이 조화를 이루며 평화스런 방식으로 자신의 삶을 조직하고자 하는 자연적 성향을 지니고 있다고 믿는다. 사실 그의 견해에서 보면 부정의와 탐욕, 공격이 나타나는 것은 인간의 어떤 '원죄' 때문이 아니라 정부라든가 인위적인 법의 악영향 때문이다. 다른 말로 얘기하면 정부는 질서 문제에 대한 해법이 아니라 질서 문제를 야기하는 원인이다. 무정부주의자들은 장 자크 루소(Jean-Jacques Rousseau, p.195 참조)가 『사회계약론』(*Social Contract* [1762] 1913)에서 얘기하는 바와 같이 '인간은 자유롭게 태어났지만 도처에서 사슬에 묶여 있다'는 언명에 공감을 표시해 왔다.

무정부주의의 기저에는 맹목적인 유토피아주의(utopianism)가 자리하고 있다. 인간의 자연적 선관 내지는 최소한의 선에 대한 신념이 그것이다. 이런 견지에서 보면 사회질서는 자연적이고 자발적으로 생성되는 것이다. 그것은 '법과 질서'의 기제를 요구하지 않는다. 이것은 자연적 질서와 자발적인 조화의 관념을 지지할 만큼 인간본성에 관해 충분히 낙관적인 정치사상가들이 왜 무정부주의적 결론을 지지하는가를 보여준다. 예를 들면 집단주의적 무정부주의자들은 사교적이고 협동적인 행위를 할 수 있는 인간의 능력에 강조를 두는 반면 개인주의적 무정부주의자들은 계몽된 인간이성의 중요성에 더 비중을 둔다. 인간본성 내의 자발적인 조화가 가능할 수 있는 이러한 잠재력은 왕왕 자연 스스로가 또는 우주 자체가 자연적 질서에 우호적인 편향성을 띤다는 믿음으로 연결된다. 그래서 무정부주의자들은 때때로 독립성과 단일성을 강조하는 불교나 도교 같은 비서구적 종교사상과도 연결된다. 이러한 사고의 가장 영향력 있는 현대적 해석은 생태학, 특히 머레이 북친(Murray Bookchin, p.340 참조) 같은

米
유토피아주의(Utopianism)

유토피아는 '어디에도 없다'는 그리스어 *아우토피아(outopia)* 또는 '좋은 곳'을 뜻하는 그리스어 *에우토피아(eutopia)*에서 왔다. 그것은 문자 그대로 이상사회 내지는 완전한 사회를 의미한다. 다양한 종류의 유토피아를 꿈꿀 수 있다 하더라도, 대부분의 경우는 필요의 해소, 갈등의 부재 그리고 억압과 폭력의 폐기로 특징지어진다. 유토피아는 이상적이거나 완전한 대안을 제시함으로써 현존 질서에 대한 비판을 발전시켜 나가는 정치적 이론화의 한 방식이다. 그 좋은 사례가 무정부주의와 마르크스주의이다. 유토피아 이론가들은 대개의 경우 인간의 무제한적 자기발전 가능성에 대한 믿음에 기반을 두고 있다. 그러나 유토피아주의는 사기성이 있거나 공상적인 생각 또는 비현실적이고 달성이 불가능한 목표에 대한 신념을 경멸적으로 표현하는 경우에도 사용되곤 한다.

사상가의 '사회생태학'에서 발견된다. 사회생태학은 생태무정부주의와 연관하여 이 책의 제9장에서 논의할 것이다.

그러나 무정부주의는 단순히 인간의 선에 대한 믿음에만 근거를 두고 있는 것은 아니다. 첫째, 인간본성에 대한 무정부주의 이론은 자주 복잡하게 나타났으며 인간의 마음에는 경쟁적인 잠재성이 존재하고 있음을 시인해 왔다. 예를 들어 각기 다른 방식이기는 하지만 프루동, 바쿠닌, 크로포트킨(Kropotkin, p.240 참조) 모두 인간본성이 사교적이고 협동적인 것 못지않게 이기적이고 경쟁적임을 인정했다(Morland 1997). 인간의 속마음은 도덕적으로나 지적으로 계몽될 수 있지만 모든 개인에게는 타락 가능성이 잠재되어 있기도 하다.

둘째, 무정부주의자들은 인간본성 못지않게 사회제도에 대해서도 많은 관심을 기울여 왔다. 그들은 인간본성이 사람들이 살고 있는 사회적·정치적·경제적 환경에 의해 영향을 받는다는 의미에서 '변화시킬 수 있는' 것으로 간주한다. 법과 정부, 국가가 지배-복종의 복합체를 만들어내는 것처럼, 다른 사회제도들은 존중과 협동, 자발적인 조화를 조정한다. 그래서 개인주의적 무정부주의자들이 시장을 지지하는 데 반해, 집단주의적 무정부주의자들은 공동소유 내지는 상호부조제도들을 옹호한다. 그럼에도 불구하고 안정되고 평화롭지만 국가가 없는 사회에 대한 믿음은 통상적으로 무정부주의 이론의 가장 취약하고 논쟁이 큰 측면으로 파악되고 있다. 무정부주의 반대자들은 만약 이기적이고 부정적인 충동이 단순한 타락의 증거가 아니라 인간본성의 기본적인 것이라면 아무리 사회적으로 계몽적인 제도가 존재한다고 하더라도 자연적 질서에 대한 전망은 유토피아적 꿈 이상의 아무것도 아니라고 주장한다.

▌반교권주의

국가는 무정부주의가 적대시하는 일차적 목표가 되어 왔지만 그러한 비판적 시각은 어떤 다른 형태의 강제적 권위에도 적용된다. 실제로 무정부주의자들은 국가에 못지않게 특히 19세기에는 교회에 대해서도 신랄한 비판을 가했다. 이 점은 무정부주의가 왜 가톨릭 국가인 스페인과 프랑스, 이탈리아 그리고 라틴 아메리카와 같이 강한 종교적 전통을 갖고 있는 나라들에서 번성해 왔는지를 설명해 준다. 이들 나라에서 무정부주의는 반교권적 정서를 표현하는 데 도움을 주었다.

조직화된 종교에 대한 무정부주의자들의 반대는 일반적으로 권위에 대한 보다 광범위한 비판을 명확히 하는 데 도움이 된다. 예를 들면 종교는 자주 권위 그 자체의 원천으로 간주되어 왔다. 신에 대한 사고는 궁극적이고 의문의 여지가 없는 권위를 행사하는 존재로서 '절대자'의 개념을 대변한다. 프루동이나 바쿠닌과 같은 무정부주의자들에게 무정부주의 정치이론은 기독교에 대한 거부에 기반을 두어야 했다. 왜냐하면 그래야 인간은 자유롭고 독립적인 존재로 간주될 수 있기 때문이다. 더욱이 무정부주의자들은 보통 종교적 권위와 정치적 권위는 서로 손을 잡고 있는 게 아닌가 하는 의구심을 갖고 있다. 바쿠닌은 '교회와 국가의 제거야말로 사회의 진정한 해방을 위한 첫 번째의 필수불가결한 조건'이라고 주장하였다. 무정부주의자들은 종교를 국가를 지탱해 나가는 지주 가운데 하나라고 바라본다. 종교는 정치적 지도자와 세속적 지배자 모두에 대한 순종과 복종의 이데올로기를 전파한다. 성경에 쓰여 있는 것처럼, '케사르의 것은 케사르에게'이다. 세속적인 지배자는 자신의 권력을 정당화하기 위해서 자주 종교에 기대어 왔는데, 왕권신수설이 그 가장 명백한 사례이다.

미하일 바쿠닌(Michael Bakunin 1814~1876)

러시아의 무정부주의자이자 혁명가. 바쿠닌은 부유한 귀족가문에서 태어났다. 그는 군대경력을 포기했으며, 철학을 공부한 이후에는 1848년 혁명 때까지 정치적 행동주의에 관여했다. 1860년대까지는 무정부주의를 위해서 슬라브 민족주의도 버렸다. 그 나머지 생애는 선전선동가로서 보냈다. 바쿠닌은 비밀결사에 대한 관심과 정치적 음모를 흔들림없이 추구한 것으로 명성이 높다.

바쿠닌의 무정부주의는 인간의 사회성에 대한 믿음에 기초하였다. 이 점은 평등한 사람들의 공동체 내에서 자유를 추구하려는 열망과 '반란의 본능이 성스러운 것'이라는 견해를 통해 피력되었다. 그는 집단주의란 자유로운 개인들의 자치공동체를 의미하는 것으로 생각했고, 그래서 마르크스나 그의 추종자들과 의견을 달리했다. 바쿠닌의 진정한 중요성은 그가 무정부주의 최초 사상가나 이론가라는 점보다는 역사적 무정부주의 운동의 창시자라는 데에 있다.

마지막으로 종교는 개인에게 일련의 도덕적 원칙을 제공하고 또 바람직한 행위의 규칙을 확립하려고 한다. 종교는 '선'과 '악'의 기준에 순응할 것을 요구하는데, 이들 기준은 기독교와 이슬람, 유대교의 성직자들처럼 종교적 권위를 가진 사람들에 의해 규정되고 감시된다. 그래서 개인은 종교적 자율성과 윤리적 판단을 할 수 있는 능력 모두를 빼앗기게 된다. 그럼에도 불구하고 무정부주의자들은 종교적 충동을 전적으로 거부하지만은 않는다. 무정부주의 내에는 명백히 신비주의적인 긴장이 존재한다. 무정부주의자들은 인간

천년왕국설

천년에 걸친 성스러운 지배가 가능하다는 믿음. 정치적 천년왕국설은 불행과 억압으로부터 갑작스럽고 완전한 해방이 가능하다는 전망을 제공해 준다.

본성에 대해 본질적으로 영적인 관념, 즉 인간의 무제한적인 자아발전의 가능성에 대한 믿음과 인간뿐만 아니라 살아 있는 모든 것을 통합시키는 유대에 대한 믿음을 갖고 있다. 초기 무정부주의자들은 때때로 **천년왕국설**(millenarianism)에 의해 영향을 받았다. 실제로 무정부주의는 정치적 천년왕국설의 형태로 자주 묘사된다. 현대 무정부주의자들은 도교나 선불교와 같은 종교에 심취하곤 한다. 그 이유는 이들 종교가 개인적 통찰력의 전망을 제공해 주며 관용과 존중 그리고 자연적 조화의 가치를 가르치기 때문이다.

▌경제적 자유

무정부주의자들이 좀처럼 국가의 전복을 그 자체로 하나의 목적으로 간주하지는 않았지만 그들은 사회적·경제적 삶의 구조에도 의문을 제기해 왔다. 바쿠닌(Bakunin 1973)은 '정치권력과 부는 불가분의 것'이라고 주장했다. 19세기 무정부주의자들은 주로 노동계급 내에서 일했고 광범위하게 사회주의적인 철학을 신봉했다. 자본주의는 계급 관점에서 이해되었다. 즉, '지배계급'은 '대중'을 착취하고 억압한다는 것이다. 그러나 이들 '지배계급'은 마르크스주의의 맥락에 따라 협소한 경제적 관점에서 해석되는 것이 아니고 사회에서 부와 권력 또는 특권을 행사하는 사람들을 포괄하는 것으로 바라보았다. 그렇기 때문에 지배계급에는 사업가와 금융가뿐만 아니라 왕과 왕자, 정치가와 국가관리, 판사와 경찰간부, 주교와 신부 등도 포함되었다.

그래서 바쿠닌은 모든 발전된 사회에는 3개의 사회적 집단이 발견된다고 주장하였

다. 즉, 착취를 당하는 광범위한 다수 집단, 착취를 당하지만 동시에 같은 방식으로 다른 사람들을 착취하는 소수 집단 그리고 '순전히 착취자이고 억압자'로서 더 작은 규모의 소수 집단인 '최고의 통치자들'이 그것이다. 그래서 19세기 무정부주의자들은 스스로를 가난하고 억압받는 자들과 동일시했으며 '착취를 당하는 대중'의 이름으로 자본주의와 국가 모두를 쓸어 없애버리는 사회혁명을 수행하고자 하였다.

그러나 무정부주의 내에서 가장 민감하게 긴장을 야기하는 것은 삶의 사회적 구조이다. 많은 무정부주의자들이 재산과 불평등에 대한 공통된 혐오를 기초로 하여 사회주의와의 친화성을 인식하고 있음에도 불구하고, 어떤 무정부주의자들은 재산권을 옹호하고 심지어는 경쟁적 자본주의를 숭배하기도 한다. 이는 집단주의적 무정부주의와 개인주의적 무정부주의라는 무정부주의의 두 주요 전통 간의 차이를 드러내 준다. 개인주의적 무정부주의자들이 시장과 사유재산을 지지하는 데 반해 집단주의적 무정부주의자들은 협동과 집단소유를 옹호한다.

이러한 근본적 차이에도 불구하고 무정부주의자들은 20세기의 대부분을 지배해 왔던 경제제도에 대해 혐오를 표한다. 모든 무정부주의자들은 1945년 이후 서유럽 국가들에서 널리 시행되어 온 '관리자본주의(managed capitalism)'를 반대한다. 집단주의적 무정부주의자들은 국가개입은 단지 계급착취 제도를 지탱해주면서 자본주의에 인간의 얼굴을 씌우는 데 기여할 뿐이라고 주장한다. 개인주의적 무정부주의자들은 국가개입이 경쟁적 시장을 왜곡시킬 뿐만 아니라 공적인 독점과 사적인 독점 모두에 의해서 지배되는 경제를 만들어 낼 것이라는 주장을 편다. 무정부주의자들은 구소련 스타일의 '국가사회주의'를 거부하는 데서 더 단합된 모습을 보여줬다. 개인주의적 무정부주의자들은 재산권 및 개인의 자유가 침해되는 데 주목하면서 이러한 침해 사례가 계획경제에서 자주 발생한다고 주장한다. 집단주의적 무정부주의자들은 '국가사회주의'가 형용모순이라고 주장한다. 왜냐하면 국가사회주의에서 국가는 착취의 주요 원천으로서 자본주의를 단순히 대체할 뿐이기 때문이다. 모든 무정부주의자들은 국가의 소유나 규제가 필요 없이 자유로운 개인이 자신의 문제를 관리하는 경제에 대해 선호를 표명한다. 그러나 바로 이 점 때문에 무정부주의자들은 '무정부적 공산주의'로부터 '무정부적 자본주의'까지 매우 다양한 형태의 수많은 경제제도들을 옹호하는 데로 나가고 있다.

IV. 집단주의적 무정부주의

집단주의적 무정부주의의 철학적 뿌리는 자유주의보다는 사회주의에 두고 있다. 무정부주의자들의 결론은 사회주의적 집단주의를 그 극단까지 밀고 나감으로써 얻어질 수 있다. 집단주의(p.139 참조)는 본질적으로 인간은 사회적 동물, 다시 말해서 개인적인 사익보다는 공동선을 위해서 함께 일하는 데 적합한 존재라는 믿음에서 출발한다. 종종 사회적 무정부주의라고도 불리는 집단주의적 무정부주의는 사회적 유대 내지 크로포트킨(Kropotkin)이 명명하는 '상호부조'를 향한 인간의 잠재력에 강조점을 둔다. 앞에서 지적한 것처럼, 이는 '자연적 선'에 대한 순진한 믿음을 뜻하는 것이 아니다. 오히려 모든 인간 내에 존재하는 선의 잠재성에 주목하는 것이다. 인간은 그 핵심에 있어서 사회적이고 사교적이며 협동적이다. 이 점에서 보면 사람들 사이의 자연적이고 적절한 관계는 동정과 애정 그리고 조화의 관계이다. 사람들이 공통된 인간성을 인정하는 토대 위에서 함께 연결된다면 더 이상 정부에 의해 규제 받거나 통제될 필요가 없다. 바쿠닌의 주창처럼, '사회적 유대가 첫 번째의 인간 법칙이고, 자유는 두 번째 법칙이다.' 정부는 불필요할 뿐만 아니라 자유를 억압으로 대치함으로써 사회적 유대를 불가능하게 만든다.

무정부주의와 사회주의, 특히 마르크스주의적 사회주의 사이의 철학적·이데올로기적 중첩은 무정부주의자들이 자주 광범위한 혁명적 사회주의운동 내에서 일을 한다는 사실을 통해 명백하게 나타난다. 예를 들면 1864~72년의 제1인터내셔널은 프루동과 마르크스 지지자들에 의해 세워진 것이었다. 수많은 이론적 유사점이 집단주의적 무정부주의와 마르크스주의 사이에서 명백하게 발견된다. 둘 다 근본적으로 자본주의를 계급착취와 구조적 부정의의 체제라고 간주하면서 이를 거부한다. 둘 다 정치적 변화를 가져올 수 있는 선호된 수단으로서 혁명을 옹호해 왔다. 둘 다 부의 집단적 소유와 사회생활의 공공조직화에 대해 지지한다. 국가가 '사라질' 것이라는 마르크스의 이론에서 표명된 것처럼 충분하게 공산화된 사회는 무정부적일 것이라고 둘 다 믿는다. 그렇기 때문에 둘 다 인간은 정치적 권위를 필요로 하지 않고도 자신의 문제를 정리해 나갈 수 있는 궁극적 역량을 갖추고 있다는 데에 동의한다.

그럼에도 불구하고 무정부주의와 사회주의는 많은 점에서 다르다. 이는 의회사회주의와 관련해서 가장 명백하게 나타난다. 무정부주의자들은 의회사회주의를 형용모순이라고 치부한다. 부패하고 타락한 정부 기구로 자본주의를 개혁하거나 '인간화'하는 것이 불가능할 뿐만 아니라 국가의 역할과 책임의 확대는 설사 그것이 평등이나 사회정의의 이름으로 행해진다고 하더라도 결국은 억압을 공고히 하는 데 기여할 뿐이라는 것이다. 집단주의적 무정부주의와 마르크스주의 간의 가장 심각한 불일치는 자본주의로부터 공산주의에로의 이행에 관한 생각이다. 마르크스주의자들은 혁명적 '프롤레타리아트 독재'를 강조해 왔다. 그럼에도 불구하고 이 프롤레타리아 국가는 자본주의적 계급적대가 완화됨에 따라 '사라질' 것이다. 이러한 관점에서 국가권력은 계급제도의 반영일 따름이며 본질에 있어 국가는 계급억압의 도구이다. 반면에 무정부주의자들은 국가를 그 자체로 악이며 억압적인 것으로 바라본다. 그 본성상 국가는 타락하고 부패하는 실체이다. 그렇기 때문에 무정부주의자들은 부르주아 국가와 프롤레타리아 국가를 구별하지 않는다. 무정부주의자들에게 있어 진정한 혁명은 자본주의의 전복뿐만 아니라 국가권력의 즉각적이고 최종적인 전복을 요구한다. 국가는 '사라지도록' 허용되어서는 안 되고 그것은 철폐되어야 한다.

▌상호부조론

사회적 유대에 대한 무정부주의자들의 신념은 다양한 협동적 행태를 정당화하기 위해서 사용되어 왔다. 그 하나의 극단으로 무정부주의는 순수 공산주의에 관한 신념과 연결되기도 하지만 그것은 또한 피에르 조제프 프루동(Pierre-Joseph Proudhon)과 연관된 보다 온건한 **상호부조론(mutualism)**의 관념을 만들어 내었다. 어떤 의미에서 프루동의 자유지상주의적 사회주의는 무정부주의의 개인주의적 전통과 집단주의적 전통 사이에 위치하며, 프루동의 사상은 조시아 워렌(Josiah Warren 1798~1874)과 같은 미국 개인주의적 무정부주의자들의 사고와 공통된 점이 많다. 『재산이란 무엇인가?』(*What is Property?*)에서 프루동은 '재산은 도적'이라는 유명한 말을 남겼으며, 자본축적에 기반을 둔 경제적 착취 제도를 비난하였다.

그럼에도 불구하고 마르크스와는 달리 프루동은 모든 형태의 사유재산에 반대한 것은 아니었고 재산과 그가 '소유

상호부조론

공정하고 평등한 교환체제. 이러한 체제에서는 개인과 집단이 이윤추구나 착취가 없이 상품과 서비스를 교환하고 서로 협상을 한다.

피에르 조제프 프루동(Pierre-Joseph Proudhon 1809~1865)

프랑스 무정부주의자. 인쇄업자로서 거의 독학을 한 프루동은 1847년 파리에 정착하기 이전에는 리옹
에서 급진적인 정치에 가담하였다. 1848년 제헌의회의 일원으로서 프루동은 헌법에 반대표를 던진
것으로 유명한데, 그 이유는 '그것이 헌법'이기 때문이었다. 그는 나중에 3년간의 감옥생활을 했고,
그 이후에는 활동적인 정치에 환멸을 느껴 집필과 이론화에 몰두하였다.
프루동은 가장 유명한 저작인 『재산이란 무엇인가?』(*What is Property?* [1840] 1970)에서 전통적인
재산권과 공산주의 모두를 공격하면서 상호부조론을 주장했는데, 이는 이윤보다는 필요를 위해서 작동
하며 자치공동체 내에서 조직되는 협동적 생산체제를 의미했다. 그럼에도 불구하고 말기에 이르러서
프루동은 노동운동과의 동맹을 추구했으며, 『연방제원칙』(*The Federal Principal* 1863)에서는 '사물이
굴러가도록 하기 위해서' 최소국가의 필요성을 인정했다.

물(possession)'이라고 명명한 것을 구분하였다. 특히 그는 소작농과 장인 그리고 기
능인들의 독립성과 창의성에 경의를 표했다. 그렇기 때문에 프루동은 상호부조론을
통해 착취를 피하고 사회적 조화를 증진시킬 수 있는 재산소유 체제를 확립하고자
하였다. 이러한 체제에서 사회적 상호작용은 자발적이며 상호이익이 되고 조화로울
것이며 그래서 정부의 규제나 간섭을 필요로 하지 않을 것으로 보았다.

프루동의 추종자들은 프랑스와 스위스에서 상호신용은행을 설립함으로써 이러한
사고를 실천에 옮기고자 하였다. 상호신용은행은 투자자에게 값싸게 대출을 제공해
주었는가 하면 은행을 경영하는 데 드는 비용을 감당할 수 있을 만큼의 이자율만을
부담시켰을 뿐 이익을 가져올 만큼 높은 이자는 결코 아니었다. 프루동 자신의 견해는
대개 소규모 농민공동체나 장인공동체에 대한 그의 경의에 기반을 두었다. 이 점은
전통적으로 상호협동에 기반하여 자신의 문제들을 다루어 온 스위스의 시계기술자들
에게서 가장 두드러지게 나타났다.

▌무정부적 생디칼리즘

19세기 말과 20세기 초 상호부조론과 무정부적 공산주의는 보다 광범위한 사회주의 운동 내에서 중요한 영향력을 행사하였다. 그렇지만 무정부주의는 무정부적 생디칼리즘의 형태로 대중운동에서 자기 나름의 발전을 이루어 나갔다. 생디칼리즘이란 혁명적 노동조합주의의 한 형태이며 그 이름은 조합 또는 집단을 의미하는 프랑스어 *쌩디까*(*syndicat*)에서 차용하였다. 생디칼리즘은 처음 프랑스에서 나타났고, 1914년 이전의 시기에는 강력한 프랑스 노동총동맹(CGT: Confedration Generale du Travail)에 의해 수용되었다. 생디칼리스트 사상은 이탈리아와 라틴 아메리카, 미국 그리고 가장 중요하게는 스페인으로 전파되었는데, 스페인에서는 가장 큰 노동조합인 전국노동자연맹(CNT: Confederacion Nacional del Trabajo)이 생디칼리즘을 지지하였다.

생디칼리스트의 생각은 사회주의 사상에 기대고 있으며 조야한 형태로 계급투쟁 이론을 개발하였다. 지주, 정치가, 판사 그리고 경찰은 착취자로서 묘사되었다. 노동자는 특정의 기술과 산업 또는 전문성에 기초하여 연합체 또는 조합을 조직함으로써 스스로를 방어할 수 있다는 것이다. 간단히 얘기하면, 이들 연합체들은 임금을 인상하고 노동시간을 단축하며 근로조건을 개선하는 등 전통적인 노동조합으로서 역할을 할 수 있다. 그러나 생디칼리스트들은 자본주의의 전복과 노동자의 권력 장악을 고대하는 혁명주의자들이기도 했다. 영향력 있는 프랑스 무정부주의자 조지 소렐(Georges Sorel 1847~1922)은 『폭력론』(*Reflections on Violence* [1908] 1950)에서 그러한 혁명은 '빈손의 혁명'이라 불리는 총파업을 통해 일어날 것으로 보았다. 소렐은 총파업을 대중봉기를 촉발시킬 수 있는 노동계급의 힘의 상징이자 '신화'로 파악하였다.

생디칼리스트 이론이 때로는 체계화가 잘 되어 있지 않고 혼란스럽다고 하지만, 그럼에도 불구하고 이 이론은 대중들 사이에 자신들의 사상을 확산시키고자 원하는 무정부주의자들에게는 강력한 매력으로 다가왔다. 무정부주의자들은 생디칼리스트 운동에 참여하면서 무정부적 생디칼리즘의 독특한 사상을 발전시켜 나갔다. 생디칼리즘의 다음과 같은 두 가지 특징이 무정부주의적 열광을 고취시켰다. 첫째, 생디칼리스트들은 전통적인 방식의 정치를 타락하고 의미가 없는 것으로 거부했다. 그들이 보기에 노동계급의 힘은 직접행동, 불매운동, 태업, 파업 그리고 궁극적으로는 총파업을 통해서 개진되어야 한다. 둘째, 무정부주의자들은 신디케이트를 미래의 분권화되고 비위계적인 사회를 위한 모델로 바라보았다. 신디케이트는 전형적으로 높은 수준의 풀뿌리 민주주의를 보여주었으며 동일한 지역이나 동일한 산업에서 다른 신디케이트들과 연합을 형성하였다.

무정부적 생디칼리즘은 적어도 스페인 내전 이전까지는 진정으로 대중적 지지를 향유하고 있었음에도 불구하고 혁명적 목표를 달성하는 데는 성공을 거두지 못했다. 총파업이라는 다소 애매모호한 이념을 넘어서서 무정부적 생디칼리즘은 명확한 정치 전략이나 혁명이론을 발전시키지 못했다. 그 대신에 무정부적 생디칼리즘은 억압받고 착취당하는 사람들의 자발적인 봉기가 일어날 것이라는 희망에 기대를 걸었다. 다른 무정부주의자들은 생디칼리즘이 단기적인 노동조합 목표에 너무 협소하게 초점을 맞추고 있으며 그 결과 무정부주의로 하여금 혁명으로부터 벗어나 개혁주의로 선회하도록 하고 있다는 비판을 가해 왔다.

▌무정부적 공산주의

사회적 유대에 대한 신념은 가장 급진적인 형태를 띨 경우 집단주의와 원숙한 **공산주의**(communism)의 길로 나아가게 된다. 사회적이고 남과 잘 어울리는 사람은 서로 공유하면서 공동체적인 특성의 생활을 주도해야 한다. 예를 들면 노동은 사회적 경험이며 사람은 동료 인간들과 함께 일을 한다. 그렇기 때문에 그들이 생산한 부는 한 개인에 의해 소유되기보다는 공동체에 의해 공동으로 소유되어야 한다. 이러한 의미에서 모든 형태의 사유재산은 도둑질이다. 사유재산은 유일하게 부를 창출하는 노동자에 대한 사용자의 착취를 의미한다. 더욱이 사유재산은 이기심을 북돋우고, 특히 무정부주의자들의 눈에서 보면 공격적이며 갈등과 사회적 부조화를 조장한다. 부의 소유에서의 불평등은 탐욕과 시기, 분노를 불러일으키며 그 결과 범죄와 무질서를 부추기게 된다.

공산주의

부를 공동으로 소유한다는 원칙. 공산주의는 마르크스주의 원칙에 근거하는 운동이나 정부를 지칭하는 것으로 보다 더 자주 사용되고 있다.

무정부적 공산주의는 피터 크로포트킨(Peter Kropotkin)의 '상호부조' 이론에 의해 가장 유명하게 표현되어 된 바와 같이 협력을 할 수 있는 인간의 능력에 대한 고도의 낙관적 믿음에 뿌리를 두고 있다. 크로포트킨은 다윈의 진화론을 재검토함으로써 사회적 유대에 대해 생물학적인 기반을 제공하고자 하였다. 허버트 스펜서(Herbert

피터 크로포트킨(Peter Kropotkin 1842~1921)

러시아의 지리학자이자 무정부주의 이론가. 귀족가문의 아들로서 처음에는 알렉산드르 2세의 시종무관으로 복무를 했지만, 크로포트킨은 프랑스와 스위스 국경지대인 쥐라(Jura) 지역에서 일하면서 무정부주의 사상을 접하게 되었다. 1874년 상트페테르부르크에서 투옥된 이후 유럽 여러 곳을 여행하였으며 1917년 혁명 이후 러시아로 귀환하였다.

크로포트킨의 무정부주의는 과학적인 정신이 충만해 있으며 다윈의 진화론에 대안을 제공했던 진화이론에 근거를 두고 있다. 상호부조를 인간과 동물의 발전에서 가장 중요한 원칙으로 파악하면서, 무정부주의와 공산주의 모두에 대해 경험적 기반을 제공하고 있다고 자부했다. 그의 주요 저작으로는 『상호부조』(*Mutual Aid* 1897), 『농장, 공장 그리고 일터』(*Fields, Factories and Workshops* 1901), 『빵의 정복』(*The Conquest of Bread* 1906) 등이 있다.

Spencer 1820~1903) 같은 사회사상가는 인간이 생래적으로 경쟁적이고 공격적이라는 생각을 옹호하기 위해서 다윈이즘(Darwinism)을 이용한데 반해 크로포트킨은 종(種)이 성공을 거둘 수 있었던 것은 그들이 어떻게든 협력을 통해 집단적 활력을 끄집어내는 데 성공을 거두었기 때문이라고 주장했다. 그래서 진화의 과정은 사회성을 강화시키고 경쟁보다 협력을 더 유리하게 만든다는 것이다. 크로포트킨의 결론에 따르면, 인간과 같은 성공적인 종은 상호부조에 대한 강한 선호를 가져야 한다. 크로포트킨은 예를 들면 고대 그리스나 중세의 도시국가에서는 상호부조가 꽃을 피웠는데 반해 경쟁적인 자본주의는 상호부조를 질식시켜 왔고 그래서 더 이상의 인간의 진보를 어렵게 하고 있다는 주장을 폈다.

프루동은 공산주의가 권위주의적 국가에 의해서만 지탱될 수 있다고 경고를 하였음에도 불구하고 크로포트킨이나 말라테스타(Errico Malatesta 1853~1932) 같은 무정부적 공산주의자들은 진정한 공산주의는 국가의 소멸을 요한다고 주장하였다. 무정부적 공산주의자들은 중세 도시국가나 농민공동체 방식에 따라 스스로 관리하는 소규모의 공동사회를 옹호한다. 크로포트킨이 꿈꾸는 무정부주의적 사회는 각자 자신의 부를 공동으로 소유하는 자족적인 일단의 공동체가 모여 구성된다. 무정부적 공산주의자들의 시각에서 보면, 사회경제적 생활의 공동체적 구성은 3가지 점에서 이득이 있다. 첫째, 공동체가 집단적으로 공유하는 노고의 원칙에 기반을 두는 한 그러한 공동체는 연민과 유대의 기반을 강화하고 탐욕과 이기심을 멀리하는 데 도움을 준다. 둘째, 공동체 내에서는 의사결정이 참여민주주의나 **직접민주주의(direct democracy)**를 통해 이루어지기 때문에 높은 수준의 대중참여와 정치적 평등이 보장된다. 대중적 자치정부야말로 무정부주의자들이 수용할 수 있는 유일한 형태의 정부이다. 셋째, 공동체는 소규모이고 '인간적이 규모'의 공동체이며, 이는 사람들로 하여금 면대면 접촉을 통해 자기 자신의 일을 관리할 수 있도록 허용해 준다. 무정부주의자들의 견지에서 보면, 중앙집중화는 항상 몰개성적이고 관료화된 사회적 과정과 연관되어 있다.

> ※ **직접민주주의**
>
> 정부의 일에 시민이 직접적이고 지속적으로 참여하는 것을 특징으로 하는 대중적 자치정부

V. 개인주의적 무정부주의

개인주의적 무정부주의의 철학적 기반은 주권적 개인이라는 자유주의적 사고의 연장선상에 있다. 많은 점에서 이들 개인주의적 무정부주의자들의 결론은 자유주의적 개인주의(p.53 참조)를 논리적 극단으로까지 추구해 나감으로써 도달된다. 예를 들면 윌리엄 고드윈의 무정부주의는 극단적인 형태의 고전적 자유주의에 상응한다. 이러한 자유주의의 핵심에는 개인의 우선성과 개인적 자유의 일차적 중요성이 자리하고 있다. 고전적 자유주의의 견지에서 본 자유는 소극적이다. 그것은 개인에 대한 외부적 제약의 부재를 의미한다. 개인주의를 극단으로 밀고 나가면 자유는 개인적 주권을 의미하게 되는데 그것은 절대적이고 무제한적인 권위가 각 개인 안에 존재한다는 개념이다. 이런 시각에서 보면 개인에 대한 어떤 제한도 악이다. 그러나 이러한 제한이 정의상 주권적이고 강제적이며 강압적인 기구인 국가에 의해 제기된다면, 그것은 절대적인 악에 해당한다. 단순하게 얘기하자면, 개인은 법과 정부에 의해 지배되는 사회에서는 주권자가 될 수 없다. 그리하여 개인주의와 국가는 서로 양립할 수 없는 원칙

으로 존재한다.

이러한 주장들은 영감이라는 측면에서는 자유주의적임에도 불구하고 자유주의와 개인주의적 무정부주의 사이에는 중요한 차이가 존재한다. 첫째, 자유주의자들은 개인주의적 자유의 중요성을 받아들이면서도 이러한 자유가 국가 없는 사회에서는 보장될 수 없는 것으로 바라본다. 고전적 자유주의자들은 자기이익을 추구하는 개인들이 절도나 협박, 폭력 또는 심지어 살해 등을 통해 서로를 괴롭히는 것을 막기 위해서는 최소한의 '야경' 국가가 필요하다고 주장한다. 이 점에서 법은 자유를 제한하기보다는 보호하기 위해 존재한다. 현대 자유주의자들은 이러한 주장을 더 확대해서 국가의 개입이 적극적 자유를 증진할 것이라는 근거로 국가의 개입을 옹호한다. 이와 대조적으로 무정부주의자들은 정부가 사회를 '감시'하고 사람들을 동료로부터 보호하지 않아도 평화롭고 조화롭게 잘 살 수 있다고 믿는다. 무정부주의자들이 자유주의자들과 다른 것은 무정부주의자들이 개인은 합리적이고 도덕적인 존재이기 때문에 자유로운 개인들은 서로 건설적으로 일하면서 함께 살아 갈 수 있다고 믿는다는 데에 있다. 이성이 명하는 바에 따라 갈등은 폭력이 아니라 중재나 토론을 통해 해결되어야 한다는 것이다.

둘째, 자유주의자들은 정부 권력이 입헌적이고 대의적인 제도의 발전을 통해 '순치'되고 통제될 수 있다고 믿는다. 이에 따르면, 제도는 정부 권력을 제한하고 또 정부의 다양한 제도들에 대해서 견제와 균형을 제공함으로써 개인을 보호한다. 정기적으로 선거를 치르는 것은 정부로 하여금 공중에게 책임을 지도록 하기 위해서이다. 이에 반해 무정부주의자들은 제한적이고 입헌적이며 대의적인 정부라는 개념을 수용하지 않는다. 그들은 **입헌주의**(constitutionalism)와 민주주의를 그 배후에서는 정치적 억압이 적나라하게 작동하는 허울에 불과한 것으로 간주한다. 법을 제정하는 정부가 입헌적이든 자의적이든 혹은 민주적이든 전제적이든, 모든 법은 개인의 자유를 침해한다. 다른 말로 하면 모든 국가는 개인의 권리에 대한 침탈이다.

✳️ 입헌주의

정부 권력은 정부 기구들의 의무와 권한, 권위 그리고 개인의 권리 등을 규정하는 규칙틀(헌법) 내에서 행사되어야 한다는 믿음

▌자아주의

주권적 개인이라는 개념에 기반을 두고 있는 무정부주의적 신념을 가장 대담하게 표현하고 있는 저술은 막스 슈티르너(Max Stirner)의 『유일자와 그의 소유』(*The Ego and His Own* [1845] 1971)이다. 마르크스처럼 독일 철학자 슈티르너(Stirner 1806~1856)는 헤겔 사상으로부터 깊은 영향을 받았지만 두 사람은 근본적으로 다른 결론에 도달하였다. 슈티르너의 이론은 극단적인 형태의 개인주의를 대변한다. 그 이론은 개인은 본질적으로 자아나 자신에 관심을 기울인다는 것, 즉 개인은 자기이익을 추구하며 자신을 위하는 것으로 파악하는데 이는 홉스나 로크와 같은 사상가들이 받아들일 만한 가정이다. 그러나 자기이익 추구는 개인 사이에 갈등을 야기할 수 있고 그래서 각각의 개인으로 하여금 다른 사람을 괴롭히거나 학대하지 못하도록 할 필요로 인해 국가의 존재를 정당화한다.

슈티르너의 견해에서 보면 자아주의는 개인의 자아를 도덕적 우주의 중심에 두는 철학이다. 이런 시각에서 보면 개인은 법이라든가 사회적 관행, 종교적 또는 도덕적 원칙에 대한 고려없이 자신이 원하는 바대로 행동해야 한다. 이러한 입장은 문자 그대로 아무것도 존재하지 않는다고 믿는 허무주의(nihilism)에 상응한다. 이는 명확하게 무신론과 극단적인 형태의 개인주의적 무정부주의를 향하고 있다. 그러나 슈티르너의 무정부주의는 극적으로 계몽주의의 원칙들로 되돌아갔고 국가가 없는 사회에서 질서를 어떻게 유지할 것인가에 대해서 거의 아무런 제안도 담지 못하였다. 그래서인지 슈티르너의 무정부주의는 새로이 태동하는 무정부주의 운동에 대해서는 상대적으로 큰 영향을 미치지 못했다. 그러나 슈티르너의 사상은 니체(Nietzsche)와 20세기 실존주의에 영향을 미쳤다.

▌자유지상주의

개인주의적 무정부주의자들의 주장은 헨리 데이빗 소로(Henry David Thoreau 1817~1862), 라이샌더 스프너(Lysander Spooner 1808~1887), 벤자민 터커(Benjamin Tucker 1854~1939) 그리고 조시아 워렌(Josiah Warren)과 같은 자유지상주의 사상가들에 의해 미국에서 보다 더 활발하게 발전되어 나갔다. 영적인 진실과 자립에 대한 탐구로 인해 소로는 문명화된 삶에서 도피하여 『월든』(*Walden* [1849], 1983)에 묘사된 바와 같이 수년 동안 자연에 밀착하여 사실상 홀로 살았다. 그의 가장 정치적인 저술인 『시민 불복종』(*Civil Disobdience* [1849], 1983)에서 소로는 '최소한의 정부가 최선의 정부'라는 제퍼슨(Jefferson)의 자유주의적 모토를 받아들이면서도 이를 자신의 무정부주의적 정서와 부합되도록 변용하여 '최선의 정부는 아무것도 하지 않는 것'이라는 주장을 폈다. 소로에게는 개인주의가 시민 불복종으로 연결된다. 왜냐하면 개인은 자신의 양심에 충실해야 할 것이고 사회의 요구라든가 정부에 의해 만들어진 법에 관계없이 각자가 옳다고 믿는 바에 따라 행동하면 될 것이기 때문이다. 소로의 무정부주의는 개인의 양심을 정치적 의무의 요구보다 상위에 놓는다. 이 때문에 소로는 노예를 인정한다든가 다른 나라에 대해 전쟁을 벌이는 등 부도덕한 행동을 하는 미국 정부에 대해서 불복종을 하게 된다.

> ✳ **자유지상주의**
>
> 개인은 가능한 한 최대한의 영역에서 자유를 누려야 한다는 신념; 자유지상주의는 개인에 대한 내적·외적 제한 모두를 제거해야 한다고 주장한다.

벤자민 터커(Benjamin Tucker)는 자율적인 개인이 갈등이나 무질서의 위험에 빠지지 않으면서 어떻게 일하고 살아갈 수 있는지를 숙고함으로써 **자유지상주의**(libertarianism)를 더 심도있게 다루었다. 이 문제와 관련하여 개인주의적 무정부주의자들에게 두 개의 해답이 가능할 수 있다. 첫째는, 인간의 합리성을 강조하는 것으로 갈등이나 불일치가 제기될 경우 이는 이성적 토론을 통해서 해결될 수 있을 것으로 본다. 이 점은 예를 들면 고드윈(William Godwin)의 입장이기도 한데, 그는 진리가 항상 거짓을 대체하는 경향이 있다고 보았다.

두 번째의 해법은 자유로운 개인의 독립적인 행위가 서로 조화를 이룰 수 있도록 하는 어떤 메커니즘을 발견하는 것이다. 조시아 워렌(Josiah Warren)이나 벤자민 터커(Benjamin Tucker)와 같은 극단적 개인주의자들은 이러한 조화가 시장교환체계를 통해 달성될 수 있다고 믿는다. 워렌에 따르면, 개인은 자기가 생산한 소유물에 대해서 주권적 권리를 갖고 있지만 또한 노동분업의 이점을 누리기 위해서 다른 사람과 함께 일해야 한다는 경제논리에 따라야 한다. 이는 '노동 대 노동' 교환체계에 의해 달성될 수 있다고 주장하면서 워렌은 한 사람의 노동이 동일한 노동으로 되돌아올 것이라는 기대하에 교환될 수 있도록 '시간 가게(time store)'를 만들었다. 터커는 19세기 리차드 콥덴(Richard Cobden)이나 존 브라이트(John Bright)가 주창했던 자유무역·자유시장 원칙을 언급하면서 '진정한 무정부주의는 일관되게 자유무역주의 (Manchesterism)'라고 주장하였다.

▌무정부적 자본주의

20세기 말 자유시장 경제에 대한 관심의 재현은 점차 급진적인 정치적 결론으로 이어졌다. 고전경제학에 심취한 뉴라이트 보수주의자들은 '기업의 등으로부터 정부를 제거하고' 그래서 경제가 개입주의적 국가에 의해서 관리되기보다는 시장의 힘에 의해서 규율되길 원했다. 로버트 노직(Robert Nozick, p.125 참조)과 같은 우익 자유지상주의자들은 최소국가의 이념을 부활시켰는데 그것의 일차적 기능은 개인의 자유를 보호하는 것이었다. 예를 들면 아인 랜드(Ayn Rand 1905~1982), 머레이 로스바드 (Murray Rothbard 1926~1995), 데이비드 프리드만(David Friedman)과 같은 사상가들은 자유시장 이념을 최대로 밀고 나가 일종의 무정부적 자본주의를 발전시켰다.

그들은 정부가 제거될 수 있으며 규제를 받지 않는 시장경쟁에 의해서 대체될 수 있다는 주장을 폈다. 재산은 자기이익 추구를 위해서 원하기만 하면 다른 사람과 자발적으로 계약을 체결할 수 있는 주권적 개인에 의해서 소유되어야 한다. 개인은 자유로

무정부주의 내에서의 긴장

개인주의적 무정부주의	집단주의적 무정부주의
극단적 자유주의	극단적 사회주의
주권적 개인	공통의 인간성
시민 불복종	사회혁명
원자주의	계급정치
자아주의	협력/상호부조론
계약적 의무	사회적 의무
시장 메커니즘	공동체의 형성
사유재산	공유재산
무정부적 자본주의	무정부적 공산주의

운 상태에 있게 되고 그리하여 어떤 개인이나 집단의 통제로부터 벗어난 시장이 모든 사회적 상호작용을 규제하게 된다는 것이다.

무정부적 자본주의는 자유시장 자유주의의 아이디어를 훨씬 넘어서고 있다. 자유주의자들은 대부분의 상품을 전달하는 데는 시장이 가장 효과적이고 효율적인 메커니즘이라고 생각하지만 시장은 또한 그 한계를 갖고 있다는 점도 인정한다. 국내질서의 유지, 계약의 집행, 외부 공격으로부터의 보호 등과 같은 몇 가지 서비스는 그것들이 시장경쟁을 통해서는 공급될 수가 없기 때문에 국가에 의해서 제공되어야 하는 공공재이다. 그러나 무정부적 자본주의자들은 시장이 인간의 모든 욕구를 충족시켜 줄 수 있다고 본다. 예를 들면 로스바드(Murray Rothbard 1978)는 무정부 사회에서 개인은 서로로부터 자신을 보호하려고 애쓸 것이라고 인정하면서도 그러한 보호가 경찰력이나 국가 법정이 아니라 개인적으로 소유되는 '보호협회'나 '사적 법정'에 의해서도 경쟁을 통해 제공될 수 있다는 주장을 폈다.

실제로 무정부적 자본주의자들에 의하면, 이익을 추구하는 보호기관들이 현행의 경찰력보다 더 좋은 서비스를 제공할 수 있을 것이다. 그 이유는 경쟁 때문에 보호기관들이 소비자 수요에 부응하여 값싸고 효율적이 될 것이고 이러한 경쟁에서 소비자들은 선택을 할 수가 있을 것이기 때문이다. 이와 유사하게 사적 법정은 갈등이 해결되기를 바라는 개인들로부터 서비스 구입을 이끌어내기 위해 공평이라는 점에서 명성을 개발해 나가지 않을 수 없게 된다. 가장 중요하게는 공공기관의 권위와는 다르게 사적 기관들과 체결된 계약은 전적으로 자발적인 것이 될 것이고 오직 비인격적인 시장의 힘에 의해서만 규제될 뿐이다.

이러한 제안이 아무리 급진적인 것처럼 들린다고 해도 이와 같은 사유화 정책은 많은 서구 국가에서 이미 실질적인 진전을 이루어 왔다. 미국에서 몇몇 주는 이미 사설 감옥을 허용하고 있으며 사적인 법정이나 중재 서비스를 허용하는 실험들이 늘어나고 있다. 영국에서도 사설 형무소나 사적인 보호기관 허용은 상식이 되고 있으며 '동네 자경단(Neighbourhood Watch)' 같은 방식의 도움을 받아 공공질서에 대한 책임이 경찰로부터 지역공동체로 이관되고 있다.

VI. 무정부주의로의 길

무정부주의자들은 자신들의 신념을 실천해 옮기기보다는 책이나 팸플릿을 통해 자신들의 생각을 전달하는 데 더 많은 성공을 거두어 왔다. 무정부주의자들은 적극적인 정치로부터 거리를 두고 그 대신 글을 쓰거나 아니면 지역공동체나 협동체에서 실험을 하는 게 더 일반적이다. 무정부주의자들은 정치생활로부터 거리를 두는 만큼이나 몰정치적인가 하면 전통적인 정치과정이나 정치기구로부터 배제되고 있다는 점에서는 매우 반정치적이다.

무정부주의가 직면하는 문제점은 국가라는 것이 악이고 억압적인 것인 한 정부권력을 얻거나 심지어 정부에 영향을 미치려는 어떤 시도도 건전하지 않고 타락적인 것이 될 수밖에 없다는 점이다. 예를 들면 선거정치는 무정부주의자들이 강력하게 거부해 마지않는 대의민주주의 모델에 기반을 두고 있다. 정치권력은 그것이 투표함을 통해서 얻게 되든 총구에서 나오든 관계없이 항상 억압적이다. 이와 비슷하게 무정부주의자들은 의회정당과 혁명정당 모두로부터 경원시되어 왔다. 왜냐하면 정당은 관료적이고 위계적인 조직이기 때문이다. 그렇기 때문에 무정부적 정부, 무정부적 정당 또는 무정부적 정치인이라는 개념은 형용모순이다. 전통적으로 알려진 '무정부주의로의 길'이란 존재하지 않기 때문에 무정부주의자들은 정치적 행동주의에서 덜 정통적인 방식을 찾도록 압력을 받고 있다.

▌혁명적 폭력

19세기 무정부주의 지도자들은 '억압된 대중'을 반란이나 봉기로 나아가도록 고취하고자 애썼다. 예를 들면 미하일 바쿠닌(Michael Bakunin)은 사회민주주의동맹(Alliance for Social Democracy)과 같은 음모적 단체를 이끌었으며 프랑스와 이탈리아의 무정부주의 봉기에 직접 참여하였다. 또한 이탈리아의 말라테스타(Errico Malatesta), 러시아의 민중주의자 그리고 멕시코의 자파타(Zapapta) 혁명가들은 농민혁명을 위해서 싸웠다. 그러나 결국 무정부주의자들의 봉기는 실패했는데 이는 부분적으로는 그들이 주의 깊은 조직화보다는 자발적인 반란에 기반을 두었기 때문이었다. 19세기 말까지도 많은 무정부주의자들은 생디칼리스트 운동의 혁명적 잠재력에 더 많은 관심을 기울였다. 그러나 20세기 동안 무정부주의자들은 조직화가 잘 되어 있고 또 단단하게 규율이 잡힌 공산주의운동에 대한 지지를 점차로 철회하여 나갔다.

그럼에도 불구하고 테러와 폭력의 혁명적 잠재력에 각별한 강조를 두는 무정부주의자들도 있다. 무정부주의적 폭력이 특히 현저했던 시기는 1890년대에 정점을 이룬 19세기 말과 1970년대이다. 무정부주의자들은 자주 폭력이나 암살의 방법을 통해 공포나 두려움의 분위기를 만들어 내고자 하는 의도에서 '비밀스런 폭력'이나 **테러리즘(terrorism)**을 마다하지 않았다. 이러한 희생자들 가운데는 러시아 황제 알렉산더 2세(Tzar Alexander II), 이탈리아의 험버트 왕(King Humbert), 오스트리아의 엘리자베스 황후(Empress Elizabeth) 그리고 프랑스의 카르노 대통령(President Carnot)과 미국의 매킨리 대통령(President McKinley)이 있다. 전형적인 무정부주의적 테러리스트는 에밀 앙리(Emile Henry)처럼 혼자서 파리의 테르미너스 카페(Café Terminus)에 폭탄을 투척한 이후 교수형에 처해지는 경우도 있었고 러시아의 '인민의 의지(People's Will)'처럼 비밀집단을 이뤄 알렉산더 2세를 암살한 경우도 있었다. 1970년대에는 서독의 바데르-마인호프(Baader-Meinhof), 이탈리아의 붉은 여단(Red Brigades), 일본의 적군파(Red Army), 영국의 성난 여단(Angry Brigade)과 같은 집단에 의해서 무정부주의적 폭력이 구사되었다.

> **테러리즘**
> 정치적 목적을 이루기 위해서 공포나 두려움의 분위기를 조장할 목적으로 한 폭력의 이용. 이는 명확히 경멸적인 용어이며 또 통상적으로는 주관적인 용어이다(p.361 참조).

폭력의 사용에 대한 무정부주의자들의 입장은 매우 독특하다. 폭력을 단순히 정치적 영향력을 행사하기 위한 하나의 방식일 뿐만 아니라 폭력과 암살을 그 자체로 정당하고 공평한 것으로 생각한다는 점에서 그렇다. 무정부주의자들의 입장에서 보면 폭력은 복수나 응징의 한 형태이다. 폭력은 억압과 착취로부터 연원하는데 이러한 억압과 착취는 노동대중에 대항하는 정치가, 산업가, 판사, 경찰에 의해 영속화되고 있다. 무정부주의적 폭력은 단순하게 사회의 일상적 폭력의 반영일 뿐이며 그러한 폭력은 정말로 죄를 지은 사람들에게 향해 있다. 그렇기 때문에 무정부주의적 폭력은 '혁명적 정의'의 한 형태이다. 폭력은 또한 지배계급으로 하여금 권력과 특권에 대한 자신들의 지배력을 약화시키도록 촉구함으로써 이들 지배계급을 의기소침하게 만드는 하나의 방식이다. 게다가 폭력은 정치의식을 일깨우고 대중으로 하여금 봉기에 참여하도록 자극하는 방법이기도 하다. 러시아의 민중주의자들은 폭력을 '행위에 의한 선전'의 한 형태라고 파악하였다. 폭력은 지배계급이 취약하고 방어력이 없음을 입증해 주는 것이기에 이를 통해 러시아의 민중주의자들은 농민들 사이에서 대중반란이 고무되길 기대하였다.

그러나 실제에 있어서 무정부주의적 폭력은 기껏해야 역효과만을 낳았을 뿐이다. 대중들로 하여금 자신들이 억압 상태에 있음을 깨우치기는커녕 정치폭력은 보통은 공공의 공포와 분노를 불러일으켰다. 의심할 바 없이 무정부주의와 폭력 사이의 연관성은 무정부주의 이데올로기의 대중적 호소력을 손상시켰다. 더욱이 폭력은 지배계급으로 하여금 권력을 넘겨주도록 설득하기에는 역부족의 방식이었다. 폭력과 강제는 그 영토 내에서는 우월성이 압도적일 것임에 틀림이 없는 국가에 도전을 하는 것으로 실효성이 약하다. 1890년대와 1970년대 모두 테러리스트의 공격은 국가로 하여금 자신의 억압적인 기구를 확대하고 강화하도록 만들었고 이러한 국가기구의 강화는 통상 공공여론의 지원을 받으면서 진행되었다.

▌직접행동

현존 사회에 대한 혁명적인 공격에는 조금 미달되는 것으로서 무정부주의자들은 자주 **직접행동**(direct action) 전략을 채택하였다. 직접행동은 수동적인 저항으로부터 테러리즘에 이르기까지 다양할 수 있다. 예를 들면 무정부적 생디칼리스트들은 전통적인 대의정치에 관여하는 것을 거부하면서 그 대신 자신들의 생산물 구매를 거부하고 기계를 고의로 파괴하는가 하면 파업행위를 조직하면서 사용자에게 직접행동을 구사하는 것을 더 선호한다. 무정부주의의 영향을 받는 현대의 반세계화나 반기업 운동 또한 대중저항과 직접적인 정치개입 전략을 채택하고 있다. 무정부주의자들의 관점에서 보면, 직접행동에는 두 개의 이점이 있다. 첫째는, 직접행동이 통치과정과 국가기구로부터 오염되지 않는다는 점이다. 그렇기 때문에 정치적 불만이나 반대가 공개적이고 정직하게 표현될 수 있다. 반대 세력은 헌법에 맞게 전향되지 않고 전문적인 정치가들에 의해 '관리'될 수도 없다.

※ **직접행동**

헌법이나 법적 틀 밖에서 취해지는 정치적 행동; 직접행동은 수동적인 거부로부터 테러리즘에 이르기까지 다양할 수 있다.

직접행동의 두 번째 강점은 그것이 분권화와 참여적인 의사결정에 기반을 두면서 조직될 수 있는 대중적인 정치적 행동주의의 한 형태라는 점이다. 이 점은 때때로 '신정치'로 간주될 수도 있는데 이는 기존의 정당이나 이익집단, 대의과정으로부터 벗어나서 보다 획기적이고 극적인 형태의 항의정치로 나아간다는 것을 뜻한다. 무정부주의의 명확한 영향은 이른바 '반정치적' 정치운동의 형태에 초점을 맞추는 것으로서 여성운동, 환경운동, 동성애 권익운동, 반세계화운동과 같은 '신'사회운동의 추세에서 찾아볼 수 있다.

그럼에도 불구하고 직접행동 역시 그 나름의 한계를 갖고 있다. 가장 두드러진 것으로 직접행동은 이를 채택하는 정치집단과 정치운동에 대해 '무책임'과 '극단주의'라는 비판이 제기되면서 공공의 지지를 손상시킬 수 있다는 점이다. 더욱이 직접행동은 언론과 공공의 관심을 이끌어낼 수 있다고 하더라도 정치적 영향력이 제약될 수도 있다. 왜냐하면 직접행동은 정치집단과 정치운동에 대해 이를 공적인 정책결정 과정에 접근할 수 없는 정치적 '국외자'로 규정하기 때문이다.

▌비폭력

실제에 있어서 대부분의 무정부주의자들은 폭력을 전략적으로 잘못된 것으로 파악하는가 하면 고드윈이나 프루동을 추종하는 무정부주의자들은 폭력을 원칙적으로 혐오스러운 것으로 간주한다. 이들 후자의 무정부주의자들은 자주 러시아 소설가인 레오 톨스토이(Leo Tolstoy 1828~1910)나 마하트마 간디(Mahatma Ghandi, p.387 참조)에 의해서 개발된 비폭력과 **평화주의**(pacifism)의 원칙을 더 선호한다. 톨스토이나 간디 누구도 무정부주의자로 적절하게 분류될 수는 없지만, 두 사람 모두 각기

다른 방식으로 무정부주의에 동감하는 생각을 표명하였다. 자신의 정치적 저술에서 톨스토이는 타락하고 거짓된 근대 문명의 이미지를 발전시켰다. 그는 종교적 원칙에 따라 살고 러시아 농민의 전통적인 생활방식에 기반하여 소박한 농촌생활로 되돌아갈 때 비로소 구원을 얻을 수 있을 것이라고 주장하였다. 톨스토이(Tolstoy 1937)에게 있어 생명에 대한 기독교적 존중은 '어느 누구도 다른 사람에 대해 그

✸ 평화주의

전쟁과 모든 형태의 폭력을 근본적으로 해악이라고 거부하는 원칙적 입장

어떠한 이유에서든 폭력을 행사해서는 안 된다'는 것을 요구했다. 간디는 인종차별에 대항하여 항의운동을 벌였고 영국으로부터 인도의 독립운동을 이끌었다. 그의 정치적 수단은 *사티아그라하*(Satyagraha) 내지는 비폭력 저항의 이념에 근거를 두었는데 이는 톨스토이의 가르침과 힌두교의 종교적 원칙으로부터 영향을 받은 것이었다.

비폭력의 원칙은 다음의 두 가지 이유로 무정부주의자들에게 호소력을 가졌다. 첫째, 비폭력의 원칙은 도덕적이고 자율적인 존재로서의 인간 존중을 반영한다. 그래서 인간본성에 대해 낙관적인 무정부주의적 견해는 다른 사람들을 연민과 존중으로 대우해야 한다고 말한다. 둘째로, 비폭력은 정치적 전략으로서 매력이 있다. 폭력의 사용을 자제하는 것은 특히 위협과 도발을 받게 될 때 그 사람의 신념이 얼마나 도덕적으로 순수하고 힘이 있는 것인지를 여실히 보여준다. 그러나 평화주의와 비폭력의 원칙에 매력을 느껴왔던 무정부주의자들은 대중의 정치적 행동주의로부터는 거리를 두려는 경향이 있다. 그들은 오히려 협력과 상호 존중의 원칙을 반영하는 공동체 모델을 건설하는 데에 더 많은 관심을 기울였다. 그들은 무정부주의적 사고가 정치적 캠페인이나 시위를 통해서가 아니라 그러한 공동체 내에서 향유되는 평화와 만족 그리고 소로(Henry David Thoreau)가 말한 인습적인 사회에서 전형적으로 나타나는 '침묵의 절망(quiet desperation)' 사이의 분명한 대조를 통해서 확산되길 희망한다.

VII. 21세기의 무정부주의

21세기에 무정부주의의 전반적 사상을 단순히 환상에 불과한 것으로 폄하하는 것은 그렇게 어려운 일이 아닐 게다. 결국 20세기 초 이래 무정부주의는 의미 있는 정치운동으로서 존재했다고 말하기가 어렵고 그래서 무정부주의는 어느 주요 사회에서도 정치적 재건을 위한 기반으로 작용하지는 못해 왔다. 아마도 무정부주의의 지속적인 중요성은 정치권력을 장악하고 유지하는 이데올로기적 기반을 제공하는 데는 덜하지만 다른 정치적 신조에 도전하고 그럼으로써 이를 살찌우는 데서 더욱 빛을 발해왔다고 할 수 있다. 무정부주의자들은 정치권력의 강압적이고 파괴적인 속성을 밝혀왔으며 그렇게 함으로써 특히 자유주의와 사회주의, 보수주의 등 다른 이데올로기들 내에서 나타나는 국가주의적 성향에 대해 경종을 울려 왔다.

실제로 이런 의미에서 보면 무정부주의는 현대 정치사상에서 점차로 영향력을 증대시켜 왔다. 예를 들면 뉴레프트와 뉴라이트 모두 자유지상주의적 성향을 보이고 있는데, 이는 무정부주의적 사고의 흔적을 담고 있는 것이다. 뉴레프트는 학생운동, 반식민주의, 페미니즘, 환경주의를 포함하여 1960년대와 1970년대 초에 지배적이었던 광범위한 운동들을 포괄하고 있다. 뉴레프트 내부의 공통적인 주제는 개인적인 성취를 뜻하는 것으로 이해되는 '해방'이라는 목표이다. 이는 무정부주의에 의해 영향을 받은 것이 분명한 대중항의와 직접행동에 기반을 둔 적극적 스타일의 정치를 공인해 주었다. 뉴라이트 또한 개인적 자유의 중요성을 강조해 오고 있지만 이러한 자유는 시장경쟁을 통해서만 보장되는 것으로 바라본다. 무정부적 자본주의자들은 그들이 파악하는 바 국가개입의 폐악이 무엇인지를 밝히려고 애쓰고 있으며 자유시장 경제학의 재발견을 위해 열심히 노력하고 있다.

이것은 21세기 무정부주의가 다른 정치사상가들이나 정치적 전통들이 자기들 마음대로 끄집어내서 쓸 수 있는 사상의 저수지 이상의 아무것도 아니라는 뜻인가? 현재로서 무정부주의는 단순히 철학적 중요성만을 지니고 있는가? 무정부주의의 미래에 대한 보다 낙관적인 그림을 그릴 수는 있다. 어떤 측면에서 보면 무정부주의의 지속적인 실제적 중요성은 그것이 점차로 다양한 특성을 보이고 있다는 점에서 잘 드러나고 있다. 기존의 정치적·계급적 투쟁에 부가하여 혹은 그에 대신하여 무정부주의자들은 공해와 환경파괴, **소비주의**(consumerism), 도시개발, 젠더관계, 지구적 불평등 등과 같은 쟁점들을 갖고 씨름해 왔다.

> ✳ **소비주의**
>
> 개인의 행복을 물질적 소유물의 소비와 동일시하는 심리적·사회적 현상

사실 이러한 관심의 많은 부분은 반자본주의 내지는 반세계화 운동과 같은 현대 사회운동에 의해 표명되고 있다. 이들은 비록 이데올로기적 세력들의 광범위한 연합이기는 하지만 동시에 명확하게 무정부주의적 특성을 노정하고 있다. 예를 들면 반세계화 운동에 대해 가장 중요한 이론적 영향을 미치고 있는 노암 촘스키(Noam Chomsky)는 무정부주의의 가정에 근거하여 자신의 이론을 발전시켜 왔다. 무정부주의가 이미 오래전부터 자신의 힘으로 대중운동으로 자리하는 게 어려워졌다는 이유로 무정부주의가 더 이상 적실성이 없다고 주장하는 것은 아마도 논점을 잘못 파악하는 것이다. 세계가 점차 복잡해지고 파편화되고 있기 때문에 아마도 사문화된 것은 바로

노암 촘스키(Noam Chomsky 1928~)

미국의 언어학자이자 급진적 지성인. 촘스키의 『통사구조』(*Syntactic Structures* 1957)는 변형문법 이론을 통해 언어학 연구에서 신기원을 열었는데, 이를 통해 인간은 언어를 획득할 수 있는 생래적 능력을 보유하고 있다고 주장하였다. 촘스키의 정치적 급진주의는 무정부주의적 신념, 특히 개인적 시민의 도덕적 감수성에 대한 신념과 모든 형태의 인간적 본능에 대한 혐오에 근거를 두고 있다. 자의적 권위에 대한 촘스키의 비판은 미국의 외교정책을 신식민주의적이고 군사주의적인 것으로 비판하는 데서 가장 극명하게 표출되어 왔다. 이러한 비판은 『미국의 힘과 새로운 지배계급』(*American Power and the New Mandarins* 1969), 『새로운 군사 휴머니즘』(*New Military Humanism* 1999), 『9/11』(2003)를 포함하여 30권이 넘는 책을 통해 발전되어 왔다. 미국의 민주주의에 대한 촘스키의 공격은 『여론조작』(Manufacturing Consent 1988, Edward Herman과의 공저)에서 주장하는 것처럼 일반 시민들을 조작하는 미디어의 능력에 상당한 초점을 맞추고 있다. 촘스키는 미국에서 가장 활발하게 정치적 이의를 제기하는 인사이다.

대중정치 그 자체일 것이다. 이런 시각에서 보면 개인주의라든가 참여, 분권화, 평등과 같은 가치들과 연관되어 있다는 점에서 무정부주의는 아마도 포스트모던의 도전에 대응하는 데 있어서 다른 정치적 신조보다 더 잘 준비되어 있다고 할 수 있을 것이다.

•• 생각해 볼 문제

- 무정부주의자들은 왜 국가를 악이고 억압적이라고 보는가?
- 무정부주의는 어떻게 그리고 왜 유토피아주의와 연관되는가?
- 인간본성에 대한 무정부주의적 이론은 얼마나 설득력이 있는가?
- 집단주의적 무정부주의는 단순히 극단적 형태의 사회주의에 불과한 것인가?
- 무정부적 공산주의자와 마르크스주의자는 어떻게 의견을 같이 하는가 그리고
  무엇에 대해서 의견을 달리하는가?
- 개인주의적 무정부주의자들은 어떻게 자아주의와 무국가성을 조화시키고 있는가?
- 무정부적 자본주의는 그 논리적 귀결로서 종국에는 자유시장 자유주의에 불과한 것일까?
- 왜 무정부주의적 사고는 현대 사회운동에 매력적일까?
- 무정부주의는 국제정치 분석에 어떤 영향을 미쳐 왔는가?

•• 더 읽을 자료

Carter, A. *The Political Theory of Anarchism* (London: Routledge & Kegan Paul, 1971). 무정부 주의와 보다 정통적인 정치이론과의 대조를 통해 무정부주의에 대해 유용하면서도 간명한 이해를 제공해 주고 있다.

Marshall, P. *Demanding the Impossible: A History of Anarchism* (London: Fontana, 1993). 광범위한 무정부주의 이론과 신조에 대해 매우 포괄적이고 권위적으로 그리고 열정적으로 설명을 하고 있다.

Miller, D. *Anarchism* (London: Dent, 1984). 무정부주의의 사상과 이론에 대한 탁월하고 통찰력 있는 개론서이다.

Purkis, J., and J. Bowen. *Twenty-first Century Anarchism: Unorthodox Ideas for a New Millenium* (London: Cassell, 1997). 20세기 말의 무정부주의적 사고와 행동에 대해 논의 를 하는 흥미 있는 논문들로 구성되어 있다.

Roussopoulos, D. (ed.). *The Anarchist Papers* (New York and London: Black Rose Books, 2002). 무정부주의 사상가들의 논문을 모은 것으로 현대 무정부주의자들의 다양한 관심을 담고 있다.

Wolff, R. P. *In Defense of Anarchism*, 2nd edn. (Berkeley, CA: University of California Press, 1988). 무정부주의 사상의 철학적 기반에 대한 검토를 통해 무정부주의에 대한 주요 비판에 대해 반박을 하고 있다.

Woodcock, G. *Anarchism: A History of Libertarian Ideas and Movements* (Harmondsworth and New York: Penguin, 1962). 이 책은 한동안 사상이자 운동으로서의 무정부주의에 대한 표준적인 저작으로 평가되었다. 권위가 있고 여전히 참고할 만한 가치가 있다.

제7장

파시즘

I. 개관

파시즘이라는 용어는 이탈리아어 *파스케스(fasces)*에서 유래한 말이다. 이는 '도끼 날이 달린 어린 가지 묶음'을 뜻하는 말로 로마 제국 정무관들의 권위를 상징하던 것이었다. 1890년대까지 *파시아(fascia)*라는 말은 이탈리아에서 주로 혁명적 사회주의자들로 구성된 정치집단을 지칭하는 용어였다. *파시스모(fascismo)*가 명확한 이데올로기적 의미를 지니게 된 것은 무솔리니가 제1차 세계대전 시기에 창설된 의회의 무장 군대를 뜻하는 용어로 이것을 사용하면서부터이다.

파시즘의 핵심 테마는 유기체적으로 통합된 국가공동체로서 이는 통합을 통한 힘에 대한 신념으로 구체화된다. 문자 그대로 개인은 아무것도 아니다: 개인적 정체성은 공동체나 사회집단 속으로 완전히 흡수되어야 한다. 파시스트의 이상은 의무, 존경심, 자기희생에 의해 고취되며, 국가와 인종의 영광을 위해 헌신하고, 최고지도자에게 절대적인 복종을 바칠 준비가 되어 있는 새로운 인간, 즉 영웅이다. 여러 가지 면에서 파시즘은 프랑스 대혁명 이후 서구 정치사상을 지배했던 이념과 가치에 대한 반발이다. '1789년은 죽었다(1789 is dead)'라는 이탈리아 파시스트의 슬로건은 이를 잘 보여주고 있다. 따라서 합리주의, 진보, 자유와 평등 등의 가치는 투쟁, 리더십, 권력, 영웅주의, 전쟁 등의 용어로 전도되었다. 파시즘은 강력한 '반인격적' 요소를 지니고 있다: 파시즘은 반이성주의, 반자유주의, 반보수주의, 반자본주의, 반부르주아주의, 반공산주의적 성격을 지니고 있다. 그럼에도 불구하고 파시즘은 많은 사람들이 주장하듯 두 가지의 독특한 전통을 지닌 복잡한 역사적 현상이다. 이탈리아 파시즘은 본래 '전체주의' 국가에 대한 절대적 충성에 기초한 극단적 형태의 국가주의였다. 이와는 대조적으로 독일 파시즘, 즉 나치즘은 아리안족을 '지배민족'으로 묘사하고 치명적인 형태의 반유대주의(anti-Semitism)를 발전시킨 인종적 이론에 기초한 것이었다.

II. 기원과 전개

자유주의, 보수주의, 사회주의가 19세기의 이데올로기인 반면에 파시즘은 20세기의 산물이다. 일부의 지적처럼 구체적으로는 제1차 세계대전과 제2차 세계대전 사이에 등장한 이데올로기라고 할 수 있다. 실제로 파시즘은 상당 부분 근대성에 대한 저항이며, 계몽주의의 이념과 가치 그리고 그것이 낳은 정치적 교의에 대한 반발로서 등장하였다. 예를 들어 독일 나치당은 '1789년은 폐지되었다(1789 is Abolished)'라고 천명하였다. 파시스트 이탈리아에서는 '믿어라, 복종해라, 싸워라(Believe, Obey, Fight)'나 '질서, 권위, 정의'와 같은 슬로건들이 '자유, 평등, 박애'와 같은 보다 친숙한 프랑스 대혁명의 원칙들을 대체했다. 파시즘은 오설리반(O'Sullivan 1983)이 지적한 것처럼, '마른 하늘에 날벼락'처럼 왔을 뿐만 아니라 전통적 정치사상의 유산을 말 그대로 근절하거나 파괴하기 위해서 정치세계를 새롭게 만들고자 하였다.

파시즘의 핵심적 사상과 아이디어가 19세기로 소급될 수 있다 할지라도 파시즘은 제1차 세계대전이 수반한 전쟁과 혁명의 소용돌이에 큰 영향을 받았다. 파시즘은 이탈리아와 독일에서 가장 극적으로 등장했다. 이탈리아에서는 1919년에 파시스트당이 창당되었다. 파시스트당 지도자인 무솔리니는 1922년 수상으로 지명되었고, 1926년 무렵에는 일당 파시스트 국가가 수립되었다. 1919년에는 또한 나치당으로 알려진 국가사회주의독일노동자당이 등장했다. 히틀러의 리더십하에서 나치당은 의식적으로 무솔리니의 파시스트 스타일을 채택하였다. 히틀러는 1933년 독일 수상으로 지명되었고 채 1년도 지나지 않아 독일을 나치독재로 전환시켜버렸다. 같은 시기 동안에 많은 유럽 국가에서 민주주의가 붕괴되거나 폐기되었다. 특히 동구 유럽에서는 그 자리를 우파정권이나 권위주의체제 혹은 공공연한 파시스트 정권이 대체하였다. 유럽 밖에서도 파시즘과 어느 정도 관련이 있는 정권들이 등장하였는데, 1930년대의 제국주의 일본과 페론(Perón) 치하(1945~55)의 아르헨티나가 대표적이다.

파시즘의 기원과 의미는 상당한 역사적 관심과 논란을 야기했다. 단 한 가지 요인으로 파시즘의 등장을 설명할 수는 없다; 파시즘은 여러 가지 복합적인 역사적 요인으로부터 생겨났다. 첫째, 민주정부가 유럽의 많은 지역에서 수립된 지 얼마 되지 않았고 민주적인 정치적 가치들이 더 오래된 독재정치의 가치를 대체하지 못했다. 게다가 경제적·정치적 위기에 직면한 민주정부는 유약하고 불안정해 보였다. 이러한 상황에서 개인적 통치에 기초한 강력한 리더십이 커다란 호소력을 발휘하였다.

둘째, 유럽 사회는 산업화 과정을 통해 해체되어 왔다. 산업화는 특히 자영업자, 소규모 사업가, 농부, 장인 등으로 구성된 하층 중간계급을 위협했다. 이들은 거대기업의 권력과 부상하고 있던 조직화된 노동계급의 틈바구니에서 압박을 받아왔다. 파시스트 운동은 이와 같은 하층 중산계급으로부터 참여와 지지를 이끌어냈다. 어떤 의미에서 파시즘은 '중도 극단주의(Lipset 1983)', 즉 하층 중간계급의 반항이었다. 파시즘이 자본주의와 공산주의 모두에 적대적일 수밖에 없는 이유가 여기에 있다.

셋째, 유럽은 제1차 세계대전 이후 러시아 혁명의 영향을 많이 받았을 뿐만 아니라 사회혁명이 유럽 전역으로 확산될 것이라는 두려움이 유산계급 사이에 팽배했다. 의심할 바 없이 파시스트 집단들은 유산계급의 이러한 경제적 이해관계로부터 재정적·정치적 지지를 이끌어 냈다. 결과적으로 마르크스주의 역사가들에게 파시즘은 일종의 반혁명이다. 즉 파시스트 독재자를 지지함으로써 권력을 잃지 않으려는 부르주아지의 시도로 보였다.

넷째, 1930년대 세계경제 위기는 이미 허약해진 민주주의에 마지막 일격을 가했다. 실업률의 상승과 경제실패는 정치적 극단주의자들과 선동정치가들이 발호할 수 있는 위기감과 비관적인 분위기를 조성하였다.

끝으로, 제1차 세계대전은 좌절된 민족주의와 복수욕이라는 쓰디쓴 유산만을 남긴 채 국제적 갈등과 경쟁구도를 해결하는 데 실패했다. 민족주의적 긴장은 독일처럼 전쟁에서 패한 국가 아니면 이탈리아나 일본처럼 베르사유 조약으로 크게 실망한 '가진 것이 없던' 국가에서 특히 강했다. 게다가 전쟁 자체에 대한 경험은 독특한 군사적 형태의 민족주의를 낳았고 그 속에 군사주의적 가치를 심어주었다.

파시스트 정권들은 대중봉기나 저항에 의해서가 아니라 제2차 세계대전의 패전으로 붕괴되었다. 일부에서는 1945년 이후 파시스트 운동이 단지 부분적인 성공을 거두었다고 주장한다. 이들은 파시즘을 역사적 상황과 연관된 하나의 내전 현상으로 보고 있다(Nolte 1965). 하지만 다른 사람들은 파시즘의 뿌리가 인간의 심리, 즉 프롬(Erich Fromm 1984)이 말한 '자유의 공포'에 있다고 봄으로써 파시즘을 항시 존재하는 위험으로 간주하고 있다. 현대문명은 더 큰 개인적 자유를 보장해 주었지만 그와 함께 고립과 불안의 위험도 커졌다. 따라서 위기의 시대에 개인들은 강력한 지도자나 전체주의적 국가에 복종함으로써 안전을 추구하며 '자유로부터 도피'할지도 모른다.

그러므로 정치적 불안정이나 경제적 위기는 파시즘이 되살아날 수 있는 조건이 될 수 있다. 예를 들어 공산주의 통치가 붕괴된(1989~91) 이후 동구 유럽에서는 네오파시즘(neofascism)의 확산에 대한 두려움이 표출되기도 하였다. 이와 마찬가지로 경제적·문화적 세계화 그리고 점증하고 있는 국가 간 인구이동이 극단적인 민족주의자나 파시스트 스타일의 정치적 행동주의에 기회를 제공해 주었다. 경제적 위기, 정치적 불안정, 좌절된 민족주의의 결합이 과거 파시스트 운동의 비옥한 토양이었다. 이러한 관점에서 미래에 파시즘이 부활할 수 있는 가능성을 무시하는 것은 바보같은 짓이다. 21세기 파시즘에 대한 전망은 이 장의 마지막 부분에서 논의할 것이다.

III. 핵심주제: 통합을 통한 힘

적어도 두 가지 이유에서 파시즘은 분석이 쉽지 않은 이데올로기다. 첫째, 파시즘이 의미있는 하나의 이데올로기로 간주될 수 있는가에 대한 의구심이 있다. 합리적이고 일관된 핵심 요소가 결여되어 있는 파시즘은 트레버 로퍼(Hugh Trevor-Roper)의 지적처럼 '잘 조화되지 않는 아이디어들의 잡동사니'처럼 보인다(Woolf 1981). 예를 들어 히틀러는 그의 생각을 하나의 체계적인 이데올로기보다는 '*세계관(Weltanschauung)*'

으로 묘사하는 것을 더 좋아했다. 여기서 세계관은 이성적 분석과 논쟁보다는 믿음과 헌신을 요구하는 일련의 종교적 태도와도 같은 것이라고 할 수 있다. 파시스트들이 사상이나 이론에 관심을 갖는 이유는 합리적 관점에서 세계를 이해하는 데 도움이 되기보다는 정치적 행동주의를 자극할 수 있는 능력 때문이다. 따라서 파시즘은 이데올로기보다는 정치운동 내지 정치종교로 보는 것이 더 타당할지 모른다.

둘째, 파시즘이 하나의 역사적 현상으로서는 너무나 복잡하기 때문에 종종 파시즘이라고 일반적으로 알려진 것의 핵심원리, 혹은 '파시즘이라고 볼 수 있는 최소한의 것'을 밝혀내는 일은 쉽지 않다. 파시즘의 시작과 끝은 어디인가? 어떤 운동이나 정권이 진짜 파시스트로 분류될 수 있는가? 예를 들어 제국주의 일본, 비시 프랑스(Vichy France), 프랑코의 스페인, 페론의 아르헨티나, 심지어는 히틀러의 독일이 과연 파시스트 정권으로 분류될 수 있는지 하는 의구심이 제기되어 왔다. 프랑스의 *민족전선*(*Front National*)이나 영국 국민당(British National Party)과 같은 현대의 급진적 우파 집단과 파시즘과의 관계를 둘러싼 논란이 얼마든지 있을 수 있다: 이들 집단은 '파시스트'인가, '네오 파시스트'인가, '포스트 파시스트'인가, '극단적 민족주의자들'인가 아니면 다른 무엇인가? 이러한 맥락에서 파시즘의 이데올로기적 핵심을 규정하기 위한 다양한 시도들이 이루어졌다: 예컨대 놀테(Ernst Nolte 1965)의 '초월성에 대한 저항(resistance to transcendence)', 그레고르(A. J. Gregor 1969)의 '총체적인 카리스마 공동체(total charismatic community)', 그리핀(Roger Griffin 1993)의 '윤회적 초민족주의(palingenetic ultranationalism)', 이트웰(Eatwell 1996)의 '전체 민족의 급진적인 제3의 길(holistic-national radical Third Way)' 등이 여기에 포함된다. 이들 모두 파시즘의 중요한 요소를 강조하고 있는 것은 틀림없지만 파시스트 이데올로기처럼 뚜렷한 형태가 없는 현상을 이처럼 단 한마디로 요약한다는 것은 그리 간단한 일이 아니다. 아마도 우리가 할 수 있는 최선은 파시즘을 구성하는 핵심적 주제들을 살펴보는 일일 것이다:

- 반이성주의
- 투쟁
- 리더십과 엘리트주의
- 사회주의
- 초민족주의(ultranationalism)

▌반이성주의

비록 파시스트 정치운동이 제1차 세계대전을 초래했던 대변동에서 생겨났다고는 하지만 19세기 말 이후 유행하던 사상과 이론의 영향을 받은 것 또한 사실이다. 그 가운데 가장 중요한 것이 바로 반이성주의 혹은 보다 일반적 의미에서의 반계몽주의 사상의 성장이다. 보편 이성, 자연적 선, 불가피한 진보의 이념에 기초한 계몽주의는 불합리와 미신의 어둠에서 인간을 해방시키는 데 전념했다.

> ※ **정치적 신화**
>
> 이성에 대한 호소보다는 감정의 힘 때문에 정치적 행동을 야기할 수 있는 능력을 지닌 신념

> ※ **생기론**
>
> 생명 유기체의 특징을 보여주는 속성들이 보편적인 '생명력(life-force)'으로부터 도출된다는 이론; 생기론은 지성과 이성보다는 본능과 충동에 대한 강조를 의미한다.

하지만 19세기 말에 많은 사상가들은 인간 이성의 한계를 강조하고, 이성 이외의 보다 강력한 힘이나 충동에 관심을 갖기 시작했다. 예를 들어 니체는 인간에게 동기를 부여하는 것은 강력한 감정, 즉 합리적 사고방식이 아닌 인간의 '의지'라고 주장하였다. 이것이 바로 니체(Friedrich Nietzsche)가 말하는 '권력에의 의지'이다. 『폭력에 관한 고찰』(*Reflections on Violence* [1908]1950)에서 프랑스 생디칼리스트인 소렐(Georges Sorel 1847~1922)은 '**정치적 신화(political myth)**'의 중요성을 강조하였다. 특히 총파업의 신화가 지닌 중요성을 강조하였다. 그런데 이것은 정치현실에 대한 소극적 묘사가 아니라 감정을 사로잡고 행동을 유발하는 '의지의 표출'이다. 프랑스 철학자 베르그송(Henri Bergson 1859~1941)은 **생기론(vitalism)**을 발전시켰다. 생기론은 인간실존의 목적이 차가운 이성 혹은 무감각한 계산의 폭정에 사로잡히는 것이 아니라 생명력을 표현하는 것이라고 주장한다.

비록 반이성주의가 우익 내지 프로토-파시즘(proto-fascism)의 성격을 반드시 지니고 있는 것은 아니지만 파시즘은 가장 과격하고 급진적인 형태의 반계몽주의 사상을 정치적으로 표현해 왔다. 반이성주의는 여러 가지 면에서 파시즘에 영향을 미쳤다. 첫째, 반이성주의는 파시즘에 뚜렷한 반지성주의를 심어 주었는데 이는 추상적 사고를 경멸하고 행동을 숭배하는 경향으로 나타났다. 예를 들어 무솔리니가 좋아했던 슬로건 중에는 '말하지 말고 행동하라(Action not Talk)', '행동하지 않는 것은 죽은 것이다(Inactivity is Death)' 등이 있다. 지적인 삶은 낮게 평가되거나 심지어 경멸의

니체(Friedrich Nietzsche 1844~1900)

독일 철학자. 25세에 바젤(Basel)대학의 그리스어 교수가 되었지만 언어학을 포기한 후 쇼펜하우어 (Schopenhauer 1788~1860) 사상의 영향을 받아 전통적 종교사상과 철학사상 비판에 몰두하였다. 1889년 이후 건강 악화와 정신 이상으로 여동생 엘리자베스(Elizabeth)의 보호를 받았다. 그녀는 그의 작품을 편집하고 왜곡하기도 하였다.

니체의 복잡하고 야심찬 사상은 의지의 중요성, 특히 '권력에의 의지'를 중시하였다. 사람은 그 자신의 세계를 창조하며 그 자신의 가치를 창조한다, 즉 '신은 죽었다'고 강조함으로써 현대 실존주의의 선구가 되었다. 기독교를 신랄하게 비판하고 평등주의와 민족주의에 반대하였다. 그의 사상은 파시즘은 물론 무정부주의와 페미니즘에도 영향을 미쳤다. 저서로는 『짜라투스트라는 이렇게 말했다』(*Thus Spoke Zarathustra* 1883~1884), 『선과 악을 넘어』(*Beyond Good and Evil* 1886) 그리고 『도덕의 계보』 (*On the Genealogy* 1887) 등이 많이 알려져 있다.

대상이 되었다: 그것은 차갑고, 무미건조하며, 생명이 없다. 대신에 파시즘은 영혼, 감정 그리고 본능에 관심을 돌렸다. 일관성이나 엄밀함은 거의 없었지만 파시즘은 신화적 호소력을 발휘하고자 하였다. 파시즘의 주요 이데올로그들, 특히 히틀러와 무솔리니는 본질적으로 선전선동가였다. 그들이 사상과 이론에 관심을 가진 까닭은 그것들이 감정적 반응을 이끌어내고 대중의 행동을 자극할 수 있기 때문이었다. 파시즘은 '의지의 정치'를 실천하였다.

둘째, 계몽주의에 대한 반대는 파시즘에 부정적이거나 파괴적인 성격을 부여해 주었다. 예컨대 파시스트들은 그들이 지지하는 것보다 그들이 반대하는 것을 더욱 분명히 하였다. 따라서 파시즘은 '반철학(anti-philosophy)'처럼 보인다. 요컨대 파시즘은 반이성주의, 반자유주의, 반보수주의, 반자본주의, 반부르주아지, 반공산주의의 성격을 지닌다. 이러한 관점에서 일부는 파시즘을 **허무주의**(nihilism)의 전

> **✳ 허무주의**
>
> 문자 그대로 아무것도 아닌 것에 대한 믿음, 모든 도덕적·정치적 원칙에 대한 거부; 허무주의는 반드시 그런 것은 아니지만 종종 파괴 그리고 폭력의 사용과 관련되어 있다.

형으로 간주한다. 특히 나치즘을 '허무주의 혁명'으로 보기도 한다. 하지만 파시즘은 단순히 기존의 신념과 원칙에 대한 부정이 아니다. 그보다는 오히려 계몽주의의 유산을 뒤엎으려는 시도라고 할 수 있다. 파시즘은 서구 정치전통의 어두운 이면을 들추어내고 있다. 하지만 전통의 핵심적 가치들이 포기되기보다는 오히려 변혁되거나 거꾸로 뒤집힌 것이라고 할 수 있다. 예를 들어 파시즘에서 '자유'는 의심할 바 없는 복종을 의미하며, '민주주의'는 절대적 독재정치와 같은 것이고, '진보'는 지속적인 투쟁과 전쟁을 의미하였다. 더욱이 허무주의, 전쟁, 심지어 죽음에의 경향성에도 불구하고 파시즘은 그 자체를 창조적 힘, 즉 '창조적 파괴'를 통해 새로운 문명을 건설하는 수단으로서 보았다. 실제로 탄생과 죽음, 창조와 파괴를 이처럼 연결하는 것은 파시스트 세계관의 특징 가운데 하나이다.

셋째, 파시즘은 보편적 이성이라는 기준을 포기하는 대신에 역사, 문화, 유기체적 공동체를 전적으로 신뢰해 왔다. 유기체적 공동체는 합리적인 개인들의 계산과 이해관계에 의해 형성된 것이 아니라 공동의 과거를 통해 주조된 충성과 감정적 유대에 의해 형성된 것이다. 파시즘에서는 이러한 유기체적 통합의 아이디어가 가장 확실하게 반영되었다. 국가공동체 혹은 나치가 말하는 *민족공동체(Volksgemeinschaft)*는 분리할 수 없는 전체로 간주되었다. 여기서 모든 경쟁과 갈등은 더 상위의 집단적 목적에 예속된다. 따라서 민족 내지 인종의 힘은 그것의 도덕적·문화적 통일을 반영한 것이다. 이와 같은 조건없는 사회통합에 대한 전망은 '통합을 통한 힘(Strength through Unity)'이라는 나치의 슬로건으로 표현되었다. 따라서 파시스트가 추구한 혁명은 새로운 유형의 인류(언제나 남성의 관점에서 이해된)를 창조하려던 '정신혁명'이었다. 그것은 의무, 명예, 자기희생에 의해 동기가 부여되며 자신의 개성을 사회 전체에 용해시킬 준비가 되어 있는 '새로운 인간' 혹은 '파시스트 인간', 즉 영웅이었다.

▌투쟁

영국의 생물학자 다윈(Charles Darwin 1809~1882)이 『종의 기원』(*The Origin of Species* [1859]1972)에서 발전시킨 **자연도태(natural selection)** 이론은 자연과학뿐만 아니라 정치 및 사회사상에도 커다란 영향을 끼쳤다. 인간의 생존이 경쟁이나 투쟁에 기초해 있다는 생각은 국가 사이의 경쟁이 심화되고 있는 시기에 특히 매력적이었

다. 이러한 국가 간의 경쟁은 급기야 1914년 전쟁으로 이어
졌다. 당시 등장하고 있던 사회적 다윈이즘은 또한 파시즘
에 상당한 영향을 주었다. 우선, 파시스트들은 투쟁을 사회
생활과 국가관계의 불가피하고 자연적인 조건으로 간주하
였다. 오직 경쟁과 갈등만이 인간을 진보시키며 경쟁과 갈
등 속에서 잘 적응하고 강한 자만이 번성할 것이라는 사실
을 보장해 준다. 히틀러가 1944년에 독일 사관생도들에게
말한 것처럼, '승리는 강한 자들의 몫이고 약한 자들은 패배

> **自然도태**
>
> 생물 종들이 일부는 생
> 존에 적합하게 되고(아
> 마도 번성하게 되며) 다
> 른 일부는 멸종하게 되
> 는 무작위의 돌연변이
> 과정을 거친다는 이론

해야 한다.' 만일 인간 생존의 시험장이 경쟁과 투쟁이라면 궁극적인 시험은 전쟁이
다. 히틀러는 전쟁을 '모든 삶의 불변의 법칙'이라고 묘사한 바 있다. 아마도 파시즘은
전쟁을 그 자체로 좋은 것으로 간주하는 유일한 정치 이데올로기일 것이다. 이는 '모
성과 여성의 관계는 전쟁과 남성의 관계와 마찬가지이다'라는 무솔리니의 신념에 잘
나타나 있다.

　다윈의 사상은 또한 '선'을 강한 것과 그리고 '악'을 약한 것과 동일시하는 독특한

히틀러(Adolf Hitler 1889~1945)

독일 나치 독재자로 오스트리아 세관원의 아들인 히틀러는 1919년 국가사회주의독일노동자당(NSDAP
또는 나치의 전신)에 가입한 후 1921년 당의 리더가 되었다. 1933년 수상이 되었고 이듬해 그 자신을
독일의 *지도자*(*Führer*)라고 스스로 천명하였다. 나치 정권은 무자비한 군사적 팽창주의 그리고 유럽의
유대인들을 전멸시키기 위한 시도로 특징지을 수 있다.

비록 사상가는 아니었지만 『나의 투쟁』(*Mein Kampf* 1925)에서 히틀러는 팽창주의적 독일 민족주의,
인종차별적 반유대주의 그리고 무자비한 투쟁을 나치 프로그램 속에 함께 결합시켰다. 그의 세계관의
핵심은 선의 세력을 대표하는 독일인과 악의 세력을 대표하는 유대인 사이의 끊임없는 전쟁을 강조한
역사이론이다.

정치적 가치를 파시즘에 제공해 주었다. 배려, 공감, 연민 등과 같은 전통적인 인본주의적 가치나 종교적 가치와는 대조적으로 파시스트들은 충성, 의무, 복종, 자기희생 등 전혀 다른 군대적 가치들을 중시한다. 강한 자들의 승리가 칭송을 받을 때 권력과 힘이 숭배된다. 따라서 약한 것은 경멸의 대상이 되며, 약하고 부적절한 것을 제거하는 것은 적극적으로 환영을 받는다: 마치 종의 생존이 종에 속한 한 개체의 생명보다 더욱 소중한 것처럼 약하고 부적절한 것은 공공선을 위해 희생되어야 한다. 따라서 약한 것과 무능력함에 관대해서는 안 된다; 그것은 마땅히 제거되어야 한다. 이는 독일의 나치당이 도입한 우생학(eugenics) 프로그램에서 가장 분명하게 살펴볼 수 있다. 정신적·육체적으로 결함이 있는 사람들은 강제 불임시술을 받은 후 1939~41년 사이에 계획적으로 살해되었다. 이와 같은 의미에서 볼 때 1941년 이후 나치당이 유럽의 유대인들을 제거하려던 시도는 인종적 우생학의 전형적 사례라고 할 수 있다.

끝으로 파시즘은 삶을 '끝이 없는 투쟁'으로 인식함으로써 지칠 줄 모르는 팽창주의적 성격을 보여 주었다. 국가의 자질은 갈등을 통해서만 배양될 수 있고 정복과 승리에 의해 드러날 수 있다. 이러한 생각은 『나의 투쟁』(*Mein Kampf* [1925]1969)에서 볼 수 있듯이, 독일 동쪽 지역의 생존공간(Lebensraum[living space] in the East)을 확보하고 나아가 세계를 지배한다는 히틀러의 외교정책에 분명하게 반영되었다. 1933년 일단 권력을 장악한 히틀러는 1930년대 말 팽창주의 정책을 준비하기 위해 재무장을 추진했다. 1938년 합병(Anschluss)을 통해 오스트리아가 병합되었다; 체코는 1939년 봄에 분할되었다; 1939년 9월 영국 및 프랑스와 전쟁을 일으키면서 폴란드를 침공했다. 1941년 히틀러는 바바로사 작전(Operation Barbarossa), 즉 소비에트 침공을 감행했다. 1945년 패배가 임박한 상황에서도 히틀러는 사회적 다윈이즘을 포기하지 않았다. 독일 국민에게 죽을 때까지 싸우라는 명령을 내렸고 그 결과는 독일의 패배였다.

▌리더십과 엘리트주의

파시즘은 또한 평등을 거부한다는 점에서 전통적인 정치사상과는 동떨어져 있다. 파시즘은 상당히 엘리트주의적이며 가부장적이다; 이는 절대적 리더십과 **엘리트주의**(elitism)가 자연스럽고 바람직하다는 신념에 기초한 것이다. 인간은 전혀 다른 능력과 소질을 가지고 태어난다. 이것은 아주 뛰어난 리더십을 지닌 사람들이 투쟁을 통해 단지 추종밖에 할 수 없는 사람들을 초월할 때 나타나는 사실이다. 파시스트들은 사회가 크게 세 부류의 사람들로 이루어졌다고 생각하였다. 첫 번째 가장 중요한 부류는 비길 데 없는 권위를 지니며 만물을 꿰뚫어 보는 최고의 리더다. 둘째는 '전사' 엘리트들이다. 이들은 전통적 엘리트들과는 달리 영웅주의, 비전 그리고 자기희생의 능력을 지닌 남성들이다. 나치 독일에서 이 역할은 나치친위대(SS)의 몫이었다. 처음 보디가드로 시작되었지만 나치 통치기간에는 국가 안의 국가가 되었다. 셋째

> ※ **엘리트주의**
> 엘리트 혹은 소수에 의한 통치를 지지하는 신념; 엘리트 통치는 바람직한 것으로(엘리트는 우월한 재능 혹은 기능을 지니고 있다) 혹은 불가피한 것으로(평등주의는 실제적이지 못하다) 간주된다.

관점 (Perspectives)

※ 권위(Authority)

자유주의자들은 권위가 피치자들의 동의를 통해 '아래로부터' 생겨난다고 믿는다. 질서있는 생활을 위해 필요한 것임에도 불구하고 권위는 합리적이고 목적적이며 제한적이다. 이러한 견해는 법적 · 합리적 권위와 공적 책임성을 선호하는 것으로 나타난다.

보수주의자들은 권위가 자연적 필요에서 생겨나는 것으로 본다. 즉 경험, 사회적 지위, 지혜의 불평등한 배분 때문에 '위로부터' 행사되는 것이다. 권위는 존경심과 충성을 조장하며 사회적 단합을 증진한다는 점에서 필연적일 뿐만 아니라 유용하다.

사회주의자들은 권위에 대해 의구심을 갖는 것이 보통이다. 권위는 억압적인 면이 있고 일반적으로 강력한 특권계층의 이해관계와 결부된 것으로 간주된다. 그럼에도 불구하고 사회주의 사회는 개인주의와 탐욕을 견제하는 하나의 수단으로서 집합체의 권위를 지지해 왔다.

무정부주의자들은 권위를 억압 내지 착취와 동일시하는 가운데 모든 형태의 권위를 불필요하고 파괴적이라고 본다. 권위와 노골적인 권력 사이에는 차이가 없기 때문에 권위에 대한 견제나 책임성은 전부 가짜다.

파시스트들은 권위를 개인적 리더십 혹은 카리스마, 즉 비범한 재능을 부여받은(유일하지는 않지만) 사람들이 소유한 자질의 표명으로 간주한다. 그와 같은 카리스마적 권위는 절대적이고 의문의 여지가 없으며 또한 그래야만 한다. 따라서 그것은 명시적이든 묵시적이든 전체주의적 특성을 지닌다.

종교적 근본주의자들은 권위를 종교적 지혜에 대한 불평등한 접근이 반영된 것으로 본다. 권위는 본질적으로 계몽된 개인들이 소유한 도덕적 자질이다. 그와 같은 권위는 카리스마적 속성이 있기 때문에 도전하기 힘들거나 입헌주의와 조화되기도 어렵다.

는 유약하고 무기력하며 무지한 대중들이다. 이들의 운명은 절대적인 복종이다.

일반 국민들의 능력에 대한 이와 같은 비관적 견해는 자유민주주의 이념과 뚜렷한 대조를 이룬다. 그럼에도 불구하고 최상의 리더십이라는 아이디어는 또한 민주적 통치에 관한 파시즘의 독특한 입장과 연관되어 있다. 리더십에 대한 파시즘의 접근은 니체(Friedrich Nietzsch)의 초인(Übermensch)으로부터 결정적인 영향을 받았다. 초인은 최상의 재능을 부여받은 강력한 개인이다. 『짜라투스트라는 이렇게 말했다』 (Thus Spoke Zarathustra [1884]1961)에서 니체는 '초인'을 전통적 도덕성의 '군중 본능'을 초월하며 그 자신의 의지와 바람대로 살아가는 개인으로 묘사하였다. 하지만 파시스트들은 초인의 이상을 최상의 그리고 의심의 여지가 없는 정치적 리더십 이론으로 전환시켰다. 파시스트 리더들은 법적으로 규정된 리더십 관념에서 벗어나기 위해 그들 스스로를 단순히 '리더(Leader)'라고 불렀다. 무솔리니는 자기 자신을 일 두체(Il Duce)라고 선언했고, 히틀러는 퓨러(Der Führer)라는 칭호를 사용했다.

이러한 방식으로 리더십은 리더 자신으로부터 발산되는 **카리스마(charisma)**적 권위를 배타적으로 표현하는 것이 되었다. 합법적 권위 혹은 막스 베버(Max Weber)가 말한 법적·합리적 권위는 법과 규칙의 틀 내에서 작용하는 반면에 카리스마적 권위는 그 한계가 없다. 리더는 특이한 재능을 지닌 개인으로 간주되었기 때문에 그의 권위는 절대적이었다. 그래서 뉴렘베르크 집회(Nuremberg Rallies)에서 나치의 충실한 지지자들은 '히틀러가 독일이고 독일이 히틀러(Adolf Hitler is Germany, Germany is Adolf Hitler)'라는 구호를 외칠 수 있었다. 이탈리아에서는 '무솔리니는 언제나 옳다(Mussolini is always right)'는 원칙이 파시스트 도그마의 핵심이 되었다.

지도자 원리(Führerprinzip/leader principle), 즉 모든 권위는 리더 개인으로부터 나온다는 원리가 파시스트 국가를 이끄는 원칙이 되었다. 리더의 의지에 도전하거나 그것을 왜곡하지 못하도록 막기 위해서 선거, 의회, 정당 등과 같은 매개적 제도들은 폐지되거나 약화되었다. 이와 같은 절대적 리더십의 원리는 리더가 이데올로기적 지혜를 독점하고 있다는 신념에 의해 뒷받침되었다: 지도자 혼자서 국민의 운명, 그들의 '진정한' 의지, 즉 **'일반의지(general will)'**

> ✳️ **카리스마**
>
> 매력 혹은 개인적 힘; 충성, 감정적 의존 혹은 다른 사람에 대한 헌신까지도 고취할 수 있는 능력

> ✳️ **일반의지**
>
> 공공선에 상응하는 것으로 하나의 집합체의 진정한 이해관계; 각 개인이 이기심 없이 행동한다는 조건에서의 모든 사람들의 의지

를 규정한다. 따라서 니체의 리더십 이론은 단 하나의 분할할 수 없는 공적 이익에 대한 루소의 신념과 일치한다. 이러한 측면에서 볼 때 진정한 민주주의는 절대주의와 국민주권이 '**전체주의적 민주주의**(totalitarian democracy)' 형태 속으로 융합된 절대적 독재정치다(Talmon 1952). 리더의 역할은 국민들의 운명을 일깨워주고 무기력한 대중을 하나의 강력하고 압도적인 세력으로 전환시키는 것이다. 그래서 파시스트 정권은 전통적 독재정치와 확연하게 구별되는 대중동원적 특징을 보였다. 전통적 독재정치가 대중을 정치로부터 배제시키고자 했다면, 전체주의적 독재는 지속적인 선전선동과 정치적 교란을 통해 대중을 정권의 가치와 목표로 끌어들이려고 하였다. 파시스트 정권은 이를 위해 국민투표, 집회, 대중시위 등을 폭넓게 사용하였다.

> ❋ **전체주의적 민주주의**
>
> 민주주의인 것처럼 가장하는 절대적 독재정치로서 전형적으로 리더가 이데올로기적 지혜를 독점하고 있다는 신념에 기초해 있다.

▌사회주의

종종 무솔리니와 히틀러는 자신들의 사상을 '사회주의'로 묘사하기도 하였다. 무솔리니는 한때 이탈리아 사회주의 정당의 영향력 있는 인물이었고 당의 신문인 아반티(Avanti)의 편집자이기도 했다. 그리고 나치당은 '민족사회주의' 철학을 받아들이기도 하였다. 이것은 도시노동자들의 지지를 이끌어 내기 위한 냉소적 시도를 보여주는 것임에 틀림없다. 파시즘과 사회주의 사이의 분명한 이데올로기적 차이에도 불구하고 파시스트는 사회주의의 특정 이념이나 입장에 대해 친화성을 보여왔다.

첫째, 하층 중간계급의 파시스트 행동가들은 대규모의 자본주의에 대해 근본적인 혐오감을 가지고 있었고, 이는 대기업과 금융기관들에 대한 적대감으로 나타났다. 예를 들어 소규모 자영업자들은 백화점의 성장으로 위협을 받았다. 소규모 자작농들은 대규모 농업에 흡수되었고 중소기업들은 점점 은행에 빚을 지는 처지가 되었다. 그 결과 사회주의 혹은 '좌파적' 이념이 나치돌격대(SA/Brownshirts)와 같은 독일 민중 조직에서 두드러지게 나타났다. 이들 조직의 구성원들은 대부분 하층 중간계급으로부터 충원되었다.

둘째, 사회주의와 마찬가지로 파시즘 역시 자본주의의 '부르주아지' 가치들과 상충

되는 집단주의를 지지하였다. 파시즘은 공동체를 개인보다 중시한다; 예를 들어 나치의 주화에는 '사익에 앞서 공익을(Common Good before Private Good)'이라는 문구가 새겨져 있었다. 반면에 자본주의는 사익의 추구를 기초로 하기 때문에 국가와 민족의 단합을 해칠 위험이 있다고 보았다. 파시스트들은 또한 자본주의가 조장하는 물질주의를 경멸했다: 부와 이윤에 대한 갈망은 파시스트들이 고취시키고자 하는 민족의 재건이나 세계정복과 같은 이상주의적 비전과 상충된다.

셋째, 파시스트 정권은 자본주의를 규제하거나 통제하기 위해 구안된 사회주의 방식의 경제정책을 자주 실행에 옮겼다. 따라서 자본주의는 파시스트 국가의 이데올로기적 목표에 종속되었다. 영국 파시스트연합(British Union of Fascists)의 지도자인 모슬리(Oswald Mosley)의 지적처럼, '자본주의는 자본이 자본의 목적을 위해 국가를 이용하는 체계이다. 파시즘은 국가가 국가의 목적을 위해 자본을 이용하는 체계이다.' 이탈리아와 독일 정권 모두 국유화와 국가규제 정책들을 통해 거대기업을 그들의 정치적 목적에 복종시키고자 하였다. 예를 들어 1939년 이후 독일 자본주의는 괴링(Hermann Göring)의 4개년 계획에 따라 재조직되었는데, 이는 구소련의 5개년 계획을 모방한 것이다.

그러나 파시스트 사회주의 관념은 심각한 한계를 지니고 있다. 예를 들어 독일의 나치돌격대(SA)나 이탈리아의 혁명적 생디칼리스트 등 파시스트 운동 내부의 '좌파적' 요소들은 일단 파시스트 정당이 권력을 장악한 후에는 거대기업의 지지를 이끌어 내기 위한 의도 때문에 급격히 약화되었다. 이러한 현상은 나치 독일에서 가장 극적으로 발생했다. 1934년 '장검의 밤(Night of the Long Knives)'에 나치돌격대를 숙청하고 조직의 리더인 롬(Ernst Rohm)을 제거하였다. 이를 본 마르크스주의자들은 파시즘의 목적이 자본주의를 전복시키는 것이 아니라 해방시키는 것이었다고 주장하였다. 더욱이 경제생활의 조직에 관한 파시스트의 생각은 애매모호하거나 일관성을 결여한 것이었다: 파시스트 경제정책을 결정한 것은 이데올로기가 아닌 실용주의였다.

끝으로, 파시즘 내에서는 반공산주의가 반자본주의보다도 더욱 두드러졌다. 국제 노동계급 연대라는 음흉하고 배반적인 생각을 퍼뜨리며 협동과 평등의 가치에 대해 잘못된 생각을 지니고 있던 마르크스주의와 볼셰비즘의 유혹으로부터 노동자들이 벗어날 수 있도록 하는 것이 파시즘의 핵심목표였다. 파시스트들은 국가의 통일과 통합에 헌신했고 그래서 민족과 국가에 대한 충성이 사회계급에 대한 충성보다 강하길 원했다.

▌초민족주의

파시즘은 극단적 형태의 국수주의적이며 팽창주의적인 민족주의를 받아들였다. 이러한 전통은 민족을 동등하고 독립된 실체가 아닌 지배권을 다투는 경쟁자로 간주하였다. 파시스트 민족주의는 독특한 문화나 민족적 전통을 존중하지 않았고 민족 간의 우열을 주장하였다. 이러한 입장은 나치즘의 명백한 인종차별적 민족주의 속에서 아리안주의(Aryanism)로 표출되었다. 아리안주의는 독일인이 '지배민족'이라는 신념이다. 군사적 민족주의를 고무시킨 것은 제1차 세계대전의 여파로 인한 비통함과 좌절이었다.

파시즘은 단순한 애국심, 국가에 대한 사랑 그 이상을 조장하고자 한다; 파시즘은 강렬하면서도 군대적인 감각의 국가정체성을 확립하길 원한다. 악시옹 프랑세즈(*Action Française*)의 리더인 모라스(Charles Maurras 1868~1952)는 이것을 '**통합적 민족주의**(integral nationalism)'라고 불렀다. 파시즘은 민족재건과 민족적 자긍심의 부활이라는 메시아적인 혹은 광적인 사명감을 드러내고 있다. 사실상 파

> ❋**통합적 민족주의**
> 강렬한 심지어는 히스테릭한 형태의 민족주의적 열정으로 여기서 개인의 정체성은 민족 공동체 내로 흡수된다.

시즘이 발휘한 대중적 호소력은 대부분이 민족의 위대성에 대한 약속에 기초한 것이었다. 그리핀(Griffin 1993)에 따르면, 파시즘의 신화적 요체는 '윤회(palingenesis)', 즉 되풀이되는 재탄생과 '대중주의적 초민족주의'의 결합에 있다. 모든 파시스트 운동은 현대사회의 도덕적 부패와 문화적 타락을 지적한다. 그러나 동시에 '잿더미 속에서 다시 일어서는 불사조'와도 같은 국가의 이미지를 통해 부활의 가능성을 주장한다. 파시즘은 영광스러운 과거의 신화를 새로운 미래의 이미지와 결합시킨다. 여기서 미래는 쇄신과 재각성, '새로운 인간'에 의해 특징지어진다. 이탈리아에서는 이것이 로마제국의 영광을 재현하려는 시도로 나타났다; 독일에서 나치 정권은 샤를마뉴(Charlemagne)의 '제1제국(First Reich)', 비스마르크(Bismarck)의 '제2제국(Second Reich)'을 계승한 제3제국(Third Reich)으로 간주되었다.

하지만 민족재건은 언제나 팽창주의, 전쟁과 정복을 통해 다른 민족들을 힘으로 제압하는 것을 의미하였다. 사회적 다원이즘 그리고 민족적·인종적 우월성에 영향을 받은 파시스트 민족주의는 군사주의나 제국주의와 불가분의 관계가 되었다. 나치 독일은 '더 위대한 독일'을 만들고자 구소련에까지 뻗어나가는 제국 즉, '동쪽 지역의

생존공간'을 건설하고자 하였다. 파시스트 이탈리아는 1934년 아비시니아(Abyssinia) 침공을 통해 아프리카 제국을 건설하고자 하였다. 제국주의 일본은 일본 주도의 새로운 아시아 공영권을 구축하기 위해 1931년 만주를 점령하였다. 이들 제국은 엄격한 자급자족에 기초한 **경제자립정책**(autarky)을 추구했다. 파시스트적 관점에서 경제적 힘은 국가가 직접 통제할 수 있는 자원과 에너지에 달려 있다. 이러한 맥락에서 정복과 팽창주의는 민족적 위대성뿐만 아니라 경제적 안전을 확보하는 수단이다. 따라서 민족재건과 경제적 진보는 군사적 힘과 밀접하게 관련되어 있다.

> **✳️ 경제자립정책**
> 시장과 원자재를 확보하기 위한 팽창주의 혹은 국제경제로부터의 이탈을 통해 형성된 경제적 자급자족

IV. 파시즘과 국가

파시즘의 핵심가치와 원리들을 규명하는 것이 가능하다고 할지라도 파시스트 이탈리아와 나치 독일은 서로 다른 형태의 파시즘을 대표하고 있다. 따라서 파시스트 정권과 파시스트 운동은 주요한 두 가지 전통 가운데 어느 하나와 관련되어 있다. 하나는 이탈리아 파시즘의 전통으로서 극단적 **국가주의**(statism) 형태의 전능한 국가 혹은 전체주의적 국가의 이상을 중시한다. 다른 하나는 독일의 나치즘이나 국가사회주의의 전통으로서 **인종**(race)과 인종차별주의의 중요성을 강조한다.

> **✳️ 국가주의**
> 국가가 문제를 해결하고 경제적·사회적 발전을 보장하는 가장 적절한 수단이라는 믿음

> **✳️ 인종**
> 공통된 유전 형질을 공유하며 그래서 생물학적 요인에 의해 다른 사람들과 구별되는 사람들의 집합

▌전체주의적 이상

전체주의는 논쟁적 개념이다. 전체주의는 냉전 시대에 많이 쓰인 개념으로 파시스

전체주의

전체주의는 설득적인 이데올로기 조작 그리고 공공연한 테러와 잔혹성을 통해 수립된 포괄적인 하나의 정치적 통제체계다. 이는 사회생활과 개인생활의 모든 측면에 대한 정치화를 통해 '총체적 권력'을 추구한다는 점에서 전제정치, 권위주의 그리고 전통적 독재정치와 다르다. 따라서 전체주의는 시민사회의 완전한 폐지, 즉 '사적영역'의 폐지를 의미한다. 관용, 다원주의, 개방사회를 거부한다는 이유에서 파시즘과 공산주의는 종종 우파 전체주의와 좌파 전체주의로 간주되어 왔다. 하지만 마르쿠제와 같은 급진적 사상가들은 자유민주주의 또한 전체주의적 특성을 보인다고 주장하였다.

트와 공산주의 정권의 잔혹성을 강조하는 가운데 이들의 유사점에 주목하기 위해서 사용되었다. 이처럼 전체주의는 반공산주의적 견해, 특히 구소련에 대한 적대감을 표현하기 위한 하나의 수단이었다. 하지만 전체주의는 여전히 파시즘을 분석하기 위한 유용한 개념이기도 하다. 일반적 의미의 파시즘은 적어도 다음과 같은 세 가지 측면에서 전체주의를 지향하는 경향이 있다. 첫째, 파시스트 이데올로기의 핵심(충성을 다해 헌신하고 철저히 복종하는 '파시스트적 인간'의 창조)을 차지하고 있는 극단적 집단주의는 '공적' 생활과 '사적' 생활 사이의 차이를 없애고 있다. 집합체인 민족 혹은 인종의 행복이 개인의 행복보다 우선시된다: 집단적 이기주의는 개인적 이기주의를 파괴한다. 둘째, 파시즘의 지도자 원리는 리더에게 무제한의 권위를 부여하기 때문에 국가와 시민사회를 구분해 보는 자유주의의 이념을 침해하고 있다. 중간의 매개장치가 없는 지도자와 국민들 사이의 직접적인 관계는 시민들의 적극적인 참여와 총체적인 관여를 의미하는데 이것은 결과적으로 대중의 정치화를 뜻한다. 셋째, 단일한 가치체계와 유일한 진리에 대한 **일원론**(monism)적 신념 때문에 파시즘은 확실히 다원주의나 시민사회의 관념과는 어울릴 수 없다. 하지만 전능한 국가에 대한 관념은 이탈리아 파시즘에 매우 중요한 의미가 있다.

이탈리아 파시즘의 정수는 국가숭배다. 무솔리니가 규칙적으로 반복한 상투적인 말 속에서 이상주의 철학자 젠타일(Giovanni Gentile 1875~1944)은 다음과 같이 천명하였다: '모든 것은 국가를 위한 것이다; 국가에 도전할 수 있는 것

일원론

오직 하나의 이론이나 가치에 대한 신념; 정치적으로 일원론은 통일된 단일 권력에 대한 강요된 복종으로 반영되었고 그래서 사실상 전체주의적 의미가 내포되어 있다.

무솔리니(Benito Mussolini 1883~1945)

이탈리아 파시스트 독재자. 젊은 시절 교사와 저널리스트이기도 했던 무솔리니는 사회당의 핵심 인물이 되었지만, 1914년 제1차 세계대전 개입을 지지하면서 사회당에서 제명되었다. 1919년 파시스트당을 창당하였고, 1922년에 수상으로 지명되었다. 그 후 3년이 지나지 않아 일당 파시스트 국가를 수립하였다. 학자들이 그의 연설문과 문건을 작성해 주었지만, 무솔리니는 자신을 파시즘의 창시자로 묘사하길 좋아했다. 그의 정치철학의 요체는 인간의 삶은 공동체에 의해 유지되고 결정될 때에만 의미가 있다는 것이었다. 하지만 이것은 국가가 '보편적인 윤리적 의지'로 인식될 때 가능한 것이었다. 국가 밖에서는 '그 어떠한 인간적 가치나 정신적 가치도 존재할 수 없으며 그러한 가치를 지닐 수는 더더욱 없다.'

은 아무것도 없다; 국가 밖에 있는 것은 아무것도 없다.' 따라서 개인의 정치적 의무는 절대적이며 포괄적이다. 철저한 복종과 지속적인 헌신만이 시민들에게 요구된다. 이러한 파시스트 국가이론은 종종 독일 철학자 헤겔(Hegel 1770~1831)의 사상과 결부되어 왔다. 헤겔은 국가를 구성원들의 이타심과 상호 연민을 반영하는 윤리적 이념으로 보았다. 이러한 관점에서 국가는 개인들이 공동의 이익에 따라 행동하도록 동기를 부여하거나 자극할 수 있다. 그래서 헤겔은 국가가 스스로 발전하거나 확장될 때 비로소 더 높은 수준의 문명이 성취될 수 있다고 보았다. 헤겔의 정치철학은 국가에 대한 비판없는 존경과도 같은 것이며, 실제로 이는 당시의 프러시아 독재국가에 대한 확고한 찬양으로 표현되기도 하였다.

반면에 나치는 국가를 이탈리아의 파시즘만큼 존중하지는 않았다. 다만 국가를 목적을 위한 하나의 수단으로 보았다. 예를 들어 히틀러는 국가를 '배(vessel)'로 묘사하였는데, 이는 창조적 힘이 국가가 아닌 민족, 즉 독일 국민들로부터 나온다는 것을 의미하는 것이다. 하지만 실제로는 히틀러 정권이 무솔리니 정권보다도 전체주의의 이상 실현에 더 근접했다는 사실은 의심의 여지가 없다. 비록 어느 정도의 소란은 있었지만 나치 국가는 정치적 반대를 억압하는 데 있어서 잔인할 정도로 효율적이었고 미디어, 문화, 예술, 교육, 청소년 조직 등에 대한 정치적 통제를 확대하는 데 성공하였다. 하지만 전체주의를 공식적으로 표명했음에도 불구하고 이탈리아 국가는 여러 가지 면에서 전체주의적 독재정치보다는 전통적 독재 내지 인격화된 독재정치를 시행하였다. 예를 들어 이탈리아 군주제는 파시스트 시대에도 살아남았다. 지방의 많은 정치지도자들, 특히 남부의 정치지도자들은 권력을 계속 유지했고 가톨릭 교회는 파시스트 통치 시대에도 교회의 특권과 독립성을 잃지 않았다.

▌조합주의

비록 파시스트들이 국가를 숭배한다고 할지라도 경제생활을 집단화하려는 시도는 하지 않았다. 파시스트의 경제사상은 전혀 체계적이지 않다. 파시스트들은 사회구조보다는 오히려 인간의 의식을 변화시키고자 한다. 파시스트 경제사상의 두드러진 특징은 조합주의이다. 무솔리니는 이것이 자본주의와 사회주의 사이의 '제3의 길'이 되어야 한다고 주장하였다. 이는 영국의 모슬리(Mosley)와 아르헨티나의 페론(Perón)에 의해 수용된 파시스트 사상의 공통 주제이기도 하다.

조합주의는 자유시장과 중앙계획 모두 반대한다: 파시즘은 전자가 개인들에 의한 무제한의 이윤추구로 이어지고, 후자는 계급투쟁이라는 분열적 사고와 연계되어 있다

조합주의

가장 넓은 의미에서 조합주의는 조직화된 이해관계들을 통치과정 속으로 편입시키는 수단이다. 조합주의에는 두 가지 측면이 있다. *권위주의적* 조합주의(파시스트 이탈리아와 밀접하게 관련된)는 이데올로기이자 경제형태이다. 이데올로기로서의 권위주의적 조합주의는 자본주의와 사회주의에 대한 대안을 제공해 준다. 이는 전체론과 집단의 통합에 기초한 것이다. 경제형태로서의 권위주의적 조합주의는 산업과 조직화된 노동에 대한 직접적인 정치적 통제의 확대를 특징으로 한다. *자유주의적* 조합주의('신조합주의' 혹은 '사회적' 조합주의)는 성숙한 자유민주주의에서 발견되는 하나의 추세, 즉 조직화된 이해관계들이 정책으로 공식화될 수 있는 권한과 제도적 접근을 보장하는 경향을 가리킨다. 권위주의적 조합주의와는 대조적으로 자유주의적 조합주의는 정부보다는 집단들을 강화시킨다.

고 보고 있다. 반면에 조합주의는 경제활동과 노동이 정신적으로 통일된 하나의 유기적 전체로 묶여 있다고 본다. 이와 같은 전체론적 비전은 사회계급들이 서로 갈등하지 않으며 공동선과 국가이익을 위해 조화롭게 협력할 수 있다는 가정에 기초해 있다. 이러한 생각은 전통적인 가톨릭 사회사상의 영향을 받았다. 개인적 근면의 가치를 강조하는 프로테스탄트와는 대조적으로 전통적인 가톨릭 사회사상은 사회계급들이 책무와 상호간의 의무에 의해 결합되어 있다는 사실을 강조한다.

경제활동과 노동사이의 사회적 조화는 도덕적 부흥과 경제적 재건에 대한 전망을 제공해 준다. 하지만 계급관계는 국가에 의해 중재되어야 한다. 국가는 국가의 이익이 협소한 부분적 이해관계보다 우선한다는 것을 확실하게 해야 할 책임이 있다. 이탈리아에서는 1927년에 사용자, 노동자 그리고 정부를 각각 대표하는 22개 조합들이 생겨났다. 이들 조합은 이탈리아 모든 주요 산업의 발전을 감독할 책무가 있었다. '조합주의 국가'는 이탈리아 의회를 대체하기 위해 Chamber of Fasces and Corporations가 창설된 1939년에 절정에 달했다. 그럼에도 불구하고 조합주의 이론과 파시스트 이탈리아의 실제 경제정책 사이에는 분명한 차이가 있었다. '조합주의 국가'는 하나의 이데올로기적 슬로건에 지나지 않았다. 사실상 조합주의는 파시스트 국가가 주요 경제적 이해관계를 통제하는 하나의 수단에 불과했다. 노동계급 조직들은 산산조각이 났고 사적 경제활동은 위축되었다.

▌ 근대화

국가를 근대화의 동인으로 보는 무솔리니와 이탈리아 파시스트들에게 국가는 매력적인 존재였다. 이탈리아는 유럽의 많은 이웃국가들, 특히 영국, 프랑스, 독일에 비해 산업화가 뒤처져 있었고 많은 파시스트들은 국가의 부흥을 경제적 근대화와 동일시하였다. 모든 형태의 파시즘은 위대했던 영광의 시대를 강조함으로써 과거지향적인 경향을 보인다; 무솔리니의 경우에는 로마제국이 그 대상이었다. 하지만 이탈리아 파시즘은 또한 현대기술과 산업생활의 미덕을 찬양하고 선진 산업사회를 건설하려는 미래지향적인 특징을 지니고 있다. 이탈리아 파시즘 내의 이러한 경향은 마리네티(Filippo Marinetti

✳ 미래주의

공장, 기계 및 산업 생활 일반을 찬양했던 21세기 초 예술 분야의 운동

1876~1944)가 주도한 **미래주의(futurism)**의 영향과 관련이 있다. 1922년 이후 마리네티 등의 미래주의자들은 역동성, 기술숭배, 과거 거부 등과 같은 신념을 파시즘에 심어주었다. 무솔리니가 전능한 국가에 매료되었던 이유 가운데 하나는 이탈리아가 전통과 후진성을 탈피하고 미래지향적 산업국가가 될 수 있다고 생각했기 때문이다.

V. 파시즘과 인종차별주의

모든 형태의 파시즘이 공공연한 인종차별주의와 관련된 것도 아니고 모든 인종차별주의자들이 반드시 파시스트는 아니다. 예를 들어 이탈리아 파시즘의 토대는 개인에 대한 파시스트 국가의 우월성 그리고 무솔리니의 의지에 대한 복종이다. 따라서 그것은 적어도 이론상으로는 인종, 피부색 또는 출생국에 관계없이 모든 사람들을 포용한다는 점에서 **자발적(voluntaristic)** 형태의 파시즘이었다. 무솔리니가 1937년 이후 반유대인(anti-Semitic) 법안을 통과시킨 것은 어떠한 이데올로기적 목적보다는 히틀러와 독일인들을 진정시키기 위한 것이었다. 그럼에도 불구하고 파시즘은 자주 인종차별적 이념과 동일시된다. 실제로 일부에서는 모든 형태의 파시즘이 군사적 민족주의를 강조하고 있다는 사실은 그것이 인종차별주의에 호의적이거나 아니면 인종차별적 교의들을 내포하고 있다는 것을 의미하는 것이라고 주장한다(Griffin 1993). 인종과 파시즘 사이의 이와 같은 연계성이 나치 독일보다 더 분명한 곳은 없었다. 나치의 공식적 이데올로기는 종종 히스테릭한 사이비 과학적 반유대주의와 다름이 없다.

> ✳ **자발주의(voluntarism)**
> 결정론보다는 오히려 자유의지와 개인적 관여를 강조하는 이론

▌인종의 정치

'인종'이라는 용어는 인간 사이에 의미있는 생물학적 차이 또는 유전적 차이가 존재한다는 사실을 암시하고 있다. 기존의 국가정체성을 버리고 '귀화' 과정을 통해 새로

인종차별주의

넓은 의미에서 인종차별주의는 인류가 생물학적으로 차이가 있는 '인종들'로 구분되어 있다는 생각으로부터 정치적 결론이나 사회적 결론이 도출될 수 있다는 신념이다. 따라서 인종차별 이론은 두 가지 가정에 기초해 있다. 첫 번째 가정은 지구상에 있는 사람들 가운데는 근본적인 유전적 차이가 존재한다는 것이다. 두 번째 가정은 이러한 유전적 차이가 문화적, 지적 차이 혹은 도덕적 차이에 반영되어 있다는 것이다. 이는 정치적·사회적으로 중요한 의미를 지닌다. 정치적 인종차별주의는 인종분리에 대한 요구나 '혈통'의 우열에 관한 교의(예컨대 아리안주의나 반유대주의)로 표출된다. 'racialism'과 'racism'이 종종 같이 사용되고 있지만, 인종적 기원에서 비롯되는 사람에 대한 편견이나 적대감을 언급할 때는 후자(racism)가 더 적합하다.

운 국가정체성을 갖는 것은 가능할지 몰라도 부모의 인종적 정체성에 의해 이미 태어나기 이전부터 정해진 인종을 바꾸는 것은 불가능하다. 따라서 인종의 심볼들—피부색, 머리색, 얼굴생김새, 혈액—은 고정된 것이며 변화될 수 없다. 제국주의를 통해 '백인' 유럽 인종들이 아프리카나 아시아의 흑인종, 황인종 등과 점점 가까이 접촉할 수 있게 되면서 인종적 용어나 범주를 사용하는 것이 19세기 서구에서는 흔한 일이 되었다.

그러나 인종적 범주는 대체로 문화적 인습을 반영하고 있고 과학적 근거 또한 매우 희박하다. 예를 들어 백인종, 황인종처럼 피부색에 기초한 가장 일반적인 인종적 분류는 좋게 말해 그릇된 것이고 심하게 말하자면 지극히 자의적인 것이다. 나치즘의 보다 정교하고 야심찬 인종차별적 이론들 조차도 예외적인 경우가 많다. 아마도 그 가운데 가장 재미있는 예가 바로 히틀러 자신일 것이다. 히틀러는 나치의 문건에 통상 묘사된 키가 크고, 어깨가 넓고, 금발이며 푸른 눈을 가진 아리안족의 전형적인 타입과는 분명 맞지 않았다.

인종차별주의의 핵심 전제는 인종들 사이에는 타고난 혹은 근본적인 차이가 존재하며 그것이 정치적·사회적 결정에 영향을 미친다는 것이다. 사실상 유전학이 정치학을 결정한다는 것이다: 인종차별적 정치이론은 〈그림 7-1〉에서 보는 것처럼, 생물학적 전제로 소급될 수 있다. 암묵적인 인종차별주의는 보수주의적 민족주의와 연계되어 왔다. 이는 안정되고 성공적인 사회는 공통된 문화와 공유된 가치에 의해 함께 결합되어야 한다는 신념에 기초해 있다. 예를 들어 1960년대에 영국의 파웰(Enoch Powell)

〈그림 7-1〉 인종차별주의의 본질

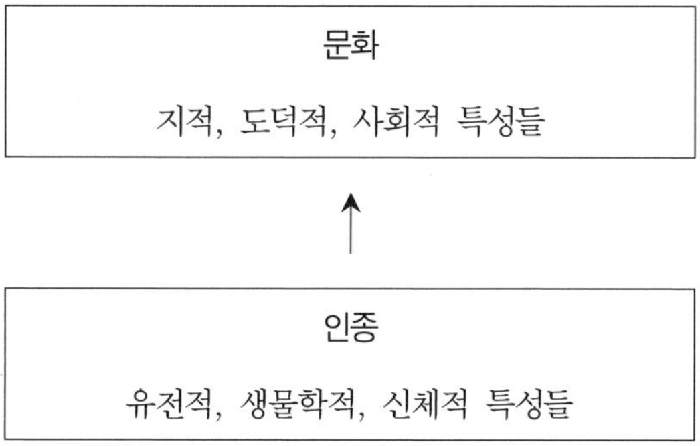

문화
지적, 도덕적, 사회적 특성들

↑

인종
유전적, 생물학적, 신체적 특성들

과 1980년대 프랑스의 르팽(Jean-Marie Le Pen)은 '백인' 주류 공동체의 독특한 전통과 문화가 위협받게 될 것이라는 근거에서 '백인이 아닌' 사람들의 이민을 반대했다.

하지만 보다 체계적이고 발전된 형태의 인종차별주의는 상이한 인종집단의 본성, 능력, 운명에 관한 가정에 기초해 있다. 많은 경우에 이러한 가정은 종교적 기반을 지니고 있다. 예를 들어 19세기 유럽의 제국주의는 부분적으로는 아프리카·아시아의 '이교도들'보다 유럽의 기독교인들이 우월하다는 주장에 의해 정당화되었다. 성경에 기초한 정당화는 또한 남북전쟁 이후 미국에서 조직된 KKK(Ku Klux Klan) 그리고 1940년대부터 1993년까지 남아프리카에서 시행된 인종차별정책(아파르트헤이트 apart-heid) 수립자들에 의해 설파된 인종분리의 교의에도 적용되었다. 하지만 나치 독일의 인종차별주의는 생물학적 전제들과 그에 따른 의사과학적(quasi-scientific) 가정에 뿌리를 두고 있었다. 문화나 종교적 연관성과는 대조적으로 생물학적 토대를 지닌 인종차별 이론들은 매우 군사적이며 급진적이었다. 왜냐하면 이러한 이론들은 인간의 본성에 관한 주장이 과학적 확실성과 객관성에 의해 뒷받침된다고 믿기 때문이다.

▎나치의 인종 이론들

나치 이데올로기는 인종차별적 반유대주의와 사회적 다윈이즘의 결합에서 생겨났다. 반유대주의는 기독교 시대가 도래한 이후 유럽 정치, 특히 동유럽 정치에서 하나의 원동력이 되어왔다. 그 기원은 대체로 신학적인 것이었다: 유대인들은 예수의 죽음에 책임이 있으며 기독교로의 개종을 거부함으로써 예수의 신성을 부인하는 것은 물론 그들 자신의 불멸의 영혼을 위험에 빠뜨렸다. 따라서 유대인과 악을 연결시킨 것은 나치가 처음이 아니며, 이는 유대인들이 처음 그들의 거주지역인 게토(ghetto)에 수용되어 주류 사회로부터 격리되었던 중세로까지 소급될 수 있다. 그러나 반유대주의는 19세기 말에 심화되었다. 민족주의와 제국주의가 유럽전역으로 확산되면서 유대인들은 많은 국가에서 점점 더 박해의 대상이 되었다. 프랑스에서는 1894~1906년에 유명한 뒤레프스(Dreyfus) 사건이 발생했고, 러시아에서는 알렉산더 3세(Alexander Ⅲ) 정부가 유대인들에 대한 대학살을 자행했다.

19세기에는 반유대주의의 성격 또한 변화되었다. 사이비 과학적 아이디어를 사회적·정치적 쟁점들에 적용한 '인종학'의 발전으로 유대인들은 종교적·경제적 또는 문화적 집단이기보다는 하나의 인종으로 간주되었다. 그 후로 유대인들은 머리색, 얼굴의 특징, 혈액 등과 같은 생물학적 요인에 의해 규정되었다. 따라서 반유대주의는 인종이론으로 정교하게 다듬어졌고, 그 속에서 유대인들은 해롭고 비열한 인종 타입으로 규정되었다. 과학적 인종이론을 발전시키려는 시도는 프랑스 사회이론가인 고비뉴(Joseph-Arthur Gobineau)에 의해 처음으로 이루어졌다. 그의 『인종 불평등에 관한 에세이』(*Essay on the Inequality of the Human Races* [1854]1970)는 '역사과학(science of history)'으로 간주되었다. 고비뉴는 상이한 자질과 특징을 지닌 인종들 사이에 위계서열이 있다고 주장하였다. 그는 가장 발달된 창조적 인종은 '백인들'이며 그들 가운데 최상이 아리안족이라고 보았다. 반면에 유대인들은 근본적으로 창조적이지 못한 인종으로 여겨졌다. 하지만 나치와 달리 고비뉴는 비관적인 인종차별주의자였다. 그는 서로 다른 종족 간의 결혼이 늘어나면서 아리안족이 건설한 영광스런 문명이 이미 회복할 수 없는 상태까지 타락했다고 보았다.

인종차별적 반유대주의의 교의는 고비뉴의 글을 통해 독일로 전파되어 아리안족의 생물학적 우월성을 믿는 아리안주의로 나타났다. 이러한 생각은 작곡가 바그너(Richard Wagner)와 그의 영국태생 사위인 챔벌레인(H. S. Chamberlain 1855~1929)에 의해 받아들여졌다. 그가 쓴 『19세기의 기초』(*Foundations of the Nineteenth Century* [1899]1913)는 히틀러와 나치에 엄청난 영향을 미쳤다. 챔벌레인은 최고 인종의 범주를 보다 좁혀서 '튜튼인(Teutons)'으로 규정하였다. 이것은 분명 독일인들을 지칭하는 것이었다. 모든 문화적 발전은 독일인의 생활양식 덕분이었다. 반면에 유대인들은 신체적, 정신적, 도덕적으로 타락한 사람들로 간주되었다. 챔벌레인은 역사를 튜튼인과

※
반유대주의(anti-Semitism)

전통에 의하면 유대인(Semites)은 노아(Noah)의 아들인 셈(Shem)의 후손이며, 대부분의 중동 사람들이 여기에 포함된다. 반유대주의는 특별히 유대인들을 향한 편견이나 적대감을 지칭한다. 초기에 반유대주의는 유대인에 대한 기독교도의 반감을 반영하는 종교적 특성을 지녔다. 이러한 반감은 예수의 죽음에 공모했고 그리고 예수를 하나님의 아들로 인정하지 않았다는 사실에 토대를 두고 있다. 경제적 반유대주의는 대부업자나 장사꾼인 유대인에 대한 혐오를 표현한 중세 때부터 발전되었다. 19세기는 바그너(Wagner)와 챔벌레인(H. S. Chamberlain)의 사상 속에서 인종차별적 반유대주의가 탄생했다. 그들은 유대인이 근본적으로 사악하며 파괴적이라고 비난하였다. 이와 같은 생각은 독일 나치즘의 이데올로기적 토대가 되었고 유대인 대학살인 홀로코스트(Holocaust)를 통해 가장 기괴하게 표출되었다.

유대인 사이의 대결로 봄으로써 나치 인종이론의 토대를 마련해 주었다. 그 속에서 유대인들은 독일의 모든 불행에 대한 희생양이었다. 나치는 1918년 독일의 패배에 대한 책임을 유대인에게 돌렸다; 유대인은 베르사유의 굴욕에 대한 책임을 져야 했다; 그들은 하층 중간계급을 노예상태로 만든 은행과 대기업 금융권력의 배후였다; 그리고 그들은 노동계급 운동과 사회혁명에 대한 위협을 통해 영향력을 발휘하였다. 히틀러의 관점에서 볼 때, 유대인은 독일 민족을 약화시키고 전복시키는 것을 일차적 목표로 하는 자본주의자들과 공산주의자들의 국제적 음모에 대해 책임이 있었다.

　나치즘 또는 국가사회주의는 사이비 종교, 사이비 과학의 관점에서 세계를 '선'의 세력을 대표하는 독일인과 '악'의 세력을 대표하는 유대인 사이의 지배권 투쟁으로 묘사하였다. 히틀러 자신은 세계의 인종을 다음과 같은 세 가지 범주로 구분하였다. 첫째는, 아리안족으로 그들은 '*지배민족(Herrenvolk)*'이다; 히틀러는 아리안족을 '문화의 창조자'로 보았고, 말 그대로 예술, 음악, 문학, 철학 및 정치사상에서 모든 창조성을 책임지고 있다고 믿었다. 둘째는, '문화의 담지들'이다. 이들은 독일인의 아이디어나 발명품을 활용할 수는 있지만 창조할 수는 없는 사람들이다. 셋째, 가장 아래는 히틀러가 '문화의 파괴자'로 묘사한 유대인들이다. 그들은 고상하고 창조적인 아리안족과 끝임없이 투쟁할 수밖에 없다. 따라서 히틀러의 **마니교(Mani-**

※**마니교**

세계를 빛과 어둠, 선과 악 사이의 갈등이라는 관점에서 보는 3세기 페르시아의 종교

chaeanism)적 세계관은 선과 악 사이의 갈등에 의해 지배되었고 독일인과 유대인들 사이의 인종적 투쟁으로 나타났다. 이러한 갈등은 아리안족의 세계 지배(유대인들의 제거) 아니면 유대인들의 최종 승리(독일의 파멸)에 의해서만 종식될 수 있다.

이러한 이데올로기는 끔찍하고 비극적인 방향으로 히틀러와 나치를 사로잡았다. 무엇보다도 아리안족이 독특한 창조적 '지배민족'이라고 확신하는 아리안주의는 팽창주의 정책과 전쟁을 불러왔다. 독일인이 인종적으로 우월하다면 다른 모든 인종은 생물학적으로 열등하고 예속적인 지위로 분류되어야 한다. 따라서 나치 이데올로기는 제국의 건설, 나아가 세계지배를 위한 공격적인 외교정책을 추구하였다. 둘째, 나치는 최대의 적인 유대인이 존재하는 한 독일이 결코 안전할 수 없다고 믿었다. 유대인은 악을 대표하고 있기 때문에 기소되어야 마땅하다. 1935년에 통과된 뉴렘베르크 법률(Nuremberg Laws)은 독일인과 유대인 사이의 결혼과 성관계를 금지했다. 1938년 '깨진 수정의 밤(*Kristallnacht*/The Night of Broken Glass)' 이후에 유대인들은 경제에서 철저하게 배제되었다. 그러나 나치의 인종이론은 히틀러를 기소정책으로부터 테러정책으로 결과적으로는 민족말살과 인종청소 정책으로 몰아갔다. 1941년에 나치정권은 유례가 없는 대량학살을 통해 유럽의 유대인을 전멸시키기 위한 이른바 '마지막 해결책(final solution)'을 감행하였다. 이 과정에서 대략 6백만 명 이상의 유대인들이 사망했다.

▌소작농 이데올로기

이탈리아 파시즘과 독일 나치즘 사이의 또 다른 차이점은 독일의 나치즘이 반근대적 철학을 발전시켰다는 점이다. 이탈리아 파시즘이 스스로를 근대화의 동인으로 묘사하고 산업과 기술의 혜택을 수용하고자 하였던 반면에 나치즘은 현대문명을 퇴폐적이고 타락한 것이라고 비방하였다. 이는 특히 도시화와 산업화에 적용되었다. 나치의 관점에서 볼 때, 독일인들은 농부들이었고 땅을 가까이 하고 육체적 노동을 중시하는 단순한 생활에 적합했다. 하지만 인구가 많고 비위생적인 도시에서의 생활은 독일인의 정신을 잠식시켰고 인종적 혈통을 약화시켰다. 이와 같은 두려움을 나치소작농(Nazi Peasant) 리더인 다레(Walter Darré)는 '피와 흙(Blood and Soil)'으로 표현하였다. 그것은 또한 나치가 공허한 서구문명의 산물보다 왜 *문화*(*Kultur*)의 미덕을

파시즘 내의 긴장

파시즘	나치즘
국가숭배	수단으로서의 국가
국수적 민족주의	극단적 인종차별주의
주의주의(voluntarism)	본질주의
국가의 위대성	생물학적 우월성
유기적 통일	인종적 순수성/우생학
실용적 반유대주의	집단학살의 반유대주의
미래주의/근대주의	소작농 이데올로기
조합주의	전쟁 경제
식민지 팽창	세계 지배

찬양했는지를 잘 보여주고 있다. 문화는 독일인의 민속전통과 수공업 기술을 구체적으로 나타내고 있다. 이러한 소작농 이데올로기는 외교정책에 중요한 의미를 지니고 있다. 특히 새로운 생존공간에 대한 매력을 강화시킴으로써 팽창주의적 경향을 고취시키는 데 도움이 되었다. 오직 영토의 확장을 통해서만 과밀상태의 독일인들이 다시금 적정한 농경생활을 영위할 공간을 확보할 수 있다고 보았다.

하지만 이러한 정책은 심각한 모순에 직면해 있다. 전쟁과 군사적 팽창은 그것이 비록 소작농 이데올로기에 의해 정당화된다 할지라도 현대 산업사회의 기술을 통해서만 추구될 수 있기 때문이다. 나치 정권의 핵심이 되는 이데올로기적 목표는 정복과 제국이며 이는 산업적 기반의 확충과 전쟁기술의 발전을 요구하였다. 히틀러 시대는 독일인들이 농토로 돌아갈 수 있도록 해주기는커녕 나치가 그토록 경멸했던 급속한 산업화와 대규모 도시의 성장을 목격한 시기였다. 따라서 소작농 이데올로기는 단지 수사학에 불과한 것으로 판명되었다. 군사주의는 또한 중요한 문화적 변동을 가져왔다. 나치 예술이 작은 마을과 시골 생활의 단순한 이미지에 고정되어 있었던 반면에 히틀러 시대에는 스투카(Stuka) 급강하 폭격기와 판자(Panzer) 탱크로부터 V-1과 V-2 로켓에 이르는 다양한 현대 기술의 이미지로 독일인들을 사로잡기 위한 선전 공세가 계속되었다.

VI. 21세기의 파시즘

일부 논평자들은 파시즘이 20세기 후반을 넘기지 못하거나 21세기에는 더더욱 살아남기 어려울 것이라고 주장해 왔다. 예를 들어 놀테(Ernst Nolte 1965)의 고전적 분석에 따르면, 파시즘은 역사적으로 전통사회의 문화적·정신적 통일성을 보존하기 위해 근대화에 대항한 하나의 반동이었다. 근대화 과정에서 이미 이러한 순간이 지나갔다면 파시즘에 대한 모든 언급은 과거형이 되어야 한다. 따라서 구소련의 적군이 베를린에 다다르자 1945년 4월 히틀러가 자살했다는 것은 파시즘에게 있어서는 '신들의 황혼(Götterdämmerung/twilight of the gods)'을 의미하는 것일 수 있다. 하지만 이와 같은 해석은 20세기 말에 파시즘의 재현 내지 최소한 파시스트 타입의 운동들이 나타났다는 점에서 설득력이 떨어진다.

어떤 면에서 20세기 말 이후의 역사적 상황은 파시즘이 등장했던 당시의 상황, 즉 위기와 불확실성 그리고 무질서를 그대로 보여주고 있다. 1945년 이후 체제 초기의 안정적 경제성장과 정치적 안정은 종종 극우와 밀접한 관련이 있는 것으로서 증오와 분노의 정치에 대한 매우 효과적인 방부제라는 사실이 입증되었다. 하지만 세계경제의 불확실성 그리고 정치적·사회적 문제를 해결하는 데 있어서 기성 정당들이 보여준 능력에 대한 불신과 환멸은 우파 극단주의에게 기회를 제공해 주었다. 대부분 우파 극단주의는 이민자의 증가와 국가정체성의 약화에 따른 두려움을 강조하였다. 냉전의 종식과 세계화의 진전으로 이러한 요인들이 강화된 측면도 있다. 동유럽 공산주의 통치의 종말은 오랫동안 억눌렸던 민족적 경쟁심과 인종차별적 증오심이 다시금 등장할 수 있는 계기가 되었다. 특히 유고슬라비아에서는 파시스트의 특징을 지닌 극단적 형태의 민족주의가 등장하기도 하였다. 세계화는 민족국가를 약화시키고 시민적 형태의 민족주의를 무너뜨림으로써 종족이나 인종적 기반을 지닌 배타적인 민족주의가 성장하는 데 기여했다. 예를 들어 일부에서는 무장 이슬람을 '이슬람 파시즘'의 형태로 간주함으로써 종교적 근본주의와 파시즘 사이의 유사성을 지적하기도 하였다.

다른 한편 비록 극우세력과 이민반대 집단들이 '고전적' 파시즘을 떠올리는 주제들을 수용했다 할지라도 그들이 직면한 상황이나 도전은 제1차 세계대전 이후와는 전혀 다르다. 예를 들어 오늘날 극우세력은 유럽 제국주의의 유산에 토대를 두기보다는 후기 식민주의의 맥락 속에서 작동하고 있다. 또한 서구의 많은 사회에서는 다문화주의가 심화됨에 따라 인종적으로 순수한 '*민족공동체*'를 건설한다는 것이 매우 비현실적인 것이 되고 있다. 마찬가지로 파시즘의 성공에 결정적인 영향력을 발휘했던 전통적인 계급구조 또한 보다 복잡하고 다원화된 '후기 산업사회'의 사회구성으로 대체되었다. 끝으로 경제적 세계화는 고전적 파시스트 운동의 성장에 강력한 제약요인이 되었다. 지구적 자본주의가 국경의 중요성을 계속해서 약화시키는 한 전쟁과 팽창주의, 경제자립정책을 통한 민족재건의 이념은 분명 과거의 유산이 될 것이다.

그렇다면 현대의 파시스트 정당이나 집단들은 어떤 종류의 파시즘을 신봉하고 지지하는가? 어떠한 집단들은 여전히 히틀러나 무솔리니 시대로 자랑스럽게 회귀하는 군사적 혹은 혁명적 파시즘을 지지하고 있다. 반면에 대부분의 정당과 파시스트 운동들은 과거와의 이데올로기적 단절을 주장하거나 아니면 그들이 파시스트였거나 파시스트라는 사실을 부인하고 있다. 좋게 표현해서 후자의 입장을 '네오 파시스트(neofascist)'라고 부를 수 있을 것이다. 프랑스 국민전선(French National Front), 오스트리아 자유당(Freedom Party), 영국 국민당(British National Party), 이탈리아 *국민연합*(*Alleanza Nazionale*) 그리고 네덜란드, 벨기에, 덴마크의 이민반대 집단들이 파시즘과 다르다고 주장하는 핵심적 사안은 그들이 정치적 다원주의와 선거민주주의를 수용한다는 점이다. 달리 말해서 '민주적 파시즘'은 절대적 리더십, 전체주의, 공공연한 인종차별주의 등의 원칙과 결별한 파시즘이다. 어떤 면에서 이러한 형태의 파시즘은 21세기에 번성하기 좋은 여건을 차지한 것일 수도 있다. 하나는, 자유민주주의와 조화를 모색함으로써 과거를 묻어 버리고 더 이상 히틀러와 무솔리니 시대의 야만성으로 얼룩지지 않은 것처럼 보인다는 점이다. 또 다른 하나는, 경제적 위기와 정치적 불안이 가중되는 21세기에도 민주적 파시즘이 유기적 통일과 사회적 단합의 정치를 진전시킬 수 있는 능력을 여전히 소유하고 있다는 점이다. 그와 같은 형태의 정치는 르팽(Le Pen), 오스트리아의 하이더(Joerg Haider), 네덜란드의 핌 포튜인(Pim Fortuyn)의 경우에서 보듯이, 강한 정부에 대한 전망이 카리스마적 리더로 구체화된 때에도 특히 매력적인 것처럼 보인다.

하지만 네오파시즘(neofascism)의 전망을 평가하기 위해서는 두 가지 가능성을 검토해야 한다. 첫 번째는 파시즘이 자유주의와의 조화를 지향하면서도 과연 파시즘의 원리를 진정으로 유지할 수 있을까 하는 점이다. *민족공동체*의 유기적 통일에 대한 강조는 파시즘이 분명 반자유주의적이며, 이것은 파시즘이 다원주의, 관용, 개인주의, 평화주의 등의 이념과 어울리지 않는다는 것을 의미한다. 이러한 상황은, 아마도 민주사회주의의 경우와 비슷하게, 선거에서 승리하기 위한 투쟁이 점점 '민주적인' 파시스트 정당들로 하여금 그들의 전통적 가치와 신념을 포기하도록 만들고 있다. 그렇게 본다면 민주주의가 파시즘보다 우세할 것이다. 두 번째 가능성은 파시즘과 자유민주주의의 조화가 본질상 전술적이라는 점이다. 이는 파시즘의 진정한 정신은 살아 있고 다만 국민들의 존경을 받고 권력을 획득하기 위해서 네오 파시스트들이 이것을 숨기고 있다는 것을 뜻한다. 예를 들어 히틀러와 나치는 1933년 그들이 권력을 장악하기 바로 직전까지도 의회민주주의에 대한 지지를 계속해서 표명해 왔다. 네오 파시스트 정당이나 운동들이 민주주의를 단지 전술적 장치로 사용하고 있는가 하는 것은 히틀러와 나치가 그랬듯이 그것들의 성공여부에 따라 판명될 것이다.

•• 생각해 볼 문제

- 파시즘은 단지 제1차 세계대전과 제2차 세계대전 사이의 특수한 역사적 상황의 산물인가?
- 반이성주의는 파시스트 이데올로기에 어떻게 영향을 주었는가?
- 파시스트는 왜 투쟁과 전쟁에 가치를 부여하는가?
- 파시스트의 지도자 원리가 어떻게 민주주의의 한 형태로 간주될 수 있는가?
- 파시즘은 단지 극단적 형태의 민족주의인가?
- 파시즘은 민족주의와 사회주의의 혼합이라고 할 수 있는가?
- 파시즘은 어떻게 그리고 왜 전체주의와 연결되는가?
- 모든 파시스트들은 인종차별주의자인가? 아니면 일부만 그러한가?
- 파시즘은 죽었는가?

·· 더 읽을 자료

Eatewll, R. *Fascism: A History* (London: Vintage, 1996). 파시즘의 역사를 심층적으로 다룬 책으로 이데올로기를 중시하는 가운데 두 차례 세계대전 사이의 파시즘과 제2차 세계대전 이후의 파시즘까지 다루고 있다.

Griffin, R. (ed.). *Fascism* (Oxford and New York: Oxford University Press, 1995). 파시스트의 사상과 그에 대한 해석을 시도한 포괄적이고 탁월한 저서이다.

Griffin, R. *International Fascism: Theories, Causes and the New Consensus* (London: Arnold and New York: Oxford University Press, 1998). 파시즘에 관한 상반된 해석들을 검토한 글로 구성되어 있다.

Kallis, A. A. (ed.). *The Fascist Reader* (London and New York: Routledge, 2003). 파시즘의 복합적인 모습 그리고 파시즘에 대한 고전적, 근대적 해석에 관한 입문서이다.

Laqueur, W. (ed.). *Fascism: A Reader's Guide* (Harmondsworth: Penguin, 1979). 파시즘의 다양한 모습들을 다룬 권위있는 학자들의 글로 구성되어 있다.

Neocleous, M. *Fascism* (Milton Keynes: Open University Press, 1997). 파시즘에 대한 간략한 개론서로 근대성과 자본주의의 모순 속에서 파시즘을 파악하고 있다.

Passmore, K. *Fascism: A Very Short Introduction* (Oxford and New York: Oxford University Press, 2002). 파시즘의 본질과 의의를 간결하고 명쾌하게 다루고 있다.

제8장

페미니즘

I. 개관

정치적 용어로서의 페미니즘은 20세기의 산물이다. 페미니즘은 1960년대 이후에 비로소 우리에게 친숙한 말이 되었다('feminist'라는 말은 남성의 여성화 혹은 여성의 남성화를 뜻하는 의학용어로 19세기에 처음으로 사용되었다). 오늘날 페미니즘은 여성운동 그리고 여성의 사회적 역할을 확대하기 위한 시도와 관련이 있다.

페미니스트 이데올로기는 두 가지 기본 신념에 의해 규정된다: 하나는 여성들이 여성이라는 이유 때문에 불이익을 받아왔다는 것이고, 다른 하나는 이러한 불이익이 사라질 수 있고 사라져야 한다는 것이다. 이렇듯 페미니스트들은 남성과 여성 사이의 정치적 관계로 모든 것을 보고 있다. 즉 대부분 사회에서 나타나는 남성의 지배와 여성의 종속이라는 관계에 주목하고 있다. 성차별을 정치적인 것으로 봄으로써 페미니스트들은 정치사상 내에서 전통적으로 작용해 온 '편견의 동원(mobilization of bias)'에 도전했다. 남성들이 향유해 온 특권과 권력의 문제를 외면하고자 하는 남성 사상가들은 편견을 동원함으로써 오랫동안 여성의 역할을 정치적 아젠다에서 배제시킬 수 있었다.

　그럼에도 불구하고 페미니즘은 또한 다양한 견해와 정치적 입장을 보여 왔다. 예를 들어 여성운동은 여성의 투표권 획득과 사회 요직에 진출하는 여성들의 수적 확대에서부터 임신중절의 합법화, 여성할례의 금지에 이르기까지 여러 가지 목표들을 추구해 왔다. 또한 페미니스트들은 혁명적인 정치적 전략과 개혁적인 정치적 전략을 모두 수용해 왔다. 페미니스트 이론은 기존의 정치적 전통과 가치, 특히 자유주의와 사회주의를 수용해 왔다. 하지만 급진적 페미니즘의 경우에는 전통적인 정치적 이념과 관념들을 거부하기도 했다.

II. 기원과 전개

　'페미니즘(feminism)'이라는 용어는 최근에 생겨난 것이지만 페미니스트적 견해는 이미 많은 문화 속에서 표출되어 왔고 멀리는 고대 그리스와 중국 문명에까지 거슬러 올라갈 수 있다. 1405년 이탈리아에서 출간된 드 빠상(Christine de Pisan)의 『부인들의 도시』(Book of the City of Ladies)는 과거 유명 여성들의 행적을 기록하고 여성의 교육받을 권리와 정치적 영향력을 옹호함으로써 현대 페미니즘 이념의 상당 부분을 이미 보여준 바 있다. 그럼에도 불구하고 19세기 이전까지는 조직화된 여성운동이 발전되지 못했다. 일반적으로 현대 페미니즘 최초의 텍스트는 프랑스 대혁명을 배경으로 쓰여진 메리 울스턴크래프트(Mary Wollstonecraft)의 『여성권리의 옹호』(Vindication of the Rights of Women [1792]1967)를 꼽는다. 19세기 중반에 여성운동은 하나의 핵심적 목표를 찾아냈는데 그것은 남성의 선거권 확대로부터 자극을 받은 여성 참정권 운동, 즉 여성의 투표권 획득을 위한 캠페인이다. 이 시기가 페미니즘의 '제1의 물결(first wave)'로서 여성도 남성과 똑같은 법적·정치적 권리를 누려야 한다는 요구가 그 핵심이다. 이 시기는 여성의 투표권 획득이 일차적 목표였다. 왜냐하면 여성이 투표를 할 수 있다면 모든 다른 형태의 성적 차별이나 편견이 쉽게 사라질 것이라고 믿었기 때문이다.

　여성운동은 정치적 민주주의가 발달된 국가에서 강력하게 나타났다; 여성들은 많은 경우에 남편과 아들들이 이미 누리고 있는 권리를 요구했다. 미국에서 여성운동은 부분적으로 노예폐지 운동의 영향을 받아 1840년대에 등장했다. 1848년에 열린 유명한 세네카폴스회의(Seneca Falls convention)는 미국 여권운동의 탄생을 알리는 것이었다. 당시에 스탠튼(Elizabeth Cady Stanton 1815~1902)이 작성한 소신선언문(Declaration of Sentiments)을 채택했는데, 이는 의도적으로 미국 독립선언문(Declaration of Independence)에서 사용한 언어와 원리에 의지해 여성의 참정권을 요구하였다. 스탠튼과 안토니(Susan B. Anthony 1820~1906)가 주도한 전국여성참정권협회(National Women's Suffrage Association)가 1869년 창립되었고 1890년에는 보다 보수적인 미국여성참정권협회(American Women's Suffrage Association)와 통합되었다.

이와 비슷한 운동들이 다른 서구 국가들에서도 발전되었다. 영국에서는 1850년대에 조직화된 운동이 전개되었다. 하지만 1867년에 하원은 여성참정권 도입을 위한 시도, 즉 존 스튜어트 밀(John Stuart Mill)이 제안한 제2차 선거법 개정(Second Reform Act)에 대한 수정안을 무산시켰다. 영국의 참정권 운동은 1903년 팬크허스트(Emmeline Pankhurst 1858~1928)와 그녀의 딸인 크리스타벨(Christabel 1880~1958)이 이끄는 여성사회정치연합(Women's Social and Political Union)이 조직된 이후 점차 군사적 전술을 채택하였다. 파리의 지하조직에서 팬크허스트는 '여성참정권운동가들(suffragettes)'이 재산권에 대해 대규모 공세를 퍼붓고 일련의 유명한 대중적 시위를 벌일 수 있는 행동계획을 조율하였다.

페미니즘의 '제1의 물결'은 1893년 뉴질랜드에서 최초로 도입된 여성 투표권의 획득으로 끝이 났다. 미국 수정헌법 제19조(Nineteenth Amendment)는 1920년 미국 여성들에게 투표권을 부여했다. 영국에서는 1918년에 선거권이 여성들에게로 확대되었지만, 그 이후 10년 동안 남성과 동등한 투표권을 성취하지는 못했다. 역설적인 것은 여러 측면에서 투표권의 획득이 여성운동을 오히려 약화시켰다는 점이다. 여성의 투표권 쟁취투쟁은 명확한 목표와 일관된 논리구조를 제공함으로써 여성운동을 통일시키고 고무시켜 주었다. 하지만 많은 여권운동가들은 순진하게도 투표권의 획득을 통해 여성들이 완전히 해방되었다고 믿었다. 이러한 상황에서 여성운동이 재건된 것은 1960년대 페미니즘의 '제2의 물결(second wave)'이 등장하면서부터이다.

1963년에 출간된 프리단(Betty Friedan)의 『여성의 신비』(*The Feminine Mystique*)는 페미니스트 사상을 새롭게 하는 데 크게 기여했다. 프리단은 이른바 '무명씨의 문제', 즉 많은 여성들이 가정주부나 어머니의 역할에만 머물면서 경험하게 되는 좌절과 불행을 다루었다. 페미니즘의 '제2의 물결'은 정치적·법적 권리의 획득이 '여성의 문제'를 해결하지 못했다고 보았다. 그에 따라 이념이나 주장들이 점점 급진적이고 혁명적인 것이 되었다. 밀레트(Kate Millett)의 『성의 정치』(*Sexual Politics* 1970)와 그리어(Germaine Greer)의 『거세된 여자』(*The Female Eunuch* 1970)와 같은 책들은 여성억압의 개인적, 심리적, 성적 측면에 관심을 쏟음으로써 '정치적인(political)' 것의 경계를 확장시켰다. 페미니즘의 '제2의 물결'의 목표는 단순한 정치적 해방이 아니라 '여성의 해방'이었다. 이러한 생각은 점증하고 있던 여성해방운동의 이념 속에 반영되었다. 현대 페미니스트들은 그와 같은 목표는 정치적 개혁이나 법적 조치만으로 성취될 수 있는 것이 아니라 보다 폭넓은 아마도 혁명적인 사회변동 과정을 요구한다고 주장하였다.

　1960년대 말 1970년대 초 급진적 페미니스트 사상이 처음으로 꽃을 피운 이후 페미니즘은 전통적 정치사상의 기본전제에 도전하는 이념과 가치를 지닌 하나의 확고한 이데올로기로 발전되었다. 페미니즘은 학문영역에서 **젠더(gender)**와 젠더의 시각을 중요한 주제로 설정하고, 공공생활 속에서 젠더 이슈에 관한 의식을 일깨우는 데 성공했다. 실제로 1990년대까지 서구 및 대부분의 개발도상국가에는 페미니스트 조직들이 존재하지 않는 곳이 없을 정도였다. 하지만 이러한 발전에는 두 가지 과정이 수반되었다.

　첫째는 탈급진화 과정이다. 1970년대 초 페미니즘의 특징이었던 비타협적 입장이 후퇴되었다. 그 결과 '포스트 페미니즘(post-feminism)'이 유행하게 되었다. 포스트 페미니즘은 페미니스트들의 목표가 대부분 달성됨에 따라 여성운동이 '페미니즘 너머'로 이동했다고 주장한다. 둘째는 파편화 과정이다. 급진적 내지 비판적 측면을 상실하는 대신에 페미니스트 사상이 다양화되었다. 그 결과 페미니즘 내의 '공통된 기반'을 찾는 것이 어렵거나 심지어는 불가능하게 되었다. 페미니즘의 '핵심적' 전통(자유주의 페미니즘, 사회주의/마르크스주의 페미니즘, **급진적 페미니즘**) 이외에도 포스트모던 페미니즘, 정신분석적 페미니즘, 블랙 페미니즘, 레즈비언 페미니즘 등 다양한 유형이 나타났다.

❋ 젠더

생물학적인 그래서 근절할 수 없는 남성과 여성 사이의 차이를 언급하는 성(sex)과 대비되는 것으로서 남자와 여자 사이의 사회적·문화적 차이

❋ 급진적 페미니즘

젠더의 차이를 정치적으로 가장 중요한 사회적 균열로 보며 이것이 가정생활의 구조에 뿌리를 두고 있다고 믿는 페미니즘의 한 형태

프리단(Betty Friedan 1921~2006)

미국의 페미니스트, 정치활동가로 종종 여성해방의 '어머니'로 간주된다. 프리단의 『여성의 신비』(*The Feminine Mystique* 1963)는 페미니즘의 제2의 물결의 등장을 자극했다는 평가를 받고 있다. 1966년 그녀는 전국여성기구(NOW: National Organization of Women) 창립을 후원했고 그 초대 회장이 되었다.

프리단은 주부와 어머니의 역할에 갇힌 도시주변 미국 여성들을 사로잡은 좌절과 절망감을 강조함으로써 여성의 가정생활을 지지해 온 문화적 신화에 공격을 가했다. 그녀는 여성들의 교육 및 사회참여 기회의 확대를 목표로 하였다. 하지만 중간계급 여성들의 필요에 초점을 맞추고 '사적(private)' 영역의 가부장적 구조를 무시한다는 이유로 급진적 페미니스트들의 비판을 받아 왔다. 『제2의 단계』(*The Second Stage* 1983)에서 프리단은 '인간다움(personhood)'의 추구가 여성들로 하여금 아동, 가정, 가족의 중요성을 거부하도록 만들 수 있다는 위험성에 주목하였다.

III. 핵심주제: 개인의 정치

1960년대까지는 페미니즘을 하나의 이데올로기로 간주하는 경향이 거의 없었다. 페미니즘은 자유주의와 사회주의의 기본적 가치나 이론들이 젠더 이슈에 적용될 수 있는 부분집합 정도로 간주되었다. 급진적 페미니즘은 전통적 이데올로기들이 받아들이지 않았던 젠더의 정치적 중요성을 강조함으로써 이러한 상황을 변화시켰다. 따라서 전통적 이데올로기들은 여성의 사회적 역할을 발전시키기 위한 적절한 수단이 아니라고 여겨졌다. 그리고 경우에 따라서는 가부장적 태도나 전제들을 숨기고 있다는 이유로 비판을 받기도 하였다. 그러나 페미니즘 이데올로기는 애초부터 세 가지 광범위한 전통, 즉 자유주의 페미니즘, 마르크스 혹은 사회주의적 페미니즘 그리고 급진적 페미니즘을 포괄하는 이데올로기였다. 게다가 각각의 페미니즘 전통 내부에는 대립적인 경향들이 포함되어 있었고, 혼성적 페미니즘 내지 이중적 페미니즘(급진적 페미니즘을 마르크스주의의 특정 이념과 결합시키려는 것과 같은)이 나타나기도 하였다. 특히 1980년대 이후부터는 새로운 페미니즘 전통들도 등장하였다. 따라서 페미니즘이 파편화되었다고 치부하는 것이, 즉 페미니즘은 합의된 것보다는 불일치에 의해 특징지어 진다고 주장하는 편이 쉬울 것이다. 그럼에도 불구하고 다음과 같은 것들이 페미니즘 내의 '공통된 기반'이라고 할 수 있다:

- 공과 사의 구분
- 가부장제
- 성과 젠더
- 평등과 차이

▌공과 사의 구분

'정치적인' 것에 관한 전통적 관념에 따르면 정치는 사적인 생활보다는 공적인 영역에 해당된다. 일반적으로 정치는 정부제도, 정당, 압력단체, 공적 논쟁 등의 '공공 영역' 내에서 발생하는 활동으로 이해되었다. 가정생활과 개인적 관계는 보통은 '사적 영역'의 일부로 그래서 '비정치적인' 것으로 여겨졌다. 반면에 현대의 페미니스트들은 정치가 모든 사회집단 내에서 발생하는 활동이며, 그것은 단지 정부나 기타 공공기관의 업무에만 한정된 것이 아니라고 주장한다. 정치는 사회적 갈등이 있는 곳이면 언제든 어디든 존재한다. 예를 들어 밀레트(Millett 1970)는 정치를 '권력이 구조화된 관계, 즉 하나의 집단이 다른 집단을 통제하는 구도'로 규정하였다. 따라서 정부와 시민들 사이의 관계는 분명히 정치적이다. 하지만 회사 내의 사용주와 노동자 사이의 관계 그리고 가정에서 남편과 아내 그리고 부모와 자식 사이의 관계도 또한 정치적이라는 것이다.

정치적인 것의 개념 정의는 단지 학문적 관심의 대상만은 아니다. 페미니스트들은 사회에서 통용되는 성에 따른 분업이 '정치적인' 것이기보다는 '자연스런' 것으로 간주되어 왔기 때문에 성적 불평등이 유지되어 왔다고 주장한다. 〈그림 8-1〉에서 보듯이,

〈그림 8-1〉 성에 따른 분업

'공적인' 남성

정치, 교육, 커리어
예술, 문학

'사적인' 여성

가정, 배려, 육아
가사, 일

전통적으로 정치, 노동, 예술과 문학 등을 포괄하는 삶의 공적 영역이 남성들을 위한 공간이었던 반면에 여성들은 가족과 가내의 책임을 떠맡는 본질적으로 사적인 생활에 한정되어 왔다. 만일 정치가 공적 영역 내에서만 발생한다면 여성의 역할과 성적 평등의 문제는 정치적으로 덜 중요하거나 전혀 중요치 않은 이슈들이다. 가정주부와 어머니라는 사적인 역할에 한정된 여성들은 결과적으로 정치로부터 배제되었다고 할 수 있다.

따라서 페미니스트들은 '공적인 남성'과 '사적인 여성' 사이의 구분에 도전하고자 하였다. 하지만 공과 사의 구분을 깬다는 것이 과연 무슨 의미이며 그것은 어떻게 성취될 수 있는가 그리고 그것이 얼마나 바람직한가 하는 문제에 관해서 페미니스트들이 언제나 같은 생각을 가졌던 것은 아니다. 급진적 페미니스트들은 '사적인 것은 정치적인 것이다'라고 주장하면서 정치는 현관 앞에서 멈추어야 한다는 생각에 대해 가장 비판적인 입장을 보여왔다. 여성의 억압은 삶의 모든 영역에서 작용하고 있으며 그 시작은 여러 가지 면에서 볼 때 가정이라고 볼 수 있다. 그래서 급진적 페미니스트들은 이른바 '일상생활의 정치'를 분석하는 데 관심이 많았다. 여기에는 가정에서의 의사결정과정, 가사의 분담, 사적인 성적 행위의 정치 등이 포함된다. 일부 페미니스트들에게는 공과 사의 구분을 없앤다는 것이 사적 생활의 책임을 국가나 다른 공적 기구로 전이한다는 것을 뜻한다. 예를 들어 여성의 육아부담은 풍족한 복지혜택을 가정에 제공하거나 직장 내에 보육원 또는 탁아방 등을 설치함으로써 경감될 수 있을 것이다. 자유주의 페미니스트들은 공적 교육영역, 직장, 정치생활에 대해 여성의 접근을 제한하는 것에 반대한다. 하지만 그들은 또한 사적 영역을 정치화할 경우에 발생할 수 있는 위험성에 대해서도 경고하고 있다. 자유주의 이론에 따르면 사적 영역은 개인적 선택과 사적 자유의 영역이기 때문이다.

▌가부장제

페미니스트들은 사회계급, 인종, 종교와 마찬가지로 젠더(gender)가 정치적으로 중요한 사회적 균열구조라고 믿고 있다. 사실상 급진적 페미니스트들은 젠더가 가장 뿌리 깊고 정치적으로도 가장 중요한 사회적 틈새라고 주장한다. 그래서 페미니스트들은 마치 사회주의자들이 '계급정치'의 이념을 설파한 것과 같은 방식으로 '성의 정치(sexual politics)' 이론을 발전시켰다. 그들은 또한 '성차별주의(sexism)'를 '인종차별주의(racism)' 내지 인종차별적 억압과 유사한 하나의 억압 형태로 보고 있다. 하지만 전통적 정치이론은 성적 억압을 무시해 왔고 젠더를 정치적으로 중요한 범주로 인식하지 못했다. 결과적으로 페미니스트들은 사회가 성적 불평등과 억압체계에 기초해 있다는 생각을 일깨워줄 수 있는 새로운 관념과 이론들을 발전시켜야만 했다.

페미니스트들은 '**가부장제(patriarchy)**' 관념을 통해 남성과 여성 사이의 권력관계를 묘사하고 있다. 가부장제는 문자 그대로 '아버지에 의한 지배'를 의미한다(*pater*는 라틴어로 아버지를 뜻한다). 일부 페미니스트들은 가부장제를 가족구조와 그 내부에서의 가장의 지배를 묘사하기 위한 특수하고 제한된 의미로만 사용하고 있다. 반면에 사회에서의 젠더 관계를 묘사할 때는 '남성 우위'나 '남성 지배'와 같은 보다 넓은 의미의 용어를 선호한다. 하지만 페미니스트들은

> **✳️ 가부장제**
>
> 문자 그대로 아버지에 의한 지배; 종종 보다 일반적으로는 사회에서의 남성의 지배와 여성의 종속을 가리킨다.

가정 내에서의 아버지의 지배가 다른 모든 기관에서의 남성 우위를 상징적으로 보여주는 것이라고 보고 있다. 더욱이 많은 사람들은 가부장제 가정이 교육, 일, 정치 등 삶의 다른 모든 분야에서 남성 지배를 재생산함으로써 체계적인 남성 지배 과정의 핵심을 차지하고 있다고 주장한다. 따라서 가부장제는 넓은 의미로 가정 안팎에서의 '남성에 의한 지배'를 의미하는 것으로 사용된다. 예를 들어 밀레트(Millett 1970)는 '가부장제 정부'를 '인구의 절반인 여성이 나머지 절반인 남성에 의해 통제되는 제도'로 묘사하였다. 그녀에 따르면 가부장제는 '남성이 여성을 지배하고, 나이 많은 남성이 젊은이들을 지배해야 한다'는 두 가지 원리를 지니고 있다. 따라서 가부장제는 성에 따른 억압과 세대에 따른 억압을 특징으로 하는 위계질서 체계이다.

그럼에도 불구하고 가부장제는 광범위하다. 페미니스트들은 모든 사회에서 남성들이 여성을 지배해 왔다고 믿지만 억압의 형태와 정도는 문화와 시대에 따라 상당한

차이가 있다는 사실을 받아들이고 있다. 적어도 서구 국가에서 여성의 사회적 지위는 20세기를 거치는 동안 투표권의 획득, 교육기회의 확대, 혼인 및 이혼법의 개정, 임신중절의 합법화 등을 통해 크게 향상되었다. 하지만 개발도상국가들의 경우에 가부장제는 여전히 잔인하거나 섬뜩한 형태를 취하고 있다; 주로 아프리카이기는 하지만 8천만 명의 여성들이 할례를 받아야 하는 대상들이고, 인도에서는 아직도 신부 살해가 발생하고 있고, 지참금 제도가 지속되면서 여자 어린이들이 기피의 대상이 되거나 죽음에 이르는 경우도 있다.

그러나 페미니스트들은 가부장제에 대해 서로 다른 시각을 지니고 있다. 자유주의 페미니스트들은 가부장제를 통해 사회에서 나타나고 있는 권리와 권한의 불평등한 배분에 관심을 기울이고 있다. 따라서 그들은 정치, 경제, 직업 및 공공생활에서 여성들이 차지하고 있는 낮은 위상이 가부장제의 모습이라고 주장한다. 사회주의 페미니스트들은 가부장제의 경제적 측면을 강조하는 경향이 있다. 그들의 관점에서 볼 때 가부장제는 억압과 연계된 체계로서 자본주의, 젠더의 종속, 계급 불평등과 나란히 함께 작동하고 있다. 실제로 일부 사회주의 페미니스트들은 젠더의 불평등이 단지 계급체계의 결과라는 이유에서 가부장제라는 용어를 거부하고 있다: 문제는 가부장제가 아니라 자본주의라는 것이다. 반면에 급진적 페미니스트들은 가부장제를 상당히 중시한다. 그들은 가부장제를 가정에 뿌리를 둔 체계적이고 제도화된 그리고 만연되어 있는 형태의 남성권력으로 간주한다. 따라서 가부장제는 사회를 특징짓고 있는 남성의 지배와 여성의 예종이라는 패턴이 본질적으로 가정 내에서 작동하고 있는 권력구조의 반영이라는 신념을 견지하고 있다.

▌성과 젠더

페미니즘에 반대하는 주장의 공통점은 사회에서 젠더의 구분이 자연스럽다는 것이다. 즉 여성과 남성은 자연이 디자인한 사회적 역할을 단지 수행할 뿐이라는 것이다. 따라서 신체적·해부학적으로 여성들은 사회에서 종속적이고 가정적인 역할에 적합하게 되어있다; 요컨대 '생물학이 운명이다.' 여성의 사회적 지위와 가장 빈번하게 결부되는 생물학적 요인은 출산능력이다. 의심할 바 없이 출산은 생리, 수유와 더불어 여성만의 특징이다. 하지만 그와 같은 생물학적 사실이 반드시 여성에게 불리한 것도 아니고 그들의 사회적 운명을 결정하는 것도 아니다. 여성은 어머니가 될 수 있지만 가정과 가족을 위한 육아와 교육 등 모성의 책임을 수용할 필요는 없다. 출산과 양육의 연계는 생물학적인 것이기보다는 문화적인 것이다: 전통적인 가정생활의 구조 때문에 여성들은 집에 머물고 아이들을 키우며 가정을 돌봐야 한다고 생각한다. 가정 내의 책임은 남편이 맡을 수도 있고 아니면 이른바 '대칭가정'처럼 남편과 아내가 동등하게 부담할 수도 있다. 더욱이 육아는 공동체나 국가가 담당하거나 아니면 '확대가족'처럼 친척이 맡아 할 수도 있다.

전통적으로 페미니스트들은 성(sex)과 젠더(gender)를 분명하게 구분함으로써 생물학이 운명이라는 생각에 도전해 왔다. 여기서 '성'은 여성과 남성 사이의 생물학적 차이를 가리킨다; 따라서 이러한 차이는 자연스럽고 바꿀 수 없다. 그 가운데 가장 중요한 성적 차이는 생식과 관련된 것이다. 반면에 '젠더'는 문화적 용어로서 사회가 남성과 여성에게 부여하는 상이한 역할들을 가리킨다. 전형적으로 젠더의 차이는 '남성다움'과 '여성다움'이라는 틀에 박힌 대비를 통해 부과되었다. 보부아르(Simone de Beauvoir)가 지적했듯이, '여성은 태어나는 것이 아니라 만들어진다.' 가부장적 이념들은 성과 젠더의 차이를 희미하게 만들며 남자와 여자 사이의 모든 사회적 차이가 생물학이나 해부학에 뿌리를 두고 있다고 생각한다. 반면에 페미니스트들은 성과 젠더 사이에 필연적이거나 논리적인 연관관계가 있다는 사실을 거부하며 젠더의 차이는 사회적으로 심지어는 정치적으로 구성되어진 것들이라고 주장한다.

대부분의 페미니스트들은 남녀의 성적 차이가 상대적으로 미미할 뿐만 아니라 젠더의 차이를 설명하거나 정당화하지 못한다고 보고 있다. 인간의 본성은 **양성적(androgynous)**이라고 생각한다. 모든 인간은 성에 관계없이 부모의 유전인자를 소유하고 있고 따라서 남성과 여성 양쪽의 속성이나 특질이 섞여있기 마련이다. 이와 같은 견해는 성적 차이가 생물학적 사실이라는 점을 받아들이지만 그것이 사회적, 정치적, 경제적으로 중요한 것은 아니라고 주장한다. 여성과 남성은 그들의 성에 의해서가 아니라 개인, 즉 하나의 '인격체'로서 판단되어야 한다는 것이다. 따라서 페미니즘의 목표는 젠더와 무관한 '인간다움'의 성취이다. 생물학적 성으로부터 분리된 젠더의 관념을 수립하는 것은 페미니스트 이론에 매우 중요한 의미가 있다. 이는 사회변동(사회적으로 구성된 정체성

양성성(androgyny)
남성적 특성과 여성적 특성 양쪽의 소유; 성(sex)이 인간의 사회적 역할이나 정치적 위상과 무관하다는 의미에서 인간이 성과 무관한(sexless) '인격체(person)'라는 사실을 의미한다.

이 재구성되거나 파괴될 수 있는)의 가능성을 강조할 뿐만 아니라 여성들이 젠더에 의해 구분되고 그래서 억압받게 되는 과정들에 대한 관심을 일깨워주기 때문이다.

대부분의 페미니스트들이 성/젠더의 구분을 매우 설득력 있는 것으로 보지만 일부에서는 그것을 공격하기도 한다. 그와 같은 공격은 크게 두 가지 방향에서 제기되었다. 하나는 이른바 '차이 페미니스트들(difference feminists)'의 관점으로 그들은 남성과 여성 사이에는 본질적인 차이가 있다고 주장한다. 이와 같은 '**본질주의적(essentialist)**' 시각에서 볼 때 사회적·문화적 특징은 더 뿌리깊은 생물학적 차이를 반영한 것이다. 성/젠더의 차이를 비판하는 또 다른 입장에서는 범주 자체의 문

본질주의

생물학적 요인들이 심리적·행태적 특징을 결정하는 데 있어 매우 중요하다는 신념

관점 (Perspectives) - ●

젠더(Gender)

자유주의자들은 전통적으로 남성과 여성의 차이는 개인적인 차원에서만 중요성을 지닌다고 생각해 왔다. 공공생활이나 정치생활에서 모든 사람은 개인으로 취급되었다. 여기서 젠더는 인종이나 사회계층처럼 개인과는 관련이 없는 것으로 간주되었다. 이러한 의미에서 개인주의는 '젠더에 무관심'하다.

보수주의자들은 전통적으로 젠더의 구분은 남성과 여성 사이의 성에 따른 분업이 자연스럽고 불가피하다는 것을 의미한다고 주장하면서 그것이 지닌 사회적·정치적 중요성을 강조해 왔다. 따라서 젠더는 사회에 유기체적이고 위계적인 특성을 부여한다.

사회주의자들은 자유주의자들과 마찬가지로 젠더를 정치적으로 중요한 범주로 취급하지 않았다. 젠더의 구분이 중요한 경우는 그것이 통상 더 뿌리 깊은 경제적·계급적 불평등을 반영하고 그것에 의해 지탱되기 때문이다.

파시스트들은 젠더를 인류 내부의 근본적 차이로 본다. 남성은 자연스럽게 리더십과 의사결정을 독점하는 반면에 여성들은 전적으로 가정적, 후원적, 종속적 역할에 적합하게 되어 있다.

페미니스트들은 보통 젠더를 생물학적이며 근절할 수 없는 성적 차이와는 대조적으로 문화적이거나 정치적인 특징으로 보고 있다. 따라서 젠더의 구분은 남성적 권력의 발현이다. 그럼에도 불구하고 차이 페미니스트들은 젠더의 차이가 여성적 속성과 남성적 속성 사이의 정신생물학적 격차를 반영한다고 믿고 있다.

종교적 근본주의자들은 보통 젠더를 신이 부여한 구분으로 그래서 사회적·정치적 조직에 결정적인 것으로 간주한다. 따라서 가부장적 구조와 남성의 리더십은 자연스럽고 바람직한 것으로 간주되는 경향이 있다.

● -

제를 제기한다. 포스트모던 페미니스트들은 '성'이 우리가 일반적으로 가정하는 것처럼 하나의 분명한 생물학적 특징인가 하는 의문을 제기한다. 예를 들어 '생물학적 여성다움'이라는 특징이 여성으로 분류된 많은 사람들에게 적용되지 않는 경우가 많다: 어떤 여성들은 아이를 낳을 수 없고 또 어떤 여성들은 남성에게 성적인 매력을 끌지 못하기도 한다. 고착화된 생물학적/문화적 구분보다 오히려 생물학-문화의 연속이 타당하다면 '여성'과 '남성'이라는 범주는 다소 자의적인 것이고 성과 젠더의 관념 또한 혼란스러운 것이 될 뿐이다.

▌평등과 차이

비록 페미니즘의 목표가 가부장제의 전복과 성적 억압의 종식이라고 할지라도 페미니스트들은 때때로 그것이 실제로 무엇을 의미하는지 그리고 그것이 어떻게 달성될 수 있는지에 대해서 분명히 알지 못했다. 전통적으로 여성들은 페미니즘이 성적 평등을 성취하기 위한 운동처럼 비춰질 정도로 남성과의 평등을 요구해 왔다. 하지만 평등의 문제는 페미니즘 내부의 커다란 결함을 노정해 왔다: 페미니스트들은 대립되는 평등 관념들을 받아들였고 그 가운데 일부는 차이의 이념을 지지하면서 평등 관념을 전적으로 거부하기도 하였다. 자유주의 페미니스트들은 남성과의 법적·정치적 평등을 주장한다. 그들은 여성들이 공공생활에서 동등한 조건으로 남성들과 경쟁할 수 있는 평등권을 지지하였다. 따라서 평등은 공적 영역에 대한 동등한 접근을 의미한다. 이와는 대조적으로 사회주의 페미니스트들은 여성들이 사회적 평등을 향유하지 못한다면 평등권은 무의미할 수 있다고 주장한다. 이러한 의미에서 평등은 경제적 권력이라는 측면에서 이해되어야 하며 따라서 재산소유권이나 임금격차 등의 문제에 관심을 가져야 한다고 주장한다. 한편 급진적 페미니스트들은 그들 나름대로 가정과 사적 생활에서의 평등에 일차적인 관심을 쏟았다. 따라서 평등은 예컨대 양육이나 그 밖의 가정 내의 책임, 자신의 신체에 대한 통제, 성적 표현 등의 관점에서 이해되어야 한다고 주장하였다.

페미니즘 내부의 이와 같은 차이에도 불구하고, 젠더의 차이를 부정적인 측면에서 바라본다는 점에서는 일치한다. 평등주의 형태의 페미니즘은 '차이'를 억압 내지 종속의 표현으로 봄으로써 이를 가부장제와 연계시키고 있다. 이와 같은 관점에서 페미니스트 프로젝트의 핵심은 여성들을 '차이'로부터 해방시키는 것이다. 하지만 평등보다는 차이를 중시하는 페미니스트들도 있다. 이른바 차이 페미니스트들은 평등 관념 자체가 오도된 것이거나 아니면 바람직하지 않다고 주장한다. 남성과 동등해지길 원한다는 것은 여성들이 그들의 목표를 남성의 시각 내지 관점에서 규정한다는 것이다. 그리고 이것은 결국 여성들의 정체성이 남성에 의해 형성된다는 것을 의미한다. 따라서 평등에 대한 요구는 '남자처럼' 되고 싶다는 욕구와 다름이 없다. 비록 페미니스트들이 가부장제를 전복시키려고 하지만 많은 사람들은 페미니즘이 남성을 모델로 할 위험성이 있다고 경고한다. 남성을 모델로 한다면 남성 사회의 특징을 보여주는 경쟁적이고 공격적인 행위를 채택할 것이다. 하지만 많은 페미니스트들에게 여성의 해방은 여성으로서의 성취를 이루는 것을 의미한다; 달리 말해 '여성으로서의 정체성을 갖는' 것이다.

　따라서 차이 페미니스트들은 성적 차이가 정치적·사회적 중요성을 지닌다고 보는 '여성 중심적' 입장을 지지한다. 이러한 견해는 여성과 남성이 정신생물학적 차원에서 근본적으로 다르다는 본질적 믿음에 기초하고 있다. 남성의 공격적이고 경쟁적인 본성과 여성의 창조적이고 공감적인 성격은 단순한 사회구조가 아니라 그보다 더 뿌리 깊은 호르몬 내지 다른 유전적 차이를 반영하는 것으로 보아야 한다는 것이다. 따라서

페미니즘 내의 긴장(1)

평등주의적 페미니즘	차이 페미니즘
양성성	본질주의
인간다움	여성다움
인권	여성의 권리
젠더의 평등	성의 해방
차이의 감소	차이의 칭송
성/젠더의 구분	성과 젠더의 동일시
생물학 초월	생물학 포용
인간 중심적(pro-human)	여성 중심적(pro-woman)
남성들은 구제할 수 있다	남성들이 '문제'다
남성과의 계약	페미니스트적 분리주의

양성성 내지 인간다움을 이상적인 것으로 간주하고 성적 차이를 무시하는 것은 실수이다. 여성들은 여성의 독특한 특성을 인정하고 찬양해야 한다; 여성들은 성과 무관한 '인격체'가 아니라 계발되고 완성된 여성으로서의 해방을 추구해야 한다. 이러한 맥락에서 주목하게 된 것이 바로 문화적 페미니즘이다. 문화적 페미니즘은 여성공예, 여성예술, 여성문학 그리고 여성만의 독특한 경험을 강조하며 출산, 모성, 생리 등과 같은 '여성다움(sisterhood)'을 중시한다.

IV. 성과 정치

페미니즘은 다른 이데올로기들을 관통하고 있다. 페미니즘의 대립적 전통들은 대체로 자유주의나 사회주의와 같은 기존의 이데올로기나 이론들뿐만 아니라 최근에는 포스트 모더니즘과 정신분석이론의 영향을 받고 있다. 이와 같은 이데올로기나 이론들은 대체로 평등에 대해서 호의적이기 때문에 여성의 사회적 역할을 향상시키기 위한 수단이 되어 왔다. 반면에 위계적이거나 엘리트주의적인 이데올로기나 이론들은 대부분 반페미니즘(anti-feminism)과 연계되어 있다. 예를 들어 전통적 보수주의는 가부장적 사회구조 그리고 '공적인' 남성과 '사적인' 여성 사이의 성에 따른 분업이 자연스럽고 불가피하다고 보고 있다. 여성은 가정주부나 어머니가 되기 위해 태어났고 이러한 운명에 대한 도전은 무의미하고 잘못된 것이다. 보수주의자들은 기껏해야 여성의 가사에 대한 책임이 어느 모로 보나 남성들의 공적 의무만큼이나 중요하다는 근거에서 성의 평등을 지지한다고 주장할 수 있을 것이다. 따라서 남성과 여성은 '평등하지만 다르다.'

또한 급격한 사회적·문화적 변화로 인해 여성의 전통적 지위와 위상이 위협받게 되면서 반동적 페미니즘이 등장하게 되었다. 이슬람 페미니즘(Islamic feminism)이 여기에 해당된다. 이란, 파키스탄, 수단과 같은 이슬람 국가에서는 *샤리아(shari'a)* 법이나 전통적인 도덕적·종교적 원리를 강조하는 것이 종종 서구적 가치와 태도가 확산되면서 위협에 처한 여성의 지위를 향상시키는 하나의 수단으로 간주되어 왔다. 이러한 관점에서 일부 무슬림 여성들은 베일의 착용과 복장규정 그리고 공적 생활에서의 여성의 배제를 여성해방의 상징으로 보기도 하였다. 이란의 경우는 1979년 이슬람 혁명 이후 다시금 강화된 전통주의적 가치와 여성들에 대한 복장규정이 고등교육을 받은 여성인구의 폭발적 증대와 함께 진행되었다는 점에서 특히 복잡한 사례가 아닐 수 없다. 하지만 전통적 페미니즘의 관점에서 볼 때 반동적 페미니즘은 전통적인 공과 사의 구분이 여성들의 지위 향상과 보호를 가능하게 했다는 그릇된 신념을 반영하고 있다는 점에서 하나의 모순이다. 실제로 반동적 페미니즘은 여성을 억압할 수 있는 능력을 발휘함으로써 가부장제의 이데올로기적 영향력을 보여주는 증거가 되고 있다. 페미니즘 내의 주요 전통은 다음과 같다:

- 자유주의 페미니즘
- 사회주의 페미니즘
- 급진적 페미니즘
- 새로운 페미니즘 전통들

▌자유주의 페미니즘

초기의 페미니즘, 특히 여성운동의 '제1의 물결'은 자유주의의 이념과 가치에 크게 영향을 받았다. 최초의 페미니스트 텍스트인 울스턴크래프트(Mary Wollstonecraft)의 『여성권리의 옹호』(*Vindication of the Rights of Women* [1792]1967)는 남녀 모두 '인간'이라는 근거에서 여성들에게도 남성과 똑같은 권리와 특권이 부여되어야 한다고 주장하였다. 그녀는 여성도 교육을 받을 수 있고 합리적인 피조물로 간주된다면 '성에 따른 차이'는 정치·사회적 삶에서 중요하지 않을 것이라고 주장하였다. 테일러(Harriet Taylor)와 공동으로 저술한 밀(John Stuart Mill)의 『여성의 예종』(*On the Subjection of Women* [1869]1970)에 따르면, 사회는 '이성'의 원리에 따라 조직되어야 하며 성별과 같은 '출생의 우연'과는 무관한 것이 되어야 한다. 따라서 여성들도 남성들이 누리는 자유와 권리, 특히 투표권을 보장받아야 한다고 보았다.

페미니즘의 '제2의 물결'은 또한 중요한 자유주의적 요소를 지니고 있다. 자유주의 페미니즘은 미국의 여성운동을 지배해 왔다; 예를 들어 프리단(Betty Friedan)의 『여성의 신비』(*The Feminine Mystique*)는 1960년대 페미니즘 사상의 부활을 알리는

울스턴크래프트(Mary Wollstonecraft 1759~1797)

영국의 사회이론가이자 페미니스트. 프랑스 대혁명의 급진적 정치에 사로잡힌 울스턴크래프트는 그녀의 남편인 무정부주의자 고드윈(William Godwin)이 속한 창조적이고 지적인 단체의 일원이었다. 그녀는 딸 메리(Mary)를 낳다가 사망했다. 메리는 나중에 시인인 셸리(Shelley)와 결혼하였고 『프랑켄슈타인』 (Frankenstein)을 저술하였다.

울스턴크래프트의 페미니즘은 이성에 대한 계몽주의의 자유주의적 신념과 평등에 대한 급진적이고 인본주의적인 호소에 기초해 있다. 『여성권리의 옹호』(Vindication of the Rights of Women [1792] 1967)에서 그녀는 '인간다움(personhood)'의 관념을 토대로 여성의 평등한 권리, 특히 교육에서의 평등권을 강조했다. 하지만 그녀는 욕망의 대상이자 주체로서의 여성에 대한 보다 복잡한 분석을 발전시켰고 또한 가정을 공동체와 사회질서의 하나의 모델로 제시하였다.

것이었다. 프리단이 언급한 '여성의 신비'란 여성이 가정생활과 '여성스러운' 행위 속에서 안정과 성취를 추구한다는 문화적 신화를 말한다. 이는 여성들이 고용의 정치 내지 일반적인 의미의 공적 생활에 참여하지 못하도록 하는 하나의 신화이다. 그녀는 이른바 '무명씨의 문제'에 주목했다. 이는 많은 여성들이 가정생활에 갇혀 사회적 경력도 쌓지 못하고 정치생활도 할 수 없기 때문에 경험하게 되는 절망감과 깊은 불행의식을 뜻한다. 1966년에 프리단은 전국여성기구(NOW: National Organization of Women)의 창립을 후원하고 초대 회장이 되었다. 이 단체는 강력한 압력단체로 성장했고 세계에서 가장 큰 여성기구로 발전했다.

자유주의 페미니즘의 철학적 토대는 **개인주의(individualism)**, 즉 개인들 모두가 중요하고 따라서 모든 개인은 동등한 도덕적 가치를 지닌다는 신념이다. 개인들은 그들의 성별, 인종, 피부색, 교의나 종교에 관계없이 동등하게 취급받을 권리가 있다. 개인에 대한 판단은 합리적 근거에 의해 요컨대 인품, 재능이나 개인적 가치에 의해 내려져야 한다.

개인주의

사회집단이나 집합체와 대조되는 것으로 개인의 중요성에 대한 신념

자유주의자들은 이와 같은 신념을 평등권에 대한 요구로 표현하고 있다: 모든 개인은 공적 생활이나 정치생활에 참여하거나 접근할 수 있는 권리를 지녀야 한다. 이러한 맥락에서 여성에 대한 어떠한 형태의 차별도 허용되어서는 안 된다. 예를 들어 울스턴크래프트는 당시에 남성의 전유물로 여겨졌던 교육이 여성들에게도 개방되어야 한다고 주장하였다. 밀(J. S. Mill)은 평등한 시민권과 정치적 권리를 지지하였다. 실제로 전면적인 참정권 운동은 자유주의적 개인주의뿐만 아니라 여성의 해방은 남성과 같은 투표권을 누릴 때 가능하다는 확신에 기초한 것이었다. 따라서 자유주의 페미니즘은 여성의 사회적 경력과 정치적 활동을 제한하는 법적·사회적 제약을 없애는 것을 목표로 하였다. 이러한 맥락에서 특히 공적 생활이나 정치생활에서 상위직 여성의 확대를 추구하였다.

자유주의 페미니즘은 본질적으로 개혁적이다; 많은 페미니스트들은 가부장적 사회구조 자체에 도전하기보다는 공적 생활을 남성과 여성 사이의 공정한 경쟁의 장으로 개방하고자 한다. 특히 자유주의 페미니스트들은 공적 영역과 사적 영역 사이의 구분을 없애려 하지 않는다. 개혁이 필요하지만 그것은 어디까지나 교육받을 권리, 투표할 권리, 사회적 경력을 추구할 권리 등 공적 영역에서의 평등한 권리를 확립하기 위해서이다. 실제로 참정권의 확대, 이혼법과 임신중절의 '자유화', 평등임금제 등 중요한 개혁조치들이 서구 산업사회에서 성취되었다. 그럼에도 불구하고 성에 따른 분업이나 가정 내의 권력분배 등 사적 영역에 대한 관심은 거의 없었다고 할 수 있다.

자유주의 페미니스트들은 남성과 여성이 서로 다른 본성과 성향을 지니고 있다고 가정한다. 그래서 여성들이 가정생활로 기우는 것은 어느 정도는 자연적 충동에 의한 것이라는 사실을 받아들이고 있다. 이는 전통적인 가정생활의 구조를 '자연스러운' 것으로 간주했던 19세기 페미니스트들에게서 얼마든지 찾아볼 수 있다. 하지만 이는 또한 프리단과 같은 현대 자유주의 페미니스트들의 작품 속에서도 분명하게 나타나고 있다. 『제2의 단계』(*The Second Stage* 1983)에서 프리단은 직장과 공적 생활에서 여성들에게 더 넓은 기회를 제공함으로써 가능해지는 '인간다움'의 성취를 어린이, 가정 그리고 가족으로 대표되는 사랑과 조화시키는 문제를 다루고 있다. 여성의 삶에서 가정이 차지하는 중요성을 강조한 프리단의 입장은 '모성의 신비'에 기여한다는 이유에서 보다 급진적인 페미니스트들로부터 비판을 받아 왔다.

끝으로 자유주의 페미니즘의 핵심이 되는 평등권에 대한 요구는 무엇보다도 교육과 사회적 배경을 바탕으로 폭넓은 교육기회와 사회참여의 기회를 최대한 활용할 수 있는 여성들을 매료시켜 왔다. 예를 들어 19세기의 페미니스트들과 참정권 운동을 주도했던 사람들은 대체로 교육받은 중간계급의 여성들이었다. 이들은 투표권, 사회적 경력을 추구할 권리나 공적 생활에 참여할 수 있는 권리로부터 혜택을 받을 수 있었다. 평등권에 대한 요구는 모든 여성들이 더 나은 교육적·경제적 기회를 최대한 활용할 수 있을 것이라는 사실을 가정하고 있다. 사실상 여성들은 그들의 재능과 능력 뿐만 아니라 사회적·경제적 요인들에 의해 평가된다. 해방이 단순히 남성과 여성 사이의 평등한 권리와 기회의 성취를 의미한다면 다른 형태의 사회적 불이익, 예컨대 사회계층이나 인종과 관련된 사회적 불이익은 무시될 수밖에 없다. 따라서 자유주의 페미니즘은 선진사회 중간계급 백인여성의 이해관계를 반영하는 것일 수 있다. 이것은 노동계급 여성, 흑인여성 그리고 개발도상국 여성의 문제에는 주목하지 못하고 있다.

▌사회주의 페미니즘

초기에 일부 페미니스트들이 사회주의 이념을 지지했다고는 하지만 사회주의 페미니즘이 본격적으로 부각된 것은 20세기 후반이다. 자유주의 페미니스트들과는 달리 사회주의 페미니스트들은 여성들이 당면한 불이익이 단지 평등한 법적 권리나 기회의 보장을 통해 교정될 수 있다고 보지 않는다. 오히려 그들은 남성과 여성 사이의 관계가 사회적·경제적 구조 자체에 뿌리를 두고 있으며 따라서 여성들의 진정한 해방은 근본적인 사회변화, 요컨대 일부에서 말하는 사회혁명 없이는 불가능하다고 주장한다.

사회주의 페미니즘의 핵심 주제는 가부장제가 사회적·경제적 요인을 통해서만 이해될 수 있다는 것이다. 이러한 주장을 담고 있는 고전적인 예가 엥겔스(Friedrich Engels)의 『가족, 사유재산 및 국가의 기원』(*The Origins of the Family, Private Property and the State* [1884]1976)이다. 엥겔스는 사회에서의 여성의 지위가 자본주의와 사유재산제의 발달과 함께 근본적으로 변화되었다고 주장한다. 자본주의 이전의 사회에서 가정생활은 공산주의적 성격을 지녔고 '모권', 즉 모계를 통해 재산과 사회적 지위가 상속되는 것이 보편적이었다. 그러나 남성의 사유재산권 소유에 기초한 자본주의는 '모권'을 전복시켰고 엥겔스가 말하는 이른바 '여성의 세계사적 패배'를 가져왔다. 이후의 많은 사회주의 페미니스트들과 마찬가지로 엥겔스는 여성억압이 가족제도를 통해 작동한다고 믿었다. 부르주아지 가정은 가부장적이고 억압적이다. 왜냐하면 남성들은 재산이 *그들의* 아들들에게만 상속될 것이라는 사실을 보장하고 싶어하기 때문이다. 남성들은 일부일처제를 통해 절대적인 부권을 쟁취한다. 일부일처제는 철저하게 아내들에게만 적용된 제약으로서 그들로부터 다른 성적 상대를 제거해 준다. 하지만 엥겔스가 지적했듯이 남편들에 의해서는 늘상 무시되기 일쑤였다. 여성들은 이러한 억압을 '여성성의 숭배'를 통해 보상받아 왔다. 이는 낭만적 사랑의 매력을 찬양하지만 실제로는 남성의 특권과 재산을 보호하기 위해 고안된 조직화된 위선이다. 푸리에(Charles Fourier 1772~1837)나 오웬(Robert Owen 1771~1858) 등과 같은 초기의 공상적 사회주의자들이 옹호했던 것처럼, 일부 사회주의 페미니스트들은 전통적이고 가부장적인 가정이 공동생활 체계와 '자유로운 사랑'으로 대체되어야 한다고 주장하기도 하였다.

　대부분의 사회주의 페미니스트들은 여성을 가사와 어머니의 역할에 국한시키는 것이 자본주의의 경제적 이해관계에 도움이 된다는 사실에 동의한다. 그 가운데 일부는 여성을 '노동예비군'으로 보기도 한다. 여성들은 생산을 증대할 필요가 있을 때는 노동력으로 충원될 수 있지만 경기침체기에는 고용주나 국가에 아무런 부담도 주지 않으면서 가정으로 쉽게 밀려난다. 동시에 여성의 가사노동은 경제의 건강성과 효율성을 위해서도 결정적이다. 여성들은 출산과 양육을 통해 다음 세대의 자본주의 노동자들을 생산한다. 마찬가지로 가정주부의 역할을 통해 남성들의 가사와 육아부담을 덜어줌으로써 남성들이 시간과 에너지를 유급의 생산적 활동에 집중할 수 있도록 해준다. 전통적 가정에서 남성들은 가족을 부양하기 위해 직업을 가져야만 했다. 가정은 또한 남성 노동자들에게 '임금노예'로서의 소외감과 좌절을 극복할 수 있는 필수적인 위안처가 되기도 한다. 남성 '가족부양자'는 가정 내에서 높은 지위를 누리며 '소소한' 가사 노동의 부담에서 벗어나게 되었다.

　사회주의 페미니스트들은 '여성의 문제'가 사회적·경제적 생활과 분리될 수 없다는 사실에 동의한다. 하지만 그와 같은 관계의 본질에 대해서는 근본적으로 서로 다른 입장을 취하고 있다. 젠더의 구분은 분명 계급의 차이를 가로지르고 있다. 이는 젠더와 사회계급의 상대적 중요성을 둘러싸고 사회주의 페미니스트들 내의 긴장을 야기하고 있고, 마르크스주의 페미니스트들에게 특히 어려운 문제를 제기하고 있다. 정통 마르크스주의자들은 성의 정치에 대한 계급정치의 우위를 주장한다. 이는 계급착취가 성적 억압보다도 더 뿌리 깊고 중요한 과정이라는 것을 의미한다. 또한 여성의 해방은 자본주의가 전복되어 사회주의에 의해 대체되는 사회혁명의 부산물이라는 주장이다.

따라서 여성들이 추구하는 해방은 '계급전쟁'이 '성의 전쟁'보다 중요하다는 사실을 인식해야만 한다. 이러한 맥락에서 페미니스트들은 분리되고 분열적인 여성운동을 지지하기보다는 노동운동에 그들의 에너지를 쏟아야 한다는 것이다.

그러나 현대 사회주의 페미니스트들은 점점 성의 정치보다 계급정치가 우월하다는 사실을 받아들이지 않고 있다. 부분적으로 이는 구소련과 같은 국가사회주의 사회 속에서 드러난 실망스러운 결과에 기인한 것이다. 사회주의는 본질적으로 가부장제를 버리지 않고 있다. 현대 사회주의 페미니스트들에게 성적 억압은 모든 면에서 계급착취만큼이나 중요하다. 그들 가운데 많은 사람들은 사회에서 경제적, 사회적, 정치적, 문화적 영향력의 상호작용을 인정하는 현대 마르크스주의를 지지한다. 따라서 그들은 단순히 경제적 관점에서 여성의 지위를 분석하는 것을 거부하는 대신에 가부장제의 문화적·이데올로기적 뿌리에 관심을 기울였다. 예를 들어 미첼(Juliet Mitchell 1971)은 여성이 네 가지 사회적 기능을 수행한다고 주장하였다: (1) 여성들은 노동력의 일부이고 생산 활동에 적극적이다; (2) 그들은 아이를 낳고 따라서 인류를 재생산한다; (3) 그들은 아동의 사회화를 책임지고 있다; (4) 그들은 성적 대상이다. 이러한 관점에서 여성해방은 단순히 자본주의 계급체계가 사회주의에 의해 대체되는 것이 아니라 여성들이 위와 같은 각각의 영역에서 해방을 성취하는 것이다.

▌급진적 페미니즘

페미니즘의 '제2의 물결'의 특징 가운데 하나는 많은 페미니스트들이 기존 정치 이데올로기의 관점을 넘어섰다는 것이다. 사회에서의 젠더의 차이가 처음으로 그 자체로서 중요한 것으로 간주된 것이다. 사회에서의 여성의 지위를 조명하기 위해 적용되었던 자유주의와 사회주의 이념들은 그 어느 것도 젠더가 모든 사회적 차이 가운데 가장 근본적인 것이라는 사실을 인정하지 않았다. 그러나 1960~70년대의 페미니즘 운동은 정치, 공적 생활, 경제뿐만 아니라 사회, 개인, 성 생활 등 모든 측면에서 가부장제의 영향을 들추어내고자 하였다. 이러한 추세는 보부아르(Simone de Beauvoir)의 선구적 노력 속에서 분명히 나타났고, 피게스(Eva Figes), 그리어(Germaine Greer), 밀레트(Kate Millett) 등의 초기 급진적 페미니스트들에 의해 발전되었다.

피게스의 『가부장적 태도』(*Patriarchal Attitudes* 1970)는 여성들이 경험한 법적 불

시몬 드 보부아르(Simone de Beauvoir 1906~1986)

프랑스 소설가, 극작가, 사회비평가. 보부아르는 1931~43년까지 소르본(Sorbonne) 대학에서 철학을 가르쳤고, 나중에는 독립작가와 사회이론가로 활동하였다. 그녀는 사르트르(Jean-Paul Sartre 1905~ 1980)의 오랜 동반자였다. 『제2의 성』(*The Second Sex* 1949)은 젠더 정치의 쟁점을 효과적으로 재개시키고 후일 급진적 페미니스트들이 발전시킨 몇몇 주제들을 미리 보여줌으로써 페미니스트 운동에 지대한 영향을 미쳤다. 보부아르는 여성의 지위가 자연적 요인이 아닌 사회적 요인에 의해 결정된다고 주장하였고 가부장제 문화에 대한 복합적 비판을 전개하였다. 그녀의 작품은 남성성이 긍정적인 것 혹은 규범으로 대표되는 반면에 여성성이 얼마만큼 '타자'로 묘사되는가 하는 문제에 주목하였다. 그와 같은 '타자성(otherness)'은 근본적으로 여성의 자유를 제한하며 완전한 인간성을 표출할 수 없게 만든 다. 보부아르는 이러한 과정을 폭로하고 여성들에게 그들 자신의 삶에 대한 책임을 부여하기 위한 수단 으로서 합리성과 비판적 분석을 중시하였다.

평등이나 사회적 불이익보다는 가부장적 가치와 신념들이 사회의 문화, 철학, 도덕성, 종교에 만연되어 있다는 사실에 주목하고 있다. 삶과 학습의 모든 영역에서 여성들은 열등하며 남성에 종속적인 대상으로 묘사되어 왔는데, 이는 남성들이 여성들에게 부과한 틀에 박힌 여성성의 전형이다. 『거세된 여자』(*The Female Eunuch* 1970)에서 그리어(Germaine Greer)는 여성들이 수동적인 성적 역할에 조건화되었다고 주장하였다. 이는 여성들의 능동적이며 모험추구적인 성향뿐만 아니라 그들의 참된 성이 억눌려 왔다는 것을 뜻한다. 결과적으로 여성들은 '난소가 제거되었고' '영원한 여성다움'이라는 문화적 인습에 의해 성과 무관한 대상으로 전락되었다. 『성의 정치』(*Sexual Politics* 1970)에서 밀레트(Kate Millett)는 가부장제를 모든 정치, 경제, 사회 구조를 관통하는 그리고 종교와 사회에서 발견되는 '사회적 상수(social constant)'로 묘사하고 있다. 남성과 여성의 상이한 역할은 '조건화' 과정에서 그 기원을 찾을 수 있다: 아주 어릴 때부터 남녀는 특수한 젠더 정체성에 순응하도록 조장된다. 이러한 과정은 대체로 '가부장제의 핵심 기관'인 가정 내에서 발생하지만, 문학, 예술, 공적 생활, 경제에서도 또한 분명하게 엿볼 수 있다. 밀레트는 '의식고양(consciousness raising)' 과정을 통해 가부장제에 도전해야 한다고 주장하였는데, 이것은 1960~70년대 초 흑인 인권운동(Black Power)의 영향을 받은 것이다.

의식고양
자부심, 자기 가치의 존중, 자기주장 등에 대한 강조를 통해 사회적 정체성을 새롭게 하고 문화적 열등성에 도전하는 전략

급진적 페미니즘의 핵심은 성적 억압이 사회의 가장 근본적인 특징이며 계급착취, 인종혐오 등과 같은 다른 형태의 불평등은 단지 이차적인 것이라는 믿음이다. 젠더는 가장 뿌리 깊은 사회적 균열구조이며 정치적으로도 가장 중요하다고 보고 있다; 젠더가 예컨대 사회계급, 인종이나 민족보다도 더 중요하다는 것이다. 따라서 급진적 페미니스트들은 성적 억압의 중요성을 강조하기 위해 사회가 '가부장적'이라는 점을 강조해 왔다. 따라서 가부장제는 체계적이고 제도화된 그리고 만연되어 있는 젠더의 억압 과정을 가리키는 것이다.

대부분의 급진적 페미니스트들에게 가부장제는 정치-문화적 억압체계로서 그 기원은 가족구조, 즉 가정 내의 개인적 생활이다. 따라서 여성해방을 위해서는 이러한 구조가 전복되고 대체되는 성의 혁명이 필요하다. 이러한 목표는 인간본성이 본질적으로 양성적이라는 가정에 기초해 있다. 하지만 급진적 페미니즘에는 상이한 관점들이 존재하는데, 그중 일부는 남성과 여성 사이의 근본적이며 변할 수 없는 차이를 강조하기도 한다. 그 하나의 예가 바로 프랑스와 미국에서 특히 강력한 '여성 중심적' 입장이다. 이러한 입장은 다산과 모성의 긍정적 미덕을 찬양한다. 여성들이 '더 남자처럼' 되려고 노력해서는 안 된다. 그보다는 그들이 지닌 여성의식을 인식하고 포용해야 한다. 이러한 여성의식은 그들을 다른 모든 여성들과 연결하는 끈이다. 따라서 여성 중심적 입장은 여성의 가치와 태도가 남성과 다르다고 생각한다. 이것은 남성들이 충분히 계발할 수 없는 창조성, 민감성, 배려의 특질을 지녔다는 점에서 여성이 남성보다 우월하다는 것을 의미한다. 이와 같은 생각은 특히 에코페미니즘과 결부되어 왔는데, 이는 이 책의 제9장에서 검토할 것이다.

남성과 여성 사이의 바뀔 수 없는 차이를 인정하게 되면서 일부 페미니스트들은 문화적 페미니즘을 주장하기도 하였다. 이는 정치적 행동주의라는 부패하고 공격적인 남성적 세계로부터 비정치적인 여성중심의 문화와 라이프스타일로의 변화를 뜻한다. 하지만 거꾸로 일부 페미니스트들은 정치적으로 단호한 심지어는 혁명적인 입장을 보이기도 하였다. 성적 차이가 자연스러운 것이라면 가부장제의 뿌리는 남성 자체

내에 존재하는 것이다. '모든 남성'은 신체적으로 정신적으로 '모든 여성'을 억압하기 일쑤다; 요컨대 '남자는 적이다.' 이는 분명 페미니스트적 분리주의로 향한다. 남성은 공격, 지배, 파괴를 일삼는 억압적인 '성 계급(sex-class)'을 구성한다; 따라서 여성 '성 계급'은 '보편적인 희생자'이다. 예를 들어 브라운밀러(Susan Brownmiller)의 『우리의 의지에 반하여』(*Against Our Will* 1975)는 남성들이 신체적인 성적 학대과정을 통해 여성을 지배한다고 주장한다. 남성들은 '강간 이데올로기'를 만들어 냈는데, 이는 '모든 여성을 공포상태로 몰아넣는' '의식적인 협박과정'과도 같다. 브라운밀러는 남성들이 강간을 할 수 있기 때문에, 즉 '강간할 수 있는 생물학적 능력'이 있기 때문에 강간을 한다고 주장하였다. 그리고 강간을 하지 않는 남성들조차도 강간이 모든 여성들에게 불러일으키는 공포와 두려움으로부터 이익을 얻는다고 주장하였다.

이러한 입장을 견지해 온 페미니스트들은 이것이 또한 여성의 개인적인 성적 행동에도 근원적인 의미를 지니고 있다고 믿는다. 남성과 여성 사이의 모든 관계는 억압과 연관되어 있기 때문에 성의 평등과 조화는 불가능하다. 따라서 이성을 사랑하는 여성들은 그들의 참된 본성을 충분히 실현하고 '여성으로서의 정체성'을 갖는 것이 불가능하다는 점에서 남성에 의해 정체성이 형성된다고 보고 있다. 이는 성적 선호가 여성들에게 정치적으로 매우 중요한 문제라고 보는 정치적 레즈비언주의의 발전을 가져왔다. 독신으로 남거나 레즈비언주의를 택하는 여성만이 '여성으로서의 정체성을 지닌

페미니즘 내의 긴장(2)

자유주의 페미니즘	급진적 페미니즘
여성의 해방(female emancipation)	여성의 자유(women's liberation)
젠더의 불평등	가부장제
개인주의	여성다움
전통적 정치	개인은 정치적이다
공/사의 구분	사적 영역의 변환
공적 영역에 대한 접근	젠더의 평등
평등한 권리/기회	성의 정치
개혁/점진주의	혁명적 변동
정치적 행동주의	의식고양

여성'으로 간주될 수 있다는 것이다. 애킨슨(Ti-Grace Atkinson)의 슬로건에 따르면, '페미니즘은 이론이고 레즈비언주의는 실천이다(Charvet 1982).' 그러나 분리주의와 레즈비언주의는 여성운동에 심각한 균열을 가져왔다. 대다수 페미니스트들은 이와 같은 비타협적 입장을 전통적인 남성 사회에 만연된 결혼혐오나 여성증오가 왜곡되어 반영된 것이라고 보고 있다. 대신에 그들은 성의 평등이라는 목표 그리고 사회에서 남자와 여자 사이의 조화가 가능하다는 신념을 여전히 충실하게 견지하고 있다. 따라서 그들은 성적 선호가 엄격한 의미에서 개인적 선택의 문제이며 정치적 관여의 문제는 아니라고 믿고 있다.

▌새로운 페미니즘 전통들

1960년대 이후로 페미니즘을 자유주의, 사회주의, 급진주의라는 세 가지 전통의 관점에서 분석하는 것이 점점 더 어려워지고 있다. 하나의 '핵심적' 전통 내에서도 페미니즘의 분화가 심화되었고 어떠한 경우에는 서로 간의 구분도 희미해지고 있다. 새로운 형태의 페미니즘이 또한 등장하기도 하였다. 이들 새로운 페미니즘은 공통적으로 차이의 문제에 관심을 가지고 있다. 특히 차이의 문제를 남성과 여성 사이의 관계가 아니라 여성들 자체에 적용하려고 하고 있다. 여기에는 정신분석 페미니즘, 포스트모던 페미니즘, 블랙 페미니즘 등이 포함된다. 보부아르(de Beauvoir), 프리단(Friedan), 밀레트(Millett)와 같은 페미니스트들은 정신분석이론, 특히 프로이드(Sigmund Freud 1856~1939)의 정신분석에 대해 매우 비판적이었다. 이들은 '남근선호(penis envy)'나 '거세 콤플렉스(castration complex)'와 같은 이론을 악명 높은 결혼혐오의 증거로 보고 있다. 하지만 미첼(Juliet Mitchell)의 선구적 저작인 『정신분석과 페미니즘』(*Psychoanalysis and Feminism* 1975)을 시작으로 페미니스트들은 프로이드의 성과, 특히 라캉(Jacques Lacan 1901~1981)과 같은 사상가들이 발전시킨 이론을 수용하기 시작하였다. 정신분석의 매력은 그것이 성적 차이가 형성되고 유지되는 심리적 과정에 주목한다는 점이다.

포스트모던 혹은 후기 구조주의 페미니스트들은 문화적 페미니즘처럼 여성과 남성 사이에 본질적인 차이가 있다고 주장하는 페미니즘과는 대립적인 입장을 보여 왔다. 포스트모던 혹은 구조주의 페미니스트들의 관점에서 볼 때, 고정된 여성의 정체성과 같은 것은 없으며 '여성'이라는 관념은 단지 하나의 허구에 불과하다. 하지만 남성/여성 사이의 구분에 의문을 제기함으로써 포스트모던 페미니즘은 여성운동 자체를 매우 위태롭게 하고 있다. 블랙 페미니즘은 인종적 차이를 무시하는 페미니즘 내부의 경향에 도전해 왔다. 미국에서 특히 강력한 블랙 페미니즘은 성차별주의와 인종차별주의를 상호연계된 억압체계로 묘사하는 가운데 '유색인 여성들'이 직면하고 있는 젠더의 차이에 따른 인종적·경제적 불이익을 강조한다.

V. 21세기의 페미니즘

페미니즘 이론은 1960년대 말 1970년대 초에 가장 창조적이고 급진적이었다. 그때 이후로 여성운동은 쇠퇴를 경험해 왔고 그래서 '포스트 페미니즘(post-feminism)'의 등장을 논하는 것이 유행처럼 되었다. 페미니즘은 여러 가지 어려움에 직면해 있다. 우선 여성운동이 점점 파편화되는 가운데 일관성을 상실해 왔다; 사실상 위에서 지적한 것처럼 일부는 여성운동의 관념이 더 이상 의미가 있는가에 대해 의문을 가지고 있다. 비록 여성의 역할을 증진시킨다는 공통된 바람을 가지고 있지만 페미니스트들은 그것이 어떻게 성취될 수 있으며 그것이 실제로 무엇을 의미하는가에 대해서는 의견의 일치를 보지 못하고 있다. 개혁주의자들과 혁명가들, 급진적 페미니스트들과 사회주의 페미니스트들 사이의 차이뿐만 아니라 분리주의나 레즈비언주의 등과 같은 매우 논쟁적인 쟁점들을 둘러싼 차이가 오랫동안 존재해 왔다. 더욱이 최근에는 매춘, 포르노그라프와 검열, 임신중절, 모성, 인종과 민족, 복지국가 등의 쟁점에 관한 입장 차이와 더불어 페미니즘의 파편화가 더욱 확대되었다. 그럼에도 불구하고 그와 같은 광범위한 영역에 걸친 관심은 페미니즘의 취약점이 아니라 오히려 페미니즘의 강력한 영향력을 보여주는 것일 수도 있다. 사실상 이것은 페미니즘이 정치적 운동으로부터 일련의 경쟁적 전통들을 포괄하는 하나의 정치 이데올로기로 발전했다는 사실을 보여주는 것이기도 하다.

또 다른 문제는 특히 1980년대 이후로 페미니즘이 적대적인 정치적 환경 속에서 작동해 왔다는 점이다. 이슬람 국가들의 경우 근본주의가 심화되면서 정치와 공적 생활로부터의 여성의 배제, 법적 권리의 폐지 등에 대한 압력이 생겨났다. 페미니즘에 대한 보수주의적 반동은 산업화된 서구 사회에서도 나타났다. 예를 들어 1980년대의 대처와 레이건 행정부는 '가족적 가치'의 회복을 주창하고 어머니와 주부라는 여성의 전통적 역할을 강조하는 등 공공연한 반페미니즘 입장을 취했다. 뉴라이트는 가족 중심의 가부장적 가치와 이념들을 다시금 주장하였는데, 이는 그것이 자연스러울 뿐만 아니라 사회질서와 안정을 보장하는 것처럼 보였기 때문이다. 예를 들어 젊은이들 사이에서 나타나는 범죄와 파괴행위의 증대가 일하는 어머니의 탓으로 여겨졌다. 미국과 영국에서는 싱글맘이 전통적 가정을 위협하고 복지부담을 증대시킨다는 이유에서 마치 악마와 같은 존재처럼 취급되었다. 이것은 팔루디(Susan Faludi)가『반동』(*Backlash* 1991)에서 '페미니즘 비난하기' 신드롬으로 언급한 예들이다. 하지만 동시에 그와 같은 반페미니즘은 여성운동의 성과를 빈정대는 것이기도 하였다. 전통적인 사회적·종교적 가치들을 다시금 강조했다는 것은 여성들로 하여금 기존의 태도를 의문시하고 전통적인 성 역할을 재고할 수 있도록 한 페미니즘의 성공을 반영한 것이었다.

21세기 페미니즘은 또한 페미니즘의 애초의 목표 가운데 상당 부분이 성취되었거나 성취되고 있다는 문제에 직면하고 있다. 20세기 초에 여성의 투표권이 획득된 것처럼, 페미니즘의 '제2의 물결'은 여러 나라에서 임신중절의 합법화, 평등임금법안, 반차별법, 교육기회의 확대, 정치와 직업생활에의 참여 확대를 위한 운동을 성공적으로 펼쳤다. 심지어 일부에서는 페미니즘이 승리하면서 새로운 종의 남성이 등장했다고 주장하기도 한다. 이는 남성우월적인 늙은 고집쟁이가 아닌 '새로운 남성'으로, 화장을 하기도 하며 '대칭가정'에서 가사를 분담할 준비가 되어있는 남성들이다. 남성들이 더 이상 젠더 정치의 수혜자가 아닌 희생자라고 주장한다. 요컨대 페미니즘이 '도를 넘어' 버린 것이다. 전통적인 '남성적' 직업이 쇠퇴하고 있고, 직장과 학교에서 여성과의 경쟁이 치열해지고 있다. 그리고 생계를 책임지는 '가족부양자'로서의 위상이 떨어지면서 남성, 특히 젊은 남성들이 여성적인 미래와 맞설 수 없는 무기력한 문화 속으로 후퇴하게 될 위험성에 직면해 있다.

이러한 도전에 직면해서 여성운동은 탈과격화 과정을 겪어왔다. 전투적이고 혁명적인 운동 진영은 점차 소외되었고 페미니즘 문학은 명백한 수정주의의 모습을 보여주었다. 프리단(Friedan)의『제2의 단계』(*The Second Stage* 1983)와 그리어(Greer)의『성과 운명』(*Sex and Destiny* 1985)은 모두 출산과 모성의 중요성을 칭송하고 있다. 이에 대해서 보다 급진적인 페미니스트들은 전통적 젠더의 인습적 틀을 지지한다는 이유에서 비판을 가했다. 새로운 페미니스트 사상가들은 1960~70년대 사상가들과 비교할 때 보다 인습타파적이며 정치적으로 덜 과격하다. 예를 들어 패글리아(Camille Paglia 1990)는 '희생자(victim)'로서의 여성의 이미지를 비판하였고, 여성들이 그들 자신의 성적 행동과 개인적 행동에 대해 더 큰 책임을 져야할 필요가 있다고 주장하였다.

포스트 페미니즘의 중대한 착각은 가장 분명한 형태의 성적 억압들이 극복되었고 따라서 사회는 더 이상 가부장적이지 않다고 보는 것이다. 의심의 여지없이 점점 더 많은 여성들이 사회에 진출하고 있고, 많은 서구 국가에서는 대부분의 결혼여성들이 직장생활을 하고 있다. 하지만 남성들이 무기력해지고 있다는 우려에도 불구하고, 형편없는 보수를 받는 하위직의 파트타임 일자리를 대부분 차지하고 있는 것은 아직도 여성들이다. 여성들은 또한 아직도 강력한 영향력을 발휘하고 있는 여성성과 아름다움이라는 틀에 박힌 사고 덕분에 남성들에 비해 그들 자신의 신체를 통제하는 데 불리하다. 그리고 결혼생활에서 종속적 역할을 계속하고 있으며 사회의 영향력 있는 지위에 진출하는 수도 많지 않다.

그리어(Greer)는 『전체적 여성』(*The Whole Woman* 1999)에서 여성이 '모든 것을 성취하고 있다'는 생각을 공격하였다. 그녀는 여성들이 더욱더 남자처럼 됨으로써 여성해방의 목표를 포기했는가 하면, 동화라고 할 수 있는 가짜 평등에 안주했다고 주장한다. 이는 가짜 해방을 통해 여성을 예종시킴으로써 계속해서 스스로를 재생산할 수 있는 가부장제의 능력을 잘 보여주고 있다. 간단히 말하자면 페미니즘은 가부장제가 지속되는 한 살아남을 것이다. 하지만 21세기 페미니즘의 주된 도전은 변화되고 있는 젠더 관계의 성격을 파악하고 포스트 페미니즘의 신화를 타파할 수 있는 활기차고 일관성 있는 '제3의 물결'을 일으키는 것이다.

•• 생각해 볼 문제

- 페미니스트들은 어떻게 전통적인 정치 관념에 도전하였는가?
- 페미니즘에서 성과 젠더의 구분이 중요한 이유는 무엇인가?
- 가부장제는 페미니즘 이론에서 어떠한 역할을 하는가?
- 일부 페미니스트들은 왜 젠더의 평등이라는 목표를 거부하는가?
- 어느 정도까지 페미니즘과 자유주의가 양립할 수 있는가?
- 어떠한 의미에서 급진적 페미니즘은 혁명적인가?
- 페미니스트 사회주의는 용어상 모순인가?
- 페미니즘 내에서는 차이점이 유사점보다 더 큰가?
- 페미니즘의 핵심이 되는 자유주의, 사회주의, 급진주의 페미니즘의 전통은 고갈되었는가?

•• 더 읽을 자료

Beasley, C. *What is Feminism?* (London: Sage, 1999). 근대 페미니스트 이론의 전개 과정을 중심으로 페미니즘의 본질을 잘 다루고 있다.

Bryson, V. *Feminist Political Theory: An Introduction*, 2nd edn. (Basingstoke and New York: Palgrave Macmillan, 2003). 페미니스트 이론의 범위와 전개 과정을 개괄적으로 다루고 있다.

Coole, D. *Women in Political Theory: From Ancient Misogyny to Contemporary Feminism*, 2nd edn. (Hemel Hempstead: Harvester Wheatsheaf, 1993). 서구 정치사상에 나타난 여성들에 대한 태도를 잘 보여주고 있다.

Elshtain, J. B. *Public Man, Private Woman: Women in Social and Political Thought* (Oxford: Martin Robertson, and Princeton, NJ: Princeton University Press, 1981). 서구 주요 사상가들에서 나타나는 공적 인간과 사적 인간의 관념을 페미니스트의 시각에서 비판적으로 검토하고 있다.

Freedman, J. *Feminism* (Buckingham and Philadelphia, PA: Open University Press, 2001). 페미니즘의 이론과 실제를 둘러싼 주요 논쟁점을 간결하고 분명하게 다루고 있다.

Schneir, M. *The Vintage Book of Feminism: The Essential Writings of the Contemporary Women's Movement* (London: Vintage, 1995). 대표적인 현대 페미니스트 이론가들의 글로 구성되어 있다.

Squires, J. *Gender in Political Theory* (Cambridge and Maldon, MA: Polity Press, 1999). 페미니스트 정치이론 내의 주요 쟁점들을 심도있게 포괄적으로 다루고 있다.

제9장

생태주의

I. 개관

'생태학'이라는 용어는 1866년 독일 동물학자 에른스트 헤켈(Ernst Haeckel)에 의해 만들어졌다. 이는 가정 또는 서식지를 뜻하는 그리스어 오이코스(*oikos*)에서 유래한 말로서 그는 '유기체적·비유기체적 환경 모두에 대한 동물의 총체적 관련성을 탐구하는 것'으로 사용하였다. 20세기 초 이래로 생태학은 살아 있는 유기체와 그 환경 사이의 관계를 연구하는 생물학의 한 분야로 인식되어 왔다. 그러나 점차 이 용어는 특히 1960년대 이래 점증하는 녹색운동에 의해 정치적 맥락을 띠는 것으로 변형되어 왔다.

정치 이데올로기로서 생태주의는 자연이 무생물계뿐만 아니라 인간과 인간 이외의 것을 포함하는 상호 연관된 전체라는 신념에 기반을 두고 있다. 그렇기 때문에 생태주의자들은 자연이나 지구에 우선권을 부여함으로써 판에 박힌 이데올로기적 전통의 인간중심적인 시각과는 다른 생태중심적인 내지는 생명중심적인 시각을 채택한다. 그럼에도 불구하고 생태주의 내에는 다양한 분파와 경향이 존재한다. 일부 생태주의자들은 때때로 생태주의라기보다는 환경주의로 파악되는 '표층(shallow)' 생태학을 지지하는데, 이는 생태학의 교훈을 인간의 목적과 필요에 활용하려고 하며 환경의 변화에 대해 온건하고 개혁적인 접근을 취한다. 반면에 '심층(deep)' 생태학은 어떤 측면에서든 인간이 어떤 다른 생물 종보다 우월하거나 중요하다고 보는 이런 저런 신념들을 철저히 거부한다. 더구나 생태주의는 다른 이데올로기, 특히 사회주의, 무정부주의, 페미니즘, 파시즘, 보수주의와 같은 다양한 이데올로기에 기반을 두면서 생태사회주의라든가 에코페미니즘과 같은 일련의 하위 이데올로기 전통을 만들어내고 있다. 이들 각각은 오늘날의 생태학적 위기의 기원에 대해 서로 다른 분석과 해결책 그리고 생태학적으로 활력 있는 미래사회에 대해서도 다른 모델을 제시하고 있다.

II. 기원과 전개

1960년대까지는 현대의 환경정치 또는 녹색정치가 출현하지 않았다. 하지만 생태학적 사고는 훨씬 더 옛날로 거슬러 올라갈 수 있다. 많은 사람들은 오늘날의 생태주의 원칙들이 대지(Earth Mother, 만물의 생명의 근원으로서의 대지)의 개념을 강조했던 고대의 다신교와 힌두교, 불교, 도교와 같은 동양의 종교에 많은 빚을 지고 있다고 생각한다. 이는 19세기에 토마스 하디(Thomas Hardy)와 같은 소설가, 영국의 자유주의적 사회주의자인 윌리엄 모리스(William Morris 1834~1896), 피터 크로포트킨(Peter Kropotkin, p.240 참조) 같은 정치사상가들이 꿈꾸었던 것처럼, 도시의 산업화된 생활이 확산되면서 이상적인 농촌생활에 대해 깊은 향수를 불러일으켰던 19세기에 두드러졌다. 이러한 반동은 가장 급격하고 극적인 산업화 과정을 겪었던 나라들에서 강하게 나타났다. 예를 들면 19세기 독일의 급격한 산업화는 자신의 정치문화를 심대하게 손상시켰는데, 그럼으로써 이는 농촌생활의 순수성과 위엄성에 대한 강력한 신화를 만들어냈으며 독일 젊은이들 사이에서 '자연으로 돌아가자'는 운동을 강력하게 불러일으켰다. 이와 같은 낭만적인 **목가주의**(pastoralism)는 20세기에 민족주의자와 파시스트들에 의

목가주의
도시의 산업화된 생활은 타락적인 영향을 미친다고 주장하면서 이와 대조적인 단순성, 공동체, 자연과의 밀접성 등과 같은 농촌생활의 덕성에 대한 믿음

해서 이용되었다.

　20세기 말 이래 생태주의의 성장은 특히 젊은 사람들 사이에서 탈물질적인 감수성의 출현과 연관을 맺으면서 산업화와 도시화의 보다 급속하면서도 격렬한 진전에 의해 촉발되었다. 환경에 대한 관심이 더욱 강렬해진 이유는 경제성장이 인류의 생존과 인류가 살고 있는 지구 모두에 대해 위협을 가하고 있다는 우려 때문이었다. 이러한 우려는 다음과 같은 문헌들에서 점증적으로 표출되었다. 레이첼 카슨(Rachel Carson)의 『침묵의 봄』(The Silent Spring 1962)은 농약과 여타의 농업 화학비료의 점증하는 사용으로 인해 야생생물의 세계와 인간세계 모두가 얼마나 많은 해를 입고 있는지를 비판함으로써 점증하는 생태학적 위기에 주목한 최초의 책으로 간주되고 있다. 다른 중요한 초기의 저술로는 에를리히와 해리만(Ehrlich and Harriman)의 『생존자가 되는 방법』(How to be a Survivor 1971), 골드스미스(Goldsmith et al.)의 『생존을 위한 청사진』(Blueprint for Survival 1972), 비공식 유엔보고서인 『하나뿐인 지구』(Only One Earth 1972) 그리고 로마클럽(Club of Rome)의 『성장의 한계』(The Limits to Growth 1972) 등이 있다. 동시에 그린피스(Greenpeace)와 지구의 벗(Friends of the Earth)으로부터 동물해방운동가와 이른바 '생태전사자' 그룹에 이르기까지 새로운 세대의 운동가 압력집단이 출현하여 오염의 위험성, 화석연료 보유의 감소, 산림벌채, 동물실험 등의 쟁점에 대한 운동을 전개해 나갔다. 세계자연보호기금(Worldwide Fund of Nature)과 같은 기존의 훨씬 더 큰 집단들과 함께 이러한 압력집단은 널리 알려지고 점점 더 강력해지는 환경운동의 출현으로 이어졌다. 1980년대부터 환경문제는 독일 녹색주의자들의 선구적인 노력을 모델로 삼아 지금도 가장 산업화된 나라들에서 존재하는 녹색정당에 의해 정치적 의제의 최우선 순위를 차지해 왔다.

　환경문제는 또한 점점 더 국제적 관심과 활동의 주요한 초점 대상이 되고 있다. 사실 환경위기는 그것이 함축하는 광범위한 특성 때문에 그리고 그것이 본질적으로 **초국가적**(transnational) 특성을 띠기 때문에 전 지구적인 정치의제로 간주되고 있다. 1972년 스톡홀름에서 개최된 유엔인간환경회의(UN Conference on the Human Environment)는 환경문제에 대해 통합된 접근을 촉진하기 위해서 국제적 틀을 확립하려는 최초의 시도였다. '지속가능한 발전(sustainable development)' 개념이 유엔의 환경과 개발을 위한 세

초국가주의 (transnationalism)

국가와 민족의 경계를 넘어서는 과정 내지는 발전으로서, 그렇기 때문에 국경을 넘어서는 특성을 보인다; 초국가주의는 세계화를 촉진한다.

계위원회(UN World Commission on Environment and Development)의 작업의 성과로서 1987년의 「부룬트란트 보고서(Brundtland Report)」와 1992년의 리우지구 정상회의(Rio 'Earth Summit')를 거치면서 발전되어 왔다. 그러나 가장 두드러진 지구적 환경문제는 '기후변화'이다. 이는 오늘날 대부분의 과학자들에 의해 이산화탄소와 같은 이른바 '온실효과' 가스의 방출로부터 야기된 지구온난화의 결과로 받아들여지고 있다. 1997년 교토의정서(Kyoto Protocol)에서 선진 국가들은 이와 같은 가스 방출을 단계적 과정을 통해 제한하도록 법적으로 구속력 있는 약속을 확립하였다. 그러나 지구온난화의 점증하는 증거에도 불구하고 이 분야에서 협조적이고 효과적인 행동을 취하는 것이 어려워지고 있다.

III. 핵심주제: 자연으로 돌아가기

생태주의는 전통적인 정치적 신조와는 구별된다. 그 이유는 생태주의가 전통적 신조들이 무시해 왔던 것, 즉 인간을 살아 있는 모든 유기체, 보다 넓게는 '생명의 그물망(Capra 1997)'과 묶어내는 상호 연관성을 검토하는 데서 출발하기 때문이다. 생태주의자들에 따르면, 전통적 이데올로기들은 인간이 존재의 중심이라는 잘못되고 심지어는 우스꽝스럽기까지 한 오류를 범하고 있다. 에렌펠트(David Ehrenfeld 1978)는 이를 **'인본주의(humanism)**의 오만'이라고 칭했다. 인간은 지구와 지상에서 살고 있는 다른 종들을 보존하고 존중하기보다는 존 로크(John Locke, p.64 참조)의 말대로 '자연의 주인이자 소유자'가 되려고 애써 왔다. 그렇기 때문에 생태주의는 새로운 스타일의 정치를 대변하게 되는데 이러한 정치에서 중심적인 비전은 인류를 포함하여 살아 있는 종들과 자연환경 사이의 귀중하지만 깨지기 쉬운 연결망으로서의 자연에 관한 것이다. 인간은 더 이상 중심 무대를 차지하지 않으며 자연의 분리할 수 없는 일부분으로 간주된다. 이러한 비전을 표현하기 위해서 생태주의자들은 과학의 세계에서 새로운 개념과 사고를 추구하고 종교와 신화의 세계에서 오래된 것

인본주의

인간의 필요와 목적을 달성하는 데에 도덕적 우선권을 부여하는 철학

을 재발견하도록 압력을 받아왔다. 생태주의의 핵심주제는 다음과 같다:

- 생태학
- 전일론
- 지속가능성
- 환경윤리
- 자아실현

▌생태학

모든 형태의 녹색주의 사상에서 중심원칙은 **생태학(eco-logy)**이다. 생태학은 식물과 동물이 살아 있는 요소와 살아 있지 않은 요소 모두로 구성된 자기규제적인 자연적 체계, 이른바 생태계(ecosystem)에 의해 부양되고 있다는 점증하는 인식을 통해 생물학의 독특한 분과로 자리 잡아왔다. 생태계의 간단한 사례로는 들판, 산림, 〈그림 9-1〉에서 보는 것과 같은 연못이 있다. 모든 생태계는 자기규제의 체계를 통해 조화 혹은 균형 상태로 나아가는 경향이 있다. 생물학자들은 이를 항상성(homeostasis)이라고 지칭한다. 식량과 다른 자원들은 재순환되

> ✱ **생태학**
>
> 살아 있는 유기체와 환경 사이의 관계에 대한 연구; 생태학은 모든 형태의 삶을 유지시켜주는 관계의 망에 초점을 맞춘다.

〈그림 9-1〉 생태계로서의 연못

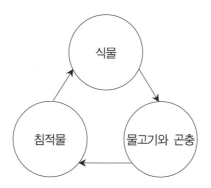

며, 거주집단 규모의 동물, 곤충, 식물들은 유효한 식량공급에 자연적으로 적응한다. 그러나 생태계는 '폐쇄'되어 있지 않으며 전적으로 자기규제적이다. 각각의 생태계는 다른 생태계와 상호 작용한다. 호수는 하나의 생태계를 구성하지만 이는 또한 지류로부터 신선한 물을 공급받는가 하면 태양으로부터는 온기와 에너지를 받는다. 역으로 호수는 인간 공동체를 포함하여 호수 주변에 살고 있는 종들에게 물과 식량을 공급해 준다. 그렇기 때문에 자연세계는 생태계의 복잡한 망으로 구성되며 이 가운데 가장 규모가 큰 것은 통상 '생물권(ecosphere or biosphere)'이라고 불리는 지구적 생태계이다.

　과학적인 생태학의 발전은 자연세계와 그 속에서 살고 있는 인간의 위상에 대한 우리의 이해를 급격하게 바꾸어 놓았다. 생태학은 '자연의 주인'으로서 인간 개념과 극단적으로 충돌하지만 그러면서도 지금까지 무시되어왔던 상호관계의 미묘한 망이 각각의 인간 공동체와 실제로는 전체 인류를 부양한다고 주장한다. 생태주의자들에 따르면, 인간은 현재 환경재해의 위험에 직면하고 있다. 그 이유는 인간이 열정적이지만 맹목적으로 물질적 부를 추구하면서 '자연의 균형'을 깨뜨리고 인간의 삶을 가능하게 하는 생물권을 위험에 빠지게 했기 때문인데 이는 다양한 방식으로 진행되어 왔다. 이러한 위험에는 세계 인구의 기하급수적인 증가; 석탄, 석유, 천연가스 같은 한정되고 대체하기가 쉽지 않은 연료의 고갈; 공기를 청정하게 하고 지구의 기후를 규제하는 데 도움을 주는 열대우림의 소멸; 강, 호수, 산림, 공기 그 자체의 오염; 음식물에 대한 화학약품, 호르몬과 여타 첨가물의 사용; 인간의 지배와 동시에 발생하는 것으로서 수천 배에 달하는 다른 종들의 소멸로 인해 제기되는 생물다양성에 대한 위협 등이 있다.

　생태주의는 자연과 자연 내에서의 인간의 위치에 대해 급진적으로 상이한 비전을 제시하는데, 그중 하나는 **생태중심주의(ecocentrism)**를 옹호하고 **인간중심주의(anthropocentrism)**에 도전한다. 그러나 녹색주의자나 환경주의자는 다른 방식으로 생태주의적 사고를 적용해 왔으며 때로는 전혀 다른 결론을 내리기도 한다. 환경운동에서 가장 중요한 구별은 노르웨이 철학자 아르네 네스(Arne Naess 1912~)가 명명한 **표층 생태학(shallow ecology)**과 '**심층 생태학**

✳ **생태중심주의**

인간의 목적을 성취하려고 하기보다는 생태주의적 균형에 더 우선권을 두는 이론적 정향

✳ **인간중심주의**

인간의 필요가 압도적으로 도덕적·철학적 중요성을 갖는다는 신념; 생태중심주의와는 반대됨

관점 (Perspectives)

자연

자유주의자들은 자연을 인간의 필요를 만족시켜주는 자원으로 보기 때문에 자연에 대한 인간의 지배에 의문을 표하는 경우는 거의 없다. 자연은 그 자체로는 가치가 없고 인간의 노동에 의해 변형되거나 인간의 목적을 위해 활용될 때에만 가치를 부여받는다.

보수주의자들은 자연을 위협적이고 심지어는 잔인한 것으로 묘사하면서 인간의 존재를 규정하는 비도덕적인 투쟁과 난폭함으로 특징지어진다고 본다. 인간은 '존재의 거대한 망'의 일부분으로 파악되기도 하나, 그럼에도 불구하고 인간의 우월성은 인간이 자연의 관리자로서 위치하는 데서 온다는 점에 대해 의문을 제기하지 않는다.

사회주의자들은 자유주의자들처럼 자연을 단순한 자원으로 바라보고 그렇게 취급한다. 그러나 사회주의 내의 낭만적이고 목가적인 전통은 자연의 미, 조화, 풍요를 찬양하며 자연과의 근접을 통해 인간성의 실현을 추구한다.

무정부주의자들의 자연관은 규제를 받지 않는 조화와 성장에 강조점을 두고 있다. 그렇기 때문에 자연은 단순성과 균형의 모델을 제공하며, 인간은 현명하게 사회적 생태학의 형태로 사회조직에 대해 이러한 자연관을 적용할 것으로 본다.

파시스트들은 본능과 원초적인 생활력을 강조하는 어둡고 신비적인 자연관을 채택하는데, 여기서 자연은 인간에게서 퇴폐적인 지성주의를 청산하도록 한다. 자연은 잔인한 투쟁과 순환적인 쇄신으로 특징지어진다.

페미니스트를 일반적으로 자연을 창조적이고 자애로운 것으로 파악한다. 여성은 자신의 생식력과 양육지향성과 같은 덕성으로 인해 자연에 가깝고 자연의 힘과 조화를 이룰 수 있는 존재라고 생각한다. 반면 문화의 창조물인 남성은 자연으로부터 벗어나 있고 자연과 갈등을 빚는다고 본다.

생태주의자들, 특히 심층 생태주의자들은 자연을 상호 연관된 전체로 파악하며 생명이 없는 세계뿐만 아니라 인간과 비인간 모두를 포용한다. 자연은 때때로 지식과 '옳은 삶'의 원천으로 파악되며 인간의 성취는 자연을 지배하려는 시도에서 오지 않고 자연과 가까이 하고 자연을 존중하는 데서 온다.

종교적 근본주의자들은 자연을 성스러운 창조의 표현으로 바라본다. '자연적'인 것은 신이 내린 것이다. 이는 자연에 대한 존중의 의무를 의미하는 동시에 자연은 인간의 필요를 충족시키기 위해서 특별하게 창조되었다는 것을 시사한다.

(deep ecology)'으로 나타난다. '표층 생태학'의 입장은 생태학의 교훈을 받아들이지만 이를 인간의 필요와 목적에 활용하려고 한다. 다른 말로 표현하면 표층 생태학은 만약 우리가 자연을 보호하고 보존한다면 이는 인간의 생활을 계속 유지시켜 줄 것이라고 가르친다. 이러한 견해는 인구증가의 통제, 한정적이고 대체가 어려운 연료 사용

의 감축, 오염방지와 같은 쟁점에 대한 특별한 관심으로 나타나고 있다. 어떤 사람들은 이러한 입장을 '약한 생태주의'로 간주하는 반면, 다른 사람들은 이를 생태주의와 더 확실하게 구별하기 위해서 **환경주의(environmentalism)**라 지칭한다.

'심층' 생태주의자들은 '표층' 생태주의의 주된 목적이 발전된 나라에 살고 있는 사람들의 건강과 번영을 유지하는 데 있다고 주장하면서 이를 희미하게 감추어진 인간중심주의의 한 형태라고 폄하한다. '심층' 생태주의의 시각은 인류가 어떤 측면에서 다른 어떤 종이나 자연 그 자체보다도 우월하거나 더 중요하다고 보는 이런 저런 신념에 대해 이를 철저히 거부하는 '강한' 생태주의를 발전시키고 있다. 이는 인간 생활의 목적이 자연을 떠받치는 데 도움을 주는 것이고 그 어떤 다른 것도 아니라는 보다 도전적인 사고에 기반을 두고 있다. 그래서 네스(Naess 1989)가 '생물권(ecosophy)'이라고 지칭한 것은 전적으로 새로운 도덕적 비전뿐만 아니라 철학적 생태주의에 기반을 둔 근본적으로 새로운 세계관을 대표한다. 이에 대해 표층 생태주의자들은 혹은 그들이 선호하는 용어로서 '인본주의적' 생태주의자들은 심층 생태주의에 대해 그것이 '비합리적인' 또는 신비주의적인 신조를 지지할 뿐만 아니라 어떤 경우에는 인간에게 광범위한 호소력을 가질 것 같지 않은 매우 비현실적인 해법을 옹호한다고 비판한다. '**사회적 생태주의(social ecology)**'라는 대안적인 사상은 생태무정부주의(eco-anarchism)와 관련하여 이 장의 마지막 부분에서 논의될 것이다.

✳ 표층 생태학

생태학의 교훈을 인간의 필요와 목적에 활용하려는 녹색주의자들의 이데올로기적 시각으로서 지속가능성이라든가 보존과 같은 가치와 연관된다.

✳ 심층 생태학

인간중심주의를 거부하고 자연의 유지에 우선권을 부여하는 녹색주의자들의 이데올로기적 시각으로서 생명중심적인 평등, 다양성, 분권화와 같은 가치들과 연관된다.

✳ 환경주의

자연환경의 정치적 중요성에 대한 신념; 인간의 필요와 관심을 반영하면서 자연에 대한 개혁주의적 접근을 지칭하며 생태주의와 대조적인 것으로 자주 사용된다.

✳ 사회적 생태주의

인간 사회가 생태학적 원칙에 따라 작동한다는 이론으로서 자연과의 조화 그리고 인간과 자연 사이의 균형이 필요하다고 본다.

생태주의 내에서의 긴장

'심층' 생태주의	'표층' 생태주의
생태주의	환경주의
생태중심주의	'약한' 인간중심주의
신비주의	과학
자연	인간
급진적 전일론	소극적(reluctant) 전일론
자연 그 자체의 가치	도구적 가치
생명중심적인 평등	인간 이외의 것도 보존
자연과 동물의 권리	동물의 복지
성장반대	지속가능한 성장
생태학적 의식	개인적 발전

▌전일론

　전통적인 정치 이데올로기는 전형적으로 인간이 자연의 주인이라고 가정하며 그렇기 때문에 자연을 경제적 자원 이상의 것으로 거의 생각하지 않았다. 이런 의미에서 이들 이데올로기는 문제의 일부분이지 해결의 일부분은 아니었다. 프리초프 카프라 (Fritjof Capra 1982)는 자신의 저서 『전환점』(*The Turning Point*, 『새로운 과학과 문명의 전환』이라는 제목으로 국내에서 번역됨)에서 이러한 전통적 이데올로기의 기원을 르네 데카르트(Rene Decartes 1596~1650)나 아이작 뉴턴(Isaac Newton 1642~ 1727)과 같은 과학자와 철학자에게로 추적해 갔다. 그 이전에 세계는 유기체적인 것으로 간주되고 있었는데, 17세기 철학자들은 세계를 새롭게 발견된 과학적 수단을 통해 각 부분들이 분석되고 이해될 수 있는 기계처럼 묘사하였다. 과학은 인간 지식에 있어서 괄목할 만한 진보를 가능하게 하였고 현대 산업과 기술의 발전에 기반을 제공하였다. 과학의 결실은 너무나 인상적이어서 현대 세계에서 지적인 분석은 **과학주의** (scientism)에 의해 지배되었다. 그러나 카프라는 그 자신이 '데카르트-뉴턴적 패러다임(Cartesian-Newtonian paradigm)'이라고 지칭한 정통 과학이 오늘날의 환경 위

🟥 과학주의

과학적 수단은 유일하게 진리를 확립하는 가치중립적이고 객관적인 수단이며 모든 탐구 분야에 적용할 수 있다는 신념

🟥 전일론

전체가 그 부분들보다 더 중요하다는 신념으로서 부분들 사이의 관계에 대한 연구를 통해 이해가 가능하다고 주장한다.

기를 가져온 철학적 기반이나 다름없다고 주장하였다. 과학은 자연을 기계로 취급하는데, 이는 다른 기계들처럼 자연도 수선하고 고치며 개선될 수 있을 뿐만 아니라 심지어는 대체될 수도 있다는 것을 뜻한다. 카프라는 만약 인간이 자연세계의 주인이 아니라 그 일부분이라는 것을 알게 되면 '뉴턴의 기계론적 세계관'에 대한 이러한 집착은 폐기되고 새로운 패러다임으로 대치되어야 한다고 주장한다.

이와 같은 새로운 패러다임을 추구함에 있어 생태주의 사상가들은 현대 과학과 고대의 신화나 종교 모두로부터 끄집어 낸 다양한 사고와 이론에 주의를 기울였다. 그러나 이러한 사고들 가운데 통합적인 주제는 **전일론**(holism) 개념이다. '전일론'이라는 이 개념은 1926년 남아프리카의 보어인(Boer, 남아프리카의 네덜란드계 백인) 장군이자 두 번에 걸쳐 총리를 지낸 얀 스무트(Jan Smuts)에 의해 만들어졌다. 그는 자연세계가 그 개별적인 부분을 통해서가 아니라 전체로서만 이해될 수 있다는 생각을 지칭하기 위해서 이 용어를 사용하였다. 스무트는 과학이 환원주의의 오류를 범하고 있다고 믿었다. 즉, 과학은 자신이 연구하는 모든 것을 분리된 부분으로 축소하고 각각의 부분을 이해하려고 한다는 것이다. 반대로 전일론은 각 부분이 다른 부분과 관련하여 그리고 궁극적으로는 전체와 관련하여 의미를 갖는다고 제안한다. 예를 들면 의약에 대한 전일론적 접근은 신체적 질병만을 고려하는 것이 아니라 심리적·정서적·사회적·환경적 요인들을 고려하는 가운데 신체적 질병을 하나의 전체로서 환자 내부의 불균형이 표출된 것으로 바라본다.

많은 생태주의자들이 과학을 비판하지만 다른 일부는 현대 과학이 인간의 사고에 새로운 패러다임을 제공해 줄 수 있다고 믿는다. 예를 들면 카프라는 데카르트-뉴턴적 세계관이 지금 많은 과학자들, 특히 자신과 같은 물리학자들에 의해서 폐기되고 있다고 주장한다. '새로운 물리학'의 발전과 더불어 20세기 동안 물리학은 뉴턴의 기계론적이고 환원주의적인 사고로부터 멀리 벗어나 있다. 이러한 전환의 돌파구는 20세기 초에 독일 태생의 물리학자인 알버트 아인슈타인(Albert Einstein 1879~1955)에 의해 제시되었는데, 그의 상대성이론은 시간과 공간에 대한 전통적 사고를 근본적으로 변화시켰다. 아인슈타인의 작업은 닐즈 보어(Niels Bohr 1885~1952)나 베르너 하

이젠베르그(Verner Heisenberg 1901~1976)와 같은 물리학자들이 개발한 양자론에 의해 더 발전되어 나갔다. 양자론에서 물리적 세계는 개별적인 분자나 원자 또는 미립자들의 집합일 뿐만 아니라 체계 또는 보다 정확하게 말하면 체계의 망으로 이해된다. 세계에 대한 체계론적 시각은 개별적인 구성요소들이 아니라 체계 내의 조직 원리에 초점을 맞춘다. 그렇기 때문에 체계론적 접근은 체계 내의 관계와 전체 내에서 각 부분들의 다양한 요소들의 통합에 강조점을 둔다. 이러한 견해는 매우 급진적인 함의를 갖고 있다. 예를 들면 객관적인 지식은 관찰자의 행위 자체가 관찰대상을 변화시키기 때문에 불가능한 것이 된다. 과학자는 자신의 실험과 분리되어 있지 않으며 본질적으로 그것과 관련되어 있다; 그렇기 때문에 주관과 객관은 하나이다. 이러한 맥락에서 하이젠베르그는 관찰자가 관찰대상에 항상 영향을 미친다는 '불확실성 원리(uncertainty principle)'를 발전시켜 나갔다.

　　새로운 개념과 이론의 대안적이고 특히 유용한 자원은 종교이다. 『물리학의 도(道)』(The Tao of Physics 1975, 『현대물리학과 동양사상』이라는 제목으로 국내에 번역됨)에서 카프라는 현대 물리학과 동양의 신비주의 사상 간의 중요한 유사점에 주목하였다. 그는 서구 과학이 20세기가 되어서야 발견해 낸 모든 사물의 통합 내지는 전일성을 힌두교, 도교, 불교, 특히 선불교 같은 종교가 오랫동안 가르쳐왔다고 주장하였다. 녹색운동의 많은 사람들은 동양의 신비주의에 매력을 느꼈으며 그들은 이 동양의 신비주의에서 생태주의적 지혜를 표현하는 철학뿐만 아니라 동료 인간, 다른 종들, 자연세계에 대해 동정심을 갖도록 하는 생활방식을 발견하였다. 다른 저술가들은 기독교, 유대교, 이슬람교 같은 일신교가 인간과 자연 모두를 신의 창조물이라고 간주하기 때문에 이들 종교에서도 생태주의의 원칙들이 배태되어 있다고 생각한다. 이러한 환경에서 인간은 지구를 보호하고 소중히 여길 의무를 부여받고 있는 지구상에서의 신의 관리인으로 파악된다.

　　그러나 아마도 현대 녹색주의에서 가장 영향력 있는 관념은 기독교 이전 시대의 영적인 사고로 거슬러 올라감으로써 개발되어 왔다. 원시 종교는 자주 인간과 다른 형태의 생물 사이를 구별하지 않았으며 이 문제에 관한 한 살아 있는 것과 살아 있지 않은 것 사이에 거의 구별을 두지 않았다. 모든 것은 살아 있는 것이며, 돌, 강, 산, 심지어는 지구 자체도 '대지(Mother Earth)'로 간주되었다. 대지의 개념은 인간과 자연세계 사이에 새로운 관계를 분명하게 제시하려는 생태주의자들, 특히 이 장의 뒷부분에서 검토하게 될 에코페미니즘(ecofeminism)에 동조하는 사람들에게 특별히 중요한 의미를 갖는다. 제임스 러브록은 지구 자체가 살아 있다는 생각을 발전시켰으며, 대지의 여신이라는 그리스 말을 따라 지구에 대해 '가이아(Gaia)'라는 이름을 붙였다. **가이아 가설(Gaia hypothesis)**에 따르면, '지구의 생물권, 대기, 대양, 흙'은 다른 형태의 삶으로 특징되는 명백하게 자기규제적인 행태를 보인다. 가이아는 태양계에서 일어나는 주요한 변화에도 불구하고 동태적 균형의 상태를 의미하는 '항상성(homeostasis)'을 유지해 왔다. 이에 대한 가장 극적인 증거는 생명이 시작된 이래 태양이 25% 이상이나 더 뜨거워졌음에도 불구하고 지구의 기온과 대기 구성에서 실질적인 변화가 없이 그대로 유지되고 있다는 사실이다.

가이아 가설은 하나의 '생태학적 이데올로기'로 발전해 나갔다. 이는 인간이 지구의 건강을 존중하고 또 지구의 아름다움과 자원을 보존하기 위해 노력해야 한다는 강력한 메시지를 전달해 주고 있다. 이는 또한 생물계와 무생물계 사이의 관계에 대해

제임스 러브록(James Lovelock 1919~)

캐나다의 대기화학자이자 발명가이고 환경이론가. 콘왈(cornwall)에 거주하는 독립적 과학자로서 러브록은 화성에서 생명체를 찾는 방법에 조언을 하는 등 미국항공우주국(NASA)의 우주프로그램에 협력을 해왔다.

녹색운동에 대한 러브록의 영향은 그 자신이 (소설가 윌리엄 골딩(William Golding)의 제안에 따라) 가이아(Gaia)라고 이름 붙인 지구의 생물권을 복잡하고 자기규제적인 살아 있는 '존재'로 묘사하는 데서 비롯된다. 가이아 가설이 생태주의의 사고를 지구에까지 확대하고 자연에 대해 전일론적 접근을 제공함에도 불구하고 러브록은 기술과 산업화를 지지하며 '자연으로 돌아가자'는 신비주의나 지구숭배와 같은 생각에 반대한다. 그의 주요 저작으로는 『가이아』(*Gaia: A New Look at Life in Earth* 1979, 『가이아: 살아 있는 생명체로서의 지구』라는 제목으로 국내에 출간됨)와 『가이아의 시대』(*The Ages of Gaia: A Biography of Our Living Earth* 1989)가 있다.

혁명적인 비전을 제시해 주고 있다. 표층 생태주의자들은 전형적으로 인류의 지속적인 생존을 확보하기 위해서 정책과 태도를 변화시키고자 한다. 반면에 가이아는 인간이 아니다. 그래서 가이아 가설은 지구의 건강이 현재 지구에 살고 있는 어떤 개별 종들보다 더 중요하다고 주장한다. 러브록은 번영을 구가해 왔던 종들은 가이아가 그 자신의 존재를 규제하는 데 도움을 주었던 종들인데 반해, 인간이 현재 그렇게 하고 있는 것처럼 가이아의 미묘한 균형에 위협을 가하는 어떤 종도 사라지게 될 것이라고 주장한다. 러브록은 또한 과학을 강력하게 지지하며 많은 환경운동가들과는 달리 환경위기에 대한 해결책을 찾는 데 있어 원자력의 중요성을 강조해 왔다.

▌지속가능성

생태주의자들의 주장에 따르면, 이른바 '회색정당(grey party)'이라고 불리는 모든 실질적인 주류 정당들의 정치적 신조에는 다음과 같은 가정이 깊게 뿌리박혀 있다. 즉, 인간의 삶은 물질적 성장과 번영을 무제한 도모할 수 있다는 것이다. 실제로 녹색주의 사상가들은 보통 자본주의와 사회주의를 한 덩어리로 파악하며 둘 다 '산업주의'의 사례로 묘사한다. 환경운동을 위해서 특히 영향력 있는 은유는 '지구 우주선(spaceship Earth)' 개념인데, 왜냐하면 이 개념은 재화라는 것이 제한되어 있고 고갈될 수 있다는 점을 강조하기 때문이다. 지구를 우주선으로 바라보아야 한다는 생각은 케네스 보울딩(Kenneth Boulding 1966)에 의해 처음 제시되었다. 보울딩에 따르면, 전통적으로 인간은 마치 개척 시대의 미국 서부와 같은 '카우보이 경제', 다시 말해서 무한의 기회를 갖고 있는 경제 속에 살고 있는 것처럼 행동해 왔다. 보울딩은 미국 서부에서 그랬던 것처럼 이러한 카우보이 경제는 '무분별하고 착취적이며 폭력적인 행태'를 조장한다고 보았다. 그러나 우주선은 하나의 캡슐이기 때문에 '폐쇄된' 체계이다. '개방된' 체계는 외부로부터 에너지나 투입을 받는다; 예를 들면 연못, 산림, 호수, 바다와 같이 지구의 모든 생태계는 태양에 의해서 부양된다. 그러나 지구를 우주선으로 생각할 때 그렇게 되듯이 '폐쇄' 체계는 **'엔트로피(entropy)'** 법칙을 입증해 준다. 모든 '폐쇄' 체계는 외부 투입에 의해 부양되지 않기 때문에 쇠퇴나 해체로 나아가는 경향이 있다.

엔트로피

모든 '폐쇄' 체계에서 나타나는 것처럼 쇠퇴나 해체로 나아가는 경향

산업주의(Industrialism)

환경운동가들이 사용하는 '산업주의'는 자본주의와 사회주의, 좌파와 우파 이데올로기를 포괄하는 '초이데올로기'로서의 함의를 갖는다. 경제체제로서 산업주의는 대량생산, 자본축적, 끝없는 성장으로 특징지어진다. 철학으로서 산업주의는 물질주의, 공리적 가치, 과학에 대한 맹목적 신념, 기술숭배 등에 헌신하는 것으로 파악된다. 그래서 많은 생태주의자들은 산업주의가 '문제'라고 본다. 그러나 생태사회주의자들이(소유, 이윤, 시장의 역할과 같은 중요한 문제들을 간과한다는 점에서) 산업주의보다 자본주의를 더 비난하는데 반해 에코페미니스트들은 산업주의의 기원이 가부장제에 있다고 주장한다.

그러나 인간이 아무리 현명하고 주의 깊게 행동한다고 하더라도 지구, 태양, 모든 행성들은 수명을 다하여 죽게 될 것이다. '엔트로피 법칙'을 사회·경제적 문제에 적용하면 매우 급진적인 결론에 도달하게 된다.

'에너지 위기'보다 더 엔트로피 법칙을 명확하게 드러내는 쟁점은 없다. 산업화와 대중적 풍요는 발전소, 공장, 자동차, 비행기 등에 연료를 제공하는 석탄, 천연가스, 석유 등의 이용을 통해서 가능했다. 이들 연료는 선사시대에 죽은 유기체들을 분해하거나 압축하는 과정에서 만들어진 화석연료들이다. 이들 연료는 또한 재생이 불가능한 것들이다. 이들은 한번 사용되면 대체할 수가 없다. 『작은 것이 아름답다』(*Small is Beautiful* 1973)는 책에서 슈마허(E. F. Schumacher)는 인간이 에너지를 우리가 의존해서 살아야 하는 '자연자본(natural capital)'이 아니라 매달 또는 매주마다 지속적으로 가득 채워나가는 소득(income)처럼 간주하는 잘못을 저지르고 있다고 주장했다. 즉, 이러한 잘못 때문에 특히 산업화된 서구에서 한정된 연료재원이 고갈되고 있고 금세기 말까지 연료 공급이 지속될 것 같아 보이지 않는 데에도 에너지 수요는 더욱 증대되고 있다. 지구 우주선이 '화석연료 시대'의 종말에 가까이 다가감에 따라 그것이 해체될 위기에 처하게 되었다. 왜냐하면 장차는 몰라도 아직까지는 석탄이나 석유, 천연가스를 대체할 수 있는 에너지 재원이 존재하지 않기 때문이다.

인류는 '폐쇄적인' 생태계의 제약 속에서 살고 있다는 것을 인식하지 못했을 뿐만 아니라 생태계의 자원을 약탈하는 데도 무모함을 보여 왔다. 가레트 하딘(Garrett Hardin 1968)은 환경자원에 대한 과다 이용이 왜 일어나는지를 설명하기 위해서 '공

프리츠 슈마허(Fritz 〈Ernest Friedrich〉 Schumacher 1911~1977)

독일 태생의 영국 경제학자이자 환경이론가인 슈마허는 1930년 옥스퍼드대학교의 로드 장학생으로 영국에 갔다. 그는 기업, 농장, 언론 등에서 실제적인 경험을 체득한 후 학계에 다시 돌아갔으며, 독일의 영국 점령지역 통제위원회 경제자문관(1946~1950)과 영국 석탄공사 경제자문관(1950~1970)을 역임한 바 있다.

슈마허의 『작은 것이 아름답다』(*Small is Beautiful: A Study of Economics as if People Mattered* 1973)는 인간이 조절하고 통제할 수 있을 정도의 작은 규모(human-scale)의 생산이 요구된다고 주장하면서 도덕성과 '올바른 삶'을 강조하는 불교 경제철학(인간 중심의 경제학)을 주창했다. 산업적 거대주의로부터 제기되는 반대에도 불구하고 슈마허는 '적절한' 규모의 생산이 옳다고 보았으며 '중간' 기술을 열렬히 옹호했다.

유지 비극(tragedy of the commons)'이라는 형태로 매우 영향력 있는 모델을 개발했다. 공유지 비극이라는 개념은 집단적 자원에 자유로이 접근할 수 있는 사람들로부터 환경상의 파괴가 어떻게 초래될 수 있는지를 보여주고 있다. 공유지나 공동어장은 개인들로 하여금 자기 자신이나 가족 또는 공동체의 필요를 충족시킬 수 있도록 가용자원을 활용하는 등 각자 자기이익에 합당한 방법으로 행동하도록 조장한다. 그러나 이러한 행동의 집단적 영향은 파괴적일 수 있는데, 왜냐하면 모든 사람들이 의존하고 있는 중요한 자원들이 고갈되거나 못쓰게 되기 때문이다. 그렇기 때문에 합리적인 개인행동이 자기파괴적일 수 있고 '비합리적인' 결과를 가져올 수 있다. '공유지 비극'이라는 이 비유는 공동체 내에서 개인들의 행동은 물론이고 사회 내에서 집단들의 행동이나 국제사회 또는 지구적 체계 내에서 국가들이 채택하는 전략에 대해서도 재조명을 하도록 하고 있다. 그러나 이 비유는 또한 어떤 수준에서든 환경문제를 다루는 것이 왜 그렇게 어려운지를 설명해 주고 있다. 이는 환경위기에 대한 유용한 해법이 되기 위해서는 '공유지 비극'을 어떻게 다룰 것인가에 대한 방책을 고려해야 한다는 것을 뜻한다.

지속가능성

장기간에 걸쳐 건강을 유지하고 계속 존재해 나갈 수 있는 체계의 능력

그럼에도 불구하고 생태경제학은 단순히 경고나 위협에 관한 것이 아니다. 그것은 해법에 관한 것이기도 하다. 엔트로피는 불가피한 과정일 수 있다. 그러나 만약 정부나 개별 시민들이 생태주의 원칙들을 존중한다면 그것의 영향은 줄어들고 지연될 수 있다. 생태주의자들은 인간이 복합적인 생태계의 한 구성 요소에 불과하다는 것을 인정할 때 살아남고 번영할 것이며 또 건강하고 균형된 생태계만이 인간의 생명을 지탱해 줄 것이라고 주장한다. 그렇기 때문에 정책과 행동은 '**지속가능성(sustainability)**'의 원칙에 의해서 판단되어야 한다는 것이다.

지속가능성은 인간의 야망과 물질적 꿈에 대해 명백한 한계를 설정한다. 왜냐하면 지속가능성은 생산으로 인해 파괴되기 쉬운 지구적 생태계에 가능한 한 손상을 입히지 말 것을 요구하기 때문이다. 예를 들면 지속가능한 에너지 정책은 화석연료 사용의 급격한 감축이라든가 태양력, 풍력, 조력 등과 같은 재생 가능한 대체 에너지의 추구에 토대를 두어야 한다. 이러한 것들은 본질적으로 지속가능한 것이며 '자연자본'이기보다는 '소득'처럼 간주될 수 있다.

그러나 지속가능성은 천연자원을 보다 계몽된 방식으로 활용하도록 하기 위한 방편으로 정부의 통제나 세금규제를 요구할 뿐만 아니라 보다 더 심층적인 수준에서는 경제활동에 대한 대안적인 접근을 필요로 한다. 이는 슈마허가 '불교 경제학(Buddhist economics)'이라는 개념을 통해서 제시하고자 하는 바로 그것이기도 하다. 슈마허에 따르면, 불교 경제학은 '올바른 삶'의 원칙에 기반을 두고 있으며 개인을 효용극대화를 추구하는 행위자에 불과한 것으로 바라보는 전통적인 경제이론과 뚜렷한 대조를 이룬다. 불교도들은 생산이 상품과 서비스를 창출해 내는 것 말고도 기술과 재능을 개발함으로써 개인의 성장을 촉진할 뿐만 아니라 사회적 연대를 이끌어내고 사람들의 협업을 장려함으로써 이기주의를 극복하는 데 기여한다고 믿는다. 이러한 견해는 경제를 부의 창출에만 집착하는 현재의 강박관념, 다시 말해서 생태주의자들이 보기에 자연이나 인간의 정신적 특성에 대해서는 전혀 고려를 하지 않는 저간의 강박관념으로부터 멀리 벗어나도록 한다.

이러한 것이 실제로 무엇을 의미하는지에 대해서는 논쟁이 팽팽하다. 독일에서 현실주의자(*Realos*)로 불리는 '온건한 녹색주의자(light greens)'들은 느린 속도이기는 하지만 결국 더 부유하게 되는 것을 의미하는 이른바 '지속가능한 성장'의 개념을 받

아들인다. 이들은 물질적 번영에 대한 욕구가 환경상의 비용과 균형을 맞출 수 있다고 생각한다. 이에 대한 하나의 방법이 세금제도의 변화이다. 이것은 공해에 대해서 불이익을 줌으로써 이를 피하도록 하거나 아니면 한정된 자원의 사용을 줄이도록 할 수 있다. 그러나 독일에서 *근본주의자(Fundis)*라 불리는 '급진적 녹색주의자(dark greens)'들은 이러한 방식으로는 결코 충분하지 않다고 주장한다. 이들의 견해에 따르면, 지속가능한 성장의 개념은 마치 아무것도 잘못된 것이 없는 것처럼 인간으로 하여금 지금까지 하던 방식 그대로 하도록 허용하면서 단지 환경상의 우려에 대한 공치사를 늘어놓는 것에 불과하다. 급진적 녹색주의자들의 주장처럼, 만약 생태 위기의 근원이 물질주의와 소비주의 그리고 경제성장에 대한 집착에 있다면 그 해법은 '제로성장'과 사람들이 소규모 농촌공동체에 살고 수공업 기술에 의존하는 '탈산업화 시대'로 들어가는 데서 찾아야 할 것이다. 이는 산업과 현대적 기술에 대한 근본적이고 포괄적인 거부이며 문자 그대로 '자연으로의 복귀'를 의미한다.

▌ 환경윤리

모든 형태의 생태주의 정치는 도덕적 사고를 새로운 방향으로 적극 확장시키는 데 관심을 갖고 있다. 그 이유는 전통적인 윤리체계가 인간의 즐거움, 필요, 이익에 치우쳐 있어 명백하게 인간중심적이기 때문이다. 이와 같은 인간중심적 철학에서 인간 이외의 세계에 대한 투자는 인간의 목표를 어느 정도 충족시키는가의 가치에 따라서만 이루어진다. 인본주의적 또는 '표층' 생태주의자들이 포괄적으로 관심을 기울이는 또 하나의 윤리적 쟁점은 미래 세대에 대한 우리의 도덕적 의무가 무엇이냐 하는 것이다. 그것은 앞으로 수십 년 혹은 수백 년이 지나기 전까지는 우리들의 행동의 많은 결과들이 무엇을 의미하는지를 잘 알지 못하는 이른바 환경문제의 본질에 관한 것이다. 예를 들면 핵폐기물을 다루게 될 세대가 아직 태어나지도 않았는데 왜 핵폐기물의 축적에 대해 걱정해야 하는가 하는 것이 그것이다. 확실히 우리는 우리 자신의 이해관계나 아마도 가까운 가족 내지는 친구들의 이해관계에 대한 관심 때문에 미래를 향한 조그마한 해법이나마 찾아 나설 뿐이다. 그렇기 때문에 생태주의자들은 인간의 이익이라는 개념을 현 세대와 미래 세대 혹은 현존의 것과 앞으로 태어날 것 사이의 구별을 하지 않고 전체로서의 인류를 포괄하도록 확대하려고 한다. 이러한 '미래성(futurity)'

은 여러 방식으로 정당화될 수 있다. 예를 들면 생태보수주의자들은 미래성을 전통과 지속성에 연결시킨다. 이에 따르면, 현 세대는 단지 지난 세대에 의해 발생된 재화의 '관리자(custodian)'에 불과하며 그렇기 때문에 미래 세대의 이익을 위해서 그것을 보존해야 한다. 반면에 생태사회주의자들의 주장에 따르면, 미래 세대에 대한 관심은 미래 세대들이 민족·인종·젠더 그리고 다른 경계를 넘어서듯이 열정과 인류애도 시대를 넘어서 확대되어 나간다는 사실을 반영하는 것이다.

환경윤리에 대한 대안적인 접근은 인간과 관련하여 개발된 도덕적 기준과 가치를 다른 종들과 유기체들에게도 적용하는 것이다. 이러한 시도로 가장 익숙한 사례는 '동물권(animal rights)'의 형태로 나타났다. 동물의 복지에 대한 피터 싱어(Peter Singer 1975)의 소송은 점증하는 동물해방운동에 상당한 영향을 미쳤다. 싱어에 따르면, 다른 종들의 복지에 대한 이타적인 관심은 동물들도 지각을 갖고 있는 존재로서 고통을 느낄 수 있다는 사실로부터 연유한다. 공리주의에 근거하여 싱어는 동물도 인간처럼 육체적 고통을 회피하는 데 관심을 갖고 있다고 지적하면서 인간의 이해 관심을 동물의 이해 관심보다 더 우월한 것으로 치부하는 어떠한 시도도 **종차별주의(speciesism)**'라고 비난하였다. 그러나 다른 종들에 대한 이타적 관심이 동등한 대우를 의미하지는 않는다. 싱어의 주장은 나무와 바위, 강과 같이 지각이 없는 존재물에는 적용되지 않는다. 더욱이 도덕적 명령은 고통을 회피하자는 것으로서 대표적으로 원숭이와 같이 보다 발전되고 자의식이 있는 동물들에게 특별한 고려를 베풀자는 것이다. 반면에 싱어의 주장은 고통을 느낄 능력을 갖지 못한 태아나 정신 장애인들에게는 제한된(reduced) 도덕적 고려가 주어져야 한다는 것을 의미한다 (Singer 1993).

> **종차별주의**
> 다른 종들의 도덕적 중요성을 부인하면서 어떤 종이 다른 종보다 우월하다고 믿는 신념

그럼에도 불구하고 '심층' 생태학의 도덕적 입장은 특히 자연은 그 자신의 가치, 다시 말해서 본질적인 가치를 보유하고 있다고 제안함으로써 훨씬 더 앞으로 나아가고 있다. 이런 시각에서 환경윤리학은 인간의 도구성과는 아무런 관련이 없을 뿐만 아니라 단순히 인간의 가치를 인간 이외의 세계에 확대하는 것만을 의미하지도 않는다. 예를 들면 구딘(goodin 1992)은 가치생태이론(green theory of value)을 발전시켰다. 이에 따르면 자원은 인간의 행동보다는 자연 과정으로부터 생성되는 것이기 때문에 가치가 있다는 것이다. 그러나 이러한 가치는 자연경관의 도움을 받아 사람들

이 자신들의 삶에서 '어떤 지각과 유형'을 파악할 수 있고 또 자신들보다 '더 큰 어떤 것'을 인식할 수 있게 도와준다는 사실로부터 연유하는 것이기 때문에 이 역시 일부 심층 생태주의자들을 만족시키지 못하는 인본주의를 구현하고 있을 뿐이다. 이들 심층 생태주의자들의 보다 더 급진적인 입장을 보여주는 고전적인 언명은 알도 레오폴드(Aldo Leopold)의 『모래 마을 연감』(*Sand County Almanac*

> **생명중심적 평등**
> 생태계에서 모든 유기체와 실체는 상호 연관된 전체의 일부분을 구성하면서 동등한 도덕적 가치를 갖고 있다는 원칙

[1948] 1968)에서 '대지 윤리(land ethic)'의 형태로 다음과 같이 제시되었다. 즉, '생태 공동체의 온전성과 안정, 아름다움을 보존하는 경향이 있는 것은 옳은 것이고 그렇지 않으면 그릇된 것이다.' 그래서 자연 그 자체는 윤리공동체로 묘사되는데, 이에 따르면 인간은 생태공동체의 어떤 다른 구성원보다 더 많은 권리나 존중의 자격을 보유하지 않는 단순한 시민에 불과하다. 이러한 도덕적 입장은 '**생명중심적 평등**(biocentric equality)'을 의미한다. 아르네 네스(Arne Naess 1989)는 이를 '살아서 번성할 수 있는 동등한 권리'로 표현하였다. 이러한 도덕적 입장은 또한 생태공동체 내부에서 다양성의 범위가 넓으면 넓을수록 그 생태공동체는 보다 더 건강하고 안정적이 될 것이라는 근거에서 '생태다양성'을 지지한다.

▎자아실현

생태주의의 일관된 주제 중의 하나가 인간의 자기이익과 물질적 탐욕을 거부하는 것이기 때문에 생태주의는 균형에 대한 개인적 성취를 자연과 연결시키는 대안적 철학을 발전시키려고 애써 왔다. 1960년대 이래 환경문제에 대한 관심이 중대하면서 이러한 흐름은 **탈물질주의**(postmaterialism: Inglehart 1977) 현상과 연관되는 게 보통이다. 탈물질주의의 개념은 매슬로(Abraham Maslow 1908~1970)의 욕구위

> **탈물질주의**
> 물질적 풍요가 확대되면서 '삶의 질'을 둘러싼 논의와 관심이 경제적 관심을 대체하게 되었다는 이론

계론에 어느 정도 기반을 두고 있다. 욕구위계론에 따르면 물질적·경제적 욕구보다는 존중과 **자아실현**(self-actualization) 욕구가 더 상위에 있다. 이는 물질적 결핍의 조건에서 이기적이고 소유적인 태도가 나타나는데 반해 광범위한 번영의 조건에서는

자아실현

감각의 정화를 통해서 실현되는 개인적 성취. 이러한 자아실현은 보통 이기주의와 물질주의를 초극하는 것과 연관된다.

개인들이 탈물질적이거나 '삶의 질'에 관한 문제에 더 많은 관심을 기울인다는 것을 의미한다. 이러한 탈물질적 쟁점으로는 전형적으로 도덕성, 정치적 정의, 개인적 성취 등이 있으며, 젠더의 평등, 세계평화, 인종화합, 생태학, 동물권 등이 포함된다. 이런 의미에서 생태주의는 20세기 후반에 태동한 '신'사회운동의 하나로 볼 수 있는데, 이는 인습적 사회의 위계적이고 물질주의적이며 가부장적인 가치를 거부하는 뉴레프트의 의제와 광범위하게 연관되어 있다.

그러나 어떤 다른 신사회운동보다도 더 광범위한 정도로 생태주의는 인간의 감각이나 자아실현의 특성과 관련하여 급진적이고 혁신적인 사고를 해 왔다. 예를 들면 생태주의자들은 인간의 발전이 위험스러운 불균형에 빠져 있다는 견해에 동감을 표해 왔다. 즉, 인간은 막대한 노하우와 물질적 부로 축복을 받고 있지만 '왜 그런가에 대한 지식'은 거의 갖고 있지 않다. 인간은 자신들의 물질적 야망을 실현하는 능력은 개발해 왔지만 이러한 야망이 사리에 맞는 것인지 혹은 건전한 것인지에 대해 의문을 제기하는 지혜는 갖고 있지 않다. 슈마허(Schumacher 1973)의 경고처럼, '인간은 지금 너무 영악하기 때문에 지혜가 없이는 생존을 할 수가 없다.' 그러나 이와 같은 지혜의 추구로 인해 생태주의가 종교적 신비주의나 뉴에이지(New Age) 사상과 같은 영역으로 넘어가는 데 대해 일부 표층 생태주의자나 인본주의적 생태주의자들은 심각한 우려를 표하고 있다. 그럼에도 불구하고 많은 녹색주의자들, 특히 심층 생태학에 공감을 표하는 사람들은 전통적으로 발전된 서구에서 정치사상을 지배해 왔던 것과는 매우 다른 세계관을 옹호하고 있다. 이들에 따르면 이렇게 다른 세계관은 생태주의가 목표로 하는 '패러다임 전환'의 기반이 되고 있으며, 만약 이러한 세계관이 없다면 생태주의는 '지난날의' 정치적 과오를 반복할 운명에 처하게 될 것이다. 왜냐하면 그러한 세계관이 부재할 경우 생태주의는 지난날의 정치 관념과 가정을 넘어설 수가 없기 때문이다.

심층 생태주의는 통상적으로 어떤 의미에서는 자신들의 정치관에 영성적 차원이 존재한다는 것을 기꺼이 인정하려 한다. 자연과의 밀착은 단순히 이론적인 입장이나 윤리적인 태도만은 아니다. 그것의 핵심은 '환경의식' 또는 '생태적 자아'의 성취라는 인간적 경험이다. 호주 철학자 폭스(Warwick Fox 1990)는 '초인격적 생태학(transpersonal ecology)'을 포용함으로써 심층 생태학을 넘어설 것을 주창한 바 있다. 이

초인격적 생태학의 핵심은 '사물들이 존재한다'는 것과 인간이나 다른 실체들 모두가 단 하나의 포괄적 실재의 일부분이라고 인식하는 것이다. 네스(Naess)에게 자아실현은 보다 더 광범위하고 심층적으로 '타자와의 동일시'를 통해서 성취될 수 있다. 이러한 사고는 종종 동방의 종교들, 특히 그 자체로 생태철학으로 간주되어 온 불교에 의해 정식화되었다. 불교의 중요한 교리 중의 하나는 '무아'의 사상인데, 이에 따르면 개별적 자아라는 것은 허구이거나 환상이며 깨달음 또는 각성은 자아를 초극하는 것을 포함하여 각 사람은 다른 살아 있는 모든 것들과 함께 우주로까지 연결되어 있다. 이러한 생각은 일종의 전일적 개인주의로 발전되어 나갈 수 있는데, 여기서 자유는 '존재'의 경험이라든가 유기체적 총체의 실현과 동일시된다. 이는 독일의 심리분석학자이자 사회철학자인 에리히 프롬(Erich Fromm 1900~1980)의 『소유냐 존재냐』(*To Have or To Be* 1970)를 통해서 발전되었다. 프롬은 '소유'를 습득과 통제를 통해 성취를 추구하는 마음 자세로 묘사하였는데 이는 소비주의와 물질주의 사회에 명백하게 반영되어 있다. 이에 반해 '존재'는 경험과 공유로부터 만족을 이끌어내며 그것은 개인의 성장과 영성적 인식으로 연결된다.

IV. 자연과 정치

전형적으로 심층 생태주의자들은 전통적인 정치적 신조라는 것이 반자연의 편향을 드러내 보이는 것으로서 단순히 인간중심주의의 변형에 불과한 것으로 격하시킨다. 그들은 생태주의적이고 전체적인(holistic) 원칙의 급진적인 적용을 통해서 전적으로 새로운 이데올로기적 패러다임을 개발해 왔다고 주장한다. 물론 이들 가운데 많은 사람들은 이데올로기라는 용어가 인간중심적인 사고와 연관되어 있다는 이유로 '이데올로기'라는 말을 쓰는 것조차 거부한다. 그럼에도 불구하고 다른 생태주의 또는 환경주의 사상가들은 상당한 정도로 자신들의 영감을 기존의 정치적 전통으로부터 끄집어냈다. 이들의 입장은 다음과 같은 신념에 근거를 두고 있다. 즉, 기존의 정치적 전통들은 인간이 아닌 것의 본성에 대한 실증주의적 견해와 양립할 수 있는 가치나 신조를 포함하고 있을 뿐만 아니라 생태주의적 위기가 왜 초래되었는지 그리고 이를 어떻게 다루어야 하는지에 대해 실마리를 제공할 수 있다는 것이다. 이런 의미에서 민족주의와 페미니즘처럼 생태주의도 다른 이데올로기들을 가로지르는 교차적 이데올로기로 간주될 수 있다. 시기만 다를 뿐 보수주의자, 파시스트, 사회주의자, 무정부주의자, 페미니스트, 자유주의자들 모두 환경과의 특별한 교감을 주장해 왔다. 그러나 그들은 매우 다른 정치적 목적을 지지하려는 의도에서 생태주의적 개념을 제시하고 있을 뿐이다. 생태주의 내의 중요한 하위 전통은 다음과 같다:

- 우익 생태주의
- 생태사회주의
- 생태무정부주의
- 에코페미니즘

▌우익 생태주의

정치적 생태학에서 가장 초기의 표출은 본질적으로 우익의 정향을 띠었다(Bramwell 1989). 이는 독일 나치 시기 동안 파시스트 생태주의의 형태로 출현함으로써 가장 극적인 표출을 보였다. 우익 생태주의의 주요 주창자는 1933~42년 동안 히틀러 치하에서 농업장관을 맡았으며 나치의 농민 지도자 직을 역임하기도 했던 다레(Walter Darré)였다. 19세기 말 독일에서 급격한 산업화의 경험은 특히 학생들과 젊은이들에게 매력을 주었던 이른바 '땅으로 돌아가자'는 강력한 운동을 낳았다. 독일청년운동(German Youth Movement)은 도시 생활의 소외로부터 회피하여 숲과 산으로 돌아가고자 했던 독일학생집단인 *반더포겔*(*Wandervoegel*)로부터 발전되어 나왔다. 다레의 생각은 노르딕 인종차별주의(Nordic racialism)와 농촌 및 농민 생활의 이상화를 혼합시킨 것이었으며, 국가사회주의와 몇 가지 점에서 겹치는 것으로서 '피와 흙(Blood and Soil)'이라는 농촌철학으로 융합되었다. 농민 지도자로서 다레는 중소 규모의 농지 소유자에게 보유권을 확실하게 보장해주는 세습농지법을 도입하는 일뿐만 아니라 식량 가격을 높게 유지하고 농촌의 번영을 보장하려는 의도하에 농업생산물을 시장에 내다 파는 국가식량단지(National Food Estate)의 건립 책임을 맡았다. 나치와의 연계에도 불구하고 다레의 생각은 현대의 녹색주의 운동과 많은 공통점을 갖고 있다.

먼저 그는 자연과 밀착되고 농토에 근거한 삶만이 진실로 자아실현에 도움이 된다고 확신하고 이를 토대로 농업화된 독일을 재창건하고자 꿈꾸었다. 이러한 생각은 에드워드 골드스미스(Edward Goldsmith 1988)와 같은 현대 생태주의자들로부터 호응을 받았다. 더욱이 다레는 가축비료와 같은 천연비료만을 사용하는 유기농법을 강력하게 옹호하였다. 다레는 호주의 철학자이자 교육자인 루돌프 슈타이너(Rudolph Steiner 1861~1925)의 저술과 인지학(anthroposophy) 운동에서 발견한 대로 동물-토지-식량-인간 사이의 유기적 순환을 신봉했다. 유기농법은 생태주의 원칙을 반영하고 있으며 환경친화적인 농업이라는 개념의 중심적 강령이 되고 있다. 제3제국 기간 동안 다레의 농업 이데올로기는 나치로 하여금 독일 농촌에서 헌신적인 지지를 얻어내는 데 도움을 주었다. 그러나 실제로 나치 정부가 건강하고 농업화된 독일이라는 다레의 이상을 실현하기 위해 한 일은 거의 없다. '피와 흙'이라는 이상에 대한 히틀러의 신념에도 불구하고 군사적 팽창에 대한 그의 집착으로 인해 산업화 과정이 강화되어 나갔고 농촌은 가난하게 되었다.

'온건' 우익의 입장에서 보수주의자들 역시 환경문제에 공감을 표시했다. 첫째로, 보수주의는 마을과 도시의 성장으로부터 위협을 받고 있는 농촌적인 삶의 방식에 대해 낭만적이고 복고적인 동정을 표출했다. 그것은 명백하게 산업화와 '진보'의 사상에 대한 반작용이었다. 그것은 협동과 생태학에 기반하여 탈산업화 사회의 건설을 꿈꾸는 것이 아니라 보다 익숙한 산업화 이전 사회로의 복귀 내지는 유지를 꾀하였다. 이와 같은 환경에 대한 감수성은 전형적으로 건축 유산이나 사회적 유산은 물론이고 삼림이나 초지와 같은 자연 유산의 보존과 보호에 관심을 집중하였다. 그렇기 때문에 자연보존은 전통적인 가치나 제도의 보전과 연결되었다.

둘째로, 보수주의자들은 환경문제에 대한 시장 기반의 해결책을 옹호하였는데 '녹색자본주의(green capitalism)'가 대표적이다. 시장에 기반하여 환경문제를 해결하려는 시도로는 생태친화적인 개인이나 기업의 행위에 대해 인센티브를 제공하는 세금구조의 채택이라든가 교토의정서(Kyoto Protocol)에 제시된 바와 같은 탄소배출권 거래제도(emission trading scheme)가 있다. 자본주의도 녹색화 할 수 있다는 증거는 새로운 상품과 기술을 만들어냄으로써 보다 생태친화적인 소비자에 적극 대응하려는 의지에서뿐만 아니라 장기적으로 기업의 이익은 지속가능한 발전의 맥락에서만 확보될 수 있을 것이라는 인식에 근거하고 있다.

▌생태사회주의

녹색운동 내에는 명백한 사회주의적 분파가 존재한다. 이들은 특히 독일 녹색당 (German Greens)을 통해 표출되고 있는데, 리더들은 대부분의 경우 과거 극좌파 집단의 구성원들이다. 생태사회주의는 윌리엄 모리스(William Morris)와 같은 사상가의 목가적 사회주의로부터 영향을 받았는데 그는 자연과 밀착하여 살아가는 소규모의 수공업 공동체가 바람직하다고 주창하였다. 그러나 생태사회주의는 보다 더 통상적으로는 마르크스주의와 연관된다. 예를 들면 독일의 지도적 생태사회주의자인 루돌프 바로(Rudolph Bahro 1982)는 환경위기의 근본 원인을 자본주의라고 주장하였다. 자연세계는 산업화에 의해 황폐되었는데 이는 자본주의가 무자비하게 이윤추구에 몰두한 결과일 따름이다. 그래서 자본주의는 계급갈등뿐만 아니라 자연환경의 파괴에 의해서 특징지어진다. 인간의 노동과 자연세계가 이렇게 착취되는 것은 이들 모두가 경제적 자원으로만 취급되기 때문이라는 것이다. 그렇기 때문에 환경을 개선하려는 어떤 시도도 급진적인 사회변화의 과정을 밟아야 할 것인데, 이를 혹자는 사회혁명이라 칭한다.

생태사회주의의 중심 주제는 자본주의가 환경의 적인데 반해 사회주의는 친구라는 개념이다. 그러나 사회주의적 페미니즘의 경우와 마찬가지로 이러한 정식화는 두 요소, 즉 '적색'과 '녹색' 사이에 어느 것을 우선할 것인지의 긴장을 야기한다. 만약 환경적 재앙이 자본주의의 부산물에 불과한 것이라면, 환경문제는 자본주의를 제거함으로써 혹은 적어도 자본주의를 순화시킴으로써 가장 잘 해결할 수 있다. 그렇기 때문에 생태주의자들은 별도의 녹색당을 설립하거나 협소한 형태의 환경단체를 조직해서는 안 되며 보다 넓은 사회주의 운동 내에서 활동하고 경제체제와 같은 실질적인 쟁점을 다루어야 한다. 반면에 사회주의는 그 역시 또 하나의 '친생산적(pro-production)' 정치신조로서 간주되어 왔다. 사회주의는 자본가계급이 아니라 인간의 이익을 위해서라면 지구의 부를 착취해도 되는 것으로 보고 있다. 사회주의 정당들은 환경정책을 채택하는 데 소극적이었는데, 그 이유는 다른 '회색' 정당들처럼 사회주의 정당도 계속 자신들의 선거상의 호소력을 경제성장의 약속에 두고 있기 때문이다. 그 결과 생태주의자들은 자주 녹색을 적색에 종속시키는 데 주저해 왔고 결국 독일 녹색당은 '우리는 좌도 우도 아니다'라고 천명하게 되었다. 실제로 바로(Bharo 1984)와 같은 생태사회주의자들은 생태 위기가 너무나 긴박해서 계급투쟁보다 우선되어야 한다고 결론내리고 있다.

생태사회주의자들은 사회주의가 본성적으로 생태주의적이라고 주장한다. 만약 부가 공동으로 소유된다면 모든 사람들에게 이익이 되도록 인간의 장기적 이익의 관점에서 사용될 것이다. 그러나 생태 문제가 단순히 부의 소유에서의 변화로 해결될 것 같아 보이지 않는다는 것이다. 이 점은 구소련이나 동유럽과 같은 국가사회주의의 경험에서 충분히 예시되고 있는데, 세계에서 가장 처치하기가 곤란한 환경문제가 바로 이들 나라에서 발생하였기 때문이다. 대표적인 사례로는 세계에서 네 번째로 큰 호수였던 중앙아시아의 아랄해(Aral Sea)가 새로운 수송로를 건설하면서 원래 크기의 반으로 줄어든 것 그리고 1986년의 체르노빌(Chernobyl) 핵 참사를 들 수 있다.

▌생태무정부주의

아마도 환경적으로 감수성이 높다고 가장 큰 목소리를 내는 이데올로기는 무정부주의일 것이다. 레이첼 카슨의 『침묵의 봄』이 출간되기 몇 달 전 머레이 북친(Murray Bookchin)은 『우리의 종합적 환경』(*Our Synthetic Environment* [1962] 1975)을 발표했다. 녹색운동의 많은 사람들은 19세기 무정부 공산주의자들, 특히 피터 크로포트킨(Peter Kropotkin)으로부터 빚을 지고 있다는 점을 인정한다. 북친(Bookchin 1977)은 무정부주의 사상과 생태주의 원칙 간에는 명백한 상호조응이 존재한다고 강조하면서 생태주의적 균형이야말로 사회안정의 가장 확실한 기반이라는 이른바 '사회생태론'의 아이디어를 주창하였다. 무정부주의자들은 계급 없는 사회를 신봉하며 이러한 사회에서는 인간 사이의 상호 존중과 사회적 연대를 통해 조화가 이루어질 수 있다고 믿는다. 이러한 사회의 풍요로움은 다양성과 다원성에 기초한다. 생태주의자들도 균형이나 조화가 생태계의 형태로 자연 내에서 자발적으로 발전해 나온다고 믿으며, 무정부주의 공동체처럼 이러한 생태계는 외부적 권위나 통제를 필요로 하지 않는다고 생각한다. 그래서 인간사회 내에서 정부를 거부하는 무정부주의의 입장은 자연세계 내에서의 인간의 지배를 경고하는 생태주의자들의 입장과 유사하다. 그렇기 때문에 북친은 무정부주의 공동체를 생태계와 연관지었으며 둘 다 다양성과 균형 그리고 조화의 원칙에 대한 존중을 특징으로 한다고 주장하였다.

무정부주의자들은 또한 일련의 소규모 공동체나 촌락으로 조직된 분권화된 사회의

머레이 북친(Murray Bookchin 1921~2006)

영국의 무정부주의 사회철학자이자 환경사상가. 북친은 1930년대 미국 노동운동의 급진적 행동주의자
였으며, 환경문제를 진지하게 고찰한 초기 사회사상가 중의 한 사람이다. 그는 버몬트(Vermont)의 사회
생태학연구소의 명예교수였다.

무정부주의에 대한 북친의 기여는 결핍 이후의 사회 조건에서 나타나는 비위계적 협동의 잠재력을
중시할 뿐만 아니라 현대사회에서 분권화와 공동체를 촉진해 나가는 방식을 강조하는 것과 연결되어
있다. '사회생태론'의 주요한 주창자로서 그는 생태주의 원칙이 사회조직에 적용될 수 있다고 주장하면서
환경위기는 사회와 자연 모두에서 유기적 구성체가 붕괴된 결과 나타나는 것으로 보았다. 북친의 주요
저작은 『탈빈곤 무정부주의』(*Post-Scarcity Anarchism* 1971), 『자유의 생태학(*The Ecology of
Freedom* 1982), 『사회의 재구성』(*Remaking Society* 1989) 등이 있다.

건설을 옹호해 왔다. 이러한 공동체에서의 삶은 자연과 밀착하여 영위될 것이며 각각
의 공동체는 높은 수준의 자족 상태를 달성하려고 애쓸 것이다. 이들 공동체들은 경제
적으로도 다양성을 띨 것이다. 이들은 식량은 물론이고 넓은 범위의 상품과 서비스를
생산하고 그럼으로써 농업과 수공업 그리고 소규모의 산업을 보유할 것이다. 자급자
족을 통해 각 공동체는 자신의 자연적 환경에 의존할 것이고, 자발적으로 유기적 관계
와 생태학에 대한 이해를 갖추게 될 것이다. 북친의 견해에 따르면, 분권화의 결과
'환경을 보다 지성적이고 보다 사랑스러운 마음으로 사용'하게 될 것이다.

　의심할 바 없이 많은 후기산업화 사회에 대한 생태주의자들의 개념은 크로포트킨과
모리스의 저술로부터 영향을 받았다. 녹색운동은 또한 무정부주의로부터 분권화와 참
여민주주의, 직접행동과 같은 개념을 물려받았다. 그러나 무정부주의가 생태주의적으
로 건강한 미래라는 비전을 제공하는 것으로 간주된다고 해도 거기에 도달하는 수단
이라고는 거의 생각하지 않는다. 무정부주의자들은 정부와 모든 형태의 정치적 권위
가 제거될 때 비로소 진보가 가능할 것으로 생각한다. 반면에 녹색운동의 많은 이들은
정부를 집단행동이 조직될 수 있는 중재자로서뿐만 아니라 그 결과 적어도 장기적

관점에서 환경위기를 대처하는 데 가장 유용한 수단으로서 바라본다. 그들은 정부를
약화시키거나 분해시키는 것이 오히려 산업화를 야기하고 무엇보다도 자연환경을 황
폐시켜 왔던 세력들에게 이를 더욱 자유로이 하도록 하는 힘을 갖다 주게 될 것이라는
우려를 하고 있다.

▌에코페미니즘

페미니즘이 녹색주의 사상에 독특하고 가치있는 접근을 얼마나 제공하는지는 에코
페미니즘이 환경주의 사상에서 중요한 철학적 학파의 하나가 되고 있다는 점에서 분
명하게 나타나고 있다. 에코페미니즘의 기본 주제는 다음과 같다. 즉, 생태파괴는 가
부장제(patriarchy)로부터 연원하며 자연은 인간으로부터 위협을 받고 있는 것이 아
니라 남성과 남성적 권력의 제도 때문에 위협받고 있다. 인간본성에 대해서 양성적
또는 무성적 견해를 취하는 페미니스트들에 따르면, 가부장제로 인해 남성은 보육,
가사, 인간관계와 같은 '사적' 세계로부터 분리됨으로써 자신들의 본능과 감수성을 왜
곡시켜 왔다는 것이다. 그래서 노동의 성적 분리는 남성으로 하여금 여성과 자연을
종속시킴으로써 스스로를 '주인'으로 생각하도록 고무해 왔다. 이러한 견해에서 보면
에코페미니즘은 특정한 형태의 사회생태학으로 분류될 수 있다. 그러나 많은 에코페
미니스트들은 남성과 여성 사이에는 없애기가 어려운 근본적인 차이가 존재한다는
사실에 자신들의 이론적 기반을 두고 있기 때문에 본질주의를 옹호한다.

이러한 입장은 예를 들면 메리 댈리(Mary Daly)의 『여성/생태학』(Gyn/Ecology
1979)에 의해 채택되고 있다. 댈리는 여성들이 '여성적 본성'과 결합을 이룸으로써
가부장적 문화의 속박으로부터 해방될 것이라고 주장했다. 여성과 자연이 본질적으로
연결되어 있다는 개념은 새로운 게 아니다. 기독교 이전의 종교와 '원시' 문화들은
지구나 자연적 힘을 신성한 것으로 묘사하였는데 이러한 사고는 가이아(Gaia) 가설에
서 다시 반복된 바 있다. 그러나 현대 에코페미니스트들은 여성과 자연 간의 밀접성에
대한 생태주의적 기반, 특히 여성이 아이를 낳고 키운다는 사실을 강조한다. 여성이
자연의 리듬이나 과정과 분리되어서는 생존할 수 없다는 사실은 역으로 그들의 정치·
문화적 정향을 구조화한다. 그렇기 때문에 전통적인 '여성의' 가치는 '온건'하고 생태
주의적인 속성을 지닌 상호성이라든가 협동, 보육 등을 포함하고 있다. 자연을 인간에

의해서 사용되는 자원이라거나 정복되어야 할 힘으로 바라보는 생각에 대해서 남성보다 여성이 이를 더 싫어한다. 왜냐하면 여성들은 자연이 여성 속에서 그리고 여성을 통해 작용하고 있음을 인식하고 있을 뿐만 아니라 자연에 적대하기보다는 자연과 함께 행동함으로써 인간의 자아실현이 이루어질 수 있다는 것을 직관적으로 감지하고 있기 때문이다. 그렇기 때문에 가부장제가 폐기되어야 인간사회와 자연세계 간에 전적으로 새로운 관계가 이루어질 것이라고 본다.

이렇게 여성과 자연 사이에 본질적인 또는 '자연적인' 연관이 존재한다고 하더라도 남성과 자연 사이의 관계는 이와 전혀 다르다. 여성이 자연의 피조물이라면, 남성은 문화의 피조물이다. 남성의 세계는 종합적이며 인위적인 것이다. 그것은 자연에 의해 창조된 것이라기보다는 인간에 의해 고안된 산물이다. 그래서 남성의 세계에서는 지성이 직관보다 우위에 놓이며 물질주의가 정신적인 것보다 더 높게 평가되는가 하면 총체적인 관계보다 기계적인 관계가 더 강조된다. 정치적·문화적 맥락에서 이 점은 노력이라든가 경쟁, 위계에 대한 신봉으로 나타난다. 이러한 것들이 자연세계에 의미하는 바는 분명하다. 이 견해에 따르면, 가부장제는 자연에 대한 문화의 우위를 조성하며 자연은 정복되거나 착취되고 혹은 초월해야 할 힘 이외의 아무것도 아닌 것이 된다. 그렇기 때문에 생태파괴와 젠더 불평등은 '문화적인' 남성이 '자연적인' 여성을 지배하는 동일한 과정의 일부분이 된다.

V. 21세기의 생태주의

21세기 생태주의의 전망은 환경위기의 상태뿐만 아니라 환경상의 쟁점이나 환경문제에 대해 얼마나 이해를 하고 있는가의 일반적 수준과 긴밀하게 연관되어 있는 것 같아 보인다. 지구온난화로 인해 발생하는 기후변화, 공해 때문에 생기는 남성 생식능력의 감퇴, 동식물 종의 소멸 등 자연의 황폐화가 진전되고 있다는 증거들이 축적됨에 따라 성장 위주의 산업주의에 대한 대안 추구가 증가해 나갈 것이라는 점은 확실하다. 녹색당이라든가 환경이라는 단일 주제를 다루는 환경단체들의 부침을 보면 생태주의의 사상과 가치가 얼마나 힘을 얻고 있는지에 대해 신뢰할 만한 감을 잡기가 쉽지 않다. 녹색당이 직면하고 있는 문제의 하나는 핵심 경쟁자뿐만 아니라 훨씬 더 많은 경쟁자들이 한때는 자신들의 독차지였던 '생태친화적' 입장을 취하고 있다는 점이다. 이와 유사하게 단일 주제 환경단체들의 구성원들과 활동가들의 기반은 사회 일반의 수많은 '동조자'들을 포섭하지 못하고 있는가 하면 재활용이나 유기농 식품의 이용 등과 같은 폭넓은 생태주의적 관행을 반영하고 있지도 못하고 있다. 또한 환경단체나 생태주의 활동가들이 새로이 태동한 반세계화 운동 내에서 두드러지게 성장해 오고 있다는 점도 주목할 만한 일이다. 이러한 관점에서 보면, 21세기 인류에게는 인간과 자연세계 모두에게 파괴를 가져다주는 정책과 관행을 되돌리는 이외의 다른 선택이 없어 보인다.

그러나 생태주의 이론은 많은 문제에 직면하고 있다. 첫째, 생태주의가 진정으로 지구적 이데올로기가 될 수 있다고 보기가 어렵다. 발전도상 국가들의 입장에서는 생태주의를 강조하는 것이 서구를 따라잡으려는 기회를 봉쇄하는 것으로 비춰진다. 서구 국가들은 대규모의 산업화, 한정된 자원의 사용, 자연세계를 오염시키는 데 주저하지 않는 태도 등 지금은 발전도상 국가들에게 제약을 가하는 관행들을 통해서 발전해 왔다. 예를 들면 중국에서의 경제발전은 2006년 한 해 평균 매주 하나의 새로운 석탄연료 발전소를 발주하거나 10개의 가장 오염된 세계 도시 가운데 8개가 중국에 속하게 되는 결과를 낳았다. 그러나 산업화된 서구라고해서 발전도상국가보다 생태주의적 선호를 더 적극적으로 채택할 가능성은 커 보이지 않는다. 왜냐하면 이는 에너지와 자원의 주요한 소비자로서 서구가 기존에 향유해 오던 번영을 보류해야 한다는 것을 의미하기 때문이다. 이 점은 미국과 호주가 교토의정서에 서명하는 것을 주저했다는데서 명확하게 나타난다.

둘째, 산업주의와 이의 기반적 가치인 경쟁적 개인주의와 소비주의는 경제적 세계화의 결과로서 보다 더 깊이 뿌리내리고 있다. 이러한 의미에서 세계화는 일종의 초산업주의로 파악될 수 있다. 다른 말로 얘기하면 생태주의와 반세계화 운동 간의 연결은 우연한 것이 아니다. 셋째, 생태주의의 반성장 논리에는 어려움이 도사리고 있다. 제로성장은 물론이고 지속가능한 성장의 정치학은 선거를 치를 때 대중들에게 호소력이 너무나 없어서 민주적으로는 가능하지 않을 수도 있다. 넷째, 녹색주의는 일종의 탈산업사회의 낭만주의에 기초한 단순히 도시적 유행에 불과할 수도 있다. 이는 환경주의적 인식이 단지 산업적 진보에 대한 일시적 반작용일 뿐이며 젊은 사람들이나 물질적으로 풍요한 사람들에게 한정되기가 쉽다는 것을 뜻한다.

아마도 생태주의가 직면하고 있는 가장 어려운 도전은 그것이 요구하는 변화의 규모가 너무 크다는 점이다. 적어도 심층 생태학의 입장에서 보면, 생태주의는 사회주의나 파시즘, 페미니즘은 물론이고 이 책에서 검토되고 있는 어떤 다른 정치 이데올로기보다도 더 급진적이다. 그것은 단순히 경제제도의 변형이라든가 정치체제 내에서의 권력관계의 재조정만을 요구하지 않는다. 그것은 새로운 존재방식의 추구, 다시 말해서 전혀 다른 방식으로 존재를 경험하고 이해할 것을 요구한다. 더욱이 생태주의의 이론과 가치, 감수성은 전통적으로 산업사회를 지배해 온 것들과 양립하기가 매우 어렵다. 그렇기 때문에 만약 생태주의가 성공을 거두려 한다면 문화에 영향을 미쳐야 하는데 생태주의의 문제는 생태주의가 바로 이러한 문화와는 전혀 어울리지 않는 철학에 근거하고 있다는 점이다. 그렇지만 바로 이 점이 생태주의가 호소력을 갖는 기반이 될 수도 있을 것이다.

·· 생각해 볼 문제

- 생태중심적 시각은 정치에 대한 전통적인 접근에 어떻게 도전하고 있는가?
- '표층' 생태주의는 용어상 모순적인가?
- 생태주의자들은 왜 과학에 대해서 애매한 입장을 취하는가?
- 지속가능한 경제의 특징은 무엇인가?
- 생태주의적 정치는 도덕적 사고를 어떻게 확장해 왔는가?
- 생태주의자들은 인간의 자아실현을 어떻게 받아들이고 있는가?
- 생태주의와 가장 잘 양립할 수 있는 정치 이데올로기는 무엇이며 왜 그런가?
- 어느 이데올로기가 생태주의와 가장 양립하기가 어려운가 그리고 왜 그런가?
- 생태주의적 정치가 선거상에서나 정치적으로 존립할 수 있을까?

•• 더 읽을 자료

Baxter, B. *Ecologism: An Introduction* (Edinburgh: Edinburgh University Press, 1999). 생태주의의 주요 구성요소들에 대한 명확하고 포괄적인 조사로서 생태주의의 도덕적, 정치적, 경제적 함의를 제시하고 있다.

Bramwell, A. *Ecology in the Twentieth Century: A History* (New Haven, CT and London: Yale University Press, 1989). 생태주의 운동의 지성사와 정치사에 대한 매우 영향력 있는 연구로서 상세하고 공세적이다.

Capra, F. *The Web of Life: A New Synthesis of Mind and Matter* (London: Flamingo, 1997). 심층 생태학을 이론적 패러다임으로 삼고 있는 생태주의 정치학에 대해 새로운 기반을 발전시키려 한 대담한 시도이다.

Dobson, A. *Green Political Thought*, 4th edn. (London: Routledge, 2007). 녹색정치 사상에 대해 매우 유용하고 쉽게 접근할 수 있도록 설명을 해 주고 있으며 때때로 이 주제에 대한 고전적인 교재로 인정을 받고 있다.

Dobson, A. *The Green Reader* (London: Andre Deutsch, 1991). 생태주의 사상가들의 주요 저작으로부터 짧게 발췌한 것을 모은 것으로 더 읽을 거리의 매우 유용한 기반이 된다.

Eckersley, R. *Environmentalism and Political Theory: Towards an Ecocentric Approach* (London: UCL Press, 1992). 현대 정치사상에 대한 환경주의의 영향에 대해 자세하면서도 포괄적인 검토를 하고 있다.

Marshall, P. *Nature's Web: Rethinking Our Place on Earth* (London: Cassell, 1995). 생태주의의 역사를 다루면서 각기 다른 문화와 각기 다른 시기에 자연에 대한 다양한 접근이 어떠한지를 보여주는 개괄서이다.

제10장

종교적 근본주의

I. 개관

'근본주의'라는 용어는 기본을 의미하는 라틴어 *펀다맨텀*(*fundamentum*)으로부터 유래한 것이다. 이 용어는 20세기 초 미국 개신교 내부의 논쟁에서 처음 사용되었다. 1910~15년 사이 복음주의 개신교도들은 *기본*(*The Fundamentals*)이라는 제하의 소책자를 발간하였는데, 이는 기독교 신앙의 '현대적' 해석에 직면하여 성경의 무오류성 내지는 문자 그대로의 진리를 주창했다.

'근본주의'라는 용어는 매우 논쟁적이다. 그것은 보통 확고부동, 교조주의, 권위주의와 연계되어 왔다. 그 결과 근본주의자로 분류되는 사람들 가운데 많은 경우는 이 용어가 단순하거나 경멸적인 것이라고 보고 거부하는 대신에 스스로를 '전통주의자', '보수주의자', '복음주의자', '신앙부흥주의자' 등으로 부르는 걸 더 선호한다. 그러나 이러한 대안적 용어와는 달리 근본주의는 성스러운 경전이 문자 그대로의 진리를 갖고 있다는 주장보다는(물론 이러한 주장이 일부 근본주의의 어떤 특성을 보여주고 있기는 하지만) 종교적·정치적 운동 내지는 프로젝트라는 개념을 전달하는 데 더 많은 이점을 갖고 있다. 그래서 종교적 근본주의는 종교와 정치를 명확하게 구별하지 않는다는 특성을 보인다. 사실 정치가 곧 종교라고 본다. 이것이 의미하는 바는 종교적 원칙이라는 것이 개인이나 '사적인' 삶에 한정되지 않고 정치는 물론이고 법, 사회적 행동, 경제를 포함하는 '공적인' 실존을 조직화하는 원칙이라는 것이다. 그런 의미에서 근본주의적 경향은 기독교, 이슬람교, 힌두교, 유대교, 불교, 시크교 등 세계의 모든 주요 종교에서 발견된다.

그럼에도 불구하고 예를 들면 미국의 기독교 근본주의나 이스라엘의 유대교 근본주의와 같은 형태의 종교적 근본주의는 그 목표가 제한적이고 특정화되어 있기 때문에 다원주의와 공존하고 있다. 그러나 대표적으로 이슬람 근본주의와 같은 형태의 종교적 근본주의는 그 목표가 신정정치를 구축하는 데 있다는 점에서 다시 말해 종교적 원칙에 입각해서 국가를 재건하려고 하며 또 정치적 위상이라는 것도 종교적 위계질서 내에서의 위치에 상응하도록 한다는 점에서 혁명적이다.

II. 기원과 전개

과거로의 회귀를 강조하고 명백하게 반근대성을 지향함에도 불구하고 **종교적 근본주의**(religious fundamentalism)는 현대 세계의 창조물이다. 실제로 대부분의 평자들은 종교적 근본주의를 명백히 현대적인 현상으로 취급하며 역사적인 전례를 찾는 게 어렵다고 주장한다. 이에 대한 예외가 있다면 농민전쟁을 이끌었던 독일의 재침례파 목사 토마스 뮌쩌(Thomas Muntzer 1489~1525)와 제네바에서 신정정치를 구축하여 이 도시의 거의 모든 사안들을 통괄했던 프랑스의 개신교 개혁가 장 칼빈(Jean Calvin 1509~1564)이 있다. 이와 비슷하게 청교도들도 17세기에 영국 혁명을 일으키는 데 주요한 역할을 수행했을 뿐만 아니라 새로운 영국을 건설하고자 미국으로 이주함으로써 새로운 형태의 정치·사회체제를 건설하려는 자신들의 '이러한 세속적인' 관심을 유감없이 보여준 바 있다.

> ✳ **종교적 근본주의**
>
> 교리의 원초적 내지는 가장 기본적인 원칙에 대한 신념으로서 흔히 격렬한 헌신과 연관되는가 하면 때로는 공상적인 열정과 연결되기도 한다(p.356 참조).

20세기 말 종교적 근본주의의 대두는 이른바 **세속화(se-cularization)** 명제를 옹호해 왔던 사람들에게 혼란을 가져다주었다. 왜냐하면 세속화 명제에 따르면 근대화에는 불가피하게 종교에 대한 이성의 승리 그리고 정신적인 가치를 세속적인 가치로 대체하는 것 등이 뒤따를 것이었기 때문이다. 세계 도처에서 종교적 근본주의는 새로이 부활한 잠재력을 보여주었다. 더욱이 근본주의의 옷을 입고서 이들 종교 부흥주의자들은 공개적으로 정치적 틀을 취했다. 이는 1970년 이슬람 내에서 명백하게 나타났으며 1979년 이란에서의 이슬람 혁명에 의해 가장 극적으로 분출되었다. 그러나 1980년대 동안 기독교에서도, 특히 미국에서 이른바 새로운 기독교 우파의 형태로 그리고 인도의 힌두교와 시크교 내부에서 근본주의 운동이 태동함에 따라 그것이 전적으로 이슬람의 발전에만 국한되지 않는다는 점은 명백해졌다.

세속화

종교적이고 성스러운 가치나 생각을 대신하여 세속적이고 합리적인 가치와 견해가 확산되는 경향

20세기 말 이래 근본주의 운동이 대두하게 된 원인이 무엇인지를 일반화하는 것은 쉽지 않다. 왜냐하면 근본주의가 세계의 다양한 곳에서 각기 다른 이념적 형태를 띠는가 하면 대조적인 이데올로기적 특징을 보이기 때문이다. 그럼에도 불구하고 확실한 것은 근본주의가 매우 불안정한 나라들, 특히 실제적이든 인식적이든 정체성의 위기로 고통을 받고 있는 사회에서 출현하고 있다는 점이다. 그래서 루스벤(Ruthven 2004)은 점증하는 의구심과 불확실성의 세계에서 '의미를 찾기 위한' 것이라는 데서 근본주의의 특징을 찾을 수 있다고 보았다. 다양한 형태의 발전은 이러한 의문과 불확실을 야기하는 데 기여했다.

여전히 논쟁적이기는 하지만 아마도 종교적 근본주의의 출현을 설명하는 가장 영향력 있는 이론은 새뮤얼 헌팅턴(Samuel Huntington 1996)의 '문명충돌론'이다. 이 명제는 '문명' 갈등의 태동을 세계질서에서의 변화, 특히 자본주의와 공산주의 사이의 이데올로기적 대립이 종식된 것과 연결시키고 있다. 이데올로기적 충성심이 쇠퇴하고 경제적 일체성이 덜 명백하게 됨에 따라 사람들은 자신들의 독특한 문화나 또는 자신들의 문화가 착근되어 있는 보다 넓은 문명에서 의미를 찾고 있다. 문화적 차이가 점점 더 증가해 가고 있는 세계가 적대와 갈등을 특징으로 하고 문명적 차이는 양립할 수가 없을 것이라는 생각은 가장 큰 논쟁거리가 되고 있다. 그럼에도 불구하고 이 명제의 지지자들은 지구적 테러리즘의 출현을 문명적 관점, 특히 이슬람과 서구 사이의 갈등이 표출된 것으로 볼 때 가장 잘 설명할 수 있다고 주장한다. 그러나 다른

사람들은 이러한 현실을 경쟁적인 문명 사이의 충돌이라기보다는 각 문명 내에서 경쟁적인 근본주의적 경향 사이의 갈등으로 바라보아야 한다고 주장한다. 이에 따르면 이른바 '테러와의 전쟁'은 '근본주의자들 간의 충돌(Ali 2003)'로 해석된다.

이러한 위기를 가져온 많은 요인들 가운데 특히 종교적 근본주의와 관련한 3가지 요인으로 세속화, 후기 식민주의, 세계화를 들 수 있다. 세속화는 전통적인 종교의 쇠퇴 그리고 사회의 '도덕적 재료'라고 간주되는 것의 약화를 초래했다. 그런 의미에서 근본주의는 타락과 위선에 대한 도덕적 저항을 대표한다. 그것은 '올바른' 질서를 회복하고 인간세계와 성스러운 것 사이의 연결을 재구축하는 데 목표를 둔다. 이러한 도덕적 보수주의는 미국의 새로운 기독교 우파에서 명백하게 나타나고 있을 뿐만 아니라 이란, 터키, 파키스탄, 아프가니스탄과 같은 나라에서 이슬람 근본주의의 중요한 요인이 되고 있다.

후기 식민주의의 영향은 근본주의가 전 지구적으로 발견된다고 하더라도 가장 강력하고 영향력 있는 표출이 왜 발전도상 세계에서 나타나고 있는지를 설명하는 데 도움을 준다. 후기 식민주의 사회는 일련의 첨예한 문제들로 고전하고 있다. 예를 들면 식민지배는 지속적으로 토착 문화를 평가절하하고 억압하는 경우가 많았는데, 이는 후기 식민사회가 약화된 정체성 의식을 물려받았을 뿐만 아니라 특히 엘리트들 사이에서는 서구적 가치와 제도에 대해 허약한 소속의식을 갖고 있다는 것을 의미한다. 정치적 독립도 사회해방을 가져오는 데는 실패했다. 오히려 전통적 제국주의가 신식민주의로 대체됨으로써 지속적인 지구적 불평등과 서구 강대국의 이해관계로의 종속을 낳고 있다. 이러한 상황에서 종교적 근본주의는 다음과 같은 두 가지 이유에서 매력적이다. 즉, 종교적 근본주의는 한편으로는 비서구적인, 특히 반서구적인 정치적 정체성의 전망을 가져다 주는가 하면 다른 한편으로는 특히 1970년대 혁명적 사회주의의 쇠퇴 이후 도시 빈민과 하위 중간층의 열망을 담아내고 있다는 점이다.

마지막으로 근본주의는 세계화의 진전으로부터 추동력을 얻고 있다. 세계화는 안정되고 안전한 정치적 일체성을 확립한다는 '시민적' 민족주의의 역량을 깎아내려 왔다. 그렇기 때문에 종교는 집단적 정체성의 주요한 원천으로서 민족을 대체하는 경향을 보여 왔는데 이는 근본주의가 종족적 민족주의의 하부 변형으로 출현하고 있음을 의미한다. 이 점은 민족적 정체성이 도전을 받거나 위협을 받는 곳에서 특히 중요하게 작용한다. 예를 들면 종족적 동원으로서의 근본주의는 스리랑카 싱할라족(Sinhalese)의 전투적 불교와 이스라엘의 유대인정착운동, 인도의 시크교도 극단주의 그리고 통합 아일랜드를 반대하는 북아일랜드 얼스터(Ulster) 개신교도의 저항에서 찾아볼 수 있다.

III. 핵심주제: 기본으로 돌아가기

종교적 근본주의는 비전형적 정치 이데올로기이다. 그것은 성스러운 문제나 정신적인 문제 혹은 '다른 세상에 관한' 사안들로부터 영감을 끄집어내고 있을 뿐만 아니라 그 교의나 구조의 차이에 관계없이 다양한 종교 혹은 아마도 모든 종교를 관통하고 있다. 종교적 근본주의를 단 하나의 일관된 실체로 연구한다는 것은 세계의 종교들을 구분짓는 실질적인 차이들, 예를 들면 일신교인가 다신교인가 혹은 무신교인가의 여부, 하나의 경전을 갖고 있는가 아니면 구두로 내려오는 전통에서 다양한 경전과 성소를 갖고 있는가의 여부 또는 도덕성과 사회적 행동을 어떻게 바라보고 있는가의 여부 등을 부차적인 것으로 다루는 것이다. 더욱이 어떤 근본주의는 폭력이라든가 반헌법적 정치행동과 연관되는 반면 다른 근본주의자들은 법을 지키면서 평화적으로 행동하는 것을 지지한다.

이러한 차이들은 종교적 근본주의가 정치적 사고와 가치의 실질적인 집적이라기보다는 본질적으로 정치적 사고의 한 유형이라는 사실에 주목하도록 하고 있다. 종교적 근본주의의 중심적 혹은 핵심적 논지가 무엇인지를 알아볼 수 있다고 한다면 그것은 그 내용에 관계없이 어떤 원칙들을 본질적인 혹은 도전할 수 없는 '진리'로 인정하는 경향으로부터 나온다. 역으로 이는 종교가 강력한 '세속적 관심'의 정향을 띤다는 것을 의미한다. 실제로 종교가 정치 그 자체 내용이 되고 있다. 종교적 방침에 맞추어 종교적 원칙에 따라 사회를 포괄적으로 재구조화하려는 프로그램으로서 근본주의는 그 스스로의 힘으로 이데올로기가 될 수 있는 자격을 갖추고 있다. 그럼에도 불구하고 어떤 경우에는 근본주의가 종교적 민족주의의 형태를 띤다는 것을 부인하기는 어렵다. 그러나 적어도 보다 급진적인 형태로서 종교적 근본주의는 민족적 또는 종족적 특이성을 주창하는 것을 넘어서고 있으며, 특히 이슬람의 경우 그것은 현저하게 초민족적 차원을 보여주고 있다. 종교적 근본주의의 특징적 주제는 다음과 같다:

- 종교와 정치
- 근본주의적 충동
- 반근대주의
- 전투성

종교와 정치

근본주의의 핵심 논지는 종교와 정치 사이의 구별을 거부하는 데 있다. 실제로 호메이니(Khomeini)의 말을 빌면, '정치는 종교이다.' 종교는 정치의 근본일 수 있다는 것이다. 그러나 종교는 무엇인가? 가장 일반적인 의미에서 종교는 어떤 종류의 초월적 존재에 관한 일련의 신념체계(이는 보통 일련의 인가된 행동과 관행으로 표현된다)에 의해 묶어진 조직적 공동체이다. 여기서 '초월적'이 무엇을 의미하는지를 규정하기는 쉽지 않다. 왜냐하면 그것은 지고(至高)의 존재나 창조자 신으로부터 시작하여 불교의 열반이나 개인적 자아의 '절멸'에서 보는 것과 같은 개인적 해탈의 경험에 이르는 무엇인가를 지칭할 수가 있기 때문이다.

정치생활에 대한 종교의 영향은 자유주의적 문화와 사고의 확산—이는 산업화된 **서구(West)**에서 특히 압도적인 영향을 미쳐온 과정이다—으로 인해 제약을 받아 왔다. 그럼에도 불구하고 자유주의적 **세속주의(secularism)**는 전혀 반종교적 성향을 띠지 않는다. 오히려 그것은 종교를 위해서 '적절한' 영역과 역할을 확립하는 데 관심을 갖는다. 자유주의적 문화의 주된 특징은 이른바 공과 사의 구분으로 나타난다. 이는 집단적 규칙에 의해 규제를 받으면서 정치적 권위에 복종하는 삶의 공적인 영역과 사람들이 자기가 하고 싶은 대로 할 자유를 갖는 삶의 사적인 영역을 엄격히 구분하고자 한다. 자유주의적 관점에서 볼 때, 이러한 구분의 커다란 이점은 개인이나 사적인 영역에 개입하는 정부의 능력을 제한함으로써 개인의 자유를 보장해 주는 데 있다.

서구

문화적으로는 그리스·로마와 기독교를 공통의 뿌리로 삼고 있는가 하면 사회적으로는 산업자본주의의 지배를 받고 있으며 정치적으로는 자유민주의가 자리 잡고 있는 세계의 일부분을 지칭함

세속주의

종교는 세속적 또는 세상의 일에 관여해서는 안 된다는 신념으로서 보통은 국가로부터 교회를 분리시키려는 욕구로 나타난다.

그러나 이는 또한 공공생활을 엄격하게 세속적인 기반에서 조직되도록 함으로써 사적인 영역의 울타리 속으로 들어간 종교에도 중요한 함의를 갖는다. '종교의 사유화'를 통해 세속주의는 공/사 구분을 정치와 종교 간의 구별로 확대해 나갔다. 이것이 가장 명확하게 표출된 것이 바로 교회와 국가의 분리인데 이는 미국과 여타의 지역에서 헌법적으로 확립되어 있고 자유주의적 민주국가에서 널리 수용되고 있다.

종교적 근본주의의 정신은 많은 경우 공/사 구분을 거부하는 데 사로잡혀 있다. 어느 한 수준에서 보면 근본주의는 '정체성 정치'의 표출이다. 세속적이고 합리적인 기반에 따라 조직된 공공영역의 확장은 점차적으로 전통적인 사회적 규범과 조직구성, 가치들을 약화시켜 왔으며 많은 사람들에게서 정체성을 박탈함으로써 에릭 홉스

관점 (Perspectives)

종교

자유주의자들은 종교를 개인의 선택이나 개인의 발전과 연결되는 명백히 '사적인' 문제로 바라본다. 그래서 종교의 자유는 시민권에 본질적인 것이며 종교와 정치 그리고 교회와 국가의 엄격한 구분에 의해서만 보장될 수 있다고 본다.

보수주의자들은 종교를 안정과 사회적 결속의 가치 있고 본질적인 요소로 간주한다. 종교는 사회에 일련의 공유된 가치와 공통의 문화적 기반을 제공하기 때문에 종교와 정치 그리고 교회와 국가가 서로 겹치는 것은 불가피하고 또 바람직하다고 본다.

사회주의자들은 보통 종교를 부정적으로 묘사한다. 그것은 잘해야 정치투쟁으로부터 관심을 돌리도록 하는 것이거나 아니면 최악의 경우(때로는 국가 무신론의 채택으로 연결되기도 하는) 지배계급의 이데올로기의 한 형태이다. 그럼에도 불구하고 사랑과 연민을 강조함으로써 종교는 사회주의에 윤리적 기반을 제공할 수도 있다.

무정부주의자들은 일반적으로 종교를 억압의 제도화된 원천으로 바라본다. 교회와 국가는 불가분리하게 연결되어 있다. 이 경우 종교는 개인으로부터 도덕적 자율성을 빼앗는 일련의 권위주의적 가치를 제시하면서 지상의 지배자에게 순응과 복종을 하도록 설파한다고 본다.

파시스트들은 때때로 자신들과 충성과 신념의 원천에서 경합을 한다는 이유뿐만 아니라 연민이라든가 인간적 동정과 같은 '퇴폐적인' 가치를 설파한다는 점에서 종교를 부정해 왔다. 그럼에도 불구하고 파시즘은 헌신, 희생, 정신, 구원 등과 같은 용어와 내적인 구조를 보유함으로써 '정치종교'로서의 기능을 추구한다.

종교적 근본주의자들은 종교를 개인의 행동뿐만 아니라 사회적·경제적·정치적 생활의 조직을 규정하는 '본질적이고' 변화할 수 없는 원칙의 집적으로 바라본다. 종교는 '사적인' 영역에 한정되어서는 안 되며, 오히려 대중동원과 사회적 쇄신의 정치에서 최상의 혹은 적절한 표출을 찾아야 한다고 본다.

봄(Eric Hobsbawm 1994)이 지적한 바 현대 세계의 '고아들'을 창출해 왔다. 전형적으로 근본주의를 특징짓는 강렬함과 열정으로 인해 종교는 집단적 정체성으로 작용하고 있으며, 그 구성원들과 지지자들에게 그렇지 않으면 결핍을 느끼게 될 뿌리 의식과 소속감을 제공해 주고 있다. 보다 중요하게는 종교적 근본주의가 종교를 단순하게 개인적이고 사적인 사안으로 보지 않는다는 점이 그 이데올로기적 증명서가 되고 있다. 종교를 단지 개인적이고 사적인 것으로 취급한다는 것은 악덕과 부패가 공공 영역을 휩쓸도록 한다는 것을 의미하며 그럼으로써 수동성, 물질주의, 부패, 탐욕, 범죄, 비도덕성을 확대시키게 된다. 이에 대한 근본주의적 해법은 간단하다. 즉, 세상을 새롭게 만들어야 하며 현존하는 구조를 종교적 원칙에 토대를 둔 포괄적인 법으로 대체하고 나아가 법, 정치, 사회, 문화, 경제를 포괄하도록 하는 것이다.

그러나 세속적 공공영역에서의 부패는 다음과 같은 두 개의 대응 가운데 하나를 불러올 수 있다. 첫째는, 사람들이 '수동적' 근본주의라고 부르는 것으로서 철수(withdrawal) 방식을 택하는 것이다. 이는 더 넓은 사회에 의해 오염되지 않는 신도들의 공동체를 건설하려고 시도하는 것이기도 하다. 미국의 아미시(Amish: 문명생활을 거부하는 보수 개신교도)라든가 이스라엘의 초정통 유대교파인 하레딤(Haredim)과 같은 집단은 의심할 바 없이 종교가 사회적·경제적·정치적 원칙을 규정한다고 믿는다. 그러나 그들은 일반적으로 사회의 포괄적인 쇄신보다는 이러한 종교적 원칙들을 잘 지키는 데 더 많은 관심을 갖고 있다.

두 번째의 대응은 '능동적' 근본주의이다. 이는 반대와 전투적 노선을 취하며 공개적으로 정치적 입장을 천명한다는 점에서 이데올로기로 간주되어야 한다. 능동적 근본주의가 채택하는 정치 관념은 확연히 전통적인 것이다. 동일하게 공/사 구분에 대해 부정적 태도를 취함에도 불구하고 페미니스트들과 명백히 대조적으로 종교적 근본주의자들은 정치를 정부정책이나 국가행위라는 관점에서 바라본다. 정치를 내재적으로 타락한 것으로 보기는커녕 이들은 보통 현대국가를 도덕적 쇄신의 도구로서 파악하기 때문에 이를 장악하거나 적어도 영향을 미치려고 애쓴다. 그럼에도 불구하고 근본주의의 비판자들은 종교와 정치 사이의 구분을 없애려는 시도가 바로 근본주의 내에 **전체주의**(totalitarianism)로의 경향을 내재하도록 하고 있다고 주장한다. 정의상 종교적 원칙에 기반한 국가는 공/사 구분으로부터 연원하는 제약으로부터 벗

✳✳ 전체주의

국가가 사회의 모든 제도에 개입하고 통제함으로써 시민사회와 '사적' 생활을 제거하는 전면적 정치지배 과정

어나게 된다. 그러나 특정의 근본주의가 이러한 전체주의적 충동에 얼마나 쉽게 굴복하는가의 정도는 매우 다양하다.

▎근본주의적 충동

보다 넓은 의미에서 근본주의는 '기본적' 또는 '근본적'인 것으로 보이는 가치나 사고에 대한 헌신을 지칭한다. 근본주의적 신념은 지엽적이고 다소 일시적인 신념과는 달리 이론적 체계의 핵심으로 간주되기 때문에 이들은 보통 지속적이고 변화하지 않는 특징을 갖고 있으며 체제의 원래적 내지는 '고전적인' 형태와 연결된다. 그렇기 때문에 근본주의는 **상대주의**(relativism)에 반대되는 것으로 간주된다. 이러한 기준에 따르면, 대표적으로 파시즘이나 공산주의와 같은 어떤 정치 이데올로기들은 근본주의와 상대주의 사이의 스펙트럼에서 근본주의의 끝 쪽에 더 가까이 위치할 수 있다. 이에 반해 특히 자유주의는 이성과 관용에 대한 의무로 인해 회의주의 쪽으로 치우치는 특성을 지니기 때문에 상대주의의 끝 쪽에 위치한다. 그러나 모든 이데올로기는 근본주의의 특성을 보유한다. 근본주의가 원래적이거나 '고전적인' 사고를 통해 신념을 유지하는 것을 의미한다는 측면에서 이데올로기 내의 어떤 전통은 근본주의적이고 어떤 전통은 그렇지 않다고 분류하는 것도 가능하다. 이 점에서도 근본주의는 상대주의의 대척점에 있다. 그래서 자본주의를 제거하고 대체하려는 고전적 마르크스주의는 근본주의적 사회주의의 하나로 볼 수 있다. 반면 사회민주주의는 사유재산, 시장, 물질적 유인 등에 대한 반대를 완화시키고 있기 때문에 수정 사회주의로 파악된다.

상대주의

객관적이거나 '절대적인' 기준이 존재하지 않기 때문에 도덕적이거나 사실적인 진술을 그 맥락과 관련하여서만 판단될 수 있다고 보는 신념

종교적 근본주의의 경우 '근본적인 것들'은 반드시 그런 것은 아니지만 경전의 내용으로부터 도출되어 왔으며 원문에 충실한 진리라는 주장에 의해 지지되고 있다. 실제로 경전 직해주의(scriptural literalism)는 미국 개신교 근본주의의 중심적 특성을 이루고 있다. 이는 예를 들면 『창세기』(*Book of Genesis*)에 서술된 대로 신에 의해 인간이 창조되었다는 신념을 포함하여 창조론 또는 '창조과학'을 설파하며 다윈의 진화론을 전적으로 반박한다. 이러한 경향은 기독교, 이슬람교, 유대교 등 3개의 '경전

●--

근본주의(Fundamentalism)

근본주의는 하나의 사고방식으로서 어떤 원칙들을 그 내용에 관계없이 변화가 불가능하고 최우선적인 권위를 보유하고 있는 본질적인 '진리'라고 간주한다. 그렇기 때문에 실제의 근본주의에는 그 지지자들이 교의적 확신으로부터 생겨난 열정과 열성을 다하려는 경향이 있다는 것을 제외하고는 공통적인 것이 거의 아무것도 없다. 근본주의는 보통 종교나 경전에 대한 문자 그대로의 진리와 연관되기는 하지만 또한 그것은 정치적 신조에서도 발견된다. 자유주의적 회의주의마저도 자신의 것만을 제외하고는 모든 이론들에 대해 의구심을 가져야 한다는 근본주의적 신념을 보유하고 있다고 얘기할 수 있다. 근본주의라는 용어가 자주 비융통성, 독단주의, 권위주의를 의미하는 것으로 경멸적으로 사용되고 있음에도 불구하고 그것은 또한 무욕(selflessness)이라든가 원칙에 대한 헌신 등의 의미를 담고 있기도 하다.

--●

종교' 모두에서 발견되는데, 이들 각각은 신의 계시적 말씀을 표현한다고 주장되는 성스러운 경전을 보유하고 있다. 그럼에도 불구하고 다음과 같은 이유에서 종교적 근본주의를 경전 직해주의와 동일시해서는 안 된다. 첫째, 모든 경전은 복잡하고 다양한 범위의 사고, 교의, 원칙을 포함하고 있다. 성스러운 경전을 정치 이데올로기 혹은 대중동원과 사회쇄신을 위한 도덕적이고 정치적인 프로그램으로 취급하기 위해서는 경전의 '근본적인 것'을 끄집어낼 필요가 있다. 그런데 이것들은 종교적 정체성에 대해 명백하고 정확한 정의를 제공해 주는 일련의 단순하고 명확한 원칙들이다. 존 가비(John Garvey 1993)의 말에 따르면, '근본주의는 날렵하고 빠르게 움직일 수 있도록 겉치장을 벗어버린 형태의 종교이다.'

둘째, 자신들의 원칙상의 목표를 '경전에 따라 사는 데' 두고 있는 초정통파들과 비교할 때, 근본주의자들은 경전을 '행동주의적'으로 독해할 것을 주창해 왔다. 이에 따라 이들은 경전의 복잡성과 심오함을 단순하게 신정정치의 프로젝트로 축소할 수 있었다. 이슬람에서는 이를 '역동적 해석'으로 파악한다. 그러나 이와 같은 선택과 독해는 왜 경전이나 교의에 대한 하나의 해석이 다른 해석에 비해 유효한지의 문제를 제기한다. 근본주의자들은 보통 누가 해석의 역할을 맡는가를 심사숙고함으로써 이 문제를 해결해 왔다. 이 점에서 성직자의 위계나 종교적 직위는 이차적인 중요성을 가진다. 보다 중요한 것은 '참된' 해석자는 투쟁경험을 통해서 영적인 통찰력을 심화시켜 온 행동주의자인 동시에 심오한 믿음과 도덕적 순수성을 갖춘 사람(두말할 필요도 없이 남성이겠지만)이어야 한다. 이것이 바로 근본주의가 예외 없이 비판자들이 지적하는 것처럼 암묵리에 권위주의적 속성을 띠게 되는 카리스마적 지도자와 연관되는지의 이유를 설명해 준다.

20세기 말 이래 근본주의 운동의 확산을 통해서 드러나는 것처럼 근본주의의 막강한 힘은 정치적 행동주의를 촉진하고 충실한 신도들을 동원할 수 있는 능력에 있다. 그래서 근본주의는 심리학적인 수준과 사회학적인 수준 모두에서 작용하고 있다. 심리학적으로 근본주의의 호소력은 불확실한 세계에서 확실성을 제공하는 능력에 기반하고 있다. 종교이기 때문에 종교적 근본주의는 인간이 당면하고 있는 가장 심오하고 가장 복잡한 문제 가운데 일부를 다룬다. 또한 근본주의의 입장에서 종교적 근본주의는 직접적이고 실질적이며 무엇보다도 절대적인 해법을 제공해 준다.

사회학적으로 종교적 근본주의의 호소력은 교육받은 계급이나 전문적인 계급으로 확대되는 동시에 그것은 경제적으로나 정치적으로 소외된 사람들의 열망을 다루는 데 특히 성공을 거두어 왔다. 무엇보다도 발전도상의 세계에서 안정된 일체성과 사회질서의 전망을 제공해 줌으로써 그것은 정치적 쇄신과 사회정의의 신조로서 사회주의를 대체해 왔다. 그러나 다음과 같이 근본주의의 한계를 지적하기도 한다. 즉, 종교적 근본주의가 단순하게 되어 있을 뿐만 아니라 겉치장을 벗어버린 특성 때문에 복잡한 문제를 다루거나 포괄적인 해법을 발전시키기에는 어려움이 있다는 것이다.

▮ 반근대주의

종교적 근본주의의 가장 두드러진 특성은 그것이 현대 세계를 극적으로 되돌리려고 한다는 점에 있다. 근대화는 신이 없는 세속화의 확대에서 전형적으로 나타나듯이 쇠퇴나 타락과 동일시되며 쇄신은 오래 전에 지나가버린 '황금시대'의 정신과 전통으로 되돌아감으로써 비로소 이루어질 수 있는 것으로 파악된다. 그러나 불행히도 이러한 이미지는 너무 단순하며 어떤 의미에서는 잘못된 것이기도 하다. 종교적 근본주의는 선택적으로 전통적이며 동시에 선택적으로 근대적이다. 분노와 시기의 혼합이 근대성에 관한 근본주의의 연관성을 특징짓는다. 근본주의의 한 측면은 의심할 바 없는 반근대주의에 있다. 그것의 전통주의는 일종의 도덕적 보수주의에 상응한다는 점에서 명백하다. 개인에 대한 예찬과 개인적 만족을 채우는 데 너무 치우쳐 있음으로 해서 서구 사회는 잘해야 무도덕적이고 최악의 경우는 완전히 타락되어 있다고 본다. 자유방임, 불륜, 매춘, 동성연애, 포르노 등은 이와 같은 도덕적 타락의 징후일 뿐이다. 이와 같은 도덕적 타락 말고 그 어느 것도 개인적 자유주의를 종교적 근본주의와 구분하는 것도 없다. 개인적 자유주의는 사람들로 하여금 자신의 도덕적 선택을 하도록 촉구하는 데 반해 종교적 근본주의는 이미 처방되어 있고 신에 의해 성스럽게 규정되어 있는 도덕체제에 순응할 것을 요구한다. 그렇기 때문에 이슬람 근본주의는 고대 샤리아(Shari'a) 법의 재도입을 주장하며 기독교 근본주의는 '가족'이라든가 '종교적' 가치로 되돌아감으로써 자유방임과 물질주의의 확산을 저지하려고 시도한다.

그러나 근본주의를 보수주의나 전통주의로 잘못 보아서는 안 된다. 보수주의와 근본주의 사이에 겹치는 부분이 있고 또 미국의 '도덕적 다수(Moral Majority: 미국의 보수적인 기독교 정치단체)'와 같은 조직이나 공화당에서 돋보이듯이 때때로 그들이 쉽게 연합을 결성한다고 하더라도 기질과 열망이라는 두 측면 모두에서 보수주의와 근본주의는 서로 다르다. 보수주의가 신중하고 조심스러운데 반해 근본주의는 귀에 거슬리고 열정적이다. 보수주의가 엘리트를 보호하고 위계를 옹호한다면, 근본주의는 대중적이고 평등주의적 경향을 띤다. 보수주의가 지속성과 전통을 선호한다면, 근본주의는 급진적이고 혁명적일 수 있다. 근본주의는 종교적 가르침에 대한 '새로운' 해석을 더 좋아할 뿐만 아니라 포괄적인 사회적 쇄신을 요구한다는 점에서 보수주의와 공통된 점이 거의 없다. 근본주의와 뉴라이트의 반동적 급진주의 사이에는 더 가까운 유사성이 있다. 그럼에도 불구하고 근본주의는 반동적이기보다는 명백히 더 반응적이다. 도덕적 전통주의의 수사를 쓰면서도 근본주의는 아마도 이상화된 과거보다는 순수화한 미래를 더 지향하고 있다. 대중주의, 카리스마적 리더십, 심리·사회적 쇄신을 지향하는 근본주의 내의 이러한 성향 때문에 어떤 사람들은 이를 파시즘과 유사한 것으로 파악하기도 한다. 그러나 이는 근본주의가 얼마나 많은 정도로 진정한 종교적 열정에 의해 추동되고 있는지를 무시하는 주장이다.

근본주의자들이 철저하게 물들어 있는 반동주의자가 아니라는 명백한 증거는 근대성의 특정 측면에 대한 그들의 열광에서 발견할 수 있다. 예를 들면 미국의(텔레비전 등 대중매체를 이용하는) '복음전도사'의 경우만이 아니라 전 세계에 걸쳐 근본주의자들은 현대적인 대중적 의사소통 기법을 재빠르게 활용했다. 이 점은 '구원받지 못한' 세계를 저버린 신앙부흥론자들이나 초정통주의적 운동과 명백히 대조를 이룬다. 그럼에도 불구하고 근본주의자들이 근대성과 손을 잡는 게 단순히 냉소적이거나 전략적인

※
대중주의(Populism)

인민을 의미하는 라틴어 *포풀루스*(*populus*)에서 유래하는 대중주의는 독특한 정치적 운동과 특정 정치사상의 전통 모두를 묘사하는 데 사용되어 왔다. 대중주의적이라고 서술되는 운동이나 정당은 '타락한' 정치적·경제적 엘리트에 대항하여 보통 사람들을 지원하는 것으로 특징지어진다. 정치적 전통으로서 대중주의는 다음과 같은 신념을 담고 있다. 즉 정치행동을 지도하는 중요한 합법적 지침은 인민의 본능과 염원으로부터 나온다는 것이 그것이다. 그렇기 때문에 대중주의적 정치가들은 인민에게 직접 호소하며 이들 인민들의 가장 심층적인 희망과 공포를 표출해 준다고 주장하면서 자신들과 인민 사이의 모든 중개적인 제도를 불신한다. 대중주의가 어떤 명분이나 이데올로기에 연결될 수는 있겠지만, 그것은 자주 암암리에 권위주의적인 것으로 간주되고 있고 그래서 '대중주의적' 민주주의는 '다원주의적' 민주주의와 대척점에 위치한다.

것만은 아니다. 인터넷 등 새로운 미디어들뿐만 아니라 현대적인 국가기구를 기꺼이 활용하려고 하고 심지어는 핵무기까지도 수용하려고 하는 것을 보면 근본주의자들이 근대성의 정신에 호응하는 것은 물론이고 '저 세상'의 신비주의에 빠지기보다는 '이 세상'의 합리주의를 더 높이 사고 있음을 알 수 있다. 예를 들면 이란에서 처음에는 '이슬람 과학'에 관심을 가졌지만 그것은 곧 전통적인 과학인 서구과학을 수용하는 것으로 바뀌었다. 이와 비슷하게 '이슬람 경제학'에 대한 추구도 곧 경제적 자유주의로부터 파생되어 나온 시장원칙의 적용으로 발전해 나갔다. 마지막으로 근본주의자들이 전승되어 온 구조나 전통에 대한 신념보다는 오히려 '역동적인' 해석에 더 의존함으로써 본질적으로 근대적인 종교관을 발전시켜 나가고 있다는 점에 유의할 필요가 있다. 파레크(Parekh 1994)의 지적처럼, 근본주의는 '종교의 제약 속에서 근대성과 씨름을 하는 것처럼 근대성의 제약하에서 종교를 재구성'하고 있다.

▌전투성

종교적 근본주의자들은 정치에 대해 전통적이고 국가중심적인 견해를 견지하고 있는가 하면 또한 매우 독특한 스타일의 정치적 행동을 추구해 왔다. 그것은 정력적이고 전투적이며 때로는 폭력적인 성향을 띠고 있다. 근본주의자들은 자신들을 기꺼이 전

✵ 전투성

고도로 강화된 개입 또
는 극단적인 개입을 의
미하며, 전형적으로 투
쟁이나 전쟁과 연결되는
높은 수준의 열성 및 열
정으로 나타난다.

투적으로 바라보고자 하는데, 왜냐하면 이들에게 **전투성**
(militancy)은 열정적이고 강건한 헌신을 의미하기 때문이
다. 이러한 전투성은 어디서 오는 것이고 그것의 함의는 무
엇인가? 근본주의자들의 전투성은 다양한 요인으로부터 연
원한다.

첫째, 종교는 핵심적 가치와 신념을 다루기 때문에 종교
와 연관된 갈등은 강렬하게 표출되는 경향이 있다. 종교의
이름으로 행동하는 사람들은 그들이 믿는 바가 하늘로부터
주어진 목적이며 그렇기 때문에 모든 다른 고려사항보다 우선권을 갖는다는 사실에서
영감을 얻어 왔다. 이 점은 아마도 왜 종교전쟁이 역사를 통해서 그렇게 자주 일어났
는지를 설명하는 데 도움이 된다.

두 번째 요인은 특히 근본주의가 정체성 정치의 한 형태라는 데에 있다. 그것은
사람들에게 그들이 누구인지를 규정하고 그들에게 집단적 정체성을 부여하는 데 기여
한다. 모든 형태의 정체성 정치는 그것이 어떤 사회적·민족적·종족적 또는 종교적
특성에 근거를 두는 '그들'과 '우리' 또는 '외부집단'과 '내부집단' 간의 구분에 의존하는
경향이 있다. 확실히 종교적 근본주의는 적대적이고 위협적인 '타자'의 존재와 연관을
맺어 왔다. 이들 타자의 존재는 강화된 집단정체성 의식을 창출하고 또 이러한 정체성
의 적대적이고 전투적인 특성을 강화시키는 데 도움을 준다. 이처럼 악마화된 '타자'
는 세속주의와 자유방임으로부터 경쟁적 종교, 서구화, 미국, 마르크스주의, 제국주의
까지 다양한 외형을 띨 수 있다.

세 번째 요인은 근본주의자들이 일반적으로 밝음과 어둠 또는 선과 악 사이의 갈등
을 강조하는 마키아벨리적 세계관을 보유하고 있다는 점이다. 만약 '우리'가 신의 의
지에 따라 행동하는 선택된 사람들이라면, '그들'은 단순히 우리와 의견을 달리하는
사람들일 뿐만 아니라 '어둠의 힘' 이외에는 아무것도 대표하지 않으면서 이 세상에서
신의 목적을 전복시키려고 행동하는 사람들이다. 그렇기 때문에 근본주의자들에게 정
치적 갈등은 싸움이나 전쟁이고 궁극적으로는 특정 종교를 믿는 사람들 아니면 이교
도 가운데 어느 누가 이겨야만 하는 것이다.

이러한 전투성으로 인한 결과 중의 하나는 초법적인 혹은 반헌법적인 정치적 행동
에 기꺼이 개입하는 것이다. 그러나 신의 법이 인간의 법보다 더 상위에 있다고 하더
라도 법과 질서에 대한 기독교 신우익의 확고한 지지에서 알 수 있듯이, 근본주의자들

테러리즘(Terrorism)

넓은 의미에서 테러리즘은 정치적 목적을 실현하기 위한 테러의 사용을 지칭한다. 그것은 공포와 위협의 분위기를 만들어 내려고 애쓴다. 그럼에도 불구하고 이 용어는 매우 논쟁적이다. 첫째, 테러리즘과 다른 형태의 폭력 내지는 교전상태 사이의 구별이 후자도 많은 사람들에게 공포를 가져다주려 한다는 사실로 인해 애매모호하다. 둘째, 그 용어가 매우 경멸적이기 때문에 선택적으로 그리고 자주 주관적으로 사용되는 경향이 있다. 예를 들면 어느 사람에게는 '테러리스트'가 다른 사람에게는 '자유전사'가 된다. 셋째, 테러리즘이 보통 반정부적 행동으로 인식된다 하더라도 정부 역시도 '국가테러리즘'의 경우처럼 자신의 국민이나 다른 나라의 국민들에게 테러를 가할 수 있다.

이 항상 인간의 법을 무시하지는 않는다. 가장 논쟁적인 쟁점은 근본주의자들의 폭력 사용이다. 자살폭탄과 테러와 같은 근본주의자들의 일반적 이미지는 잘못된 것이며 편향된 것이다. 오히려 이러한 이미지는 근본주의자들의 저항이 압도적으로 평화적이고 보통 법을 지키면서 이루어진다는 점을 무시하는 것이다. 그렇다고 근본주의와 테러리즘이나 폭력 간의 연관을 전적으로 부인하기도 쉽지 않다. 이것의 가장 극적인 사례는 2001년 9월 11일 세계무역센터와 펜타곤에 대한 알 카에다(al-Qaeda) 테러리스트들의 공격으로 3,000여 명이 목숨을 잃은 사건이다. 다른 사례로는 1981년 이슬람 근본주의자들에 의한 안와르 사다트(Anwar Sadat) 이집트 대통령의 암살, 1984년 전투적인 시크교도들에 의한 인디라 간디(Indira Gandhi) 인도 총리의 암살, 1995년 유대 광신자들에 의한 이츠하크 라빈(Yitzak Rabin) 이스라엘 총리의 암살 그리고 헤즈볼라(Hezbollah)나 하마스(Hamas)와 같은 이슬람 단체에 의해 자행되는 일련의 테러들이 있다. 때로 미국의 반낙태 극단주의자들도 폭탄투척이나 살인에 의존을 하고 있다.

이러한 행동에 대한 근본주의자들의 가장 공통된 정당화는 그들이 해악을 척결하려고 하는 것처럼 이를 통해 신의 의지를 수행하고 있다는 것이다. 예를 들면 이슬람의 자살폭탄자들은 알라의 대의명분을 위해 자신의 목숨을 바침으로써 자신들이 즉각 하늘나라에 들어갈 것으로 믿는다. 근

천년왕국설

천년에 걸친 성스러운 지배가 올 것이라는 믿음. 정치적 천년왕국설은 불행과 억압으로부터 갑작스럽고 완전한 해방이 가능하다는 전망을 제공해 준다.

묵시론

세계의 즉각적인 종말에 대한 믿음으로서 최고 권위자나 신과 같은 존재의 도래와 연관되며, 이는 최종적인 구원 및 정화를 구현한다.

본주의자들 사이에서 폭력의 발생 빈도는 거의 확실하게 근본주의자들의 신념과 **천년왕국설(millenarianism)** 사이의 연관에 의해 증대되고 있다. 파시즘이나 무정부주의 같이 폭력과 테러의 사용을 용인하는 다른 이데올로기들은 정치적 천년왕국설의 한 형태로서 간주되어 왔다. 그러나 종교는 그것이 **묵시론(apocalypticism)**의 혁명적 열정과 더욱 고조된 기대를 낳는다는 점에서 천년왕국설에 또 하나의 차원을 덧붙이고 있다.

IV. 근본주의의 일가

마티(Marty 1988)의 지적처럼, 다양한 근본주의는 가상적인 '일가(family)'를 구성하고 있는 것으로 파악될 수 있다. 그렇지만 근본주의의 일가를 이루는 구성원들은 적어도 3가지 측면에서 서로 차이를 보인다. 첫째, 그들은 매우 다른 종교로부터 출현하고 있다. 모든 종교가 다 근본주의적인 또는 근본주의적 유형의 운동을 낳는다고 하지만 그래도 어떤 종교는 다른 종교들보다 더 근본주의 운동에 치우치는가 하면 근본주의의 태동에 덜 장애가 되곤 한다. 이런 관점에서 이슬람과 개신교는 둘 다 하나의 경전에 토대를 두고 있으며 공인된 대리인에게 맡기기보다는 신도들로 하여금 영적인 지혜에 직접 접근하도록 주장한다는 점에서 근본주의 운동을 발현시키는 데 가장 적합한 것으로 평가되어 왔다(Parekh 1994).

둘째, 근본주의는 매우 다른 사회에서 출현하고 있다. 그래서 근본주의 운동의 특성과 파급효과는 그것이 태동한 사회의 사회적, 경제적 그리고 정치적 구조에 의해 조건 지어지고 있다. 셋째, 근본주의는 각자가 관련되어 있는 정치적 대의명분에 따라 다르게 나타난다. 이는 크게 3가지 범주로 나뉜다. 종교적 근본주의는 포괄적인 정치쇄신을 달성하기 위한 수단으로 사용될 수 있다. 이 경우의 정치쇄신은 특히 주변화되어 있거나 억압을 받고 있는 사람들에게 호소력을 갖는다; 종교적 근본주의는 통합된 정치문화를 창출함으로써 대중에게 인기가 없는 지도자나 정부를 떠받쳐 주는 방안이 될 수 있다; 종교적 근본주의는 위협을 받고 있는 민족적 내지는 종족적 일체성을 강화시켜 주는 수단이 될 수 있다. 근본주의의 주요 형태를 보면 다음과 같다:

- 이슬람 근본주의
- 기독교 근본주의
- 여타 근본주의

▌이슬람 근본주의

이슬람은 세계에서 두 번째로 큰 종교이고 가장 빠르게 확대되고 있는 종교이다. 오늘날 세계에는 70개 이상의 나라에 걸쳐 대략 13억 무슬림이 존재한다. 이슬람의 힘은 지리적으로 아시아와 아프리카에 집중되어 있다. 예를 들면 조만간 아프리카 인구의 반 이상이 이슬람이 될 것이라는 추산도 있다. 그러나 이슬람은 유럽과 다른 지역으로도 확대되어 나가고 있다. 이슬람은 확실히 단순한 '종교'만은 아니며 또 그렇게 '종교'에만 머물러 있지도 않아 왔다. 이슬람은 개인과 국가 모두를 위한 도덕적·정치적·경제적 행위에 대해 지침을 제공하는 하나의 온전한 생활방식이다. '이슬람의 방식'은 코란(Koran)에서 잘 나타나 있는 선지자 무함마드(Muhammad AD 570~632)의 가르침에 근거를 두고 있다. 코란은 모든 무슬림에 의해 알라(Allah)의 말씀이자 수나(Sunna, 이슬람 율법)이고, 경건한 무슬림에 의해 관찰되는 전통적인 관행이나 '관례'로 간주되며 또 선지자의 삶에 기반을 두고 있는 것으로 파악된다. 이슬람 내에는 632년 무함마드의 사망 이후 50년도 채 안 된 사이에 발전되어 나온 두 개의 주요 분파가 존재한다. 수니파(Sunni)는 다수 무슬림을 대변하는데 반해, 시아파(Shia, Shi'ite, Shi'ism)는 전체 무슬림의 10분의 1 정도를 포괄하고 있으며 이란과 이라크에 집중되어 있다.

이슬람 근본주의는 문자 그대로의 코란에 대한 믿음을 의미하지 않는다. 왜냐하면 코란은 모든 무슬림에 의해 받아들여지고 있으며 그런 의미에서 모든 무슬림은 근본주의자들이다. 오히려 이슬람 근본주의는 이슬람 규범을 개인적 도덕성은 물론이고 사회생활과 정치의 지배적인 원칙으로 수용하는 강렬하고 전투적인 믿음을 의미한다. 이슬람 근본주의는 정치에 대한 종교의 우위를 확립하고자 원한다. 실천적 의미에서

신정정치

문자 그대로는 신의 통치이다. 종교적 권위가 정치적 권위보다 우위에 있어야 한다는 원칙으로서 보통 교회가 국가를 지배하는 방식으로 이루어진다.

이는 '이슬람 국가'의 건설 내지는 현세의 권위보다는 영적인 권위에 의해 통치되는 **신정정치**(theocracy)를 의미하며 코란에 명시된 원칙에 따라 성스런 이슬람법인 샤리아(Shari'a)를 적용하는 것을 뜻한다. 샤리아는 남자와 여자 모두를 위한 개인적 행동양식뿐만 아니라 대부분의 범죄에 대한 처벌체계를 포함하여 법적이고 올바른 행위를 위한 규범을 담고 있다.

이슬람 근본주의의 부활은 1920년대, 특히 1928년 이집트에서 무슬림형제단(Muslim Brotherhood)이 창설된 때로 거슬러 올라갈 수 있다. 하지만 그 가장 중요한 발전은 1979년 아야톨라 호메이니(Ayatollah Khomeini)에게 권력을 쥐어 주고 이란을 '이슬람공화국'이라고 선언하도록 하였던 대중혁명과 함께 이루어졌다. 그 이후 이슬람 세력들이 보통 일시적이기는 하지만 수단, 파키스탄, 아프가니스탄, 소말리아 등지에서 권력을 장악해 오고 있다.

아야톨라 루홀라 호메이니(Ayatollah Ruhollah Khomeini 1990~1989)

이란의 성직자이자 정치가. 시아파 성직자의 아들이자 손자로서 호메이니는 종교적 교육을 받았으며, 1964년 이란으로부터 추방되기까지 콤(Qom)의 주요한 신학원의 저명한 학자였다. 1979년 귀국한 그는 샤 정부(shahdom)를 전복시킨 대중혁명을 촉발시켰고, 그럼으로써 문자 그대로 '알라의 선물'이라는 의미의 아야톨라는 그가 죽을 때까지 세계 최초로 이슬람 국가 최고지도자가 되었다.

호메이니는 1940년대 초에 이슬람 국가의 생각을 제시했지만, '이슬람 공화국'의 기반이 되는 제도화된 성직자 통치라는 개념은 1960년대 말까지는 나타나지 않았었다. 호메이니의 세계관은 한편으로는 폭넓게 제3세계의 가난한 사람들과 소외된 사람들로 이해되는 피억압자와 다른 한편으로는 미국과 소련, 자본주의와 공산주의라는 두 개의 악마집단으로 묘사되는 억압자 간의 엄격한 구분에 뿌리를 두고 있다. 그래서 이슬람은 이슬람 세계 외부로부터 들어온 침탈과 부패를 제거함으로써 이슬람 세계를 쇄신시키려는 데 목표를 둔 신정정치적 프로젝트가 되었다.

1990년대 이후 새로운 범주의 '지하드(jihad)' 집단이 출현하였는데, 이 가운데 가장 중요한 집단은 오사마 빈 라덴(Osama Bin Raden)이 이끌었던 알 카에다(al-Queda)이다. 이 집단을 통해 특히 전투적인 형태의 근본주의가 선을 보였다. 이 집단에게는 이슬람에 대한 헌신이 특정하게는 유대-기독교 십자군으로 지칭되는 미국과 이스라엘에 반대하는 것이면서 동시에 일반적으로는 아랍 세계로부터 그리고 특별하게는 사우디아라비아로부터 서구의 영향력을 몰아내기 위해서 수행되는 지하드 형태를 띠었다. 현대 세계에서 이슬람 근본주의의 대두를 설명하는 다양한 해석이 제시되고 있는데, 크게 보아 3가지 설명이 가능하다.

> **✳ 지하드**
>
> 문자 그대로 전투를 의미하는 아랍 용어. 여기에는 그 자신의 영혼에 대한 투쟁(대 지하드, greater *jihad*)은 물론 외부적이고 물리적인 노력, 심지어는 성전(holy war, 소 지하드, lesser *jihad*)까지도 포함된다.

첫째, '문명충돌론'과 같은 맥락에서 이슬람 자체 내에 전투성의 원천이 존재한다는 것이다. 이러한 견해에는 이슬람의 가치와 자유민주적 서구의 가치는 기본적으로 양립이 불가능하다는 인식이 깔려 있다. 이러한 시각에서 보면, 이슬람은 본질적으로 전체주의적이다. 왜냐하면 샤리아 법에 근거하여 이슬람 국가를 건설하려는 목표는 반다원주의적일 뿐만 아니라 공/사 구분의 개념과 상치되는 것이기 때문이다. 다른 말로 표현하면, 미국의 신보수주의 이론가들에 의해 명명된 '이슬람 파시즘(Islamo-Fascism)'은 이슬람의 보존이 아니라 그 핵심적 교리를 확실하게 실현하는 데 목적이 있다. 그러나 이슬람에 대한 이러한 견해는 이슬람의 중심적 교의를 심각하게 오도할 수 있다. 예를 들어 선지자 무함마드에 따르면, '대지하드'는 이교도에 대한 정치적 투쟁이 아니라 내적인 투쟁이다. 즉, 도덕적이고 영적인 단련을 통해 더 나은 사람으로 변화되어 나가는 투쟁이다. 더욱이 문명충돌론적 사고는 이슬람이 아리스토텔레스의 철학 등 서구 사상으로부터 얼마나 도움을 받았는지와 함께 서구, 특히 유럽의 예술과 문화에 이슬람이 얼마나 영향을 미쳤는지를 간과하게 만든다.

둘째, 다시 유행하고 있는 이슬람 근본주의는 특정의 역사적 환경에 대한 특수한 반응으로 설명된다. 예를 들어 버나드 루이스(Bernard Lewis 2004)의 주장에 따르면, 무슬림 세계는 전반적으로 중동의 쇠퇴와 침체 그리고 굴욕감 때문에 위기에 처해 있는데 이것이 이슬람 세계, 보다 특정하게는 아랍세계를 꼼짝 못하게 해 왔다는 것이다. 무슬림 세계의 이러한 쇠퇴는 제1차 세계대전 이후 한때 강력했던 오토만제국의 붕괴와 영국-프랑스에 의한 분할로부터 연유할 뿐만 아니라 1948년 이스라엘 국가의 창설에서 아무런 저지력도 발휘하지 못했다는 굴욕감 그리고 수천 명에 달하는 팔레스타인들의 추방은 물론이고 1948년, 1956년, 1967년 그리고 1973년 등 수차례에 걸친 대이스라엘 전쟁에서 아랍 세계가 패배하였다는 데서 온 것이었다. 더욱이 1945년 이후 식민주의의 종식이 아랍 세계에는 아무런 이득을 가져다주지 않았다. 그 이유는 중동지방의 정권들이 무능하고 부패했기 때문이기도 하지만 이 지역에서 특히 미국의 영향력이 확대됨에 따라 공식적인 식민주의를 대신하여 신식민주의가 들어섰기 때문이다. 이슬람 근본주의의 부상을 설명하는 또 하나의 역사적 요인은 사회주의와 세속적 아랍 민족주의라는 두 개의 서구 사상이 실패했다는 점이다. 1950년대와 60년대 동안 근본주의는 아랍 정치의 주변부에 머물러 있었고 아랍 지도자들은 서구를 지향하든가 아니면 이집트에서 가말 나세르(Gamal Nasser)가 집권한 이후에는 어떤 형태의 아랍 사회주의를 지지했었다. 그러나 이집트를 포함 여타 지역에서 정의롭고 번영하는 사회를 건설하려는 아랍 사회주의가 실패하자 1970년대 이후 근본주의적 사고와 교의가 젊고 정치적으로 헌신적인 사람들 사이에서 점차 많은 지지를 얻기 시작하였다.

셋째, 이슬람 근본주의는 반서구주의라는 훨씬 더 광범위하고 논쟁이 되곤 하지만 보다 더 심오한 이데올로기적 성향을 표출하고 있는 것으로 묘사된다. 예를 들어 폴 버만(Paul Berman 2003)은 제1차 세계대전의 여파 속에서 자유주의적 사회가 명백한 실패를 노정함에 따라 출현하게 된 전체주의 운동의 맥락 속에 전투적인 이슬람을 위치시킨다. 제1차 세계대전의 중요성은 그것이 진보와 이성의 구현에 대한 낙관주의적 믿음을 촉발시키면서 동시에 음울하고 반자유주의적인 운동에 대한 지지를 불러일으켰다는 데에 있었다. 이런 관점에서 보면, 정치적 이슬람은 파시즘이나 공산주의와 공통된 부분을 많이 공유한다. 왜냐하면 이들 이데올로기들 모두가 사회로부터 부패와 부도덕성을 제거하고 사회를 '결속력 있고 영원한 단 하나의 구조물' 형태로 새롭게 갱신시키겠다고 약속을 하고 있기 때문이다. 부루마와 마갈릿(Buruma and Margalit 2004)은 이슬람 근본주의를 특히 종교개혁과 계몽주의에 의해 형성된 서구의 문화적-정치적 유산에 대한 거부를 뜻하는 것으로서 '옥시덴탈리즘(occidentalism)'이라는 보다 넓은 맥락에 위치시킨다. 이러한 시각에서 보면, 서구 사회는 개인주의, 세속주의 그리고 상대주의로 특징된다. 그것은 탐욕과 물질주의를 중심으로 하여 조직화된 기계적인 문명이다. 이와 대조적으로 옥시덴탈리즘 내지 반서구주의는 유기체적 통합, 도덕적 확실성 그리고 정치적-영적 쇄신의 전망을 제공해 준다. 이러한 사상은

19세기 초 독일의 반계몽주의적 사상가들의 저작을 통해 처음 발전되어 나왔지만, 이는 제1차 세계대전과 제2차 세계대전 사이의 시기에 유럽의 파시즘과 일본의 군국주의를 추동하는 데 도움을 주었다. 그러나 현대 세계에서 이러한 사상은 정치적 이슬람의 교의를 통해 가장 확실하게 표명되고 있다.

이슬람주의의 변형

이슬람주의(Islamism)가 하나의 교리 내지 정치적 신조를 갖고 있는 것은 아니다. 특히 다양한 형태의 이슬람 근본주의는 와하비즘(Wahhabism: 18세기 중엽 아라비아 반도에서 출현한 이슬람 복고주의 운동), 시아파 이슬람, 온건하고 '자유주의적' 이슬람으로부터 발전되어 왔다. 와하비즘 또는 일부 지지자들이 더 선호하는 살라피즘(Salafism)은 세계 최초의 근본주의적 이슬람 국가인 사우디아라비아의 공식적인 이슬람 신조이다. 이것의 기원은 18세기에 형성된 특히 엄격하고 금욕적인 형태의 이슬람과 사우디 왕조의 초기 지도자들 간의 동맹으로 거슬러 올라간다. 와하비스트들은 이슬람으로부터 이단과 현대적인 혁신들을 제거함으로써 이슬람을 복구시키고자 노력한다. 이들 가운데는 그림이나 사진, 악기, 음악, 비디오, 텔레비전 등을 금지하는 것이 포함된다. 이슬람 세계에서 와하비즘의 권위는 1924년 사우디의 통제하에 놓였던 이슬람의 주요 성지 메카(Mecca)와 메디나(Medina)가 탈환됨으로써 그리고 1958년 아라비아에서의 석유 발견으로 인해 확대되어 나갔다.

이슬람주의

정치적 구조와 사회적 행동이 이슬람 내에서 설정된 종교적 원칙이나 이상과 일치를 이루어야 한다는 신념

와하비즘의 사고와 신념은 현대적인 '지하드' 집단이 출현하기 이전까지 무슬림 세계 내에서 가장 중요한 근본주의자 조직이었던 무슬림형제단에 특별한 영향을 미쳤다. 하산 알 바나(Hassan al Banna 1906~1949)에 의해 창설된 무슬림형제단은 오염되어 있다고 생각하는 이슬람 신념을 다시 정화시키고, 나아가 신자들에게 정치적 목소리 내지는 이슬람 정당을 제공해 주려고 하였다. 무슬림형제단은 자본주의적 형태의 발전과 사회주의적 형태의 발전 모두에 대한 대안을 제시할 이슬람 정부를 세우고자 하였다. 이러한 정부는 개인적 도덕성에 대해서뿐만 아니라 경제적·정치적 생활에 이슬람 원칙을 적용함으로써 사회체계를 변혁시킬 것으로 보았다. 무슬림형제단은 요르단, 수단, 시리아 등지로 확대되었는데 거기서 사원, 학교, 청년클럽 심지어는 기

업까지를 포함하는 지부를 설치했다. 문자 그대로 '성전'이라고 번역될 수 있는 다가올 지하드를 준비하기 위해서 젊은이들을 육체적·군사적으로 훈련시켰다.

무슬림형제단으로부터 배출된 가장 영향력 있는 사상가는 자주 현대 정치적 이슬람의 대부라고 불리어지는 사이드 쿠틉(Sayyid Qutb 1906~1968)이었다. 쿠틉의 급진화는 2년에 걸친 미국 유학을 통해서 일어났는데 이때 그는 미국에서 마주치게 된 물질주의, 부도덕성 그리고 성적인 방탕에 대해 깊은 혐오를 갖게 되었다. 그것이 발전해 나감에 따라 쿠틉의 세계관 내지는 가끔 지칭되는 것으로서 쿠트비즘(Qutbism)은 서구화가 전 세계에 얼마나 야만과 부패의 해악을 가져다 주었는지를 밝히면서 삶의 모든 영역에서 엄격한 이슬람 관행으로 복귀하는 것만이 유일한 구원이 될 것이라고 주창하였다. 나중에 오사마 빈 라덴과 알 카에다는 이러한 사고를 서구에 대한 공격을 정당화하는 데 사용했지만 쿠틉의 일차적 공격목표는 이집트와 다른 무슬림국가들의 서구화한 통치자들이었다. 그렇지만 아마도 쿠틉의 사고는 1997년에 수립되었다가 2001년 미국 주도의 군사공세로 전복된 아프가니스탄의 탈레반(Taliban) 정부에 의해 가장 잘 예증되었다. 탈레반은 그것이 이슬람이든 아니든 자신들의 세계관으로부터 이탈한 어떤 사상에 대해서도 타협하는 것을 거부했다. 그들은 모든 형태의 '비이슬람적' 부패를 제거하려 했으며, 샤리아 법에 대한 거칠고 억압적인 해석을 강화시키고자 하였다. 여성은 교육과 경제 그리고 일반적인 공공생활에서 전적으로 배제되었다. 엄격한 검열이 강제되었고 모든 형태의 음악은 금지되었다. 탈레반의 통치는 권위주의적이었는데 정치권력은 물라 오마르(Mullah Omar)의 최고 권위하에 소규모의 탈레반 성직자 집단에게 집중되었다.

시아파 근본주의는 수니파와는 반대되는 것으로서 시아파의 전혀 다른 성향과 교리적 특성으로부터 연원한다. 수니파는 이슬람 역사를 무함마드가 살아있을 때 그리고 그의 4명의 후계자가 다스리던 시기의 이상적 공동체로부터 점진적으로 멀리 벗어나 있다고 보고 있다. 그러나 시아파는 '숨겨진 종교적 선도자(이맘)'의 귀환 또는 직접 신의 명을 받는 지도자인 구세주(마흐디)의 도래와 함께 성스러운 지도가 세상에 나타날 때가 되었다고 믿는다. 시아파는 역사가 이상적 공동체로부터 벗어나는 것이 아니라 그 목표에 가까이 다가가고 있다고 본다. 재생 내지는 즉각적인 구원과 같은 사상을 통해 시아파들은 전통적으로 보다 신심이 깊은 수니파들이 맛보지 못하는 구세주적이고 정서적인 특성을 보유하게 된다. 시아파의 종교적 성향도 수니파와는 다르다. 시아파는 개인이 고통을 체험함으로써 그리고 경건하고 단순한 삶을 영위함으로써 죄의 속박에서 벗어날 수 있다고 믿는다. 영적인 구원의 전망으로 인해 시아파는 카리스마적인 격렬함과 정서적 힘을 보유한다. 이러한 종교적 열정이 정치적 목표와 연결될 때 그것은 격렬한 헌신과 개입을 유발한다.

전통적으로 시아파는 수니파보다 더 정치적이었다. 시아파는 특히 가난한 사람과 억눌린 자들에게 더 매력적인 것임이 입증되어 왔다. 왜냐하면 이들에게는 성스러운 지혜가 세상에 다시 나타나는 것이 사회를 정화시키고 부정의를 척결하며 억압으로부터 해방시켜주는 것으로 이해되었기 때문이다.

1979년 샤(Shah)를 내쫓고 아야톨라 호메이니의 귀환을 이끌어 낸 대중시위의 파고 속에서 이란은 이슬람공화국이 되었다. 권력은 호메이니가 직접 지명한 15인의 고위 종교지도자들로 구성된 이슬람혁명평의회(Islamic Revolutionary Council)의 손에 넘겨졌다. 대중적으로 선출된 이슬람자문의회(Islam Consultative Assembly)에서 통과되었다고 하더라도 모든 입법은 호헌평의회(Council for the Protection of the Constitution)의 인가를 받아야 했다. 이 호헌평의회에는 법률이 이슬람 원칙에 어긋나지 않는지를 심사하기 위해서 6명의 종교적 법률가와 6명의 세속적 법률가가 자리를 하고 있다.

이란은 격렬한 종교적 자의식을 표출하고 있는데 이 점은 '대악당(미국)'에 대한 대중적인 반감에서뿐만 아니라 이슬람 원칙을 엄격하게 사회적·정치적 삶에 적용하는 데에서 잘 나타나고 있다. 예를 들면 이란에서는 머리용 스카프나 차도르(Chador) 또는 헐렁한 옷을 머리에 두르는 것은 이슬람이든 아니든 모든 여성에게 강제 사항이다. 일부다처제에 대한 제약은 없으며 피임은 금지되었다. 그리고 간통은 공개 태형이나 처형으로 처벌을 받으며 동성애는 사형에 처해졌다. 이란의 정치와 사회 모두 철저하게 '이슬람화'되었으며, 테헤란에서 금요 예배는 공식적인 정부정책의 하나이자 정치생활의 핵심적 사안이 되었다. 이슬람 혁명에 의해 촉발된 종교적 민족주의는 1980~88년 동안의 이란-이라크 전쟁을 거치면서 정점에 달했다.

그러나 이란은 급진적인 경향과 개혁적인 성향 그리고 전통주의 세력과 근대화론자들이 긴밀하게 연결되어 있는 고도로 복잡한 사회이다. 예를 들면 이란-이라크 전쟁의 종식과 1989년 아야톨라 호메이니의 사망은 이란 내에 보다 온건한 세력이 전면에 나설 수 있는 여지를 제공해 준 것으로 보인다. 이는 이란의회(이슬람자문의회)의 대변인인 하세미 라프산자니(Hashmi Rafsanjani)의 대두로 나타났다. 1989년 라프산자니의 대통령 선출은 이슬람 정치에서 보다 실용적이고 덜 이데올로기적인 방향으로의 전환을 뜻하는 것이었다. 그러나 2005년 대통령으로 마무드 아마디네자드(Mahmoud Ahmadinejad)가 선출된 것은 보수적 정치로의 복귀와 또 다른 형태의 호메이니즘(Khomeinism)의 출현을 상징하는 것이었다.

마지막으로 모든 형태의 이슬람주의가 전투적이고 혁명적이라고 결론짓는 것은 잘못이다. 기독교와 비교할 때 이슬람은 일반적으로 다른 종교나 경쟁적인 신념체계에 대해 너그럽다. 이는 이슬람주의와 정치적 다원주의를 화해시킬 수 있는 기반을 제공할 수 있다. 이 점은 특히 터키에서의 정치발전과 관련하여 가장 명확하게 나타난다. 1923년 무스타파 케말 아타투르크(Mustafa Kemal Ataturk)에 의해서 확립된 터키 국가는 엄격한 세속주의에 기반을 두었으며, 정치·사회 발전에서 전형적인 서구 모델을 차용하였다. 그러나 1990년대 동안 정치적 이슬람은 특히 1997년 터키 의회에서 제1당의 자리를 차지하게 된 복지당(Welfare Party) 내지는 그 승계자인 덕목당(Virtue)을 통해 점점 더 많은 지지를 이끌어 내었다. 그러나 군사적 개입으로 이슬람주의 정부가 들어서는 것은 저지되었고 복지당은 해체되었다. 그럼에도 불구하고 복지당의 보다 온건한 후계자인 정의발전당(Justice and Development Party: AK)은 이슬람주의의 입헌적 형태를 발전시키면서 2003년 선거에서 승리하였다.

정의발전당은 터키의 세속주의적인 민주적 프레임을 수용하면서 이슬람 가치에 기반을 둔 온건한 보수적 정치와의 균형을 이루어 나가고자 하였다. 정의발전당은 동양과 서양 사이에서 선택을 하려 하기보다는 동양과 서양 양측 모두의 일부분이라고 생각하는 터키 정체성을 확립하려고 애썼다. 이러한 타협의 주요한 측면은 터키가 유럽연합에 가입하려는 지속적인 노력으로 나타났다. 그러나 입헌 이슬람주의가 장기적 활력을 보유하고 있는지의 여부는 명확하지 않다. 인권과 자유민주주의의 원칙을 수용한다는 것은 필연적으로 정치가 종교로부터 분리되어야 한다는 것을 뜻하는 것일까?

▌ 기독교 근본주의

약 20억의 신자를 보유하고 있는 기독교는 세계 최대의 종교이다. 팔레스타인으로부터 시작한 기독교는 로마제국을 통해 유럽 전역으로 확대되었고 그 이후 유럽 정착자들에 의해 미국과 여타 지역으로 수출되었다. 정복과 선교사활동을 통해 기독교를 널리 확산시켜 나가려는 노력에도 불구하고 1990년까지 전 세계 기독교인의 대략

83%가 서구에 살고 있었다. 그러나 20세기 동안 기독교 신앙은 서구, 특히 유럽에서 쇠퇴한데 반해 발전도상 국가들에서는 비약적인 성장을 보였는데 이는 오늘날 기독교인의 다수가 아프리카, 아시아, 라틴 아메리카에 거주하고 있다는 것을 뜻한다.

모든 기독교인들이 성경의 권위를 인정하고 있기는 하지만 3개의 주요 분파가 출현하였다. 즉, 가톨릭, 동방정교, 프로테스탄티즘이 그것이다. 로마 가톨릭은 1871년 교황의 무오류성 교리를 공표한 이후 바꿀 수 없는 것으로 간주되어 온 로마 교황의 현세적이고 영적인 지도력에 근거를 두고 있다. 동방정교는 1054년 로마와의 불화로 출현하였으며 러시아정교와 그리스정교 등을 비롯해 같이 수많은 자율적 교회로 발전되어 나갔다. 프로테스탄티즘은 16세기의 종교개혁 동안 로마의 권위를 거부하면서 각국마다 기독교에 대해 개혁적인 해석을 확립한 다양한 운동들을 포함한다. 프로테스탄티즘 내에 많은 교리적 분파가 존재하지만, 이는 성경이 진리의 유일한 원천이라는 믿음뿐만 아니라 사람이 신과 직접적으로 인간적인 관계를 갖는 것이 가능하다는 생각을 특징으로 한다.

종교개혁 이래 기독교의 정치적 중요성은 급격히 줄어들었다. 자유주의적 입헌주의가 나타나기 시작한 것은 부분적으로는 종교와 국가의 분리 그리고 정치생활의 철저한 세속화를 통해서였다. 적어도 발전된 서구에서 기독교는 이러한 상황에 적응함에 있어 점차적으로 개인적 종교로 변화해 나갔다. 즉, 사회의 도덕적·정치적 쇄신보다는 개인의 영적인 구원에 더 관심을 기울였다. 바로 이 점이 20세기 말 이래 기독교 근본주의의 특성을 정형화하는 데 도움을 주었다. 세속적인 가치와 목표에 뿌리를 두면서도 안정된 사회적·경제적·정치적 구조에 직면하여 기독교 근본주의는 다원주의적이고 입헌적인 틀 내에서 살아가는 데 만족해 왔다. 그들은 신정정치를 수립하려고 하기보다는 대개의 경우 단일 쟁점들을 중심으로 캠페인을 벌이거나 도덕적 차원의 십자군 운동에 관심을 집중시켰다.

기독교 근본주의의 분명한 대의명분 가운데 하나가 종족민족주의이다. 이는 북아일랜드에서 명확하게 나타났는데, 여기서 복음주의 프로테스탄티즘의 대두는 1969년 이래 '내분사태(troubles)'를 가져온 하나의 원인이었다. 이언 페이즐리(Ian Paisley)가 자유장로교회(Free Presbyterian church)로부터 분리되어 나가면서 주창한 바대로 그리고 정치적으로는 민주연합당(DUP: Democratic Unionist Party)에 의해 조직되면서 얼스터 근본주의(Ulster fundamentalism)는 통일 아일랜드라는 개념을 가톨리시즘 및 로마의 승리와 동일시하였다. 페이즐리 자신은 폭력을 적극적으로 고취한적이 없었지만 그는 재통합이 진행되어 나간다면 이는 프로테스탄트 공동체에 의한 무장투쟁으로 이어질 것이라고 경고하였다. 근본주의자들에게뿐만 아니라 노동자 계급 프로테스탄트들에게 호소하면서 페이즐리와 그 지지자들은 '얼스터 노동조합주의 (Ulster unionism)'의 정신을 굳건하게 유지하는 데 성공하였을 뿐만 아니라 궁극적으로 통일 아일랜드의 확립으로 이어질지도 모를 정치운동을 봉쇄하는 데도 성공을 거두었다(Bruce 1993). 그러나 페이즐리의 투쟁에서 이론적 기반은 주로 복음주의 프로테스탄티즘의 출발지이자 가장 영향력 있는 기독교 근본주의 운동이라고 할 수 있는 기독교 신우익(new Christian right)의 고향인 미국으로부터 온 것이었다.

기독교 신우익

'교회에 나가는 기독교인의 수'라는 측면에서 보면 서구 국가들 가운데 미국은 가장 종교적인 나라이다. 대략 6천만의 미국 시민들은 '다시 태어났다'고 주장하며 이들 가운데 반은 스스로를 근본주의자라고 생각한다. 이는 대략적으로 아주 초기부터 미국이 박해를 피하려고 했던 종교적 분파나 종교운동들에게 피난처를 제공했다는 것을 반영한다. 19세기 동안 미국 프로테스탄티즘 내에서는 성경에 대해 자유주의적 견해를 택하는 근대주의자와 성경을 문자 그대로 해석하려는 보수주의자 내지는 후일의 '근본주의자' 사이에 격렬한 투쟁이 있었다. 그러나 이러한 종교적 열정과 견해는 대개의 경우 가족과 가정이라는 사적인 세계에 한정되어 있었다. 종교 집단이 능동적인 정치에 개입하는 경우는 드물었다. 그들이 정치에 개입했을 때에도 성공하는 경우가 적었다. 1920~33년의 금주운동은 이에 대한 예외였다. 그렇기 때문에 1970년대 말에 출현한 기독교 신우익은 '미국을 기독교로 되돌아가도록' 하려는 의도로 종교와 정치를 결합시키려고 했다는 점에서 새로운 발전이었다.

'기독교 신우익'은 도덕적·사회적 쟁점에 주로 관심을 가지면서 동시에 '기독교 문화'로 간주되는 것을 유지하고 복구시키려는 의도를 가진 광범위한 집단 연합을 묘사해 주는 포괄적 용어이다. 이것의 출현에는 두 가지의 주요 요인이 작용했다. 첫째, 1945년 이후 다른 지역에서처럼 미국에서도 공공 영역의 급격한 팽창이 이루어졌다. 예를 들면 1960년대 초 대법원은 미국 학교에서 기도를 금지한다고 판결하였다. 그 이유는 종교 자유를 보장하는 제1차 수정헌법에 배치되는 것이었기 때문이었다. 그리고 특히 부분적으로는 존슨 행정부의 '위대한 사회(Great Society)' 주창으로 인해 복지, 도시발전, 여타 프로그램 등이 폭발적으로 일어났다. 그 결과 '신을 두려워하는'

많은 남부 보수주의자들은 자신들의 전통적인 가치와 생활방식이 위협을 받고 있으며 그래서 워싱턴에 근거를 둔 자유주의적 정부는 비판을 받아야 한다고 생각하게 되었다.

둘째, 흑인과 여성, 동성애자들을 대변하는 집단이 점차 정치적 영향력을 행사하게 되었으며 이들의 대두는 특히 미국의 농촌과 소규모 마을의 전통적 사회구조를 위협하였다. 1970년대에 '전통적인 가족가치'의 회복을 주창하면서 기독교 신우익이 등장함에 따라 그것의 특정한 목표는 '흑인에 유리하도록 하는 적극적인 차별 조치로서의 '차별시정조치(affirmative action)', 여성운동 그리고 동성애자 권리추구 운동 등을 반대하는 것으로 나타났다. 1980년대와 90년대 이러한 도덕성 정치는 점차 낙태반대 쟁점을 중심으로 합쳐졌다.

이러한 관심들을 표명하는 다양한 단체가 출현하였는데, 이것들은 종종 유명한 텔레비전 복음전도사들에 의해 동원되었다. 여기에는 종교원탁회의(Religious Round Table), 기독교소리(Christian Voice), 전통가치연합(American Coalition for Traditional Values) 그리고 가장 영향력 있는 집단으로 1980년에 제리 팔웰(Jerry Falwell)에 의해 만들어진 도덕적 다수(Moral Majority) 등이 포함된다. 가톨릭이 낙태반대운동에서 두드러진 영향력을 발휘했지만 기독교 신우익 집단은 특히 복음주의 프로테스탄트들로부터 충원되었다. 이들은 '성경을 믿는 그리스도인'으로서 성경의 무오류성을 신봉했고, 그들 스스로가 그리스도에 대한 개인적 개종을 경험했다는 의미에서 '다시 태어났다'고 주장하였다. 그럼에도 불구하고 이들 복음주의자들 사이에 분파가 존재하는데, 예를 들면 스스로를 근본주의자라고 지칭하면서 비신자들 사회와는 멀리 하려는 경향을 보이는 분파와 계시와 치유의 선물을 제공해 주는 개인들을 통해 성령이 작용한다고 믿는 카리스마적 내지는 복음주의적 분파가 그것이다.

1980년대 이래 도덕적 다수와 이러한 맥락의 집단들은 자유주의적 내지는 '낙태합법화를 주창하는' 민주당원들을 떨어뜨리고 대신 공화당원들로 하여금 낙태반대와 학교에서의 기도 허용을 요구하는 새로운 사회적·도덕적 의제를 채택하도록 촉구하는 것을 목표로 하여 캠페인 재정을 제공했고 유권자 등록 운동을 조직하였다. 1980년대에 레이건(Ronald Regan)이 이러한 의제를 적극 채택하려 하였다는 것은 곧 기독교 신우익이 경제·외교정책과 같은 전통적 의제뿐만 아니라 도덕적 의제에도 그만큼 중요하게 비중을 두는 이른바 신공화당 연합의 주요한 구성 요인이 되었다는 것을 의미했다.

레이건 시대 이래 기독교 신우익의 영향력은 심한 굴곡을 보였다. 레이건의 승계자인 아버지 조지 부시(George Bush Sr.)는 1980년까지 낙태를 지지했다는 점에서 '기독교 신우익의 일원'이 아니었다. 그리고 세금을 올리지 않겠다는 자신의 공약도 지키지 않았다. 이 때문에 기독교 신우익은 자신들의 믿음에 동조하는 대통령 후보를 옹립하려고 했고, 1992년 공화당 후보지명에서 실패하기는 했지만 텔레비전 전도사인 팻로버트슨(Pat Robertson)을 내세우려고 시도한 바도 있다. 이러한 좌절에 대한 대응으로 복음주의 운동의 지지자들은 더욱 전투적인 전략을 채택하였다. 그 극단적인 예는 이른바 전투부대의 출현인데, 이들은 기독애국단(Christian Patriots)과 같은 미심쩍은 집단으로부터 영향을 받았다고 주장하면서 1995년 오클라호마 폭탄테러에서 예증된 것처럼 폭력에 의존하였다.

그러나 기독교 우익은 2000년 조지 부시(George W. Bush)의 선거를 거치면서 급부상하였다. 부시 자신과 체니(Dick Cheney) 부통령을 포함하여 상당수 부시 각료들이 '다시 태어난' 기독교인이었을 뿐만 아니라 존 애쉬크로프트(John Ashcroft) 같은 주요 복음주의자들이 검찰총장으로 임명되었다. 부시 행정부에 대한 근본주의자들의 영향력은 특히 9·11 테러의 충격으로 인해 외교정책에서 가장 극명하게 나타났다. 이 같은 사실은 두 가지 점에서 명백하다. 첫째, 그것은 인본주의와 인권정책에 대한 강조를 통해서 그리고 특히 아프리카에 대한 해외원조의 증가로 나타났다. 둘째, 그것은 이스라엘에 대한 미국의 지지를 강화시켰으며 부시 행정부가 어떻게 '테러와의 전쟁'을 추동해 나갈 것인지에 영향을 미쳤다. 복음주의 기독교인들은 때때로 아랍세계의 쇠퇴와 가난을 마치 신이 이스라엘을 저주하는 사람들에게 형벌을 내린 증거로 파악하였다(Mead 2006). 이런 시각에서 보면 중동 지역에서 이스라엘의 입장을 지원해 주는 것이야말로 미국의 대외정책에서 일차적 고려사항이 되는 것이었다.

▌여타의 근본주의

이슬람과 프로테스탄트 기독교는 각기 다른 특성과 목표를 지니고 있기도 하지만 또한 각자 자신들의 포괄적인 정치적 쇄신 프로그램을 추진해 나가는 능력에 의해 구별되기도 한다. 그러나 대부분의 경우 다른 근본주의자들은 민족적 내지는 종족적 일체성을 명확히 하거나 재규정하는 데 도움이 되는 보다 편협한 목표에 관심을 기울이고 있다. 이런 측면에서 보면 많은 근본주의는 종족적 민족주의의 하위 유형으로 파악될 수도 있다. 이는 통상 근본주의가 경쟁적인 종족 내지 종교적 집단의 성장 또는 실제하거나 위협적인 영토상의 변화에 의해 야기된 민족적 정체성의 변화에 대한 반작용으로 발생한다는 것을 의미한다. 정치적 정체성의 원천으로서 민족보다 종교가 더 매력적인 이유는 종교가 집단 구성원 자격을 확정함에 있어서 보다 더 원형적 기반이라고 생각될 뿐만 아니라 외형적으로도 변화가 쉽지 않은 토대를 제공하기 때문이다. 바로 이 점이 왜 종교가 소수집단 문화의 출현과 연관되는지를 설명해 준다. 얼스터 프로테스탄트(Ulster Protestant)의 근본주의는 미국의 복음주의파 근본주의와는 상당히 다르다. 얼스터 근본주의에서 종교는 민족적 정체성과 '영국민임(Britishness)' 내지는 종족적 실체성을 제공해 주지만 미국의 복음주의에서 종교는 그들의 종족성과 아무런 관계가 없다. 힌두 근본주의와 시크교 근본주의, 유대 근본주의 그리고 불교 근본주의 모두 종족적 동원의 형태를 띠고 있다.

인도의 지배적 종교인 힌두교는 겉으로 보면 상대적으로 근본주의와는 어울리지 않을 것 같아 보인다. 힌두교는 공식 교본이나 교리보다는 관습과 사회적 관행에 강조점을 두고 있다는 점에서 종족적 종교의 가장 두드러진 사례이다. 그럼에도 불구하고 힌두 근본주의 운동은 1947년에 달성된 인도 독립투쟁으로부터 태동한 것이었다. 그런데 이는 세속적인 국민의회당(Congress Party)에 대한 지지와 비교하면 온건한 것이었다. 그래서 힌두 근본주의는 1980년대에 국민의회당이 쇠퇴하고 네루-간디 가문이 몰락하면서 번창하기 시작하였다. 그것의 주된 목표는 힌두교를 국민적 정체성의 기반으로 삼아 인도의 다문화적이고 다종족적인 모자이크에 도전하는 것이었다. 이는 외래 종교나 문화를 척결할 것을 요구하는 것보다는 무슬림이나 시크교도(Sikh), 자이나교도(Jain) 또는 다른 공동체의 '힌두교도화'를 요구하는 것으로 나타났다.

1996년 이래 인도인민당(Bharatiya Janata Party)은 인도 의회에서 제1당이 되었다. 당연한 것이겠지만 인도인민당은 근대성을 바라보는 신흥 중간층의 양면성을 반영하였으며 특히 국민적 정체성이 약화되는 데에 관심을 기울였다. 보다 급진적인 세계힌두평의회(World Hindu Council)는 '힌두교도를 위한 인도'를 설파하고 있는데 반해 이 세계힌두평의회의 현행 기구인 RSS(Rashtriya Swayamsevak Sangh, 인도극우단체인 민족의용단: 역자주)는 버마로부터 이라크까지 이르는 '광대한 인도'를 창건하고 인도의 지정학적 지배를 중앙아시아까지 확장하려는 목표를 갖고 있다. 힌두 근본주의에서 전투성의 극적인 분출은 1992년 아요댜(Ayodhya)의 고대 회교사원인 바브리 마스지드(Babra Masjid)를 파괴시킨 것으로 나타났는데, 이는 회교사원이 라마 신(god Rama)의 탄생일에 건립된 것으로 알려져 있었기 때문이었다. 이로 인해 지금까지도 구자라트(Gujarat) 주에서는 힌두와 무슬림 공동체 사이에 폭력이 계속되고 있다.

시크 근본주의는 이와 다르다. 왜냐하면 시크 근본주의는 현존하는 국민국가 안에 국민적 정체성을 다시 형성하는 데 그 목적이 있는 게 아니라 독자적인 국민국가를 건설하려는 투쟁과 연관되어 있기 때문이다. 그런 의미에서 시크 근본주의는 자유주의적 민족주의와 겹치지만 국민을 본질적으로 종교적 실체로 본다는 점에서 자유주의적 민족주의와 구별된다. 그래서 시크 민족주의자들은 시크교를 국교로 삼아 정부로 하여금 시크교의 무한한 융성을 확보하도록 할 의무를 지도록 하면서 오늘날의 펀자브(Punjab) 지방에 '칼리스탄(Khalistan, 인도로부터의 독립을 주장하는 시크교도 국가 명: 역자주)'이라는 나라를 세우고자 한다. 힌두 민족주의가 명백하게 반이슬람 특성을 보이는 것처럼 시크 민족주의는 부분적으로는 힌두교에 대한 반대로 규정될 수 있다. 이 점은 1982년 전투적인 자라일 싱 빈드란웨일(Jarail Singh Bhindranwale)의 지도하에 담다미 타크살(Damdami Taksal, 300년 전통의 시크교도 교육기구: 역자주)에 의한 암리차르(Amristar)의 황금사원(Golden Temple) 점거와 그 뒤 2년 후에 일어난 인디라 간디(Indira Gandhi) 암살을 통해 명확하게 나타났다. 인도 대륙에서 힌두와 시크, 이슬람 근본주의가 발전하게 된 데에는 의심할 바 없이 상호 연관된 측면이 있다. 그들은 위협과 분노라는 상호 연결된 반응을 서로 불러일으켰을 뿐만 아니라 종족적 일체성과 종교적 열정을 밀접하게 연결시킴으로써 서로를 자극했다.

유대교와 불교 근본주의 모두 종족적 갈등의 악화와 밀접하게 연관되어 있다. 유대교의 극단적 정통파 가운데 일부는 구약에 예언된 바대로 이스라엘을 유대인의 국가로 받아들이기를 거부해 왔다. 그러나 이들 극단적 정통파와는 달리 유대 근본주의자들은 시오니즘(Zionism, p.377 참조)을 영토 공격을 특징으로 하는 '위대한 이스라엘(Greater Land of Israel)'의 방어로 변형시켰다. 이스라엘의 가장 잘 알려진 근본주의자 집단인 구시문 에무님(Gushmun Emunim, 신자들의 집단)의 경우, 이 점은 1967년 6일전쟁에서 점령한 영토에 유대인 정착지를 건설하고 이어 이를 공식적으로 이스라엘에 병합시키려는 운동을 통해서 나타났다. 캐치(Katch)와 같은 보다 더 급진적인 집단은 유대인과 아랍인은 결코 같이 살 수가 없으며 그래서 '약속한 땅'이라고 자신들이 생각하고 있는 데서 모든 아랍인들을 추방하려고 한다. 소수임에도 불구하고 이스라엘의 극단적 정통파 정당들의 연합은 그 수를 넘어서는 강력한 영향력을 행사

✳ 시오니즘(Zionism)

시오니즘(시온은 신의 왕국을 지칭하는 히브리어 말이다)은 보통 팔레스타인에 위치한 것으로 알려진 유대인 조국 정착운동이다. 이 아이디어는 1897년 바슬레(Basle)에서 열린 세계시온주의자대회(World Zionist Congress)에서 테오도르 헤르츨(Theodore Herzl 1860~1904)에 의해 처음 제시되었는데, 그 이후 유대인들을 박해로부터 보호하기 위한 유일한 수단으로 간주되었다. 초기 시온주의자들은 자주 사회주의적 공감과 연관되면서 세속적이고 민족주의적인 열망을 보유하고 있었다. 그러나 1948년 이스라엘 국가가 건설되면서 시오니즘은 모든 유대인들에게 고향을 제공한다는 이스라엘의 지속적인 약속과 함께 이스라엘에 대한 공감을 증진시키면서 적대국에 대항하여 이스라엘을 방어하려는 노력과 연관되어 나갔다. 이러한 후자의 맥락에서 시오니즘은 근본주의의 대의에 인적 자원을 제공했다. 팔레스타인에 따르면, 시오니즘은 팽창주의적이고 반아랍적인 특성을 보유한다.

하고 있다. 왜냐하면 보통 리쿠드당(Likud, 히브리어로 '합동'이나 '연합'을 뜻하는 이스라엘의 우익연합정당: 역자주)이나 노동당과 같은 주요 정당이 정부를 구성하려면 이들의 지지가 필요하기 때문이다.

스리랑카에서 불교민족주의의 확대는 다수 종족이면서 대체로 불교도인 싱할라족(Sinhalese) 주민과 힌두교도, 기독교도, 무슬림으로 구성된 소수종족인 타밀(Tamil) 공동체 사이에서 긴장이 점점 악화되어 나간 결과로 나타났다. 표면상으로만 보면 불교는 개인적 책임성, 종교적 관용 그리고 비폭력을 옹호하기 때문에 주요 종교들 가운데서 가장 근본주의적 성향을 덜 띰에도 불구하고(Dalai Lama 1996), 남아시아의 상좌부불교(Theravada Buddhism)는 민족주의와 종교적 경쟁이 상호 결합함에 따라 근본주의적 성향의 발전을 지지했다. 스리랑카에서 인민해방전선(People's Liberation Front)과 같은 전투적인 집단에 의해 추진된 '국민적 정체성의 싱할라화(Sinhalization)'는 불교를 국교로 해야 한다는 요구로 발전되어 나갔다. 그러나 이러한 싱할라화의 추진은 1970년대에 시작된 타밀호랑이(Tamil Tigers, 스리랑카 반군세력: 역자주)의 테러공작을 초래하면서 타밀 분리주의를 더욱 촉발하고 있을 따름이다.

V. 21세기의 종교적 근본주의

종교적 근본주의는 21세기를 통해서 계속 살아남을 수 있을 것인가 아니면 그것은 특정한 역사적 환경과의 연관 속에서 나타난 일시적 현상으로 치부될 것인가? 근본주의의 미래에 대한 질문은 두 개의 전혀 다른 시나리오를 제기한다.

첫째는 현대 세계에서 종교에 기반을 둔 어떤 형태의 정치적 신조가 장기적으로 생존 가능한가의 문제를 제기한다. 이는 또한 정치적 프로젝트로서 근본주의에 내재하는 특정의 제약이 무엇인지를 밝혀준다. 이러한 견해에 따르면, 본질에 있어서 근본주의적 입장의 종교는 근대화가 야기한 환경에 쉽게 적응하지 못함에 따른 징후이다. 그러나 그것은 근대화 과정의 가장 중요한 분출과는 어울리지 않는다는 점에서 궁극적으로는 사라질 운명에 놓여 있다. 서구화로서의 근대화는 경제적 지구화의 추세와 자유민주주의의 확장을 통해서 뒷받침되고 지속되어 나갈 가능성이 크다. 그렇기 때문에 종교는 '적정한' 사적 영역으로 돌아갈 것이며 그래서 한 번 더 세속의 정치적 신조들이 공공의 문제들을 다루느라 경합을 벌이게 될 것이다.

이러한 분석은 근본주의의 기저에 깔려 있는 신정정치적 프로젝트가 점진적으로 사라질 것이며 종교 집단들은 보다 광범위한 민족주의운동의 일원으로 화하게 될 것임을 시사해 주고 있다. 서구의 지배하에 있는 지구화 체계의 출현을 통해서 자치의 목표를 중심으로 하는 시민적 민족주의가 득세할 여지는 그만큼 많아졌다는 것이다. 그러나 이는 전투적인 종교적 민족주의에게는 미래가 거의 보장되지 않는다는 것을 시사해 주고 있는데, 특히 그들이 종교적 독특성에 기반을 둘 때 더욱 그렇다. 그래서 만약 근본주의가 권력을 장악하는 데 성공을 거두고 또 복잡한 통치 업무에 직면하게 되면 더욱더 근본주의의 한계는 명백하게 드러나게 될 것이다. 명백한 정치적 프로그램이나 일관된 경제철학을 갖추고 있지 않기 때문에 저항의 이데올로기로서 근본주의가 혹 살아남을 수 있다면 그것은 단순한 수사로서 아니면 정권의 '기초를 이루는 신화'로서일 것이다.

두 번째 견해는 종교적 근본주의가 '탈근대적' 미래를 앞당겨 보여주고 있다는 것이다. 이 시각에 따르면, 위기에 처한 것은 다름 아닌 세속주의이고 자유주의적 미래이다. 근본주의에 의해서 극적으로 노출된 바와 같이 이러한 세속주의와 자유주의적 문화의 취약성은 그것들이 더 심오한 인간적 요구들을 제대로 다루지 못하고 있을 뿐만 아니라 사회질서에 도덕적 기초를 제공해 주는 권위있는 가치도 확립하지 못하고 있다는 데에서 온다. 서구 자유민주주의를 모델로 하여 획일성을 조장하는 신흥 지구적 체계로부터 멀리 떨어져 있기 때문에 이 견해가 제시하는 보다 가능성이 높은 시나리오는 다음과 같은 것이 될 것이다. 즉, 헌팅턴(Huntington 1996)의 예견처럼, 20세기 자본주의와 공산주의 간의 대립은 문명충돌에게 자리를 내주게 될 것이라는 것이다. 경쟁적인 초국가적 권력블록이 나타날 것이며 종교는 이들에게 정치적·문화적 일체성을 제공하게 될 것이다. 이 해석에 따르면, 근본주의는 약점이 아니라 강점으로 파악된다. 종교적 근본주의는 이미 근대세계의 무기와 정신을 받아들임으로써 자신들의 적응력을 과시해 오고 있다. 종교적 근본주의가 전통에 의해서 제약을 받지 않으면서 '경쾌하게' 움직이고 있다는 사실이야말로 탈근대의 도전에 직면하여 자신의 교리를 재창출할 수 있는 역량이 있음을 보여주는 것이라고 할 수 있다.

•• 생각해 볼 문제

- 정치 이데올로기는 모두가 다 근본주의적 성향을 띠는가?
- 세속주의는 반종교적인가?
- 종교적 근본주의의 대두는 '문명의 충돌'을 입증하는 것인가?
- 종교적 근본주의는 필연적으로 문자 그대로 해석되는 경전의 진리를 신봉하는 것에 근거를 두고 있는가?
- 종교적 근본주의는 항상 반근대적인가?
- 근본주의는 전체주의적이고 폭력에 의존하는 경향이 있는가?
- 이슬람 근본주의는 어느 정도나 반서구주의 형태를 보이는가?
- 종교적 근본주의는 입헌주의나 정치적 다원주의와 양립 가능한가?
- 종교적 근본주의와 종족적 민족주의 간의 관계는 무엇인가?

·· 더 읽을 자료

Ahmed, A., and H. Donnan. *Islam, Globalization and Postmodernity* (London and New York; Routledge, 1994). 정치적 이슬람의 특성 및 근대성과의 관계에 천착하고 있는 논문들을 모아 놓았다.

Ahmed, R. *Jihad: The Rise of Militant Islam in Central Asia* (New Haven, CT: Yale University Press, 2001). 중앙아시아 여러 지역에서 나타난 급진적인 신흥 근본주의의 대두와 중요성에 대해 명확하고 권위적으로 설명해 주고 있다.

Bruce, S. *Fundamentalism* (Oxford: Polity Press, 2000). 주요 개념으로서 근본주의를 점검하고 있다. 근본주의를 급격한 사회변화의 징후로 파악하면서 그것의 이데올로기적 특성을 진지하게 다루고 있다.

Burma, I., and A. Margalit. *Occidentalism: A Short History of Anti-Westernism* (London: Atlantic Books, 2004). 이슬람 근본주의에서 근대적 경향을 보다 장기적인 이데올로기적 발전과 연결시키고 있는 간결하면서도 도전적인 시도.

Hadden, J. K., and A. Shupe (eds.). *Prophetic Religions and Politics: Religion and Political Order* (New York: Paragon House, 1986). 저명한 종교사회학자들에 의해 전 세계의 광범위한 운동들을 검토하고 있는 유용한 논문집.

Marty, M. E., and R. S. Appleby (eds.). *Fundamentalisms and the State: Remaking Polities, Economies, and Militance* (Chicago, IL and London: University of Chicago Press, 1993). 광범위하게 포괄적이고 권위적이면서도 접근하기가 용이한 6권의 근본주의 프로젝트 가운데 하나. 관심을 끄는 다른 책으로는 *Fundamentalism Observed* (1991)와 *Accounting for Fundamentalisms* (1994)가 있다.

Parekh, B. "The Concept of Fundamentalism." In A. Shtromas (ed.). *The End of 'isms'? Reflections on the Fate of Ideological Politics after Communism's Collapse* (Oxford and Cambridge, MA: Blackwell, 1994). 근본주의의 특성과 근대화 과정에 대한 명확하고 통찰력 있는 소개서.

Ruthven, M. *Fundamentalism: The Search for Meaning* (Oxford and New York: Oxford University Press, 2004). 특별히 이슬람과 서구 사이의 관계에 대한 조망을 통해 근본주의의 의미를 간명하면서도 설득력 있게 천착하고 있다.

제11장

다문화주의

I. 개관

다문화사회는 16세기 말과 17세기 초에 절정을 이루었던 오토만제국(Ottoman Empire)과 19세기 초 이래의 미국 등 많은 사례에서 보듯이 오랫동안 존재해 왔다. 그러나 '다문화주의(multiculturalism)'라는 용어는 상대적으로 최근에 생겨난 말이다. 다문화주의는 문화적 다양성 문제를 다루는 독특한 접근방식을 묘사하기 위해 1965년 캐나다에서 처음 사용되었다. 1971년 다문화주의 또는 '2개 국어 병용의 틀 내에서의 다문화주의'가 캐나다의 공공정책으로 정식 채택되었고 이는 1988년 다문화주의법령(Multiculturalism Act)의 입법을 위한 기초로 작용하였다. 호주도 1970년 초에 스스로를 다문화적이라고 선언하면서 다문화주의에 동참했다. 그러나 1990년대 이래 다문화주의라는 용어는 보다 광범위한 정치적 논쟁에서만 두드러지게 나타났다.

다문화주의는 그 자체가 하나의 당당한 자격을 갖춘 이데올로기라기보다는 오히려 이데올로기적 논쟁을 위한 하나의 영역으로 자리하고 있다. 논쟁을 위한 영역으로서 다문화주의는 점증하는 문화적 다양성의 함의 특히 문화적 차이를 어떻게 시민적 통합과 조화를 이루도록 할 것인가의 다양한 견해들을 포괄하고 있다. 그렇기 때문에 다문화주의의 중심 주제는 통합 내에서의 다양성이다. 다문화주의적 입장이란 다양한 문화적 집단들이 인정과 존중을 받을 권리에 기반하여 공동체의 다양성을 적극적으로 지지하는 것을 의미한다. 이런 의미에서 다문화주의는 개인과 집단 모두에게 자부심을 확립함에 있어서 신념과 가치, 생활방식이 중요하다는 데에 강조점을 둔다. 그래서 독특한 문화는 특히 그들이 소수집단이나 취약집단에 속할 때 보호되고 강화되어야 할 자격을 갖게 된다. 그러나 다문화사회에 대해서는 경쟁적인 모델이 많다. 이들은 자유주의, 다원주의, 세계주의 등 다양한 사상에 토대를 두고 있다. 동시에 다문화주의에 대해서는 상당한 논쟁이 제기되고 있으며 이에 대한 반대와 비판도 많다.

II. 기원과 전개

다문화주의는 주로 미국에서 1960년대 흑인의식운동의 활동을 통해서 최초로 이론적 입장을 취하게 되었다. 흑인 민족주의(black nationalism)의 기원은 20세기 초 자메이카 정치운동가 마커스 가베이(Marcus Garvey 1887~1940)와 같은 지도자들에 의해 촉발된 '아프리카로 돌아가기' 운동의 출현으로 거슬러 올라간다. 그러나 흑인정치는 1960년대에 '아프리카로 돌아가기' 운동에서 나타난 개혁 노선과 혁명 노선 모두의 약진을 통해 커다란 추동력을 얻었다. 개혁적 이미지를 통해 이 운동은 마틴 루터킹(Martin Luther King 1929~1968)의 주도하에 미국에서 국민적 최대 관심사로 떠오르게 된 시민권 투쟁의 형태를 띠었다. 그럼에도 불구하고 비폭력적 시민불복종은 흑인권리운동(Black Power movement)에 의해 거부되었다. 왜냐하면 흑인권리운동은 흑인 분리주의를 지지했으며, 1966년 설립된 흑표범당(Black Panther Party)의 지도하에서 무장투쟁의 이용을 촉구했기 때문이다. 그러나 보다 지속적인 중요성을 가진 것은 블랙무슬림(Black Muslim, 공식 명칭을 이슬람민족 Nation of Islam으로 했다가 서구이슬람공동체 Islam Community in the West로 바꿈)이다. 이들은 흑인 미국인들이 고대 무슬림 종족의 자손이라는 생각에 기반하여 분리주의 신조를 주창하였다. 1929년에 설립된 블랙무슬림은 엘리자 무함마드(Elijah Mohammad 1897~

1975)가 40년 넘게 이끌어왔다. 이들은 1960년대 가장 두드러진 운동가로서 전투적인 흑인지도자 말콤엑스(Malcolm X 1925~1965)를 꼽는다.

> **종족문화적 민족주의**
> 일차적으로는 종족과 문화적 독특성에 대한 강렬한 애착과 이것을 보존하려는 욕구에 의해 촉발된 민족주의의 한 형태

1960년대와 70년대는 서유럽과 북미의 많은 지역에서 소수집단의 계속된 정치적 주장을 접하게 되는데 이들의 주장은 때때로 **종족문화적 민족주의**(ethnocultural nationalism)로 표현되었다. 이는 캐나다 퀘벡에서 불어를 사용하는 사람들 사이에서 가장 명백하게 나타났다. 이는 또한 영국에서 스코틀랜드 민족주의와 웰시 민족주의의 대두 그리고 스페인 카탈로니아와 바스크 지역, 프랑스의 코르시카 지역, 벨기에 플란더즈 지역의 분리주의운동 성장에서도 두드러지게 나타났다. 인종적 주장의 추세는 캐나다와 미국의 아메리카인디안, 호주의 원주민, 뉴질랜드의 마오리(Maori)족 사이에서 발견된다. 이와 같이 새로이 대두하는 인종정치에서 공통된 주제는 경제적·사회적 주변화와 때로는 인종적 억압에 도전하려는 욕구이다. 이런 의미에서 인종정치는 구조적 불이익과 뿌리 깊은 불평등을 적으로 삼고 있는 정치적 해방의 한 방법이다. 예를 들면 북미와 서유럽에서 인종적 정체성의 확립은 전통적으로 자신의 월등함을 강조하면서 굴종을 요구해 왔던 지배적인 백인에 대해 이를 반대하는 하나의 대항수단이 되고 있다.

기존의 소수집단 사이에서의 점증하는 권리주장과는 별도로 다문화 정치는 1945년 이래 많은 사회에서 문화적 다양성을 확대시켜 온 국제이민의 경향에 의해 강화되어 왔다. 서구 국가들이 전후 재건 과정에서 도움을 받기 위해 외국으로부터 많은 노동자를 충원함에 따라 이민율은 1945년 이후 시기에 가파르게 상승했다. 많은 경우 이민 경로는 유럽 국가와 그들의 이전 식민지 사이의 연계를 통해서 형성되었다 그래서 1950년~60년대 영국으로의 이민은 주로 서인도제도와 인도에서 왔는데 반해 프랑스로의 이민은 대개 알제리, 튀니지, 모로코에서 왔다. 구서독의 경우 이민자는 *외국인 노동자*(*Gastarbeiter*)였는데 이들은 보통 터키와 유고슬라비아로부터 충원되었다. 1970년대 미국으로의 이민은 주로 멕시코와 다른 라틴 아메리카 국가들로부터 왔다. 그 결과 미국에서 라틴계 또는 스페인어를 사용하는 사람들의 공동체가 2010년에 아프리카계 미국인 수를 넘어섰고 2050년이면 미국민의 약 1/4에 이를 것으로 추산되고 있다.

1990년대 동안에도 전 지구를 통해서 국경을 넘어서는 이민이 급속하게 확대되고

있으며 이로 인해 '초이동적 지구(hyper-mobile planet)'라 불리는 것이 태동하였다. 여기에는 다음과 같은 2가지 중요한 요인이 작용하고 있다. 첫째, 난민이 급증하여 1993년 1,800만 명으로 최고조에 달했다. 이는 알제리, 우간다, 르완다로부터 방글라데시, 인도차이나, 아프가니스탄에 이르기까지 많은 지역에 걸쳐 진행된 탈냉전 이후의 전쟁, 인종갈등, 정치적 격변의 증대로부터 기인한다. 1989~91년 동유럽에서 공산주의의 붕괴는 거의 하루아침에 새로운 그룹의 이민을 창출했을 뿐만 아니라 특히 이전 유고슬라비아에서 보듯이 일련의 종족갈등을 야기함으로써 이러한 이주를 더욱 확대시켰다. 둘째, 경제적 지구화는 다양한 방식으로 국제적 이민을 추동시켰다. 국제적 경쟁의 강화, 초국적 기업의 영향, 국내수요에 부응하기보다는 수출을 위해 상품을 만들어야 하는 압력 등으로 인해 경제생활이 붕괴함에 따라 이민은 더욱 '촉진(push)' 되었다. 또한 산업화된 많은 국가에서 국내 거주민들이 떠맡으려 하지 않는 저임금·저기술·저지위의 일자리가 점증함에 따라 '이중(dual)' 노동시장이 발전한 것도 이민을 '끌어들이는(pull)' 요인이 되었다.

2000년대 초기 유럽연합의 실질적인 모든 구성 국가들을 포함하여 점점 더 많은 수의 서유럽 국가들은 다문화주의를 공공정책으로 정식 채택하였다. 이는 현대사회 내에서 다종족·다종교·다문화적 경향이 더 이상 거스를 수 없는 대세라는 사실을 인정하는 것이었다. 요컨대 이민이나 피난과 같은 주제가 지속적으로 때로는 점차 두드러지게 쟁점화되고 있음에도 불구하고 통합된 민족문화에 기반한 단일문화주의로의 복귀는 더 이상 가능하지 않다는 것을 의미한다. 실제로 이들 사회가 현재 직면하고 있는 가장 긴급한 이데올로기적 쟁점은 문화적 다양성을 어떻게 시민적·정치적 결속의 유지와 조화를 이루도록 할 것인가이다. 그럼에도 불구하고 또 하나의 요인이 다문화 정치를 정치적 의제로 끌어올리고 있는데, 지구적 테러의 대두와 이른바 '테러와의 전쟁'이 그것이다. 서구 국가에 대한 종교적 근본주의의 확대(p.356 참조), 특히 전투적 이슬람의 대두는 새뮤얼 헌팅턴(Samuel Huntington 1996)의 유명한 '문명의 충돌(clash of civilization)'이 사회와 사회뿐만 아니라 사회 *내에서도* 발생할 수 있음을 일깨워 주고 있다. 다문화주의 지지자들은 문화적 인정과 소수집단의 권리가 정치적 극단주의를 견제하는 데 도움이 될 것으로 보는 데 반해, 반대론자들은 다문화 정치가 정치적 극단주의에게 은신처를 제공하거나 또는 이를 정당화시켜 줄 수 있다고 경고한다.

III. 핵심주제: 통합 속의 다양성

'다문화주의'라는 용어는 서술적 또는 규범적 측면 등 다양한 방식으로 사용되고 있다. 서술적 측면에서 다문화주의는 한 사회 내에서 자신들의 신념과 관행이 독특한 집단 정체성을 불러일으키는 둘 이상의 집단이 존재한다는 데서 출발하여 문화적 다양성을 의미하는 것으로 파악된다. 이런 의미에서 다문화주의는 인종, 종족, 언어적 차이로부터 발생하는 공동체의 다양성을 위해 항시적으로 보존된다. 이 용어는 또한 공공정책이나 제도적 장치 등의 형태로 공동체의 다양성에 대한 정부의 대응을 묘사하기 위해서도 사용된다. 다문화적 공공정책은 그것이 교육, 의료, 주거 또는 다른 형태의 사회정책 어느 것과 연결되든 관계없이 특정 문화집단의 독특한 요구에 대해 이를 공식적으로 인정하는 것과 이들 집단 사이에 기회균등을 확보해 주려는 것으로 특징지어진다. 다문화주의의 제도적 장치는 이 점을 넘어서서 인종, 종교, 여타의 사회적 구분에 따라 정부기구를 재정비하는 것을 의미한다. **협의주의**(consociationalism)의 형태로 이러한 제도적 장치가 네덜란드, 스위스, 벨기에 같은 나라에서는 정치적 관행을 이루고 있다. 또한 북아일랜드 의회와 보스니아-헤르체고비나를 위한 헌법 장치에서도 적용되고 있다.

> ✳ **협의주의**
>
> 정당이나 정치 구성체 사이에 밀접한 연관을 갖도록 하는 형태로 권력을 공유하는 것으로서 전형적으로 심각하게 분열되어 있는 사회에서 채택된다.

규범적 측면에서 다문화주의는 전형적으로 다른 문화집단들도 존중과 인정을 받을 권리가 있다는 것과 이들 집단들이 소속되어 있는 사회는 이러한 도덕적·문화적 다양성이 이익이 될 것이라는 주장 등을 통해 공동체의 다양성을 적극 지지하거나 심지어는 이에 대해 찬사를 보내는 것을 의미한다. 그러나 다문화주의는 그 자체로 합당한 정치 이데올로기라기보다는 이데올로기적 '공간(space)'이다. '좋은 사회(good society)'에 대한 경제적·사회적·정치적 비전을 만들어내는 포괄적인 세계관을 발전시키려 하기보다 다문화주의는 오히려 현대사회에서 문화적 다양성과 시민적 통합 간의 균형과 관련하여 점차로 중요성이 더해가는 논쟁 영역에 더 가깝다. 그럼에도 불구하고 몇 가지 독특한 다문화주의의 이데올로기적 입장이 제시될 수 있다. 다문화주의에서 가장 중요한 주제는 다음과 같다:

- 후식민주의(postcolonialism)
- 정체성과 문화
- 소수집단의 권리
- 다양성

▋후식민주의

다문화주의 사상의 근거는 1945년 이후 시기에 이미 유럽제국의 붕괴로부터 발전되어 나온 후식민주의 이론에 의해 제시되었다. 1960년대에 태동한 흑인 민족주의는 후식민주의의 표출로 볼 수 있으며, 다문화주의는 후식민주의의 산출물 가운데 하나로 간주될 수 있다. 후식민주의의 중요성은 그것이 비서구적인 때로는 반서구적인 정치사상과 전통의 정당성을 확립함으로써 제국주의적 지배의 문화적 차원에 도전하고 이를 뒤엎으려 했다는 데에 있다.

그럼에도 불구하고 다문화주의는 다양한 형태를 띠고 있다. 예를 들면 간디(Gandhi)는 인도 민족주의를 궁극적으로는 힌두이즘에 뿌리를 두고 있는 비폭력과 자기희생의 윤리에 접목시킨 정치철학을 발전시켰다. 그러나 마르티니크(Martinique) 태생의 프랑스 혁명이론가 파농(Franz Fanon 1926~1961)은 반식민투쟁과 폭력 사이의 연관성에 강조점을 두었다. 그의 제국주의 이론은 식민지의 굴종에서 나타나는 심리적 차원에 주목하였다. 파농(Fanon 1965)에게 탈식민 과정은 정치적 과정일 뿐만 아니라 새로운 '유형'의 인간이 창조되는 과정이기도 했다. 그는 폭력의 카타르시스적인 경험이 이와 같은 심리적·정치적 쇄신을 가져올 만큼 충분히 강력하다고 주장하였다. 에드워드 사이드(Edward Said)의 『오리엔탈리즘』(*Orientalism* [1978] 2003)은 때때로 후식민주의의 가장 영향력 있는 저서로 간주되고 있다. 이 책은 **유럽 중심주의**(Eurocentrism)에 대한 비판을 발전시켰다. 오리엔탈리즘은 여타의 세계, 특히 동양에 대한 서구의 문화적·정치적 지배가 비서구적 인민이나 문화를 얕잡아보고 비천하게 만드는 교묘한 가공의 고정관념에 의해서 어떻게 강화되어 왔는지를 밝혀주고 있다. 이러한 고정관념의 사례로는 '신비스러운 동양', '속을 알 수 없는 중국인',

> ※ **유럽 중심주의**
> 유럽의 문화에서 도출한 가치와 이론을 다른 집단이나 사람들에게 적용하는 것으로서 왜곡되고 편향된 견해를 지칭한다.

모한다스 카람찬다 간디(Mohandas Karamchanda Gandhi 1869~1948)

'위대한 영혼'이라는 뜻의 마하트마(Mahatma)라 불리는 인도의 정신적·정치적 지도자. 영국에서 변호사로 교육을 받은 간디는 남아프리카에서 인종차별에 반대하는 투쟁을 조직하는 일을 하면서 자신의 철학을 발전시켰다. 1915년 인도로 돌아와서는 민족주의 운동의 지도자로서 독립을 위한 지칠 줄 모르는 운동을 벌였으며 결국 1947년 독립을 이루었다. 간디는 1948년 광신적인 힌두교도에 의해 암살되었는데, 이는 독립에 이은 힌두교도와 이슬람교도 간의 격렬한 폭력에 희생된 것이었다.

사티아그라하(satyagraha)라 불리는 간디의 비폭력 저항의 윤리는 그의 금욕적 생활방식에 의해 더욱 강화되면서 인도의 독립운동에 막대한 도덕적 권위를 가져다 주었으며 후에는 마틴 루터 킹을 포함하여 시민권 운동가들의 모델이 되었다. 힌두이즘으로부터 끄집어낸 간디의 정치철학은 우주는 *사티아*(satya)인 진리의 우선성에 의해 규제된다는 신념에 기반을 두었다. 인간은 '궁극적인 존재'이기 때문에 사랑, 돌봄, 다른 사람에 대한 관심은 인간관계의 자연적 토대라고 보았다. 서구문명에 대해서 어떻게 생각하느냐고 묻자, 간디가 그것은 '멋진 생각(nice idea)'일 것이라고 대답한 것으로 유명하다.

'욕심 많은 터키인' 같은 생각들이 있다.

후식민주의는 다문화주의의 태동에 두 가지 중요한 기여를 하였다. 첫째, 후식민주의는 자유주의와 같은 서구 이데올로기의 보편주의적 주장과는 구별되는 독특한 정치적 목소리를 발전도상 세계에 제공해 주려고 했다는 점에서 압도적으로 유럽중심적인 세계관에 도전하였다. 이는 비서구적 종교, 사상, 철학을 보다 진지하게 고려하도록 하였을 뿐만 아니라 정치사상 내에서 보다 폭넓은 재평가를 하도록 촉구하였다. 특히 이는 예를 들면 자유주의 정치이론과 이슬람 정치이론을 포함하여 서구와 비서구의 사상 모두가 다 자신들 공동체의 전통과 가치, 소망을 담고 있다는 점에서 동등하게 정당한 것으로 간주되어야 한다고 주장하였다. 둘째, 후식민주의는 특히 식민지배의 문화적 유산에 초점을 맞춤으로써 문화의 정치적 중요성을 밝혀주었다. 만약 사람들이 자신들에게 '강요된' 문화가 억압적이고 비천한 것이라는 사실을 안다면, 이는 그들 자신의 '토착' 문화를 재발견함으로써 해방을 추구할 수 있다는 것을 의미한다.

▌정체성과 문화

다문화주의는 정체성 정치의 한 형태이다. 정체성 정치는 보통 실제든 혹은 그렇게 인식되든 사회적 불평등에 직면한 사회에서 집단 정체성과 공통적 경험에 대한 구성원들의 인식을 강화시킴으로써 특정 집단의 이해관계를 증진시키려고 애쓴다. 이런 의미에서 정체성은 개인적인 것을 사회적인 것과 연결시키며 개인을 특정의 문화적·사회적·제도적·이데올로기적 맥락에 '배태된(embedded)' 것으로 파악한다. 이렇게 다문화주의는 인간본성에 대한 본질적으로 공동체주의적인 견해에 근거하고 있다. 이에 따르면, 인간은 사회 '밖에서는(outside)' 이해할 수 없으며 본질적으로 자신들이 살고 있으며 발전시켜 나가고 있는 사회적·문화적 그리고 여타의 맥락에 의해 만들어진다. 그렇기 때문에 매킨타이어(Alistair MacIntyre 1981), 샌들(Michael Sandel 1982)과 같은 공동체주의 이론가들은 특히 자유주의적 개인주의(p.53 참조)를 뿌리가 없는 원자론(atomism)의 원인이라고 보고 이를 비판한다. 캐나다 철학자 테일러(Charles Taylor 1994)의 경우, '인정의 정치(politics of recognition)'에 대한 옹호는 명백하게 개인적 정체성에 대한 공동체주의적 가정에 기반하여 제시되고 있다.

다문화주의에서 특별히 강조되는 것은 문화의 역할과 중요성이다. 넓은 의미에서 **문화(culture)**는 사람들의 생활방식이다. 사회학자와 인류학자들은 문화가 생물학적인 전승을 통해서가 아니라 학습을 통해 한 세대에서 다른 세대로 승계되는 것을 포함

공동체주의(Communitarianism)

공동체주의는 사람은 자신이 속한 공동체에 의해서 만들어지며 그래서 공동체를 존중하고 고려해야 한다는 의미에서 자아나 개인이 공동체를 통해서 구성된다는 믿음이다. 다시 말해서 공동체에 빚을 지고 있지 않은 자아는 존재하지 않는다고 본다. 공동체주의는 명백하게 자유주의적 개인주의와 상치되는 것이 확실하지만 그럼에도 불구하고 공동체주의는 다양한 정치적 형태를 띠고 있다. *좌익* 공동체주의는 예를 들면 무정부주의처럼 공동체가 무제한적인 자유와 사회적 평등을 요구한다고 믿는다. *중도* 공동체주의는 예를 들면 사회민주주의나 보수적 온정주의(Tory paternalism)에서 보듯이 공동체가 상호적 권리와 책임에 대한 인식에 근거하고 있다고 주장한다. *우익* 공동체주의는 뉴라이트에서 대표적으로 나타나듯이 공동체가 권위와 기존의 가치에 대한 존중을 요구한다고 본다.

한다는 의미에서 문화와 자연을 구별하는 경향이 있다. 다
문화주의의 관점에서 볼 때, 문화의 일차적 중요성은 그것
이 개인적 정체성이 형성되고 외부 세계가 의미를 갖게 되
는 가치, 규범, 가정을 제시한다는 데에 있다. 그래서 어떤
사람의 문화에 대한 자부심, 특히 자신의 문화적 정체성에
대한 공공의 인식과 찬사는 사람들로 하여금 사회적·역사
적으로 뿌리가 있다는 생각을 갖게 해 준다. 반대로 문화적

문화

학습을 통해서 한 세대
에서 다른 세대로 전승
되는 믿음, 가치, 관행;
문화는 자연과 구별된다.

정체성이 약하거나 무너질 경우 사람들은 고립과 혼란을 느끼게 된다. 극단적 형태로
서 이는 이미 프랑스 정치철학자 몽테스키외(C. de Montesquieu 1689~1775)와 독
일 비평가이자 문화 민족주의의 '창시자'인 헤르더(J. G. Herder 1744~1803)에 의해
실천된 것처럼, 인간을 문화적으로 규정된 피조물로 파악하는 이른바 '문화주의
(culturalism)'로 귀결될 수 있다.

현대 다문화주의자들은 이와 같은 형태의 조야한 문화결정론에 거의 동조하지 않는
다. 그렇지만 다문화주의의 등장은 보편주의로부터 특수주의로의 전환을 반영하고 있
으며 사람들이 공통으로 공유하거나 보유하는 것을 덜 강조하는 대신 사람들이 속해
있는 집단에 독특한 것이 무엇인지에 대해 더 많은 강조점을 둔다는 것을 의미한다.

문화에 대한 이러한 관심은 다문화주의가 **종족의식(ethnicity)**, 종교, 언어에 대해
특별히 주목하는 이유를 설명해 준다. 종족의식은 인종적
의미와 문화적 의미를 둘 다 내포하고 있기 때문에 복잡한
용어이다. 종족 집단의 구성원들은 그것이 맞든 틀리든 자
주 동일한 조상으로부터 전승되어 왔다고 생각하며 그렇기
때문에 혈통에 의해 통합되는 친족집단이 확대된 것으로 파
악한다. 종족의식은 그것이 보다 더 깊은 정서적 수준에서
작용하고 있다고 하더라도 통상적으로는 문화적 정체성의
한 형태로서 이해된다. '종족적' 문화는 전통, 가치, 관행을

종족의식

특정의 주민, 문화적 집
단, 영토적 영역에 대한
충성심; 인종적 특성보
다는 문화적 특성을 띠
는 결속

포함하지만 결정적으로 그것은 또한 그 기원과 전승을 강조함으로써 사람들에게 공통
의 정체성과 독특성을 부여해 준다. 종교는 특히 비서구적 기원을 갖는 나라의 문화집
단에 중요한데 이들에게는 세속주의의 영향이 덜 뚜렷하다. 실제로 이들 사례에서
종교는 때때로 서구 사회의 몇몇 이슬람 집단에서 나타나는 것처럼 문화적 정체성의
결정적인 특징이 되고 있다. 그러나 캐나다의 퀘벡인, 영국의 웰시인, 스페인과 프랑

관점 (Perspectives)

문화

자유주의자들은 전통적 문화나 '대중' 문화가 순응주의의 원천이며 개성에 대한 침해라고 파악하면서 때때로 이에 대해 비판적 입장을 취해 왔다. 그러나 특히 예술이나 문학에서 나타나는 '고급' 문화는 개인적 자아발전의 표출이자 자극이라고 본다. 그래서 문화는 그것이 지적인 발전을 촉진할 때에만 가치가 있다.

보수주의자들은 사회적 결속과 정치적 통합을 강화시킨다는 이득을 강조하기 때문에 문화를 대단히 중시한다. 이런 시각에서 보면 문화는 그것이 전통과 겹치고 그럼으로써 한 세대를 다음 세대와 결속시킬 때 가장 강력하다. 보수주의자들은 공통된 문화만이 사회를 묶어내는 공통적 가치를 심어줄 수 있다고 믿기 때문에 단일문화 사회를 지지한다.

사회주의자, 특히 마르크스주의자들은 문화를 경제적 '기반'에 의해서 조건화되는 이데올로기적·정치적 '상부구조'의 하나로 파악한다. 문화는 지배계급의 이익을 반영하며 그 역할은 일차적으로 이데올로기적이다. 그래서 문화는 종속적 계급으로 하여금 자본주의 계급제도 내에서의 자신들의 억압에 순응하도록 하는 데 도움이 된다.

파시스트들은 계몽주의의 산물로서 지성에 의해서만 만들어지는 합리주의적 문화와 자주 혈통에 근거하여 사람들의 정신 또는 본질을 구현하는 유기체적 문화를 뚜렷하게 구별한다. 유기체적 문화의 맥락에서 문화는 독특한 민족적 또는 인종적 정체성을 갖도록 하는가 하면 통합된 정치적 의지를 유발시킨다는 점에서 매우 중요하다. 파시스트들은 순수하고 아무런 제한도 받지 않는 단일문화주의를 신봉한다.

페미니스트들은 가부장적 문화의 형태로서 문화가 남성의 이해관계와 가치를 반영하고 있을 뿐만 아니라 여성을 비천하게 만듦으로써 여성들을 젠더 억압체계에 순응하도록 하는 데 기여한다고 믿기 때문에 문화에 대해서 비판적이다. 그럼에도 불구하고 문화적 페미니스트들은 문화를 페미니즘의 도구로 활용하고자 하며 독특한 여성적 가치와 생활방식을 강화시킴으로써 문화가 여성의 이익을 보장해 줄 수 있다고 주장한다.

다문화주의자들은 문화를 개인적·사회적 정체성의 핵심적 특성으로 바라본다. 문화는 사람들에게 세계관을 제공해 주며 자신들의 문화적 소속감을 강화시켜 준다. 다문화주의자들은 문화적 차이에 대한 인정이 사회적 결속을 위협하기보다는 강화시켜 주기 때문에 동일한 사회 내에서 다양한 문화적 집단들이 평화롭고 조화롭게 살아갈 수 있다고 믿는다. 그러나 문화적 다양성은 어떤 방식으로든 그리고 어떤 수준에서든 공통의 시민적 충성의 필요와 균형을 맞추어야 한다.

스의 바스크족, 벨기에의 플란데르인 같은 집단에게는 문화적 독특성의 유지가 자신들의 '민족적' 언어의 보존과 밀접하게 연결되어 있다. 언어는 자주 신화나 전설은 물론이고 전통 문학을 생생하게 유지해 주는 데 도움을 줄 뿐만 아니라 세계를 어떻게 바라보고 이해할지를 정하는 데도 도움이 되기 때문에 문화적 정체성의 중요한 구성

요인이 되고 있다.

▎소수집단의 권리

다문화주의의 진전은 때로는 다문화적 권리라고 불리어지는 소수집단의 권리를 기꺼이 인정하려는 것과 함께 진행되어 왔다. 이러한 권리를 명확히 하려는 가장 체계적인 시도는 윌 킴릭카(Will Kymlicka 1995)에 의해서 이루어졌다. 킴릭카는 소수집단의 권리로서 자치권, 다종족권, 대표권 3가지를 제시하였다. 킴릭카에 따르면, 자치권은 그 자신이 민족적 소수자라고 부른 사람들, 즉 영토적으로 집중되어 있고 공통의 언어를 보유하며 또 '광범위한 인간 활동에 걸쳐 의미 있는 생활방식'에 의해 특징지어지는 사람들에게 주어진다. 이들 사례로는 미국 인디안, 캐나다의 이뉴잇족(inuit), 뉴질랜드의 마오리족, 호주의 원주민들이 포함된다. 이들 사례에서 자치권은 설사 그것이 승계의 권리와 그렇기 때문에 주권적 독립으로 확대될 수 있다고 하더라도 보통은 연방주의를 통해 민족적 소수집단 구성원들에 의해 실질적으로 통제되는 단위로 정치권력이 이양되어야 한다는 것을 의미한다.

다종족권은 이민을 통해서 발전되어 온 종족집단과 종교적 소수자들이 자신들의 문화적 독특성을 표현하고 유지하는 데 도움이 되는 권리이다. 예를 들면 이러한 권리는 유태인이나 무슬림에게 가축도살법의 적용을 받지 않도록 해 준다거나 무슬림 여학생에게 학교 복장규정으로부터 면제해 주는 토대를 제공해 줄 수 있다. 특별 대표권은 교육이나 정치적 또는 공공생활의 고위직에서 소수집단 또는 불이익집단이 과소 대표되는 것을 시정하도록 한다. 킴릭카는 이러한 사례에서의 역차별 또는 '적극적' 차별(positive discrimination)을 정당화하였다. 그 이유는 이러한 차별만이 충분하고 평등한 참여를 보장해 주는 유일한 방법이며 그 결과 공공 정책이 전통적으로 지배적인 집단의 이익만이 아니라 모든 집단과 사람들의 이익을 반영하도록 할 것이라고 보았기 때문이다.

소수집단의 권리 또는 다문화적 권리는 그것이 개인보다는 집단에 속한다는 점에서 권리에 대한 전통적인 자유주의적 개념과는 구별된다. 이는 다문화주의자들이 개인주의보

> ✳ **적극적 차별**
>
> 과거의 불이익이나 구조적 불평등을 보상해 주려는 의도로 특정 집단의 구성원들에게 특례 대우를 해주는 것

※ 집단주의

인간의 목표는 협동적이
거나 집단적인 노력을
통해서 가장 잘 달성될
수 있다는 신념으로서
사회집단의 중요성을 밝
혀준다(p.139 참조).

다는 **집단주의**(collectivism)를 지지하고 있음을 보여주고 있다. 소수집단의 권리는 종종 '특별한' 권리로 생각되고 있는데 다음과 같은 두 가지 의미에서 그렇다. 첫째, 이들 권리는 그들이 속한 집단에 특수한 것이다. 각각의 문화집단은 그들의 종교, 전통, 생활방식의 특성에 기반하여 인정을 받을 각기 다른 이유를 갖고 있다. 예를 들면 시크교도(Sikh)가 안전모를 착용하지 않고도 오토바이를 탈 수 있도록 하거나 또는 의례용 단도를 휴대할 수 있도록 허용하는 것은 다른 집단에게는 의미가 없을 것이다. 둘째, 소수집단의 권리는 다른 집단에 비해 어떤 집단에게 이익이 되도록 특수하게 설정할 수 있다는 점에서 '특별'하다. 이는 다문화주의가 원칙적으로는 모든 문화집단의 인정과 기본권에 대한 자격부여에서 동등하게 대우해야 한다고 하면서도 과거의 부정의나 현재의 불이익을 보상해 주기 위해서 어떤 집단에게는 특혜·권리를 부여함으로써 형식적인 평등 원칙을 훼손할 준비가 되어 있다는 점을 반영하고 있다. 이런 의미에서 다문화주의는 사회적 부정의를 시정하려고 한다. 다문화주의는 전형적으로 '적극적' 차별에 대한 지지를 통해 사회정의를 촉진하려는 자신의 사명을 실천해 왔다. 이는 특히 1960년대 이래 아프리카계 미국인의 정치적 진출이 '차별시정조치(affirmative action)'와 연관되어 있는 미국에서 두드러지게 나타난다. 예를 들면 캘리포니아 주립대학교 이사회 대 배키(*Regents of the University of California v. Bakke* 1978) 소송에서 연방대법원은 흑인 학생이 백인 학생보다 더 낮은 성적을 갖고도 대학에 들어갈 수 있도록 허용함으로써 대학 입시에서 역차별 원칙에 손을 들어 주었다.

그럼에도 불구하고 소수집단의 권리는 매우 논쟁적인 쟁점이다. 이들 논쟁은 다음과 같다. 첫째, 소수집단의 권리는 특정 집단의 독특한 필요에 주목하는 것이기 때문에 그것은 때때로 더 큰 사회로의 통합을 방해한다고 비판을 받는다. 이 점에서 일부 무슬림 여성들이 착용하는 베일은 특히 주목을 끌고 있는 쟁점이다. 무슬림 여성들의 베일 착용권을 지지하는 사람들은 그것이 그들의 문화적 정체성의 기본이라고 주장하는데 반해 비판자들은 그것이 여성을 차별하는 것이고 베일은 분리의 상징이라는 이유로 베일 착용권을 반대한다.

둘째, '적극적' 차별은 다음과 같은 두 집단으로부터 비판을 받아왔다. 하나는 적극적 차별이 불공평한 차별에 해당한다고 주장하는 다수집단의 구성원들이다. 다른 하나는 적극적 차별이 소수집단 구성원들을 비천하게 만들고 때로는 반작용을 일으킬 가능성이 있다고 주장하는 일부 소수집단 구성원들이다. 이들은 적극적 차별이 결과적으로 소수집단이 스스로의 노력을 통해서는 성공할 수 없다는 것을 의미한다고 주장한다.

셋째, 상당한 논쟁이 '공격'과 공격받지 않을 권리라는 성가신 쟁점을 둘러싸고 제기된다. 이는 특히 어떤 믿음이 성스러운 것이라고 생각하고 그렇기 때문에 특별하게 보호되어야 한다고 보는 종교집단과 관련되어 있다. 이러한 종교적 믿음을 비판하거나 모욕하고 또는 조롱하는 것은 이들 종교집단에 대한 공격으로 간주된다. 예를 들면 살만 루시디(Salman Rushdie)의 『악마의 시』(*The Satan Verses*)의 출간이나 2006년 덴마크에서 출판된 반이슬람 만화에 대해 항의를 하는 것이 그 대표적인 경우이다. 그 결과 영국은 종교적 증오의 표현을 금지하는 법을 제정하였다. 그러나 이러한 소수집단의 권리는 대표적으로 표현의 자유권과 같은 전통적인 자유주의적 권리에 대해서 중요한 함의를 갖는다. 왜냐하면 만약 표현의 자유가 어떤 무엇을 의미한다면 그것은 확실히 다른 사람들이 반대할 수 있고 또 공격적이라고 생각할 수 있는 그러한 견해를 표현하는 권리를 의미할 것이기 때문이다.

마지막으로 문화적 귀속은 특히 그것이 종족의식이나 종교에 기반을 둘 때 개인의 선택이기보다는 가족이나 사회적 배경의 산물일 경우가 많다는 점에서 소수집단의 권리와 개인의 권리 사이에는 불가피하게 긴장이 존재한다. 대부분의 사람들은 종족집단이나 종교집단에 '가담'하지 않는다. 나아가 일부 다문화주의자들은 사람들이 '어떤 문화'로부터 탈퇴 혹은 가입할 수 있는 권리를 보유하고 있는지에 대해서 의문을 제기하기까지 한다.

▌다양성

다문화주의는 민족주의와 많은 점에서 공통점을 공유한다. 둘 다 사회적·정치적 결속을 가져다 줄 수 있는 문화의 능력에 강조점을 두고 있으며 둘 다 정치적 장치를 문화적 차이의 유형과 일치하는 방향으로 제도화하려고 애쓴다. 그럼에도 불구하고 민족주의자들은 안정되고 성공적인 사회란 문화적 정체성의 공유라는 측면에서 민족의식이 시민권과 일치하는 사회라고 믿는데 반해, 다문화주의자들은 문화적 다양성이 정치적 결속과 양립 가능하다고 주장한다. 다문화주의는 다양성을 갈등이나 불안정과 연결시키는 것에 대해서 이를 지속적으로 반대한다는 데에서 그 특징을 찾을 수 있다. 모든 형태의 다원주의는 다양성과 통합이 서로 조화를 이룰 수 있으며 또 그래야 한다는 가정에 근거를 두고 있다: 다양성과 통합은 대립되는 것이 아니다. 이런 의미에서 다문화주의자들은 사람들이 예를 들면 '태어난 나라'와 '살고 있는 나라' 등 다원적 일체성과 다원적 충성심을 가질 수 있다고 생각한다. 실제로 다원주의자들은 문화적 인정이 정치안정을 뒷받침해 줄 것이라고 주장한다. 사람들은 자신의 문화에 뿌리를 내리고 있는 정체성을 확고하고 안전하게 보유하고 있기 때문에 기꺼이 사회에 참여하려고 하고 또 참여할 수 있다. 이런 시각에서 보면 문화적 인정에 대한 거부는 고립과 권력상실로 이어지며 극단주의와 증오의 정치를 불러오는 온상으로 작용할 수 있다. 예를 들면 전투적인 이슬람 등 다양한 형태의 종교적 근본주의(제10장에서 논의한 것처럼)에 대한 점증하는 지지는 이런 관점에서 해석되고 있다.

다문화주의자들은 다양성이 쉬운 것이라고 생각하지 않는다. 오히려 그들은 다양성이 바람직한 것이며 또 찬사를 받아야 한다고 믿는다. 강한 문화적 일체성과 소속감이라는 관점에서 개인에게 이익이 되는 것은 별도로 하고도 다문화주의자들은 다양성이 전반적으로 사회에 가치가 있다고 본다. 이 점은 특히 다양한 형태의 생활방식, 문화적 관행, 전통, 신념이 존재하는 사회에서 활력과 생기가 넘쳐나는 데에서 잘 나타난다. 다양성이 가져다주는 또 하나의 이득은 서로 사이좋게 지내는 집단 간에 문화적 교류를 촉진함으로써 다양성이 문화를 가로지르는 관용과 이해 그리고 기꺼이 '차이'를 존중하려는 의지를 낳는다는 데에 있다. 이런 점에서 다양성은 사회적 양극화와 편견에 대한 해결책이다. 그럼에도 불구하고 다양성은 다문화주의 내에서 내적인 긴장을 일깨울 수 있다. 한편으로 다문화주의자들은 문화집단의 독특하고 특별한 특성을 강조하고 개인의 정체성이 문화적 맥락에서 단단히 뿌리를 내리도록 할 필요성을 옹호한다. 다른 한편으로 문화교류와 상호이해를 촉진함으로써 다문화주의자들은 집단정체성의 경계를 애매하게 한다. 이 때문에 개인은 사회적·역사적 정체성에 대해서 '얇은' 인식을 갖는 용광로 사회 내지는 '이것저것 추려 모은(pick and mix)' 사회를 낳을 우려가 있다. 논쟁의 여지가 있는 것이기는 하지만 사람들이 다른 문화에 대해서 더 많이 알수록 그들 '자신의' 문화적 경계는 더 애매하게 된다.

IV. 다문화주의와 정치

모든 형태의 다문화주의는 문화적 다양성과 시민적 결속을 조화시킬 수 있다고 주장하는 정치적 비전을 제시한다. 그러나 다문화주의는 다문화사회가 어떻게 운영되어야 하는지에 대해 확정된 또는 합의된 견해가 존재하지 않는다는 점에서 단일한 신조가 아니다. 실제로 다문화주의는 많은 다른 정치적 전통으로부터 도출되고 또 다양한 형태의 이데올로기적 입장을 포괄하는 또 하나의 문화교차적 이데올로기이다. 다문화주의자들은 문화적 다양성을 얼마나 적극적으로 시인해야 하는지 그리고 시민적 결속을 가장 잘 가져올 수 있는 방법은 무엇인지에 대해서 의견이 서로 다르다. 간단히 말하면, 다문화주의에는 경쟁적인 모델이 존재하는데 각각은 다양성과 통합 사이의 적정한 균형에 대해서 다른 견해를 갖고 있다. 다문화주의의 3가지 주요 모델은 다음과 같다:

- 자유주의적 다문화주의
- 다원주의적 다문화주의
- 세계시민주의적 다문화주의

▌자유주의적 다문화주의

개인주의와 다문화주의 사이에는 복잡하고 여러 측면에서 애매한 관계가 존재한다. 이 장의 뒷부분에서 보다 자세히 논의하겠지만 어떤 사람들은 다문화주의가 귀중한 자유주의적 가치들을 위협한다고 주장하면서 개인주의와 다문화주의를 경합적인 정치적 전통으로 바라본다. 그러나 1970년대 이래 자유주의 사상가들은 문화 다양성이라는 주제를 점차 진지하게 고려하면서 자유주의적 다문화주의를 발전시켰다. 자유주의적 다문화주의의 토대는 **관용(toleration)**에 대한 헌신과 도덕적 영역, 특히 특정의 문화나 종교적 전통에서 주된 관심사항이 되는 문제와 관련하여 선택의 자

관용

동의를 하지 않는 견해나 행위도 기꺼이 받아들이려 하는 것(pp.60-62 참조)

유를 옹호하려는 바람이다. 이는 시민의 도덕적·문화적 및 여타의 선택과 관련하여 자유주의가 '중립적'이라는 믿음에 기여해 왔다. 이런 의미에서 자유주의는 '차이에 둔감하다.' 즉, 자유주의자들은 모든 사람이 도덕적으로 자율적인 개인으로서 가치를 지니기 때문에 문화, 종족의식, 인종, 종교, 젠더와 같은 요인들은 사실상 관련이 없는 것으로 본다. 그러나 관용은 도덕적으로 중립적이지 않으며 문화적 다양성에 대해 제한된 지지만을 제공할 뿐이다. 특히 관용은 그 스스로도 관용적인 견해, 가치, 사회적 관행 다시 말해서 개인의 자유라든가 자율성과 양립 가능한 사상과 행동에만 확대될 뿐이다. 그래서 자유주의자들은 '심오한 다양성'을 수용할 수가 없다. 예를 들면 자유주의적 다문화주의에 따르면, 여성할례, 강제 결혼이나 사전에 정해진 결혼, 여성의 복장규정과 같은 관행들에 대해 관련 집단들이 아무리 이것들이 자신들의 문화적 일체성의 유지에 중심이 되는 것이라고 주장하여도 이를 쉽게 받아들이려고 하지 않는다는 것이다. 그래서 자유주의적 다문화주의자들에게는 개인의 권리, 특히 선택의 자유가 집단의 문화적 권리에 선행되어야 하는 것으로 파악된다.

자유주의적 다문화주의의 두 번째 특징은 '사적' 생활과 '공적' 생활 간에 중요한 차이를 끄집어낸다는 것이다. 자유주의적 다문화주의에서 전자는 사람들이 자유롭게 자신들의 문화적·종교적·언어적 일체성을 표현하고 또 그렇게 해야 하는 자유의 세계로 파악되는데 반해, 후자는 최소한의 시민적 충성심을 공유하기 위한 토대로 특징지어진다. 그래서 시민권은 문화적 일체성과 분리되고 문화적 일체성은 본질적으로 사적인 문제로 화한다. 이러한 입장에서 보면, 다문화주의는 시민적 민족주의와 양립할 수 있는 것이 된다. 이는 미국에서 작용하는 이른바 '외국계 민족주의(hyphenated nationalism)'에서 찾아볼 수 있는데, 이를 통해 사람들은 아프리카계 미국인, 폴란드계 미국인, 독일계 미국인 등으로 자신을 바라본다. 이런 전통에서는 공공생활에서 다양성보다 포함(inclusion)이 더 강조된다. 예를 들면 미국은 시민권을 얻기 위한 전제조건으로서 영어 구사력과 미국 정치사에 대한 지식을 중시한다. 프랑스의 보다 급진적인 '공화주의적' 다문화주의의 경우에는 공공생활에서 *세속주의(laïcité)*에 대한 강조가 학교에서 *히잡*(hijab)의 착용 금지에 이어 2003년 이래 학교에서 모든 형태의 공개적인 종교모임을 금지하는 것으로 나타났다. 실제로 일부 다문화주의자들은 이러한 경향을 다문화주의 자체에 대한 공격으로 바라보고 있다.

자유주의적 다문화주의의 세 번째이자 마지막 측면은 그것이 자유민주주의를 유일하게 합법적인 정치제도로 간주한다는 것이다. 자유민주주의의 장점은 이것만이 정부가 인민의 동의에 근거하도록 보장할 뿐만 아니라 개인의 자유와 관용을 확보해 준다는 데에 있다. 그렇기 때문에 자유주의적 다문화주의자들은 예를 들면 *이슬람법(shari'a)*에 근거하여 이슬람 국가를 세우려는 것에 반대하며, 그러한 정치적 목적을 위해 운동을 하는 집단이나 단체를 기꺼이 금지하려고 한다. 그렇기 때문에 어떤 집단이 관용과 존중을 받을 자격이 있다는 것은 역으로 그들이 다른 집단에게 관용을 베풀고 존중할 준비가 되어 있을 때에 한한다.

▌다원주의적 다문화주의

다원주의는 자유주의보다도 차이의 정치에 대해 보다 더 확고한 기반을 제공해 준다. 앞에서 보았듯이 자유주의자들은 다양성이 관용과 개인적 자율성의 틀 내에서 구성될 때에 한해 지지한다. 그럼에도 불구하고 영국의 철학자 이사야 벌린(Isaiah Berlin 1909~1997)은 자유주의적 관용을 넘어서서 **가치 다원주의**(value pluralism)의 개념을 지지하였다. 이는 간단히 말해서 어느 도덕적 체계가 다른 것보다 더 우월하다고 입증을 할 수가 없기 때문에 삶의 궁극적인 목적에 대해서 필연적으로 의견이 다를 수밖에 없다는 것을 뜻한다. 가치가 충돌함에 따라 인간의 상태는 불가피하게 도덕적인 충돌로 특징지어진다. 이런 관점에서 보면 개인의 자유, 관용, 민주주의를 지지하는 것과 같은 자유주의적 신념이나 서구적 신념이 비자유주의적 신념이나 비서구적 신념보다 더 많은 도덕적 권위를 갖는 것

> ❋ **가치 다원주의**
> '선한 삶'에 대해서 단 하나의 지배적인 관념이 존재하지 않으며 오히려 경쟁적이며 합법적인 관념들이 많다는 이론

이 아니다. 벌린(Berlin 1969)의 입장은 주관대로 살되 강요하지 않는 형태의 다문화주의 또는 무차별(indifference)의 정치라고 불리어지는 것을 의미한다. 그러나 벌린은 개인의 자유를 존중하는 사회 내에서만 가치 다원주의가 보존될 수 있다고 믿는만큼이나 자유주의자로 남아 있기 때문에 같은 사회 내에서 자유주의와 비자유주의의 문화적 신념이 어떻게 조화를 이루면서 공존할 수 있는가 하는 문제에 대한 답을 제시하지는 못하였다. 그러나 이렇게 자유주의가 도덕적 다원주의를 수용한다고 하더라도 자유주의적 틀 내에 도덕적 다원주의를 담아내기는 쉽지 않다. 예를 들어 존 그레이(John Gray 1995b)는 다원주의란 자유주의적 가치, 제도, 지배양식이 더 이상

독점적인 합법성을 향유하지 않는 '포스트 자유주의(post-liberal)'의 입장을 지칭한다고 주장하였다.

다원주의적 다문화주의를 위한 대안적 기반은 파레크(Bhikhu Parekh 2005)에 의해 발전되었다. 파레크의 견해에서 보면, 문화적 다양성은 실제로는 자연과 문화 사이의 상호작용 또는 변증법의 반영이다. 인간은 자연적 피조물로서 공통된 종(種)의 기원을 갖는 물리적·정신적 구조를 보유하고 있지만 인간은 또한 자신들의 태도, 행동, 생활방식이 자신들이 속한 집단에 의해 형성된다는 점에서 문화적으로 구성되기도 한다. 그렇기 때문에 인간본성의 복잡성에 대한 인정 그리고 어떤 문화도 진정으로 인간이 무엇인가에 대해 부분적으로만 표현하고 있다는 사실은 인정의 정치와 활력 있는 다문화주의의 기반을 제공해 주고 있다.

다원주의적 다문화주의가 지나치면 '특수주의적(particularist)' 다문화주의가 될 수 있다. 특수주의적 다문화주의는 문화적 다원성이 불균등한 권력의 맥락에서, 다시 말해서 어떤 집단이 관습적으로 다른 집단에게는 주어지지 않는 특권과 이득을 향유하는 경우에 나타난다는 점을 강조한다. 특수주의적 다문화주의는 주변집단이나 불리한 집단의 요구 또는 이익과 매우 명확하게 연결되어 있다. 이들 집단의 곤궁은 식민주의나 인종차별주의(p.276 참조)를 통해서 더럽혀지고 또 물질주의와 방임과 같은 '오염된' 관념과 연관을 맺고 있는 것으로 파악되는, 이른바 서구적 문화, 가치, 생활방식의 부정하고 타락한 측면이라는 맥락에서 설명되는 경향이 있다. 이러한 맥락에서 문화

✳ 다원주의(Pluralism)

가장 넓은 의미에서 다원주의는 다양성 혹은 다수, 많은 것의 존재에 대한 믿음 또는 헌신을 뜻한다. 서술적 맥락에서 다원주의는 정당경쟁의 존재(정치 다원주의), 윤리적 가치의 다수(도덕 다원주의 또는 가치 다원주의), 문화적 신념의 다원성(문화 다원주의) 등을 지칭한다. 규범적 맥락에서 다원주의는 다양성을 그것이 개인의 자유를 보장하고 토론과 논쟁 그리고 이해를 촉진한다는 점에서 건전하고 바람직한 것으로 파악한다. 보다 협의로 보면 다원주의는 정치권력의 분배에 대한 이론이다. 다원주의를 통해 정치권력은 엘리트나 지배계급의 손에 집중되지 않고 사회 전체에 광범위하게 그리고 균등하게 분산되어 있다고 주장한다. 이 경우 다원주의는 보통 '집단정치' 이론으로 간주되는데, 이는 정부에 대한 집단의 참여를 통해 광범위한 민주적 책임성을 보장한다는 것을 의미한다.

적 독특성에 대한 강조는 억압과 타락에 굴복하지 않으려는 정치적 저항의 형태를 띠게 된다. 그러나 이와 같이 문화적 '순수성'에 대한 강조는 문화적 교류에 동참하지 않으려는 방향으로 나아가기가 쉽고 시민적 결속의 전망에 대해 의구심을 낳을 수 있다. 즉, 다양성이 통합을 대가로 강조될 수 있다. 그래서 특수주의적 다문화주의는 다문화주의의 한 형태이기보다는 '다원적 단일문화주의(Sen 2006)'의 한 사례라고 할 수 있다.

▌세계시민주의적 다문화주의

세계시민주의와 다문화주의는 전적으로 다르고 심지어는 대립관계에 있는 이데올로기적 전통이라고 볼 수 있다. 세계시민주의(cosmopolitanism)가 사람들로 하여금 윤리적 책임성이 민족적 경계 내에 한정되어서는 안 된다는 것을 강조하는 지구적 의식을 채택하도록 촉구하는 반면 다문화주의는 독특한 문화집단의 특수한 요구와 이익에 초점을 두면서 도덕적 감성을 특수화하는 것처럼 보인다. 그러나 제레미 왈드론(Jeremy Waldron 1995)과 같은 이론가는 다문화주의가 세계시민주의와 효과적으로 조응할 수 있다고 보고 있다. 이러한 입장은 각 문화마다 다른 문화로부터 배울 수 있는 것이 있다는 근거에서 그리고 개인적 자아발전의 전망은 보다 광범위한 문화적 기회와 선택이 주어지는 세계에서 제공될 것이라는 이유로 다양성에 찬사를 보낸다. 그 결과는 문화의 교류와 융합이 적극적으로 장려되는 '이것저것 추려 모은 다문

﹡ 세계시민주의(Cosmopolitanism)

세계시민주의는 문자 그대로 세계도시 또는 세계국가에 대한 믿음을 의미한다. 이러한 세계시민주의는 민족 일체성의 약화와 모든 인류를 통합시키는 공통된 정치적 충성심의 확립을 시사한다. 그러나 이 용어는 보통 상호이해와 관용 그리고 무엇보다도 독립에 근거하여 국가들 사이의 평화와 조화를 이룬다는 보다 온건한 목표를 지칭할 때 주로 이용된다. 자유주의적 세계시민주의자들은 자유무역이 국제적 이해와 물질적 번영 모두를 촉진시킨다는 신념에 근거하여 오래전부터 자유무역에 대한 지지와 연관되어 왔다. 세계시민주의적 이상은 국민국가를 대치하려고 하기보다는 국가들 사이의 협력을 촉진한다는 목표를 지닌 초국가적 조직체에 의해 추구되어 왔다.

화주의'라 불리는 것으로 나타난다. 예를 들면 사람들은 이탈리아 음식을 먹고 요가를 하며 아프리카 음악을 즐기고 세계 종교에 대해 관심을 기울일 수 있다는 것이다.

이런 시각에서 보면 문화는 변화하는 사회적 환경과 정치적 요구에 따라 반응하며 유동하는 것이다. 즉, 문화는 다원주의자나 특수주의적 다문화주의자들이 주장하는 것처럼 고정되어 있거나 역사적으로 배태된 것이 아니다. 그래서 다문화사회는 각기 분리된 인종과 종교 집단이 모인 '문화적 모자이크'가 아니라 서로 다른 사상, 가치, 전통들이 혼재되어 있는 '용광로'이다. 특히 세계시민주의의 입장은 **잡종성(hybridity)**을 적극적으로 지지한다. 이러한 형태의 다문화주의에는 그것이 도덕적·정치적 감수성을 넓히고 궁극적으로 '하나의 세계'관이 출현할 수 있도록 기여한다는 이점이 있다. 그러나 대립적 전통의 다문화주의자들은 세계시민주의적 입장이 다양성을 대가로 하여 통합을 강조하고 있다고 비판한다. 논의의 여지는 있지만 문화적 정체성을 자기규정의 문제로 취급하고 잡종성과 문화적 혼합을 조장하는 것은 진정한 문화적 귀속감을 약화시키는 요인이 된다.

> ✳ **잡종성**
> 다중적 정체성을 발전시키는 사회적·문화적 혼합상태

V. 다문화주의에 대한 비판

다문화주의 사상과 정책의 진전은 상당한 정치적 논쟁을 자극해 왔다. 소수집단의 권리와 문화인정의 대의에 대한 자유주의자들과 여타의 진보적 사상가들의 지지표명과 함께 반대 세력들도 나타났다. 이 점은 1980년대 이래 세계의 많은 곳에서 반이민 정당과 운동이 점차 중요성을 띠는 데에서 가장 명확하게 나타난다. 이러한 사례로는 프랑스의 국민전선(National Front), 오스트리아의 자유당(Freedom Party), 벨기에의 플란더즈극우당(Vlaams Blok), 네덜란드의 핌포르타운당(Pim Fortuyn's List), 호주의 한나라당(One Nation Party), 뉴질랜드 제1당(New Zealand First Party) 등이 있다. '공식적인' 다문화주의로부터의 퇴보를 보여주는 다른 사례로는 프랑스에서 무슬림 머리 스카프의 금지와 그에 이은 프랑스 학교 내에서 모든 형태의 종교적 표식의 금지 그리고 네덜란드, 영국, 독일과 같은 나라에서 무슬림 여성들이 공공장소에서 베일을 착용하는 것을 금지하는 것 등이 있다. 다문화주의에 대한 이데올로기적 반대는 다양한 원천으로부터 제기되는데, 이들 가운데 중요한 것은 다음과 같다:

- 자유주의
- 보수주의
- 페미니즘
- 사회개혁주의(social reformism)

일부 자유주의자들은 더 광범위하게 문화 다양성을 수용하려고 하는 반면 다른 자유주의자들은 다문화주의의 사상과 함의에 대해서 여전히 비판적이다. 자유주의적 비판의 핵심은 개인의 정체성이 집단 정체성 내지는 사회적 정체성에 배태되어 있다고 보는 다문화주의자들의 가정에서 잘 나타나고 있듯이 다문화주의가 개인주의를 위협한다는 데에 있다. 그렇기 때문에 민족주의나 심지어는 인종차별주의처럼 다문화주의는 또 하나의 집단주의에 불과하며 모든 형태의 집단주의가 그렇듯이 다문화주의 역시 개인의 권리와 요구를 집단의 그것에 종속시킨다. 이런 의미에서 다문화주의는 개인의 자유와 개인의 자아발전을 위협한다.

아마티야 센(Amartya Sen 2006)은 그 자신이 명명한 '외톨이(solitaristic)' 이론에 대해 지속적으로 공격을 가했다. 그 이유는 인간의 정체성이 *단 하나의* 사회집단의

자유주의 내에서의 긴장

보편주의적 자유주의	다원주의적 자유주의
보편적 이성	회의주의
진리의 추구	질서의 추구
근본적 가치	가치 다원주의
자유주의적 관용	차이의 정치
인권	문화적 권리
자유민주주의적 문화	다문화주의
자유주의의 승리	다원적 정치형태

구성원이 됨으로써 형성된다고 주장하는 이 외톨이 이론이 특히 다원주의와 특수주의의 맥락에서 다문화주의를 뒷받침한다고 보았기 때문이다. 그러나 센의 주장에 따르면, 이러한 다문화주의는 인간성의 '소형화'를 낳을 뿐만 아니라 사람들이 자신의 단일 문화에만 일체성을 가짐으로써 다른 문화집단 사람들의 권리와 고결성을 인정하지 않기 때문에 폭력을 야기할 가능성이 더 많다. 그래서 다문화주의는 교차문화적 이해를 넓히기보다는 오히려 이를 줄이는 일종의 '고립집단화(ghettoization)'를 낳는다. 센에 따르면, 외톨이 사고방식은 '문명충돌론(Huntington 1996)'과 같이 문화적 전통의 양립불가능을 강조하는 사고에서 두드러지게 나타난다. 자유주의자들이 다문화주의에 동조적일 때조차도 그들은 자신들이 보기에 반민주적이고 억압적이라고 보는 전투적인 이론들처럼 다원주의적 다문화주의 특히 특수주의적 다문화주의를 정당한 이론으로 간주하는 데에 대해 비판을 가한다.

보수주의는 다문화주의와 가장 극명하게 대립을 보이는 정치적 전통이다. 실제로 다문화주의에 반대하는 대부분의 반이민 민족주의자들의 반발은 본질적으로 보수주의적 가정에 토대를 두고 있다. 다른 경우 보수주의는 파시즘의 인종차별적 민족주의 심지어는 나치의 인종이론과 더 밀접한 유사성을 보인다. 다문화주의에 대한 보수주의의 주요한 반대는 공유된 가치와 공통된 문화가 안정되고 성공한 사회의 필요조건이라는 데 있다. 이 책의 제5장에서 논의한 것처럼, 보수주의자들은 다문화주의보다는 민족주의를 더 선호한다. 이러한 견해는 인간이 자신과 유사한 사람들에게 끌린다는 신념에 기반을 두고 있다. 그렇기 때문에 낯선 사람이나 외국인에 대한 불신 또는 공포는 '자연스런' 것이며 피할 수 없다. 이러한 견해에서 보면, 다문화주의는 내재적인 결함을 갖고 있다. 다문화사회는 불가피하게 분열적이며 갈등을 동반하고 있어서 의혹과 적대 심지어는 폭력까지도 삶의 일부로서 받아들이는 그런 사회이다. 그래서 '통합 속의 다양성'이라는 다문화주의자들의 비전은 단순한 신화에 불과하며 사회심리학의 단순한 사실로도 드러내 보일 수 있을 만큼 거짓된 것이다.

그렇기 때문에 다문화주의에 내재되어 있는 위협에 대한 적절한 정치적 대응으로는 이민에 대한 제한, 특히 '주류' 사회와는 다른 문화를 가진 세계로부터의 이민을 제한하는 것, 소수종족 공동체로 하여금 더 큰 '민족적' 공동체로 흡수되도록 하기 위해 **동화(assimilation)**를 추진하는 것 그리고

※ 동화

이민 공동체가 '주류' 사회의 가치, 충성심, 생활 방식 등에 순응함으로써 자신들의 문화적 독특성을 상실해 가는 과정

극우적인 관점에서 이민자들을 본국으로 송환하는 것 등이 포함된다. 다문화주의에 대한 보수주의적 비판의 또 다른 측면은 다문화주의가 다수집단 또는 '주류' 공동체에 대해 갖고 있는 함의에 대한 우려이다. 이런 관점에서 보면, 다문화주의는 소수집단의 이익과 문화에 대해서는 '적극적' 차별이라든가 '특수한' 권리의 할당을 통해 우호적으로 대하면서 다수집단의 문화에 대해서는 식민주의나 인종차별주의와 연관이 있다는 주장을 통해 이를 비천하게 만듦으로써 새롭게 역전된 형태의 '부정의'를 영구화한다.

페미니즘과 다문화주의의 관계는 때때로 불편한 관계가 되어 왔다. 이 책의 제8장에서 살펴본 것처럼, 이슬람 페미니즘은 두 전통을 결합시키려고 하였지만 페미니스트들은 통상적으로 다문화주의의 함의에 대해서 우려를 표명한다. 이 점은 소수집단의 권리와 인정의 정치가 여성에게 체계적으로 불리하도록 대우하는 가부장적이고 전통적인 신념들을 보존하고 정당화하는 데 기여할 때 발생한다. 그리고 이는 동성애자들에게도 꼭 같이 적용될 수 있는 주장이다. 또한 이 점은 복장규정, 가족구조, 고위직에의 접근 등과 같은 문화적 관행들이 구조적으로 젠더적 편견을 강화시킬 때 일어난다. 실제로 다문화주의의 어떤 측면들은 가부장적 권력을 보호하려는 체계적인 시도로 보이곤 한다.

사회개혁가들은 다문화주의에 대해 그것이 사회 내 취약 집단이나 취약 부분의 이익을 제대로 반영하지 못하고 있다는 점과 연관하여 많은 비판들을 개진해 왔다. 예를 들어 사회개혁가들은 다문화주의가 소수집단으로 하여금 사회정의를 위한 투쟁을 통해서가 아니라 문화적 또는 인종적 자기주장을 통해서 진보를 추구하도록 격려한다는 점에 대해 우려를 표명해 왔다. 이런 의미에서 다문화주의의 한계는 계급 불평등의 문제를 적절히 다루지 못한다는 데에 있다. 즉, 소수집단이 직면하는 '실제적인' 문제는 문화적 인정을 받지 못하고 있다는 것이 아니라 경제적 권력과 사회적 지위를 보유하지 못하고 있다는 데에 있다. 실제로 브라이언 배리(Brian Barry 2002)의 주장처럼, 문화적 독특성에 대한 강조를 통해서 다문화주의는 빈곤을 줄이고 사회개혁을 촉진하는 데 공통의 이해관계를 갖고 있는 사람들을 분열시키고 약화시키는 데 기여해 왔다. 이와 비슷하게 문화적 차이에 대한 보다 강한 인식은 복지주의적 정책이나 재분배 정책에 대한 지지를 약화시키고 사회적 책임감을 감소시킬 수 있다(Goodhart 2004). 그렇기 때문에 통합된 민족문화의 존재는 사회정의를 위한 정치적 필요조건일 수도 있다.

VI. 21세기의 다문화주의

많은 점에서 다문화주의는 21세기의 이데올로기로 자리를 잡을 가능성이 있다. 세계화의 주요한 특징 중의 하나는 지리적 유동성, 특히 국경을 넘나드는 유동성이 실질적으로 증가하고 있다는 점이다. 그 결과 점점 더 많은 사회가 다문화주의를 되돌릴 수 없는 삶의 한 측면으로 받아들이고 있다. 세계의 많은 곳에서 상대적으로 동질적인 국민국가는 희미해져가는 기억이 되고 있을 뿐만 아니라 예를 들면 엄격한 이민통제, 강제적인 동화, 이민송환의 압력 등을 통해서 동질적인 국민국가를 재건하려는 시도는 점점 더 정치적으로 무모한 것이 되어가고 있다. 만약 사정이 이렇다면, 민족주의가 다른 사회들 간의 관계뿐만 아니라 정치적 권위의 경계를 재확정하는 데 도움을 줌으로써 19세기와 20세기 세계정치에서 주요한 이데올로기적 세력이었던 것처럼 이제는 그 계승자인 다문화주의가 21세기에 지배적인 이데올로기적 세력이 될 수도 있다. 그렇기 때문에 우리 세대와 다음 세대에서 주요한 이데올로기적 쟁점은 다른 도덕적 가치와 다른 문화적·종교적 전통을 가진 사람들이 시민적 갈등이나 폭력이 없이 사이좋게 살아가는 방법을 발견하는 것이다. 다문화주의는 이러한 문제를 가장 공정하게 다룰 수 있는 이데올로기일 뿐만 아니라 잠정적인 것이라 하더라도 이에 대한 해결책을 제시해 주고 있다.

반면에 다문화주의는 그 한계뿐만 아니라 위험까지도 금방 드러남으로써 한때의 유행적 사고로 끝날 수도 있다. 이런 견해에서 보면 다문화주의는 현대사회에서 문화적·도덕적 다원주의로 나아가는 의심할 바 없는 경향에 대한 특별한 반응이다. 그러나 다문화주의의 장기적 생존력은 의문이다. 다문화주의의 해법은 그것이 해결하려고 하는 문제점보다 더 큰 문제를 낳을 수도 있다. 이런 시각에서 보면, 다문화주의의 문제점은 다양성을 인정함으로써 사람들이 상호 존중하고 관용적인 문화집단의 집합으로 함께 모여들 것이라는 믿음으로부터 나온다. 사실 다양성은 분리를 지지할 뿐만 아니라 각 집단이 점점 더 내부지향적으로 되어 가고 '자신들의' 전통과 문화적 순수성을 보호하는 데 관심을 갖게 됨에 따라 '고립집단화'로 이어질 수도 있다. 그래서 다문화주의는 사람들로 하여금 그들을 통합시키는 것보다는 분열시키는 것에 더 관심을 갖도록 조장할 수도 있다. 만약 사정이 이렇게 된다면, 21세기는 다문화주의로부터의 후퇴를 경험하게 될 것이며 다문화주의는 더 이상 문화 다양성이라는 의심할 바 없는 도전을 다루는 유용한 수단이 되지 못할 것이다. 그러나 무엇이 다문화주의를 대체할 것인가?

하나의 가능성은 다문화주의의 실패 이후 어떤 수준과 어떤 측면에서 정치적 통합은 항상 문화적 결속과 함께 간다는 믿음으로부터 자신의 지속적인 잠재력을 도출하여 온 민족주의로 회귀하는 것이다. 그렇기 때문에 다종족, 다종교, 다문화사회의 건설을 지향하는 거스를 수 없는 경향으로부터 촉발된 추동력은 더 강력하고 더 확실한 민족정체성의 확립에 의해 억제될 수 있다. 다른 가능성은 다문화주의가 진정한 형태의 세계시민주의에 의해 대치되는 것이다. 일부 다문화주의자들이 주장하는 것처럼 이것이 의미하는 바는 분명하다. 즉, 모든 사람들이 스스로를 점점 더 지구적 특성을 띠는 생태적·사회적 도전에 대응할 공통의 관심으로 인해 통합된 지구적 시민이라고 간주함에 따라 문화와 민족의식 모두에서의 차이란 점차로 이차적인 중요성을 갖는다고 생각하는 것이다.

•• 생각해 볼 문제

- 다문화주의는 공동체주의의 한 형태인가?
- 소수집단의 권리라든가 다문화적 권리에 대한 정당화는 무엇인가?
- 다문화주의는 개인적 권리의 사상과 양립 가능한가?
- 왜 다문화주의자들은 다양성이 정치안정의 기반을 제공한다고 믿는가?
- 자유주의자들은 왜 다양성을 지지하는가 그리고 다양성이 '과도'하다고 생각할 때는 언제인가?
- 다원주의는 어떻게 '자유주의를 넘어서고' 있는가?
- 서구 문화는 식민주의와 인종차별주의의 전승을 통해 더럽혀져 있는가?
- 다문화주의는 어떤 형태의 민족주의와 조화를 이룰 수 있는가?
- 다문화주의는 세계시민주의로 연결될 수 있는가?

·· 더 읽을 자료

Barry, B. *Culture and Equality* (Cambridge: Polity Press, 2001). 다문화주의에 대한 영향력 있는
　　　비판서로서 문화정치의 사회적 함의를 검토하고 있다.

Carens, J. *Culture, Citizenship and Community* (Oxford and New York: Oxford University
　　　Press, 1998). 다문화주의로부터 발전되어 나온 주제와 논쟁에 대한 훌륭한 소개서.

Gutmann, A. (ed.). *Multiculturalism: Explaining the Politics of Recognition* (Princeton, NJ:
　　　Princeton University Press, 1995). 다문화 정치의 다양한 측면에 대한 광범위하고 권위
　　　있는 논문들을 모아 놓았다.

Kymlicka, W. *Multicultural Citizenship* (Oxford: Oxford University Press, 1995). 소수집단의 권리
　　　와 다문화적 권리의 인정을 토대로 하여 시민권 모델을 발전시킴으로써 다문화주의를 자유
　　　주의와 조화시키려고 시도한 매우 영향력 있는 저서.

Parekh, B. *Rethinking Multiculturalism: Cultural Diversity and Political Theory*, 2nd ed.
　　　(Basingstoke and New York: Palgrave Macmillan, 2005). 다문화사회의 실질적인 문제
　　　점을 논의하면서도 문화적 다양성에 대한 다원주의적 시각을 포괄적으로 옹호하고 있다.

Said, E. *Orientalism* (Harmondsworth: Penguin, 2003). 많은 사람들에 의해 후식민주의의 기초
　　　서적으로 간주되고 있음에도 불구하고 '오리엔탈리즘'의 개념은 다문화주의 사상의 출현에
　　　중요한 영향을 미쳤다.

Taylor, C. *Multiculturalism and 'The Politics of Recognition'* (Princeton, NJ: Princeton
　　　University Press, 1994). 이 책은 '인정의 정치'에 대한 테일러의 독창적인 저서의 확장판으
　　　로서 테일러의 입장에 대한 일련의 논평들을 담고 있다.

제12장

결론: 포스트 이데올로기 시대

I. 개관

지난 200여 년 동안 정치 이데올로기는 세계사의 핵심적 구성요인이었다. 이데올로기는 현대 세계가 모양을 갖추게 된 경제적·사회적·정치적 격변으로부터 발전되어왔으며 사회변혁과 정치발전의 지속적인 과정에 깊숙하게 개입해 왔다. 이데올로기는 산업화가 진행되던 서구에서 처음 출현하였지만 그것은 정치담론의 세계적 언어를 제공하면서 전 지구적으로 확대되었다. 그러나 이데올로기가 인류사에서 어떤 역할을 해 왔는지에 대해서는 의견이 크게 갈린다. 이데올로기는 진리, 진보, 정의의 원천으로 역할을 해 왔는가 아니면 왜곡되고 편협한 세계관을 만들어서 불관용과 억압을 야기했는가?

이러한 논쟁은 종종 이데올로기에 대한 비판을 명확히 할 뿐만 아니라 이데올로기의 즉각적인 종언을 예측하면서 부정적으로 진행되어 왔다. 그러나 정치 이데올로기의 사망 기록이 얼마나 많고 얼마나 다양한지를 알게 되면 놀라게 될 것이다. 이들 이데올로기의 사망기록은 다양한 형태의 '종언론(endism)'으로 제시되었다. 1960년대와 1970년대에는 '이데올로기의 종언' 개념이 인기를 끌었다. 이에 따르면 풍요를 어떻게 가져다 줄 것인가 하는 기술적인 문제가 정치적 논쟁을 지배함에 따라 정치는 더 이상 더 큰 규범적 쟁점에 관심을 갖지 않게 되었다는 것이다. 공산주의의 붕괴 이후 이른바 '역사의 종언' 이론가들은 이데올로기적 대립이 결국 서구적 자유민주주의의 승리로 끝났다고 주장하였다. 다른 형태의 종언론은 '고전적인' 이데올로기적 전통이 근거를 두고 있는 좌/우 구분이 이제는 더 이상 의미가 없다는 점을 밝히고 있으며 합리주의와 현대 기술의 승리는 이데올로기적 사고방식에 치명적인 손상을 가했다고 주장한다. 그러나 이데올로기 정치는 사라지는(disinvented) 것에 대해 완강하게 저항하고 있다. 실제로 정치에서 의미와 이상주의의 주요한 원천으로서 이데올로기는 지속적이고 끝이 없는 과정으로 계속 남아 있을 수밖에 없을 것이다.

II. 종언론

▌이데올로기의 종언?

'이데올로기의 종언' 개념은 1950년대와 1960년대에 유행했다. 이러한 입장의 가장 영향력 있는 주장은 다니엘 벨(Daniel Bell 1960)에 의해 개진되었다. 벨은 제2차 세계대전 이후 서구 정치의 특징인 주요 정당 간의 광범위한 합의가 이루어지고 이데올로기적 구분이나 논쟁이 없다는 점에 깊은 인상을 받았다. 파시즘과 공산주의 모두 그들의 호소력을 잃어버렸으며 남아 있는 정당들은 경제성장과 물질적 번영을 이룩하기 위해서 이들 가운데 누구에게 의존하는 게 더 좋은지에 대해서만 의견을 달리할 뿐이었다. 사실상 경제가 정치에 대해 승리를 거둔 것이었다. 정치는 풍요를 '어떻게' 전달할 것인가의 기술적 문제로 환원되었고, '좋은 사회'의 특성에 대한 도덕적·철학적 논의는 더 이상 다루지 않게 되었다. 의도나 목적과 관련하여 이데올로기는 무관한 것이 되었다. 그러나 벨이 주목했던 과정은 '이데올로기의 종언'이 아니라 주요 정당들 사이에 광범위한 이데올로기적 합의가 출현하고 그 결과 이데올로기적 논쟁이 중지되었다는 점이다.

제2차 세계대전 직후 3개의 주요한 서구 이데올로기인 자유주의, 사회주의, 보수주의의 대표들은 관리자본주의의 공통된 목표를 수용하였다. 그러나 이러한 목표는 그 자체가 이데올로기적인 것이었다. 예를 들면 그것은 사회복지와 경제개입에 대한 신념과 조화를 이루면서 시장경제, 사유재산, 물질적 유인에 대한 지속적인 믿음을 반영한 것이었다. 사실은 '복지자본주의' 또는 '사회민주주의'가 경쟁적인 이데올로기에 대해서 승리를 거둔 것이었다. 물론 이러한 승리는 일시적인 것으로 판명되었다.

1960년대는 마르크스주의와 무정부주의 사상의 부활에서 보듯이 보다 급진적인 새로운 형태의 좌익 사상의 출현과 페미니즘이라든가 생태주의와 같은 현대적 이데올로기의 성장을 목격하였다. 1970년대 경제침체의 시작은 오랫동안 경시되어 온 자유시장 신조에 대해 관심을 제고시키고 뉴라이트 이론의 성장을 자극하였다. 이는 또한 1945년 이후 체제의 합의에 도전하였다. 마지막으로 '이데올로기의 종언' 명제는 산업화된 서구의 발전에만 주목하였다. 그리고 1950년대와 1960년대에 공산주의가 구소

다니엘 벨(Daniel Bell 1919~2011)

미국의 학자이자 비평가. 하버드대학교의 사회학교수로서 벨은 현대사회에 대한 분석을 발전시켜 학계뿐만 아니라 정치계에도 광범위한 영향을 미쳤다. 1960년대에 벨은 어빙 크리스톨(Irving Kristol)과 함께 The Public Interest라는 잡지를 창간하였다. 이 잡지는 '큰' 정부의 철학에 대해 공격을 가했고, 미국에서 신보수주의에게 지적인 신뢰성을 부여하는 데 도움을 주었다.

『이데올로기의 종언』(The End of Ideology 1960)이라는 자신의 책에서 벨은 사회적·정치적 문제에 대한 합리주의적 접근이 수명을 다한 것이라는 데에 주목을 하였고, 이 책의 1988년판 후기에서는 유토피아적 목적을 가진 국가들의 전제정치에 대해 경고를 하였다. 그는 새로운 '지식계급'이 지배하는 '정보사회(information societies)'의 출현을 밝히면서 '후기 산업주의(post-industrialization)'를 대중화하는 데도 기여했다. 『자본주의의 문화적 모순』(The Cultural Contradiction of Capitalism 1976)에서 벨은 생산을 유지하기 위한 합리성 내지는 효율성의 필요와 '감정', 개인적 만족, 자기표현과 같은 가치들을 강화시키려는 자본주의의 경향 사이에 긴장이 점차 증대되어가는 것을 분석하였다.

련과 동유럽, 중국 등지에서 확고하게 자리를 잡고 있었을 뿐만 아니라 아시아, 아프리카, 라틴 아메리카에서 혁명적인 정치운동이 태동하고 있다는 사실은 무시했다.

▌역사의 종언?

보다 더 광범위한 시각은 프란시스 후쿠야마(Francis Fukuyama)의 '역사의 종언 (1989)'에서 제시되었다. 벨과는 달리 후쿠야마는 정치사상이 아무런 관련이 없는 것이 되었다고 본 것이 아니라 서구 자유주의라는 특정의 사상이 모든 경쟁자들을 물리치고 승리했다고 주장하였다. 1945년에 파시즘이 패배하였고 그래서 후쿠야마는 1989년 동유럽에서 공산주의의 붕괴는 세계적 중요성을 가진 이데올로기로서 마르크스-레닌주의의 종말을 의미한다고 굳게 믿었다. '역사의 종언'을 통해 후쿠야마는 사상의 역사는 끝났고 그와 더불어 근본적인 이데올로기적 논쟁도 끝났다고 주장했다. 그에 따르면, 시장경제 내지 자본주의경제 그리고 공개적이고 경쟁적인 정치체제의 형태로 자유민주주의의 바람직함에 대한 합의가 전 세계에 걸쳐 점차 증가하고 있다.

의심할 바 없이 1989~91년의 동유럽 혁명 그리고 중국과 같은 현존하는 공산주의 정부에서의 극적인 개혁은 세계적 수준의 이데올로기적 논쟁에 근본적인 변화를 가져왔다. 그러나 이러한 과정이 '역사의 종언'에 해당하는가는 전혀 확실하지 않다. '역사의 종언' 명제에서 하나의 난점은 역사의 종언이 주창되자마자 새로운 이데올로기적 세력이 등장했다는 것이다. 20세기 동안 자유민주주의가 인상적인 진전을 이룩한 반면 20세기가 끝나가는 시점에서 특히 정치적 이슬람과 같은 매우 다른 이데올로기가 부활했다는 의심할 바 없는 증거가 있다. 이러한 이데올로기의 영향은 아시아와 아프리카의 무슬림 국가들로부터 구소련과 산업화된 서구로 확대되고 있다. 예를 들면 구소련과 동유럽에서 '공산주의의 붕괴'는 자유민주주의의 최종 승리로 이어지기보다는 민족주의, 인종차별주의, 종교적 근본주의의 부활로 나아가는 길을 열어주었다.

후쿠야마의 명제에 깔려 있는 것은 고전적 자유주의로부터 전승되어 온 낙관적 신념이다. 즉, 산업 자본주의는 사회의 모든 구성원들에게 사회적 이동과 물질적 안전의 전망을 제공해 주며 그럼으로써 모든 시민들로 하여금 산업 자본주의를 합당하고 매력적인 것으로 간주하도록 한다는 것이 그것이다. 다시 말해서 이는 '좋은 사회'의 특성에 대해서 광범위하고 심지어는 보편적인 합의가 이루어질 수 있다는 것을 뜻한

관점 (Perspectives)

역사

자유주의자들은 각 세대가 지식과 이해의 축적을 통해 전 세대보다 더 앞서나감에 따라 역사가 진보되어 나가는 것으로 바라본다. 자유주의자들은 일반적으로 이러한 발전이 혁명을 통해서가 아니라 점진적이고 순차적인 개혁을 통해 이루어질 것으로 믿는다.

보수주의자들은 전통과 지속이라는 관점에서 역사를 이해하며 진보의 여지를 거의 허용하지 않는다. 과거의 교훈은 현재와 미래의 행동을 위한 지침을 제공해 준다. 반동적 보수주의자들은 역사가 쇠퇴에 의해 특징지어지며 그래서 초기의 또는 선호하는 시대로 되돌아가길 원한다.

사회주의자들은 사회와 개인의 발전을 위한 영역에 강조점을 두는 진보적 역사관을 지지한다. 마르크스주의자들은 계급갈등이 역사의 추동력이며 계급 없는 공산주의 사회가 역사의 결정적인 최종점이라고 믿는다.

파시스트들은 일반적으로 역사를 과거의 '황금시대'로부터 멀어져간 쇠퇴와 퇴보의 과정으로 바라본다. 그럼에도 불구하고 그들은 보통 폭력적인 투쟁과 전쟁을 통해 민족의 재생과 쇄신이 가능하다고 보는 순환론적 역사관을 지지한다.

종교적 근본주의자들은 역사에 대해 애매한 태도를 보인다. 그들은 이상화된 과거와 비교할 때 현재를 도덕적·정서적으로 타락해 있다고 파악하는 반면 근대주의적 관점에서 사회적 쇄신의 가능성을 지지하며 그럼으로써 보수주의적 전통주의를 거부한다.

다. 그럼에도 불구하고 이는 사회가 모든 주요한 사회집단의 이익을 만족시켜 주는 동시에 최소한 개개 시민들 다수의 열망을 충족시켜 줄 수 있도록 구성될 때에만 가능할 뿐이다. 자본주의 시장이 제공해 주는 의심할 바 없는 활력과 효율성에도 불구하고 자본주의가 모든 사회계급 혹은 모든 개인들을 똑같이 대우한다고는 확실하게 말할 수 없다. 그래서 이데올로기적 갈등과 논쟁이 마치 19세기 말에 그렇게 광범위하게 예견되었던 바와는 다르게 사회주의의 '불가피한' 승리로 귀결되지 않았던 것처럼 21세기 초의 현 시점에서도 자유주의의 궁극적이고 전 세계에 걸친 승리로 끝날 것 같아 보이지는 않는다.

▌좌와 우를 넘어서?

또 하나의 형태의 '종언론'은 근대 사회의 확고한 특징들이 무너짐에 따라 이들 사회가 제기했던 정치적 신조와 신념들이 관련성을 잃게 되었다고 보는 생각이다. 이러한 사고는 보통 포스트 모더니티의 개념을 통해 진전되었다. 좌익과 우익의 주요 이데올로기들 모두가 '탈근대적 상황'에 적응하여 포스트 자유주의, 포스트 마르크스주의, 포스트 페미니즘 등과 같이 '포스트주의(postism)'를 낳고 있을 뿐만 아니라 포스트모던 이론가들에 따르면 세상을 이해하고 해석하는 우리들의 방식 또한 변화되어 왔거나 또 변화할 필요가 있다는 것이다. 이는 근대주의로부터 포스트 모더니즘(p.92 참조)으로의 전환을 반영한다.

> **☀ 토대주의**
>
> 주로 진보에 대한 강한 믿음과 연관되면서 객관적인 진리와 보편적인 가치를 확립하는 것이 가능하다는 믿음

근대주의는 주로 계몽사상과 이론으로부터 나온 것으로서 좋은 삶에 대해 경쟁적인 개념을 제공해 주는 이데올로기적 전통을 통해 정치적으로 표출되어 왔다. 이것의 가장 명확한 사례가 자유주의와 마르크스주의이다. 근대주의의 사고는 **토대주의**(foundationalism)에 의해 특징지어진다. 이와 대조적으로 포스트 모더니즘은 반토대주의적이다. 포스트 모더니즘의 중심 주제를 장-프랑수아 리오타르(Jean-François Lyotard 1984)는 '거대담론에 대한 회의(incredulity)'로 요약하였다. 여기서 거대담론(meta-narratives)이란 사회를 일관된 총체로 바라보는 보편적 역사이론을 지칭한다.

그러나 이러한 경향은 또한 이데올로기 정치에서 중요한 변화를 상징하는 것으로서 좌/우 구분이 쇠퇴하고 있다는 증거를 제시해 준다. 좌/우 구분은 19세기와 20세기에 이데올로기적 논쟁을 구조화하는 데 도움을 주었으며, 경쟁적인 이데올로기적 입장과 주장에 따라 본질적으로 동일한 문제에 대해서 다른 해법이 제시되었다. 문제는 산업 사회의 운명에 관한 것이었고 자유시장으로부터 중앙계획과 국영집단화까지 다양한 해법이 제시되었다. 당시 이데올로기적 논쟁은 시장과 국가 사이의 바람직한 균형에 초점을 맞추는 경향이 있었다. 그러나 1960년대 이래 정치가 확실하게 덜 이데올로기적으로 된 것은 아니었으며 이데올로기적 발전은 점차 파편화되어 나갔다. 페미니즘, 생태주의, 종교적 근본주의, 다문화주의와 같은 '새로운' 이데올로기들은 각기 자신들의 방식으로 이데올로기적 사고를 위한 새로운 지평을 열었다. 그러나 어떤 의미에서

이들 각각의 새로운 이데올로기들은 자신의 이데올로기적 담론을 포기했기 때문에 전 시대에 자본주의와 사회주의 간의 충돌과 관련하여 적용되었을 때처럼 더 큰 담론의 일부분으로 작용하지는 않는다.

이는 이데올로기적 발전이 결국 좌/우를 넘어섰다는 것을 의미할 뿐만 아니라 정당정치와 정치적 개입의 수준에서 다른 함의를 갖는다는 것을 뜻한다. 주류 정당정치의 시각에서 볼 때 좌/우 구분의 이점은 그것이 정당에 대해 이데올로기적 기반과 목적의식을 제공해 주면서 유권자들에게는 정서적 애착의 근거를 제공해 주었다는 데에 있다. 좌/우 구분의 상대적 쇠퇴는 탈이데올로기적 정치의 현상을 창출하였다. 자신의 전통적인 '주의 주장'을 포기함에 따라 탈이데올로기적 정당들은 희망과 꿈보다는 지도자나 정책과 같은 정치적 '상품'을 팔게 되었다. 실제로 성숙된 민주국가에서 정당원의 감소와 투표율의 하락은 부분적으로는 도덕적 헌신과 열정의 수준에서 유권자들을 끌어들이지 못한 주류 정당정치의 실패의 결과이다.

▌ 이성의 승리?

이데올로기를 **합리주의**(rationalism)로 대치하자는 논의는 19세기 그리고 '이데올로기'와 '과학'을 확고하게 구분한 마르크스(p.158 참조)에게로 거슬러 올라간다. 마르크스에게 이데올로기는 그것이 계급이익을 증진시키기 위한 도구로서 봉사하기 때문에 본질적으로 거짓된 것이었다. 이와 대조적으로 마르크스는 자신의 사상을 '과학적' 사회주의로 묘사하였다. 이런 견해에서 보면 **과학**(science)은 인간의

> **✳ 합리주의**
> 세계는 그것의 합리적 구조에 대한 가정들에 근거하여 인간 이성을 통해 이해하고 설명될 수 있다는 신념

지식을 증진시키는 객관적이고 가치중립적인 수단을 제공해 주며 그럼으로써 미신과 편견, 이 경우에는 정치 이데올로기 등을 포함하여 비합리적인 신념의 노예가 되지 않도록 인간을 해방시켜 준다. 실제로 이는 근대의 지속적인 신화 중의 하나임이 드러났다. 이 점은 예를 들면 세계화의 문화적·지적인 함의와 관련하여 다시 반복되고 있다. 즉, 대두하는 세계화 시대의 주된 특징 가운데 하나는 기술과 기술

> **✳ 과학**
> 주의 깊은 관찰 과정과 반복적인 실험을 거친 가설 검증을 통해 지식을 획득하는 방법

발전에 주어진 가치에 가장 분명하게 반영된 합리성의 서구적 모델을 수용하는 것이다. 이런 측면에서 이데올로기는 과학주의에 의해 대치되는 과정에 있다고 할 수 있다.

그러나 과학은 이데올로기의 반명제가 아니며 아마도 그 자신도 이데올로기의 하나로 파악될 수 있다. 예를 들면 과학은 강력한 사회세력, 특히 산업과 기술에 의해서 대표되는 사람들과 연관을 맺어왔다. 그렇기 때문에 과학주의(scientism)는 전문기술자 엘리트의 이데올로기라고 볼 수 있으며, 이것의 주요 수혜자는 과학기술 발전에 자금을 제공해 주는 데 점점 더 많은 책임을 지고 있는 초국적 기업들이다. 더욱이 과학의 발전을 둘러싸고 중요한 이데올로기적 논쟁이 제기되고 있다. 이는 과학과 기술을 환경위기의 근원으로 바라보는 생태론자의 사례에서 찾아볼 수 있다. 다문화주의자들과 종교적 근본주의자들도 각기 자기 나름대로 합리주의를 신앙에 기반한 신념체계를 깎아내린다는 이유에서 그리고 서구식 혹은 물질주의적 방식의 이해를 강화시키는 데 기여한다는 점에서 문화적 제국주의의 한 형태로 파악하는 경우가 적지 않다.

III. 종언이 없는 이데올로기

이러한 다양한 종언론들은 하나의 공통점을 갖고 있다. 즉, 모두가 현재 진행 중인 이데올로기적 사고의 틀 내에서 진행되고 있다는 점이다. 서로 다른 방식이기는 하지만 이들 종언론 각각은 그것이 복지자본주의든, 자유민주주의든, 포스트 모더니즘 혹은 과학주의든 특정한 이데올로기적 전통의 승리를 밝힘으로써 이데올로기의 종식을 알리고 있다. 종언론은 이데올로기의 약한 장악력을 드러내기보다 사실은 이데올로기의 놀라운 회복력과 강력함을 보여주고 있다. 일단 한번 정립된 이데올로기적 정치는 사라지는 것에 대해 완강히 저항한다는 것을 입증해 주고 있다.

그렇다면 이데올로기의 생존과 성공의 원천은 무엇인가? 이 질문에 대한 첫 번째 대답은 두말할 필요도 없이 이데올로기의 유연성, 즉 이데올로기적 전통과 형식은 외형상 끊임없는 재규정과 쇄신 과정을 거칠 뿐만 아니라 오래된 이데올로기가 사라지거나 실패할 경우 만약 필요하다면 새로운 이데올로기가 출현한다는 사실에 있다.

그래서 이데올로기 세계는 고정된 상태로 있는 게 아니라 변화하는 사회적·역사적 환경에 맞추어 변화한다.

　두 번째 보다 더 심오한 대답은 정치의 의미와 이상주의의 원천으로서 이데올로기가 다른 측면의 정치 형태로는 접근하지 못하는 측면들을 다룬다는 데에 있다. 실제로 이데올로기는 사람들에게 자신들보다 더 큰 무엇인가를 믿어야 하는 이유를 제공해 준다. 왜냐하면 사람들의 개인적 담화는 보다 더 넓은 역사적 담론 내에 위치할 때 의미를 갖기 때문이다. 그렇기 때문에 포스트 이데올로기 시대란 희망과 비전이 없는 시대가 될 수 있다. 어떤 다른 이유가 없더라도 바로 이러한 이유 때문에 정치 이데올로기는 지속적이고 끝이 없는 과정이 될 운명에 처해 있다.

•• 생각해 볼 문제

- '이데올로기의 종언' 명제에는 어떤 흠결이 있는가?
- '역사의 종언' 이론가들은 왜 자유민주주의를 통치 문제에 대한 최종적 해법으로 바라보는가?
- 역사가 종말을 고할 수 있는가?
- 왜 포스트모더니스트들은 '거대담론'의 사망을 주창하였는가?
- 좌/우 구분은 이제 의미가 없는가?
- 과학도 하나의 이데올로기적 전통으로서 파악될 수 있는가?
- 이데올로기는 정당에게 도움이 되는가 아니면 제약이 되는가?
- 이데올로기는 정말로 지속적이고 끝이 없는 과정인가?

•• 더 읽을 자료

Butler, C. *Postmodernism: A Very Short Introduction* (Oxford and New York: Oxford University Press, 2002). 포스트 모더니즘의 역사와 중요성에 대해 간결하면서도 알기 쉽게 쓴 입문서.

Freeden, M. *Reassessing Political Ideologies: The Durability of Dissent* (London and New York: Routledge, 2001). 이른바 '포스트 이데올로기' 시대에서 주요한 이데올로기적 전통들을 돌아보고 재평가하고 있는 논문들의 모음집.

Gray, J. *Endgames: Questions in Late Modern Political Thought* (Cambridge and Malden, MA: Blackwell, 1997). 주요한 이데올로기적 전통들이 '계몽주의 프로젝트'의 붕괴에 직면함에 따라 이들의 상황에 대해 흥미 있고 통찰력 있는 논의를 제공해 주고 있다.

Scholte, J. A. *Globalization: An Introduction*, 2nd edn. (Basingstoke: Palgrave Macmillan, 2005). 세계화와 그것의 중요성에 대한 논쟁을 포괄적이고 권위적으로 소개해 주고 있다.

Shtromas, A. (ed.). *The End of 'isms'? Reflections on the Fate of Ideological Politics after Communism's Collapse* (Oxford and Cambridge, MA: Blackwell, 1994). 공산주의의 붕괴 이후 이데올로기 정치의 현 상태와 미래 전망을 다룬 주목할 만한 논문들을 모았다.

▪ 참고문헌 ▪

Acton, Lord (1956). *Essays on Freedom and Power*. London: Meridian.

Adams, I. (1989). *The Logic of Political Belief: A Philosophical Analysis*. London and New York: Harvester Wheatsheaf.

_____ (2001). *Political Ideology Today*, 2nd edn. Manchester: Manchester University Press.

Adonis, A., and T. Hames (1994). *A Conservative Revolution? The Thatcher ─Reagan Decade in Perspective*. Manchester: Manchester University Press.

Ahmed, A., and H. Donnan (1994). *Islam, Globalization and Postmodernity*. London and New York: Routledge.

Ahmed, R. (2001). *Jihad: The Rise of Militant Islam in Central Asia*. New Haven, CT: Yale University Press.

Ali, T. (2003). *The Clash of Fundamentalism: Crusades, Jihads and Modernity*. London: Verso.

Anderson, B. (1983). *Imagined Communities: Reflections on the Origins and Spread of Nationalism*. London: Verso.

Arblaster, A. (1984). *The Rise and Decline of Western Liberalism*. Oxford: Basil Blackwell.

Arendt, H. (1951). *The Origins of Totalitarianism*. London: Allen & Unwin.

Aristotle (1962). *The Politics,* trans. T. Sinclair. Harmondsworth: Penguin (Chicago, IL: University of Chicago Press, 1985).

Aughey, A., G. Jones, and W. T. M. Riches (1992). *The Conservative Political Tradition in Britain and the United States*. London: Pinter.

Bahro, R. (1982). *Socialism and Survival*. London: Heretic Books.

_____ (1984). *From Red to Green*. London: Verso/New Left Books.

Bakunin, M. (1973). *Selected Writings*. Lehning, ed. London: Cape.

_____ (1977). "Church and State." In G. Woodcock, ed. *The Anarchist Reader*. London: Fontana.

Ball, T., and R. Dagger (2002). *Political Ideologies and the Democratic Ideal*, 4th edn. London and New York: Longman.

Baradat, L. P. (2003). *Political Ideologies: Their Origins and Impact*, 8th edn. Upper Saddle River, NJ: Prentice Hall.

Barber, B. (1995). *Jihad vs. the World: How Globalism and Tribalism are Reshaping the World.* New York: Ballantine Books.

Barker, R. (1997). *Political Ideas in Modern Britain: In and After the 20th Century*, 2nd edn. London and New York: Routledge.

Barry, B. (2002). *Culture and Equality.* Cambridge and New York: Polity Press.

Barry, J. (1999). *Rethinking Green Politics.* London and Thousand Oaks, CA: Sage.

Barry, N. (1987). *The New Right.* London: Croom Helm.

Baumann, Z. (1999). *In Search of Politics.* Cambridge and Malden, MA: Polity Press.

_____ (2000). *Liquid Modernity.* Cambridge and New York: Polity Press.

Baxter, B. (1999). *Ecologism: An Introduction.* Edinburgh: Edinburgh University Press.

Beasley, C. (1999). *What is Feminism?* London: Sage.

Beauvoir, S. de (1968). *The Second Sex.* H. M. Parshley, trans. New York: Bantam.

Beck, U. (1992). *Risk Society: Towards a New Modernity.* London and New York: Sage.

Bell, D. (1960). *The End of Ideology.* Glencoe, IL: Free Press.

Bellamy, R. (1992). *Liberalism and Modern Society: An Historical Argument.* Cambridge: Polity Press.

Benn, T. (1980). *Arguments for Democracy.* Harmondsworth: Penguin.

Bentham, J. (1970). *Introduction to the Principles of Morals and Legislation.* J. Bums and H. L. A. Hart, eds. London: Athlone Press, and Glencoe, IL: Free Press.

Berki, R. N. (1975). *Socialism.* London: Dent.

Berlin, I. (1969). "Two Concepts of Liberty." In *Four Essays on Liberty.* London: Oxford University Press.

Berman, P. (2003). *Terror and Liberalism.* New York: W. W. Norton.

Bernstein, E. (1962). *Evolutionary Socialism.* New York: Schocken.

Blakeley, G., and V. Bryson, eds. (2002). *Contemporary Political Concepts: A Critical Introduction.* London: Pluto Press.

Bobbio, N. (1996). *Left and Right.* Oxford: Polity Press.

Bobbitt, P. (2002). *The Shield of Achilles.* New York: Knopf and London: Allen Lane.

Boff, L. (2006). *Fundamentalism, Terrorism and the Future of Mumanity.* London: Society for Promoting Christian Knowledge.

Bookchin, M. (1975). *Our Synthetic Environment.* London: Harper & Row.

_____ (1977). "Anarchism and Ecology." In G. Woodcock, ed. *The Anarchist Reader.* London: Fontana.

Boulding, K. (1966). "The Economics of the Coming Spaceship Earth." In H. Jarrett, ed. *Environmental Quality in a Growing Economy.* Baltimore: Johns Hopkins Press.

Bourne, R. (1977). "War is the Health of the State." In G. Woodcock, ed. *The Anarchist Reader.* London: Fontana.

Bracher, K. D. (1985). *The Age of Ideologies: A History of Political Thought in the Twentieth Century.*

London: Methuen.

Bramwell, A. (1989). *Ecology in the Twentieth Century: A History.* New Haven, CT and London: Yale University Press.

_____ (1994). *The Fading of the Greens: The Decline of Environmental Politics in the West.* New Haven, CT and London: Yale University Press.

Brown, D. (2000). *Contemporary Nationalism: Civic, Ethnocultural and Multi-cultural Politics.* London: Routledge.

Brownmiller, S. (1975). *Against Our Will: Men, Women and Rape.* New York: Simon & Schuster.

Bruce, S. (1993). "Fundamentalism, Ethnicity and Enclave." In M. Marty and R. S. Appleby, eds. *Fundamentalism and the State.* Chicago, IL and London: Chicago University Press.

_____ (2000). *Fundamentalism.* Oxford: Polity Press.

Bryson, V. (2003). *Feminist Political Theory: An Introduction,* 2nd edn. Basingstoke and New York: Palgrave Macmillan.

Burke, E. (1968). *Reflections on the Revolution in France.* Harmondsworth: Penguin.

_____ (1975). *On Government, Politics and Society.* B. W. Hill, ed. London: Fontana.

Burnham, J. (1960). *The Managerial Revolution.* Harmondsworth: Penguin and Bloomington: Indiana University Press.

Buruma, I., and A. Margalit (2004). *Occidentalism: A Short History of Anti-Westernism.* London: Atlantic Books.

Butler, C. (2002). *Postmodernism: A Very Short Introduction.* Oxford and New York: Oxford University Press.

Capra, F. (1975). *The Tao of Physics.* London: Fontana.

_____ (1982). *The Turning Point.* London: Fontana (Boston, MA: Shambhala, 1983).

_____ (1997). *The Web of Life: A New Synthesis of Mind and Matter.* London: Flamingo.

Carson, R. (1962). *The Silent Spring.* Boston, MA: Houghton Mifflin.

Carter, A. (1971). *The Political Theory of Anarchism.* London: Routledge & Kegan Paul.

Castells, M. (2000). *The Rise of the Network Society.* Oxford and Malden, MA: Blackewll.

Cecil, H. (1912). *Conservatism.* London and New York: Home University Library.

Chamberlain, H. S. (1913). *Foundations of the Nineteenth Century.* New York: John Lane.

Charvert, J. (1982). *Feminism.* London: Dent.

Club of Rome. See Meadows *et al.* (1972).

Collins, P. (1993). *Ideology after the Fall of Communism.* London: Bowerdean.

Constant, B. (1988). *Political Writings.* Cambridge: Cambridge University Press.

Conway, D. (1995). *Classical Liberalism: The Unvanquished Ideal.* Basingstoke and New York: Palgrave Macmillan.

Coole, D. (1993). *Women in Political Theory: From Ancient Misogyny to Contemporary Feminism,* 2nd edn. Hemel Hempstead: Harvester Wheatsheaf.

Costa, M. D., and S. James (1972). *The Power of Women and the Subordination of the Community.*

Bristol: Falling Wall Press.

Crewe, I. (1989). "Values: The Crusade that Failed." In D. Kavanagh and A. Seldon, eds. *The Thatcher Effect*. Oxford: Oxford University Press.

Crick, B. (1962). *A Defence of Politics*. Harmondsworth: Penguin.

Critchley, T. A. (1970). *The Conquest of Violence*. London: Constable.

Ctosland, C. A. R. (1956). *The Future of Socialism*. London: Cape (Des Plaines, IL: Greenwood, 1977).

Dahl, R. (1961). *Who Governs? Democracy and Power in an American City*. New Haven, CT: Yale University Press.

Dalai Lama (1996). *The Power of Buddhism*. London: Newleaf.

Daly, H. (1974). "Steady-state economics vs growthmania: a critique of orthodox conceptions of growth, wants, scarcity and efficiency." In *Policy Sciences*, vol.5, pp.149-67.

Daly, M. (1979). *Gyn/Ecology: The Meta-Ethics of Radical Feminism*. Boston, MA: Beacon Press.

Darwin, C. (1972). *On the Origin of Species*. London: Dent.

Dickinson, G. L. (1916). *The European Anarchy*. London: Allen & Unwin.

Dobson, A. (1991). *The Green Reader*. London: André Deutsch.

_____ (2007). *Green Political Thought*, 4th edn. London: Routledge.

Downs, A. (1957). *An Economic Theory of Democracy*. New York: Harper & Row.

Eagleton, T. (1991). *Ideology: An Introduction*. London and New York: Verso.

Eatwell, R. (1996). *Fascism: A History*. London: Vintage.

Eatwell, R., and N. O'Sullivan, eds. (1989). *The Nature of the Right: European and American Politics and Political Thought since 1789*. London: Pinter.

Eatwell, R., and A. Wright, eds. (1999). *Contemporary Political Ideologies*, 2nd edn. London: Pinter.

Eccleshall, R. et al. (2003). *Political Ideologies: An Introduction*, 3rd edn. London and New York: Routledge.

Eckersley, R. (1992). *Environmentalism and Political Theory: Towards an Ecocentric Approach*. London: UCL Press.

Edgar, D. (1988). "The Free or the Good." In R. Levitas, ed. *The Ideology of the New Right*. Oxford: Polity Press.

Ehrenfeld, D. (1978). *The Arrogance of Humanism*. Oxford: Oxford University Press.

Ehrlich, P., and A. Ehrlich (1970). *Population, Resources and Environment: Issues in Human Ecology*. London: W. H. Freeman.

Ehrlich, P., and R. Harriman (1971). *How to be a Survivor*. London: Pan.

Elshtain, J. B. (1981). *Public Man, Private Woman: Women in Social and Political Thought*. Oxford: Martin Robertson and Princeton, NJ: Princeton University Press.

Engels, F. (1976). *The Origins of the Family, Private Property and the State*. London: Lawrence & Wishart (New York: Pathfinder, 1972).

Etzioni, A. (1995). *The Spirit of Community: Rights, Responsibilities and the Communitarian Agenda*. London: Fontana.

Eysenck, H. (1964). *Sense and Nonsense in Psychology*. Harmondsworth: Penguin.

Faludi, S. (1991). *Backlash: The Undeclared War Against American Women*. New York: Crown.

Fanon, F. (1965). *The Wretched of the Earth*. Harmondsworth: Penguin (New York: Grove-Weidenfeld, 1988).

Faure, S. (1977). "Anarchy-Anarchist." In G. Woodcock, ed. *The Anarchist Reader*. London: Fontana.

Festenstein, M., and M. Kenny, eds. (2005). *Political Ideologies: A Reader and Guide*. Oxford and New York: Oxford University Press.

Figes, E. (1970). *Patriarchal Attitudes*. Greenwich, CT: Fawcett.

Firestone, S. (1972). *The Dialectic of Sex*. New York: Basic Books.

Foley, M. (1994) (ed.). *Ideas that Shape Politics*. Manchester and New York: Manchester University Press.

Fox, W. (1990). *Towards a Transpersonal Ecology: Developing the Foundations for Environmentalism*. Boston, MA: Shambhala.

Freeden, M. (1996). *Ideologies and Political Theory: A Conceptual Approach*. Oxford and New York: Oxford University Press.

_____ (2001). *Reassessing Political Ideologies: The Durability of Dissent*. London and New York: Routledge.

_____ (2004). *Ideology: A Very Short Introduction*. Oxford and New York: Oxford University Press.

Freedman, J. (2001). *Feminism*. Buckingham and Philadelphia, PA: Open University Press.

Friedan, B. (1963). *The Feminine Mystique*. New York: Norton.

_____ (1983). *The Second Stage*. London: Abacus (New York: Summit, 1981).

Friedman, M. (1962). *Capitalism and Freedom*. Chicago, IL: University of Chicago Press.

Friedman, M., and R. Friedman (1980). *Free to Choose*. Harmondsworth: Penguin (New York: Bantam, 1983).

Friedrich, C. J., and Z. Brzezinski (1963). *Totalitarian Dictatorships and Autocracy*. New York: Praeger.

Fromm, E. (1979). *To Have or To Be*. London: Abacus.

_____ (1984). *The Fear of Freedom*. London: Ark.

Fukuyama, F. (1989). "The End of History." *National Interest*, Summer.

_____ (1992). *The End of History and the Last Man*. Harmondsworth: Penguin.

Galbraith, J. K. (1992). *The Culture of Commitment*. London: Sinclair Stevenson.

Gallie, W. B. (1955-6). "Essentially Contested Context." In *Proceedings of the Aristotelian Society*, vol.56.

Gamble, A. (1994). *The Free Economy and the Strong State*, 2nd edn. Basingstoke: Palgrave Macmillan.

Gandhi, M. (1971). *Selected Writings of Mahatma Gandhi*. R. Duncan, ed. London: Fontana.

Garvey, J. H. (1993). "Fundamentalism and Politics." In Martin E. Marty and R. Scott Appleby, eds. *Fundamentalisms and the State*. Chicago, IL and London: University of Chicago Press.

Gasset, J. Ortega y (1972). *The Revolt of the Masses*. London: Allen & Unwin.

Gellner, E. (1983). *Nations and Nationalism*. Oxford: Blackwell.

Giddens, A. (1984). *The Constitution of Society*. Cambridge: Polity Press.

_____ (1994). *Beyond Left and Right: The Future of Radical Politics*. Cambridge: Polity Press.

_____ (1998). *The Third Way: The Renewal of Social Democracy*. Cambridge: Polity Press.

_____ (2000). *The Third Way and Its Critics*. Cambridge: Polity Press.

Gilmour, I. (1978). *Inside Right: A Study of Conservatism*. London: Quartet Books.

_____ (1992). *Dancing with Dogma: Britain under Thatcherism*. London: Simon & Schuster.

Gobineau, J. A. (1970). *Gobineau: Selected Political Writings*. M. D. Biddiss, ed. New York: Harper & Row.

Godwin, W. (1971). *Enquiry Concerning Political Justice*. K. C. Carter, ed. Oxford: Oxford University Press.

Goldman, E. (1969). *Anarchism and Other Essays*. New York: Dover.

Goldsmith, E. (1988). *The Great U-Turn: De-industrialising Society*. Bideford: Green Books.

Goldsmith, E. et al., eds. (1972). *Blueprint for Survival*. Harmondsworth: Penguin.

Goodhart, D. (2004). "The Discomfort of Strangers." *Prospect*, February.

Goodin, R. E. (1992). *Green Political Theory*. Oxford: Polity Press.

Goodman, P. (1964). *Compulsory Miseducation*. New York: Vintage Books.

_____ (1977). "Normal Politics and the Psychology of Power." In G. Woodcock, ed. *The Anarchist Reader*. London: Fontana.

Goodwin, B. (1997). *Using Political Ideas*, 4th edn. London: John Wiley & Sons.

Gorz, A. (1982). *Farewell to the Working Class*. London: Pluto Press (Boston, MA: South End Press, 1982).

Gould, B. (1985). *Socialism and Freedom*. Basingstoke: Palgrave Macmillan (Wakefield, NH: Longwood, 1986).

Gramsci, A. (1971). *Selections from the Prison Notebooks*. Q. Hoare and G. Nowell-Smith, eds. London: Lawrence & Wishart.

Gray, J. (1995a). *Enlightenment's Wake: Politics and Culture at the Close of the Modern Age*. London: Routledge.

_____ (1995b). *Liberalism*, 2nd edn. Milton Keynes: Open University Press.

_____ (1996). *Post-liberalism: Studies in Political Thought*. London: Routledge.

_____ (1997). *Endgames: Questions in Late Modern Political Thought*. Cambridge and Malden, MA: Blackwell.

_____ (2000). *Two Faces of Liberalism*. Cambridge: Polity Press.

Gray, J., and D. Willetts (1997). *Is Conservatism Dead?* London: Profile Books.

Green, T. H. (1988). *Works*. R. Nettleship, ed. London: Oxford University Press (New York: AMS Press, 1984).

Greenleaf, W. H. (1983). *The British Political Tradition: The Ideological Heritage*, vol.2. London: Methuen.

Greer, G. (1970). *The Female Eunuch*. New York: McGraw-Hill.

_____ (1985). *Sex and Destiny*. New York: Harper & Row.

_____ (1999). *The Whole Woman*. London: Doubleday.

Gregor, A. J. (1969). *The Ideology of Fascism*. New York: Free Press.

Griffin, R. (1993). *The Nature of Fascism*. London: Routledge.

_____, ed. (1995). *Fascism*. Oxford and New York: Oxford University Press.

_____, ed. (1998). *International Fascism: Theories, Causes and the New Consensus*. London: Arnold and New York: Oxford University Press.

Gutman, A., ed. (1995). *Multiculturalism: Examining the Politics of Recognition*. Princeton, NJ: Princeton University Press.

Hadden, J. K., and A. Shupe, eds. (1986). *Prophetic Religions and Politics: Religion and Political Order*. New York: Paragon House.

Hall, J. A. (1988). *Liberalism: Politics, Ideology and the Market*. London: Paladin.

Hall, S., and M. Jacques, eds. (1983). *The Politics of Thatcherism*. London: Lawrence & Wishart.

Hardin, G. (1968). "The Tragedy of the Commons." *Science*, vol.162, pp.1243-8.

Harrington, M. (1993). *Socialism, Past and Future*. London: Pluto Press.

Harvey, D. (2005). *A Brief History of Neoliberalism*. Oxford and New York: Oxford University Press.

Hattersley, R. (1987). *Choose Freedom*. Harmondsworth: Penguin.

Hayek, F. A. von (1944). *The Road to Serfdom*. London: Routledge & Kegan Paul (Chicago, IL: University of Chicago Press, 1956, new edn).

_____ (1960). *The Constitution of Liberty*. London: Routledge & Kegan Paul.

Hayward, T. (1998). *Political Theory and Ecological Values*. Cambridge: Polity Press.

Hearn, J. (2006). *Rethinking Nationalism: A Critical Introduction*. Basingstoke and New York: Palgrave Macmillan.

Heath, A., R. Jowell, and J. Curtice (1985). *How Britain Votes*. Oxford: Pergamon.

Heffeman, R. (2001). *New Labour and Thatcherism*. London: Palgrave.

Hegel, G. W. F. (1942). *The Philosophy of Right*. T. M. Knox, trans. Oxford: Clarendon Press.

Hiro, D. (1988). *Islamic Fundamentalism*. London: Paladin.

Hitler, A. (1969). *Mein Kampf*. London: Hutchinson (Boston, MA: Houghton Mifflin, 1973).

Hobbes, T. (1968). *Leviathan*. C. B. Macpherson, ed. Harmondsworth: Penguin.

Hobhouse, L. T. (1911). *Liberalism*. London: Thornton Butterworth.

Hobsbawm, E. (1983). "Inventing Tradition." In E. Hobsbawm and T. Ranger, eds. *The Invention of Tradition*. Cambridge: Cambridge University Press.

Hobsbawm, E. (1992). *Nations and Nationalism since 1780: Programme, Myth and Reality*, 2nd edn. Cambridge: Cambridge University Press.

_____ (1994). *Age of Extremes: The Short Twentieth Century, 1914-1991*. London: Michael Joseph.

Hobson, J. A. (1902). *Imperialism: A Study*. London: Nisbet.

Hoffman, J., and P. Graham (2006). *Introduction to Political Ideologies*. London: Pearson Education.

Holden, B. (1993). *Understanding Liberal Democracy*, 2nd edn. Hemel Hempstead: Harvester Wheatsheaf.

Honderich, T. (1991). *Conservatism*. Harmondsworth: Penguin.

Huntington, S. (1993). "The Clash of Civilizations." *Foreign Affairs*, vol.72, no.3.

_____ (1996). *The Clash of Civilizations and the Remaking of World Order*. New York: Simon & Schuster.

Hutchinson, J., and A. D. Smith, eds. (1994). *Nationalism*. Oxford and New York: Oxford University Press.

Hutton, W. (1995). *The State We're In*. London: Jonathan Cape.

Illich, I. (1973). *Deschooling Society*. Harmondsworth: Penguin (New York: Harper & Row, 1983).

Inglehart, R. (1977). *The Silent Revolution: Changing Values and Political Styles amongst Western Publics*. Princeton, NJ: Princeton University Press.

Jefferson, T. (1972). *Notes on the State of Virginia*. New York: W. W. Norton.

_____ (1979). "The United States Declaration of Independence." In W. Laqueur and B. Rubin, eds. *The Human Rights Reader*. New York: Meridan.

Kallis, A. A., ed. (2003). *The Fascist Reader*. London and New York: Routledge.

Kant, I. (1991). *Kant: Political Writings*. Hans Reiss, ed., H. B. Nisbet, trans. Cambridge: Cambridge University Press.

Kautsky, K. (1902). *The Social Revolution*. Chicago: Kerr.

Keynes, J. M. (1963). *The General Theory of Employment, Interest and Money*. London: Macmillan (San Diego: Harcourt Brace Jovanovich, 1965).

Kingdom, J. (1992). *No Such Thing as Society? Individualism and Community*. Buckingham and Philadelphia PA: Open University Press.

Klein, M. (2001). *No Logo*. London: Flamingo.

Kropotkin, P. (1914). *Mutual Aid*. Boston, MA: Porter Sargent.

Kuhn, T. (1962). *The Structure of Scientific Revolutions*. Chicago, IL: Chicago University Press.

Kymlicka, W. (1995). *Multicultural Citizenship*. Oxford: Oxford University Press.

Laclau, E., and C. Mouffe. (1985). *Hegemony and Socialist Strategy*. London: Verso.

Lane, D. (1996). *The Rise and Fall of State Socialism*. Oxford: Polity Press.

Laqueur, W., ed. (1979). *Fascism: A Reader's Guide*. Harmondsworth: Penguin.

Larrain, J. (1983). *Marxism and Ideology*. Basingstoke: Macmillan.

Leach, R. (2002). *Political Ideology in Britain*. Basingstoke: Palgrave Macmillan.

Lenin, V. I. (1964). *The State and Revolution*. Peking: People's Publishing House.

_____ (1970). *Imperialism, the Highest Stage of Capitalism*. Moscow: Progress Publishers.

_____ (1988). *What is to be Done?* Harmondsworth and New York: Penguin.

Leopold, A. (1968). *Sand County Almanac*. Oxford: Oxford University Press.

Letwin, S. R. (1992). *The Anatomy of Thatcherism*. London: Fontana.

Lewis, B. (2004). *The Crisis of Islam: Holy War and Unholy Terror*. London and New York: Random House.

Lindblom, C. (1977). *Politics and Markets*. New York: Basic Books.

Lipset, S. M. (1983). *Political Man: The Social Bases of Behaviour*. London: Heinemann.

Locke, J. (1962). Two Treatises of Government. Cambridge: Cambridge University Press.

_____ (1963). *A Letter Concerning Toleration.* The Hague: Martinus Nijhoff.

_____ (1979). *Gaia: A New Look at Life on Earth.* Oxford and New York: Oxford University Press.

Lovelock, J. (1988). "Man and Gaia." In E. Goldsmith and N. Hilyard, eds. *The Earth Report.* London: Mitchell Beazley.

Lyotard, J. F. (1984). *The Postmodern Condition: The Power of Knowledge.* Minneapolis: University of Minnesota Press.

MacIntyre, A. (1981). *After Virtue.* London: Duckworth.

Macmillan, H. (1966). *The Middle Way.* London: Macmillan.

Macpherson, C. B. (1973). *Democratic Theory: Essays in Retrieval.* Oxford: Clarendon Press.

Maistre, J. de (1971). *The Works of Joseph de Maistre.* J. Lively, trans. New York: Schocken.

Mannheim, K. (1960). *Ideology and Utopia.* London: Routledge & Kegan Paul.

Manning, D. (1976). *Liberalism.* London: Dent

Marcuse, H. (1964). *One Dimensional Man: Studies in the Ideology of Advanced Industrial Society.* Boston, MA: Beacon.

Marquand, D. (1988). *The Unprincipled Society.* London: Fontana.

_____ (1992) *The Progressive Dilemma.* London: Heinemann.

Marquand, D., and A. Seldon (1996). *The Ideas that Shaped Post-War Britain.* London: Fontana.

Marshall, P. (1993). *Demanding the Impossible: A History of Anarchism.* London: Fontana.

_____ (1995). *Nature's Web: Rethinking our Place on Earth.* London: Cassell.

Martell, L. (2001). *Social Democracy: Global and National Perspectives.* Basingstoke and New York: Palgrave Macmillan.

Marty, M. E. (1988). "Fundamentalism as a Social Phenomenon." *Bulletin of the American Academy of Arts and Sciences*, vol.42, pp.15-29.

Marty, M. E., and R. S. Appleby, eds. (1993). *Fundamentalisms and the State: Remaking Polities, Economies, and Militance.* Chicago, IL and London: University of Chicago Press.

Marx, K., and F. Engels (1968). *Selected Works.* London: Lawrence & Wishart.

_____ (1970). *The German Ideology.* London: Lawrence & Wishart.

McLellan, D. (1998). *Marxism After Marx,* 3rd edn. Basingstoke: Palgrave Macmillan.

_____ (1980). *The Thought of Karl Marx,* 2nd edn. London: Macmillan.

_____ (1995). *Ideology,* 2nd edn. Milton Keynes: Open University Press.

Mead, W. R. (2006). " 'God's Country?" *Foreign Affairs*, 85/5.

Meadows, D. H., D. L. Meadows, D. Randers, and W. Williams (1972). *The Limits to Growth.* London: Pan (New York: New American Library, 1972).

Michels, R. (1958). *Political Parties.* Glencoe, IL: Free Press.

Miliband, R. (1969). *The State in Capitalist Society.* London: Verso (New York: Basic, 1978).

_____ (1995). *Socialism for a Sceptical Age.* Oxford: Polity.

Mill, J. S. (1970). *On the Subjection of Women.* London: Dent.

_____ (1972). *Utilitarianism, On Liberty and Consideration on Representative Government*. London: Dent.

Miller, D. (1984). *Anarchism*. London: Dent.

Millett, K. (1970). *Sexual Politics*. New York: Doubleday.

Mitchell, J. (1971). *Women's Estate*. Harmondsworth: Penguin.

_____ (1975). *Psychoanalysis and Feminism*. London: Penguin.

Montesquieu, C. de (1969). *The Spirit of Laws*. Glencoe, IL: Free Press.

More, T. (1965). *Utopia*. Harmondsworth: Penguin (New York: Norton, 1976).

Morland, D. (1997). *Demanding the Impossible: Human Nature and Politics in Nineteenth-Century Social Anarchism*. London and Washington, DC: Cassell.

Mosca, G. (1939). *The Ruling Class*. A. Livingstone, trans., ed. New York: McGraw-Hill.

Moschonas, G. (2002). *In the Name of Social Democracy — The Great Transformation: 1945 to the Present*. London and New York: Verso.

Murray, C. (1984). *Losing Ground: American Social Policy: 1950-1980*. New York: Basic Books.

Murray, C., and R. Herrnstein (1995). *The Bell Curve: Intelligence and Class Structure in American Life*. New York: Free Press.

Naess, A. (1973). "The shallow and the deep, long-range ecology movement: a summary." *Inquiry*, vol.16.

_____ (1989). *Community and Lifestyle: Outline of an Ecosophy*. Cambridge: Cambridge University Press.

Neocleous, M. (1997). *Fascism*. Milton Keynes: Open University Press.

Nietzsche, R. (1961). *Thus Spoke Zarathustra*. R. J. Hollingdale, trans. Harmondsworth: Penguin (New York: Random, 1982).

Nolte, E. (1965). *Three Faces of Fascism: Action Française, Italian Fascism and National Socialism*. London: Weidenfeld & Nicolson.

Nozick, R. (1974). *Anarchy, State and Utopia*. Oxford: Blackwell (New York: Basic, 1974).

Oakeshott, M. (1962). *Rationalism in Politics and Other Essays*. London: Methuen (New York: Routledge Chapman & Hall, 1981).

Ohmae, K. (1989). *Borderless World: Power and Strategy in the Interlinked Economy* (London: HarperCollins).

O'Sullivan, N. (1976). *Conservatism*. London: Dent and New York: St Martin's Press.

_____ (1983). *Fascism*. London: Dent.

Özkirmli, V. (2005). *Contemporary Debates on Nationalism: A Critical Engagement*. Basingstoke and New York: Palgrave Macmillan.

Paglia, C. (1990). *Sex, Art and American Culture*. New Haven, CT: Yale University.

_____ (1992). *Sexual Personae: Art and Decadence from Nefertiti to Emily Dickinson*. Harmondsworth: Penguin.

Parekh, B. (1994). "The Concept of Fundamentalism." In A. Shtromas, ed. *The End of 'isms'? Reflections on the Fate of Ideological Politics after Communism's Collapse.* Oxford and Cambridge, MA: Blackwell.

_____ (2005). *Rethinking Multiculturalism: Cultural Diversity and Political Theory,* 2nd edn. Basingstoke and New York: Palgrave Macmillan.

Pareto, V. (1935). *The Mind and Society.* London: Cape and New York: AMS Press.

Passmore, K. (2002). *Fascism: A Very Short Introduction.* Oxford and New York: Oxford University Press.

Pierson, C. (1995). *Socialism After Communism.* Cambridge: Polity Press.

Plato (1955). *The Republic.* H. D. Lee, trans. Harmondsworth: Penguin (New York: Random, 1983).

Popper, K. (1945). *The Open Society and Its Enemies.* London: Routledge & Kegan Paul.

_____ (1957). *The Poverty of Historicism.* London: Routledge.

Porritt, J. (2005). *Capitalism as if the World Matters.* London: Earthscan.

Poulantzas, N. (1968). *Political Power and Social Class.* London: New Left Books (New York: Routledge Chapman & Hall, 1987).

Proudhon, P. J. (1970). *What is Property?* B. R. Tucker, trans. New York: Dover.

Purkis, J., and J. Bowen (1997). *Twenty-First Century Anarchism: Unorthodox Ideas for a New Millennium.* London: Cassell.

Ramsay, M. (1997). *What's Wrong with Liberalism? A Radical Critique of Liberal Political Philosophy.* London: Leicester University Press.

Randall, V. (1987). *Women and Politics: An International Perspective,* 2nd edn. Basingstoke: Palgrave Macmillan.

Rawls, J. (1970). *A Theory of Justice.* Oxford: Oxford University Press (Cambridge, MA: Harvard University Press, 1971).

_____ (1993). *Political Liberalism.* New York: Colombia University Press.

Regan, T. (1983). *The Case for Animal Rights.* London: Routledge & Kegan Paul.

Roemer, J., ed. (1986). *Analytical Marxism.* Cambridge: Cambridge University Press.

Rorty, R. (1989). *Contingency, Irony and Solidarity.* Cambridge: Cambridge University Press.

Rothbard, M. (1978). *For a New Liberty.* New York: Macmillan.

Rousseau, J. J. (1913). *The Social Contract and Discourse.* G. D. H. Cole, ed. London: Dent (Glencoe, IL: Free Press, 1969).

Roussopoulos, D., ed. (2002). *The Anarchist Papers.* New York and London: Black Rose Books.

Ruthven, M. (2004). *Fundamentalism: The Search for Meaning.* Oxford and New York: Oxford University Press.

Said, E. ([1978] 2003). *Orientalism.* Harmondsworth: Penguin.

Sandel, M. (1982). *Liberalism and the Limits of Justice.* Cambridge: Cambridge University Press.

Sassoon, D. (1997). *One Hundred Years of Socialism.* London: Fontana.

Schneir, M. (1995). *The Vintage Book of Feminism: The Essential Writings of the Contemporary Women's Movement.* London: Vintage.

Scholte, J. A. (2005). *Globalization: An Introduction*, 2nd edn. Basingstoke and New York: Palgrave Macmillan.

Schumacher, E. F. (1973). *Small Is Beautiful: A Study of Economics as if People Mattered*. London: Blond & Briggs (New York: Harper & Row, 1989).

Schumpeter, J. (1976). *Capitalism, Socialism and Democracy*. London: Allen & Unwin (Magnolia, MA: Petersmith, 1983).

Schwarzmantel, J. (1991). *Socialism and the Idea of the Nation*. Hemel Hempstead: Harvester Wheatsheaf.

_____ (1998). *The Age of Ideology: Political Ideologies from the American Revolution to Post-Modern Times*. Basingstoke: Palgrave Macmillan.

Scruton, R. (2001). *The Meaning of Conservatism*, 3rd edn. Basingstoke: Macmillan.

Seabright, P. (2004). *The Company of Strangers*. Princeton, NJ: Princeton University Press.

Seliger, M. (1976). *Politics and Ideology*. London: Allen & Unwin (Glencoe, IL: Free Press, 1976).

Sen, A. (2006). *Identity and Violence*. London: Penguin.

Shtromas, A., ed. (1994). *The End of 'isms'? Reflections on the Fate of Ideological Politics after Communism's Collapse*. Oxford and Cambridge, MA: Blackwell.

Singer, P. (1976). *Animal Liberation*. New York: Jonathan Cape.

_____ (1993). *Practical Ethics*, 2nd edn. Cambridge: Cambridge University Press.

Smart, B. (1993). *Postmodernity*. London and New York: Routledge.

Smiles, S. (1986). *Self-Help*. Harmondsworth: Penguin.

Smith, A. (1976). *An Enquiry into the Nature and Causes of the Wealth of Nations*. Chicago, IL: University of Chicago Press.

Smith, A. D. (1986). *The Ethnic Origins of Nations*. Oxford: Blackwell.

_____ (1991). *National Identity*. Harmondsworth: Penguin.

_____ (2001). *Nationalism: Theory, Ideology, History*. Cambridge and Malden, MA: Polity Press.

Sorel, G. (1950). *Reflections on Violence*. T. E. Hulme and J. Roth, trans. New York: Macmillan.

Spencer, H. (1940). *The Man versus the State*. London: Watts & Co.

_____ (1967). *On Social Evolution: Selected Writings*. Chicago, IL: University of Chicago Press.

Spencer, P., and H. Wollman (2002). *Nationalism: A Critical Introduction*. London and Thousand Oaks, CA: Sage.

Squires, J. (1999). *Gender in Political Theory*. Cambridge and Malden, MA: Polity Press.

Stelzer, I., ed. (2004). *Neoconservatism*. London: Atlantic Books.

Stimer, M. (1971). *The Ego and His Own*. J. Carroll, ed. London: Cape.

Sumner, W. (1959). *Folkways*. New York: Doubleday.

Sydie, R. A. (1987). *Natural Women, Cultured Men: A Feminist Perspective on Sociological Theory*. Milton Keynes: Open University Press.

Talmon, J. L. (1952). *The Origins of Totalitarian Democracy*. London: Secker & Warburg.

Tam, H. (1998). *Communitarianism: A New Agenda for Politics and Citizenship*. Basingstoke: Palgrave Macmillan.

Tawney, R. H. (1921). *The Acquisitive Society*. London: Bell (San Diego: Harcourt Brace Jovanovich, 1955).

_____ (1969). *Equality*. London: Allen & Unwin.

Taylor, C. (1994). *Multiculturalism and 'The Politics of Recognition.'* Princeton, NJ: Princeton University Press.

Thoreau, H. D. (1983). *Walden and 'Civil Disobedience.'* Harmondsworth: Penguin.

Tocqueville, A. de (1968). *Democracy in America*. London: Fontana (New York: McGraw, 1981).

Tolstoy, L. (1937). *Recollections and Essays*. Oxford: Oxford University Press.

United Nations (1972). See Ward and Dubois (1972).

United Nations (1980). *Compendium of Statistics: 1977*. New York: United Nations.

Vincent, A. (1995). *Modern Political Ideologies*, 2nd edn. Oxford: Blackwell.

Waldron, J. (1995). *'Minority Cultures and the Cosmopolitan Alternative.'* In W. Kymlicka, ed. *The Rights of Minority Cultures*. London and New York: Open University Press.

Ward, B., and R. Dubois (1972). *Only One Earth*. Harmondsworth: Penguin.

White, S., ed. (2001). *New Labour: The Progressive Future?* Basingstoke and New York: Palgrave Macmillan.

Willetts, D. (1992). *Modern Conservatism*. Harmondsworth: Penguin.

Wollstonecraft, M. (1967). *A Vindication of the Rights of Women*, ed. C. W. Hagelman. New York: Norton.

Wolff, R P. (1998). In Defence of Anarchism, 2nd edn. Berkeley, CA: University of California Press.

Woodcock, G. (1962). *Anarchism: A History of Libertarian Ideas and Movements*. Harmondsworth and New York: Penguin.

Woolf, S. J. (1981) (ed.). *European Fascism*. London: Weidenfeld & Nicolson.

Wright, A. (1996). *Socialisms: Theories and Practices*. Oxford and New York: Oxford University Press.

▪ 색 인 ▪

●사항 색인

[ㄱ]

[ㅂ]

[ㅅ]

● 인명 색인

옮긴이 후기

이 책은 Andrew Heywood의 *Political Ideologies: An Introduction*, 4th edition (New York: Palgrave Macmillan, 2007)을 번역한 것이다. 역자들이 이 책을 번역하게 된 동기는 이 책이 호주 퀸스랜드대학교에서 교재로 사용되고 있을 만큼 정치 이데올로기에 관한 개론서로는 최적격이라고 보았던 데에 있다. 더욱이 1992년 초판이 인쇄된 이후 1998년 2판, 2003년 3판에 이어 2007년 4판이 인쇄된 데에서 보듯이 꾸준히 독자의 사랑을 받으면서 널리 보급되어 왔다는 것도 이 책의 가치를 그만큼 스스로 확인해 주고 있다고 생각한다.

하지만 보다 더 중요한 동기는 최근 정치 이데올로기와 관련한 마땅한 개론서가 국내에 출간되어 있지 않다는 데 있을 것이다. 이는 정치 이데올로기에 대해 편집광적인 거부를 보이는 한국사회의 일방적 정서를 반영하는 것이기도 하다. 그렇지만 역자들은 정치 이데올로기에 대해 그렇게 단선적이고 편파적인 시각으로만 보아서는 안될 나름의 존재의의와 활력 그리고 더욱 중요하게는 영향력을 보유하고 있다는 점에 새삼 주목하고 있다. 즉, 언제부터인가 한국사회에서 정치 이데올로기가 한물간 옛 것이라고 간주되는 저간의 풍토와는 달리 이 책은 여전히 정치 이데올로기가 우리의 정치뿐만 아니라 경제, 사회, 문화 등 제 영역에서 심대한 영향을 미치고 있음에 새삼 주목할 필요가 있음을 강조하고 있다.

우리는 철학이나 사상 혹은 패러다임, 세계관 등으로 지칭되는 인식체계에 대해서는 좋은 평가를 내리면서도 그것이 이데올로기로 명명되는 순간 경멸적인 도그마로 간주하는 경향이 있다. 이러한 경향이 전혀 부당하다고만 할 수는 없을 것이다. 하지만 여전히 이데올로기가 우리가 부정하거나 경멸하든 관계없이 우리의 일상적 삶과 정치생활에 깊이 들어와 있음을 인정해야 한다면, 우리는 다시금 객관적으로 진지하게 그리고 가능한 한 비판적으로 정치 이데올로기의 역사와 쟁점 그리고 전망에 대해 공부할 필요가 있다고 하겠다. 이 책은 무엇보다도 교양과 지식 양 수준에서 막연한 수준을 넘어 조금은 체계적으로 정치 이데올로기에 대해 접근하고자 하는 독자들에게는 더할 나위 없이 좋은 안내자 역할을 할 수 있을 것으로 생각한다.

이 책의 원명이 〈정치 이데올로기〉임에도 불구하고 역서는 〈사회사상과 정치 이데올로기〉로 제명을 조금 바꾸었다. 이는 사회사상이 여전히 정치 이데올로기와 대비되는 것으로서 무언가 객관적이며 학술적이고 정통적인 것으로 간주하는 우리의 선입관에 부응하기 위해서이다. 그러면서도 동시에 기실 사회사상과 정치 이데올로기가 종이 한 장 차이의 어떤 구별을 하기도 쉽지 않을 것이라는 생각에서 둘을 한데 모은 것이다. 아마도 역자 두 사람이 각각 제주대학교 사범대학 윤리교육과와 교육대학에서 학생들을 가르치고 있는 현실을 감안하면서 이왕이면 보다 광범위한 지평에서의 사회사상이라는 틀로 이 책을 선보이고자 한 이유도 있다.

이 책을 보면 알겠지만, 자유주의, 보수주의, 사회주의, 민족주의, 무정부주의, 파시즘, 페미니즘, 생태주의, 종교적 근본주의, 다문화주의 등 우리가 접해 온 서구의 정통적인 사회사상을 거의 망라하고 있다. 각각의 정치 이데올로기를 논하면서 이 책에서 거론되는 주창자, 실천가, 비판자 모두 사회사상가로 지칭되기에 부족함이 없는 대가들이다. 그렇기에 〈사회사상과 정치 이데올로기〉라는 이름으로 역서를 낸다고 해서 이를 마냥 시류에 편승한 것으로 치부할 필요는 없어 보인다. 오히려 이 기회에 정치사상을 마치 이른바 권력 쟁취를 위한 정당화 내지 술수로 폄하하면서 이를 이데올로기로 한데 묶어 버리려고 하는 어떤 반정치적인 입장이 얼마나 오류에 찬 것이며 편향된 것임을 밝히는 데 이 역서가 조금이나마 도움이 되면 좋겠다는 바람이다.

이 책의 번역은 두 역자의 공동 작업으로 진행되었다. 양길현은 제1장 서론, 제5장 민족주의, 제6장 무정부주의, 제9장 생태주의, 제10장 종교적 근본주의, 제11장 다문화주의, 제12장 결론 부분을 맡았다. 변종헌은 제2장 자유주의, 제3장 보수주의, 제4장 사회주의, 제7장 파시즘, 제8장 페미니즘을 번역했다. 이렇게 초고 번역은 각자 역할을 나누었지만 전체적으로는 두 역자가 서로 상대의 번역에서 미흡하거나 다듬어야 할 것이 있으면 조율해서 진행하였기에 혼자 번역을 맡아서 하는 경우보다 훨씬 더 번역과정이 매끄럽게 되지 않았을까 하는 생각을 해 본다. 그렇기 때문에 이 역서 전반에 걸쳐 어느 부분에 흠결이 있다면, 이는 전적으로 역자 모두의 공동 책임이라고 보아야 할 것이다.

이 역서를 내는 데 저작권 등 어려운 문제를 흔쾌히 해결해 준 도서출판 오름의 부성옥 대표와 제주대학교 평화연구소 고성준 소장님에게 감사의 뜻을 표한다. 아울러 이 기회에 수년 전에 제주대 평화연구소에 발전기금을 내 주신 김명신, 이유근, 김국주, 현천욱, 양길현, 강인숙 님에게 고마운 뜻을 전한다. 그리고 두 역자의 공동 작업이 원만히 진행될 수 있도록 전체적인 흐름을 조율하고 도와준 도서출판 오름의 최선숙 부장에게도 심심한 감사의 뜻을 전한다.

2014년 1월
양길현·변종헌 배상

옮긴이 소개

🐚 양길현

1983년부터 1999년까지 경남대학교 극동문제연구소에서 연구 활동을 하였고, 1999년 이후 현재까지 제주대학교 사범대학 윤리교육과에서 정치학을 가르치고 있다. 1974년 제주일고를 졸업하고는 서울대학교에서 공부를 시작하여, 1996년에는 서울대학교 대학원에서 "제3세계의 민주화 동학 비교연구: 한국, 니카라과, 미얀마의 경험을 중심으로"로 정치학 박사학위를 취득하였다. 제주대학교 평화연구소장과 교수회장 그리고 한국지방정치학회 공동회장을 역임했고, 제주내일포럼 공동대표를 맡고 있다.

『버마 그리고 미얀마(2009)』, 『평화번영의 제주정치(2007)』, 『정치사상의 이해(2005)』, 『사건으로 보는 한국의 정치변동(2004)』 등의 저서와 역서를 펴냈다.

🐚 변종헌

1997년부터 제주대학교 교육대학에 재직하고 있다. 청주고를 졸업하고 서울대학교 사범대학에서 공부하였다. 1995년 서울대학교 대학원에서 "제5공화국 정치체계의 민주적 이행과정 연구"로 교육학 박사학위를 취득하였다. 2002년 LG연암문화재단 해외연구교수로 선정되어 UT Austin에서 그리고 2008년에는 Duke University에서 연구 활동을 하였다.

『현대사회와 이데올로기(2000)』, 『신자유주의의 테러리즘(2009)』, 『남북한 관계와 한반도 통일(2014)』, 『정치사회사상(2018)』 등의 저서와 역서를 펴냈다. 또한 "A Systems Approach to Entropy Change in Political Systems"(*Systems Research & Behavioral Science*, Vol.22, No.3, 2005) 등 정치사상 및 이론과 관련된 다수의 연구 논문을 발표하였다.